椿寿夫著作集 1

椿 寿夫著作集 1

多数当事者の債権関係

信山社

著作集の刊行にあたって

椿　寿夫

一九五二年春に京都大学法学部の大学院研究奨学生――俗称ないし旧名称は特別研究生――に採用された私が初めて公的な印刷物に名前を出していただいたのは、翌一九五三年末の法学論叢五九巻五号である。それから今日まで半世紀あまりにわたり、いろいろな雑誌に執筆してきたし、単独あるいは共同の研究書も何種類か出版してきた。

こうした生活の中で、ジュリスト誌の編集者として現代財産法研究会や有斐閣法学講演その他でお世話になった袖山貴氏が、信山社の設立後しばらくして、それまでの論文をまとめてみないかというお話をもってこられた。本来大変ありがたいお申し出であるが、二〇年かそれ以上も昔のことだったから、私のほうにも「まだまだ若いので、これからも新しい問題につき頑張って書くぞ」といったふうの一種の気負いがあり、とくに定年の五、六年ほど前からは昔考えていた諸テーマにやはり取り組もうとする気力が湧いてきて、あれこれと執筆活動を再開したため、つい旧稿の整理は後回しとなり、同社長の厳しい催促を何回も受けてきた。

そこで遂に、出していただこうと最終的な決断をした次第であるが、そうすると、次には、どれを採り上げるかという判断が私の中で当然問題になった。現時点で一定の価値があるものに限定する方向、原則としてすべてを採録する方向、その中間、と幾つか考えられるが、一人の研究者が断続や未完成もあるにせよレベルあるいは形式を問わず自分なりの思考を経て公表した作品であり、その後若手が採り上げたり発展させたテーマも含まれていることだから、原則は雑誌論文に限定せず、すでに一冊の本になっているものからも採録することにした。また、注釈民法の旧版に掲載したうちで主要なもの（ちなみに同書の旧版における私の執筆は全部合わせるとほぼ一冊分くらいになる）まで収める。さらに、計画した共同研究の序説ないしプラン表明も、学者にとりアイディアこそが決定的という考え方から、続く共同作業者の各論的記述は抜いて掲載する。法律論の大きな流れの中で、ある時期こういう議論も学界にあったという記録は、個人の思い出をなにがしか越える意味もあろうか。

＊

以上のように、これまでの習作を洗いざらいまとめる論集なので、便乗してこの機会に自慢にもならない、したがって従来あまり口外していない、試験をめぐる私的な記憶と感想を最初にまず語らせていただこう。いうなれば受験三題噺でもある。

若い時から予測・願望と結果との間に何か食い違いがあった。在籍した旧制中学で当時の流行だったのかもしれないが、二年終了で通常入る陸軍幼年学校なる所に一年終了で合格させなければ競争校との間で悔しいとか何とかと校長先生たちが相談された結果か、突然のご下命でしばらくの間学校を休んで受験勉強をさせられた。しかし、生来いわゆる筋骨薄弱で非力の身、第一希望の大幼における入校時の身体検査で帰郷を命じられた（先頃、寝台戦友になるはずだった方と何十年かを隔てて会い、同期会の準会員にしていただいた模様）。集団生活が元来性に合わないので、女の子に振られた程度の悔しさはあったものの、母親に甘えられる日々に戻ることは嬉しかった。ただ、命じられるまま従順にしていると思わぬ結果になり、勉強もそうではないかという経験をしたことから、以後は優等生を返上し、ごく呑気に過ごした。

大学では、滝川幸辰法学部長の入学後面接時に、「君は外語学校から来たのか」と先生にひやかされたくらい、論文の出来が悪かったらしい。悪いのも当然で、〝世論について〟という論題に対し、昭和二三年ごろの滝川色溢れる京大法学部の入試に衆愚政治その他の愚かな評価を返して高い点を得られるはずもなかろう。それに、社会的な事項や問題にあまり関心もなかった。語学も政治・社会の外国文献は理解困難なうえに読んでいて全く面白くもないため、多くは外国の小説などを読み散らかして入試に備えていた。その割りには高得点だったらしいが、寝転んで読んだ一冊にApple Treeという本（たぶん旧制高校の教科書）も残っていた。

さらに、試験に関連しては、少なくない方たちが「おや」という顔をされることがある。一応は民法解釈学の専門家となっているので、司法試験は通っていると思うのであろうが、そうではないと答えると、途端に「おや」に続き軽蔑あるいは親近感が当方のアンテナに入ってくる。実状をこの年齢になれば述べておくほうがよい。旧制最終学年である三年次――京大など近畿ないし関西では三回生と呼ぶ――になる直前に、願書を出したと思うが、不確かな記憶によると、そのころは短答式がなく五月か六月くらいかに論文の試験があり、当時から著者の粘りある書き方が好きで神田の古本屋などに遠征し大枚を支払って買い求めていた我妻・民法講義も活用すべく、いささか張り切っていた。学部時代は、京都市関係の労働組合を作って、三百人の大学生ならびに同数の引揚者たち社会人より成る組織の委員長をしていて（一緒に活動していた同級の井田弁護士から近年これも何十年ぶりかで便りを頂いた）、卒業後は二、三流でよいから新聞社に入りたいと思っていたが、ただ、デスクと喧嘩して辞めさせられたときに、戦後没落階層の貧乏人は明日からの生活にも困るだろうから、資格試験は不可欠というのが受験の動機であった。どうも志願動機の純粋さに欠けていて申し訳ないが、この幕切れはあっけないもので、春に体調不良を感じて検査を受けたところ、血沈の値がかなり高く、肋膜かどこかに影もあるとの診断で、受験さわぎはあっけなく終わり、卒業も一年遅れた。現今ほどの量的難関ではなかったはずだが、仮に受けていても、訴訟法とりわけ民訴を呪い殺したいくらい嫌いだったから、通っていないであろう。

＊　＊

いわゆる特研生になってからは、真面目に辞書をひもどきつつ本気で勉学に励んだのは当然である。読む・考える・呑む・眠るの毎日で猛勉したのに、ドイツの親権史を研究会で紹介して恩師・於保不二雄先生から「たったそれだけですか」と批評された話は昔、於保ゼミ会誌に書いた。ドイツ文献の初歩的な意味がわからず、昼食後の先生を教官控室へ頻繁にお訪ねして、傍で休んでおられた磯村哲先生が呆れ顔だったこともどこかで話すか書くかした。思えば先生の休み時間も無視するわがまま勝手な弟子であった。

そこから冒頭の法学論叢五九巻五号「ドイツ親族法の改正」にやっとたどりつき、ある時期以後、財産法の勉強へ移行した経過のほぼ全容を皆さんにこれより提供させていただくわけである。

もっとも、私の民法遍歴は終わっていない。《法人保証》論は、明治大学と有斐閣学術センターのご好意により、第一期作業を最近刊行できたが、私法学会で報告し、この著作集にも一部を収録している《履行請求権》論は一九九七〜八年のドイツ滞在時における文献収集作業の一目標であったし、その時の探索重点のもう一つは《形成権》の学説史と将来像である。帰国後すでに八年も経過していて、両課題とも進捗の遅さに焦っている。

共同作業を進めてきているテーマも幾つかある。ＮＢＬ誌に後一〜二の個別論考が掲載されると、私が各論一つを経て〝まとめと展望〟を書き、さらに有志が深めることになっている《条文にない民法》、金融法務事情誌において共同研究者諸氏の発表（第一次作業）はすでに終わり、私の〝〆め〟だけが履行遅滞となっている《法人責任》論のほか、かなり以前にある出版社の協力をいただき、第一段階の判例整理もまだまとめていない《民法における類推適用》論、西村信雄先生が立命館大学にいらしたころ、先生にお声をかけたうえで誘った井上正三氏（故人）に逃げられたまま半世紀がやがて来る《立証責任からみた民法》などである。

昭和二九年のご著書『財産管理権論序説』の序において、於保先生は「学問の道は、険しくかつ悠遠である。高嶺は、いぜんとして、遥かな雲表に厳然として聳えている。」と述べられた。校正をお手伝いした時からこの文章は心に残っているが、大先生にして然り、いわんや不肖の弟子においてをや。貧しい記録が多少なりとも後進の方々のご参考になれば幸いと願いつつ、しばらく袖山さんたち信山社のお世話になる。

なお、半世紀にわたる研究人生の記録だから、発表時期の古いものほど、その間における民法学の発展を顧慮して加筆・補訂するのが本来必要な作業である。二〇〇四年の現代語化に関しては、回顧的な作業があまり好きではない私ですら教科書の旧版に何冊か手を入れている。そのことが悩みの種だが、この作業を行うならばさらに出版が遅延し（はしがき校正紙における当初の日付から今回の訂正までもほぼ一年近く経過している）、悪くすると刊行不能すら予想できぬではない。そこで、入門書ではないことに藉口して、旧稿には原則として手を加えないことにさせていただく。読者諸賢のご諒承をお願いしておきたい。

最後に、この著作集の組立は、鳥谷部茂氏（広島大学教授）を煩わせた。かなり大変な仕事をお願いしたものである。また、校正は椿民法研究塾の諸君が分担してくださることになっており、本巻は三林宏氏（明治大学教授）にお引き受けいただいたが、これも細かく読んでくださった。もちろん作業全体は袖山社長のご尽力を得ている。いずれの方にもお礼を申し上げる。

平成一八年四月一二日

椿寿夫著作集　1　多数当事者の債権関係

解　題

1　この著作集は《多数当事者の債権関係》に第1巻を充てるが、その出発点ないし中核をなす〔**1**〕『連帯債務論序説』（一九五六年）と〔**2**〕『連帯債務論の問題点』（一九五七年）は、いわゆる特別研究生時代の第三番目の作品であるとともに、財産法の関係では最初の習作である。続く研究を時期順に掲げると、〔**4**〕『連帯債務判例法』は総合判例研究叢書の一つ（一九六〇年）、〔**5**〕『不真正連帯債務の観念』は私法学会二五回大会（一九六一年秋）の個別報告（私法二四号（一九六二年）掲載）、〔**10**〕『複数の債権者と分割原則』（一九八三年）は初期の習作からかなり時を隔てた祝賀論集への掲載作品である。以上のほかに、〔**8**〕『複数者の損害関与と賠償責任序説』（一九七九年）および〔**9**〕『責任の併存・分割・集中』（一九八八年）の二つは、不法行為責任ないし損害賠償責任を取り扱うものであり、共同不法行為などを収める巻が適切かもしれないが、内容的に連帯債務・不真正連帯債務をめぐる見解の補説という色彩もあるため、そこから分離して第1巻へ移した。〔**3**〕『連帯債務の解釈論』、〔**6**〕『不真正連帯債務の解釈論』、〔**7**〕『分割債権関係・不可分債権関係の解釈論』、〔**11**〕『債権・債務の共同的帰属』は、注釈民法⑾（初版・一九六五年）に執筆したもの。同書の新版は現在準備中であり、私の旧版執筆分はかなりが別の学者に交代となるため、消える初版収録原稿を本著作集に採録した。分量をざっと数えてみると、刷り上がり合計一八〇頁近く、約一二三万字あって、三〇歳台半ば過ぎの元気な青年期でも短期間に相当頑張って工夫・考案しており、旧稿という理由で簡単に葬り去ってしまうのは忍びがたい。右掲の論説・注釈ならびに判例評釈〔**12**〕~〔**14**〕を除く他は、いわゆる解説ものであり、とくに研究を意識した解題を書くまでもないであろう。必要な判例補充などは、この解題**4**での引用を参照されたい。なお、学習者の中で少し立ち入った勉強をと考えておられる向きは、この解説グループから読みはじめてくださることをお勧めしたい。

2　論考〔**2**〕の冒頭で紹介したように、連帯債務を法律行為および占有と並ぶ民法の難問とする学者が昔いた。周知のとおり今日にいたるまで展開に展開を続けている法律行為と異なり、他の二領域は、盛んに論じられているとはいえないが、占有に比べれば連帯債務のほうはまだしも研究が続いてきた。

淡路剛久『連帯債務の研究』(一九七五年)――主論文の初出は一九六七~八年、尾崎三芳「連帯債務・不真正連帯債務」民法講座4(一九八五年)、成田博「連帯の免除について」(一九八六年)、同「中島玉吉・連帯債務論の再評価」(一九九〇年)、尾崎「不真正連帯債務および異主体の請求権競合という観念は、どのように評価すべきか」講座・現代契約と現代債権の展望2(一九九一年)、福田誠治「一九世紀フランス法における連帯債務と保証(1)」(北法四七巻五号・一九九七年)以下、福田「連帯債務論の再構成」(私法六二号〔二〇〇〇年〕掲載)

当初の拙稿〔**1**〕〔**2**〕は右の最近論考との間ではやがて半世紀にもなる時期の産物であり、判例総合研究〔**4**〕にしても、注釈民法の〔**3**〕〔**6**〕にしても、諸業績から時間的にやはり相当先行している。とくに淡路・福田両氏からは発表時に批判を頂戴したので、返礼を差し上げなければならないが、本著作集を逐次ご覧いただけばおわかりのように、財産法研究開始の原点となった連帯債務論からは、すぐ続けて別の問題へ傾斜していき、現在まで実現できていない。傾斜の方向とは、こうである。

連帯債務はその発生原因としては《併存的債務引受》があり、本来の《債務引受》を通して《契約引受》に結び付いていく。これらは第2巻で改めて述べる。さらに《共同不法行為》の〃効果〃は改めていうまでもなく連帯債務ないし不真正連帯債務となり、当初の私見はどちらかといえば民法七一九条の内容いかんに惹かれるところが大きかったが、視野を広げるに従い《複数関与者の損害賠償責任》がおのずから課題に登場する。そして、損害賠償責任はもちろん債務不履行による場合を包含するから、《債務共同不履行責任あるいは複数者の債務不履行》というルートも考えざるをえない。また、使用者責任（民法七一五条）における被用者の法的地位は、債務不履行における履行補助者・履行代行者のそれを連想させ、広く《従属的関与者》の問題がテーマとなってくる。これらは《契約責任》論の開発につながっていくわけであり、幾つかの雑誌〃特集〃において非不法行為的な共同責任が項目の一部分を占め、現在考究中の《業務提携契約》から《多角関係》論の構想にまでいたっている。別の巻に掲載する退職講演『民法学における幾つかの課題（五）多角的法律関係』で挙げたとおり、複数の関与者がいる場合は著しく多いのである。このような歩みを経ていると、〔**1**〕で続稿として予告しておいた《共同連帯論争》史ですら、せっかく中西正明氏のご好意で香川大学の文献（Keller か Ribbentrop のほうだったかは失念）をフィルムで入手しながら結局は不履行のままとなっている。

ちなみに、連帯債務を勉強していた当時、どれくらいまで研究題目が拡がりうるかを一枚の紙に絵図の形で書き込んでいた。現在どの段ボール箱にそれが入っているか見当も付かなくなってしまったが、かなりの多さ――少なくとも二〇編以上――になっていた記憶がある。研究の枝になると、さらに出てきた。たとえば、併存的形態を皮切りに免責的なそれへも視野が広がった債務引受における関係者の《意思的関与》――もちろん規定を欠く――を考究しようという視点は、更改・保証・第三者弁済との関連付けの検討に気づかせて、私なりに《意思と利益》の問題として吟味する発想が身に付いたように思う。また、《従属的関与者》論をあれこれ探っていると、伝統的に行われてきた《事項別の民法》論のほかに《主体別の民法》論という新たな視角が現れてきて、さらに考えられる別異の角度からの考察と合体した論点を認識するにいたった。別の巻に収める《法人保証》論もその系統に属する一つである。前記『多角的法律関係』に出てくる一五個の場面も、その課題にとっての素材というにとどまらず、それぞれが一個独立の研究テーマたりうるものであろう。──成功度は別にして、連帯債務をテーマに選んだことは〝視座の広角化〟にきわめてプラスであった。

ところで、於保不二雄先生は、私に対して研究指導をされる際、勉強を始めるなら一〇年くらい続けられる拡がりのあるテーマを選ぶように、とおっしゃったことが頭に残っている。そして、より具体的な注意点として、最初から解釈論に入り込むと大変だから〝制度論〟をまずは考えてみたら、とのご指摘を何度か伺った記憶もあるし、〝制度・理論の相互的な関連〟に着目することも折にふれて勧められた。どこまで先生のご趣旨を理解できたかは別として、特研在籍中に私が法学論叢に掲載していただいた①年齢後見の制度史、②夫婦財産契約の制度論、③連帯債務の三編──前二者は別の巻に収める──は、いずれも先生の教えを忘れないよう注意したつもりである。教えは長く尾を引いて、〝関連でみる民法〟という言葉が学習用に編集した雑誌特集（近く複数分冊の形で出版する）の共通表題にもなっているほどである。

3　連帯債務の重要な〝相関〟先としては、当然ながら《保証債務》と《不真正連帯債務》の双方とも落とすことができない。私が家族法から財産法へ入りたい旨のご相談を於保先生の研究室へ持ち込んだ際、一応考えていたのは《人的担保の観点よりみた保証制度論》であったが、先生はあまり転々とテーマを変えないほうがよいのではないかと当初消極的であられた。しかし、いろいろお話を続けているうちに、連帯債務の問題性を教えられ、特研三年目の後半は具体的に何を取り上げて論ずべきかにつき精力を使った。書き始めた時点での構想を確認するため久しぶりに〔**1**〕〔**2**〕を読み返してみたところ、当時としてはかなり多い──とりわけ〔**1**〕にあっては通常三〇頁程度の扱いが二倍近く――誌面を与えていただいたにせよ紙数不足は明らかで、あれこれの思いを無理矢理押し込んでいる。両論考の二～三倍はなければ、舌足らずとなって意のある所を正解していただきにくいのではないかと感じた次第であるが、今さら敷衍することもできないので、ごく簡単に現時点よりの所感を述べる。

私見は、もともとの構想が〃人的担保制度論〃から出発したので、連帯債務をみるときも〃債権担保＝回収確保〃の視点が入ってくる。そして、担保法の勉強をかなりの間にわたり経験した現在の視座ならば、債権者の権利強化に対する〃歯止め〃も意識しているが（私見が近年の担保法改正に対し、そういう感じ方をしている点は別の巻で付加したい）、そのような利益衡量ないし法的評価が執筆時には十分ではなかった。しかも、単純連帯の系列に属する共同不法行為においては、被害者（＝債権者）保護の必要は揺るがないから、契約による（ないし担保としての）連帯債務と不法行為による連帯債務とは、〃債権の効力強化〃方向に格別のチェックをせずに統合的な把握が可能であり、私見はそのようにした。こういう整序の仕方では、いきおい不真正連帯債務の観念が、連帯債務論史の素材としては周辺に位置させられてきた〃断片の集まり〃――ドイツ普通法上の単純連帯が往々そういうものであった――から脱し、まとまりのある法的概念・制度に昇格してくる。このような認識に立脚したうえで、外国である時期までは唱えられ、その後も考え方・感じ方としては残存していた「連帯債務は内部関係とりわけ求償を組合などに任せる対外関係である」とする構成の残滓も払拭して、内部関係とくに求償を連帯債務の〃属性〃に高め、「不真正連帯債務者間においては、求償関係をその当然の内容とはしない」という我妻説を逆にして、正面から《求償権》を肯定しようとしたのが論考〔**5**〕である。ただし、連帯債務と不真正連帯債務とのもう一つの差異とされる絶対効・相対効の問題に対する正面からの検討はしないで、二つの連帯の両極分化を放置・容認したことが淡路説からの批判になったが、この見解は、一段の前進が示される尤もな批判を含んでいる。ただ、〔**8**〕と〔**9**〕で指摘したように、絶対効規定の評価に関しては、かなりのものが解釈によって相対効と変わらなくなっている（不真正連帯債務との差異が消失または希釈される）ことも考慮してよい。また、押し進めていけば無限の個別具体的判断しか残らなくなる不真正連帯債務の全面追放説と、一定の近似する諸場面ごとにグループ化する類型別の思考や段階別の思考とのいずれが問題の現実的な処理方法として妥当ないし適切であろうか。さらに、不真正連帯債務の対立物とされる連帯債務それ自体にあっても、契約連帯債務と不法行為連帯債務とか、民事連帯債務と商事連帯債務などの異同も検討すべきであろう。

以上のほか、連帯債務論は、人的担保に関する論点として、《保証》（第3巻に収める）および《損害担保契約》とも対比検討することが必要である。まず、保証の〝付従性〟と連帯債務の〝独立性〟という区別は、中間の連帯保証の法的性格に影響する。一般には連帯保証も保証の一種であるとされるが、具体的な内容における中間性は考えられないのか。つぎに、損害担保契約は独立的保証と呼ばれることもあるが、連帯債務と比較してはどのように異なるのか。《契約による全額単独責任》の系列で連帯債務よりも独立性が強い概念として損害担保契約を位置づけるならば（もっとも、私自身にはそのエネルギーはもはや残っていないが）、《不法行為による全額単独責任》との関係も同列・同等の強さをもつ観念として対比できるのではないか。

4　つぎは、《不真正連帯債務》という用語ないし観念についても、ここで追加記述をしなければなるまい。ただ、〔**5**〕〔**6**〕において一九六〇年台半ばまでの状況は述べたので、ここでは、それ以後、とりわけ比較的近時の最上級審がどのようになっているかを中心に補足しておくにとどめたい。最高裁の先例は民集に載った公式先例もあれば、そうではない先例もある。昭和四五・四・二一判決（判時五九五号五四頁）は和解の相対効、昭和四八・一・三〇判決（判時六九五号六四頁）は民法四三八条の不適用をそれぞれ認める論拠として、前者は被用者と使用者、後者は複数の運行供用者が「いわゆる不真正連帯（債務）」の関係に立つとした。

次いで昭和四八・二・一六判決（民集二七巻一号九九頁）は、信号機の設置に瑕疵がある電鉄と国家賠償法二条一項による東京都の損害賠償義務につき、両者の義務は「連帯債務ではないから」電鉄に対する免除が都の義務を消滅させないとした。もっとも、この問題は判示事項・判決要旨に出ていないが、共同不法行為者の賠償債務を「いわゆる不真正連帯債務であって連帯債務ではないから」民法四三七条の適用がないとした平成六・一一・二四判決（判時一五一四号八二頁）において、その点に関する参照先例とされている。また、事案としては共同不法行為者の一人に対する債務免除の効力が他方にも及ぶとされたが、それに先立つ一般論において、「不真正連帯債務だから」四三七条は適用されないと説示する平成一〇・九・一〇判決（民集五二巻六号一四九四頁）があり、昭和四八・二・一六および平成六・一一・二四の両判決を参照させている。

過失相殺や求償などの事件で連帯の性質を問題にしなくて済む場合には（ある意味では、このように片づけられることが解釈的構成の進歩である）、複数の「加害者らは連帯して共同不法行為に基づく賠償責任を負う」（たとえば平成一五・七・一一判決・民集五七巻七号八一五頁）云々とされたりするが、こういう事例は取り上げるまでもない。注意しなければならないのは、私がある実務誌における報告コメントで紹介した非公式先例の存在であり、論考〔**6**〕の末尾に〔補足〕として加えておいた。かつて末川説が名付けた〝異主体の請求権競合〟という呼称にぴたり適合するが、よく考えれば不真正連帯債務にほかならない。これらを総合すると、どのようにこの観念を整理すべきかが改めて問題になろうか。ともあれ、使用者と被用者の損害賠償債務に関する大審院の先例（昭和一二・六・三〇）により「別個ノ債務ニシテ連帯債務ニ非ズ」とされた関係の〝呼称〟が学説を越えていわゆる公式先例にまで登場してきたわけである。出てきた場面は共同不法行為、使用者・被用者といった不法行為連帯債務に限られ、私が紹介したような異主体の請求権競合、なかでも一つは損害賠償請求権であるがもう一つはそうでない場合をどうみるかは、論者に必ずしも意識されていないままであろう。不真正連帯債務論における問題点の一部をなす〝範囲いかん〟に関わっている。なお、この観念をめぐって、近時の一部学説は、フランス法ならびに旧民法の《全部義務》でもって一定の色付けがすでに存する不真正連帯債務に取って変わらせることを提案している。民法解釈の仕方などにも関わる議論であり、かつ、どのような名称を用いるかは学説の自由に属するが、わざわざ親しみがなく、紛らわしいともいえる用語をプラスして論議を混乱させるべきほどのことではないと評するならば、論者と読者にどう受け止められるであろうか。

ついでに、半世紀の流れを見てきた一人として感想を付け加えると、民法学の研究の仕方も着実に動いている。連帯債務論についても、われわれは年長の世代の議論を踏まえて、そこから一ミリか二ミリ上積みができればという慎重さが支配する中で育った。変わった新見解を提起するときなどには、心配でならなかったが、現在は勇敢なアイディアがさほど悩んだ痕跡も見せないで、それこそスルリと教科書の類において展開される場合が少なくはない。はっきり申して論証不足ないし論証不在もある。さらに、引用もしないで切り捨てる（ないし無視する）ことさえ日常茶飯事に近くなっている。私は何かの機会に、民法学の論争点とか問題点も、ある程度の定着や落着を得た後には、水平線の下に沈んでもらわなければ情報過多でパンクするおそれさえある、と書いたか話した記憶があるが、他方、蓄積を省察もなく葬るのはエチケット違反にとどまらない。――折りがあるなら、連帯債務の法的性質や法的構成と対比させて論じられることの多い不真正連帯債務論についても、わが民法学史におけるアプローチの推移とそれにもとづく評価と展望を一編の論考にまとめたいものである。

5　最後に、《連帯債権》のあるべき位置づけを探索した論考〔**10**〕を取り上げる。諸外国と異なりわが民法は、実用性がほとんどないとする見地から連帯債権を規定しなかった。後日の学説もそれを受けて多くの見解はほとんど説明らしい説明を加えない。そういう意味では論ずるだけの価値が乏しいテーマかもしれないが、《多数当事者の債権関係》を全体的に理解しようとするときは、まったく一般に手を着ける必要なしとはならない。私見はあまり本格的な見解を見かけない中で、きちんと取り上げている若干の学説（日本では僅少）に示唆を得つつ、以下のような評価と展望を試みた。――記念論集のほか拙稿を集めた研究書にも掲載して以来二〇余年経つが、たぶん引用されたことはないのではないかと思うので、改めて開陳しておきたい。すでに四〇年前の注釈民法⑾においても要点は述べたが、これも同様な処遇を受けているから、掲載論考〔**10**〕の末尾に付加した。

私見は、出発点において、債務者複数の場合と債権者複数の場合とで〝分割の原則性〟をめぐる利益状況・法的評価が異なる、との見解を支持する。そして、連帯債権のように古代にまで遡る制度については、他の制度や理論の出現・整備とともに機能や評価が変わってくる点に注目する。より具体的にいえば、債権の相続・譲渡や代理、さらに組合の法人化を知らなかった時代には連帯債権がそれに代わる役割をしたので、それらの制度を認める現在では当然連帯債権の役割は縮小するのである。こういう諸前提を踏まえたうえで、債権者が複数の場合における利益衡量のファクターとして、①〝債権行使の独立・便宜〟、②〝債権者（さらに複数債権者がいるから「各」債権者と個別化する）の満足〟、③〝債務者の保護〟の三点を考えてみよう。まず、連帯債権は、各債権者が独立した全額の権利行使を認められるので、①の要請はパスできる。分割債権と合有債権にはそれぞれ異なる難点がある。つぎに、取り立てた債権者のみならず他の債権者も含めて②を考えると、連帯債権者間の分与請求権を解釈上肯定しても、裸の債権でしかない以上、受領した債権者の不誠実ないし無資力の危険を確実に防ぐことはできない。③に関しては、債権者のだれかに弁済すれば債務者は免責されるというのも、②の危険・不利益を債権者側に負わせて債務者が免責されることとなり、債権・債務の関係においてそれは妥当であるまい。

以上の状態を総合判断すると、連帯債権は債権者間に緊密な共同・信頼の関係がある場合に認めるべきであり、債務者が複数の場合とは逆に分割債権を原則とするべきである。

この〝発想法〟は債権の二重譲渡にも応用したが、それはまた別の巻で述べよう。

二〇〇五年五月稿

著　者

椿寿夫著作集1　多数当事者の債権関係　目次

〔一債務者に生じた発生原因の瑕疵の効力〕（第四三三条）

〔請求の絶対的効力〕（第四三四条）

8　複数者の損害関与と賠償責任序説……381

椿寿夫著作集 1

多数当事者の債権関係

1　連帯債務論序説

序　言

我々が、連帯債務論を文献史的に約一世紀遡ると、ドイツには、Jheringによって、引用に一エルレの長さの注を要し読めば読む程頭が混乱する、といわれた位に多量かつ多様な研究を残すところの、共同連帯 Korrealität と単純連帯 Solidarität, blosse Solidarität の区別に関する有名な後期普通法上の大論争が横たわる。[1] また一方、フランスにも、完全連帯 solidarité parfaite と不完全連帯 solidarité imparfaite ないし全部義務 obligation in solidum の別に関する論議がある。[2] そして、フランスは別として、ドイツでは、民法典の施行後この論争は、もはや解釈学の問題ではなくなったようにみえる。

とすれば、何故かかる議論が百を越える論文によってなされ、しかもあっけなく絶えたかの理由が、連帯の純化過程や本質、また対外的効果（対債権者関係）と内部的効果（債務者相互間の求償関係）及び両者の関連などの、連帯法の基本問題を理解する手がかりとして、考察されてもよいのではなかろうか。殊に、共同連帯の側に傾く我が民法の下では、かかる観察は、担保機能面からの反省という問題が大きいだけに、より必要性があるのではなかろうか。

また、かかる解釈学史的意義をはなれても、この論争が、往々実際的意義を無視して、純形式論理的に論じられた一面を有するとすれば、[3] 多数の学者が自己の方法を集約して研究していただけに、一九世紀民法学の方法論の吟味をするのに、好個の部分となるのではあるまいか。

次に、この共同連帯論争は、右に述べた他にも、それを機縁・媒介として視角を拡大するならば、二つの問題群が現われてくるのではなかろうか。

その一は、不真正連帯債務論であるが、これは一つの難問であり、この観念を認めるべきか否かをめぐって、学説は、日本でもドイツでも、対立したままである。しかし、単なる概念的論議としてでなく、何故かかるものが問題にならざるをえないか、という視点から、その効果との関連で具体化して採り上げることは、充分になされているか。殊にその対内的効果は、連帯の本質や求償の根拠などの、連帯債務そのものの根本問題に関係する以上、結論をどう導くかは別として、より立ち入った考察が必要ではなかろうか。

その二は、債権担保制度としての連帯の地位如何である。綜合的な人的担保制度論にあっては、勿論、履行強制制度や物的担保制度も、併せ考えられるべきである。一応、人的担保内部に限っても、連帯は、不可分債務及び就中保証制度と密接に関連すること、これまたいうまでもない。殊に保証を以て、債権者の保全と保証人の保護との妥協とみる見解を採る場合には、連帯は、それとの対比上、如何なる存在理由・地位を有すべきか。殊に両制度の分化過程との関連でこれはどう考えらるべきか。また、意思表示による不可分債務を認める法制では、不可分という ことは、連帯と担保機能的にどういう関係があるか。さらに、担保機能を問題にするならば、家結合と対外責任の関係――これは親族財産法につながる――を理解するためにも、一連の付帯性訴権を、この視点からも(4)、回顧してよいのではないか。

このようにみてくるならば、当時 Samhaber によって、法律学のアフリカと呼ばれた共同連帯論争の開拓から入ることも、一つの方法であり、ドイツ普通法の理論がドイツ民法学、そしてまた我が民法学に、大きな背景をなしている以上、問題の展開のためには、その方が妥当かもしれない。しかし、論争史が錯綜しているのに劣らず、連帯債務の制度・理論は、多くの分野にわたる個別的制度を抽象化せしめて成立するにいたった事情もあって、比較法史的には、区々たる現象形態を示している。そしてこの紹介も、現在のところでは存しない。私はそれ故、右の問題意識を沈殿させて、独瑞両現行法の成立までの概観的資料を、総説・対外的効果・対内的効果に分けて紹介することから始めることにした。本稿はこの史的概説を中心にし、結語では、別に論ずる共同連帯論争史がどの方向で採り上げらるべきか、という点だけに言及する。問題の具体化及び私なりの一応の解決方向は、別に「連帯債務論の若干の問題点」(5)（改題、本書四九頁以下）として、論じているからである。なお、連帯自身の素材以外は、ふれていても極めて簡単である。(6)この点も予めお断わりしておく。

〔略語例〕 CO., KO., SO= C(K)orreal =, Solidar=obligationen; Kor., Cor., Sol.=K(C)orrealität, Solidarität;（D）PR=（Deutsches）Privatrecht; d. rom., d.（c.）fr.=droit romain ou（civil）français.

（1）　Jhering ; Scherz u. Ernst in der Jurisprudenz, 12. Aufl. 1921, S. 8/9.

（2）　この区別標識は、まさに一つの問題であり種々の概念規定がなされたが、共同連帯とは、各債務の結合度が強く、一人について生じた事由の中でかなり多数が、他の共同債務者にも影響するものであり、単純連帯とは、その逆の性格を有するものである、と一応典型化させて理解しておく。

なお、英法における joint liability, several l., joint and several l. という三種の連帯は、連帯二分論からも担保機能論からも惹かれはする。しかしここでは、全く除外している。

（3）　この点も、検討の上でいわれるべきだが、一応、Jhering, Hartmann, Binder 等から借用する。

（4）　なお付帯性訴権の中で、転用物訴権については、すでに、於保教授が財産管理権論の一環として、また磯村教授が不当利得論との関連で、それぞれ研究しておられるところである。

（5）　民商法雑誌三四巻三号（昭三一）四八頁以下参照。

（6）　なお、夫婦財産制と債務共同関係については、別個に研究する。また、共同相続と債務関係については、来栖三郎「共同相続財産について」法学協会雑誌五六巻二号（昭一三）二四三頁（『来栖三郎著作集Ⅲ』所収）以下参照。これは、ひろく権利義務の共同関係一般との関連でなされた比較法史的研究であり、連帯にも言及しておられる。

また、機関の不法行為責任と法人の法定責任は、不真正連帯論――殊に私のように内部的清算を承認しようとする立場における――にとっては不可欠の素材であり、国家賠償の負担者論にもつながるものである。しかしこれは、法人の本質論などと関連して詳論を要するので、ここでは理論史・制度史としても除いてあるが、別稿（本著作集1**2**）ではある程度ふれておいた。

一 ローマ法

本分野は法文批判が盛であって、門外漢には容易に近づけない。しかし、できるだけ新しい文献まで引用することによって代用する。またドイツ普通法理論――以下では旧学説とも呼ぶ――は、ローマ法と題しながらも、近代法理論に論及していることが多く、ここで同時に扱うことには問題もあろう。しかしながら、ここと普通法とに分ける紙数がなく、また他の分野はいざ知らず、この連帯債務においては、旧学説がすでに法源を単なる装飾とはしておらないようにみえ、さらには、普通法理論の近代法解釈学史的意義は別に述べるつもりでもある。従って、三I（本著作集1二五頁）で近代法の相違点に言及することを留保し、一応学説史として、即ち新学説――現在のローマ法学――への架橋として、引用する。

1 総説

ローマの連帯・保証も具体的生活関係を基盤とする以上、家族結合との関連が一つの問題となる。殊にローマ法が主体の結合度の強い共同連帯の典型であることからは、なおさら問題とさるべきである。この関連性は、次第に肯定されているが、(1)今日の段階ではなお推測にとどまっていて、完全な解明には達しておらず、(2)仮に肯定しても、財産法的制度への独立・分化の過程はやはり明らかでない。(3)また旧学説（ドイツ普通法理論）における共同連帯論争の契機となった、共同連帯と単純連帯のローマ法における区別については、Keller-Ribbentrop 説の支配期及び修正期(4)を経て、次第に、かかる区別に対する根本的反論が、批判的学説(5)として抬頭しきたった。しかし現在なお断定を避ける教科書(6)も多く、ローマ法源論の一難問となっている。

連帯の主要な発生場合は契約であり、旧学説は、これを共同連帯の中心に置いていた。当然その歴史的起点は共同の問答契約《ステイピユラテイオ》であり(7)、厳格な形式主義の支配期には、設定経過の一体性も強く要求された(8)。しかし古典法では、すでにこの要式性は、若干緩和されたと考えられ(9)、ユ法では、不要式契約や連帯条項文書(10)で足りるようになった。

次には遺言による連帯の発生であるが、これは、本稿では述べる必要を感じない。

問題は、これら以外の場合如何であるが、その最も重要なものは、共同不法行為である。共同不法行為は、旧学説上、単純連帯(11)(12)の主要場合(13)とされていた。新学説によって概言すれば、古典法上、共同不法行為者は各自独立して私罰 Privatstrafe に服し、各加害者の責任は、人数だけの賠償義務が重畳する累積的責任であった(14)。そしてかかる訴権累積にあっては、一人の履行（ないし一人に対する訴追）が他の共同義務者を免責する、という同一訴訟物 eadem res の観念は、排除されていた。従って、この領域は、共同連帯でも単純連帯でもなく(15)、それ以前の段階にあった。復讐の代替物(16)に他ならないこの私罰訴権は、古典期文化の相当な高度性と比較すれば、非常に原始的なものにみえる。しかしこれは、革命と戦争の二世紀間のために、発展を阻止せられていた刑法の不完全さを補う機能を有していたものであった（Schulz, p. 573）。古典期後におけるこの訴権の発展は、曖昧であるようだが、ユ法にもなお、訴権が多数人に対して累積される状態は、存続していた(17)。しかし他方において、共同不法行為は、すでに古典法の時(18)から、この累積的責任と並んで、連帯的責任(19)を生ぜしめていた。窃盗の場合に、私罰である actio furti の他に、損害賠償である condictio furtiva も課されたことが、その適例である。けれども始の間、ローマ法曹には、損害賠償にも刑罰的色彩が強く、従って、累積性の観念が優勢であった(20)。これがユ帝の時代になって改められ、帝は、共同不法行為を全部義務にするとともに、往々右の累積原理を除き（Monier, p. 298）、連帯の規定をそれに適用しようとした（Kreller, S. 310）。しかしその場合ですら、一回の完全弁済のみが、絶対的効力即ち訴権全部を消滅せしめる効力を有する、という重要な制限付であり[21]、連帯への発展はローマ法では遂に完成されなかった、ともいわれている（Eisele, S. 474）。

次は家子・権力服従者の行為に対する家長または権力保有者の責任である。この付帯性訴権は、Ribbentrop にあっては研究から除外され[22]、論争の後期[23]になって、共同連帯か否かが争われるにいたった[24]。しかし近時においては、或いはこの点は全然言及されず[25]、或いは全く無関係とされる[26]。共有奴隷の加害に際しての各共有者の連帯責任[27]を除いては、不法行為の場合も、はっきりしない[28]。それ故ここでは、かつて問題になった一場合としか言いえないが、何故旧学説がこれを連帯としたか、は次の研究に譲る。

この他旧学説は、単純連帯の発生原因として種々のものを掲げていた[29]。現在もユ法上連帯——ないし全部義務（前注（13））——とされるのは、不法行為に基くものとしての、計算剥奪訴権[30]、強迫・詐欺に有責な者の責任[31]、契約ないし準契約に基くものとしての、後見訴権[32]、多数の受任者・受寄者・使用借主の責任、追奪を受けた共同売主の責任、などがある[33]。

また旧学説上、連帯との関係で大いに争われた[34]不可分債務の場合については、古典法上は連帯であり、ユ法上は部分的にそれから異なるものになった、というのが近時の見解である[35]。

最後に、旧学説は、保証を付従連帯とみていた（三Ⅰ**1**参照）。新しい史的研究においても、両制度の起源的な関連については、形式（要件）を重視するか、それとも内容（効果）を強調するかによって、或いは区別視され、或いは同一視・類似視されていて、定説はない[36]。ただ補充性は、ローマ末期（535）の勅法に由来するにすぎず[37]、付従性 Akzessorietät の技術的概念化も、普通法の所産であるほか[38]、争点決定の効力も、古典期には異ならない（後注（71））とすれば、その差異は、設定方式及び求償関係にとどまることになるであろう。さらに、問答契約のローマ法導入の時期や、保証における actio depensi の出現時期の如何によっては、原古における両制度の融合は、蓋然性あるものとなり、ローマの連帯・保証を純粋の対外関係として発展したものだとすれば、一層これは妥当するであろう。しかしこれは法史学の成果に期待すべく、私も保証制度史で再び採り上げる。

（1）　船田享二『羅馬法Ⅲ』（昭一八）四九〇—一頁、五〇九—一〇頁、Weiss : Institt. des röm. PR, 1949, S. 322.

（2）　Vgl. Kunkel-Jörs : Röm. PR, 3. Aufl. 1949, S. 210 A. 2, S. 213.

（3）　往々連帯の内部関係をなした組合につき、逆推には慎重であるが、家結合の責任との関連への展望はある（vgl. Wieacker ; Societas. Hausgemeinschaft u. Erwerbsgesellschaft, 1936, S. 203）。また付帯性訴権たる a. quod iussu が、近代保証法の原型をなす fideiussio の前身であった（vgl. Flume ; Studien zur Akzessorietät der röm. Bürgschaftsstipulationen, 1932, S. 39 ff. insb. S. 42 ; Levy: Sponsio, fidepromissio, fideiussio, 1907, S. 130 ; Kunkel-J S. 214）ことからも、家族的権力関係と担保制度との関連は類推される。

（4）　Darüber vgl. Samhaber ; Zur Lehre von der CO. im röm. u. heut. R., 1861, SS. 5ff, 25 ff. ; Sintenis : Das prakt. gem. Civilr. Ⅱ, 3. Aufl. 1868, S. 125～30 A. 10.

（5）　Ascoli, Eisele, Mitteis, Binder から Bonfante にいたる大要については voy. Collinet-Giffard ; Précis de d. rom. Ⅱ, 2éd. 1929, p. 230 ; Bonfante : Istituzioni di d. romano, 9éd. 1932, p. 378 n. Ⅰ ; Weiss S. 322/3 A. 100 ; 船田五〇一頁以下、殊に五〇二、四九一、四九二（注2）各頁。なお後注（75）—（77）參照。

（6）　Weiss は、区別は未だ確かめられぬ（S. 322）、Kunkel-J は、全理論に論争問題が収っており、単純連帯の限界も確実には判らない（S. 210, S. 212）、原田博士は、Bonfante の如く割り切れるかは疑問（『ローマ法下』（昭二七）五七頁）、という見解である。もっとも Sohm-Wenger（Institt., Geschichte u. System des röm. PR, 17. Aufl. 1949, S. 366/7）は、批判的研究を採用し、Monier（Manuel élém. de d. rom. Ⅱ, 4éd. 1948, p. 299s）も、連帯の効果については然る。

（7）　Kunkel-J, S. 210; Weiss, S. 322 ; C-Giffard, p. 224 ; Monier, p. 298 ; 船田四九二頁。

（8）　Monier, p. 298. それ故別々に答えると、連帯は生じない（Weiss, S. 323; Siber ; Röm. R. Ⅱ, 1928, S. 291 ; Cuq : Manuel des institutions juridiques des rom., 1917, p. 376）。なお旧学説では、古典法につき、別々の問答契約による共同連帯の発生可能説（Ribbentrop ; Zur Lehre von den CO., 1831, S. 114 ; Fitting : Die Natur der CO., 1859, S. 87 ff., A. 101 ; Baron ; Die Gesammtrechtsverh. im röm. R., 1864, S. 255）と、否定説（Kuntze : Die Obl. u. die Singularsuccession des röm. u. heut. R., 1856, S. 166 ; Unger ; Passive Cor. u. Sol. im röm. u. heut. R., Dogm-J 22, 1884, S. 280 u. A. 177）とが対立したが、Binder は itp. 論によって、少なくとも古典法については否定するにいたった（Binder ; Die KO. im röm. u. im heut. R., 1899, S. 10）。

（9）　古典法上連帯は、問答契約以外の契約で発生せしめられえたかにつき、旧学説は肯定した（zB. Savigny ; Obligationenr. Ⅰ,

1851, S. 198 ff ; Windscheid-Kipp: Lehrb. des Pandektenr. Ⅱ, 9. Aufl. 1906, S. 214 A. 1a)。今日でも、細部では別として、肯定説が多い（voy. C-Giffard, p. 224 ; Kunkel-J, S. 211 ; —Monier, p. 298 ;—Kerr Wylie : Solidarity and correality, 1923, p. 241;—auch Rabel : Grundzüge des röm. PR, H-Kohlers Enzykl. Ⅰ, 7. Aufl. 1915, S. 476 u. A. 2 ;——但し船田四九三頁）。しかし批判的問題だ、とする見解もある（Schulz ; Classical roman law, 1954, p. 491 ; Weiss, S. 323 A. 101）。

（10） Cuq, p. 376 et n. 7 ; Monier, p. 298 n. 3. しかしこれは強度にitp. されていた（Kreller : Röm. R. Ⅱ, 1950, S. 309）。なお、明示の要件の緩和に言及する見解は、船田四九二頁、Weiss, S. 322.

（11） ZB. Baron ; Pandekten, 5. Aufl. 1885, S. 415 ; Windscheid, S. 220 ; Mitteis : Die Individualisierung der Obl., 1886, S. 65——以下本書は著者名のみで引用。Vgl. ferner Siber, S. 293 ; Kunkel-J, S. 212. ただし後注（19）。

（12） 意思に基く単純連帯の発生が可能かにつき、Czyhlarz（Beitrag zur Lehre von den CO., Grünhuts Z. Ⅲ, 1876, S. 86）やUnger（S. 294）は、肯定していたが、Binderは、典拠に支持なしとして反対した（S. 10）。なお旧説ではあるが、Girardは、単純連帯の起源を不法行為領域内に求めていた（Girard-Mayr : Geschichte u. System des röm. R. Ⅱ, 1908, S. 812）。

（13） Unger S. 285 ; Mitteis, S. 75 ; Dernburg : Pandekten Ⅱ, 6. Aufl. 1900, S. 193. Auch Savigny : System V, 1841, S. 221. もっともRibbentropには、共同後見人の場合が単純連帯の標準であるようにみえる。

またフランスの著書では、現行法の反射として、共同不法行為を全部義務と呼ぶ伝統が往々残っている（Cuq, p. 378 ; C-Giffard, p. 228 ; Girard-M, S. 812/3 ; Monier, p. 298 etc. しかし注（6））。ドイツ普通法にも、行為債務か不法行為債務かで二分する見解があった（vgl. Baron, S. 225-7 ; Mitteis, S. 66 u. seine Zur Lehre von den passiven Gesammtschuldverh., Grünhuts Z. XIV, 1887, S. 442）。

（14） Kunkel-J, S. 211/2 ; Siber, S. 228 ; Lepointe-Monier : Les obl. en d. rom. et dans l'ancien d. fr., 1954, p. 403.

（15） Schulz, p. 491. Vgl. auch Sohm-W, S. 363 ; Kerr Wylie, p. 261 ; Savigny : OR（以下書名は省略）S. 200 ; 船田四九三—四頁。私罰訴権は、この他、如何なる物追求訴権にも付加されえた（Schulz, p. 42/3）。両訴権の関係については vgl. ferner Levy : Privatstrafe u. Schadensersatz im klass. röm. R., 1915, SS. 2 ff, 15 ; Eisele : Cor. u. Sol., AcP 77, 1891, S. 464f ; C-Giffard p. 135/6.

（16） Voy. C-Giffard, p. 135 ; Karlowa : Röm. Rechtsgeschichte Ⅱ 1, 1901, S. 790.

（17） Schulz, p. 573 ; Kunkel-J, S. 211/2. しかし編纂人は、多数のitp. を施し累積原理を制限することによって、刑罰的要素を減少せしめていた（Schulz, p. 574 ; Bonfante, p. 378）。

（18） Voy. Monier, p. 298. See further Schulz, p. 42 ; Czyhlarz-Nicolō: Lehrb. der Institt. des röm. R., 19. Aufl. 1933, S. 197 ; 船田五〇三頁注2末尾。Doch vgl. Kunkel-J, S. 212.

(19)　旧説は、単純連帯と考えた（注（11）（12））が、Binder は、古典法上の共同不法行為につき、争点決定に絶対的効力を認め（S. 392）、共同連帯とした（S. 369 ff., insb. SS. 373, 379, 380）。しかし船田四九九頁は、絶対的効力を否定され、Mitteis も、すでに古典法上、不法行為債務は行為債務より早く訴訟消失（争点決定の絶対的効力）の不利益から免れた（S. 67）、と蓋然性ある考え方をする。

(20)　Sohm-W, S. 363 ; Eisele, S. 465. Vgl. auch Rabel, S. 476.

(21)　Kunkel-J, S. 212 ; Czyhlarz-N, S. 197/8. そしてこれでさえ躊躇しつつ認められたといわれる。Vgl. Crome : Von der Sol. aus unerlaubten Handlungen, Dogm-J, 35, 1896, S. 102. 後注（62）参照。

(22)　本来の債務者以外の者に、債務が間接的に帰属する場合であるから（Ribbentrop, S. 12 A. 2）として。

(23)　もっともすでに、Savigny は真正連帯を否認し（S. 213 f）、Demangeat は連帯類似の、正確には保証の如き関係と考えていた。Demangeat ; Des obl. solidaires en d. rom., 1858, p. 416.

(24)　その内容についてはVgl. Mandry : Das gem. Familiengüterr, Ⅱ, 1876, S. 288 A. 11 ; Binder, S. 118 A. 3.

(25)　Kunkel-J は、家長の責任を an Stelle でなく、neben であるというのみ（S. 266）。また Weiss は説明を有限責任の項目下に移す（S. 268/9）。

(26)　Sohm-W S. 370. 市民法上は代理人に、法務官法上は本人に、それぞれ対する代理人の一個の債務しかないという。

(27)　Vgl. Ribbentrop, S. 243 ff. ; Windscheid, S. 216 u. A. 7 ; Vangerow : Lehrb. der Pandekten Ⅲ, 7. Aufl. 1869, S. 68. Ferner Siber, S. 291.

(28)　Vgl. Kunkel-J, S. 269/70 ; Girard-M, S. 449. Aber Binder, S. 126 ff.

(29)　これは、不真正連帯論のためにも必要であり、別に述べるが、darüber vgl. zB. Vangerow, S. 69 f. ; Sintenis, S. 139 ff. ; Wächter : Pandekten Ⅱ, 1881, S. 309 ff.

(30)　ただし Siber は反対。なお後見訴権との関係については、椿「年齢後見の進化」法学論叢六〇巻三号（昭二九）五五頁以下。

(31)　これを特に仏学者が挙げるのは、現行法への配慮に基く（三Ⅲ注（5）参照）。これが重畳責任から選択責任へ移行した過程は、船田四九四頁に詳しい。

(32)　Levy は、古典法上、執行後見人のみならず、補充的責任を負う非執行後見人をも、競合関係に立たせる。Levy : Die Konkurrenz der Aktionen u. Personen im klass. röm. R. I, 1918, S. 220 ; Derselbe : Die Haftung mehrerer Tutoren, ZSSt 37, 1916, SS. 14 ff., 20, 21, 28, 59.

(33)　Voy. Monier, p. 299 ; C-Giffard, p. 228, Ferner Mitteis, S. 75. この他若干の場合についてはVgl. Siber, S. 291 ; Weiss, S. 323/4.

（34） Ribbentrop（SS. 178 ff., 183 ff）の除外以来争われる。Darüber vgl. Binder, S. 74 u. A. 1.

（35） Kunkel-J, S. 211 A. 6. なお、原田五八―九頁、Siber, S. 291. 関係の切断については v. Bonfante ; La solidarietà classica delle obl. indivisibili, Scritti Ⅲ, 1926, p. 375.

（36） 詳細はここでの問題ではないが、同一性肯定説は Levy : Spo. SS. 29 ff., 44 ; Kuntze, S. 236 ; 船田五〇九頁。Kunkel-J もこれに傾く（S. 214 u. A. 8）。しかし Flume は、形式と内容とで解答が異なるとする（SS. 10 ff., 14 ff, 27 ff.）他、一方的依存性によっても区別し（S. 8/9 u. A. 1）、Kaser も、方式の差異を理由として Levy に反対する（Kaser ; Das altröm. Jus, 1949, S. 279 A. 53）。また古典法については see Schulz, pp. 495, 501. なお、後注（71）。

（37） Kreller, S. 313 ; Siber, S. 298.

（38） Vgl. Flume, SS. 5, 7 ; Kunkel-J, S. 213 A. 3.

2　対外的効果

ローマ連帯の対外的効力は、債務者の一人について生じた債権消滅ないし変更の原因が他の者にも影響するか否かという、いわゆる絶対的（客観的）効力・相対的（主観的）効力の問題[39]がその中核をなし、付随的に分割責任との関係が生ずる。以下では、旧学説及びそれに続く批判的学説を先に述べ、次に新学説に言及する。ただし弁済は、連帯債務消滅原因の基準であり、その絶対的効力性は、根拠について説明が分れる（zB. Unger, S. 287/8）としても、両連帯の区別の認否に拘わらず承認されている。また裁判上の供託・代物弁済・一部弁済も同様である。それ故説明は省略する。

これ以外に、どの範囲まで絶対的効力事由が存したか。また、単純連帯の場合にはどうであったか。旧学説は、種々の事由を素材として、法源解釈上も理論上も、紛糾を極めていたが、紙数の都合から及ぶ限り要約し、殊に根拠に関しては屢々引用にとどめる。

まず要式免除 acceptilatio が、共同連帯において、絶対的効力を有したことは争いないが、その根拠に関しては、見解が全く様々である[40]。また単純連帯では、相対的効力説が優位を占め、次第に絶対的効力説が現われてくる[41]。

共同連帯における免除約束 pactum de non petendo について、Keller は、物的抗弁と人的抗弁とで効力を分けた (vgl. Binder, S. 184)。しかし Savigny は、物的約束《ペクツム・イン・レム》は債務者に相互的求償権がある場合にのみ絶対的効力性を有する[42] (SS. 172 ff, 177)、と制限して通説[43]を形成したが、さらにこの説に対しては、求償権がなくても客観的約束は絶対的効力あり、とする見解[44]も現われた。また単純連帯では、常に絶対的効力を否定したのが通説であったが、後には、求償権を要件とするか否かで差異はあるけれども、効果において両連帯を区別しない見解[45]が出ている。

更改は、共同連帯では絶対的効力性を有したが、その根拠に関して、Ribbentrop は債務単一性と弁済性の二要素から中途半端に理由づけた (SS. 268f., 271)。そのためか、以後の学説では、債務個数論とも関連して、錯綜した議論が展開された[46]。単純連帯の更改を区別する見解もあったが、次第に、制限なく絶対的効力性ありとする方向が、この場合にも認められる[47]。

援用せられた相殺は、共同連帯では、一致して絶対的効力性が認められる。単に一債務者の有するにすぎない反対債権を、他の者が援用することは、組合関係——結局求償関係 (Vgl. Unger S. 265 A. 128) ——の存する場合を除いて、通説上否定されていた[48]。求償関係の存する単純連帯にも絶対的効力が拡大されうるかについては、判然としない見解も多かったが、後には、肯定説が主張せられるようになる[49]。

共同連帯における債権者敗訴判決について、Keller 以来の多数説は、保証の法源を援用して絶対的効力を与えていた[50]。しかしこれに対しては、一方、判決が全債務者に対する場合に限定する見解[51]が現われるとともに、他方では、判決の既判力の人的限界・連帯と保証の差異・争点決定との対比などを理由とする有力な反対説[52]が現われるにいたった。単純連帯につき、多数説は、D. 46, 1, 52, 3 に基いて絶対的効力を否定し、連帯二分論の一堡塁としていた[53]。しかし共同連帯でも相対的効力事由になると、両種連帯の区別を論ずる意義はなくなる。

宣誓は、共同連帯では、絶対的効力を有したが、その根拠については、弁済性を挙げる通説と異説とがあり[54]、単純連帯では、他の事由と同じ状態があった[55]。

過失については、D. 45, 2, 18 が共同連帯において絶対的効力を認めるやにみえるにも拘わらず、遅滞は、他方で相対的効力事由とされていた（D. 50, 17, 173, 2; 22, 1, 32, 4）。そのために、この矛盾を解決しようとして、保証と連帯の異同・債務の個数さらには該法源の真正性までも問題に挙げて、絶対的効力か否かの対立がみられ[56]、初期の批判的学説にまでこれが残される[57]。なお単純連帯では、Ribbentrop 以来、過失は相対的効力しか有しない。

これらの他にも、和解は、右と類似の論議がみられるが、直接の法源がないといわれるので省略する。また原状回復・人格減少・弁済約束――多少争いあり――・混同・訴権時効は、いずれも相対的効力事由であって、その根拠に関する問題（若干は三Ｉ2）はあっても、二分論からの問題はない。時効中断は、ユ法以前には相対的効力事由であったのが、実際上の便宜から、ユ帝によって絶対的効力事由とされたが、これも別段詳言する要はない。従って最後に、批判的学説が問題をそこに限定し、詳細に論じた争点決定（訴提起）litis contestatio を概観する。

争点決定は、古典法上――ユ帝の改革については新学説参照――、共同連帯では、絶対的効力を有し[58]、遺言連帯にあっても、一般には同様と解されていた[59]。しかし単純連帯においては、法源が矛盾していたために困難を呈示し、旧学説上は、絶対的効力否定説が多かった[60]。これに対して、Ascoli, Eisele, Binder は、itp. 論を武器として挑戦し、後二者は、多数後見人の場合には、古典法上、争点決定に絶対的効力ありとして、この責任を共同連帯と考えた[61]。また共同不法行為については、争点決定を絶対的効力事由とする Ascoli に対して、Eisele は、ローマ法曹にとってこの場合には eadem res は始め疎遠であったので、絶対的効力が認められなかったのは容易に理解される、と述べた[62]。けれども再び Binder は、Eisele に反対して絶対的効力を認めた（前注(19)）。さらに Binder は、批判を徹底させて、極めて少数の不法行為近似の場合、即ち a. doli, a. quod metus causa, a. in factum の三場合を除いては、古典法上単純連帯といわれた全場合に、争点決定の絶対的効力を認め、かつ、この争点決定を両連帯の区別標識にしていたところから、これらを以て共同連帯であると主張した（S. 392/3）。

続く新学説においては、絶対的効力事由には、両連帯の差異が投棄されてきた。そして、まず要式免除は、その絶対的効力性が次第に確定される。[63] 免除約束は、古典法上は、組合関係があれば絶対的効力事由であるとも説かれ、[64] ユ法では、意思解釈に委ねられている。[65] 更改[66]・偶発的滅失[67]も絶対的効力を有する。相殺については、それがローマ法の全段階を通じて訴訟上の現象であり、[68] かつ効力に関する典拠も明らかでないためか、ふれておらない教科書もある。[69] 右以外の事由は、見解の分れる少数[70]を除いて、何れも相対的効力しか有しない。

争点決定につき、新学説は、批判的研究の成果を吸収・推進して左の如く説く。即ち、ユ法以前ないし古典法では、債権の実現が多数の訴訟によって累積的に追求されるのを防ぐために認められていたところの、〝同一事物に関しては再度訴うるをえず〟という古訴訟原則が連帯にも適用され、争点決定には絶対的効力が与えられていた（保証も同様。[71]）。しかしこれは、連帯の価値低下であったために、すでに若干の緩和手段[72]が存したけれども、ユ帝が遂に五三一年にこの効力を除去していわゆる単純連帯に代えた、[73][74] と。そして法源にみられる矛盾は、ユ帝の改革に際して itp. が貫徹されなかったために他ならず、単なる言葉のあやにすぎない一九世紀の連帯二分論は、この間の事情を認識しなかったことに基くと片づけ、[75] 近代教義学史の最も好ましからぬ一章と非難するのみか、[76] 作り話 mito とまで酷評する。[77] たしかに、争点決定の効力を特殊＝共同連帯の属性とみ、別に述べるように、不当に連帯を拡大し旧説を斥けたことは正しいであろう。しかし全ての場合の効果の細部にまで言及があるわけではなく、教科書も、その全部が確信的に主張しているとは限らない（注（6））。殊に、系譜的には、契約連帯（共同連帯）中心に考察していた旧学説に接続していることとの関連で、なお問題が残されているのではなかろうか。即ち、共同不法行為を以て単純連帯の典型とみるのを正当とする限り、新学説も契約連帯と不法行為連帯の発展史的異質性まで否定しようとするのではなかろうから、共同不法行為の冷遇・軽視を改めることによって、余りにもつきつめた両連帯の区別の否定に、反省を加えるべき面があるのではなかろうか。またこれと関連して、別個の制度として発展してきた、連帯を組成する各制度――殊に契約と不法行為――を、早くもローマ法の間に統一されたもの、とみるやに思える場合があるのは、果して正当か。

なおユ帝は、五二九年に、共同保証（ガ提三・一二〇）に倣った分別の利益を、連帯債務者に与えた。この勅法の意義や、相互保証とローマ連帯の関係については問題もあり[78]、それによって、担保力の面からの評価も異なりうる。しかしここでは、この分割責任は、不在者・支払不能者の負担部分を、現在者・支払能力者に補充的に負わせる点[79]で、遅滞なき履行を容易化したことにのみ言及しておく。

(39) 問題となる事由には債権消滅原因が多いが、Czyhlarz-N（S. 290）は、法上当然の消滅原因と抗弁によるそれとの中で、前者と絶対的効力事由との結合を考える。しかし両区別は相おうものとは限らない（例えば混同）。

(40) Darüber vgl. Ribbentrop, S. 269; Savigny, S. 171/2; Fitting, SS. 39 ff., 47/8; Baron, S. 311; Binder, S. 176/7. なお弁済性のみを理由とするのは Fitting だけである。

(41) Ribbentrop（S. 272）, Unger（S. 268 A. 140）, Savigny（S. 202）, Vangerow（S. 98）, Wendt（Lehrb. der Pandekten, 1888, S. 513）等は、色々の理由で否定していたが、Fitting は、弁済性を有すれば共同連帯と同様とし（S. 48）、Baron（S. 314, auch seine Pand. S. 416）, Windscheid（S. 219 A. 6）もこれに同調した。

(42) 従って、求償権のない場合の物的約束及びあらゆる人的約束は、相対的効力しかない。Vgl. Vangerow, S. 94.

(43) Kuntze, S. 195; Vangerow, S. 94; Fitting, S. 94; Brinz: Lehrb. der Pandekten II, 2. Aufl. 1879, S. 174/5 A. 62; Unger, S. 267; Waldner: Die correale Sol., 1885, S. 86, S. 115 A. 111; Binder S. 190/1.

(44) Mitteis; Grünh. S. 445. また Keller 説も、依然 Windscheid（S. 208/9 u. A. 6.）によって支持されていた。

(45) 要件としないのは Mitteis, S. 79 ff u. seine Grünh. S. 445. これに対し Binder は、効力の根拠を内部関係に移すので、求償権がなければ相対的効力しか認めない（S. 191 ff）。なお Dernburg は、単純連帯では原則として絶対的効力を否定する点で、当事者の意思に余地を認める特殊の立場をとる（vgl. S. 206）。

(46) Darüber vgl. Savigny, S. 167; Kuntze, S. 179; Fitting, S. 49 ff.; Arndts, S. 408; Dernburg, S. 201, S. 165 A. 3; Baron, SS. 324 ff.,

332 ; Binder, SS. 224, 222–gegen Binder Hruza : Krit VjS VI, 1900, S. 181 ; auch Kruger : ZSSt 22, 1901, S. 220.

(47) Dernburg は終局的満足でないとして廃棄力を否定した（S. 206 u. A. 2）。また、真の履行代物である限り（Savigny, S. 202）、方式上全債務者が示される限り（Baron, S. 332）、新旧両債務が量的に一致する限り（Vangerow, S. 98）でのみ、それぞれ絶対的効力を認める見解もあった。しかし量的一致については不要説もあり（Fitting, SS. 56, 58 ; Windscheid, S. 218/9 u. A. 5）、漸時両連帯を区別することがなくなっている（vgl. Mitteis : Grünh. S. 454 ; Binder, S. 224）。

(48) vgl. Savigny, S. 169 ; Vangerow, SS. 87, 88 ; Bekker : Die Aktionen II, 1873, S. 320 ; Binder, S. 233 f.

(49) Savigny（S. 198 A. a）は反対解釈か。Unger（S. 292/3）, Baron（S. 308 mit SS. 299, 300）も不明。Dernburg は否定した（S. 206 A. 1）が、Demangeat は原則的には肯定（p. 419）。この他肯定説は Mitteis S. 88 ; Binder, S. 237.

(50) Ribbentrop, S. 262 f. ; Savigny, S. 189 f. ; Baron, S. 372 ; Waldner, S. 107.

(51) Vgl. Windscheid, S. 209/10 ; Unger, S. 266/7 u. A. 134.

(52) Kuntze, S. 213 f. ; Fitting, S. 70/1 ; Dernburg, S. 202 ; Mitteis, S. 90 f. u. seine Grünh. S. 456 ff. ; Binder, S. 252 ff.

(53) Vgl. Mitteis ; Grünh. S. 456 ; Binder, S. 261/2.

(54) 弁済性——Savigny, S. 185/6 ; Kuntze, S. 187 ; Fitting, S. 76 ; Vangerow, S. 87 ; Binder, S. 208 ff. 矛盾する宣誓の制限——Mitteis, S. 90. 免除契約性——Windscheid, S. 209 u. A. 6.

(55) Fitting（S. 77/8）, Binder（S. 210）は、両連帯を区別しない。しかし Windscheid（S. 210 A. 6, auch S. 218/9）は、Fitting に反対し、Mitteis は古典法上同一であったかを疑う（S. 90）。

(56) 多数説は肯定したが、詳細は vgl. Arndts, S. 500 A. 6 ; Windscheid S. 211/2 A. 13.

(57) Eisele は、実際的考慮から、対債権者関係においてのみ過失に絶対的効力を認め、遅滞の相対効は公平に反しないとした（vgl. Eisele ; Ueber die Haftung des einen KorSchuldners für culpa u. mora des andern, AcP 84, 1895, S. 300 ff.）。しかし Binder は、過失の絶対的効力性に消極的であった（SS. 265, 278–Hruza, S. 184）。

(58) 根拠については、見解が分れていた。Darüber vgl. Ribbentrop, S. 39/40 ; Kuntze, S. 180 ff. ; Fitting, S. 59 u. A. 12, S. 199 ff. ; Unger, S. 259/60.

(59) しかも否定する法源の itp. を認めた。Vgl. Binder, S. 331.

(60) Ribbentrop, SS. 44 ff., 57/8 ; Savigny, SS. 203, 208–doch S. 213 ; Windscheid, S. 217 A. 3 ua.

(61) Binder, SS. 392, 349 ; Eisele, S. 453. Gegen Binder-Krüger S. 224; Hruza, S. 193 ff. Doch wieder vgl. Levy : aaO. ZSSt, S. 19.

(62) Eisele, S. 465. Mitteis も、共同不法行為は単純連帯であり、訴訟消失は問題にならぬ、と考えた（S. 65）。

(63) フランスには、その伝統と関連してか、旧説も痕跡をとどめる（Girard-M, S. 813 ; C-Giffard, p. 229; Cuq, p. 379）。これと異なり Vgl. Siber, S. 293 ; Bonfante, p. 375 ; Sohm-W, S. 365 ; Kunkel-J, S. 211 A. 10, S. 212 A. 13 ; Schulz, p. 630 ; Monier, p. 300 ; L-Monier, p. 404.
(64) Monier, pp. 300, 301. なお、船田四九六頁。
(65) 従って約束が in personam ならば、相対的効力しか有しない。Vgl. Siber, S. 293 ; Kunkel-J, S. 211 A. 10.
(66) Siber, S. 293 ; Monier, p. 300 ; 船田四九六頁。ただし C-Giffard, p. 229.
(67) Siber, S. 293 ; Bonfante, p. 375 ; Monier, p. 300 ; L-Monier, p. 404. ただし C-Giffard, p. 225.
(68) Kunkel-J, S. 201 ; 船田四七一頁。
(69) 例えば Siber, Monier, 船田の諸著。Kunkel-J も不明。しかし Czyhlarz-N（S. 200）, Sohm-W（S. 365）, Bonfante（p. 375）は履行と——即ち絶対的効力事由——、等置する。
(70) Monier は、一人の factum を絶対的効力事由とする（p. 301）が、Weiss によれば、過失は相対的効力しかない（S. 324 A. 104 ; ferner vgl. Levy : aaO. ZSSt S. 21）。弁済約束については、相対的効力事由とするのが普通である（voy. Monier, p. 300 et n. 4 ; 船田四九六頁）。
(71) ZB. Kunkel-J, S. 215. しかし Schulz は、通説に反対して、古典法上、保証人との争点決定が主債務者を免責しないことを特に強調する（p. 501）。なおユ法では、連帯同様保証でも、訴訟消失はなくなる。
(72) 債権者の利益が支配する実際では、特別の条項（Kreller, S. 309）——しかも単なる合意による（Kerr Wylie, p. 226）——や、賠償保証・委任訴権の利用（Monier, p. 301 ; L-Monier, p. 405）によって回避がなされていた。また法務官は、債権者が無資力の債務者を選択した場合には、例外的に、錯誤による原状回復を認めた（Monier, ci-dessus）。
(73) Voy. Monier, p. 301 ; Kunkel-J, S. 211 ; Sohm-W, S. 365/6 ; Weiss, S. 324/5 ; Schulz, p. 491 ; Cornil : Une conjecture sur l'origine de la maxime bis de eadem..., Studi Bonfante Ⅲ, 1930, p. 57/8.
(74) 訴訟的見地をさらに徹底する見解は、古典期後における一体化された cognitio 手続が方式訴訟手続を排除することに、争点決定の消失効の活力が失わしめられたことを考える。Vgl. Levy : Konk. S. 162/3 ; Kerr Wylie, p. 225/6.
(75) Vgl. Weiss, S. 325 ; Sohm-W, S. 367 ; Siber, S. 293 ; Kreller, S. 310 ; Bonfante, p. 377.
(76) Levy ; Konk. S. 10. そして彼は、両連帯の表現を棄てて、異主体の訴権競合と理解する。
(77) Bonfante ; Il concetto unitario della solidarietà, Scritti Ⅲ, p. 240.
(78) V. Bonfante, p. 376 n. 1 ; Monier, p. 302 ; C-Giffard, p. 227 et n. 1. 詳細は、船田四九八—九頁。

（79）　Kunkel-J, S. 212 ; Cuq : Cautionmment mutuel et solidarité, Mélanges Cornil Ⅰ, 1926, p. 178.

3　対内的効果

連帯の対内的効果とは、債務者相互間の清算ないし求償の関係である。この問題の争いは古い（三Ⅰ**3**参照）が、批判的学説中には、求償の根拠を、対外関係従って両連帯の別に関係しない、と彼等が考えたところの基礎的関係に移すものもある[80]。

比較的新しい著作を中心にして求償制度を概観すれば、求償に関する最古の報告は、保証の出捐求償訴権 a. depensi であって[81]、連帯債務者は、弁済をなしても、全額責任を負っていたので、本来求償権はなかった（Kunkel-J, S. 212）。古典期においても、自己の債務の履行とされ（Bonfante, p. 376）、抽象的一方的義務負担である問答契約に沿革を有する（Binder, S. 309）連帯には、依然求償は親しみ難かった。このように、純粋の対外関係[82]として発展したローマ連帯は、内部関係に基く組合訴権・委任訴権などによって清算され[83]、かかる法鎖が何も存しなければ、求償権はなかった。しかしある時期以後[84]、弁済をなす債務者は、履行前に債権者の訴権を譲渡せしめるという用意をしておれば、他の債務者に分担を求めえた[85]（訴権譲渡の利益）。けれども、この訴権譲渡は、弁済による債権消滅との関係で困難を生ずるために、連帯を分割責任に溶解することによって、できるだけ求償問題を回避する方法が採られた、という見解[86]もある。なおユ帝は、それまでならば特別の内部関係を要求した場合を越えて、一般的に求償を認めたようにみえる、ともいわれる[87]。

（80）　Binder, S. 293. 彼によれば、ローマ法書は、連帯の内部関係を構成することには無縁であったが、他方、連帯債務の負担は、部分的には自己の、部分的には共同債務者のためになされる、という思想が求償を要請するので、ユ法には求償権を認めるべきである、とされる（S. 287/8）。

（81）　Vgl. Schulz ; Rückgriff u. Weitergriff, 1907, S. 12. そしてこの求償が、連帯と保証の沿革的一致を阻む要素と考えられていることとは、前述した。Vgl. Kunkel-J, S. 214 A. 8 ; C-Giffard, p. 230.
（82） Kunkel-J, S. 210 A. 2 ; Rabel, S. 476; Czyhlarz-N, S. 200 ; Schulz, S. 17 ; Kaser : Das röm. PR I, 1955, S. 552.
（83） Bonfante, p. 376 ; Siber, S. 294. Schulz はこれを綜合して、古典期法学は、求償者・償還者間に negotium を構成しうる限りでのみ求償を認めた、という（S. 40）。
（84） 説が分れるようである（voy. Monier, p. 300）が、Siter は古典期の後とする（SS. 294, 298）。
（85） ただし故意は除かれる。Bonfante, p. 376 ; C-Giffard, p. 229.
（86） Schulz, S. 18/9. 従って彼によれば、求償は応急的な清算手段であったことになり、分別の利益も、より積極的意味を持つものになるであろう。
（87） Monier, p. 300 ; L-Monier, p. 404 ; Bonfante, p. 377. Vgl. ferner Kreller, S. 311.

二　ゲルマン法

1　総　説

ゲルマニシュテンは、最初の間、実用的連帯法は固有法起源でなくローマの法規である、という考えから、Bluntschli 及び Beseler を除いて、この分野を研究しなかった。(1) しかし、物権と債権の峻別を欠く所では、前者に合有があれば、後者にも合手 gesamte Hand が存する、と考えるのはみやすい事理であって、(2) 学者は、一九世紀後半以後には、Stobbe を始めとして、固有法上の共同債権関係を採り上げるようになった。以下では、合手自体の説明や、連帯における債務と責任の関係は、(3) これを留保して、特徴的な連帯の内部構成に注意しつつ略説する。

最古法における連帯的観念は、家族団体法上、殺害せられまたは殺害した家族員のために、家が有しまたは負う人命金に現われる、(4) といわれ、契約連帯も、まず家仲間ないし共同相続人のなす合手約束であった（Schwerin, S. 193）とされるから、この限りでは、連帯は家族関係の中に根元を有するといえよう。(5)

連帯と保証の起源的沿革的関連如何については、必ずしも意識されているとはいえない。しかし、連帯は、古昔の保証から区別せられず、保証が発展を遂げてその粗雑さを失った時に、始めて独立した制度になった[6]とか、保証人の併列的責任は、自己保証から徐々に連帯債務として発展した[7]とか、いわれる限りでは、関連・合致を肯定しうる。また中世法上、頻繁[8]に行われた合手保証においては、主債務者と保証人の責任範囲は区別されず、補充性もなかった[9]ところからは、往々両制度は、中世では区別されておらなかったようにもみえる。とはいえこの点の吟味は、ここでなしうる限りではない。

連帯発生原因の第一は、契約であるが、合手は推定されないので、明示が必要であった。[10]しかし特別の明示を要せずして、法律上合手責任の認められる場合が発展し（Stobbe, S. 149）、また合名会社（商事組合）については、合手形式による義務設定の原則性が認められている。[11]第二の発生原因は、共同の不法行為であるが、[12]Amira[13]は、西北方法について、詳しい分類を施している。この他、法定連帯としては、右述合名会社員の他に、物的負担を負う農業財産の多数占有者や、相続債務に対する共同相続人の責任[14]が、挙げられている（Stobbe-Lehmann, S. 201）。夫婦財産制と債務共同関係は、ゲルマン系譜であるこというまでもない。

（1）　Eichhorn, Phillips, Gerber, Gengler 等が然る由。Vgl. Samhaber, S. 54.

（2）　Darüber vgl. Beseler : System des gem. DPR Ⅰ, 3. Aufl. 1873〔1. Aufl.—1853〕, S. 458 ; Stobbe : Zur Geschichte des deuts. Vertragsr., 1855, S. 146 ; Stobbe-Lehmann : Handb. des DPR Ⅲ, 3. Aufl. 1898, S. 200 ; Heusler : Institt. des DPR Ⅱ, 1886, S. 258.

（3）　Gierke によれば、固有法には、各自が全給付を schulden する連帯債務は排除されていたが、連帯責任の原則は、古来熟知せられていた由。Vgl. Gierke ; Schuld u. Haftung im älteren deuts, Recht, Gierkes U. 100, 1910, S. 114 ; auch Schwerin : Grundzüge des DPR, 1919, S. 193 ; 来栖五九頁注七（『来栖三郎著作集Ⅲ』所収）。

（4）　Bluntschli ; DPR, 3. Aufl. 1864, S. 321. なお家族連帯については voy. aussi Viollet : Histoire de d. c. fr., 2 éd. 1893, p. 592.

（5）　Huber は、近代の連帯債務立法は伝えられた家族法的・人法的制度の債権法的帰結である、という。Vgl. Huber : System u. Geschichte des schweiz. PR Ⅳ, 1893, S. 848.

（6）　Brissaud ; A history of french private law, transl. 1912, p. 579 n. 9. Voy. aussi Barde-Baudry-Lacantinerie : Traité de d. c., obl. Ⅱ,

3 éd. 1907, p. 289.
(7) Gmür ; Die Haftbarkeit der Erben für die Bürgschaftsschulden des Erblassers nach schweiz. R., 1896, S. 13/4.
(8) 合手保証は、保証の非相続性から生ずる不便を回避する機能を有していた。Vgl. Gierke : Grundzüge des DPR, aaO. Enzykl., S. 272 ; Stobbe, S. 116 ; Puntschart : Bürgschaft, Hoops Reallex. I, S. 357.
(9) Stobbe, S. 155. 保証の補充性は、中世末(一五世紀)以来始めて生じたとされる。Vgl. Gierke : Gz. S. 272 ; Gmur, S. 13.
(10) Stobbe, S. 148 ; Stobbe-Lehmann, S. 201 ; Heusler, S. 258. そして同一時・同一場所でなされることを要し、また古くは、一定の象徴が必要であった。しかし後代になる程、徐々に重点が文書に置かれるようになっている(Stobbe, S. 149)。
(11) Schmidt ; Handelsgesellschaften, in den deuts. Stadtrechtsquellen des Mittelalters, Gierkes U. 15, 1883, S. 66.
(12) Vgl. Heusler, S. 258 ; Hübner : Grundzüge des DPR, 5. Aufl. 1930, S. 572 ; Planitz : DPR, 3. Aufl. 1948, S. 152. なお後注(15)末尾参照。
(13) Vgl. Amira ; Nordgerman. Obligationenr. II (Westnord.), 1895, SS. 207 ff., 213 ff.
(14) ここでの問題ではないが、相続人の責任は、古法における債務の非相続性・責任財産の制限・不法行為の場合の区別を、併せ考えなければならない。なお概要は来栖六一頁以下参照。

2 対外的効果

ゲルマン連帯では、債務者の責任の態様が問題とされ、一人について生じた事由の効力如何の問題は、やや副次的である。なお連帯二分論的見解は、ゲルマン法についても存在する[15]。

共同債務者の責任範囲に関しては、中世法上、債権者に任意の債務者を追求する権能を与える法源[16]と、債務者を第一次的には負担部分に、補充的に残余の部分に、それぞれ引当てさせる法源[17]、の二群が併存し[18]、組合については、後者が原則的場合であった(Schmidt, S. 68)。そして第一群では分別の利益はなく、これは、ローマ法の侵入後も、往々連帯債務者がこの利益を文書によって明示的に放棄する、という形で存続する(Stobbe, S. 158)。しかし、完全弁済まで各債務者が終局的には免責されなかった点は、両群に共通であった。また合手責任では、共同財産の引当の他に、各自が自己の財産で引当てる個別責任も生じえ[19]、契約による合手義務設定においては、かかる個別責任は自明であった（Planitz, S. 153）。

一債務者が死亡した場合にも、多くの法源群では、その相続人でなく、支払能力ある共同債務者が、死者の代りに引当てるところの、いわゆる〝合手は一人から他に相続される[20]〟という原則が行われていた[21]。それ故各共同債務者は、他の者の債務部分について、恰も保証人の地位にあった[22]。しかしSchwabsp.や、ブレーメン市法（一三一三年）などでは、死者の相続人が加入し[23]、ハンブルク市法（一二七〇年）でも、支払能力ある[24]相続人が加入したので、その限りでは、合手原則はその純粋性を失う。

債務者の一人について生じた事由の効力について、Stobbeは、全債務者が一様に義務を負い、かつ彼等は債権者に対しては、いわば一個の人格[25]とみなされるので、一身的事項も同時に全ての者に影響しなければならぬ（S. 167）、という原則をたてて、一人に対する猶予・免除[26]や、一人の遅滞[27]は、絶対的効力を有する（aaO.）が、完全弁済まで全ての者は免責されないので、訴の提起は他を免責しない[28]（S. 160）、としていた。

(15)　即ち各自が全部に引当てるGesamtschuldに対するGesamthandschuld, Schuld zu gesamter Handであるが、これは全債務者が全部に引当てるものであった（Vgl. Planitz, S. 152 ; Hübner, S. 574）。またAmiraも、北方法につき、Ganzhaftung（ローマ的連帯）とGesamthaftung（各自が任意に握取されないゲルマン的制度）とに二分する（Amira: aaO. I. 1882, SS. 177 ff., 182 ff. ; II aaO.）。なおPlanitzによれば、Gesamtschuldは、就中不法行為にあって生ずる。

(16)　一四・五世紀のゾエシュトやヴィーン市法（一四三五年）など。Stobbe, S. 158. Doch vgl. Schmidt, S. 67/8. なおGierkeは、各自が全部義務を負うという表現も、常に責任を意味するという（S. u. H. S. III A. 47）。

(17)　Ssp. III 85 § 1（金澤訳早法別冊八巻一九一頁）、バンベルク市法（Bluntschli, S. 322 A. 5）など。Ferner vgl. Stobbe, S. 161 ff.

(18)　Gierke ; Gz. S. 268 u. seine S. u. H. S. 113. 両群の時期的関係につき、Stobbeは、人為性という点から第二群をより後とする（S. 157）。Hübnerも、第二群を、後期中世における第一群からの変容、とみているのではなかろうか（Vgl. S. 573）。

(19)　組合殊に合名会社では、早くからそうであったが、債務の弁済前に分割した共同相続人の場合や、婚姻上の種々の債務共同関係の場合も、然る由。Gierke : S. u. H. S. 112 A. 50.

(20) "dy gesampten hand erbet or eyner uf den andern."—Verm. Ssp. Ⅲ 12 d. 9 (Heusler, S. 259 A. 3).
(21) Vgl. Schmidt, SS. 67, 68 ; Heusler, S. 259 ; Schwerin, S. 193 ; Stobbe, S. 169/70.
(22) Schmidt, S. 68 A. 1. これはゲルマン保証の非相続性と照応する。
(23) Stobbe, S. 170 ; Schmidt, S. 68/9.
(24) 従って、相続人不存在の場合や、あっても支払能力がなければ、増加原則に復する。Heusler, S. 259 A. 4.
(25) Stobbe は、合手の本質を"eine Obligation mit mehreren Schuldnern"と考え (S. 160)、Hübner は、義務者多数の場合を、単一の債務に関する複数の責任とみる (S. 571)。これに対して Beseler は、連帯責任と分割責任の混同、という曖昧な説明を加えていた (S. 458)。
(26) ただしハンブルク法及びそれに従うリーベック法では、一人の免除は、全債務の免除でなく、連帯の免除にすぎなかった。Vgl. Stobbe, S. 169. Vgl. ferner Stobbe-Lehmann, S. 203 ; Gierke : S. u. H. S. 112 u. A. 49.
(27) この点はローマと異なっており、現在仏民に伝えられている (三Ⅲ注 (23) 参照) が、Stobbe は、ゲルマン法上遅滞は、催告によってでなく、期限の経過とともに生じるために、全債務者の負担に帰した、と説明する (S. 167 u. A. 16)。
(28) Stobbe の説明は、日民四三三条該当の場合に、他を有効とせねばならぬ、という点にある。S. 168.

3　対内的効果

保証人は、本来の債務者に対する関係では、常に保証人であり、また、実質的には一部についてのみ義務を負う者は、内部関係ではそれだけしか負わない (Stobbe, S.171)。この対内的効果をも結びつけて連帯を構成した点が、ゲルマン法の特質であって、第一次的には負担部分についてのみ引当てる連帯債務者が、その部分以上を給付した場合には、その超過額について求償しえ (vgl. Stobbe, S. 171)、仮に各人が全額に引当てる場合にも、共同債務者の結合関係は、求償にまで現われる (Stobbe, S. 174)。この求償権の一般性と、特別の譲渡行為を要せず弁済自身の効果として直接に債権が弁済者に移転する当然性とに、[29] ローマ法からの主要な相違点が認められる (Stobbe, S. 173)。そして時折明示的に債務者が求償権を保留する場合があるのは、ローマ法の影響に帰せしめられる。[30]

このように、求償が自明のものとして[31]素直に認められた根拠は、Stobbe のいうような、公平の要求や債務者の結合関係の緊密さもさることながら、一つには、連帯が、他人のために弁済するという性格の比較的明確な保証と、密接に関連し、かつ抽象的契約の面にとどまらなかったこと、また一つには、前記第二群のような分割責任への傾向は、負担部分の観念を——全額自己の債務というローマ的思考より——、容易に生ぜしめること[32]、が考えられるのでなかろうか。

(29) Vgl. Stobbe, S. 172 ; Bluntschli, S. 323 ; Stobbe-Lehmann, S. 203 ; Hübner, S. 574 ua.
(30) Stobbe-Lehmann, S. 203 A. 15. Dagegen Schulz, aaO. S. 15 u. A. 5.
(31) Stobbe-Lehmann, S. 203 A. 15 ; Gierke: S. u. H. S. 112. また前述した個別責任の場合も、同様である。Vgl. Planitz, S. 153.
(32) 直接の言及ではないが Vgl. Gierke : S. u. H. S. 111/2.

三 近代法

I ドイツ普通法

1 総説

ローマ=普通法理論は、すでに一で、新学説への架橋として述べたので、ここでは、そこで留保せられていた近代ローマ法のみを扱う。

連帯二分論は、Keller-Ribbentrop に由来するものであり、それ以前の理論は、もちろん、かかる区別に疎遠であった(näheres Binder, S. 484 ff)。また論争の最中でさえ、近代法における両連帯の区別を実益なしとする見解が[1]、論者自身によって述べられていることは看過さるべきではない。

まず契約連帯にあっては、問答契約・書面契約はもはや存在せず(Savigny, SS. 145, 287)、合意が訴権を生ぜしめるので、あらゆる形式は放棄される[2]。また行為一体の要求は消滅したという見解もある[3]。しかし分割債務原則に対する例外であることには変りがない。近代的場合として、手形が問題になるが、これは、共同連帯と異なるとされた (Savigny, S. 287 f)。

終意連帯も依然維持されてはいるが、稀にしか用いられなくなった、といわれる (Samhaber, S. 166)。

一連の附帯性訴権の中で、a. de in rem verso は、近代的適用の可否が争われているが、a. de peculio, a. tributoria は、特有財産制度が継受されなかったために消滅に帰し、a. quod iussu, a. institoria, a. exercitoria も、直接代理制度に転化して、もはや連帯か否かの問題は生ずる余地がない[4]。

この他、確定判決が連帯発生原因となりうるか、については多いに争われている[5]。

いわゆる単純連帯について、Samhaber は、漠然と、ローマ法の本質的修正はない (S. 178/9) と考えた。ところが実は、ここに多くの問題点が包蔵されていたのであって、近代的場合 (Weiss, S. 322) といわれる保険者と不法行為者の関係[6]や、自己の過失なくしても他人の不法行為に引当てる場合が、単純連帯に数えられている (Windscheid, S. 222 A. 17)。単純連帯は不法行為・準不法行為に限られるか[7]、それとも意思に基くことも可能か[8]、については説が分れる。また不法行為は、近代法上、義務の相続性が端的に示すように[9]、刑罰性を脱却して、完全な損害賠償債務になったことが強調されて[10]、求償問題の解決にも影響する (**3**参照)。しかし害意と単なる過失とを問わず連帯は生じうるかについて、学説は分れ[11]、実務は、いわゆる意思共同関係のある場合に限定していた[12]。この他、実行者と幇助者の責任関係についても問題があって[13]、〃関与〃の概念は、後に独民の下で、因果関係論・不真正連帯論と絡む困難かつ複雑な課題を提供することになる。なお、関与が明らかでない場合にも連帯責任を生ずる、という見解もみられる (Unger, S. 291 A. 199)。

普通法上、不可分債務は、連帯債務と等置されるが、求償関係に未だ差異がある (näheres Windscheid, S. 228 ff)。

最後に、Keller 以来の普通法学説は、保証人を主債務者の correus と考えていたが[14]、次第に平等連帯に対する付従連帯ではあるけれども、付従性の原則——前述（一注（38））した如く、これは普通法の形成に属する——や、責任範囲で区別せられる、という見解[15]が現われるにいたった。しかし、分離する過程にあった事情から、保証法の根本問題の一つは、やはり連帯との関係であった[16]。かくして、共同連帯論争は何故両者を共に扱ったか、またそれは近代法理論で如何なる意味を有するか、が別に考察されなければならない。

（1）Vgl. Fitting, S. 252 ff ; Kuntze, S. 232/3. Auch Bekker, II S. 323 ; Mitteis, S. 55 u. seine Grünh. S. 475.

（2）Vgl. Glück ; Pandecten IV, 1796, S. 515 ; Wächter, S. 309 ; Kreller, S. 312 ua.

（3）Unger, S. 282. もっともこれは論争問題である。Vgl. Gruchot : Glossen zum ALR I 5, Gruchots Beitr. 3, 1859, S. 302.

（4）Samhaber, S. 176. 部分的に異なるは Wächter, S. 310. なお普通法期の付帯性訴権の概要については、於保不二雄「転用物訴権について」・財産管理権論序説・昭二九・一六九頁以下。

（5）Vgl. Samhaber, S. 166 f. 次述する地方特別法の場合には、この点は省略する。

（6）Unger, S. 297. Aber dagegen Binder, S. 563 f. これが往々現在の不真正連帯の設例とされることは、いうまでもない。

（7）Siebenhaar ; CO. nach röm., gem. u. sächs. R., 1868, SS. 417, 420.

（8）Unger, S. 294 ; auch Dernburg, S. 194. この場合には、担保機能を考慮していたか、が観察されねばならぬ。

（9）相続性は、裁判慣行によっても確立していた由。Vgl. Glück : Pandecten X, 1808, S. 387.

（10）Mitteis, S. 76 ; Unger, S. 289/90 ; Dernburg, S. 354/5. Eisele も、共同不法行為は、近代法上共同連帯——即ち契約連帯——の位置に置かれるべし、としてこれに同調する（S. 474）。

（11）区別なしとする説（Glück, X, S. 385）が通説であるが、Baron, は、共謀なき単なる偶然の競合の場合には連帯とならぬ、と反対した（S. 220）。

（12）即ち、共同加害責任は、損害を生ぜしめた事件には関与したが、殺傷自身に共同しておらない者には、課されない（RGE, 1880, S. 92）とか、共同意思は狩猟のみに向けられていて、人の加害には向けられておらない（Seuffert-A., 47, 1892, S. 23）とかいう理由で、過失による共同不法行為の成立は否定された。他方ストライキにおいては、故意の財産侵害の共謀という点で、連帯責任が課されている（RGE 47, 1901, S. 248）。しかし Rumpf によれば、かかる解釈は、因果関係論の不備と過大にすぎる刑法との照応に由来した、と評される。Rumpf ; Die Teilnahme an unerlaubten Handlungen, Diss. 1904, S. 9/10.

（13）Glück は、実行者も幇助者も、事物の本質に従えば、共に賠償義務あり、と考えたが、当時の実務では、実行者が第一次的に有責であり、幇助者は限定された要件で有責とされたにすぎない。Vgl. Glück, X, S. 386.

(14) 文献については vgl. Samhaber, S. 170 u. A. 29 ; Binder, S. 131 A. 2.
(15) Helmolt : Die CO., 1857, S. 37 ff ; Czyhlarz, S. 102 ; Arndts, S. 679 A. 4 ; Dernburg, S. 209 ; Baron, S. 262 ff. ua.
(16) Darüber vgl. Westerkamp ; Bürgschaft u. Schuldbeitritt, 1908, SS. 49/50, 244.

2 対外的効果

普通法実務は、始、契約連帯の諸法理を、区別なく不法行為連帯にも適用した(Binder, S. 486)。普通法理論は、両種連帯の区別をして以来、両者の峻別・本質的差異を往々不動の前提と考え、屢々反対解釈によって両連帯の効果を分けようとしたことは、すでに一 2 でみてきた。近代法の差異——ローマからの変更は殆どないといわれる(Savigny, S. 287)——及び若干の相対的効力事由の根拠は、次の如くである。

まず要式免除が消滅したことに争いはないが[17]、共同連帯における近代的免除の効力については、単なる放棄であっても原則的には絶対的効力を有するか否かは、ドイツ固有法をも往々考慮に入れて、見解が微妙であった[18]。そして直接債権の廃棄に向けられた免除について、Windscheid は絶対的効力を認めた(S. 209 A. 4)が、Ryck はこれに反対して、債権内容の実現(の保障)という連帯の担保目的を強調して、常に相対的効力しかないと述べた[19]。単純連帯について、Windscheid (S. 219 A. 6), Unger (S. 293) 等は、受領した旨の通知即ち Quittung を要求したが、Mitteis は、これと異なり、近代不法行為——彼には共同不法行為が単純連帯の代表である——には、刑罰性がなくなっていること、多数説の結論は、法律問題と意思(解釈の)問題とを混同していること、を挙げて、共同連帯の場合を類推した(S. 78/9)。また Dernburg は相対的効力というが、これは、求償問題と関連するように思われる(後注(28)参照)。

ローマ法における宣誓の絶対的効力は、権利関係の存否に関するものに限られていたが、近代では、宣誓は事実に関するもののみになったので、ローマ法は非実用化し(Baron, S. 383/4)、絶対的効力は与えられない(Siebenhaar, S.

401）。また、時効中断の絶対的効力については、債権者の不当な利益を含み、普通法諸州ではローマ法の権威の故に承認せざるをえないとしても、立法論としてはすすめられない、という意見[20]がある。この他、分別の利益を成文法が除去したことにつき、担保機能を考慮してか、替意を表する見解もみられる（Wächter, S. 314 u. A. 44）。

相対的効力事由の一つである混同の根拠について、Savignyは、弁済と同様であるから絶対的効力ともいいえようが、混同は主観的関係に関するものであるから、と理由づけた（S. 196）。しかしFittingは、弁済とみうるならば、客観的構成にも影響する絶対的効力事由だ、と反対した（SS. 129, 125）。がRyckはさらに、弁済効果は混同を生じた者についてのみ認めらるべきであるから、混同の弁済性は、債務者が一人の場合にのみ妥当するとし、複数者間の選択を要素とする連帯において、混同の如き偶然の事件によって債権が消滅するならば、債権実現目的に反する、と難じた[21]。

次に、時効の相対的効力の根拠については、判然としない見解[22]があるが、Kuntzeは弁済とみられない（S. 193）、Ungerは異なる個々の債権は別個に消滅する（S. 270）、Windscheidは無為はその人に存する（S. 211 A. 10）、ということで、簡単に説明する。

（17）　Vgl. Savigny, S. 178. 従って更改も、問答契約性が除かれる（Siebenhaar, S. 400）。

（18）　Unger（S. 269）, Siebenhaar（S. 401）は、肯定するようであるが、Windscheid は Quittung の表現を用い（S. 208 A. 4）、Wächter も、Quittung の交付がなされれば、絶対的効力ありとした（S. 315）。しかし Dernburg は、種々の場合を列挙するだけであった（S. 202）。

（19）　Ryck : Die Lehre von den Schuldverh. nach gem. deuts. R., 1889, S. 73/4.

（20）　地方特別法を考慮して vgl. Siebenhaar, S. 403 ; Unger S. 270.

（21）　Ryck S. 76. Aehnlich Hasenöhrl : Das öst. Obligationenr. I, 1881, S. 151.

（22）　時効の項で直ちにその中断の説明をする者が少なくない。また Savigny（S. 194）の説明は Unger のそれと一致する（Unger S. 270 A. 146）か、も問題である。

3　対内的効果

連帯債務者相互間の求償権の有無は、すでに注釈学派の時代から争われ、初期には原則として承認されていた。けれども、特別の根拠のない限り否定するBulgarusの見解が、一六世紀以来理論家の間で支配的となったが、実務家の多くは、求償のために事務管理訴権を認めるBartolusの見解を支持した、といわれる[23]。Ribbentropの二元論を採用し、求償関係にそれを適用したSchröterは、共同連帯においては、自己の事務であるとして求償を認めず、逆に単純連帯の場合には、事務管理訴権を与えていた（S. 431 f）。

これに対して、Savignyは、自然の原則は分割債務であって、連帯債務は恣意による例外であるから、共同連帯の本質を脅かさない限りでは、自然的原則の回復が望ましい（S. 228/9）、という一般命題をたて、債務者は他人の事務でなく自己の事務を執行するので、事務管理は存しないようにみえるが、ローマ法書はこの事務管理を、多くの場合に、一定の柔軟さで以て用いているので、このことは決定的ではない（S. 237）、弁済は、その前になされた法律行爲の必然的結果であって、その行為と不可分の全体をなすから、それ自身のみを孤立させて観察しえない（S. 238）、として共同連帯における求償権を承認する結論に到達した。しかしその後の普通法学説の多数は、Savignyに反対して、共同連帯は、本来内部関係とは無関係であって、求償は、連帯の基礎をなす実質的法律関係に依存する、という説明をとるようになった[24]。

いわゆる単純連帯の求償関係については、一般には断定しえない、という見解[25]もあるが、学説の多くは故意ないし害意を除外した[26]ので、故意の共同後見人や共同不法行為者には求償権なしとせられた。そして共同連帯では一般的に求償権を認めるSavignyでさえ、actio legis Aquiliaeは、近代法では純粋の損害賠償訴訟に転じて、対外的には、故意も過失も区別されないが、対内関係では、故意についてはあらゆる求償が否定されねばならぬ[27]、と考えていた。しかし不法行為責任の純民事化を強調する見解は、これを以て、普通法における唯一の刑罰規定として、それの類推適用を戒め（Mitteis, S. 76）、さらに進んで、過失の場合のみならず共同の故意にも求償権を承認する学説[28]さえあった。そしてCromeは、仏法について、何人も正当な原因なくして他人の損失において利得しえない、という原則がこの場合にも存することを吟味し、単純連帯においても、給付者は自己の事務と他人の事務を同時に執行するが、残余の債務者が何等犠牲なく免責されて利得する場合には、負担部分を限度とする求償が認められるべきである、として利得訴訟によらしめようとした（SS. 126 ff, 132 ff）。しかし帝国裁判所は、普通法末期まで、右の不法行為者の求償権を否定していた[29]。

このように、求償権の承認は、「全額責任・自己の事務」という観念と、連帯の純対外的構成とに災されており、これは基本関係のない[30]、そして制裁的思想を残す不法行為については、殊に困難を提供した。しかし共同不法行為者間の求償が、公平という具体的評価に親しむ見地から認められると、共同の程度、即ち幇助者と実行者の求償関係における等置の可否が、独民の下で論ぜられる契機となり、共謀のない関与をめぐる求償問題も生ずるが、他方これは、対外関係と対内関係との関連性を理解するためにも、有益な部分であると思われる。

（23）Darüber vgl. Sintenis, S. 147 A. 52 ; Schröter : Zu der Lehre von den CO., Z. f. Civilr. u. Prozess Ⅵ, 1833, SS. 415-8. Auch Glück, Ⅳ S. 528.
（24）ZB. Dernburg, S. 203 ; Vangerow, S. 77/8 ; Wächter, S. 316 ; Windscheid, S. 206. Ferner vgl. Fitting, S. 103 A. 129 ; Samhaber, S. 193.
（25）Dernburg, S. 206 ; Unger S. 293.
（26）ZB. Wächter, S. 319 ; Windscheid, S. 220 A. 12, A. 13.
（27）Savigny, S. 258. しかし彼は、債権者が自由意思で訴権を譲渡するならば、故意の有無に関係なく求償が可能である（S. 250/1）、と述べる点で自説を緩和している。なお一八三七年のヴォルフェンビッテル高裁判決もこれと同旨である（vgl. Gruchot S. 497）。
（28）Vgl. Unger, S. 290/1 ; Dernburg, S. 355 A. 13. なおこの場合Dernburgが、実質的満足以外に絶対的効力をできるだけ制限したのは、求償を弁済から根拠づけたことと、相関関係にたつように思われる。
（29）自己の債務の弁済であって、求償の基礎たる不当利得の要件は存しない、という理由に基く。Vgl. RGE 33, 1894, S. 348 ff.

(30) 即ち不法行為的場合には、組合は無効であるから、組合訴権もないと解されていた。Vgl. Savigny, S. 250.

Ⅱ ドイツ・スイス成文法

1 総説

Keller-Ribbentrop 以前の立法は、無論、連帯の両種を区別しなかったが[1]、その後の立法も同様である[2]。ただその性格については、仏民よりもローマ法に近い(Savigny, S. 294)といわれる墺民—オーストリー民法の略—から、単純連帯的である(Ryck, S. 94)と評される瑞旧債—スイス旧債務法の略—(一八八一年)までの差異はある。それらの法典の解釈論には、一般に普通法理論の影響が大きく、学説中には、連帯二分論を成文法の解釈として認めようとする見解もあったが[3]、後には、これは否定されている[4]。しかしそれとは別に、債務の個数については見解が分れ[5]、共同連帯論争で用いられた客観的構成などの説明方法は、成文法上の議論でも、屢々採用せられている。

契約連帯においては、明示を要求する法もあったが、解釈上は、場合の事情からも認められるとか、同時設定の要はなく後の債務加入でもよいとか緩和が往々試みられている[6]。これとは異なり、プロシャ州法[7]及びチューリッヒ法典[8](一八五五年)の両者は、逆に連帯を推定していた[9]。商行為が連帯を原則とすることは、いうまでもない(AHGB § 280)。

終意や共同不法行為[10]が連帯とされることに問題はなく、他人の過失に対する責任も、往々連帯として把握され[11]、また墺民の下では、保険者と不法行為者を連帯に含める見解もみられる[12]。

共同後見人も連帯責任を負うが、共同相続人の責任[13]や、不可分債務[14]と連帯の関係は、各法によって異なっていた。保証と連帯につき、プ州法や瑞旧債の下では、差異が明白に認識されており、両制度の交渉は連帯保証・保証連帯で生ずる。ただローマ法的墺民においては、付従連帯即ち保証も連帯である、という見解があった(Ryck, S. 93)。

このような状態を背景として、独民は成立するが、同法の内容は比較的熟知されており[15]、かつ個々的問題については各論を予定しているので、略説にとどめる。（瑞債・仏民も同様。）独民は、すでに第一草案の時から、権利の保全と容易かつ便宜な権利追行という連帯の実際的目的を前に出して、意識的に両連帯の区別を棄て、また債務個数論についても明言を避けた[16]。そして解釈上は、債務複数説が優勢となり、両連帯の区別の投棄も支持せられている[17]。しかし、法典の予想しない新種即ち不真正連帯の概念が、多かれ少なかれ単純連帯論に依拠して、また原因の個数ないし目的共同関係の有無などを区別標識として、提唱されるにいたって、学説はこれの認否をめぐって烈しく争い[18]、墺法や瑞法にもこの論争は影響して[19]、再び連帯二分論が復活する。連帯発生の諸場合は省略する（vgl. zB. Oertmann, S. 348）が、四二七条でプ州法及び一般商法典に接続する点には、注意すべきであろう。

一九一一年の現行瑞債は、一八八一年法の発展であるが、連帯は推定されず、かつ意思表示なくして発生する場合は、法定せられている[20]。日民七一九条一項後段に相当する場合につき、一九〇五年の草案は、独民に倣う規定を有したが、法典はこれを削除したために、その解釈が問題となる（vgl. Oser, S. 212/3）。なお不可分債務は、全く形式的な、給付目的によって条件づけられる連帯である（Art. 70‒Oser, S. 268）。

（1）近世初期―Stobbe-Lehmann, S. 203. ALR（1794）―Wienstein : Die passive CO. nach preuss. R., Gruchots Beitr. 6, 1862, S. 482. ABGB（1811）―Hasenöhrl, S. 94 ; Samhaber, S. 221 ; Krainz-Pfaff : System des öst. allg. PR Ⅱ, 5. Aufl. 1915, S. 40.

（2）Sächs, BGB（1863）―Binder, S. 536. Schweiz OR（1881）―Gucl : Kennt das schweiz. OR einen inneren Unterschied zwischen passiver Kor. u. Sol. ?, Diss. 1908, S. 71 ; Leuthold : Die passive Sol. im schweiz. OR, Diss. 1903, S. 129 ; Binder, S. 527.（瑞債の二者はディセルタチオーンだが、その評価は低くない。）

（3）論争史で詳細は紹介するが、Vgl. Mages : Die Gesammtschuldverh. des öst. R., 1872, S. 19ff ; Stubenrauch; Samhaber, S. 221. Hartmann : CO. u. SO. nach dem schweiz. OR, Z. f. schw. R. NF. 6, 1887, S. 113 ff.

（4）ABGB―Hasenöhrl SS. 95 ff., 103 ff. ; Krainz-P, S. 40/1 ; Binder, S. 508/9; Krasnopolski-Kafka : Öst. Obligationenr., 1910, S. 9. SchweizOR―Leuthold, S. 129 ; Binder S. 535.

（5） 単一説――Gruchot, S. 323 ; Hasenöhrl, S. 101 ua. 複数説――Krainz（Vgl. Krainz-P S. 41/2）; Dernburg : Lehrb. des preuss. PR Ⅱ, 5. Aufl. 1897, S. 118.

（6） ABGB―Krainz-P, SS. 44, 45. SchweizOR-Leuthold, S. 14. もっともSiebenhaarは黙示を排除する（S. 397）。

（7） ALR Ⅰ 5 § 424, § 425. 起草者Suarezは、事物の本性と一般の人間悟性とからこれを理由づけ（vgl. Gruchot, S. 297/8）、Bornemannは、立法当時の殆どの契約の意図によると説明した（Vgl. Samhaber, S. 204）。しかしSavignyは、これは普通法の変更を目的としたのではなく、ローマ法の誤解によると難じ（S. 290/1 u. A. e）、Gruchotも、連帯の例外的性格とその実際的意義を見誤っているとして、普通法に復帰することをすすめる（SS. 295, 299）、など不評であった（auch Samhaber, S. 205. doch Wienstein, S. 483）。そしてこれとも関連して、同時設定の要求も、厳格（Gruchot, S. 304 ; Dernburg : PPR S. 117 A. 4）か否（Wienstein, aaO.）かの差があった。

（8） § 936―vgl. Bluntschli : Das zürich. Obligationenr., 1855, S. 28.

（9） プ州法では、この原則から、委任・寄託・保証の共同引受も、全部義務を生ずる（Ⅰ 13 § 201, 14 § 59, § 374）。しかし消費貸借（vgl. Gruchot, S. 307 ; Wienstein, S. 483）及び非債弁済の返還関係（Vgl. Gruchot, S. 305 ff ; Wienstein, S. 488 ; Dernburg : PPR S. 117/8）には、議論があった。

（10） プ州法では故意または重過失の加害（Ⅰ 6 § 29）、及び中・軽過失の加害にあって各人の負担が明らかでない場合（§ 32）、には連帯責任が生ずる。ただし普通法と異なり（Samhaber, S. 207）、後の場合に負担が区別されるならば、部分責任とした（§ 31. Vgl. auch Koch : Lehrb. des preuss. gem. PR Ⅱ, 3. Aufl. 1858, S. 123）。その理由について、Koch（ALR Ⅰ, 1884, S. 296）は何もいわない。ABGB §§ 1301, 1302 ――重過失を故意から除外する（Krasnopolski-K, S. 174）――やSchwOR Art. 60（Guhl, SS. 73, 208 A. 31）も近似する。Vgl. ferner, Sächs, BGB §§ 777, 778, 1495.

（11） Leuthold, S. 21/2. Hasenöhrl, S. 122 ; Krasnopolski-K, S. 11.

（12） Hasenöhrl, S. 123/4 ; Mages, S. 72ff.

（13） プ州法（Ⅰ 17 §§ 131, 127, 137 ff.）や墺民（Hasenöhrl, S. 111 ff.）では、一定の要件の下で連帯となるが、ザ民では、可分債務は常に相続分に従う責任である（§§ 2281, 2234）。

（14） プ法では、目的物の不可分性だけからは連帯は生じない（Wienstein, S. 492 ; Koch, S. 123）。墺民では連帯とされる（Krainz-P, S. 38 ; Samhaber, S. 220）。瑞旧債では、形式的連帯（Schneider）・非本来的連帯（Hafner）という説もあったが、Leutholdは、不可分である限りでは連帯とした（S. 23）。

（15） 柚木馨『独逸民法Ⅱ』（昭三〇）三二二頁以下、近藤英吉『独逸民法Ⅴ』（昭三〇）一四七頁以下参照。

(16) Motive, S. 155/66—bei Mugdan : Die gesammten Materialien zum BGB II, 1899.
(17) Vgl. Endemann : Lehrb. des bürgerl. R. I, 3/4. Aufl. 1898, S. 688 A. 10 ; Oertmann : Komm. zum BGB II, 3/4. Aufl. 1910, S. 348 ; F. Leonhard : Allg. Schuldr. des BGB, 1929, S. 721 ; Enneccerus-Lehmann : Lehrb. des bürgerl. R. II, 11 Bearb. 1930, S. 305.
(18) 学説の大要は、柚木三一八頁以下、勝本正晃『債権総論中1』（昭九）二三七—八頁で紹介されている。
(19) Vgl. Krainz-P, S. 41 ; Guhl, S. 162 ff. Guhl は、法典に規定のない、契約責任と不法行為責任の競合（S. 192 ff）、独立の不法行為（S. 207 ff）、独立の委任（S. 192 ff.）などをこれに属せしめる。なお、後注（49）該当本文参照。
(20) Art. 143. 法定連帯の諸場合については vgl. Oser : Komm. zum Schweiz. ZGB V, 1915, S. 387/8.

2　対外的効果

近代立法は、ゲルマン的基礎にたつチューリッヒ法を除いて、何れも連帯の担保目的から、分別の利益を与えない[21]。一人について生じた事由の中で、履行が絶対的効力を有するのは疑いなく、供託・代物弁済も、絶対的効力事由とせられている[22]。

これに対して更改は、非常に争われる場合が多く、プ州法では、履行代物とする Wienstein（S. 502）に対して、Koch は更改の可能性自体を疑い、Dernburg（PPR, S. 121）は意思によらしめていた。墺民では、Krainz は常に相対的効力と解したが、Hasenöhrl は履行代物と等置して、原則的には絶対効を認め（SS. 135, 136）、Pfaff も、意思によらしめるが、疑いがあれば絶対的効力と解し[23]、Last は意思を標準とする[24]。またザ民——ザクセン民法の略——では絶対的効力事由であった（§ 1028）。瑞旧債では、鎖《テイルグング》却を含めば弁済と同視する Haberstich や[25]、意思を標準とする Leuthold（S. 88）、原則として相対効しかないとする Guhl（S. 108）、がある。

援用せられた相殺は、履行と等置されて絶対的効力を有するが、他の共同債務者の有する反対債権で以てする相殺は、一致して禁じられている[26]。

免除は、プ州法上、種々の見解[27]があるけれども、免除自体から必然的に絶対効が生ずるのではない。墺民では、一身的か否かという意思解釈による。[28]瑞法の下では、当事者殊に債権者の意思を標準とするHartmann（SS. 132, 133）の他に、連帯の担保目的を強調して相対的効力を原則とする見解[29]がある。

和解は、それが免除と承認または履行約束から成るものとし、前の部分については、免除の効力に従わしめる見解[30]もある。ザ民でも、履行を含む限り絶対的効力事由とされた（§1029）。墺民では、意思（Last, S. 191）か相対的効力（Krasnopolski-K, S. 14/5）かの対立がある。瑞法については、両連帯によって効力を分けるHartmann（S. 129 f）や、原則的相対効性をいうLenthold（SS. 76, 80）があった。

時効の相対的効力性は、一致しているが、[31]時効中断については、普通法に従う法と、相対的効力事由に変更した法とがあった。[32]債権者遅滞の絶対的効力性は、始め消極的に解され（Hasenöhrl, S. 130/1）、後に肯定されるようになった（Leuthold, S. 109）が、これはみやすい。

過失の効力は、普通法の影響があって、錯綜している。まずプ州法では、「一人の行為は他の者の権利を害しえない」（I 5 §438）という規定と関連して、Dernburgは、同条が権利侵害的行為にも関すると解して、普通法の議論に終止符を打つものと考えた（PPR, S. 119/20）が、逆に、過失に絶対的効力を認める見解[33]もあった。その他の法では、相対的効力しか与えられない。[34]注意すべきは、過失の絶対的効力性は担保目的に叶う、となす見解である。[35]

右以外の事由は、相対的効力事由である。その中で混同は、負担部分――これは求償権を認める場合に始めて問題となる――の控除[36]や、求償権を以てする他の者の抗弁が認められるから、結局その限りでは、絶対的効力事由といっても大過はないのではあるまいか。

独民は、弁済・代物弁済・供託・相殺・受領遅滞を絶対的効力事由とし（§§422, 424）、免除契約の効力は意思によらしめる（§423）。その他の事由については、絶対的効力とする余地を認めるけれども、原則として相対的効力しか与えない[37]（§ 425）。この"loser"な形態たる点において、単純連帯であるといわれ[38]、仏学者 Barde によれば、その他に、相互代理を除去したと評価せられる（p. 428）。なお不真正連帯にあっては、この単純連帯的連帯の絶対的効力事由はさらに制限されることには、詳説を要しない。

瑞債は、弁済・相殺を絶対的効力事由として掲げ、満足なき免責は事情または義務の性質がそれを正当とする限りにおいてのみ絶対的効力あり（Art. 147）として、規定上は独民同様に、連帯債務消滅原因をできるだけ実質的満足にしぼろうとするが[39]、他方、一四六条の例外として、一三六条一項では、時効中断に絶対的効力を与えている。

（21） Hübner, S. 573. ALR Ⅰ 5 §§ 430～2—Gruchot, S. 312 ; Dernburg : PPR, S. 119 A. 1. Krasnopolski-K, S. 12. Motive zu § 1024 Sächs, BGB-Pöschmann-Siebenhaar : Comm. zu dem Sächs BGB Ⅱ, 2. Aufl. 1869, S. 204.

（22） Vgl. Wienstein, S. 502 ; Dernburg : PPR S. 120. Hasenöhrl, S. 133 ff ; Krainz-P, S. 48; Leuthold, SS. 29, 49 ; Guhl, S 75/6.

（23） Krainz-P, S. 50 ; auch Krasnopolski-K, S. 14.

（24） Last ; Anspruchkonkurrenz u. Gesamtschuldverh., 1908, S. 191.

（25） Haberstich ; Handb. des schweiz. Obligationenr. Ⅰ, 1884, S. 221.

（26） Wienstein, S. 502. Krainz-P, S. 48 ; Hasenöhrl, S. 138. Sächs, BGB § 1027—Pöschmann, S. 205. Leuthold, SS. 50, 52. なお三Ⅲ注（19）参照。

（27） 代理人として行為するか否かで区別をする Wienstein（S. 505）や、意思解釈の問題とする Dernburg（PPR, S. 121）など。

（28） § 894—Krainz-P S. 48/9 ; Krasnopolski-K, S. 15. Hasenöhrl は、人的免除では、求償関係が存しても例外は許されぬとする（S. 142. Dagegen Mages, S. 131 ff）。

（29） Leuthold, S. 84 ; Guhl, S. 133. なお、Leuthold は、この場合にも、完全な求償権があれば、援用権を認める。

（30） Vgl. Wienstein, S. 507 ; Hasenöhrl, S. 147/8 ; Guhl, SS. 100, 101, 103.

（31） Wienstein, S. 509 ; Dernburg : PPR S. 121. Hasenöhrl, S. 154 ; Krainz—P S. 49. Sächs, BGB § 1034. Leuthold, S. 98.

（32） プ法の中断事由殊に承認について vgl. Dernburg : PPR S. 121. 墺民上、立法者や Stubenrauch, Pachmann 等は、絶対的効力と考えていたが、Krainz-P（S. 49), Krasnopolski-K（S. 16）は、原則的には反対の見解であり、Hasenöhrl も、絶対的効力説は代理説を前提としてのみ妥当する、と評した（S. 154）。ザ民（§ 1035）も相対効とするが、瑞旧債（Art. 155 Ⅰ）では、逆に絶対的効力事由である（vgl. Leuthold, S. 30）。

（33） Wienstein, S. 512 ff.; Ryck, S. 90. そしてWiensteinは、有責者のみが完全利益を、他の者は単純価格のみを、それぞれ負担するというGruchot（S. 355）にも反対する。SS. 516-8.

（34） Krainz-P, S. 47; Hasenöhrl, S. 131; Krasnopolski-K, S. 16/7. Pöschmann,S. 205. Leuthold, S. 103; Guhl, S. 113/4.

（35） Hartmann, S. 136 ff. 彼は仏民一二〇五条の解決に倣う。なお相対効説をとるLeutholdも、自説が実際上は満足しえないことを認めていた（S. 106）。

（36） ALR I 16 § 494—vgl. auch Wienstein, S. 510; Dernburg: PPR S. 122. Leuthold, S. 91.

（37） 過失・時効中断の相対的効力性は、担保目的にそぐわない。しかし草案は、個人責任原則を変更するに足る理由が過失には認められない（Motive, S. 159）、時効中断の相対効によって債権者に生ずる比較的大きい迷惑も、反対理由にならない（Motive, S. 168）、としていた。

なお混同は、解釈上、自己の負担部分の請求が認められない（zB. Enneccerus－Lehmann, S. 226）から、その限りでは、絶対効を有するとも考えられよう。

（38） Vgl. Leonhard, S. 725. Ferner vgl. Binder S. 570/1.

（39） しかし一四七条二項の解釈から、合意・免除・和解・更改などが絶対的効力事由となる余地はある。Vgl. näheres Oser, S. 391/2.

3 対内的効果

ローマ＝普通法的な連帯の純対外的構成論は、一・二の成文法や若干の解釈論にも影響するが、とにかく成文法では、求償権を認めるのが一般的態度である。

まずプ州法では、求償は第一に契約（I 5 § 443）、次に債務者間の義務ないし特別の事情（§ 444）によって定まるが、債務共同関係は一種の組合として考えられる（Koch, S. 126）ので、他の法手段なくとも、負担部分を究極的には平等とする求償が認められる[40]（Wienstein, S. 520）。そしてこの共同の観念は広く解され、共同不法行為にも拡大される（I 6 § 33）が、ただ故意の場合には、相互的な求償は認められず（§ 34）、請求されなかった者は、その負担部分を罰として救貧金庫に徴収された[41]（§35）。なお、求償は一個の法律事実に基く場合に限られるか、については見解が分れる[42]。

墺民では、まず内部関係により、それを欠く場合には§1043によって、原則として平等の割合[43]の求償が認められる他、弁済前または弁済時に権利譲渡を求めうる（Krainz-P, S. 51）。不法行為連帯にあっては、二分論者Magesでさえ、全く一般的に——故意をも含めて——求償を認める[44]。

ザ民はローマ法的であって、共同関係《ゲマインシャフト》ないし委任がなければ求償権はなく（§1036）、不法行為連帯は過失の場合にのみ求償権を生ぜしめた（§1495）。

瑞旧債では、原則として平等の割合で求償が認められ[45]、共同不法行為者の求償は、裁判官の裁量に委ねられていた（Art. 60）。しかしHartmannは、実務が故意の場合においてさえ求償権を与えることを非難し（S. 142）、またGuhlは、不真正連帯（注(19)）には求償が例外的である、と解していた（S. 186 ff）。

独民第一草案は、訴権譲渡の利益を排して、法上当然の権利移転を定め（Motive, S. 170）、これが四二六条へと成立する。不法行為にあっては、故意者が単独行為者の場合と同様の責任を負うことは不当ではない（Motive, S. 171）、というのが第一草案の態度であったが、これは不公平かつ苛酷である（Protokolle, S. 887）として、第二草案で除去され、八四〇条で連帯債務者とされる結果、四二六条も適用される[46]。かくして独民では、求償が偶然の付属物であったローマ法と決定的に異なり、求償は連帯に本質的となった（Binder, S. 590）。しかし解釈学が、不真正連帯を認める場合に、屡々求償関係を否定することによって[47]、問題を残す場合があるようにみえるのは別に述べる。

瑞債は、求償関係でも、一八八一年法に接続する（Artt. 148, 50）[48]。最も注目すべき点は、不法行為であれ、契約または法規であれ、異なる法的原因に基いて、多数人が同一の損害に引当てる場合には、（裁判官の裁量に求償を依拠せしめるところの）五〇条が類推適用される、という五一条を新設したことである。この結果、契約ないし法規と不法行為、別々の不法行為、重複保険の如き別々の契約、異なる法規を含むと解されて(49)(Oser, S. 215)、究極的な負担者が債権者の恣意によって決定される、という不公平がなくなりえ、それまでの論争問題が制度上は解決される。この瑞債の新設規定は極めて示唆的である。

(40)　平等原則は当時の普通法に倣った。Vgl. Dernburg: PPR S. 122 ; Koch, I S. 288 A. 37.

(41)　Suarez によれば、弁済しなかった者が刑罰を課されない場合には、全く非難から免れることになる、というのがこの規定を設けた理由であった（vgl. Koch, I, S. 296 A. 31 ; Gruchot, S. 498 A. 30 ; vgl. ferner Suarez : Amtliche Vorträge bei der Schluss=Revision des ALR, 1833, S. 7)。

(42)　Wienstein（S. 524）は限定したが、実務は限定しなかった（Vgl. Koch, I S. 288 A. 37)。

(43)　§§ 896, 1302. この根拠は、公平・推定的意思・事務管理ないし委任などに求められていた。Vgl. Hasenöhrl, S. 158 A. 103.

(44)　Mages, S. 177f. Vgl. ferner Krasnopolski-K, S. 174.

(45)　Art. 168 I. Vgl. Guhl, S. 148 ff ; Leuthold, SS. 114, 129.

(46)　ただし求償が一面的な場合のあることは、いうまでもない。Vgl. Enneccerus-Lehmann, S. 320/1.

(47)　我々にとって絶対に看過してはならないのは、求償を否定する場合にも、事務管理ないし不当利得に基く請求の可能であることに言及する見解である。Vgl. Oertmann, S. 359.

(48)　不法行為連帯の場合に、一四八条の一般原則を適用しないのは、関与の段階が異なりうるためだ、と説明されている。Oser, S. 213.

(49)　しかし同条二項は、不法行為者が第一次的に、過失なくまたは契約義務なく法規によって責に任ずる者は最終位において、それぞれ損害を負担することにしている。

Ⅲ　フランス法

同法については、一九世紀後期頃の、特別論文が全く入手できず、基本的教科書の若干も同様であったために、完全はとうてい期し難いが、各論でできるだけ補正することにして略説する。

1　総　説

仏民は、当時解釈上修正・変更を受けていたローマ法に基くが、その性格は、対外面では共同連帯的[1]と評しえよう。

民事にあっては、連帯は明示を要し、推定されない。《La solidarité ne se présume point.—Art. 1202》しかし同条は、次述する共同不法行為連帯を可能とするために、契約連帯のみに関すると解されている[2]。終意も、明文はないが、連帯発生原因である。法定連帯は、共同借主・共同受任者を始め多数の場合がある[3]。しかし、以下では不法行為の場合を問題にする。

周知のように、仏民には共同不法行為の明文はなく[4]、刑法五五条に、重罪・軽罪の場合に各自が罰金・回復・損害賠償及び訴訟費用について連帯責任を負う旨が定められているにすぎない。そこで不法行為 délit civil 及び準不法行為については、古慣習法[5]以来認められてきた共同過失《フォート・コミューン》に対する連帯責任を、現行法の上でも実定法的根拠に基くことなく負わせることによって解決している。この責任の法的性質については、実務・学説とも見解は様々である[6]。またこの連帯の要件は、各行為者が損害の原因を帰せしめられうる、という点で限界づけられている[7]。

次に、仏法における連帯二分論、殊に不完全連帯ないし全部義務という観念は、Mourlon 及び Aubry-Rau によって発展せしめられたといわれる[8]。不完全連帯とは、前者によれば、相互に認識することなく、偶然に共同債務者となったにすぎず、彼等の間に何等かの関係が存するのは、著しく稀であるところの法定連帯[9]の称である。後者によれば、公序の見地や、一定の利益の保障のために、多数人が連帯責任を負う場合[10]である。そしてこれに属する場合として、刑事連帯を挙げる点は、両説に共通であったが、手形署名者の場合には見解が異なり、また彼等以外の二分論者も、種々の区別を試みていた[11]。ところが、これに反対して Laurent は、法は一個の連帯しか知らず、また Ribbentrop 的理論を仏民に導入することは誤りである、としてこの観念を否定するにいたり[12]、多くの判例も、これに同調していた。しかし再び一九四〇年前後には、全部義務の観念が、実務上採り上げられるにいたっている[13]。この仏民における二分論は如何なる意義を有し、またドイツ普通法の二分論と発生的・内容的にどういう関係があるか、は別の機会に譲る。

なお仏民における不可分債務は、不可分性が何等連帯からの特異性を有しない独民と異なるけれども、その効力は、連帯と多くの近似点を有するので、両者の異同はよく問題にされる。が、相続の場合の差異や個々の法条を除いていえば、本質的相違点は、代理（ないし委任・組合）の観念が不可分債務にはない点に求められているようである[14]。

（1） Vgl. Zachariä-Crome : Handb. des franz. Civilr. Ⅱ, 8. Aufl. 1894, S. 227 A. 4 ; Samhaber, S. 227. ただDemangeatだけは、債務一体の観念が仏法上存しないという理由で、単純連帯とみた（p. 99 n. 1）。

（2） Chamb. civ. 29, 2, 1836―Barde p. 414 ; Planiol-Ripert : Traité de d. c. fr. Ⅶ, 2 éd. 1954, p. 431 ; Colin-Capitant : Cours élém. de d. c. fr. Ⅱ, 10 éd. 1948, p. 470.

（3） Voy. Planiol-R, p. 423 s.; Colin-C, p. 468 s.; Morandière : Précis de d. c. Ⅱ, 9 éd. 1950, p. 314/5. なお共同相続人の場合については、木村健助『仏蘭西民法Ⅱ』（昭三二）一六八頁以下参照。

（4） Planiolは、délitは刑事立法に関する、と考えていた不注意の結果民法で該規定が落ちた、ということはありうるという。Planiol ; Traité élém. de d. c. Ⅱ, 3 éd. 1905, p. 300――以下単にPlaniolというは本書。

（5） この慣習法実務は、Ⅰ注（31）で述べた詐欺・強迫に関するローマ法に起源を有する。Planiol-R, p. 430.

（6） 司法では、不可分債務の一場合であるとされた後に、真正連帯とみられ、現在では屡々全部義務と説明される（voy. Planiol-R, p. 431 s.; aussi Barde, p. 416 s. 後注（13））。理論としては、完全連帯・不完全連帯・全額責任・割合責任が考えられるが、Laurent（Principes de d. c. ⅩⅦ, 5 éd. 1893, p. 318 s.）は連帯を否定し、Larombièreはこれに反対し、BardeはDemolombeの全額責任説に従った（voy. Barde, p. 412）。

（7） 従って、目的の同一性の故に異なる行為の間に単なる牽連関係が存するにすぎない場合は、連帯とならない。Voy. Planiol-R, p. 433.

（8） Planiol, p. 249 ; Planiol-R, p. 462. Aussi voy. Barde, p. 404.

（9）Voy. Mourlon ; Répétitions écrites sur le cc II, 11 éd. 1881, p. 688 ; Laurent, p. 312 ; Barde, p. 405. 即ち契約連帯はすべて完全連帯であり、法定連帯も共同利益による結合があれば然る。

（10）Voy. Planiol-R, p. 463 ; Aubry-Rau : Cours de. d. c. fr. IV, 1902, p. 25 s. notamment p. 27.

（11）Toullier では、別個の行為によって設定される連帯が、Marcadé（Explication de cc IV, 8 éd. 1892, pp. 504, 506）では、この他に、不法行為・準不法行為・違警罪が、さらに Rodière では、その他に、不可分債務や不法行為者と保険者の関係などが、それぞれ不完全連帯に数えられる。Vgl. Samhaber, S. 238 ff.

（12）Laurent, pp. 314, 317 ; aussi Demolombe—Planiol, p. 250 n. 1 ; Barde, p. 407 s. Vgl. ferner Binder, S. 510/1 ; Planiol-R, p. 420.

（13）Colin-C, p. 479 ; Planiol-R, p. 465. そして前者によれば、同一観念のいいかえにすぎぬ（p. 471）と評される。

（14）Laurent, p. 404 ; Barde, p. 462 ; Colin-C, p. 484. そして両制度の利益を同時に利用しようとする場合には、〝連帯かつ不可分で〟、という約束によるようである（Morandière, p. 322）。

2　対外的効果

仏民の連帯債務の性質は、《unité d'objet et pluralité de liens》[15]と説明されるが、その対外的効力は二種に分けられる。一は、債務の分割を妨げかつ各債務者に全額を負わせる第一次的効果（主たる効果）であり、他は、古くから発達し、現在では相互代理の観念で説明される第二次的効果（従たる効果）である。[16]なお仏法では、一人について生じた事由の効力は、抗弁権とされることが多いが、この点の説明は本稿では留保する。

まず、第一次的効果としては以下のものがある。即ち、債務者には分別の利益なく、[17]また債権者は完全弁済まで訴求を反覆してなしうる。[18]完全弁済・相殺[19]・更改（Art. 1281 I）・宣誓（Art. 1365 IV）及び免除[20]は、絶対的効力を生じ、混同も、ローマ法と異なり（Savigny, S. 293）、負担部分の限度において絶対的効力を有する。[21]

第二次的効果には、まず慣習法起源のものである訴・承認による時効中断[22]（Art. 1206, 2249）、過失及び付遅滞[23]の絶対的効力性の他に、仏民の創造した絶対的効力事由である利息の請求（Art. 1207）がある。判決は明文なく、説が分れる（voy. Planiol-R, p. 458/9）。和解は他人を拘束しえない（Art. 2051）ので、相互代理という説明はそこでは排除されるが、一二一二条によりうる場合は別である。

いわゆる完全連帯は、以上の全効果を有するが、不完全連帯といわれるものでは、全額責任のみが認められ(Barde, p. 404)、第二次的効果及び代理の観念を前提とするものは、適用されなかった。(24) しかしこれでは、共同不法行為者を適法行為者より有利な地位に置く、という結果も生ずるので、(25) 組合ないし委任の関係のない場合にも、法が債権者に強い保障を与えようとする場合に、この効果は拡大されてきた。けれども現在再び全部義務の観念が採られたことによって、第二次的効果のない全額責任が認められるにいたった（Planiol-R, Ⅵ p. 979）ので、その意義が吟味されなければならないであろう。

仏民の規定は、右述したように、独民と著しく異なるが、契約連帯では効果を修正する自由があるので、両法の差異は、法定連帯にあって絶対的である。(26) なお、仏民は絶対的効力事由が多いので、共同連帯といわれるが、いわゆる第二次的効果は、絶対的効力とする方が却って債権者に有利であることを忘れてはならない。

（15） Planiol-R, p. 444/5 ; Colin-C, p. 472 ; Morandière, p. 316.
（16） Planiol-R, p. 450. Aussi Colin-C, p. 475/6.
（17） Art. 1203. アンシャン・レジームの下でも、ツールーズやモンペリエの如き活動の中心地では、商業上の必要から、連帯債務者のみならず保証人にも、分別の利益は奪われていた（voy. Viollet, p. 591）。
（18） Art. 1204. 従って争点決定は問題でない。Voy. Planiol-R, p. 451.
（19） 訴追された共同債務者の一人は、他の者が有する反対債権を以て――少なくとも負担部分の額までは――相殺の抗弁となしうるか、について、慣習法上、Domat はこれを認め、Pothier もそれに近似していた（Bugnet ; Oeuvres de Pothier Ⅱ, 2 éd. 1862, p. 128-9 et n. 4）。しかし反対の趣旨の一二九四条三項が設けられたために説が分れ、Marcadé（p. 680 s.）, Aubry-Rau（p. 40-1 n. 19）等は依然肯定した（vgl. ferner Samhaber S. 233 A. 26）が、Barde（p. 362）, Mourlon（p. 692）, Demangeat（p. 280/1 n. 1）は否定していた。現在でも、Colin-C（p. 474）, Planiol-R（p. 452）によれば、相殺を主張しえない、という条文通りの説明が加えられているだけである。
（20） Art. 1285. ただし債権者が部分的免除を明示すれば、この限りでない。なお、共同不法行為・準不法行為を全額責任とみる

Barde は、それらにおける免除には、相対的効力しか与えない（p. 414）。

（21）Artt. 1209, 1301. これは、仏民に一般的に認められる求償の結果だ、といわれる（Samhaber, S. 232 A. 23）。

（22）Artt. 1206, 2249. これは、実際の便宜を考慮したユ法の規定に基く（Planiol-R, p. 456）。

（23）Art. 1205. Stobbe によれば、遅滞を他の過失と等置し、かつ前者にも絶対的効力を与えるのはゲルマン起源、といわれる（S. 167 A. 16）。なお二注（27）参照。

（24）Voy. Colin-C, p. 478. また Marcadé によれば、その他に、第四章（連帯）の規定の大部分は、適用されない（p. 497）。

（25）Voy. Barde, p. 408/9. Laurent は、区別をなしうる一二〇三条——Binder によれば唯一の規定（S. 520）——を全連帯に適用する以上、一二〇五—七条も同様だ、とする（p. 314）。

（26）Voy. Planiol, p. 245 ; Planiol-R, p. 462.

3　対内的効果

連帯は、対内的には、法上当然に分割され、各自は——原則として平等の——負担部分についてしか負担しない（Art. 1213）。ローマ的仏民も、この求償権の承認において、ローマ法とは異なる（Ryck, S. 93）。求償手段としては、委任訴権ないし事務管理訴権と法定代位（Art. 1251）の二つが与えられる[27]。問題は、不法行為・準不法行為の場合であるが、これについては、法律的基礎を欠くという否定的見解もあった[28]。しかし刑法五五条の連帯の場合ですら求償は奪われておらず[29]、また求償は、共同の不法行為でなく債務の弁済が根拠である[30]、という見地から承認されるにいたっている。割合について、Barde は、負担部分の確定が不能である、という理由から portion virile と解したが、実務は、異なる割合をも拒まなかった[31]。なお、不完全連帯を認める Rodière は、その場合には、屢々求償権はないとしていた[32]。

かくして、二分論者を別として、仏民は、一般的に、〝対外的共同連帯・対内的分割〟（Binder, S. 513）という基本的構造を有するが、同法における求償の根拠及び手段は、我法のそれの理解にも益するところがあるようにみえる。しかしこの点は別に問題としたい。

(27) Aubry-Rau, p. 49 ; Planiol-R, p. 467 ; Colin-C, p. 480.
(28) 全部義務として voy. Huc ; Comm. théo. et prat. du cc Ⅶ, 1894, p. 420/1. また一八九七年の判例も、各自が全部を負担すべきだとした (voy. Planiol-R, p. 468)。
(29) Voy. Barde, pp. 419, 379 ; Samhaber, S. 236.
(30) Marcadé, p. 519 ; Barde, p. 379. さらに Marcadé は、他人の損失において利得しえない (ci-dessus)、と不当利得的な考えを述べ、Samhaber も公平を挙げる (S. 236 A. 35)。Crome (S. 126 ff.) の利得訴訟説は、三 I 3 で述べた。
(31) Voy. Barde, p. 419/20 ; Aubry-Rau, p. 31.
(32) Vgl. Samhaber, S. 240 ; aussi Huc, p. 420/1.

結　語

以上で、連帯債務論の発展史的資料を、担保制度論の見地からだけでなく、従来軽視せられてきた求償権及び不法行為連帯にも注意しつつ、概観的に紹介してきた。それ故最後に、何故そのような資料を採り上げたかを説明するために、問題を、やや具体的に展開すべきである。しかし序言でお断わりしたように、これは別稿 (本著作集 1 **2**) に譲った。従って、本稿では、共同連帯論争での問題点という形で、概括的にまとめておく。

まずこの論争は、いわゆる共同連帯だけに重点を置いて、単純連帯の方は往々非常に簡単にみていた。これは、Binder の指摘を俟つまでもなく明らかである。その上、初期には区別の確立に腐心し、後には共同連帯の側での統一的理解に急ぎ、しかもその際、両連帯の差異を、特殊ローマ的な争点決定の効力に屢々求めた。その結果、近代法的意義を問題とした少数の見解を除いては、結局解釈学の課題とすることからはなれて、ローマ法源論に移ってしまい、そこにおいても、徹底的にその連帯二分論が打破せられる運命を辿った。しかし、ローマ法学が如何に烈しい語調で二分論を斥けたとしても、それは、過去の事実をローマ法源論として問題にしただけであって、普通法理論の他の一面即ち民法学の立場からの考察までが、それによって完全に打破された、とするのは少し早計である。けだし我々には、未だ法解釈学史的意義が、未開拓のまま残されているからである。私見によれば、独民の下でさえ、なお若干の問題が論争史との関連で残されておるやに思われ、その意味で、Kreller がその副題にも拘わらず一般の教科書以上に出ておらないのは、不満である。ましてや我民法学の下でこの論争史を回顧することは、我民法がかなり共同連帯に近接する段階にあるだけに、独民の場合よりもはるかに意義が大きいのではなかろうか。即ち日本とドイツでは、連帯立法の段階的差異から、問題の範囲も異なるからである。

また、連帯における対外的効果の考察に際しては、対内的効果との関連で採り上げられることによって、時折絶対的効力事由の客観的法則はない、と歎ぜられていることに対しても、ある程度の解決方向が定まりうると思われるが、これは、ローマ法規を除いては法条に拘束されず、その故に、より自由に論ずることができた普通法理論の中に、汲むべきものが多い。

また不真正連帯論は、ほぼ完全に単純連帯論が転化したものであり、この限りでは、普通法の論争は、形を変えてなお存続する、ということができる。

さらに求償権の根拠という、連帯の根本問題の一つにも、普通法理論が根底に横たわる議論が存する他、不法行為連帯や不真正連帯の内部的清算にも、論争は無関係ではない。

これらの諸点は、別稿（次掲**2**「連帯債務論の問題点」）でやや立ち入って論じておいた。それ故ここでは、重複を避けて、担保視点の問題が論争とどう関係するか、連帯の抽象化に論争がどのような役割を果したか、の問題提起に、さらに限定する。連帯の担保機能論は、私の人的担保制度研究の最終的目的につながり、その意味からも、看過しえないものである。

まず立法が単純連帯化する場合には、各個の債務間の結合度が弛緩する結果、典型的には独民についてみられるように、債権者に不利な絶対的効力事由だけでなく、有利なそれまでが落される。また逆に、共同連帯には絶対的効力事由が多いといっても、それが債権者に不利とは限らないことは、仏民の第二次的効果をみれば明らかである。とすれば、単純連帯といい共同連帯という際に、担保視点は考慮されているのであろうか、が別稿で述べてあるように、問題となる。そしてその場合には、右の論争が典型的なものであるだけに、まず考慮せられる必要がある。就中Savignyが、論争盛期に入った一八五一年に、„Sicherheit u. Bequemlichkeit in der Rechtsverfolgung“という連帯の実際的意義を強調し、かつその後の論者も、往々これをかかげていたのであるから、この命題が個々の論点については単なる装飾にすぎなかったか否か、を検討してよいのではなかろうか。またこれと関連して、この論争が、屢々保証を付従連帯として共に研究していたのは、担保視点からみれば、どのような意義を有しているか、も一つの問題である。

次に、別個の制度として発展した連帯の素材を、彼等はどの方向で抽象化しようとしたか、も考察の対象になるであろう。彼等は、担保制度としての連帯においては、周辺的地位にありながらも、担保力においては、皮肉にも、却って強力である不法行為連帯ないし単純連帯の論究を軽視し、時には、共同連帯の反対解釈によって、簡単に片づけてきた。とすれば、彼等の統一化には、果して担保視点は考慮せられていたのであろうか。Savignyの命題は、序論的な標語以上の意味があったのであろうか。

以上の諸理由の故に、論争史の回顧は、単に過去を過去としてのみ眺めることにつきないし、全く無縁な外国法の現象だといいきれるものでもない。また仮に、論争の意義を消極的にみようとしても、これらの問題が検討された上でいわれなければならない。かくして次には、論争の法解釈学史的意義を論ずべきである。

2 連帯債務論の問題点

はしがき

我民法の下における連帯債務の研究は、古くはかなり活発に行われていた[1]。しかし次第に論ぜられることが少なくなって、最近では、山中教授が二編の論文[2]を引続いて発表せられただけであるようにみえる。それでは、このように研究が少なくなったのは、問題が解決され論究しつくされてしまって、もはや特に研究する価値がなくなってしまったためであろうか。私のみるところでは、必ずしもそのような断定はできないように思われる。むしろ、見方によっては、個々的な解釈論はしばらく措くとしても、すでに基本的な問題についてさえ充分な解決がなされないまま、山中教授の御研究がでるまで、中絶していたとはいえないであろうか。また、もし必ずしも満足しうる解決に到達することなく中絶していた、といいうるならば、論究さるべき問題そのものの提起なり解決方法なりが果して完全無欠であったか、をまず反省してよいのではなかろうか。

このような疑問が、法律行為及び占有と並ぶ民法の難問といわれた[3]連帯債務論を採り上げるにいたった動機である。そして私は、さしあたり、以下の視点から考えてみた。即ち、連帯の対外的効果（対債権者関係）と対内的効果（共同債務者相互間の求償関係）は、歴史的にも比較法的にも著しい差異が認められるが、これは何に由来しどのような進化方向を有するのか。殊に、債権担保制度として連帯を把握する場合には、両効果の関連はどうなるのか。不真正連帯の観念は我法上認める必要があるのか、また必要ありとするならば、どのような内容においてであるか。連帯が、綜合的な人的担保制度の一環として、不可分債務や就中保証と併列的に設けられている存在理由はどこに求めらるべきか(4)。さらに、以上の諸問題の解決にとって、一九世紀ドイツ普通法上の大論争である共同連帯と単純連帯の区別は(5)、どのような法解釈学史的な関係を有するか。

このような問題意識の下に、私は、大陸法における連帯債務の制度(6)・理論（学説）の発展史をまず素描することによって、問題点をはっきりさせ、私なりの一応の解決方向を立ててみようとした。いうまでもなく、この分野は、立法例が余りにも区々としていて、現存の法制の単なる比較では容易に解決の手がかりは得られない。しかし、かつて述べたことのある、ある制度なり理論なりは、「各国の現段階がいかに特異的であっても、それを一つの流れとして長い眼で追うならば、かつまた、その特異的発展もそれを可及的に綜合するならば、そこに何らかの普遍的進化式・発展方向がみられうるのではなかろうか(7)」という考え方が、この分野には身分法よりも一層妥当するように思われ、その故に発展史的立場に立つ理解の可能性もある、と考えたからに他ならない。殊に、民法の大改正も考えられている現在では、このような比較法史的考察も、あながち無意味ではないであろう。

以下で述べようとするのは、かかる意図に基く研究の結語、より正確には問題の具体化、に相当する部分である。具体的な論証の部分を別稿(8)に分けたのは、両部分がある程度の独立性を有するように思われたからである。従って、極めて不親切ではあるけれども、重複をさけて、発展史は必要な限りでのみ顧み、外国文献の出所も略するので、それらは別稿の参照をお願いする。また邦語文献の詳細も、予定する各論に譲って、本稿では任意的に引用させて頂く。我判例の動向については、別に共同不法行為を手始にして、研究しているので、これまた任意的に挙げる。

（1） 文献については、勝本正晃『債権総論中Ⅰ』（昭九）一〇一頁参照。
（2） 山中康雄「連帯債務の本質」『石田還暦・私法学の諸問題㈠』（昭三〇）三七一頁以下、同「いわゆる連帯ということの意義」

民商法雑誌三三巻三号（昭三一）一頁以下。
（3）中島玉吉「連帯債務ノ性質ヲ論ス」続民法論文集（大一一）二〇三頁。
（4）山中教授はこの点にも考慮しておられ、多くの御教えを受けた。
（5）共同連帯と単純連帯の定義・内容については、全く見解が錯綜していた。しかし、ここでは、共同連帯とは、各個の債務の結合度が強く、共同債務者の一人について生じた事由は広般に全債権関係に影響するもの、単純連帯とは、逆に、結合度が弱く、従って一人について生じた事由も他に影響することが少ないもの、と一応典型化して理解しておく。
（6）連帯債務は、個々の制度を素材としているが、この中で、身分法ないし相続法に属するものが三つある。一つは、債務と共同相続の関係であり、我新法下でもその解釈は問題となるが、これについては、来栖三郎「共同相続財産について」法学協会雑誌五六巻二号（昭一三）二四三頁以下の比較法史的研究を参照せられたい（『来栖三郎著作集Ⅲ』所収）。第二は、日常家事債務の連帯責任（日民七六一条）であるが、これは夫婦財産法の一部として研究するので、連帯債務論では扱わない。第三は、当事者多数の扶養請求関係であるが、これは我民法では特殊問題となるだけであるようにみえるから、現在のところでは省略したい。
（7）椿「夫婦財産契約論」法学論叢六一巻一号（昭三〇）三一―二頁。
（8）椿「連帯債務論序説」法学論叢六二巻五号一頁以下（本書三頁以下）。

一　契約連帯と不法行為連帯の発展概観

連帯債務制度は、個々の諸制度の抽象化の上に成り立つが、財産法上の個別的制度としては、契約と不法行為とが二大中心である。そしてこの両制度は、ドイツ普通法上の共同連帯と単純連帯の区別に、典型的には相応すると考えられる。[1]それ故、両者の発展史を、近代大陸法に大きく影響したローマ法から始めて、要約的に概観しておく。

まずローマ法上、共同不法行為及びそれに準ずる場合においては、当初、訴権が多数人に対して累積される私罰訴権が、[2]被害者に与えられていた。これは古典法を経てユスティニアヌス法にも残るが、文化程度のかなり高い古典法でかかる原始的復讐に親近する制度があったのは、戦争と革命によって刑法の発達が妨げられたためだ、とSchulz はみている。しかしすでに古典法期にも、この私罰訴権と並んで、物追求訴権 action rei persecutoire が現われていた。後者も、最初の間は刑罰——従って多数人に対する訴権累積——の観念が残り、ユ法になってやっと一人の弁済が他を免責するという連帯責任の原理が確立された[3]。けれども、弁済以外の事由は、他の債務者に影響しないいわゆる相対的効力事由であり、また少なくとも、故意の加害にあっては、加害者相互の求償権が否定せられていたので、結局、ローマ不法行為連帯は、現今、不真正連帯と通説がいうものとほぼ同じ内容の責任であった。

他方、ローマの契約連帯は、抽象的な義務負担行為である問答契約《スティピュラティオ》による設定形式に長い間とどまっており、かつ連帯は純粋の対外関係として構成されていた。そのために、履行した者の求償は、かなり後まで、組合・委任などの特別の内部関係に基く訴権がない限り、認められなかった。また契約連帯の対外関係は、往々求償関係の存否を問わずに、一人について生じた事由が絶対的効力を有するような不完全な状態であり、かつその事由の数も多かった。

次に近代立法は、一八世紀のプロシャ一般州法にまでしか資料的に遡りえないが、契約連帯にあっては、ゲルマン法の態度[4]に接続して、ローマ的なザクセン民法を除いては、何らかの形で求償権を認めている。しかしドイツ普通法の多数説は、求償を承認しようとするSavignyの努力と権威にも拘わらず、依然、連帯を純粋の対外関係とみたローマ法に倣ったために、求償は連帯における偶然の附属物とせられていた。不法行為連帯にあっては、地方特別法《パルティクラールレヒト》も、大多数の普通法学説も、故意の加害には相互的求償権を許さなかった[5]ので、被害者から追求を受けた者が不運だという不公平と制裁的性格とが残され、契約連帯には求償を認めよと主張するSavignyですら、この立場に同調していた。しかしDernburgやUngerは、近代法上アクィリア法訴権は対外面では純粋の損害賠償債務に変り、内部関係においてのみ故意と過失の区別あり、としたSavignyの見解をおしすすめて、純粋の民事責任になった以上、故意の加害者にも求償権を与えよ、とした。が帝国裁判所《ライヒスゲリヒト》は遂に普通法末期までこの見解には進まなかった。

ついでドイツ民法は、第一草案では、故意者は恰も単独で加害したかの如き責任を負うべきだと考えていた。けれども、第二草案では、この解決は不公平かつ苛酷だ、として現在のような求償権の承認に到達するにいたった。一九一一年のスイス債務法は、一八八一年の旧債務法に倣って、不法行為連帯では契約連帯のように負担部分を一律に定めえない事情を考慮して、五〇条で、求償問題の決定を裁判官の裁量に委ねている。しかし我々が最も注意すべき点は、契約ないし法規と不法行為、別々の不法行為、別々の契約、異なる法規などの異なる法的原因に基いて、多数人が同一の損害に責任を負う場合には、右の五〇条を類推適用する、という新設規定（五一条）を置いたことである。(6) 公平を考え、求償を連帯の本質的属性にまで高めたドイツ民法ですら明文を設けなかった一連の場合――多くは不真正連帯――の内部的清算関係を立法的に解決したことは、高く評価されなければならないであろう。

他方、近代法における連帯の対外関係は、比較法的には混乱していて、一言でいいつくせない。しかし、ドイツ法系では、最も共同連帯的な、即ち各債務の結合度が強いオーストリー民法の段階から、次第にローマの不法行為連帯（単純連帯）の方へ傾斜して連帯が統一され、スイス債務法は、規定形式からは、この方向をさらに徹底させて、絶対的効力事由をできるだけ実質的満足に制限しようとする。これらに対して、成立時期の古いフランス民法は、ローマの契約連帯（共同連帯）を、かなりの修正を加えて採用する。そして、同法の共同連帯的性格は、共同不法行為の規定を設けなかったことと相俟って、不法行為連帯の地位如何という、共同連帯的法制に共通の問題を残すのではないかと思われる。(7)

（1）Savigny, Dernburg, Unger, Mitteis 等は本文に述べた説であるが、共同連帯論争の端緒となった Ribb entrop の著作では、共同後見人の場合が単純連帯の代表とみられているようである。

（2）例えば三人の加害者は、各自独立して賠償――しかも倍額とか三倍とかの――をなすべきであったので、被害者は、合計六倍あるいは九倍の私罰金を手に入れることができた。

（3）なおゲルマン法についても、Planitz は、共同不法行為を以て、各自が全額に引当てるべき全額債務 Gesamtschuld の主要例とし、通常の合手債務 Gesamthandschuld に対立せしめる。この点も別稿の参照を乞う。

(4) ゲルマン連帯の内部関係即ち求償は、Stobbe によれば、発生原因の如何をとわない一般性と、弁済から直ちに生ずる当然性とが、その特徴である。

(5) プロシャ州法は、救貧金庫が、弁済しなかった者から、その負担部分を罰として採り上げるという、苦しまぎれの、しかも筋の通らない解決を採った。

(6) さらに、同条二項は、不法行為者を第一順位で、過失ないし契約義務なく法規によって責任を負う者を最終順位で、それぞれ損害を負担せしめている。

(7) 我民法の下では、我妻教授が、不法行為連帯を理論上不真正連帯とみるのが妥当ではないか、という極めて示唆にとむ疑問を投じておられる。詳細については、同「事務管理・不当利得・不法行為」『新法学全集民法Ⅳ』（昭一二）一九二頁参照。

二　債務者の一人について生じた事由の効力

債務者の一人について生じた事由の効力が問題になるのは、債権消滅原因及び債権変更原因である。まず、絶対的効力事由の多少と債権者の有利不利の関係についていえば、弁済以外の事由には絶対的効力を与えない方が、概して債権者にとって有利である、とせられる見解がある。[1] この見解は、債権消滅原因をみておられるようであり、その限りでは全く正当である。しかし、共同連帯の代表的法制と評価されているフランス民法では、連帯の第二次的効果——これは債務者間の相互代理の観念によって説明される——として、時効中断・過失・遅滞及び利息請求の四つの事由が、何れも絶対的効力を有する。これは絶対的効力とする方が債権者には有利である。とすれば、共同連帯といい、単純連帯化ということは、連帯の担保目的とどう関連するか、を考えるべきではあるまいか。[2] 殊に、往々連帯の理想的形態とせられる単純連帯的連帯は、債権者に不利な絶対的効力事由を除く反面として、有利なそれをも落す結果を生じているが、もしこれに、債権者の利益と債務者の保護との調整という、債権法の一般的要請が結びつけられるならば、それは保証——ここでは従属的保証——との関連で、次にいう問題を生ずるのであるまいか。

私は今回の研究では、連帯と保証の発展史的関連の詳細は、見解が対立している事情もあって、将来に留保した。それ故、概略しか述べえないが、ローマでは起源的に両制度が合致・融合していたことは蓋然性があり、対外的効果の面では、後まで分離が曖昧であったともいいうる(3)。ゲルマン法でも両制度は密接に関連していた(4)。このような未分離の制度が次第に分化して、保証は、保証人の責任軽減の方向に進んで、現在では、債権者の保全と保証人の保護との妥協がその性格だといわれている。この Heck の言を正当とする限りでは(5)、かつまた、連帯を保証よりも強力な担保制度として認識する限りでは、わざわざ別個の制度として併存せしめられる両制度に、ともに妥協性をもたせることは、何故であろうか。この点で、我法の連帯が二兎を追うものだと評される山中教授、我法は債権者の地位の強化か債務者の緊密な関係の重視かという両極端の間で、後者に傾きすぎておらないか、とせられる我妻教授、の御見解は正しい方向といわなければならない。しかしそこまでいわれるならば、さらに一歩をすすめて、右に述べたような、単純連帯化と担保機能の問題(6)や、保証との関連における連帯の存在理由についても、一段と掘り下げてみる必要はなかったであろうか(7)。

次に、一人について生じた事由が絶対的効力を有するか、それとも相対的効力しかないか、に関する客観的法則は、一見すると、定立が困難なようにみえる。即ち、立法例は現在もなお一致せず、学説は、普通法・地方特別法とも、何故債権消滅原因の中に全債権関係を消滅せしめるものとそうでないものとがあるか(8)、何故遅滞はローマ法以来相対的効力事由であるのに、過失はそうでないのか、争点決定(訴提起)の効力は何故場合によって異なるか(9)、という問題をめぐって非常に苦しんできた。その場合、これを立法者の恣意や偶然だと片づけない限り、私は、三つの方向から解決に接近できるのではなかろうかと思う。

第一に、近代法理論が応接に悩んだ、ローマ法の絶対的効力事由については、特殊ローマ的な事情を、当然ながらまず考慮すべきではなかろうか。そしてその場合には、要式免除などにみられるように、問答契約法制においては、形式的・絶対的効力への傾向が存することとや、争点決定（訴提起）・宣誓などの絶対的効力性にみられる訴権法体系の影響、という技術的理由ももちろんあるであろう。しかし、その他にも、家族結合との関連において観察できるのではなかろうか。即ち、共同連帯的連帯で絶対的効力事由の多いことは、個々の債務の相互的結合度が緊密であるためだと説明されるが[10]、とすれば、古代においては最も重要な結合関係である、家結合の対外責任も考えてよいのではなかろうか。そして、この連帯と家結合の責任との原初における合致は、近時ではある程度推測せられ、Wieackerも、屢々連帯の内部関係をなしていた組合について、慎重ではあるけれども、家結合からの発展とみることに手がかりを与えているようにみえる。しかしローマ契約連帯は、問答契約の形態をとったことによって、具体的生活関係との関連が切断されてしまった。そのためにか、かかる家族法的起源を有する連帯が財産法的制度に独立し転化した具体的過程は、全く明らかにされておらない[11]。それ故ここでは、この点の開拓によって、絶対的効力事由の多いことや、求償制度の不備であることも、ある程度説明される面がありはしないか、という臆測的疑問にとどめておく。

第二は、近代法の下で絶対的効力・相対的効力の問題を論ずるに際しては、求償権が一般的に承認されたことによって、ローマ法の場合とは事情が質的に異なるようになったことをはっきり認識すべきではないか、という疑問である。最も典型的な場合の一つである過失の効力を例に挙げるならば、たしかにローマ法では過失の効力を絶対・相対の何れとみるかは、後での清算関係が偶然的なものであっただけに、無責者に不公平を生ずるか否かという差異を生ぜしめた。そしてこの故にこそ、過失の絶対的効力性が近代理論において一つの論争問題になったのであり、ドイツ民法草案において個人責任主義を修正する理由なしとして、相対的効力の側に決せられたのであった。しかしながら、求償を加えて考えるならば、仮に対外関係では不公平であっても、後に内部的にその清算をすることができるのであるから、問題は、公平や個人責任主義よりも、第一次的に債権者の便宜を図るかそれとも債務者相互の決済の簡便を主眼とするか、の差異に還元されるべきではあるまいか。とすれば、ドイツ民法のように、連帯の実際的意義即ち権利追行の安全と便宜を正面きつて掲げていた立法では、一人の過失を絶対的効力事由とみ、かつ無責者をも単純価格にとどまらない完全利益に引当てしめるWiensteinや、就中、連帯を対外面と内部面とに分離して、対外面についてのみ過失を絶対的効力事由とするEiseleの見解に、耳を傾けるべきではなかったであろうか。この他の場合についても、連帯を以て保証より強力な担保制度とみるところに連帯の存在理由を認めるならば、問題は、求償関係の一般的な存在を前提とした上で、対外関係と対内関係の分離[12]がどの程度まで理論として可能か、という方向に徹底できはしないものか。またこのようにみるならば、絶対・相対に関する客観的法則の定立が可能か、という問題にも一つの解決方向が示されるのではなかろうか。なお、このような視角からすれば、我が民法のように、内部関係にすぎない負担部分を以て対外関係をも広般に律せしめる法制は、たとえ債務者の決済の便宜が理由としていわれていても、担保制度の理論としては邪道であり、立法論としても大いに疑問の存することはいうまでもない[13]。

第三の、しかも第二に関連する疑問は、すでに過失の効力についてもみられるように、元来主体が一対一である場合を主に予想して発展してきた債権法理論――殊に消滅・変更に関する――を、連帯のように一対複数の主体的関係を本体とするものに適用するに際して、明確に意識さるべき点が曖昧にされていて、混乱が生じたのではないか、ということである。例えば混同は、ローマ法以来、法上当然の債権消滅原因とせられてきたが、普通法の多数説は、これを以て相対的効力事由とみていた。そしてその根拠として、Ryckは、混同の弁済性は混同を生じた者についてのみ認めらるべきであるから、弁済としての効果が混同に与えられるのは、債務者が一人の場合についてのみ妥当するのであって、複数者間の選択を要素とする連帯において、混同のような偶然の事件によって債権が消滅するならば、債権内容の実現を保障する連帯の目的に反する、という見解をとっていた。この根拠づけは決して多数の説ではなく、また、この混同の効果については、近代法では、法律上であれ、解釈上であれ、負担部分の控除という妥協が認められているので、先に述べた対外的効果と対内的効果の分離の可能性ということからするならば、混同はその問題については限界的事例に属するように思われる。しかし、私がRyckの見解を特に採り上げたのは、彼にあっては、一対一の場合の理論が連帯ではその担保目的から修正さるべきだ、といった点にある。連帯を強力な人的担保とみる限り、そこでは一個人対一個人の法理は何らかの程度で修正さるべきではないか、また及ぶ限りその修正・特殊化の原則を考えるべきではないか——これが私には一つの問題であるが、結局それは第二の疑問と関連する方向で考えられうるように思われる。

なお、一人について生じた事由の効力と関連して、もう一つ注意すべき点は、一国の連帯法の長短は、連帯の効果を私人の意思で変更するのに疎遠な法定連帯、就中、不法行為連帯に端的に現われるにも拘わらず、多くの著者は契約連帯中心にしか考察しようとしない、ということである。もちろん、担保制度としては契約連帯が中心であり、不法行為連帯は例外的である。また、単純連帯に統一したドイツ民法の下では、連帯債務を構成する個々の債務が独立し、絶対的効力事由も少なくなったので、さして不法行為連帯を特別扱いする必要はないであろう。しかし共同連帯の側で統一し、しかもその内部関係にすぎない負担部分を以て対外面にまで影響力を与える我民法の下では、共同不法行為にも着眼して、矛盾に関心が払われなければならない筈である[14]。ところが、正当にもこの事情を認めて一つの解決方向への指針を提起された我妻教授の疑問（一注（7）参照）に、さして反応がない[15]のは、私にはどうも納得がいきかねる。

（1）　我妻栄『債権総論』（昭一七）二〇〇頁。
（2）　この点に、現在全く問題とされておらないけれども、ドイツ普通法上の共同連帯論争を改めて論ずる意義の一つがある。
（3）　学説の詳細は略するが、保証の補充性は五三五年に始めて現われ、附従性の概念を現今のようなものに技術化したのはドイツ普通法期であった。また一人に対する訴提起（争点決定）の効力も、通説上は、連帯と保証とで異ならないとせられる。
（4）即ち、ゲルマン連帯は、保証がその厳格性を失った時期に独立の制度となったのであり、かつ中世で愛用された合手保証は連帯へと発展し、保証の補充性も中世末に始めて現われた。
（5）西村信雄『継続的保証の研究』（昭二七）一一頁。
（6）この担保機能を問題にすれば、一つには、債権実現の強制制度、就中強制執行制度の完備過程と人的担保の機能縮少との関係が考えらるべきであり、また一つには、究極においては債務者の一般財産に頼る人的担保が、直接に物の交換価値を支配する物的担保によって浸蝕される過程が研究されなければならない。事実私が債権担保制度を論ずる最終目的は、この担保制度の機能的変遷にあるのであって、連帯はその一階程に他ならない。しかしこの点は順次手をつけていくより他はないので、今回の研究では全く度外視している。
（7）ただし本文に述べた見解は、連帯と保証が密接に関連して発展したという沿革、および、連帯も債権担保制度の一環として把握すべきであるという理論構成、を前提とする議論である。従って、そのような見方だけでつらぬけるかは、別の機会に吟味を留保し、ここでは一応の臆測的見解を述べるにとどめた。例えば、保証が文字通り他人の債務を〝担保〟する制度であるのに対して、連帯の方は、多数人が一定の共同目的のために共同して債務を負担するものであって、他人のための担保という性格はどちらかといえば副次的である、という考え方もあるだろうが、これは素朴かつ常識的とはいえ、私の立場との対決が必要である。これも、そもそも〝担保〟とは何か、目的共同という多義的な用語はどう理解さるべきか、という基本的問題に関連するであろう。もっとも、右の考え方は、連帯の設定が同一ないし同時の行為によるべきだ、とされる場合にはまだしも妥当性を有するが、同時設定の要求がなくなったところでは、いささか狭すぎるものだ、とも評しうるであろう。
（8）詳細は、次に「共同連帯と単純連帯」として紹介するが、この論争における相言葉であるところの、客観的構成と主観的関係の表現も、この点をできるだけ統一的に説明しようとする努力の現われであった。
（9）なお、近代普通法理論の多くが、論点を、この特殊ローマ的現象に限定することによって、結局、史的事実のみを問題にするローマ法源論に帰着し、両種連帯を区別したことの法解釈学史的意義を見失ったことは、本著作集1**1**で述べておいた。
（10）ゲルマン連帯でも、各債務者は一個の人格をなす、とStobbeはみた。ただし、それからひきだされる帰結殊に対外的効果の方向は、ローマと同じではない。別稿（本著作集1「**1**連帯債務論序説」一2）を参照されたい。
（11）ローマ法学がかなり最近になってこの方面に留意するようになったにすぎない原因は、連帯を財産法上の制度として前提した、近代法理論の態度に、学説史的に影響されていたことが考えられるのではなかろうか。
（12）両関係の分離が普通法実務で明確でなかったことは、この他にも、故意と過失によって損害が生じた場合に、故意者を過失者に、先んじて引当てしめたことからもうかがわれる。
(13) 共同連帯的立法といっても、フランス民法はその第二次的効果にみられるように、絶対的効力事由を債権者に有利な方向にも拡大させているだけ、まだしも我が民法よりよいのではなかろうか。
(14) もっとも、不法行為の被害者は契約責任の場合より厚く保護さるべきである、という方向でこのことをいうならば、問題がないではない。
(15) ただし、戒能通孝『債権各論』(昭二四) 四四〇頁。

三 不真正連帯債務

不真正連帯という観念を認めるべきか否かは、ドイツでも日本でも、一つの論争問題であり、類似の現象は、フランスでは、不完全連帯ないし全部義務を認めるべきか、という形で存在する。(1) そして我国では、近時においては、限定論(2)——否認論も結局は完全な否認にはいたらず、若干を不可分債務に転ぜしめる——がかなり有力に抬頭するにいたっている。しかしながら、何のためにかかる概念を認めるべきか、という必要性の観点に基いて、その効果との関連で問題とする試みは、案外に乏しいのではなかろうか。また、従来からいわれている不真正連帯の諸場合を個別的・具体的に検討することも、必ずしも充分ではないのではなかろうか。それ故、私は、この問題についても、従来の見解に対する疑問点をだしておきたい。

第一に、ドイツにおける否認論(3)は、その理由の一つとして、ドイツ民法が単純連帯という、結合度のより弛緩せられた (loser) 形態で意識的に連帯を統一化したことを挙げている。この根拠の実益は、不真正連帯とせられる場合の若干を真正連帯に吸収しうる点にあるようだが、それはともかくとして、法の規定しない似而非な概念を別個にたてることは、別に単純連帯的法制に限らず、共同連帯的立法の下でも、制度論としては本来好ましいものでない。この点は、フランスにおける不完全連帯否認論者の Laurent がこれを強調したことからも、明らかであろう。

第二に、連帯の発生に制限的態度をとる法制の下では、その点からしてすでに心理的なひっかかりが感じさせられるであろう。

しかし、最も重要なものは、必要性ないし実益に基く、反論の第三点であろう。即ち、これは、不真正連帯を真正連帯から区別する二つの標識の中の一つとして、求償関係が原則的に欠除することを挙げる通説をとる場合に現われるのであるが、思うに、この求償なしということを不動の前提と考える限り、不真正連帯という実益は、債権者に二重の弁済を受領させないという消極的なものでしかない。それならば、わざわざ紛わしい概念を用いずとも、目的到達による債権消滅や、異主体の場合の請求権競合[4]で片づけられる。これは、末川博士[5]の御指摘の通りである。

以上の三点について、少し検討してみる。

まず、制度の統一化という理由についていうならば、たしかにドイツ民法の立法者はこのことを意識していた。しかし、そのことから直ちに、法が規定せずないしは明言しない連帯を許さないという結論に達しうるかは、同一損害に対する全額単独責任が、全面的に完全化されているか、という歴史的理解によって解答さるべきではなかろうか。なるほどドイツ民法は、連帯の対外的効果については、かなり高度の段階に到達した。しかし連帯の発生場合に明確な限定を附してはおらず、殊に、異なる法的原因に基く全額単独責任については、内部関係における清算の可能性を認める規定を設けておらない。その結果、同民法の下では、それ以前の法状態と比較した場合、共同不法行為においては、追求され弁済した者が不運であり損だ、という債権者の恣意と不公平とを生ずる結果こそなくなったが、異なる法的原因に基く全額単独責任には、それが残されうるのである。ところが、スイス債務法は、この点を立法的に解決した。それ故同法の下では、かかる責任——単純訴訟競合と呼ばれている——と連帯債務との差異は、同法に特異な不法行為連帯における求償方法と相俟って、対外関係についてしか存しない。しかも対外関係についても、真正連帯そのものがすでに、実質的満足のみに絶対的効力を与える原則に基くために、両種連帯の差は殆どない。その上私のように、ある事由が絶対的効力を有するか否かは、求償まで含めるならば、その語義通りの差ではない、とみるならばなおさらである。それ故、スイス債務法のような状態に達するならば、概念の統一もほぼ可能となり、不真正連帯という技術的概念を特に云々せずにすむようになるであろう。

次に、連帯発生の制限との関係は、一国法制の一般的態度と併せ考えるべきである他、連帯のかかる制限が社会の実際にかなうか、という広い視野からの検討も必要である。しかし、ここでは、「連帯ハ推定セラレズ」という明文を設けるフランス民法の下ですら、明文を欠く共同不法行為を連帯とする必要性があるために、解釈上、右の条文が契約連帯にしか関しない、とせられていることにのみ言及しておく。詳論は他日を期したい。

最後に第三点について。求償を欠くということを不真正連帯の本質的属性とみている限りでは、このような特殊の概念を認める必要がない、ということは全く正しい。しかし、果して、通説がとるところの求償なしという定義は、動かすべからざる前提であろうか。また、全額単独責任は内部的清算を伴わなければ却って公平に反する場合がないか、を吟味された上での議論であろうか。さらには、我通説は、不真正連帯に求償なしとする Oertmann が、事務管理や不当利得によりうることありとするのを、求償との関連でどうみられるのであろうか（後述四参照）。

元来、不真正連帯の概念は、それを単純連帯からひきだした Eisele に由来する。また、不真正連帯の諸場合も、ドイツ民法のみならずオーストタリー民法・スイス旧債務法の下でも、普通法理論でいわれた単純連帯からうけついでいる。それ故、不真正連帯を理論史的に眺める場合には、必らず普通法における単純連帯にふれなければならない。ところが、すでに述べたように、普通法理論は、連帯を対外関係についてのみ構成し、内部関係を軽視していたために、個々の単純連帯についてはともかくとしても、求償問題を単純連帯一般として詳論することがなかった。そのような対外的構成理論の下では、全額単独責任が多数人に負わしめられるところに、連帯――しかも主体の結合度の稀薄な単純連帯――を、パンデクテン教科書にみられるように、広般に認める傾向があったのは、容易に理解せられる。しかし、連帯として立法上規定せられるものが求償を本質的属性とするようになると、右のような在来の立場は、その点からも困難を生ずる。かくてF. Leonhardは、従前の単純連帯を連帯か非連帯かに分けたが、このような事情の変更を認識して整理することを怠った場合には、漠然と単純連帯を不真正連帯におきかえるとともに、真正連帯が求償を必然とするものとなっただけに、不真正連帯の求償は当然のものでない、という議論を余計にするようになったのではないかと思われる。

しかし、公平という観点からみれば、求償なしという命題には問題があることは、すでに述べた。とすれば、今までいわれてきた不真正連帯の諸場合の中で、単なる全額単独責任で足る場合と、内部的清算まで伴うべき場合とを、個別的検討によって明らかにすることが、まず必要ではなかろうか。そしてその際には殊に、民法上の一問題である契約責任と不法行為責任との関係を、異主体における競合の面から扱うことになるとともに、他人の不法行為に対する法定責任(7)を、これまた責任競合の面からみることにもなる。また、これらと関連して、不法行為責任の競合にあっては、故意と過失を等置することの可否が、負担部分との関係で問題となるであろう。(6)

以上で述べたところからいえば、不真正連帯の概念は、明文がないために賠償負担の関係で不公平を生ずる全額単独責任の競合が発生するのを防止する、より積極的な、しかも過渡期的な理論である、(9)とみることはできないものであろうか。そしてその限りでは、単純連帯的なドイツ民法でも中間的な我が民法でも、かかる概念を認める必要性そのものは極端に異なるものとはいえないのではあるまいか。(10)また、不真正連帯に求償なしということをドグマとみるならば、共同不法行為を以て、理論上は不真正連帯とみられないか、とせられる我妻教授も、求償をその場合に否定せられる趣旨ではあるまいから、もし我が民法の下で連帯二分論を、真正連帯対不真正連帯という形で採用しようとするならば、その方向での統一的理解が容易になるのではなかろうか。なお、山中教授は、不真正連帯の若干（七一五条など）を不可分債務と解したい、とせられる。この考え方は、フランスのかつての実務でもみられたところであり、私は、教授がこれに属するとせられる場合については異論をもつけれども、不真正連帯を性質上の不可分債務に吸収する解決方向そのものには、大いに御教示を受けている。ただ、四三〇条にも拘わらず主観的共同関係がないから四四二条以下（求償規定）の準用はない、とせられることによって、私の立場とは異なる帰結に到達せられるのであろうか。

（1） 不完全連帯の定義は、Mourlon にあっては、ほぼ不真正連帯のそれと相応するが、ドイツの学者は、両者を異なるものとみていた。それ故本稿では、ドイツの理論だけをみたが、フランスで、一九四〇年前後に、一旦は否定された不完全連帯が全部義務として実務上復活したことは、注意さるべきであろう。

（2） 柚木馨『判例債権法総論下』（昭二六）四九—五〇頁。
教授が限定される標識は、私には、求償規定の有無に関連づけていられるようにみえる。教授の限定論は、連帯の内部関係に着眼せられたものであり、従来ややもすると漠然としている不真正連帯論に対する貴重な批判である。私も基本的にはこの方向に従いたいが、不真正連帯の標識については必ずしも規定の有無に拘泥しない。なお、後注（9）参照。

（3） もちろん日独両法では、真正連帯そのものに、主体の結合度の強弱、従って絶対的効力事由の多少があり、この点から、真正連帯と対比される不真正連帯論も異なりうることは、我妻教授の指摘せられる通りである。

（4） 我が国では、不真正連帯が請求権競合でないとせられる見解もあるが、求償を認めない通説的見解では、対外関係しか問題にならないから、そうとはいえない。また請求権競合は、我が国でこそ、同一主体しか問題にされないが、ドイツでは異主体の場合も含まれる。ただし、Last のように、連帯債務を現行法下、そのように観念することは、便宜ではあっても、実際の必要は疑わしい。

（5） 末川博「不真正連帯債務に関する疑問」『特殊問題研究Ⅱ』（大一四）一八二—三頁注（2）参照。なお同「目的到達に因る債権消滅」同書二六三頁参照。

（6） 同一主体の請求権競合については、川島武宜「契約不履行と不法行為との関係について」『民法解釈学の諸問題』（昭二四）一頁以下参照。

（7） 不真正連帯の場合如何については、私は使用者責任などの一連の事象の再吟味を予定しているが、さしあたって注意を喚起したいのは、損害賠償に際しての、団体とその機関の関係である。
まず、民法四四条一項の場合に、法人と理事の二重責任が認められるとすれば、これはやはり不真正連帯といいうるものである（於保不二雄『民法総則講義』（昭二六）一〇九頁）。そして私のように「不真正連帯に求償なし」という通説を正当でないとみる立場は、この場合の内部的清算関係にも実益を有するように思う。けだしここでは明文もないが、学説は何らかの説明によって内部的清算を認めているからである。

次に、特殊問題ではあるが、国家賠償法上、公務員も直接に賠償責任を負うとすれば、これまた不正真連帯が問題となる場合である。もっとも、二重責任を承認しうるかは、解釈技術的には、軽過失の公務員が賠償した際の求償関係の処理が癌となっているようにみえる。最高裁判所は二重責任を否定したが、乾助教授は、実践的な意図をも以て、これに反対し、二重責任を認められる。（同民商法雑誌三三巻三号（昭三二）九五頁以下）。この問題を機縁として、一般に、団体と機関との責任は、併列的選択的全額責任を終局の解決策とみることでよいのか、それとも併列的責任を実際的見地から止揚する方向に進む傾向はないものか、が重要な課題となる。

（8）もちろん公平というような一般的観念は濫用さるべきでない。しかし本稿の程度に限定すれば、さまで問題はあるまい。

（9）私の考え方では、不真正連帯の実際的効用は、求償規定のない場合のために、就中発揮されるものとなり、若干の我が学説とは異なる帰結となる。

（10）この他、我が民法の下で不真正連帯を論ずることは、ドイツやスイスとの対比上、債権保全力において完全とはいえない真正連帯に対する一つの指標としての意義をも認めてよいのではなかろうか。

四　求償権の根拠

我民法の解釈上、連帯債務における求償権の根拠については、不当利得的にみられる見解と、それにとどまらないとせられる見解とに、二大別できる。私がこれを問題とするのは、一つには、連帯の本質という我が学者が従来好んで採り上げた問題の解決に不可欠であること、また一つには、三ですでに感じられたように、不真正連帯論に密接に関連すること、に基く。しかしこの問題は、根本問題につながる以上、解決方向の確定がすでに容易なことではない。それ故ここでは、問題点の単なる呈示にとどめざるをえない。

まず、不当利得説は、その根底に、連帯は各自が全額自己の債務を負うものであるから、一人が履行しても彼は自己の義務を履行したのであって、他人は不当に利得をするものではない・また連帯は内部関係に関するものでもない・しかし実質的には不当な利得になる、という普通法理論の論法が横たわる。この意味では、求償を当然のものとする我民法では、必ずしも適切でない、いくらか古い理論でもある。しかし他方、理論上当然に求償は生ずるといっても、それだけでは根拠の説明にならない。そこで共同分担という主観的関係が根拠の説明に用いられる。(1)しかしこれは、契約連帯の場合には適切であっても、我通説・判例のように民法七一九条の〝共同〟を極めてゆるく解する場合には、不法行為連帯まで統一して説明することはやや困難であるようにみえる。さらに、不当利得ではないということを、発展史的立場に立っていおうとするならば、それは不当利得制度論、就中それが縮少し分化すべきであるという見方との関連でいわれているか、も問題にされなければならないのではあるまいか。このようにみてくるならば、多分に言葉のあやにはなるが、目的共同関係 Zweckgemeinschaft をより客観化させて、弁済共同関係 Tilgungsgemeinschaft で説明する工夫を試みたらどうであろうか。

次に、不真正連帯も事務管理・不当利得ないし賠償者代位によって清算せられうるということは、いわゆる求償権とどう関連するか。求償が不当利得にとどまらないという説はすでに述べたが、賠償者代位については、求償と異なるとせられる見解(2)がある。しかし、求償制度の発展史をみればそうとのみ断じ難い。Savigny は、求償の理論づけに際して、事務管理的な考え方をも援用し、Crome は、完全に不当利得を根拠としていた。さらに、フランス民法では、今もなお、事務管理訴権や法定代位が求償手段に挙げられており、ドイツ民法も権利移転という構成をとる。とすれば、求償は賠償者代位や不当利得と異なるといわれる理由が、もし平面的・非歴史的にいわれるならば、少し当を失したものではなかろうか。就中、私のように、不真正連帯も内部的清算即ち求償を伴うべきであり、その清算が現在不当利得や賠償者代位によらしめられているのは、求償権への発展の一段階にあるのではないか、と考えたい者にはその印象が強い。この点で、不当利得説は、多かれ少なかれ公平を基礎とする以上、本来ならば不真正連帯の清算関係を認め易い筈である。しかしその考慮がないようにみえるが、これは何故であろうか。

また、我法では共同不法行為に際して、主観的共同の認識は要件ではないが、かかる主観的連絡のないものをも連帯として求償を認めるならば、何故同様に主観的連絡のない、異なる法的原因に基く弁済共同関係の場合が峻別されなければならないのか。もしそれが、法規なければ求償なしということから説明されるならば、全額自己の債務という古い理論に災された形式論ではなかろうか。さらに、求償は、現在では連帯の偶然的附属物でも単なる結果でもなく、連帯の本質的属性ではある。(3) しかし、といって、不真正連帯に該当する場合は連帯債務ではないから、求償もない、とする論法は、果して正当であろうか。同様に、不真正連帯には負担部分がないから、求償権はない、という説明方法も、一見もっともなようで、実は疑問を感ずる点である。

この他、求償に関しては、負担部分の平等原則に対する疑問点もある。(4) しかし、これもなお研究を要することであり、かつは紙数もつきたので、問題があるということにだけ言及する。

(1) 鳩山秀夫『増訂日本債権法総論』(昭二)二七〇―一頁。
(2) 末弘厳太郎『債権総論』新法学全集民法Ⅲ(昭一三)一二九頁註六など。
(3) ただし、Larenz は、最近の教科書で、この考え方を表明するが、これは、氏が不真正連帯に消極的態度をとることと関係する。
(4) 殊に共同不法行為については、かなりの成文法実務やスイス債務法で認められているように、負担部分平等の原則には疑念が強い。我判例(大三・一〇・二九大判)も、共同過失の場合について平等原則を宣言したが、特別の事情による差等を拒んではおらない。

むすび

以上で、連帯債務論の若干の問題点を提起し、私なりの一応の解決方向を考えてみた。そしてこれらの問題は、何れも共同連帯論争に関することは、別稿（本著作集1「**1**連帯債務論序説」）で述べておいたが、その論争史においてさらに掘り下げ、かつ各論において順次補正を加えていくつもりである。

3　連帯債務の解釈論

四三二条—四四五条　前注〔連帯債務〕

Ⅰ　連帯的債権関係の概観および連帯債権

⑴　概　観

(ア)(a)　広義における連帯的な債権関係は、債務者が複数の場合としては「連帯債務」のほかに「不真正連帯債務」の観念があるが、債権者複数の場合としては「連帯債権」だけが認められている。「不真正連帯債権」という観念は、一般に問題とされていないし、認める必要もない。上述した債務者複数の場合二つ、なかんずく連帯債務は、債権強効の機能をもつ制度として、広汎にわたる諸場合において作用を営んでいる。これに反し、連帯債権のほうは実際上ほとんど意味がない。(b)　民法は、連帯債務についてだけ本款で規定を設けており、連帯債権（次述⑵）のみならず、実際上無視しえないと考えられる（異論あり）不真正連帯債務（後述Ⅲ、本著作集1「**6** 不真正連帯債務の解釈論」）も、解釈論において構成された観念である。

(イ)(a)　本款は、四三二条ないし四四一条において広義の対外関係を、また四四二条ないし四四五条において内部関係（＝連帯債務者間の求償関係）を、定めている。前者はさらに、債権者の請求権（＝狭義の対外的効力）に関する四三二条と四四一条、成立における各債務の強い独立性を定めた四三三条、連帯債務者の一人に生じた事由の効力に関する四三四条ないし四四〇条、の三部分から成る。(b)　連帯債務の発生原因につき、民法は一般的規定を設けていないが、この問題は、連帯債務の意義・性質・機能とともに、連帯債務総説（後述Ⅱ）で説明する。なお、連帯債務の共同相続は四三二条（§四三二Ⅱ三）で、いわゆる負担部分の観念は四四二条（§四四二Ⅰ三）で、いわゆる連帯免除の意義は四四五条（§四四五Ⅰ二）で、それぞれ取り扱う。(c)　連帯債務に関する本款の規定は、一定の条文を除いて不可分債務に準用されている（§四三〇Ⅰ一イ）。また保証債務にも、個々的に準用されたり（四五九Ⅱ・四六三・四六五）、或る部分が適用されたり（詳細は、注民⑾§四五八）している。さらに、法が「連帯」と定めている諸場合にも、本款の規定は適用されることになるはずだが、必ずしもそうは解されていない。たとえば共同不法行為責任（七一九）の法的性質を想起せよ（後述Ⅱ四ウｂ）。

Ⅱ　連帯債務総説

(1)　意義・機能

(ア)　意　義　(a)　連帯債務とは、同一内容の給付（＝可分給付）について数人の債務者が各自独立した全部給付義務を負担し、かつ、債務者中の誰かの全部給付によって総債務者の債務が消滅する、という複数主体の債務である。通常かように定義される（我妻四〇一、於保一九七その他）。(b)　これは、各自の全額単独責任性と給付の一倍額性（ドイツでは nur einmal にと表現される）とを示しており、「定義」というものの性格（＝いちおうの目印で、かつ捨象がどうしても必要となる）からは、この程度で満足すべきだろう。ただ、①求償関係（＝内部的効果）を本質的な属性とする現時の連帯債務にしては、把握の仕方が対外面に偏りすぎており、②債権者の満足をともなわない債権消滅原因のかなりに絶対的効力が認められている、というわが連帯債務の特徴が前面化せず、③不真正連帯債務など類似の形態との差異をも示していない。それゆえ、連帯債務というものの全体像を理解しようとすれば、上記の定義だけでは足らず、連帯債務の法的性質に関する議論（次述⑵）や近似の制度との比較（後述⑶ア）くらいまでは、どうしてもみなければならない。(c)　同一内容の給付（後述⑷イb①）。

(イ)　機　能　(a)　まず、契約によって発生する連帯債務（いわゆる契約連帯）のそれが問題となる（発生原因については後述(4)）。或る判例は「他人の金借に付き人的担保を為す方法は、必ずしも保証契約を締結する一途に限るものにあらず、真実の借主と連帯債務を負担することに依りても亦同一の目的を達するを得べし」とする一般論を述べていたが（大判昭一二・一一・一法学七・二・一〇三）、そのころ学説にも、かかる場合は保証に「類似」する人的担保作用ありとする見解（末弘一二五・七二）を生じていた。ついで、純然たる共同的債務負担の場合を特に区別することなく、契約連帯には保証と同じ債権担保作用ありとの見解（我妻・初版二六四）が現われ、現在では、だいたいこれを基礎として今の問題が考えられるようになっている。もっとも、現在でも、契約連帯の債権担保作用は保証のごとき本質的作用でないとする見解（柚木・下五三割注）がみられるが、これは「担保」概念の理解の仕方にかかっていよう。(b)　つぎに、法律の規定によって生ずる連帯債務（いわゆる法定連帯）（後述(4)(ア)(b)）は、共同事務関与者の行動を慎重ならしめるとともに、債権者の保護を全うするため（我妻四〇七）、ないし債権の確保または担保を増大させ実行を容易ならしめるため（近藤＝柚木四九、柚木・下二四）に認められているが、警告的作用はともかくとして、これも、「担保」概念を債権の効力確保・強効と解し（なお椿「人的担保・物的担保」民事法学辞典上参照）、かつ対外的全額責任と内部的分担関係との組みあわせ（中島説・於保説的にいえば全部義務＝担保義務、負担部分＝固有義務）に着眼すれば、人的担保だといえなくはない。ただし、これは、法定連帯にも債権担保作用を認めうるか、という反論に備えるだけの議論である。(c)　ところで、債権担保力・債権強効力の程度という観点から大ざっぱにみると、連帯債務は保証債務より強力であるが（後述(3)(ア)(a)②、注民(11)§四四六Ⅰ一イ）、不可分債務にくらべると弱く（山中「いわゆる連帯ということの意義」民商三三巻三号三四四、於保二〇一）、また不真正連帯債務よりもやはり弱い（後述Ⅲ(2)(イ)(e)②、本書三一八頁・同(4)(ア)(b)④、本書三三四頁）。

(2) 法的性質

(ア) 序　言　(a)　およそ、或る法的制度の性質とか特質とかは、いかなる点を・何と対比させて・またどういうふうに・考えるか、で強調点や題目的事項にズレを生じうるものである。なかんずく、この連帯債務は、複雑かつ多岐にわたり、しかも細部については中途半端なままで消失した論争史を、過去のドイツにかかえており(次述(イ))、また、他のいろいろな制度との接触にもとづく曖昧さもあるだけに、素材にはこと欠かない。——したがって、たとえば、負担部分の存在することを性質上の特質として独立させる見解(鳩山二五五、勝本二四八、石田九五、西村一一九、高梨一八五、津曲一九四)もありうれば、その点は下位的な属性として独立項目にしない見解(我妻四〇四、松坂一二三など)もありうる。また、保証債務との対比にかなりのウエイトを置く見解(西村一一八)、不可分債務との比較で考える見解(山中説)、あるいは不真正連帯債務との差異を念頭に置く見解、のいずれもが成り立ちうる。だから、表面的に説を分類するのは無意味である。各人の発想法の手がかりをつかむことこそが、ここでは重要になってくる、と私(椿)は思う。(b)　さて、現時の有力説(我妻四〇三—四、松坂一二三、於保一九九—二〇〇)が項目的に掲げている連帯債務の法律的性質は、①独立した複数の債務である、②各債務者は全部給付義務を負う、③債務者の誰かが全部を給付すれば全員の債務が消滅する、④債務者間に一定の主体的結合関係が存する、の四点である。そして、第一の性質から種々の具体的効果が出てくる(詳細は、後述(ウ)ことに(d))。真中の二つは、連帯債務の定義に使われる事項である(前述(1)(ア))。第四の特質は、いわゆる絶対的効力と負担部分とを導き出し、また、求償権の根拠に結びつけられることもある(§四四二I(2))が、問題は、さような結合関係そのものの説明をどうするかであって、現在それは主観的目的共同か相互保証かの違いに帰着するようにみえる。構成問題としては、これが連帯債務論の焦点とされている(後述(エ))。このほか、「給付内容の同一性」も性質論に属するが、これは発生原因と関連させて解説する(後述(4)(イ)(b)①)。

(イ)　性質論に関する論争史　(a)　わが国における連帯債務の性質論は、一九世紀なかばすぎを頂点としてドイツ普通法学上はげしく争われた共同連帯（Korrealität）と単純連帯（Solidarität, blosse S.）の区別に関する議論から出発しており、初期には、論争の意義もわからずに受け売りするだけの研究・議論さえ行なわれていた。(b)　ところで、上掲二つの概念は、同法上、人により時期によって区別基準が異なっていたが、典型化させていえば、共同連帯とは、契約連帯を中心的発生原因とし、一債務者に生じた事由がかなり広汎に絶対的効力を認められるものであり、また単純連帯とは、共同不法行為および後に不真正連帯に属するとされた諸場合などから成って、一人に生じた事由の多くが他に影響しない（＝相対的効力しかない）ものをいう。なお、フランスでも、通常の連帯に対して不完全連帯ないし全部義務という観念が問題とされたことがあるが、これは、旧民法（債担七三）に顔を出しただけで、わが国での性質論にほとんど全く影響力をもたなかったようである。(c)　ドイツ普通法学は、二種の連帯における上述の差異を説明するために、三、四〇年代にはケラー＝リッベントロップの見解を採用して、共同連帯は複数主体をともなう単一の債務であり、単純連帯は目的の共同があるために結合せしめられた独立の複数債務である、というふうに構成した。共同連帯のほうに着眼して、これを債務単一説（Einheitstheorie）と呼ぶ。しかし、一九世紀なかば以後は、共同連帯もまた複数の債務であるとする債務多数説（Mehrheitstheorie）が次第に優勢となって、個数を主たる区別標準とする連帯二分論は退潮するとともに、一人に生じた事由の効力に関する両種連帯の差異も、次第にそれが少数になっていく方向で研究が進められた。そして、ドイツ民法典が単純連帯的な視角で連帯債務を規定するに及び、これら二つの言葉は解釈学から消え去った。他方、ローマ法源に関する法史学的研究からも、普通法理論の素材となったローマ法そのものにおいて、さような区別は否定的に答えられるにいたった（椿「連帯債務論序説」論叢六二巻五号五七参照、本著作集1 1）。もっとも、民法典の成立後、解釈学では、連帯二分論は、不真正連帯債務を認めるべきか否かに後継者を見出し、対立は今日まで続いている（後述Ⅲ(1)(イ)、本書三二二頁）。(d)　近時のわが国では、上記の論争を全く無視する教科書的見解が多いが、単なる装飾として掲げる(松坂一二二)くらいなら、むしろそうすべきだろう。しかし、論争の解釈学史的意義を、わが連帯債務の性質論へ積極的に利用しようとする見解もある(我妻四〇二―三、於保二〇〇―一)。すなわち我妻説は、この論争から、①債務複数説を採る場合における絶対的効力事由の説明方法、②不真正連帯債務の特徴と必要性、を引き出した。ただ、その際に、上記①の概念用具および同②の区別標準として用いる「主観的共同関係」に対しては、於保説が、単純連帯すなわち不真正連帯、また共同連帯すなわち真正連帯という結びつけをしつつ、不十分な説明だと評している。これらに関しては、以下で順次述べていく。

(ウ)　連帯債務の個数と独立性　　(a)　連帯債務は、債務者の人数に応じた独立かつ複数の債務である。今日ではほとんど反対の見解をみないし(岡村一五四、小池一八二ぐらい)、また、下に掲げる諸効果を是認し簡単に説明するには複数債務説が便利である。もちろん、この独立性には一定の相互的結合関係がからみついているが、それはそれなりに説明できるのであって、あえて一個の給付で債務も単一などと力む必要はない。私(椿)の考えによれば、だいたい個数論などというものは、どちらとみたほうが連帯債務の諸現象を無難に説けるか、というくらいの意味しかないのである。(b)　連帯債務の独立性・複数債務性を認めるほうが適切だといえる諸現象は、つぎのようである。①契約連帯の問題になるが、連帯債務者の一人について法律行為の無効・取消があっても、それは他の債務者の債務に影響しない(§四三三。なお、後述(3)(ア)(a))。②各債務者の債務は、その態容を異にしうる。たとえば、期限や条件が各債務者で異なってもよい(§四三九I(3)(イ)(b))。また、一〇〇万円の連帯債務につき一人だけは七〇万円を限度とする、というような額の相違も認められる(後述(4)(ウ)(e)、詳細は、§四三二I(3)(イ))。③債務者の一人に対する債権だけを、他へ譲渡もしくは転付することも可能である(くわしくは、§四三二II(2))。④債務者の一人についてだけ保証人をたてることも可能である(§四六四参照)。(c)　判例にも、時折り、連帯債務の個数論や独立性を説示するものがみられるが、それは、たとえば、債務者の一人に対する債権譲渡通知に対抗力ありとしたり、債権の分割転付も可能としたりする際の理由づけか、あるいは不必要な傍論としてかである（椿・連帯債務―本書一八三―五頁参照）。また、債務単一説を採るものとして引用される（柚木・下一八）こともある判決は、とうてい真の意味でそう説示したものではない（椿・連帯債務―本書一八三―五頁参照）。(d)　なお学説上も、或る条文や解釈的結論を理由づけるために、個数ないし独立性が掲げられる場合は稀れではない（たとえば、§§四三二Ⅰ(1)(ア)(d)・四三三Ⅰ(2)(イ)(a)・四三四Ⅰ(1)(ア)(d)および(3)(イ)(a)①・四四〇Ⅰ(1)(ウ)・四四一Ⅰ(1)(ア)）。

(エ)　連帯債務者間に存する結合関係　(a)　連帯債務にあっては、一定の「共同目的のためにする連結関係」（末弘）が存在すべきである、ということ自体は一般に承認されている。ところで、前述(1)(ア)したように、連帯債務の代表的な特質としては、「債務者各自の全額単独責任」と「給付の一倍額性」とが挙げられているが、それらのほかに上記のような連結関係をもち出してくるのは、何をいおうとするためだろうか。また、その際に使われる「共同」「目的」といった言葉は、いかなる意味内容のものであろうか。以下、順次学説を整理検討してみる。(b)①　かなり古い学説にあっても、経済的な「同一ノ目的」（石坂七九五―六）だとか「共同ノ目的」（鳩山二五三）という言葉は、すでに出てきている。しかし、これらは、各債務の独立性と給付の一倍額性との調節弁たる点に主たる意義があったとも考えられる。たとえば、鳩山説（同二六二）では、目的到達以外の事由の絶対的効力性は、もっぱら便宜という観点から説かれる。ことに、石坂説の上記表現は、不真正連帯との区別標準にもされない（石坂九一四・七九七参照）。②　末弘説は、すでに出ていたところの求償を当然視する見解のうえに立って、債務者が「内部的には各々共同目的の為めに努力すべき責任の分担関係を有しつつ互に連結してゐる」ことをもつて、連帯債務の特質とみた（末弘一一九、同説、石田九五）。末弘説は、これを求償関係の説明としたのであるが、他方、不真正連帯との区別もこの観念の有無に求めた（末弘一三〇注八）。石田説は、不真正連帯との差別に関しては目的共同の有無によっているが（石田一〇八）、求償の根拠になると実質的不当利得の観念をもち込んだ（石田一〇一）ため、上記の説明が意義に乏しくなっている。なお両説とも、上記の説明は、満足なき事由の絶対的効力性につながっていかない（末弘一三三、石田九八参照）。この点からも志向方向は明らかである。③共同目的とは債権の確保および満足である、とする見解もある（近藤＝柚木四七、田島一三六、柚木・下一一八）。これは結局、給付の一倍額性のいい換えに帰着するのでないかと思われる。じじつ柚木説は、満足なき絶対的効力事由の根拠としては決済の簡便化を、また求償権の根拠としては実質的不当利得を、それぞれ掲げているのである（柚木・下二九・三六）。④我妻説は、債務者の主観的共同目的による関連ありと唱える（我妻四〇三―四。同旨、吾妻五七、松坂一一三、津曲一九三―四、高梨一八六）。そして、法定連帯の求償問題でも、通常その関係が存し（我妻四三〇―一）、また「緊密な主観的関係があるものであるから、目的の到達以外の事由についても、ある程度の絶対的効力を認めることは、当事者間の法律関係を簡易に決済させ、または却って公平に適することもないではない」（我妻四一〇―一）、さらに、不真正連帯債務との差異は「共同目的による主観的な関連」の有無に存する（我妻四四四）、と説いている。この我妻説に従う学者のうち、高梨・津曲両説は、主観的共同関係論を、その「適用範囲」においても正確に追随しているが、松坂説は、絶対的効力事由の根拠に関しては、これを必ずしも強調しておらない（松坂一一五・一一三参照）。⑤山中説は、求償規定（四四二以下）については、委託程度の主観的共同関係で十分説明できるが、いわゆる絶対的効力に関する規定（四三四以下）になると、それでは曖昧である、と評する（山中・前掲民商三三巻三号三四〇）。そして、連帯債務者には、各自がお互いに、自己の負担部分については主債務者たる地位に立ち、他の者の負担部分については保証人たる地位に立つ、という実質すなわち相互保証関係があり（山中「連帯債務の本質」石田還暦Ⅰ三七六）、そのことから、負担部分の限度で絶対的効力を生ずる現象も説明される（山中・前掲民商三三巻三号三四二）という。なお、かような相互保証関係が共同債務者間に存しないときは、山中説によれば不可分債務になるが（くわしくは、注民⑾§四三〇Ⅰ一ア c）、ここでいわれる不可分債務は、不真正連帯債務の若干を吸収し、かつ、委託的意味での主観的共同関係がなければ求償規定（四四二以下）の準用もない、といった特異な意味内容のものである（山中・前掲民商三三巻三号三四六―七その他）。⑥最後に、於保説は、主観的共同関係説を酷評して、上の相互保証説に賛成するが、絶対的効力事由・求償関係・不真正連帯債務といった各肢（＝連結関係論の射程距離）においては、必ずしも相互保証だけで説明しようとするのではない（於保二〇一・二〇六・二一三・二二一―二参照）。なお、於保説には、各自の全部義務は「担保義務」であり、負担部分が各自の「固有義務」である、という中島説的な発想法もみられる。

(c)①連帯債務者間の結合ないし連結関係をめぐっては、上述のごとき種々の説明が行なわれているが、この点に連帯債務を最も特徴づける「核」が存するとみるときは、これこそが連帯債務の「本質」論だということになるわけである。しかも、この議論では、通例、不真正連帯債務が対比物として想定されているので、裏返せば、不真正連帯債務の性質論（後述Ⅲ⑴および⑵㈠）へも結びつき、また、そのほか、連帯保証とも無関係ではない（注民⑾§四五八Ⅰ二エ）。②さて、かかる諸説につき、私（椿）は、つぎのように評価することもできようかと考える。ⓐまず、上で掲げた末弘説には、「全額責任・自己の事務」という古い発想法（椿・前掲論叢六二巻五号七五―六―本書三〇一頁参照）に由来する求償＝実質的不当利得説からの大きい前進がみられるが、この求償＝本質的属性説は、不真正連帯債務との区別・差異を強調することで補強された。ⓑついで我妻説は、この立場を承継したのだが、内部関係論だけでなく、満足以外の事由にもかなり絶対的効力を認めている実定的連帯債務の特徴（＝共同連帯型）をどう「説明」すべきか、が問題意識として登場するにいたった。そして、これらすべてを統一的に説明するための概念用具として、おそらくは末川説（末川「不真正連帯債務に関する疑問」論叢一巻四号、民法に於ける特殊問題の研究Ⅱ一七二以下ことに一八二）がすでに古く輸入していた「主観的共同目的」（eine subjektive Zweckgemeinschaft）からもヒントを得て末弘説を簡約化し、上記の言葉が選択されたのであろう。この構成についていえば、概念内包（＝統一的説明のできる場）が広いということは長所・強みであり、ことに共同連帯型の連帯的債務をもつわが国では、支持者が多くなったのは十分理由もある。ⓒこの点、近藤＝柚木説は、客観的共同目的というドイツ的立場（エネクチェルス？）を継承したため、説明のための説明で、射程の狭いものになってしまった。ⓓところが、主観的共同関係というのは、わかったようでわからない曖昧さをもつ。これから出発したのが山中説であり、それに賛成する於保説であって、相互保証関係のいちじるしい徴表だと考えている場合もいくつかが掲げられている（たとえば、§§四三六Ⅱ⑴㈠ⓓ・四三三Ⅰ⑵㈠ⓐ・注民⑾四五八Ⅰ二エ）。両者の違いは、山中説が、相互保証を主として絶対的効力事由の説明に用い、ことに求償関係になると我妻説で十分だとするのに対し、於保説のほうは、内部関係へも相互保証を導入しようとするらしき点である。――ここからが、本質論・性質論とはいったい何か、相互保証でなければ説明できぬ決定的なものは何か、という今後に残される課題であって、これは民法解釈学の在り方にもつながっている（なお椿「法律学の成果と課題――民法」時報三七巻五号一二一参照）。

⑶ 比　較

㈠　近似する共同的債務との比較　ⓐ　保証債務（この詳細は、注民⑾第四款前注および§四四六など）。①まず、法的性質の面からみると、複数人が同一内容の給付を負担する点では両者とも同じであり、また、ともに各債務は別個かつ複数である。決定的な相違点は附従性の有無に存するが、さらに通常の（＝連帯保証でない）保証債務には補充性もある（なお、共同保証との対比は西村一一八の⑶参照）。②つぎに、作用的にみると、保証は典型的・代表的な人的担保制度であるが、連帯債務にもこの機能は認められる（前述⑴㈠）。なお、債権強効の程度は、もちろん連帯債務のほうが高いが、連帯保証債務は、この点において連帯債務へ接近している（椿「連帯保証の特質」法教⑷一一四参照）。③連帯債務または連帯保証の認定（次述⑷㈠ⓓ②）。④判決の既判力に関する問題（椿・連帯債務一三四―本書三〇〇頁参照）。⑤連帯債務者のための保証（注民⑾§四六四）。ⓑ　不可分債務との比較（注民⑾§四三〇Ⅰ二ア）。ⓒ　不真正連帯債務との比較（後述Ⅲ(2)(イ)、三三六頁）。

(イ) 外国法との比較　連帯債務の発生原因については、分割原則との関連で既述した（注民⑾§四二七Ⅰ二ア）。不可分債務と連帯債務の関係に関する立法例の態度も既述した（注民⑾§四三〇Ⅰ一ウ）。したがって、ここでは、連帯債務の「効果」を概説する（くわしくは椿・前掲論叢六二巻五号八〇以下―本書三五以下・四三頁以下、また後述各法条の注釈、を参照）。(a) フランスの連帯債務は、ひとことでいえば「目的の単一と結合関係の複数性」だといわれているが、対外面での特徴は、わが国よりも絶対的効力事由が多い点である（いわば強度の共同連帯型）。そして、これは、第一次的効果（債権者の全額請求権および弁済・相殺など）と第二次的効果（訴・承認による時効中断や過失・遅滞）とにわけられ、後者は相互代理の観念で説明される。内部関係では、委任・事務管理と代位とによる求償が認められる。(b) ドイツの制度は単純連帯型であって、満足を含まぬ事由には原則として相対的効力しか認めない（ド民四二二以下参照）。求償（ド民四二六）は、たとえばビンダーによると、連帯の本質的属性だといわれている（椿・前掲論叢六二巻五号八五―六一―本書三九頁）。(c) スイス法は、規定形式上、弁済・相殺以外の満足なき事由には、なるべく相対的効力しか生ぜしめないようにしている（ス債一四七）。求償関係も当然のこととして認められるが（ス債一四八・五〇）、特に注意すべきは、五一条一項が「数人ガ、不法行為・契約又ハ法律ノ規定ノ如キ異ル法的原因ニ基キ、被害者ニ対シ同一ノ損害ニ付キ其責ニ任ズルトキハ、損害ヲ共同ニテ惹起シタル者ノ間ニ於ケル償還ニ関スル規定ヲ準用ス」としている点である。

(4) 連帯債務を生ずる場合

(ア) 序　言　(a) 連帯債務は、法律行為（ことに契約）または法律の規定によって生ずる。前者を契約連帯、後者を法定連帯と呼ぶこともある。契約以外の法律行為では、遺言が挙げられている。(b) 法律規定によって連帯債務を生ずる場合は、民法ではきわめて少ないが（四四Ⅱ・七一九・七六一、なお信託二五）、商法では会社関係について非常に多い（商八〇・一一一・一三四ノ二・一九二〜一九五・二〇一Ⅱ・二〇三Ⅰ・二六六・二六六ノ三・二七七・二七八・三一一、有三〇ノ二・三〇ノ三など。さらに商五三七・五七九）。また、他の法律でも、理事などにつき連帯責任を規定する場合がある（たとえば信託三四、農協三一の二、中脇三八の二、水協三五の二、無尽一一など）。その趣旨とされているところは、別に紹介しておいた（前述(1)(イ)(b)）。(c) 民法の定める連帯発生原因のうち、七一九条と七六一条は、連帯責任の内容が問題となる。前者につき、現時の通説は連帯債務でなく不真正連帯だという（後述(ウ)(b)）。後者については、夫婦の実態および七六〇条を考慮して、負担部分を前提とする規定（四三六Ⅱ・四三七・四三九など）は適用されないとみる説（三島「日常家事債務の連帯責任」家族法大系Ⅱ二五二）、逆に、一方に生じた事由は無制限に絶対的効力を生ずるとみる説（我妻・親族法一〇九）がある。(d) また、重要な意味をもつ規定に商法五一一条がある。これは、分割主義（注民(11)§四二七Ⅰ一アａ）の適用範囲を狭めるもので、民事取引の場合にもその趣旨を拡大すべきだといわれている（反対、津曲一九五―六）。ただし、同条も、商事取引なら何でもというのではなく、①問題の債務が債務者の一人または全員のために商行為たる行為によって発生した場合であることを要し（＝債権者にとって商行為であるか否かは問題にならぬとともに、債権者にとってだけ商行為であるときは同条の適用がない）、②また、数人が一個の行為で債務を負担した場合でなければならない、と解されている（詳細は西原・商行為法一三〇―一）。なお、商法三条二項ができるまでは、民事債務と商事債務の関係ごとに時効期間の差異が、紛争を生ぜしめていた点も注意すべきである（§四三九Ⅰ(3)(イ)(d)）。

(イ)　契約連帯の基礎的諸問題　(a)　まず、くり返し述べたとおり、連帯債務は、法典および特に判例のうえで「例外」視されてきているが（注民(11)§四二七Ⅱ二イ）、それでも判例は、不可分債務となる場合を拡大することによって、若干その態度を緩和しており（注民(11)§§四三〇Ⅱ二イ・四二七Ⅱ二イｃ）、学説にいたっては、いっそうその方向を進める（注民(11)§四三〇Ⅱ三ことにイｂ）とともに、連帯債務自体に対しても、それが成立する場合を、種々の解釈的操作によって拡大しようと努めてきた（注民⑾§四三七Ⅱ三イc以下、ことにe）。かような解釈を支えている評価態度に関しては、これまた随所で述べておいたとおりである。(b)　つぎに、給付に関する問題を二つ。①「給付内容の同一」（前述⑴㈠ⓐ）という要件は、甲が米で乙は金というときには四三二条の適用が不可能となり（鳩山二五五）、そのほかにも、負担部分が存しえないから（勝本・中（二）一一〇）、と説かれている。もっとも、給付内容の同一性は、むしろ保証債務について問題となるもので（注民⑾§四四六Ⅱ一ウb②・二イ）、近時では連帯に関しては解説をみない。②一般には、可分給付の場合にのみ連帯債務が問題とされているが、給付が不可分の場合には「準連帯債務」になるとする異説もある（勝本・中（二）一一六、津曲一九四）。だが、私見（椿）では、かかる場合は、当事者の表現がどうであろうと、素直に不可分債務だと認定してよいのであって、上記のような観念は無用であろう。(c)　さらに、契約連帯は、その発生が必ずしも一個の契約にもとづくことを要しない。この点は、債務単一説（前述⑵㈦ⓐ）に立つごく少数の見解（岡村一六一、小池一八六）を別として、全く異論をみない。もっとも、於保説は、主観的共同関係説（前述⑵㈢ⓑ④）では、全員を契約当事者にするか否かはともかくとして、実質的には一個の契約であることを要するというべきでないか、と評している（於保二〇三注一）。なお、発生原因と関連して、於保説によれば、第三者が債権者とのあいだで結んだ連帯債務負担契約は、債務者の同意がないかぎり彼を拘束すべきいわれなしとされるが（於保二〇二）、これは、いわゆる併存的債務引受における原債務者の意思如何という問題である（注民⑾第四節後注Ⅲ一イa⑥、三イc③ⓑ）。(d)　最後に、意思解釈ないし認定の問題。或る契約によって発生した債務が連帯債務になるか否かは、契約解釈の問題である。①分割債務か連帯債務かについても、もちろんそうであるが、学説は、分割債務となる場合をなるべく抑制しようとする評価態度にもとづき、今日の学者にあっては一般に好まれないはずの「黙示」の意思表示という認定さえも、これを活用しようとしている（注民⑾§四二七Ⅱ三イeことに②）。②ⓐ連帯保証債務になるか連帯債務になるかも、やはり意思解釈の問題であるとされる（我妻四九八、近藤＝

柚木一七二、勝本・中(1)五一五、柚木・下九四、於保二〇三・三〇四参照)。ⓑ判例をみると、両者は給付内容が同一だから、原告が連帯債務だと主張する場合に連帯保証を認定してもよい(大判昭八・二・一五法学二・九・一一五)。もっとも、借用証書に数人が連帯債務者として連署したときは、実際には一人が借主で他の者は保証する趣旨だったとしても、特別事情のないかぎり連帯保証だという認定はできない(大判昭一二・一一・一裁判例一一民二七五)。また、連帯保証人のことを単に連帯債務者と呼ぶ場合もあるから、当事者の主張がどちらか疑問のあるときは、釈明させたうえで決めなければならない(大判昭三・五・一評論一七民訴四四一)。ⓒなお、連帯保証の認定問題は他の個所でも採り上げる(注民⑾§四四六Ⅲ三イa②・ウb)。

(ウ) その他発生に関する諸問題　最初の三つの場合は、連帯債務になるとみる判例法理に対して、学説が強く異論を唱えている問題である(くわしくは椿・連帯債務二七―本書二〇三頁以下)。(a) 併存的債務引受人と原債務者とは常に連帯債務者になるか。これについては後述するが(注民⑾第四節後注Ⅲ三イ)、かような債務加入は、債務の態容を変更するだけで、もちろん更改とはならない(判例は椿・連帯債務一〇九―本書二七八頁以下)。(b) 共同不法行為者(七一九)は連帯債務者となるか。判例は、彼らの一人に対する免除が問題となった事件において、連帯債務者だとみて四三七条の適用を肯定した(大判大三・一〇・二九民録二〇・八三四)。しかし、学説は、被用者の損害賠償債務の時効消滅が七一五条による使用者の賠償義務には影響しない(=四三九条の適用はない)とする先例(大判昭一二・六・三〇民集一六・一二八五)との比較上、被害者の保護が薄くなり彼の意思にも背反するとして、今ではこぞって反対している。(c) 約束手形の共同振出人は連帯債務者となるか。大審院は一貫して問題を肯定していたが、近時の通説は合同責任説を採り、下級審にもこれに従うものが現われている(高松高判昭三四・四・二七高民一二・三・一一五)。(d) 消費貸借における要物性の要件は、連帯債務者の一人についてこれをみたせばよいか。併存的債務引受の事案であるが、判例は肯定する(大判昭九・六・三〇民集一三・一一九七)。同時的な連帯負担の場合でも、別異に解すべき理由はあるまい。(e)　連帯債務者の各自の債務額や利率が異なってもよいか。判例は、連帯債務者の一人（＝実質上の借主）が、もう一人（＝実際には人的担保者）の承諾した額・利率を超えて借金した事案につき、各連帯債務者の責任限度は異なりうるから、承諾した範囲では債務を負担するとしている（大判大七・七・三民録二四・一三三八）。これは、判旨の奇妙な債務単一説的表現にもかかわらず、連帯債務の複数性・独立性を示す一例とされるが、我妻説は、①この結論は、借金を承諾した際に条件にされた契約と現実の貸借契約とのあいだに同一性が認められる場合に限る、②連帯債務そのものとして未払があるかぎり、自己の負担額を弁済しなければならぬ、と補足している（我妻四〇六。さらに§四三二Ⅰ⑶(イ)）。また、いわゆる一部共同引受も可能と解されている（注民⑾第四節後注Ⅲ一ウc①）。(f)　連帯債務に従たる債務についても、その連帯債務性が問題となる（§四三二Ⅰ⑶(ウ)）。(g)　いわゆる合手債務の場合にあって各自の個人責任を認めるときにも、それは、連帯債務の形になると解する余地がある（本節前注Ⅱ⑷(エ)(c)③）。(h)　また、少なくとも保証連帯の関係に立つ連帯保証人は、連帯債務者とどの程度まで等置できるか、問題たりえよう（注民⑾§§四四六Ⅰ三ウ・四六五）。

〔債権者の権利ことにその行使方法〕

第四三二条　数人カ連帯債務ヲ負担スルトキハ債権者ハ其債務者ノ一人ニ対シ又ハ同時若クハ順次ニ総債務者ニ対シテ全部又ハ一部ノ履行ヲ請求スルコトヲ得

〔比較〕　フ民一二〇〇・一二〇三・一二〇四、ド民四二一、ス債一四四

Ⅰ　本条の内容

⑴　序　言

(ア)　本条の位置・意義　(a)　いかなる場合において「数人カ連帯債務ヲ負担スルトキ」となるか、については

前述した（本款前注Ⅱ⑷参照）。また、ここで問題となる「債権者の権利」（＝狭義の対外的効果）に向かいあう観念としては、①連帯債務者各自の全額単独責任とか、②給付の一倍額性が出てくるが、これらについても何度か言及しておいた。(b) 本条は、さような連帯債務において、債権者の権利行使には極度の「自由」（次述⑵(イ)）が認められることを定めているが、これは、いうまでもなく連帯債務制度の大きな特質――サヴィニー流にいえば「権利追行における安全と便宜」の保障――を端的に示すものである。(c) もっとも、本条の意義に関しては、後出四三四条（＝請求の絶対的効力）との関連で、誰にでも「請求できる」ことより、むしろ誰からでも「履行を受けうる」ことに重点がある、と強調していた学者がある（勝本・中⑴一三二）。たしかに、合手債務の場合ならば、請求と受領の区別は重要である（本稿前注Ⅱ⑷(イ)(c)）。しかし、連帯債務では、さような喰い違いがなく、また、本条の請求を絶対的効力としか結びつけない考え方も不十分であって、一般にはこの説を無視している（現在では勝本二五〇も）。(d) つぎに、本条が定める権利行使方法の自由は、これを裏返すと、債務者めいめいの責任の独立性にほかならなくなり、学説では連帯債務複数説（本稿前注Ⅱ⑵(ウ)）を支える有力論拠の一つとされている。(e) なお、本条で行なう解説は、直接の規律内容（前述(b)）に限らない。むしろ判例をみると、権利行使方法それ自体でないもののほうが、狭義の対外的効力として問題とされなければならぬようにみえる（椿・連帯債務三七―本書二一二頁）。項を改めて説明する（後述Ⅱ・Ⅲ）。

(イ) 類似の全額債務と本条 (a) 本条は、不可分債務の場合へ準用されている。ただし、不可分債務にあっては、給付が「不可分」であるという性格規定からして、本来の不可分も拡大された不可分も区別せずに、一部請求はできないと解されている（注民⑾§四三〇Ⅲ一ア a）。(b) 不真正連帯債務は、ほかの点ではともかく、こと債権者の請求方法に関するかぎりでは、本条と同じになり、不真正連帯債務が連帯債務の一種たる意義はもっぱらこの点にある、ともいわれる（我妻四四五）。(c) いわゆる合手債務の場合には、少なくとも受領は全員からということになり、特異である（本稿前注Ⅱ⑷(イ)(c)および(エ)(c)）。

(2)　履行の請求

(ア)　概　説　(a)　具体的には次述するとおり、全く自由な請求方法が認められているが、これは、あくまでも、連帯という債権強効制度において、債権者が満足を得るための手段である。それゆえ、弁済（任意であれ強制であれ）のあった限度では、もちろん、かかる自由の範囲は減縮せしめられる。(b)　本条にいう履行の請求は、裁判外のそれに限らない。むしろ、本条の意義は訴訟の場合において重大である、といわれている（石田九六、我妻＝有泉・注釈四三二条(三)）。請求の効果については別に述べる（§四三四）。(c)　なお、本条と後出四四一条とは、体系書において、「債権者の権利」に関する「一般の場合」と「債務者破産ないし特殊の場合」として関係づけられている。その連結素は、請求ないし連帯債務そのものの独立性である。

(イ)　請求の相手方と内容　(a)　債権者は、その自由選択に従い、任意の一債務者に対して、債務額全部を請求（ないし訴求）してもよければ、一部だけを請求してもよい。全額単独責任を本質とする連帯債務の性質上、分割の抗弁ないし分別の利益は認められない。また、他の共同債務者に資力があるという抗弁も、もちろん通らない（大判大九・七・七新聞一八〇一・一九）。さらに、自己の負担部分相当額を共同債務者へ渡したというようなことも、債権者とのあいだでは何ら抗弁にならない（大判昭一〇・一二・三法学五・四・一二二）。(b)　債務者全員に対して同時に（訴訟の場合は共同被告として）、全部を請求してもよければ、一部ずつを請求してもよい。一部ずつ請求の場合、各自の負担部分や均等割りなどに対しては、全く考慮する必要がない。(c)　さらに債権者は、順次に、連帯債務者の全員または数人に対して、全部または一部ずつを請求できる。この場合、すでに債務者の誰かに対する訴訟が繫属していても、後訴は二重起訴禁止（民訴二三一）に触れない。また、すでに債務者の誰かに対する判決（勝訴・敗訴ともに含む）が確定していても、その既判力は後訴に及ばない。もっとも、既判力に関しては問題となる最高裁判決がある（於保二〇四注一、井上・続判例百選一四四、同二版一三六、椿・連帯債務一三六―七―本書三〇〇―三〇二頁参照）。(d) 以上すべてを通じ、弁済のあった限度では請求も認められなくなる（前述(ア)(a)）。給付ないし履行の絶対的効力性からして当然のことだが、この結果、たとえば連帯債務者の一人に対して全額を訴求したあと、判決前にもう一人の債務者から一部弁済があったときには、残額についてだけ勝訴判決を受けることができる（我妻四〇八）。もっとも、かような議論は、債務者相互間にかなり密接な共同が存することを前提としよう。

(3) 連帯債務として請求できる範囲

(ア) 保証債務の場合は、他人の債務の担保として債権者が保証人に請求できる範囲も明定されているが（四四七・四四八）、連帯債務においては、同一額の共同負担が想定されたためか、本条で単に「全部」というにすぎない。しかし、債権者が連帯責任を追求できる範囲については、注意しておくべき事項もないではない。

(イ) まず、請求できる範囲は、各連帯債務者によって異なることがある。(a) この理は、古い先例がすでに明らかにしていた。すなわち、二〇〇〇円の借用につき連帯債務者となることを承諾していたのに、実際には二六〇〇円を借りられてしまったという事案だが、判例は「連帯債務者ノ一人ガ他ノ債務者ノ意思ニ反シ、其限度ヲ超越シタル額ノ債務ヲ負担シ……タル場合ト雖モ、他ノ債務者ハ其責任限度内ニ於ケル債務ヲ負担スベキハ勿論」としたのである（大判大七・七・三民録二四・一三三八）。(b) 学説側で、この判示内容に気づいている者はきわめて少ない（勝本・中(1)一一一、椿・連帯債務五・一二九―本書一八二・二九六頁、我妻四〇四）。しかし、連帯債務の相続に関する最高裁判例（後述Ⅱ(3)(イ)）は、この理を前提とするものであり、また、数人の不法占拠による損害賠償の場合にも、全額単独責任（連帯債務または不真正連帯債務である）における「全額」を、一部の者については量的に制限する判例も現われている（椿「不法占拠」総合判例民法(25)二〇二参照）。(c) なお、我妻説は、各自の負担する連帯債務額が異なる場合における「債権者の権利」問題につき、連帯債務制度の債権強効目的を理由として、「債務全額について未払額がある限り、自分の負担する債務額を弁済する責任を免かれない」という（我妻四〇六・四〇九）。要するに、低い額の負担者は、自己の負担する額の限度内でならば、他の共同債務者が弁済した残額を全部支払うべきで、いかなる形の減額抗弁も許されない、ということだろうか（なお参考にすべきものとして、注民⑾§四四六Ⅰ三オc）。もっとも、不等額連帯は、これに限らず、請求の効力についても問題を生ずる（後述Ⅱ⑶(ウ)(b)①）。

(ウ) つぎは、「従たる債務」に対する債権者の権利について (a) 訴訟費用につき、判例は、「主タル債務ニ付テ連帯ノ義務アル者ハ之ニ附随スル債務ニ付テモ亦連帯ノ義務アルコトハ連帯債務ノ効力ナレバ、連帯債務者ハ訴訟費用ニ付テ連帯ノ義務アルコト勿論ナリ」とする（大判明三八・五・一一民録一一・六五六。同旨、大判明三六・一一・一二民録九・一一六六）。(b) 利息については「元本債務ニ付連帯債務者タルコトヲ承諾シタル者ハ、特別ノ意思表示ナキ限リ、取引ノ通念ニ照シ利息制限法所定ノ利率ノ範囲内ノ利息債務ニ付テモ、連帯債務ヲ負担スル意思ヲ有シタルモノト解スルヲ相当トス」る旨の判例がある（大判昭一九・三・二七法律新報七〇八・一六）。(c) 連帯債務は実際には金銭債務について生ずるから、遅滞による損害賠償は遅延利息という形を採る。これについて各自が連帯責任を負うかどうかは、遅滞を生じた原因と相関的に考えなければならない（§§四三四Ⅲ・四四〇Ⅱ⑵(イ)）。

(エ) さらに、(a) 満足をともなわない債権消滅原因が連帯債務者の一人について生じた場合に、それが絶対的効力（§四三四Ⅰ⑴(ア)(a)）を認められるときは、債権者の請求できる額に対し、マイナスの方向で重大な影響を与える仕組みとなっている。たとえば、債権者が連帯債務者の一人に対し、その債務を免除した場合（§四三七Ⅰ⑴(ア)）。(b) また、いわゆる絶対的連帯免除・相対的連帯免除がなされた場合においても、免除された者に対する請求可能額には変動を生ずる（§四四五Ⅰ⑵(イ)）。

Ⅱ　債権者の権利に関する特殊問題

(1)　債権者取消権

(ア)　連帯債務に限らず、およそ人的担保というものは、債務者の人数したがって彼らの責任財産（ないし一般財産）の数量を増大させることによって、債権者の満足を確保しようとするのであるから（なお椿「人的担保・物的担保」民事法学辞典(上)）、各連帯債務者の責任財産が不当に減少せしめられないことについて、債権者は重大な利害関係をもつ。「責任財産の維持」に関する詳細は、四二四条の注釈にゆずるが、ここでいわゆる債権者の権利に関しては、つぎのことが問題となる。

(イ)　それは、連帯債務者の一人が資力減少行為をした場合に、他の共同債務者の資力如何にかかわらず、その取消を訴求できるか否かである。判例（大判大七・九・二六民録二四・一七三〇、同大九・五・二七民録二六・七六八）・通説とも問題を肯定しているが、判例（上掲大七・九・二六）における理由づけは以下のとおりである。すなわち、

「蓋シ、連帯債務ニ在リテハ、債権ノ効力ヲ確保スル為メ、債務者ハ各自債権ノ全部若クハ一部ヲ履行スベキ義務ヲ有シ、他ノ連帯債務者ニ資産アルノ故ヲ以テ債権者ノ履行ノ請求ヲ拒否スルコトヲ得ザルト同時ニ、債権者ガ連帯債務者ノ一人ニ対シテ履行ヲ請求スルト将又同時又ハ順次ニ総債務者ニ対シ履行ヲ請求スルトハ其撰択ノ自由ニ属スルヲ以テ、債務者ハ各自、債権者ノ一般担保タル自己ノ資産ヲ債権者ノ損害ニ於テ減少スベキ行為ヲナスベカラザル地位ニアルコト如上連帯債務ノ性質ニ鑑ミ自カラ明ナルヲ以テナリ」

と。この判例理論の理解にあたつて注意すべき点は、別に述べておいた（椿・連帯債務一一三―本書二八一頁）。

(2)　債権譲渡・転付命令

(ア)　連帯債務者の一人ないし一部に対する債権を他へ譲渡しうるということは、連帯債務の性質と関連させて既述したが（本稿前注Ⅱ(2)(ウ)(b)③）、よりくわしくいえば、判例（大判大八・一二・一五民録二五・二三〇三）が「連帯債務ハ債権者ニ対シテハ一個ノ債務ノ如ク看做サルルモ、各債務者ハ各自全部ノ給付ヲ内容ト

スル独立ノ債務ヲ負担スルモノナルヲ以テ、債権者ハ連帯債務者ノ一人ニ対スル債権ノミヲ独立シテ譲渡スルコトヲ得」るというのは、実は傍論ないし前提的議論でしかない（椿・連帯債務一一七・一一八―本書二八六―七頁参照）。また学説でも、かかる譲渡の可能性こそ今では通説的に承認されているとはいえ、実際取引における需要があるかは疑われている（我妻四二六、さらにEnneccerus-Lehmann, Schuldrecht, 14 Bearb., 93 II 6参照）。

さような意味で実益のある議論ではないが、分離譲渡の場合における「債権者の権利」を簡単にみておく。甲乙が丙に対して連帯債務を負担し、丙が乙に対する債権を丁に譲渡したとする。この場合、甲は丙に対して債務を負担し、乙は丁に対してこれと同じ債務を負うが、債権者丙および丁の権利行使は制約を受けない。ただし、甲または乙のいずれかが弁済すれば、弁済の絶対的効力ないし目的到達によって、他の債務者も義務を免かれると解されている。ところで、この関係においては、あたかも不可分債権の場合（注民⑾§四二八Ⅱ二アb）と同様な危険を生ずるのみならず、二重弁済の危険もあるが、この点は省略する（我妻四二七、椿・連帯債務一二一―本書二八八―九頁参照）。

(イ)　つぎに、連帯債務者の全員に対する債権が譲渡された（これが通常の形態）が、通知はその一人に対してのみなされた場合の債権者ことに譲受人の権利。判例は「其債務者全員ニ対シ譲渡ノ通知ヲ為シ又ハ其全員ノ承諾ヲ得ルニ非ザレバ譲受人ハ何人ニ対シテモ之ガ譲受ヲ以テ対抗スルコトヲ得ザルモノニアラズシテ、其内ノ一人ニ対シ譲渡ノ通知ヲナシ又ハ其者ノ承諾アリタル以上ハ譲受人ハ其者ニ対シテ譲受ヲ以テ対抗スルコトヲ得ルモノナリ」（大判大八・一二・一五民録二五・二三〇三）とするが、通知した債務者に対し譲受人が全額を請求しうる、との結論はもとより正当である（椿・連帯債務一二〇―本書二八六―二八七頁参照。さらに我妻四二七）。なお、この判例理論に関しては、債権譲渡通知の相対的効力性（§四四〇Ⅱ⑷(ア)(b)）として説くのが一般である。

(ウ)　このほか、判例は、連帯債務者の一人が債権者に対する債権ありと称して共同債務者を第三債務者とする差押・転付命令を得に事案その他において、分割転付を可能とするかのごとき前提に立つ議論をしているが（大判昭一三・一二・二三民集一七・二五二二、同昭一四・七・一四新聞四四七四・七)、争点は混同の成否であり(椿・連帯債務一二三—本書二八八—二八九頁以下参照。さらに、§四三八Ⅱ⑴㋐)、また、かような分割転付そのものが否定的にみられていて(吉川・判例転付命令法一六〇以下、我妻四二八)、今の問題にまでは入つていかない。

(3) 連帯債務の共同相続

㋐ 連帯債務者の一人が死亡し相続人が数人ある場合にも、「債権者の権利」は問題となる。ことに、この場合は、共同相続なかんずく債務のそれをどうみるか、いわゆる分割原則との関連で全額責任をどう構成する、か最高裁の判例(後掲)をどう理解するか、といった論点の多角的な絡み合いがみられるため、学説はいろいろと議論を展開しているが(大要は椿・連帯債務一二九—三〇—本書二九六—九七頁参照。それ以後のものとして遠藤・判例演習親族相続法一六二)、ここでは、上記「債権者の権利」という観点から判例理論を要説するにとどめる(くわしくは注民㉕参照)。

㋑ 前に(注民⑾§四二七Ⅱ二イf)、金銭債務の共同相続における分割原則を表明したものとして紹介した判例(大決昭五・一二・四民集九・一一一八)は、連帯債務者の一人が死亡し三名の遺産相続人中その一人が債権全額について強制執行を受けた事案である。判旨は、三分の一しか強制執行できないとしたが(同旨、大判昭一六・五・六法学一〇・一二・八八)、これら先例に反する下級審判決(東京地判昭二八・四・二二下民四・四・五七〇—椿・連帯債務一二七—本書二九四頁参照)をみたあと、最高裁は、「連帯債務者の一人が死亡した場合においても、その相続人らは、被相続人の債務の分割されたものを承継し、各自その承継した範囲において、本来の債務者とともに連帯債務者となると解するのが相当である」と判示した(最判昭三四・六・一九民集一三・六・七五七)。

㋒ⓐ これによれば、債権者は、たとえば九〇万円の連帯債務を甲乙二人が負う場合に、甲が妻と子三人を残して死亡したときは、乙には九〇万円、甲の妻には三〇万円、子にはそれぞれ二〇万円の範囲で請求できる。そして、甲の共同相続人おのおのと乙とのあいだには、不等額の連帯債務(前述Ⅰ⑶㋑)が成立する。上記最高裁判決では、共同相続人相互間の関係は明らかでないが、多くの学者は、連帯関係を否定した趣旨のものと解する。(b)　かように、連帯関係と分割責任とがミックスされた形だとみるときは、①甲の子の一人に対する請求は、乙に対しては絶対的効力を生ずる（四三四）が、他の共同相続人に対しては何ら影響しない。これに反し、乙に請求すれば、結果的には共同相続人全員に対し絶対的効力を生ずる。あとの場合においては、絶対的効力を受ける者の債務額が小さいので問題にならぬが、最初の場合には、乙に絶対的効力を生ずるのは彼の債務全額かという問題も生ずる。②上記最判では、共同相続人の一人たる妻が本来の連帯債務者でもあったので、設例の九〇万円は彼女によって負担される。しかし、設例で甲のみならず乙もまた共同相続人を残して死亡したとすれば、九〇万円の線は維持できなくなり、相続人群間の関係もきわめて複雑になる。(c)　分割主義は、法律関係の簡単化という点が、その長所として挙げられている（注民⑾§四二七Ⅱ三ア）。しかし、それが連帯関係の維持と折衷せしめられるとき、結果は上にみたとおり正反対の状態となる。多くの学説が判例に反対して全額責任を維持させようと努めることは、この意味からも是認できよう。とともに、私（椿）のみるところによれば、上記最判は、事案に即した先例価値の確定が必要であり、諸評釈は、判旨を抽象的な理論として受けとめすぎている。かような曖昧なケースについては、いわゆる「判民型」の手法が特に必要であろう。

⑷　連帯免除と連帯保証人に対する権利（§四四五Ⅰ⑴㈦）。

Ⅲ　弁済に関する諸問題

⑴　弁済の絶対的効力

㈠　連帯債務は、独立した数個の債務だとはいえ、債権者の満足という一個ないし同一の客観的共同目的をもつから、債務者の誰からであっても弁済がなされた限度では、債権は消滅する（＝他の債務者は債務を免かれる）。かかる弁済の絶対的効力性につき規定を設ける立法例（ド民四二二Ⅰ前段、ス債一四七Ⅰ。なおフ民一二〇〇も参照）と異なり、わが民法には規定を欠いているが、給付の一倍額を限度とする全額単独責任たる連帯債務の性質上、これは当然のこととされる。(イ) この現象を、いわゆる「目的到達」と呼ぶ（末川「目的の到達に因る債権消滅」民法に於ける特殊問題の研究Ⅱ二六二）かどうかは、単なる説明方法にすぎない。とともに、連帯債務と不真正連帯債務との差異を、債権消滅が弁済の法理によるか目的到達の法理によるかと区別する（本稿前注Ⅲ⑷(ア)(b)③）ことも、実益のない議論だと私（椿）は考える。(ウ) 上述した給付の一倍額性（nur einmal）のことを「一回の」給付と訳す教科書がかつては少なくなかったが（石坂七九四・七九六、鳩山二五二、近藤＝柚木四二、末弘一二八、石田九四その他）、不可分債務の場合ともまぎらわしく、適確な用語法でない。(エ) 一人の弁済すなわち履行が不完全な場合の効力（§四四〇Ⅱ⑵(ア)）。

⑵ 弁済に関する立証

訴求された連帯債務者甲が、すでに共同債務者乙に対する強制執行の売得金全部が弁済にあてられたと抗弁し、債権者は、執行費用を除いた分が弁済されたと主張した事件であるが、「金銭債権ノ支払ヲ求ムル給付ノ訴ニ於テ、既ニ他ノ連帯債務者ヨリ弁済アリタル旨ノ抗弁事実ハ、被告之ヲ証明スベキ責任アルコト論ヲ俟タズ」との一般論を述べる判例がある（大判昭六・五・一九新聞三二七七・一三）。

⑶ 弁済充当

問題は、或る債務者が連帯債務と単独債務を負担しているときには、どちらのほうが「債務者ノ為メニ弁済ノ利益多キモノ」（四八九②）かである。判例は「連帯債務ノ弁済ニ充当スベキモノトセバ、弁済者ハ、連帯債務者ニ対シ其負担ニ属スル部分ニ付求償ノ手続ヲ為サザルベカラザルガ如キ煩労アルノミナラズ、動モスレバ裁判所ニ訴求シ徒ニ時日ト費用トヲ費サザルヲ得ザルガ如キ不利益ヲ受クルコトヲ免レザレバ」という理由で、まず単独債務に充当すべしとする（大判明四〇・一二・一三民録一三・一二〇〇）（学説は椿・連帯債務四〇——本書二一五頁、我妻二八八）。

(4)　四七四条二項

(ア)　これは、利害関係のない第三者の弁済が連帯債務者の一人ないし一部の者の意思に反するときには、その弁済はどうなるかという問題であって、通例、いわゆる相対的効力の原則(四四〇)の一場合として説かれている。そもそも四七四条二項は、債務者単一の場合についても批判の余地がある規定であり、判例理解にも問題点があるが(椿・連帯債務四二―三―本書二一九―二〇頁参照)、ここでは、複数主体の場合におけるいわば応用問題だけに言及する(同条項の詳細は注民⑿)。(イ)　判例で問題となったのは、弁済した第三者が、意思に反して弁済したと主張する連帯債務者に対して、四九九条により代位請求した事件であり、判旨は、それを否定する理由として「連帯債務ノ場合ニ於テハ、タトヒ連帯債務者ノ一人ノ意思ニ反セズトスルモ、他ノ連帯債務者ノ意思ニ反スル以上、其ノ意思ニ反スル連帯債務者ニ対スル関係ニ於テ、前叙ノ如キ第三者ノ弁済ハ其ノ効ナキモノ」とする(大判昭一四・一〇・一三民集一八・一一六五)。(ウ)　学説は、むしろここから先を問題としている。まず、意思に反しない債務者との関係では、弁済は有効であり、彼の債務は消滅することになるが、その結果、意思に反する債務者も債務を免かれる。しかし、彼と弁済者とのあいだには法律関係を生じない。そこで、弁済者は意思に反しない債務者に求償し、後者は意思に反して弁済された債務者へさらに求償することになるが、かような求償循環を避けるためには、四六四条を類推して、弁済者から直接、意思に反する債務者に対し、その負担部分の求償ができると解すべきでないか。かように説く見解が有力である(四宮・判民昭一四・七四事件、我妻四二六)。

〔一債務者に生じた発生原因の瑕疵の効力〕

第四三三条　連帯債務者ノ一人ニ付キ法律行為ノ無効又ハ取消ノ原因ノ存スル為メ他ノ債務者ノ債務ノ効力ヲ妨クルコトナシ

Ⅰ　本条の意義

(1)　序　言

(ア)　甲乙丙三名が一個の共同契約で九〇万円を連帯借用した場合において、丙の債務負担行為がたとえば行為無能力を理由に取り消されたときは、連帯債務そのものの存続に対してこの瑕疵が影響するか。それとも債務は残る甲乙によって依然として負担し続けられるか、が問題となりうる。本条は、この点につき「発生原因の非牽連性」を宣明したものである。(イ)　その趣旨はつぎに述べるが、本条を直接の対象とした判例は今まで存しないようである。なお、母法はつまびらかにすることができなかったが、あるいは、フ民に由来する旧民法の規定(債権担保五八)かもしれない。

(2)　趣旨・意義

(ア)　本条の趣旨については、いくつかの説明方法がある。(a)　まず、たまたま一人に存する発生原因の瑕疵によって、契約全体が無効となり全連帯債務が不成立になるとすれば、債権の効力確保・強効を目的とする連帯債務の性質に反する、という見解(石坂八〇四、勝本・中(1)一二八)。(b)　単純に、当事者意思の推定を根拠とする見解(鳩山二五九―これに対する批判として勝本・中(1)一二九―三〇注三参照)。(c)　上記のような連帯債務の目的からして、当事者意思は通例こうなると説く見解(近藤＝柚木七二)。(d)　各債務者が一定の共同目的で連結されこそすれ別個独立の債務を負う連帯債務では、成立原因は個別的に取り扱うのが当事者意思に適する、という見解(我妻四〇七)。(e)　現時多数の教科書的見解(次述(イ)(a))。

(イ)　かかる成立面での独立性に関しては、つぎのことにも注意すべきである。(a)　現時の教科書的見解は、本条を、①発生原因論で説く(我妻・上掲のほか、柚木・下二三、津曲一九六)、②連帯債務の性質論で説く(末弘一二五、石田九三、西村一一八、山中一七三、松坂一二三など)、③連帯債務の効力として説く(田島一四〇―一)といった違いこそあれ、いわゆる複数債務説の徴表だと解し、ほとんどの場合、ごく簡単に片づけている。しかし、異説からすれば、本条の説明はもちろん異なってくる（勝本・中（一）一一九注二参照）。なお於保説は、本条を、契約個数論のレヴェルで解説している（於保二〇二―三）。(b) 上述のような独立性・非牽連性に対立するのは、保証債務の「成立・存続における附従性」であって（注民⑾§四四六Ⅱ三イａ①ⓐ）、この性質は連帯保証でも変らない。連帯債務は、この点でも、連帯保証より強力な人的担保となるわけである。(c) 原則として連帯債務を生ずる併存的債務引受にも「成立における附従性」があるとされる（注民⑾第四節後注Ⅲ一ウｂ）。(d) なお、本条を、いわゆる一部無効（取消）の適用例の一つとする説が多い（石坂八〇四、我妻四〇七、柚木・下一二三など）。

Ⅱ　本条の内容

(1) 適用範囲ないし要件

(ア) 本条は、一個の契約で連帯債務を負担した場合に、その適用がある（通説）。連帯債務の負担が別個の行為によったときには、一行為の瑕疵が他へ影響しないのはむしろ当然である（石坂八〇四、勝本・中⑴一一七、近藤＝柚木七二）ともいわれる。だが、併存的債務引受は原債務の存在を前提にするとみる（上述Ⅰ⑵(イ)(c)）かぎり、上のようにいえば、「別個の行為」とは、併存的債務引受以外の場合に限られよう（たとえば石坂・上掲と同一三五三、近藤＝柚木・上掲と同四七五を対照）。(イ) 無効・取消の原因ごとに前者の内容に関しては、別段の制限はないが、通例、意思欠缺や意思無能力が無効の例とされている。ただ、いかなる無効原因があろうと常に本条の効果を生ずるか、は検討の余地もあろう。(ウ) 本条は任意法規である（通説）。したがって、「一人でも瑕疵があれば、全連帯債務は成立しない」という特約があれば、もちろんそれに従う。なお、本条を、単純に意思推定の規定とする見解（Ⅰ⑵(ア)(b)）は、このことを考えていたのである。(エ) また、かかる特約をしていなくとも、一人の行為に瑕疵があることにより、他の者からの錯誤主張（九五）を許容すべき場合もありうる。もっとも私（椿）は、連帯債務の負担＝一般（椿・連帯債務二二以下―本書一九三頁以下参照）と同様、ここでもあまり簡単に錯誤による無効を認むべきではない、と考える。

⑵ 効 果 ㈠ 従来からの債務額につき、連帯債務は残存者間に存続する（勝本・中⑴一二八）。当初の債務者が二人であり、そのうち一人に無効・取消の原因があれば、もちろん残存債務は単独債務となる。㈡ 弁済した債務者が離脱した者に対し求償できるか否かは、当事者の内部関係によって決められる（勝本・中⑴一二八、近藤＝柚木七二、田島一四二）。

〔請求の絶対的効力〕

第四三四条 連帯債務者ノ一人ニ対スル履行ノ請求ハ他ノ債務者ニ対シテモ其効力ヲ生ス

〔比較〕フ民一二〇六・一二〇七、ス債一三六Ｉ

Ⅰ 序 説

⑴ 債務者の一人に生じた事由の効力の概観

㈠ 序 言 ⒜ 連帯債務者の一人について生じた一定の事由が、他の共同債務者の債務へも影響を及ぼす場合は、その事由には「絶対的効力」があるといい、逆に、影響が、問題の債務者の一身（Person）にとどまって他者へ及ばない場合には、「相対的効力」しかないという。⒝ 一債務者の弁済が絶対的効力を生ずることは前述したが（§四三二Ⅲ⑴）、これは、債権者の満足という単一の客観的目的のために存立する連帯債務の性質上、むしろ当然の理であって、わざわざ絶対的効力を持ち出す必要もないくらいである。⒞ また、「代物弁済」と「供託」も、規定はないが、弁済と同視すべき事由である（通説）。けだし、前者においては、代物給付に債権者の承諾があるのみならず、現実に給付がなされて債権の満足を生じており、後者では、国家の管理下にある供託所に寄託される点で債権が確実となっているだけでなく、債権者の意思次第で満足を受けうる状態にあるからである。とすれば、この二つは、規定を欠くという意味で、その絶対的効力性を注意すべきだろうか。(d) 問題は、上記以外に、どの範囲までの事由が絶対的効力を認められるかであって、その範囲が広くなればなるほど、いわゆる共同連帯（本稿前注Ⅱ(2)(イ)）型の連帯債務となり、また単一債務説のための基盤が得やすくなる（なお於保二〇六参照）。反対に、絶対的効力事由の範囲を満足以外にはできるだけ限定すると、いわゆる単純連帯型の連帯債務になるとともに、状況は複数債務説（本稿前注Ⅱ(2)(ウ)）に有利となる。

(イ)　外国法　この問題については、ドイツ・フランス両法系間の差異がありすぎるために、絶対的効力事由の範囲は比較法的にみて客観的な法則がないのであるまいか、とさえいわれている（山中・前掲民商三三巻三号三二〇）。私（椿）は、現象を今の時点で平面的にみることから一歩を進めて、比較法史的な全体像観察をすれば、もっと整理されるはずだと考えているが（なお椿・前掲民商三四巻三号三五五以下—本書五四頁以下も参照）、それはともかくとして、つぎのようになっている。(a) フランスでは、弁済（フ民一二〇〇）のほか、更改（同一二八一Ⅰ）・宣誓（同一三六五Ⅳ）・免除（同一二八五）・混同（同一二〇九・一三〇一Ⅲ）・請求および承認による時効中断（同一二〇六・二二四九）・利息請求（同一二〇七）・過失および遅滞（同一二〇五）が絶対的効力を認められている。相殺はフ民一二九四条三項との関連で説が分かれ、判決の効果も見解が対立するが、いずれにしても範囲が広い（椿・前掲論叢六二巻五号九〇—本書四三頁、石坂八二五参照）。(b) ドイツ法は、弁済・代物弁済・供託・相殺のほか受領遅滞を絶対的効力事由とし（ド民四二二・四二四）、免除契約にも当事者の意思如何で絶対的効力を認める（同四二三）。しかし、その他の事由、ことに告知・遅滞・過失・一人の給付不能・消滅時効・その中断および停止・混同・確定判決については、当該債権関係から別段の結果を生じないかぎり、相対的効力しか認めていない（同四二五）。フ民に比較すれば、絶対的効力事由はいちじるしく少ない（石坂八二四、椿・前掲論叢六二巻五号八二—本書三五頁）。(c) スイス法上、絶対的効力事由としては弁済と相殺だけが明示され、債権者の満足をともなわない免責は、事情または債務の性質がそれを認めるかぎりでのみ、絶対的効力を生ずるとされる（ス債一四七）。これはド民に近似する。もっとも、スイス法は、時効中断には絶対的効力を認めている（同一三六Ｉ）。

(ウ)　わが民法　概観的には、ド民とフ民の中間にあるといわれる。(a)　まず、民法の規定をみる。①規定形式上は、相対的効力が原則だといえる（四四〇参照）。だが、例外としての絶対的効力事由は、その数がかなり多い（四三四―九）。②これら絶対的効力事由の中には、一人の時効完成や一人に対する債務免除のように、債権者の満足をともなわない債権消滅原因が含もれている（なお、次述(エ)）。③目的到達以外の事由にも、或る範囲まで絶対的効力を認めていることについては、たとえば「当事者間の法律関係を簡易に決済させ、または却つて公平に適することもないではない」（我妻四一二）とか、「実際上の便宜」（近藤＝柚木五五）という理由づけが述べられている。(b)　つぎに、法典には定められていないけれども、弁済・代物弁済・供託に絶対的効力を認めるべきは、むしろ当然の理である（前述(1)(ア)(b)および(c)。弁済に関しては、§四三二Ⅲ(1)）。(c)　明文を欠くものとして注意すべきは、履行提供およびなかんずくそれにもとづく受領遅滞（ないし債権者遅滞）の効力如何である（これら自体の問題や両者の関係は、注民(10)、同(12)を参照）。古くは、履行自体と履行提供の区別や各連帯債務の独立性を理由に、受領遅滞には相対的効力しか認めない見解（石坂八五八）が多数説であった。しかし、鳩山説がまず、第三者の提拱でさえ受領遅滞を生ずる、また、今の場合において債権者に満足を生じない理由はもっぱら彼の側に存するとして、一債務者の提供を債権者が受領しないことにもとづく遅滞効果は全債務者に対する関係で生ずる、と改説し（鳩山二六六）、同じ理由による支持者（末弘一三五）を得た。さらに、続いて、①一人の提供も受領されれば全債務者が免責されるのだから、不受領の効果も全員について生ずるという見解（我妻・初版二九八、現在では四一四）、②履行提供はそれだけで絶対的効力を生ずるものではないが、受領遅滞の段階になれば、他の共同債務者が債務消滅の効果を受けられなくなる不利益がある、などの理由で絶対的効力を認める見解（勝本・中(1)一三七―八を参照）、③すすんで履行提供そのものと同視する見解（近藤＝柚木五七）、などが現われ、今日では、理由づけの仕方こそ若干異なれ、受領遅滞に絶対的効力を認める見解が通説となっている（上掲のほか石田九八、柚木・下二六、西村一二一、山中一七五、高梨一八九、津曲一九八など。反対、田島一四一―二。特異な説、岡村一七〇）。(d)　なお、契約解除も絶対的効力を生ずる結果となるが（ことに五四四Ⅱ。後述Ⅲ(2)(イ)）、これは、解除権不可分の原則にもとづくもので、連帯債務の特性ではないとされる（勝本・中(1)一五九、於保二一一）。

(エ)　絶対的効力事由と債権担保力　(a)　有力な見解によれば、目的到達を生ずる事由（弁済など）のほかは相対的効力しかないとするほうが「債権者にとつて一般に有利である」と説かれる（我妻四一〇）。「債権者に有利」とは、担保力強化ないし債権強効にほかならないが、「一般に」という言葉については、補説を要しよう。実定条文上の事由に即してみていくと、免除や時効のような「債権消滅原因」は、たしかに、絶対的効力を認めないほうが、債権の効力を強化する。しかし、本条の請求のような「債権変更原因」は、絶対的効力ありとするのが、債権者にとつて有利である（於保二〇六）。フ民（前述(イ)(a)）では、あとのような意味での絶対的効力事由がもっと多いのであって（椿・前掲民商三四巻三号三五四―本書五四頁参照）、むしろ事由「群」によって絶対的効力の意義は異なると説くべきだろう。(b)　つぎに、我妻説は、絶対的効力の幅を狭小にする立法と、相当広く認める立法とを対比させて、「この立法の態度の相違は、専ら債権者の地位を強大にすることを目的とするか、それとも、連帯債務者の間の緊密な関係に重きをおくかによって生ずる」と説いている（我妻四一一）。これによれば、フ民（＝共同連帯）型は、債権担保力において、ド民（＝単純連帯）型よりも、あたかも劣るかのような印象が与えられる。しかし、私（椿）のみるところによれば、絶対的効力事由の多い共同連帯型とそれが少ない単純連帯型とは、担保力の劣弱または強大に必ずしも結びつかない。むしろ、絶対的効力の多い立法も、その方向が、債権者にマイナスだけでなく、みあう程度にプラスをも志向しているならば、それなりに全体としては債権担保目的を達しうるのではあるまいか。債権担保ないし債権強効という点で問題を生ずるのは、むしろ、わが民法のように、どちらの方向へも徹底していない中間的な立法であって、ここでは、一兎をも得られないという危険さえあるように思われる。本条の評価（後述(3)(イ)以下）に際しては、かような視角が忘れられてはなるまい。(c)　なお、債権強効という観点からみて絶対的効力・相対的効力の問題はどのように取り扱われるべきか。難問ではあるが、山中説が一つの立法論を展開している（山中「連帯債務の本質」前掲三九〇以下参照）。

(2)　近似の共同的債務と四三四条ないし四四〇条

(ア)　不可分債務に対しては、これらの条文は準用されていないが、その結果として生ずる実際上の差異は、本条すなわち請求の効力が最もいちじるしいと思われる（§四三〇Ⅲ(1)(イ)(c)）。(イ)　不真正連帯債務にも、これらの諸規定は、適用ないし類推適用されない（本款前注Ⅲ(4)(ア)(b)①、本書三三四頁）。この点が、両種連帯をわかつ二大特徴の一つとされていることも、既述のとおりである。(ウ)　連帯保証人または主債務者に生じた事由につき、民法典は、これら諸規定を単純に「適用」している（四五八）。しかし、この点は、保証の附従性を中心的論拠とする批判・修正が大きいところである（簡単には椿・前掲法教(4)一二四―本書三五六―五八頁、くわしくは、注民(18)§四五八）。

(3)　本条の意義・評価

(ア)(a)　本条は、債権者が連帯債務者の一人に対して履行を請求したときには（請求方法の自由、§四三二Ⅰ(2)ことに(イ)）、全員に対する履行請求があったのと同じ効果を生ずると定めているが、この結果として、請求にもとづく履行遅滞（後述Ⅲ、本書三三一頁以下に注意）および時効中断（一四七①）は、絶対的効力を生ずることになる（なお山中「連帯債務の本質」前掲三八一参照）。(b)　本条以下の絶対的効力事由の中では、唯一の債権変更原因であって、請求について、かかる強大な効力を認めたのは、もっぱら債権の力を強大にするためだと解されている。(c)　本条の適用範囲に関しては、①一部請求がなされた場合には、その範囲において絶対的効力を生ずる（勝本・中(1)一四一、近藤

＝柚木七四―五)、②本条は総債務がすでに履行期にあることを前提とするものであって、履行期にない債務者に対しては絶対的効力を生じない(於保二〇七)、とされる。(d) 立法例は、まちまちである(前述(1)(イ))。

(イ)(a) 本条が招来する債権強化は、かなり不評判であって、①独立した数個の債務という連帯債務の性質に反する、②規定の仕方が一般的ないし包括的にすぎる、③債権者の保護に偏りすぎている、といった非難が古くから加えられてきた(鳩山二六五。同旨、石坂八二九、近藤＝柚木七三ら)。ことに債務者の不利益という③の理由は、しばしば唯一ないし最も中心的なものとされている(勝本・中(1)一四一、我妻四一五、山中・前掲民商三三巻三号三四五、柚木・下二八など)。(b) しかし、請求による時効中断の絶対的効力を、時効完成の絶対的効力(四三九)と対比させて眺める見解においては、本条は、必ずしも否定的にのみ評価されてはいない(我妻四一五、四二三―四、高梨一八九ことに山中一七五参照)。なかんずく於保説は、請求の「この効力は、目的到達以外の絶対的効力が債権の効力を弱めることに対し見合うものとして、債権の効力を強化するために認められているものと思われる」「わが民法は、時効の完成に絶対的効力を認めているから、請求による時効の中断に絶対的効力を認めたことはやむをえない」と述べている(於保二〇七)。

(ウ) 私見(椿)は、於保説が、基本的視角として全く正当と考えるが(さらに、前述(1)(エ)(b))、若干補説しておく。(a) まず、時効中断の問題について。①民法が、中断事由(一四七)一般でなく請求だけに絶対的効力を認めたことは、必然的な理由に乏しく、同じやるなら時効中断そのものに絶対的効力を認めるほうがよい、とも評されている(山中・上掲論文など)。この点は、たしかにそうである。②しかし、そのことと本条の存在理由とは、もちろん別個の問題である。わが実定法上の連帯債務は、既述のとおり、満足をともなわぬ債権消滅原因に対し大幅に絶対的効力を認めているが、これは債権の実現に対してマイナスに働くので、もっと債権強効へと進ませる必要がある(前述(1)(ウ)(エ)、本稿前注Ⅱ(1)(イ))。とすれば、その方向にある本条は、不徹底さはともかくとして、十分に存在資格をもっている。③以上のように考えるならば、本条にいわゆる「請求」は、必ずしも、その認定や効果を限定的に解しなくてもよいと思われる（判例・通説はもちろん反対）。とともに、立法論として本条の削除（＝単純連帯化）を主張するときには、四三九条その他債権消滅原因が絶対的効力ありとされていることを、相関的に処理すべきである。でないと、よけいに担保力が削減されるからである。(b) つぎは、遅滞効果について。①本条が債務者に大きい不利益を負わせるものであると評する見解は、上述時効中断の問題のほか、もう一つの理由として、請求されなかった債務者へも遅滞責任が及ぶことを挙げている（我妻四一五）。しかも、上述(イ)(b)のように、時効中断の絶対的効力がさほど強く批判されないとすれば、この遅滞の場合のほうが、主たる批判ないし反対の根拠となる都合である。②だが、ⓐ近時支配的な見解は、主観的共同であれ相互保証であれ、とにかく債務者間に緊密な主体的結合関係が存することを、連帯債務の特質とみている（本稿前注Ⅱ⑵㈤）。かかる見解のもとでは、請求を受けなかった（ないし知らなかった）者にも遅滞責任を負わせるのは不当、というような点をあまり強調できないはずである。すなわち、各連帯債務者間には頼み頼まれたといった関係が存在すると考える以上、債務者の一人に対する請求は、他の理由（ことに担保力の強化）をもち出すまでもなく絶対的効力を認めるのが、すっきりすると思われる。ⓑそのうえ、現時の通説は、本条の適用がどうにも不都合だと考えたときには、問題の債務を連帯でなく不真正連帯であると解することによって、適用を回避している。代表的な場合は、原債務者の意思的関与を欠く併存的債務引受である（注民⑾第四節後注Ⅲ三イc②—④）。ⓒ個人責任主義という反対理由も考えられるが、これは、近時の有力説みずからが「分割主義」を個人主義的と評する（注民⑾§四三七Ⅱ三ア）だけに、何となく説得力に乏しい。ⓓさらに、遅滞の絶対的効力性が不可だとしても、相対的効力へ改めることにどれほどの実益があるか、問題となろう（なお我妻四二五参照）。③結局、遅滞に関しても、絶対的効力性は、不当な背理とは速断しがたいものと思われる。実定法上の連帯債務では、前述のごとく、満足なき債権消滅原因に絶対的効力が認められるため、その担保力したがって価値を低下させていると評価するならば、なおさらのことであろう。

Ⅱ　時効中断事由としての請求

(1)　催　告

(ア)　本条にいう請求は、裁判外の請求すなわち催告を含む。直接これについて判示した例はみあたらないが（もっとも、注民⑾§四五八Ⅲ一イｂ①）、通説的に認められている。(イ)　この催告は、その後六ヵ月内に法定の請求的行為をすれば、時効中断力を維持できることになっているが（一五三参照）、連帯債務の問題では、少なくとも上記諸行為のうち差押・仮差押・仮処分は、たとえ期間内になされても、絶対的効力を生じない（我妻四一五）。裁判上の請求だけを、中断力維持の例として掲げる見解もある（勝本・中⑴一四一）。(ウ)　問題は、催告に応じて承認がなされた場合である。(a)　民法施行前のケースに関する古い先例は、債務者の一人が請求を受けたうえで延期証を差し入れたときには、他の債務者に対しても時効を中断するとしていたが（大判明三一・一二・一民録四・一一・一。同旨、同明四〇・一一・一一民録一三・一一二二）、後日の判例は、「連帯債務者ノ一人ガ請求ニ応ジテ為シタル行為ノ効力ノ如キハ全ク右法条（＝四三四条）ノ定ムルトコロニ属セザルモノナルガ故ニ、特別ノ規定ナキ限リ、債権者ノ請求ニ依リ連帯債務者ノ一人ガ為シタル債務ノ承認ハ他ノ債務者ニ対シ何等ノ影響ヲ及ボス可キモノニアラズ」と解している（大判昭五・五・一新聞三一二三・七）。(b)　この点に言及する学説は、あるいは直前の判例を祖述し（勝本・中⑴一四一）、あるいは前述（イ）の差押などの場合と同じに説明する（我妻四一五）。

(2)　裁判上の請求

(ア)　本条は、もちろんこれをも含むが、「民法一四七条一五七条及民訴法二三五条ニ依レバ裁判上ノ請求ハ訴提起ノ時ヨリ裁判ノ確定ニ至ル迄時効ヲ中断スルモノナレバ、連帯債務者ノ一人ニ対シ裁判上ノ請求ヲ為シタルトキハ訴提起ノ時ヨリ裁判ノ確定ニ至ル迄他ノ債務者ニ対スル債権ノ時効モ中断スルモノ」である（大判昭一三・一二・一一・

八民集一七・二六三二)。(イ) 訴が、調停ないし裁判上和解の成立によって取下となったときには、さような取下は一四九条に含まれないと解すべきだから、問題の債権についての時効は、訴の提起により、他の債務者に対する関係でも中断される(大判昭一八・六・二九民集二二・五五七。くわしくは椿・連帯債務四七―本書二二一頁)。

(3) その他問題となる場合

(ア) 差押や承認は、本条および一四七条からして、請求と異なり、判例・通説上、絶対的効力を生じないと解されている(§四四〇Ⅱ(1)(イ))。このことは、連帯債務者の一人が承認したり差押を受けたりした場合に、他の共同債務者の消滅時効が完成したというときにおいて、しばしば重大な結果を生ずる(§四三九Ⅱ(3)(ア)(b))。(イ) 学説には、強制執行の申請を履行請求と同視する見解(勝本・中(1)一四二)や、ひろく債権行使一般を含める見解(近藤＝柚木七四、田島一四三)もある。(ウ) なお、手形共同振出のケースだが(椿・連帯債務三二以下―本書二〇八頁以下参照)、破産債権の届出を、請求の一つにほかならないとするものがある(大判昭八・五・九民集一二・一一一五)。また、一般論として、支払命令による請求に絶対的効力を認めた非公式先例もある(大判昭一八・四・二三法学一二・一一・九二)。

Ⅲ 遅滞責任

(1) 遅滞が絶対的効力を生ずる要件

(ア) 一債務者の遅滞によって他の者も遅滞に陥るという結果を生ずるのは、本条で、請求に絶対的効力が認められているからである。したがって、請求と関係なくして一人の遅滞を生じた場合には、遅滞は相対的効力しかない(§四四〇Ⅱ(2)(イ))。(イ) 請求と関連しては、履行期の如何が重要である。(a) いわゆる確定期限が定められている場合には、期限の到来によって当然に遅滞効果を生ずる(四一二Ⅰ)から、請求を前提とする効果は、そもそも問題にならないこととなろう。この点を別としても、各債務の履行期が異なるときには(これの可能性、本款前注Ⅱ(2)(ウ)(b)②)、一人の履行期が到来しても、未到来の債務者はもちろん遅滞責任を負わない(前述Ⅰ(3)(ア)(c)②)。もっとも、実際には、履行期が全員同じということが多いだろうが、その場合には各自が同時に遅滞責任を負うこととなり（勝本・中(1)一四二、近藤＝柚木七四）、その結果として、債権者は誰に対してでも遅延賠償を請求できる。(b)　不確定期限の場合でも、遅滞責任の発生要件は、請求でなくて、期限到来を知ることである（四一二Ⅱ）。また、一人が到来を知つても、そのことは絶対的効力を生じない。(c)　期限の定めがない場合には、「債務者ハ履行ノ請求ヲ受ケタル時ヨリ遅滞ノ責ニ任ス」る（四一二Ⅲ）から、本条の適用を生ずる（近藤＝柚木七三参照）。(ウ)　いわゆる「請求」の意味・内包については、時効中断の場合と同じである。なお、時効中断には判例があったが、遅滞に関する実例はないらしい。

(**2**)　効　果

(ア)　請求を受けなかった債務者も、遅延賠償を支払わなければならない。しかも、その態容は、全員の連帯である（勝本・中(1)一四一、近藤＝柚木七四）。(イ)　ただし、遅滞を理由に契約を解除するときは、五四四条の統制に服すると解されている（我妻四一四。また、前述Ⅰ(1)(ウ)(d)）。

〔更改の絶対的効力〕

第四三五条　連帯債務者ノ一人ト債権者トノ間ニ更改アリタルトキハ債権ハ総債務者ノ利益ノ為メニ消滅ス

〔比較〕　フ民一二八一Ⅰ

Ⅰ　本条の意義

(**1**)　概　観

(ア)　三〇〇万円を連帯借用していた甲乙丙三名のうち、甲が、債権者とのあいだで契約を結んで、上記債務の代わりに不動産引渡の債務を負担したような場合、さような契約が「債務ノ要素ヲ変更スル」（五一三Ⅰ）ものと認められれば、甲のみならず上記契約に関与しなかった乙丙も、もとの債務から免かれる。これが本条の内容である。

(イ) 立法例をみると、フ民だけが絶対的効力事由である旨を明示し、他は更改に言及していない(§四三四Ⅰ⑴(イ))。後者の立法に関連して、ド民は更改そのものを規定として置かず、ス債は更改を推定しない(同一一六Ⅰ)ことにも十分注意すべきである(後述⑶(イ))。

(ウ) なお、本条関係の判例は、手形に関する若干のケースを除けば、ごくわずかしかない。

(2) 根 拠

(ア) わが立法者は、更改も債権者に実質的な満足を与える点では弁済と同視できるとする前提に立って、一債務者との更改に絶対的効力を認めたようである(石坂八三一参照)。しかし、いうまでもなく更改は、ただちに債権者の満足を招来するものではなく、彼に新しい債権を取得させ、もつて満足の可能性を与えるものである。更改に弁済性を認めるのは、債権の消滅に関する形式的思考にもとづくのではないか、とも思われる。(イ) 学説は、以前からずつと、更改を弁済と同じには考えられないと主張し(ただし末弘一三二)、当事者間の法律関係を簡便に処理・決済するため(石田九八、柚木・下二九参照)、または、当事者の意思推測(鳩山二六三、勝本・中⑴一四三、近藤＝柚木七五、高梨一九〇、津曲一九九ら)という理由で、本条の根拠を説明している。もっとも、我妻説は、後の理由を主、前の理由を従としており(我妻四一六。なお於保二〇七参照)、末弘説は、当事者意思とせず、債権者の意思という(末弘一三二)。

(3) 評 価

(ア) 本条に対しては、ドイツ法上の解決に影響されたためか、古くより、相対的効力事由とするほうが理論上正当である、と評されてきたが(石坂八三四、勝本・中⑴一四三)、現在では機能的視点から、本条によれば連帯債務の担保力が不十分なものになる、という批判も加えられている(山中一七五―六。さらに山中・前掲民商三三巻三号三四五、同

「連帯債務の本質」前掲三九一も参照）。(イ)　私（椿）は山中説の評価態度に賛成だが、少し補説しておこう（椿・連帯債務五二一─本書二一七頁）。(a)　更改という制度は、今日もはや存在理由がなく、ことに旧債務の担保が消滅するのは、債権者にとって、いちじるしく不利である。かくして、有力な見解は、更改の有無については、きわめて慎重な態度で認定しなければならない（我妻三六一）とか、更改になるのは例外的である（於保三八二）と注意している。(b)　ところで、債権者が連帯債務者の一人と更改したときには、上述した担保（たとえば連帯債務のための保証）の消滅という結果を生ずるのみならず、本条冒頭でみたとおり、連帯債務関係そのものまでが破壊されてしまうことにもなる。これは、いわば二重に債権の力を弱めるものであり、わが連帯債務への要請（＝債権強効）にいちじるしく背馳する。(c)　それゆえ、①連帯債務においては、単独債務の場合以上に、更改ありと認定するのは慎重でなければならない。②とともに、本条が、債権者の利益および推定的意思に反し、担保力弱化という望ましくない方向へ進むものである以上、本条排除の特約（後述Ⅱ(1)(ウ)）を活用すべきであり、また、特約が存する旨の認定を厳格にしすぎてはなるまい。

Ⅱ　要件・効果

(1)　本条適用の要件・範囲

(ア)(a)　債権者は、他の共同債務者の意思に反する場合でも、連帯債務者の一人と有効に更改することができるか。フ民（一二八一Ⅲ）と異なり、わが判例は一般論として肯定するもののようであり（大判大四・九・二一新聞一〇五三・二七参照）（椿・連帯債務五一一─二─本書二一五─六頁）、学説にも、更改債務者が求償できる額について他の者は何ら不利益を受けないから、という理由でこれに賛成する見解がある（我妻四一六）。(b)　なお、債務者全員とのあいだにおける更改は、本条の範囲外であるが、もちろん可能である（効果については、次述(2)(ウ)）。

(イ)　五一三条二項との関係では、つぎのような見解がある。(a)　「条件附債務ヲ無条件債務トシ、無条件債務ニ条件ヲ附シ又ハ条件ヲ変更スル」（五一三Ⅱ前段）場合には、本条の適用がない。その理由としては、①連帯債務は各債務の態容を異にしうる（本稿前注Ⅱ(2)(ウ)(b)②）のみならず、かかる場合には更改ありといえないから（石坂八三一）、②条件の変更は連帯債務の存立に影響せず、当事者の意思解釈上、絶対的効力を生ぜしめる意思なきものとみるべきだから（勝本・中(1)一四五）、③他の債務者が免責されるとするのは、すこぶる不合理だから（近藤＝柚木七六）、とされる。(b)「債務ノ履行ニ代ヘテ為替手形ヲ発行スル」（五一三Ⅱ後段）場合については、直接に本条を適用する見解もあれば（勝本・上掲）、代物弁済になる（この効力は、§四三四Ⅰ(1)(ア)(c)）からと理由づける見解もある（石坂八三一―二、近藤＝柚木・上掲）。

(ウ)(a) 本条は、更改当事者間の特約によって、その適用を排除する、つまり相対的効力しか生じないものとする、ことも可能である（通説）。これは、本条を意思推測の規定とみる見解からすれば、容易に導き出されうる結論だが、本条の意義を消極的に評価するときには、この特約の利用価値は大きくなる（前述Ⅰ(3)(イ)(c)②）。(b) なお、更改に相対的効力しか生ぜしめない場合には、本条冒頭の設例に即していえば、乙丙は三〇〇万円の債務、甲は不動産引渡の債務を負い、債権者はどちらを請求してもよいが、彼が三〇〇万円または不動産を受領すれば、債務は消滅する（我妻四一六）。つまり、かかる場合にも一倍額性の統制に服するわけである。

(エ) 判例は、約束手形の共同振出人を連帯債務者とみる前提に立つて、その一人と受取人とのあいだに手形書換のあった場合には、本条を適用し、旧手形債務は他の共同振出人に対する関係でも消滅するという（大判大五・一二・六民録二二・二三七四）。

(2) 本条適用の効果

(ア) 更改が上述の諸要件をみたして成立すると、約定された新債務が発生し、その代わりに、これまで存立していた連帯債務は消滅する。もっとも、債務額の一部につき更改がなされたときには、連帯債務は残額については依然として存続する、と解する見解がある（近藤＝柚木七六）。(イ)　更改債務者が新債務を履行すれば、彼は、弁済者として、対外的には免責された共同債務者に対し求償できる。現実の出捐額が当初の連帯債務額を超えるときは、後者を標準とすべきである（我妻四一六・四三四。ただし勝本・中(1)一四六―六）（履行という要件については、§四四二Ⅱ(1)(イ)(c)）。

(ウ)　なお、本条の問題ではないが、債権者と全連帯債務者とのあいだで更改が行なわれた場合（前述(1)(ア)(b)）には、特約なきかぎり新債務についても従来の債務者が連帯債務を負担すべきである、という見解がある（近藤＝柚木七五）。

〔相殺の絶対的効力、共同債務者の相殺援用権〕

第四三六条　①　連帯債務者ノ一人カ債権者ニ対シテ債権ヲ有スル場合ニ於テ其債務者カ相殺ヲ援用シタルトキハ債権ハ総債務者ノ利益ノ為メニ消滅ス

②　右ノ債権ヲ有スル債務者カ相殺ヲ援用セサル間ハ其債務者ノ負担部分ニ付テノミ他ノ債務者ニ於テ相殺ヲ援用スルコトヲ得

〔比較〕　フ民一二九四Ⅲ、ド民四二二、ス債一四七Ⅰ

Ⅰ　相殺の絶対的効力（一項）

(1)　意義・根拠

(ア)　本条一項は、つぎのような内容の規定である。甲乙丙三名が丁に対して九〇万円の連帯債務を負担し、甲が丁に四〇万円の反対債権をもっていたとする。この場合に、丁から請求を受けた甲が、その債権全額でもって相殺（五〇五）すれば、その効果は乙丙にも及ぶ。つまり、乙丙も四〇万円については債務を免かれ、三人は以後五〇万円の連帯債務を負うこととなる。もっとも、甲が乙丙に求償できるのは別問題である（§四四二Ⅱ⑴(イ)(b)）。(イ)　かように、債務者の一人が自己の有する反対債権で相殺した場合、それに絶対的効力を認めたのは、相殺が、債権者に実質的満足を与える点において弁済と同じに考えることができるからであり、二項の場合（後述Ⅱ⑴(イ)）と異なり、上述の効果はむしろ当然のことだといわれている。(ウ)　外国法（§四三四Ⅰ⑴(イ)）。

(2)　一項の内容

(ア)　適用の要件・範囲に関する問題　(a)　問題の債務者は、相殺の要件（五〇五・五〇九など）をみたしておらなければならぬ。なお、判例には、債権者丁が甲らに対する債権をAに譲渡し、甲はBの丁に対する債権を譲り受けたが、前者の譲渡通知が後者のそれよりも前であったケースにつき「甲自身ニ於テ右譲受債権ヲ以テAニ対シ相殺ヲ主張スル能ハ」ず、とするものがある（大判昭一二・一二・一一民集一六・一九四五）。これは通例つぎに述べる二項関係の先例として引かれるが、上述のような理解もできる。(b)　本条は、単独行為たる相殺についての規定であるが、いわゆる相殺契約（注釈民法一二巻のほか我妻三五三以下、於保三七四参照）がなされた場合も、本条の場合から区別せずに、絶対的効力を生ずると解されている（石坂八三五、近藤＝柚木七八）。(c)　本条は強行法規でなく（勝本・中⑴一四八）、したがって、連帯債務の成立時または相殺時に、当事者間で本条の適用を排除する特約をなすのも可能である、と解されている（於保二〇八参照）。しかし、相殺を、便法であるにせよ準弁済とみるかぎり、債務者の一人が相殺する際にかような特約をなしうるとすることは、満足による債権消滅という大原則との関係で、問題を生じはしまいか（なお石坂八四九参照）。

(イ)　効果に関する問題　(a)　相殺された限度で、かつ債権者に対する関係で、債務が消滅することはいうまでもない。(b)　いったん相殺で消滅した債権を、相殺当事者の合意によって原状に復活せしめうるか。判例は、さような合意によって、連帯債務を免かれていた者に、再び従前の連帯債務を負わせることは許されないとし（大判昭三・

二・一五民集七・二五五）、多くの学者もこれを支持する（勝本・中(1)一四七、近藤＝柚木七八、於保二〇八―九のほか椿・連帯債務五四―本書二一八頁所掲の評釈）。(c)　訴求された連帯債務者の一人が自己の反対債権で相殺する旨を抗弁とし、それを認める判決が出された場合、後に訴えられた他の債務者は、その判決の既判力（民訴一九九Ⅱ参照）の反射的効果によって、債務消滅の抗弁をなすことができるか。相殺の絶対的効力と判決の相対的効力（§四四〇Ⅱ(3)）とが、いわば重複する問題だともいえようが、まず民訴学者に肯定説が現われ（兼子「連帯債務者の一人の受けた判決の効果」民事法研究Ⅰ三七九。なお菊井＝村松・民事訴訟法Ⅰ一九九条(4)(ロ)末尾も参照）、今日の民法学者は、大なり小なりこれに注目し（柚木・下三五、高梨一九二、松坂一二六、於保二二二注一三など）、あるいは支持し（我妻四二九）、またそれに依拠する解釈を展開している（山中一七七―八参照。なお、§四四〇Ⅱ(3)(イ)）。

Ⅱ　共同債務者の相殺権の援用（二項）

(1)　意義・根拠

(ア)　本条冒頭の設例で、甲乙丙三人の負担部分（§四四二Ⅰ(3)）は、各自平等つまり三〇万円ずつだとしよう。甲みずからが相殺したときは本条一項の問題となり、そうでない場合に、この二項の問題となるわけだが、乙や丙は、債権者丁からの請求に対し、甲の反対債権四〇万円中三〇万円についてならば、「相殺ヲ援用スル」ことができるのである。

(イ)　(a)　上述のような相殺援用は、フ民（一二九四Ⅲ）やド民（四二二Ⅱ）では明文をもって禁じられており（なお椿・前掲論叢六二巻五号五五・八一・九一注一九―本書一三・三五・四四頁注（19）参照）、また、かつてのわが国にも（今はない）、結局は便宜ということで本条項を是認するのだけれど、①他人の債権の処分になる、②一部弁済の受領を債権者に強制する結果となり債権の力を弱める、といった批判がみられた（石坂八三五―六、近藤＝柚木七九）。(b)　つぎに、どの学説からも必ず挙げられる本条項の根拠は「当事者間の決済の簡便化」である。すなわち、もし援用を認めなければ、債権者丁より請求を受けた上例の乙は、丁に九〇万円全部を弁済してから、甲および丙にその負担部分三〇万円ずつを求償する。そして、甲は丁に対して、別に、自己の債権四〇万円を請求する。これに反し、援用を認めるときには、請求された乙は、債権者丁に六〇万円を弁済し、あとは丙だけに対して三〇万円を求償すれば済む。こういうのである（たとえば我妻四一二）。この場合にも甲丁間の請求関係は残るから、節約されるのは、弁済者乙が甲に求償するという点である（なお、§四四三Ⅱ⑵(イ)(b)）。(c) これ以外に根拠を追加する段になると、説明の仕方はいろいろであるが、要するに、上例の甲に相殺権行使の機会を与え（勝本・中⑴一四七、於保二〇八）、三〇万円については満足を受けさせることによって彼を保護するため（我妻四一一―三その他）ということだろう。(d) なお、わが連帯債務の特質を相互保証（本稿前注Ⅱ⑵(エ)(b)⑤⑥）に求める見解では、本条二項は、保証に関する四五七条二項の法理を採用した点で、さような性格をいっそう明らかにしている、とされる（山中・前掲民商三三巻三号三四二、於保二〇八参照）。

⑵　二項の内容

(ア)　適用の要件・範囲　(a)①反対債権をもつ債務者（上例の甲）自身が相殺を主張していない場合であり、②かつ、彼の負担部分を限度とする、ということが援用要件とされる（石坂八三八、近藤＝柚木八〇）。しかし、実際問題としては、甲が請求されたら一項（そして前述Ⅰ⑵(イ)(c)）、乙丙が請求されたら二項、というふうに分かれるはずだから、前者（①）は要件というより実状の説明である。(b) 甲の債権は、もちろん相殺できるものでなければならない。前述（Ⅰ⑵(ア)(a)）した判例では、甲の相殺主張ができないとされているので、その場合は乙丙も援用できないことになる。ただし、事案はそうでなかった（椿・連帯債務五五―六―本書二二九―三〇頁参照）。なお、乙丙が相殺を援用できないとする解釈に対しては、反対もある（我妻四一三参照）。(c) 連帯債務者の一人たる甲が破産宣告を受けても、他の乙や丙は、破産者甲が（破産宣告前から）有する反対債権でもって相殺を援用することができる（大判昭七・八・二九民集一一・一三八五）。なお、この判例を、負担部分について相殺援用云々と引用する学者（勝本・中⑴一四八、於保二〇八）があるけれども、負担部分は全く争点になっていない。

(イ)　相殺援用権の意味　「相殺ヲ援用スルコトヲ得」るという言葉は、漠然と、相殺してしまう（＝対応額について両債権を消滅させてしまう）意味に理解されてきた。この結果、上例では丁の債権は六〇万円に減縮され、甲の反対債権も三〇万円が消滅するので、差し引き一〇万円が残ることになる。しかし、兼子説（判民昭一二・一三六事件）が、乙丙は甲の負担部分（三〇万円）につき弁済を拒絶する「抗弁権」しか有しないと唱え、我妻説も、その程度より以上に他人の債権を処分する権限が与えられる必要はないとして、兼子説に同調するにいたった（我妻四一三）。この説によれば、甲の反対債権は、三〇万円についても、乙や丙の相殺援用によって消滅せず、甲と丁が別個に処理できることとなる。

〔免除の絶対的効力〕

第四三七条　連帯債務者ノ一人ニ対シテ為シタル債務ノ免除ハ其債務者ノ負担部分ニ付テノミ他ノ債務者ノ利益ノ為メニモ其効力ヲ生ス

〔比較〕　フ民一二八五、ド民四二三、ス債一四七Ⅱ

Ⅰ　本条の意義

⑴　概　観

(ア)　甲乙丙が平等の負担部分で丁に対し九〇万円の連帯債務を負う場合に、債権者丁が甲に対してその債務を免除する旨の意思を表示（単独行為）したときは、免除の債権消滅効（五一九参照）により甲は上記の債務から免責されるが、同時に本条によって、乙および丙も、甲の負担部分三〇万円について債務を免かれ、結局、以後は乙丙が六〇万円について連帯債務を負うこととなる。(イ) 連帯債務における免除の効力に関して、立法例はいろいろである。(a) フ民(一二八五)では、債権者が連帯債務者の一人との契約によって債務を免除したときは、他の債務者も全部免責される。ただし、債権者が明らかに他の債務者に対する権利を留保したときには、わが民法と同じになる。この免除は契約である点に注意。(b) ド民(四二三)では、債権者が債務者の一人と免除契約をした場合、当事者に全債務消滅の意思があれば、絶対的効力を生ずる。もっとも、かかる強き効力を欲する意思は例外であり、それを主張する者に立証責任がある、と解されている(Enneccerus-Lehmann, Schuldrecht, 14 Bearb., § 94 Ⅰ 2)。(c) ス債での免除契約は、同法一四七条二項(§四三四Ⅰ(1)(イ)(c))の中に含まれており、したがって絶対的効力・相対的効力のどちらでもありうる。

(2) 根拠と評価

(ア) 本条の趣旨は、当事者間の法律関係を簡易に決済しようとする点にある、と説かれる(通説)。すなわち、もし免除に相対的効力しか認めないとすれば、冒頭の例における乙ないし丙は、九〇万円全部を丁に弁済すべき義務を負い、弁済したときには甲に対し三〇万円を求償してくる。この場合に、償還した甲が最終的に三〇万円を負担すべきだとしたら、免除を受けた意味はなくなるから、甲には、不当利得にもとづいて債権者丁へ償還請求することが認められねばなるまい。だが、このような乙(ないし丙)→甲→丁という求償循環は無駄な廻り道だから、本条で、出発点たる丁の請求可能額を六〇万円とすることによって、それを避けた。

(イ)(a) かかる解決に対しては、かなり以前の学説にも、免除のごとく債権者に満足を与えないものは相対的効力事由とするのが正当である、という批判がみられたが(石坂八三九―四〇、鳩山二六四)、近時再び、本条は、一種の「分別の利益」を認めたことになって、それだけ担保力を減殺する(於保二〇九)、債権者の地位を不当に弱める(山中「連帯債務の本質」前掲三九一。なお我妻四一六)、一般の場合における債権者の意思に反する(山中・前掲民商三三巻三号三四五)、という評価が現われるにいたった。そして山中説は、立法論として、免除は相対的効力事由へ改めるべきであり、もし法律関係の簡易決済が必要なら不可分債務(四三〇・四二九Ⅰ)のような規定を置けばよい、とも主張する。(b)　①私(椿)は、近時の有力説が加える批判を、正当だと思う。けだし、別の個所でもしばしば述べたとおり(たとえば§§四三二Ⅱ(3)(ウ)(b)②・四三五Ⅰ(3)・四三四Ⅰ(1)(エ))、わが連帯債務は、満足をともなわない債権消滅原因の多くに絶対的効力を認めたために、その債権強効機能がかなり削減されており、かかる状況は、連帯債務のあるべき姿に照して、是正しなければならぬと考えられるからである。ただ、このような評価態度は、これを単なる批判あるいは立法論だけで終らせてしまっては十分でなく、どのように、またどの範囲まで、解釈論として受けとめうるかも検討しておく必要があろう。以下述べる解説には、かかる視角が基在する点に注意されたい。②もっとも、見方を全く変えて、債務者の一人を免除するといった余計な行為に出た債権者は、それから生じた不利益をみずから負担すべし(=時効完成の場合ほど法的保護について配慮してやる必要なし)と評価すれば、問題は若干異なってくるかもしれないが、そういう点に言及する見解はみあたらないし、また、一部弁済と引換えに免除しているケースが少なくないことを考えると、必ずしもこのように評価してよいとは思われない。

Ⅱ　本条の内容

(1)　序　言

(ア)　本条が取り扱っている免除は、単に連帯関係を解体するにとどまらずして連帯債務の額自体へも影響する点で、いわゆる連帯免除から区別される(詳細は、§四四五Ⅰ(2)(ア)(b)。また我妻四四一参照)。(イ)　本条が直接規制していない免除のうち、相対的(効力しかない)免除と一部免除とは、後で別個に解説する(次述Ⅲ)。前者は、担保力強化と関連してやや詳細に論ずべきものであり、後者は、負担部分したがってまた求償と結びついて見解の対立がみられる問題である。(ウ)　なお、本条は、強行規定でないと解されている(石坂八四八―九、勝本・中(1)一五一、我妻四一八、於保二〇九など）。このことは、当事者の特約によって本条の適用を排除し相対的効力しか生じないものと決めうる（たとえば石坂・上掲）という場合よりも、すすんで、一方的意思表示たる免除行為の解釈によって本条とは異なる意思を認定できるとみるときに、その意味が大きくなる（後述Ⅲ⑴）。

⑵　適用の要件・範囲

㋐　免除契約　ⓐ　本条は、もともと単独行為たる免除に関する規定であるが、免除契約の場合へも適用ないし類推適用される、という見解がある（近藤＝柚木八三、田島一四三）。ⓑ　判例には、債権者丁が、連帯債務者甲乙より一部弁済を受けて、他の連帯債務者丙が支払わぬ場合のほか残余の請求をしない旨の契約をしたところ、丁から請求を受けた丙が四三七条の適用を主張した事案において、債務免除は単独行為だから上記契約には本条の適用がない（抗弁権が当事者間で発生するにすぎない）旨を判示したものがある（大判大七・九・二六民録二四・一七三〇）。なお、適用論を問題にしていないものであれば、ほかにも免除契約の事例はある（後述㋒ⓑ）。ⓒ　契約による免除が可能であることは、一般に承認されている（たとえば我妻三六七、於保三八八）。問題は、連帯債務の場合におけるその効力如何であるが、私（椿）はこう考える。①債務者の一人に対する免除が他の共同債務者へ影響を及ぼしたところで、それは、単独行為であると契約であるとを問わず、共同債務者に免責という利益を与えるものである。しかも、連帯債務者は「免責共同体」を形成するので、一人の免責が他へ効力を及ぼすことを妨げる理由（たとえば他人の利益圏への干犯とか受益者の意思の尊重といった）はない。だから、契約に関与しなかった共同債務者の立場からみても、絶対的効力を生ずる免除契約が無効（ないし彼らへの対抗不能）とされなければならぬ理由は、どこにもない。この点は、全くその場合、本条を類推・適用できるといってもよければ、合意自体を直接的に根拠としてもよい。この説明の便宜である。②ただ、さような契約が可能・有効であるということは、もちろん具体的な場合における認定と関係がなく、とりわけ評価の如何とは別個の問題である。免除契約が絶対的効力を生ぜしめる趣旨か否かは、結局のところ意思解釈に帰着するが、一般的にいつて、評価・価値判断を抜いて意思解釈は行なわれないとすれば、認定に際しては、絶対的効力に対する評価（前述Ⅰ⑵㈠ⓐ）に留意すべきであろう。かかる意味で、上掲ⓑ判例には賛成できる。

㈠　全債務の免除　ⓐ　本条は、免除された債務者の負担部分（§四四二Ⅰ⑶）の限度で絶対的効力を生ずべき場合について規定しているが、債務者の一人または一部の者に対する免除が全債務を消滅させる趣旨（かかる意思の有無も、やはり免除行為の解釈問題）である場合、これは有効か。ⓑ　学説は、本条が適用されないと断わる見解（近藤＝柚木八三、田島一四三）をも含めて、とにかく有効とみる点では一致している。そして、債権者が債務者の一人に債権証書を返還した場合などには、かかる全債務免除の意思ありとする。もっとも、問題の債務者がかような意思表示を受領する権限を有するか、については若干考え方が分かれていて、①代理権がなくとも他の債務者の追認によって有効となしうる（我妻四一七）、②他の債務者にも有利な意思表示については相互に代理権を有する（近藤＝柚木八三）、③連帯債務では各債務者が債務を消滅させうるから、代理権の有無を問わない（高梨一九〇、津曲二一〇）、とされる。これらは、実際には差異をもたらさぬ「構成問題」にとどまるが、免責共同体において代理権の有無をことごとしく論ずる必要はない（ことに無権代理の構成は今の場合に適切でない）、と私（椿）は考える（なお前述㈠ⓒ①および山中「連帯債務の本質」前掲三八〇も参照）。もっと重要なのは、ここでも、債権者のさような意思の有無を、認定に際してどう取り扱うべきかであろう。ⓒ　なお、一部の学説（近藤＝柚木八三、勝本・中⑴一五二注一）は、有効説を採る判例だとして、大審院の或る先例を引いているが、それは、免除された者が全部の負担部分を負うていたため、結果的には全債務が消滅したという事案であって（次述⑶㈠ⓐ）、今の問題には関係がない。

㈢　その他　ⓐ　債務者の一人ないし一部の者に対する免除は、それらの者からの一部弁済と引換えでなされる場合が少なくない。しかし、本条の免除は有償・無償を問わない（近藤＝柚木八三、津曲一九九）。ⓑ　免除に条件をつけることも認められている（詳細は近藤＝柚木八二、勝本・中⑴一五二一—三を参照）。判例では、いずれも免除契約に関するケースであるが、いかなる場合には条件が不法条件として無効になるかを説示するもの（大判明四〇・三・一八民録一三・三〇二。椿・連帯債務六〇—本書二三三—四頁、また、後述Ⅲ⑴(イ)(b)）や、主債務者甲を免除し連帯保証人乙を訴求した事案（四五八参照）において、免除には絶対的効力が認められるけれども、「債権者ハ或条件ヲ附シテ負担部分ヲ有スル連帯債務者ノ債務ヲ免除スルコトヲ妨ゲザルガ故ニ、右ノ規定（＝本条）ハ、債権者ガ負担部分ヲ有スル連帯債務者甲ニ対シ、負担部分ヲ有セザル他ノ連帯債務者乙ガ其債務ノ弁済ヲ為スコト能ハザルトキハ、甲ノ債務ヲ免除スベキ契約ヲ為スコトヲ妨グルモノニ非ズ」と述べるもの（大判大九・一〇・三〇民録二六・一八一一。この判決については、さらに、後述Ⅲ⑵(ア)(c)）などがある。(c) 和解は相対的効力事由である。しかし、その中に債務免除となる部分が含まれておれば、その限度では本条の適用がある（大判昭二・一二・二四民集六・七二三、事案は裁判上の和解）。学説にも反対はない。(d) 判例は、いわゆる契約連帯だけでなく、共同不法行為による法定連帯にも本条の適用ありとする（大判大三・一〇・二九民録二〇・八三四）。だが、現通説はこれに反対する（注民⒆§七一九Ⅲ二）。

(3) 効　果

(ア) まず問題となるのは、負担部分との関係である。(a) 債権者が連帯債務者甲の債務を免除してもう一人の乙へ訴求したところ、甲の負担部分が全部だから甲を免除すれば乙は全く免責される、という乙の抗弁が容れられ、債権者から負担部分を平等と考えて然るべきものと上告した事件につき、判例は「債権者ガ……免除ヲ為スニ当リ其債務者ノ負担部分ヲ知ラザルモ、之ガ為メニ其負担部分ニ影響ヲ及ボサザルヲ以テ、同条ニ依リ他ノ債務者ニ及ボスベキ免除ノ効力ニ消長ヲ来タスベキモノニ非ズ」したがって乙は全く免責される、と判示した（大判明四二・九・二七民録一五・六九七）。判例には、このほか、債権者が債務者の一人に対し、債務者間の合意で決められた彼の負担部分（実際の受益は彼が全部であったらしい）相当額を免除したときには、その額についてだけ債務が減縮する、と判示したものもある（大判明三七・二・一民録一〇・六五）。(b)　前のほうの判例は、これを祖述するだけの学説がむしろ多い（近藤＝柚木八四、末弘一三四、勝本・中(1)一五〇、石田九九など）。たしかに、免除された債務者の内部的負担部分がたとえ全部であっても、また、債権者が負担部分の割合を全く知らなくても、免除には絶対的効力が認められるとする考え方は、負担部分を債務者相互間の純然たる内部関係として把握する判例理論（§四四二Ⅰ(3)(ウ)）に適合し、それなりに筋は通っている。しかし、債権者の意図なり予期には反することが多いだろう、と評されている（我妻四一七）。とりわけ、かような解釈論が、負担部分の変更自由を認めている別の判例理論ともし結びつけられるならば、債権者にとっては、はなはだ酷な結果を生ずることとなり（椿・前掲民法例題解説Ⅱ（本著作集1(4)）五一参照）、その対策が問題となる。だが、この点は、むしろ、負担部分＝一般に通ずる問題だから、別に述べる（§四四二Ⅰ(3)(ウ)(b)④・c①）。

(イ)(a)　つぎに、本条の趣旨として述べたとおり（前述Ⅰ(2)(ア)）、債務者の一人に対する免除は、彼の負担部分の限度で他の債務者にも免責の利益を与え、それと同時に、問題の債務者自身へも上記限度で究極的（＝内部関係にも及ぶ）免責の利益を与えるとするときには、免除された債務者をめぐる「償還請求」問題は、考えずに済む。(b)　しかし、つぎのような問題を生ずる場合がある。①まず、相対的免除なるカテゴリーを認めるならば、求償循環の顕在化を来たすから、その点を考えなければならなくなる（次述Ⅲ(1)(イ)・(ウ)(c)）。②また、全部免除ではなく一部免除が、免除された債務者の一部弁済と結びついてなされたときには、彼の償還請求できる範囲をどういうふうに決めるか、が問題となる（次述Ⅲ(2)(イ)）。

Ⅲ　特殊な債務免除

(1)　相対的免除

(ア)　概　説　(a)　この言葉はまだ熟していないけれども、私（椿）は、本条と異なり相対的効力しか生じない債務免除、つまり、債権者から連帯債務者の一人または一部の者に対してなされた免除が、その意思表示自体もしくは四囲の事情から、当該債務者には請求しないが他の債務者に対しては債務全額についての請求可能性を留保する趣旨であるもの、という意味でこれを用いている（椿・前掲民法例題解説Ⅱ五〇、同・連帯債務六〇―本書一三二頁。なお我妻四一八参照）。免除契約だけでなく、単独行為たる免除においても問題となる。(b) ①免除契約については、特約で本条の適用を排除できるということとすぐ結びつくためか、古くから、相対的効力しかないと決めるのも有効と解されている（前述Ⅱ(1)(ウ)）。したがって、問題は、むしろ単独行為たる免除に存する。②相対的免除が解釈論として必要とされる基盤は、債権担保力の強化という点にある。この点もすでに述べた（前述Ⅰ(2)(イ)）。③免除契約はいわゆる債務免除にあらずとした先例（前述Ⅱ(2)(ア)(b)）は、本条の適用なしとする結果、相対的効力しか生じない免除を認めたものだ、とみることもできよう。

(イ) 有効性　(a) 学説には、相対的効力しかない免除は、いたずらに求償循環を生ぜしめるだけのことにしかならないから（なお、前述Ⅰ(2)(ア)）、有効とみるのはすこぶる疑わしいと解する説（近藤＝柚木八四。理由を欠くが、同旨、小池一九一）、ないし全債務者との合意がなければ相対的免除は無効と断ずる説（田島一四三）と、逆に、免除が「全く他の債務者に対し効力を及ぼさずと為すことも有効」であると解する説（勝本・中(1)一五二）とが、以前から対立している。(b) 判例（大判明四〇・三・一八民録一三・三〇二）は、上記どちらの説からも、無効説を採るものとみられている。しかし、この判例は、どういう場合に条件が不法となるかを説示したものであり（前述Ⅱ(2)(ウ)(b)）、少なくとも、相対的免除をそれ自体として無効だと判示した先例ではない（椿・連帯債務六一―本書一三四―五頁）。(c) 私（椿）は、以下のような理由で有効説を採る。①相対的免除を認めたら、他の債務者は本条の定める免責（＝利益）が受けられないが、本条自体が債権担保目的からして疑わしい以上、共同債務者の利益を、さような担保目的に沿う債権者の意思よりも優先させるべき理由は乏しい。②近藤＝柚木説は、相対的免除から生じうる求償循環を許しがたいとみるが、技術的ともいえるこの配慮と連帯債務の目的ないしあるべき姿とのどちらが重要か、はおのずと明らかである。それに、判例では、求償循環は必ずしも禁ぜらるべき背理と考えられていないのであって（椿・連帯債務六三―本書二三六頁参照）、かかる反対理由は、決して公理的な説得力をもちうるものでない。③契約による相対的免除が有効と解されている以上、単独行為の場合を、それから区別して無効とみるべき理由はない。債務者の一人が契約当事者になるか否かは、この場合、有効・無効をわかつ根拠にならないからである。④免除が債権消滅・絶対的免責を生ずるといっても、複数主体の場合には、常に全員に対してさような効力を生ずるとは限らない。(d)　なお、近時の下級審には、相対的免除の考え方に近いと思われる見解を示すものがある（東京地判昭三一・七・二〇下民七・七・一九八二）（椿・連帯債務六二―本書二三六頁）。

(ウ)　内　容　(a)　どういう場合に相対的免除ありといえるかは、結局、意思解釈ないし契約解釈によって定まる。ただ、その際、免除は相対的効力しか生じないとするほうが望ましいとみるならば、厳格に、とりわけ明示された場合だけに、限らなくてよい。(b)　債権者は、免除した債務者から取り立てられなくなるだけで、他の債務者に対しては連帯債務の全額を請求できる（なお一部免除の場合については、次述(2)(ア)(c)①）。(c)　①免除された債務者が弁済した債務者から求償を受けたときには、彼は債権者にさらに請求できる、換言すれば求償された額については債権者がみずから負担する、と解されている（勝本・中(1)一五二、我妻四一八）。もっとも、債権者が、自分は償還請求に応じないという趣旨で免除したときは、さような意思に沿う効果を認めて差しつかえない（同旨、我妻四一七末尾）。また、債権者に負担させるという考え方そのものに対し、消極的な見解もある（山中「連帯債務の本質」前掲三九一、同・前掲民商三三巻三号三四五）。②債権者が負担しないという場合には、相対的免除は単なる不訴求の意思表示となり、その実益は、免除を受けた債務者が債権者から請求されず（もし請求してくれば抗弁権がある）、とりわけ、彼は自己の負担部分額を求償に備えて準備すれば足りる、という点に存することとなろう。

(2) 一部免除

(ア) 概説 (a) 本条は単に「債務ノ免除」というが、問題の免除自体に全部免除と一部免除の区別が認められている（たとえば我妻三六八、於保三八九）以上、本条の免除にも、さような二種の区別を認めてよい。また、契約によって一部免除をなしうることも、もちろんである（なお前述Ⅱ(2)(ア)）。(b) 一部免除は、債権者が債務者の一人から若干額の弁済を受け、その代わり残額については彼に請求しない、という形で行なわれるのが通例だろう（なお我妻四二二も参照）。だが、そうでなく、いわば無条件的になすことも、むろん可能である。(c) 効果としては、以下の二点が問題となる。①一部免除が同時に相対的免除（前述(1)）の趣旨をも含むものである場合、それは、有効である。前に（前述Ⅱ(2)(ウ)(b)）引用した先例（大判大九・一〇・三〇民録二六・一八一二）は、債権者が主債務者甲とのあいだで、甲から一部弁済を受けた後に連帯保証人の乙へ残額請求をして弁済が受けられなかったら甲には請求しない、という示談契約を結んだ事案につき、上記個所で掲げた前提論にもとづいて、「乙ハ、債権者ガ主債務者タル甲ヲ条件付ニテ免除シタルコトヲ理由トシテ、自己ノ当然負担スル債務ノ弁済ヲ拒否スルコト能ハザルヤ明ナリ」と判示している（なお我妻四一八、さらに下級審として前述(1)(イ)(d)）。②つぎに、一部免除が絶対的効力を生ずる場合、他の債務者の連帯債務額はどうなるか。また、通例そうであるように、一部免除を受けた者が若干額を弁済した場合、彼が求償できる範囲はどれだけか。これは、かなり錯綜した議論があるので、項を改めて説く（次述(イ)）。(d) なお、判例には「債権者ガ第三者トノ間ニ連帯債務者全員ノ為ニ債務ノ一部ヲ免除スル旨ノ契約ヲ締結スルハ、第三者ノ為ニスル契約ニ準ズベキモノニシテ有効」だとする説示もみられる（大判昭一八・六・二法学一三・二六五）。

(イ) 効果に関する問題個所 上掲(ア)(c)② 一部免除の場合において、債権者が他の連帯債務者に対して請求できる額如何と、免除を受けた債務者が一部弁済をなした場合において、彼が他の共同債務者に対して求償できる額如何とは、実は密接に結びついている。そこで、おのおの見解ごとに、これら二つの問題を一緒に説明することにしたい。なお、解説上の設例は、甲乙丙丁の四名が、各自平等の負担部分でもって五〇万円の連帯債務を負担していた、また、債務者中の甲が、三〇万円の免除を受けて二〇万円を弁済した、としておこう。

(a)　判例理論　問題となった事案は、連帯債務でなく、保証連帯もある連帯保証人相互間の求償事件である。負担部分は、別に決められていなかったので、平等だとされる。上述のように、甲が一部免除を受けたうえ一部弁済をし、他の連帯保証人に求償する。大審院（大判昭一五・九・二一民集一九・一七〇一）は、本件には当然本条が適用されるとしてから、①「只本件免除ハ元金ニ付テハ一部ノ免除ナレバ、ソノ全部ノ免除アリタル場合ニ比例シタル割合ニ於テ……（甲の）負担部分ニ付他ノ保証人ノ利益ノ為ニモソノ効力ヲ生」ずる、という。つまり、もし全部免除ならば、連帯債務の額は、甲の負担部分一二万五〇〇〇円だけ減縮して、乙丙丁は三七万五〇〇〇円を負うことになるが、設例では、一二万五〇〇〇円の五分の三（＝全部免除の場合における額と一部免除額との比）である七万五〇〇〇円について、乙丙丁の連帯債務額をも減縮させる。すなわち、絶対的効力を生ずる額が、比例的に減額される（評価として於保二一〇注七、さらにこれに対し椿・連帯債務六六―本書一三九頁）。②しかし、甲が二〇万円を弁済して乙丙丁に求償する場合、上の状況は、甲の負担すべき額にも撥ねかえり、判例によれば、彼の負担部分は、当初の一二万五〇〇〇円から上記絶対的効力を生じた七万五〇〇〇円を控除した五万円となる。そして、弁済額二〇万円からこの自己の負担部分五万円を引き、それを三等分した五万円が、各自に対する求償額となる。なお、連帯債務の残額二二万五〇〇〇円については、甲に負担部分なく、彼が免除を受けただけの実益は出てくる。

(b)　柚木説（柚木・下三〇）　①全部免除も一部免除も負担部分の限度で絶対的効力を生ずることには変りがなく、乙丙丁の連帯債務額は三七万五〇〇〇円となる。②甲の負担部分は免除によってゼロとなるから、乙らは甲に求償しえない。甲が二〇万円を弁済したときには、彼の負担すべき部分はゼロだから、この額を三等分した六万七〇〇〇円弱が、乙らに対して求償できる額となる。

(c) 西村説(民商一三巻四号六一三) 説明の仕方はともかくとして、判例と同じ結論になる。事案の関係で、求償額の問題を前面化させているが、①債権者の意思は、一部免除の場合には、免除額に比例してのみ債務者の内部的義務をも消滅させよう、というのが通例である。したがって、判例と同じ計算で、七万五〇〇〇円については甲の負担部分が減少し、二〇万円から甲の今や負担すべき部分五万円を控除して、残額を三等分したもの(各五万円)が、乙らに求償できる額となる。②なお、一部免除後、乙らの負うべき連帯債務額も、判例と同じだろう。

(d) 野田説(判民昭一五・九七事件) 一部免除の場合には、免除を受けた債務者も或る額の債務を債権者に負担するから、その範囲では他から求償されても、債権者に償還請求できない。だとすれば、債権者に利得償還を請求できる額だけ負担部分は減少する、とみるのが本条の趣旨に適合する。①そして、「此の立場からすれば、一部免除により残存する債務を超過する元来の負担部分の差額だけが本条によって減少すると解すべく、又其の限で債務者に対しても免除の効力を及ぼす」が、本件では残存債務が大きいから、負担部分には影響しない。したがって、乙らの連帯債務額にも影響はない。②甲が求償できる額は、弁済額二〇万円から自己の負担部分一二万五〇〇〇円を控除した七万五〇〇〇円であり、これを三等分して各自に償還請求する。

(e) 我妻説(我妻四二一―三) ①野田説は、一部免除の場合における債権者の意思(=他の者へは全額請求する)に適合しており、かつ、不当と評価されている本条の適用を最少限に喰いとめるもので、妥当といえる。柚木説は、免除の対外的効果を不当に拡張しており、債権者の意思にも反しよう。判例理論は、技巧的でありすぎ、一般の場合における債権者の意思に適合するか、も疑わしい。要するに、残額が甲の負担部分以上であれば、乙らが免除後に負担する連帯債務額には影響がなく、残額が甲の負担部分よりも少なくなるとき(免除額が三七万五〇〇〇円以上であるとき)にかぎり、その限度で乙らの債務額へも影響する。②つぎに、甲が二〇万円を弁済して乙らへ求償する場合は、一部弁済があったときの求償に関する一般原則に従うのであって、残額免除の件は問題とすべきでない

（この点では野田説にも賛成しない）。ⓐ甲乙丙丁が真実の連帯債務者であれば、甲は自己の負担部分額に関係なく各自の負担部分に応じて分割し、結局五万円ずつ乙らに求償できる（§四四二Ⅱ⑴(ウ)ⓐ）。ⓑ共同した連帯保証人（上記判例のケース）であれば、「自己ノ負担部分ヲ超ユル額」（四六五Ⅰ参照）すなわち二〇万円から一二万五〇〇〇円を控除した額を三等分した二万五〇〇〇円ずつについて乙らに求償できる。③なお、乙らの債務は、甲の一部弁済によって三〇万円に減少するが、乙が支払えば甲へも求償できる。この場合は、甲が一部免除を受けていたことが無意味になるが、やむをえない。ただし、一部免除が絶対的効力を生ずる場合は別問題である。

私は、どの見解によるべきかにつき、現在では決定しかねる。債権担保力の強さという点からは、野田・我妻説、判例・西村説、柚木説の順に並ぶが、野田説も、前記（ⓓの冒頭）表現を裏返して考えると、論理必然的な推論とはいいがたく、我妻説の評価態度をバックとして始めて説得力が大きくなるようにみえる。なお、債権者の意思は通例こうである、といった論拠が使われているが、これも評価態度と結びついている点に注意すべきである。

〔混同の絶対的効力〕

第四三八条 連帯債務者ノ一人ト債権者トノ間ニ混同アリタルトキハ其債務者ハ弁済ヲ為シタルモノト看做ス

〔比較〕 フ民一二〇九・一三〇一Ⅲ、ド民四二五Ⅱ

Ⅰ 本条の意義

⑴ 概観 (ア) 連帯債務者甲乙丙のうち甲が、たとえば債権者丁を相続し、また自分たちに対する丁の債権を譲り受けたときには、甲は弁済したものとみなされる結果、それまでの連帯関係がなくなってしまい、甲は乙丙に対し各自の負担部分（§四四二Ⅰ⑶）について求償する、という関係に変ってしまう。すなわち、混同は、わが民法上、連帯債務そのものの存続を阻むのである。(イ) ド民は、混同を相対的効力事由として例示し、ス債でも、求

償関係に間接の影響を及ぼすにすぎないもの、と通説的に解されているようである。これらと異なり、フ民は、混同を生じた者の負担部分についてのみ、連帯債務自体が消滅するとしている。

(2) 根拠と評価 (ア) 本条も、法律関係を簡易に決済するためだ、と説かれている。すなわち、もし混同に相対的効力しか認められないとすれば、上例の乙ないし丙は、債権者としての甲に弁済し、ついで共同債務者としての甲に対し求償することとなるが、これは煩雑で無用な手続だ、というわけである。(イ) しかし、乙丙の連帯関係が全面的に(=甲の負担部分を超えて)消滅することは、債権の効力・担保力を弱め(たとえば我妻四一三、於保二一〇)、債権者の不利益がいちじるしい(山中・前掲民商三三巻三号三四五)、と評される。債権者が逆に甲を相続した場合を考えれば、このことは容易に理解できよう。かくて、フ民のほうがまだしも妥当だとされる(於保二一〇)。もっとも、甲から請求を受けた乙または丙に、甲の負担部分を控除する権利を解釈上認めれば、負担部分の限度で絶対的効力を生ずると規定する必要はない、ともいわれる(山中「連帯債務の本質」前掲二九一参照)。

Ⅱ 混同の成否・効果

(1) 成否

(ア) まず判例は、債権の分割転付があった場合につき(§四三二Ⅱ(2)(ウ))、残部の債権関係は依然として存続し、混同によって消滅しないとする(大判昭一三・一二・一二民集一七・二五二二、同昭一四・七・一四新聞四四七四・七)。(イ) 上例で、丁を相続した甲が限定承認したときには、混同を生じない(九二五参照)。

(2) 効果

(ア) 連帯関係は消滅し、求償関係しか残らなくなる(前述Ⅰ(1)(ア))。(イ) 効果に関する実例は、いずれも求償権者の代位権に関する問題として現われている。一つ(大決大三・四・六民録二〇・二七三)は、特に紹介するまでもないが(椿・連帯債務一〇三—本書二七二—三頁)、もう一つは「混同ノ場合ニ在リテハ当該債務者ニ於テ弁済ヲ為シタル場合ト一般（椿注―同様に）、債権者ノ債権ハ他ノ連帯債務者トノ関係ニ於テモ亦消滅スルト共ニ、当該債務者ノ求償権ノ範囲内ニ於テ他ノ債務者ニ対スル債権者ノ債権及担保権ハ当該債務者、即債権者ニ移転ス」るとしている（大判昭一一・八・七民集一五・一六六一）。

〔時効完成の絶対的効力〕

第四三九条　連帯債務者ノ一人ノ為メニ時効カ完成シタルトキハ其債務者ノ負担部分ニ付テハ他ノ債務者モ亦其義務ヲ免ル

〔比較〕ド民四二五Ⅱ

Ⅰ　序　説

(1)　概　観

(ア)　甲乙二人が連帯債務を負うているときに、その債務がいわゆる時効にかかるのは、多くの場合二人同時であろう。しかし、場合によっては（後述(3)）、乙より先に、甲について消滅時効が完成することも起こる。その場合、時効完成者の甲は、援用（一四五）によって免責されるが、本条に、甲について時効が完成したときには、乙もまた甲の負担部分（§四四二Ⅰ㈢）の限度で債務を免かれる、と定めたのである。だから、設例で、二人の負担部分が平等ならば、債務額は二分の一に減縮する（しかも残る者は乙だけだから単独債務へ変る）。また、後に掲げる判例のかなりにおいて見られるごとく、甲の負担部分が全部で乙のそれはゼロというときは、全債務が消滅する結果となる。

(イ)　立法例をみると、ド民では相対的効力しかない旨が定められており、弾力性ある（§四三四Ⅰ(1)(イ)(c)）ス債のもとでも、同様な解釈が行なわれている。フ民には規定がなく、見解は分かれた。

(2)　本条の根拠と評価

(ア)　根　拠　(a)　時効は、債権消滅原因であるけれども、債権者に満足をもたらす事由ではない。したがって、相対的効力事由とすることも考えられるが、もしそうすれば、前例の乙は、連帯債務の全額を債権者に弁済すべきものとなり、その結果として甲に求償してくる。これでは、甲から債権者への償還請求でも認める（近藤＝柚木八七参照）のでなければ、甲は全く時効の利益を受けられず、また、そういう求償の循環は煩わしい。そこで、負担部分につき絶対的効力を認めることによって、これらの問題を解決したわけである、(b)もっとも、根拠の説明にあたつては、簡易決済だけを掲げる見解（近藤＝柚木八七、勝本・中(1)一五六）や、そのほかに時効完成者の利益をあわせ掲げる見解（於保二一〇）もあるが、甲から債権者への償還請求を認めないやにみえる見解は、時効完成者に時効の利益を受けさせるという点を、理由としている（石坂八四七、ことに我妻四二三）。時効の場合は、免除と異なり、債権者への求償が考えられぬとするのも十分理由はある。

(イ) 評　価　(a)ところで、本条に対しては、近時、以下のような批判が加えられるにいたつている。すなわち、債権者が、前例の乙に資力があるため彼から弁済を受けるつもりで、甲に対しては手を打たず期間経過を放置していたという場合、甲の時効完成によって一部ないし時には全部の債務消滅を来たすことは、妥当でなく（我妻四二三—四、於保二一〇）、債権の効力を弱める（山中一七六）。ことに、債権者が負担部分の割合を知らない（なお判例理論では、負担部分は純然たる内部関係であって、債権者とは無関係である、§四四二I(3)(ウ)）ときなどには、彼は不測の不利益を受ける（我妻四二四、高梨一九一、松坂一二六）。そして山中説は、時効完成によって甲が受ける利益を無にしてでも、債権者の全額請求権を確保すべきだ、という評価態度さえ示している（山中「連帯債務の本質」前掲三九二）。私（椿）も、すでに更改やことに免除の注釈（§§四三五I(3)(イ)・四三七I(2)(イ)(b)）で述べたところから明らかなごとく、これら批判を正当と思う。(b)なお、本条より生ずるマイナスは、四三四条における請求の絶対的効力というプラスにより、或る程度は相殺される仕組みとなっている（§四三四I(3)(イ)(b)および(ウ)）。しかし、請求以外の時効中断事由は同条に含まれない（＝相対的効力しかない）ので、差押や承認の場合には、やはり上の批判が妥当する。ス債のごとく時効中断事由そのものに絶対的効力を認めよ、という立法論も、本条の内容が維持されるかぎりでは、十分その理由がある。

(3)　時効完成の時期が異なる諸場合

(ア)　一債務者の時効完成に絶対的効力を認めたことの当否は、上述のようであるが、では実際問題として、いかなる場合に、或る連帯債務者の時効完成が他の共同債務者のそれよりも早い、という現象は生ずるのであろうか。順次みていく。

(イ)(a)　連帯債務は、同時的共同負担が多いだろうが、既存債務への加入（＝異時の併存的債務引受）によっても負担されうる（本款前注Ⅱ(4)(イ)(c)、注民⑾第四節後注Ⅰ一ア c・Ⅲ）。あとの場合に、既存債務に対する債権が、加入の以前より「権利ヲ行使スルコトヲ得ル」（一六六Ⅰ）状態にあれば、原債務者と引受人の時効完成は異なる。(b)　同時的共同負担の場合でも、連帯債務を組成する各債務は条件や期限を異にしうる（本稿前注Ⅱ(2)(ウ)(b)②）ゆえ、さような附款があるときには、やはり時効完成の時期が異なってくる。ただし判例には、かかる事例がみあたらない。(c)　また、相対的効力しか生じない時効中断事由、たとえば一債務者の債務承認があったときにも、他の者の時効完成は妨げられない。これは、実際に出てきているケースである（後述Ⅱ(3)(ア)(b)）。(d)　①さらに、各債務の時効期間そのものが異なることがあれば、もちろん時効完成の時期もズレてくる。その典型的な事例とされていたのは、連帯債務者の一人が民事債務を負い、もう一人が商事債務を負うという場合であった（一六七Ⅰ、商五二二参照）。②しかし、昭和一三年の改正で、商法三条には「当事者ノ一方ガ数人アル場合ニ於テ其ノ一人ノ為ニ商行為タル行為ニ付テハ本法ヲ其ノ全員ニ適用ス」という二項が加えられたので、民事債務も商行為債務としての取扱いを受けることとなり、時効期間の差異は問題にならなくなった（西原・商行為法一三二、田中誠二・商法総則商行為法〈判例体系叢書〉三四、我妻四〇五、柚木・下一九、於保一九九注五など）。③この結果、本条関係のケースには、実際上、先例としての意味を失なったものもある（たとえば大判大五・一一・二一民録二二・二二六四、同昭六・三・一七新聞三三五九・一六）。また、提示された解釈論は依然として連帯債務法の重要素材だけれど、さような説示を生み出す機縁となった「場」自体が消失したものがある点にも注意すべきである。たとえば、後に（§四四二Ⅰ⑶(ウ)(b)④）、負担部分変更の自由を判示した例として引くケース（大判昭七・四・一五民集一一・六五六）は、商人と非商人が連帯債務を負担し、前者に時効が完成したことを発端として起こった事件である。さような意味で、本条の適用される場合はかなり減った、といえるのである。

Ⅱ　本条の内容

⑴　序　言

(ア)　本条注釈の冒頭における例示からもわかるとおり、要件としては、債務者の一人の時効完成が、また効果としては、彼の負担部分の範囲で他の債務者も免責されることが、それぞれ要点である。そして、前者に関しては、つぎに述べる問題(イ)のほか、時効中断および時効利益の放棄が関連をもっており（後述⑶）、後者については、負担部分が種々の重要な論点を含んでいる（次述⑵）。(イ)　完成者の援用は、本条適用の要件となるか。主たる債務が時効で消滅した場合には、保証債務の附従性ということから、保証人は主債務者が援用すると否を問わず援用権ありと解されているが（注民⑾§四四六Ⅳ一イa）、連帯債務においては、上例の甲（時効完成者）のみならず乙も独立して援用権をもつ（近藤＝柚木八八）とか、甲が援用か放棄かを決める以前でも時効完成は絶対的効力を生ずる（勝本・中⑴一五八）と説かれる。つまり、文字どおり、甲の「時効カ完成シタルトキ」で足るわけである（なお、後述⑶(イ)(a)）。(ウ)　上記のことと関連して、甲の時効完成は「法律上当然」に乙をも免責させる、と説く見解もある（末弘一三五）。だが、来栖説は、乙の承認が時効利益の放棄にはならないとみるところから、乙の免責が、甲の時効完成のいわば「反射的効果」であると構成している（来栖・判民昭一三・一二八事件）。(エ)　なお、本条による時効援用に関しては、手形の共同振出人も問題となるが、近時の下級審には、彼らを連帯債務者でなく合同責任者だとみて、本条の適用なしとした例がある（高松高判昭三四・四・二七高民一二・三・一一五。椿・連帯債務三五―六―本書二一〇―一頁参照）。(オ)　最後に、特約でもって、本条の適用を排斥する（相対的効力しかないと定める）ことができるか。「当事者ノ特約ニ依リ」そうすることは可能とする見解がある（石坂八四九）が、一債務者との合意でなしうる趣旨かどうかは、必ずしも明らかでない。また、一般論として、弁済・準弁済以外なら、債務者全員との合意で、絶対的効力事由を相対的効力となしうるが、「他の債務者に利益を与ふる結果を生ずる」ことなら、債権者と一債務者だけの合意によっても相対的効力となしうる、という見解がある（勝本・中⑴一六〇）。これは、一債務者との特約では時効完成を相対的効力事由と定めえない、という趣旨であろうか。もっとも、近時の見解は、実際上かかる特約を問題にする必要なしといった理由によるためか、かような点に言及していない。

(2)　負担部分と絶対的効力

(ア)　一債務者の時効完成も、免除（四三七）の場合と同じく、問題の債務者の負担部分については、連帯債務の額を減縮させる。これら満足なき債権消滅原因に絶対的効力を認めたこと自体が、すでに疑問とされるが、問題は、負担部分を純然たる債務者相互間の内部関係とみる（債権者の関知・関与から切断する）にもかかわらず、それに、対債権者関係で重要な役割を果さしめる、という点にも存する。このような解釈（判例理論）に対する対策は後述する（§四四二Ⅰ⑶(ウ)(c)）が、ここで、とりあえず、本条を適用する場合における負担部分の意義を、実例に即して解説しておこう。甲・乙は本条冒頭の例示どおりである。

(イ)　(a)　まず、破棄判例として、「連帯債務者ノ一人ノ為メニ時効ガ完成シタルトキハ、其ノ債務者ノ負担部分ニ付テハ他ノ債務者モ亦其ノ義務ヲ免ルルモノナルガ故ニ、甲ノ為メニ時効完成スルモ尚乙ニ全額ノ支払義務アリト為サントセバ、須ク甲ニ負担部分ナキコトヲ確定セザルベカラズ」としたものがある（大判昭一三・七・一一判全五・一六・一五、法学八・三・一一〇)。この事件は、乙が時効完成後に承認している事案であって、後日の公式先例(次述(3)(イ)(b))からすれば、原審もあながち排斥できないが、時効完成が明らかなのに負担部分を考慮せず乙に全額支払を命じたのは、とにかく審理不尽とされている。(b) つぎの公式先例は、まさしく上述の問題点に関係している。債権者の意思的関与がないかぎり負担部分は平等、というのが債権者側の主張だが、大審院は、彼の意思などは問題にならぬと蹴り(§四四二I(3)(ウ)(b)③)、「原判決ニ於テ、甲ト乙トノ間ノ関係ニ於テハ乙ニ何等ノ負担部分ナク甲ニ於テ其全部ヲ負担スベキモノナルコトヲ判示シ、以テ甲ニ対スル時効ノ完成シタル以上ハ乙ニ於テモ其債務全額ニ付時効消滅ノ利益ヲ受ケ得ベキ旨説明シタルハ正当」だとした(大判大四・四・一九民録二一・五二四)。(c) さらに、相対的効力しかない時効中断があっても、負担部分の如何では、しばしば全債務が消滅せしめられる(次述(3)(ア)(b))。これは、非常に重要な問題である。

(ウ) なお、当然の判示内容であるが、甲の時効が完成してその債務が消滅した場合、彼は、時効未完成の乙の負担部分について残存する債務に対し、もちろん責任を負わされない(大判大五・六・七民録二二・一一五四)。本件甲は商人、乙は非商人である点に注意しておきたい(前述I(3)(イ)(d))。

(3) 本条と時効中断・時効利益放棄

(ア) 時効中断との関係 (a) 時効中断事由のうち、一債務者に対する「履行請求」は絶対的効力を生じ、法定の限度において、他の債務者の時効完成も阻止される(§四三四II)。請求の代表的なものである「裁判上の請求」について、実例を示すと、それは判決確定までのあいだ時効を中断するので、債権者が、債務発生後一〇年経過前に連帯債務者の一人乙に対して訴を提起し、四年後に判決が確定したときには、共同債務者甲の時効は、その翌日より新たに再進行を始めるのであって、甲は、自分がさらに訴求された場合に、履行期からすでに一〇年を経過していると抗弁できない(大判昭一三・一二・八民集一七・二六三二)。

(b)　問題は、債務者甲には消滅時効が完成したけれども、完成前、他の債務者乙に「承認」や「差押」といった時効中断事由を生じている場合である。これらの中断事由は相対的効力しかない（§四四〇Ⅱ(1)(イ)）ので、甲の時効完成は何ら阻止されない。①判例は、この理を前提として、ⓐ負担部分が全部の甲について時効が完成した以上、負担部分ゼロの乙は本条によって（全く）免責されるから、乙の承認の有無・効力を判断する要なし（大判大一二・二・一四民集二・五一）、ⓑ乙が承認をしたところで、甲は自分の債務について時効が完成した以上その債務を免かれ、また承認した乙自身も甲の負担部分の範囲では免責されるから、両人に全額支払を命じた判決は不法（大判昭二・一・三一新聞二六七二・一二）、ⓒ債権者が乙（負担部分ゼロ）に対して差押をし、また乙が分割弁済をしていても、それらを何ら考慮せずに、甲の時効完成を判示してよいのは、当然のこと（大判昭六・一一・一四新聞三三七三・一〇、新報二八三・一三）、ⓓ負担部分全部の甲につき時効が完成した以上、乙はそもそも全く免責されるのだから、乙の時効完成の有無につき判断する要なし（大判昭二・一〇・一二新聞二七七三・一五）、としている。②本条ならびに四四〇条の条文解釈としては、当然こうならざるをえまい。ただ、上記四例中三つまでは、時効完成者甲の負担部分が全部であったため、連帯債務そのものが全部消滅する結果となっているが、これの当否は、つぎの諸要素をどう評価するかで異なってこよう。すなわち、ⓐ債権者は、さような効果の基礎となる負担部分の決定ないし変更から、完全にシャット・アウトされている（§四四二Ⅰ(3)(ウ)(c)③）、ⓑわが実定連帯債務法は、債務者の保護強化よりも、債権強効・担保力強化を志向すべきである（§四三四Ⅰ(3)(ウ)(a)②その他）、ⓒともかくも時効中断行為が時効ケースにおいて存在する、といった点を強調するならば、上掲の判例理論には反省が求められ（なお、前述Ⅰ(2)(イ)(a)）、せめて負担部分平等原則の前面化（§四四二Ⅰ(3)(ウ)ことに(b)③）によって債権者の権利を守れ、という主張になるであろう。これに対し、負担部分が全部の連帯債務者とゼロの連帯債務者とは、通例（とりわけ、全部とゼロが特約にもとづいていないときには、そのほとんどが）、債務者と保証人たるの実質を有するから、この点を強調すれば、あたかも主債務者の時効完成によって連帯保証人も免責される（注民⑾§四五八Ⅱ二ウ）のと同視して差しつかえない、とみる評価に達しえよう。しかし、さらに考えると、実質的には保証ないし連帯保証であるものにつき、わざわざ連帯債務の法形式を採ったとすれば、そこでは債権強効が意図されているのではないか、という視点も成り立ちうる。――かようにして、決断は容易でないので、問題とするにとどめる。

(イ)　時効利益の放棄との関係　(a)　連帯債務者の一人たる甲が、時効完成後に時効利益を放棄しても、それには相対的効力しか認められない（なお、§四四〇Ⅰ(1)(ア)(a)、Ⅱ(4)(ア)(c)）。したがって、他の一人たる乙は時効援用を妨げられない。――判例も、乙が、甲の借金の二口に連帯保証人（なお、注民⑾§四五八Ⅱ二エｂ）、一口には連帯債務者となっていたところ、甲が時効完成後に延期証を差し入れた事案につき、延期懇請者（＝甲）には時効援用権なしとした先例（大判大一〇・二・一四民録二七・二八五）を引いた後、時効利益の放棄は絶対的効力事由のどれにも該当しないから（四五八・四四〇）、「如上債務関係ニ在リテハ……連帯債務者ノ一人又ハ主債務者タル甲ガ時効ノ利益ヲ放棄スルモ、其ノ事実ハ他ノ連帯債務者又ハ連帯保証人タル乙ニ対シテハ何等ノ影響ヲ与ヘザルモノト解スベキヲ相当トシ、乙ハ本件ニ於テ時効ヲ援用シ得ベキモノナルコトハ多言ヲ要セ」ず、と判示している（大判昭六・六・四民集一〇・四〇一。同旨、大判昭二一・六・八新聞二七三二・一四）。

(b)　それでは、甲の時効完成後、乙が、甲の負担部分については債務を免かれたにもかかわらず、債務全額について承認をしたときは、どうなるか。判例は、商人甲と非商人乙とが一対三の割合（負担部分）で銀行から連帯借用していたところ、甲の商事時効が完成した事案（なお、前述Ⅰ(3)(イ)(d)）について、つぎのごとく判示した。問題は、「時効完成後の債務承認は、時効完成を知って、これをなしたものと推定する」という判例上の命題（たとえば遠藤「時効の援用・利益の放棄」総合判例民法(8)一三六以下参照）が、連帯債務にはどう応用されるかであるが、大審院は、「商事債務ガ五年ノ時効ニ因リ消滅スベキコトハ一応其ノ債務者ニ於テ之ヲ知レルモノト推定スベク、又数人ガ同時ニ連帯シテ金員ヲ借受ケ其ノ相互間ノ負担部分ノ明白ナル場合ニ於テハ、債務者ノ一人ハ他ノ債務者ノ為メ時効完成セバ其ノ者ノ負担部分ニ付自己モ亦其ノ債務ヲ免ルベキコトヲ了知セルモノト推定スベキニヨリ、弁済期ヨリ右時効期間ヲ経過シタル後ニ於テ連帯債務者ノ一人ガ債権者ニ対シ債務ノ元利金全額ニ付承認ヲ為シタル事実アリトセバ、其ノ当時既ニ他ノ債務者ノ為メ消滅時効完成シ居リタリトスルモ、反証ナキ限リ、右消滅時効完成ヲ知リテ承認ヲ為シ、以テ他ノ債務者ノ負担部分ニ付自己モ亦債務ヲ免ルベキ利益ヲ放棄スル意思ヲ表示シタルモノト認ムルヲ相当ト為サザルベカラズ」

という理由のもとで、前述した時効の知・不知に関する立証を、銀行でなく乙に負わせた（大判昭一三・一一・一〇民集一七・二一〇二）。この判例に対しては、時効論自体としてすでに批判があり（柚木・民商九巻四号七四四。なお遠藤・上掲一四一以下も参照）、来栖説は、乙の全額承認がそもそも時効利益の放棄にはならない（なお、前述Ⅱ⑴㋒）、本判決の構成も結論も不当である、と評している（判民昭一三・一二八事件）。私（椿）は、時効に関する判例理論が債権の満足に対しマイナスの方向へ働いている（前述Ⅰ⑵㋑ⓐ所掲の諸説参照）点からみて、この判決を必ずしも不当ではないと考える（詳細は椿・連帯債務七六―七―本書二四七―九頁）。時効論そのものとしては不当であっても、複数主体の場合における「応用」までが常に同じ評価を受けなければならぬ、とも考えられない。それに、本判決の事案は、連帯債務者二人がいずれも実数的負担部分を有しているから、実質は保証でありながら形式だけが連帯、という場合に考慮すべきファクター（前述㋐ⓑ②）も登場してこないだろう。判旨の「結論」を不当でないと評価するならば、それを導くための「構成」は、もともと認識ないし意思の認定如何に依拠する問題であるから、別段困難を生じまい。

〔相対的効力の原則〕

第四四〇条　前六条ニ掲ケタル事項ヲ除ク外連帯債務者ノ一人ニ付キ生シタル事項ハ他ノ債務者ニ対シテ其効力ヲ生セス

〔比較〕ド民四二五、ス債一四七Ⅱ

Ⅰ　総　説

(1)　概　観

(ア)(a)　前六条に掲げた事由（請求・更改・相殺・免除・混同・消滅時効）以外の事項は、すべて相対的効力しか認められない。すなわち、それらは、一債務者について生じたところで、他の共同債務者へ何らの影響をも及ぼさない。この点は、連帯債務をもつて独立した数個の債務だとみる立場（通説）からすれば、当然のことである（於保二一二）とともに、原則となるはずである（石田一〇〇）。(b)　しかし、この「原則」なるものは、フ民に比較すればまだしも、ド民・ス債と対比するときには、「例外」つまり絶対的効力事由の範囲がかなり広く（§四三四Ⅰ(1)(イ)）、しかも、その中に質的に重要な事項が含まれているため、必ずしも原則の名に値いしない内容のものとなっている。また、無原則的なフ民のほうが、かえって債権担保力を維持できる仕組みとなっていて、わが法における相対的効力の原則は、名と違って債権の効力を弱めている、とも評価できるのである（§四三四Ⅰ(1)(エ)(b)）。(イ)つぎに、民法典のうえでは、上記六つの事由が絶対的効力を生ずると定められているが、弁済は、規定がなくとも、もちろん絶対的効力を生ずべき事由であり（§四三二Ⅲ二）、代物弁済と供託も、弁済と同視できる事由である（§四三四Ⅰ(1)(ウ)(b)）。また、いわゆる受領遅滞も、現在では、絶対的効力事由とみることに異論がない（§四三四Ⅰ(1)(ウ)(c)）。(ウ)なお、本条の定めた「相対的効力の原則」は、上でもすでに出てきたように、連帯債務の性質論（本款前注Ⅱ(2)(ウ)）とも関連しており、このことから本条を説明する見解もある（近藤＝柚木八九）。

(2)　本条の適用排除

(ア)(a)　近時の教科書ではほとんど言及されていないが（ただし於保二一二）、本条は強行法規でなく、したがって当事者の特約によってその適用を排除できる（＝上記の諸場合以外にも絶対的効力事由を約定できる）、と解されてきた。(b)

もっとも、そこから先の説明はいろいろであって、①かような特約が認められうべき場合につき格別言及しない見解（鳩山二六九）、②一方では、許されぬ場合を特に注意することなく特約の可能性を認め、他方なかんずく、後に（Ⅱ⑷）掲げる諸場合に関する解説において、全員の合意があれば絶対的効力を生ぜしめることは可能であり、他の債務者に利益のみを与える場合には債権者と一債務者の契約でそうするのも可能だという見解（勝本・中⑴一七一・一七〇）、③一人に対する判決が当然に絶対的効力を生ずる旨の契約は強行法規違反である、との見解（田島一四四）、④時効中断（請求を除く）や判決については、排除特約が許されないとする見解（石坂八六七＝八、近藤＝柚木八九参照）、などがみられる。(イ) また、ド民四二五条二項（§四三四Ⅰ⑴(イ)(b)）の規定内容から影響を受けて、特約以外になお絶対的効力を生ずべき場合があろう、とする見解も存する（近藤＝柚木・上掲、勝本・中⑴一七一参照）。

Ⅱ　問題となる諸場合

(1)　時効の中断・停止

(ア)　時効中断の相対的効力性は、もちろん請求による場合（四三四）を除く。また、時効の停止（一五八—一六一）が相対的効力しかない（＝各債務者めいめいについてだけ問題となる）ことも、いうまでもない。(イ)　請求以外の時効中断事由（一四七参照）として、(a)　一債務者の承認は、判例・通説上、相対的効力しか生じないとされており、これがあったからといって、他の債務者の時効完成は妨げられない（§四三九Ⅱ⑶(ア)(b)および同①の判例ⓐⓑ）。債権者の催告に応じて債務者がなした承認も、相対的効力事由となる（§四三四Ⅱ⑴(ウ)。もっとも我妻四二四—五参照）。なお、債権者から請求を受けた連帯債務者が、他の共同債務者へまず強制執行をしてくれと頼むことは、ここでいう承認とみられる（大判昭一〇・一一・一九裁判例九民二八四）。(b)　一債務者に対する差押・仮差押・仮処分も相対的効力事由であって、他の連帯債務者の時効完成を阻止しない（§四三九Ⅱ⑶(ア)(b)①ⓒ）。差押の相対的効力性については、つぎのように理由づける先例もある（大判大三・一〇・一九民録二〇・七七七。同旨、大判大一五・三・二五評論一五民三〇八）。すな

わち、

「差押ハ債権者ガ其債権ノ弁済ヲ得ンガ為メ自カラ行フモノニシテ本来債務者ニ対スル意思表示ノ方法トセルモノニ非ザレバ、債務者ニ対シ履行ヲ受ケント欲スルコトノ意思表示タル請求ト同一視スベキニ非ザルコト多言ヲ竢タザルノミナラズ、民法一四七条……（も）……明ニ請求ト差押・仮差押又ハ仮処分トヲ区別セリ。然リ而シテ民法四三四条……ハ単ニ請求ノミニ付他ノ債務者ニ対シテモ効力ヲ生ズルモノト為シタルニ止マリ、同法四五七条一項ノ如ク（『トハ異ナリ』とすべきか）請求以外ノ中断事由ニ付テハ他ノ債務者ニ対シテ効力ヲ生ゼザラシムル注意ナルコト疑ヲ容レ」ない。

(2) 債務者の過失・不履行

(ア) 連帯債務者の一人に過失や債務不履行（遅滞・不能・不完全履行）を生じても、他の共同債務者には影響がない。この点の取扱いは、立法例によって異なるが（§四三四Ⅰ(1)(イ)）、絶対的効力を認めるほうが債権者にとって有利である（椿・前掲民商三四巻三号三五四―本書五四頁）。もっとも、連帯債務は主として金銭債務について成立するから、相対的効力だといっても、あまり実益がないとされる（我妻四二五―六参照）。(イ) 遅滞のうちで、請求にもとづく場合だけは絶対的効力を生じ、連帯して賠償すべき責任を生ずる（§四三四Ⅲ(2)(ア)）。それ以外の場合には、上述の原則によって、遅滞者だけが損害を賠償すべく（たとえば近藤＝柚木九〇）、他の債務者が本来の連帯債務額を履行すれば、あとは遅滞者の損害賠償債務だけが残る（勝本・中(1)一六一）。この限りでは、債権者が請求できる額にも差異を生ずるわけである（なお、§四三一Ⅰ(3)(ウ)(c)）。(ウ) 不可分債務者の過失（注民(11)§四三〇Ⅲ(1)(イ)(d)）。

(3) 確定判決

(ア) 債権者が連帯債務者の一人を訴求して得た判決は、その内容が勝訴であっても敗訴であっても、他の債務者へ既判力が及ばない（例は我妻四二九、勝本・中(1)一六四などを参照）。ド民も、相対的効力しか生じない旨を明定している。(イ) もっとも、相殺抗弁を認容した判決は絶対的効力を生ずる、と解する見解があり（§四三六Ⅰ(2)(イ)(c)）、山中説は、絶対的効力事由が判決の既判力の内容となるかぎりでは、他の債務者に対する既判力すなわち絶対的効力を認めるべきではないか、と一般化を試みている（山中一七八）。㋒　なお、共同不法占拠の事案であるが、一人に対する判決の効果を判示した先例として理解できるケースもある（椿「不法占拠」総合判例民法㉕一九八―九参照）。

(4)　その他の事由

㋐　上記以外に判例で問題になったものとしては、(a)　債務者の一部の意に反して利害関係なき第三者がなした弁済（§四三二Ⅲ⑷）、(b)　債権譲渡の通知（§四三二Ⅱ⑵㋑）（なお一人に対する債権譲渡の可能性については、本款前注Ⅱ⑵㋒(b)③）、(c)　時効利益の放棄（§四三九Ⅱ⑶㋑(a)）、(d)　分割転付（§四三二Ⅱ⑵㋒）などがある（椿・連帯債務七七―本書二四九頁）。(e)　和解も相対的効力事由だが、免除を含むときには、その限度で絶対的効力が認められる（§四三七Ⅱ⑵㋒(c)）。

㋑　学説は、このほか、(a)　解約告知、(b)　相対的連帯免除（§四四五Ⅰ⑵㋑(b)）、(c)　猶予（反対、岡村一六八、小池一九三）、などを挙げている。また、(d)　相対的契約解除という観念を問題とする学者もある（勝本・中⑴一七二参照）。

〔連帯債務者の破産時における債権者の権利〕

第四四一条　連帯債務者ノ全員又ハ其中ノ数人カ破産ノ宣告ヲ受ケタルトキハ債権者ハ其債権ノ全額ニ付キ各財団ノ配当ニ加入スルコトヲ得

〔比較〕　フ商五四二―五四四、ド破六八、ス破二一六・二一七

Ⅰ　概　説

(1)　序　言

㋐　連帯債務の債権者には、満足を便宜かつ安全に達するための手段として、きわめて自由な仕方での権利行使

が認められているが（§四三二Ⅰ⑵㈠）、かかる自由な請求方法は、それを受ける連帯債務者の側からみれば、各債務が一体不可分的ではなく独立しているとする「構成」を採るときに、説明・理由づけも簡明になされうる。債務者破産の場合における「債権者の権利」を定めた本条もそうであって、上述した連帯債務の独立性なる理論が最も顕著な効果を現わす場合だとさえ説かれている（石田九六―七、於保二〇五）。㈠(a)　前述（§四三二Ⅰ⑵㈦(c)）したごとく、四三二条と本条とは、債権者の権利に関する一般的場合と特殊的場合という形で、通常取り扱われる。(b)　なお本条は、旧破産法二四条とあわせて理解しなければならない（次述Ⅱ⑵㈦）。

⑵　本条の要目

㈦　本条は、既述のごとく、連帯債務の独立性が顕現したものであるという点では四三二条と共通するが、実際問題としてみると、どのような形における請求も可能であることよりも、債権者が「全額」について「各」破産財団の配当へ加入できることに、その意味がある。なぜ、これが重要かといえば、破産の場合は一般に債権の満足（配当額）が債権額の一～三割にとどまるらしく、複数ないし全部の連帯債務者が破産したときに配当加入額を制限する（たとえば人数や負担部分に応じて分割する）ならば、債権者が弁済を得られる額はごくわずかとなり（次述Ⅱ⑴㈦(b)）、連帯債務制度の法的目的から背離する結果を来たすからである。㈠　しかし、破産債権者は、連帯債務の債権者一人だけではない。上述のような各財団への全額配当加入は、他の破産債権者との関係で、利益較量上の問題を生ずる。ことに、債権者が他の連帯債務者からすでに一部弁済を受けていた場合、なお債権全額をもってする破産財団への配当加入を認むべきか、は破産債権の取扱いに関する考え方と絡む難問である。後述しよう。

⑶　比　較　法

㈦　主要立法例は、配当加入できる債権額について、つぎにみるような段階的差異を示している（石坂八一〇―一、近藤＝柚木九五―六、加藤・破産法研究Ⅰ二四五以下参照）。わが民法はフ民系だともいわれるが（石坂・上掲。ただし近藤＝柚木・上掲）、少なくとも旧破産法二四条はドイツ破産法にならったものである。(イ)　制限を加える立法から順次簡単にみていく。(a)　ドイツ法が基準とする債権額は、破産開始時のそれである。したがって、異時破産の場合において、第一の破産財団から配当を受けていたときには、それを控除した残額でもって第二の破産財団へ配当加入する。(b)　フランス法では、同時破産・異時破産を問わず、完全弁済を得るまで債権全額について各財団へ配当加入ができる。ただし、誰の破産もまだなかった時期に、一部弁済を受けていたときは、その額を控除して加入する。(c)　スイス法は、破産開始前に一部弁済があったときでも、債権全額をもってする配当加入を認めている。

Ⅱ　配当加入額に関する諸場合

(1)　本条の場合

(ア)(a)　甲乙丙が丁に対し九〇万円の連帯債務を負担していた場合に、全員または甲乙が破産宣告を受けたときは、丁は、破産財団のおのおのに対して、債権全額すなわち九〇万円ずつで配当に加入することができる。そして、各財団がたとえば二割ずつの配当を行なえば、一八万円の三倍たる五四万円の弁済を受けられる。(b)　これが、仮に、頭割りで加入できるだけだとなっておれば、三〇万円ずつの二割で計一八万円しか弁済を得られない結果となるから、本条の規制は、債権者にいちじるしく有利である（石田九七）。(イ)　冒頭の例において、丁が甲の破産財団へ配当加入した後、すでに先に配当加入をしていた乙の破産財団から、たとえば一八万円の配当が行なわれたときにも、甲財団へ加入していた債権額を七二万円に減ずる必要はない、と解されている（近藤＝柚木九七、勝本・中(1)一三三、我妻四〇九など通説）。このことは、もちろん、債権の満足にとってプラスである。(ウ)　加入できる額は、何らかの形で一部弁済が行なわれていたときに、特に問題となる（次述）。

(2)　旧破産法二四条（現行破産法一〇四条）の場合

(ア)　内　容　(a)　同条は、本条の趣旨をいっそう明確にしたものだと説かれるが（中田・破産法和議法一九四）、債務者各自が全部の履行義務を負う場合に、その全員または数人が破産宣告を受けたときは、債権者は「破産宣告ノ時ニ於テ有スル債権ノ全額」につき各破産財団へ配当加入できる旨を定める。(b) 同条は、単に、破産宣告時の債権全額というだけだから、宣告前の債権額減少が、他債務者の破産財団からの配当による場合であっても（たとえば、甲財団から一八万円の配当後、乙丙が宣告された）、任意弁済による場合であっても（たとえば、甲から一八万円の一部弁済があった後、乙丙が宣告を受けた）、区別なく適用される。したがって、乙丙の財団へ配当加入できる額は七二万円ずつとなるが、かかる減額には後述のごとく批判が強い。(c) つぎに、同条は、連帯債務・不可分債務だけでなく合同債務（手四七）（本款前注Ⅱ⑷(ウ)(c)・Ⅲ⑶(ウ)(d)）のごとき共同債務へも適用されると解されているが（中田・上掲）、民法学者には、同条に対する批判から、不真正連帯債務の場合にはかような制限がないとする見解もみられる（於保二〇五・二二三）。ただ於保説と関連して、不真正連帯債務概念の必要性は、いうまでもないことだろうが、この点だけから強調されるものではない（本款前注Ⅲ⑵(ア)）。

(イ) 批　判　(a) 上記のごとく配当加入できる額を制限することに対し、民法学者は賛成していない。主な見解をみると、①債権者の保護が薄すぎ彼の満足が損なわれる点で、連帯債務の目的を無視しており、また、先行した破産手続の終了つまり配当が、後行する破産手続開始の前か後かによって、配当加入できる債権額に差異を生ぜしめる（上述(ア)(b)と前述⑴(イ)を対比。中田・上掲割注にも例示あり）のは、不公平である（近藤＝柚木九八。なお田島一四〇）。スイス法方式がよい（近藤＝柚木九六。同旨、於保二〇五）。②旧破産法二四条は、明らかに債権者にとって不利である（我妻四一〇、柚木・下二五）。そして「債権者は連帯債務者の何人からでも全額の請求をなしうるものであり、連帯債務者各自に対する他の債権者はこれを受忍すべきものであることから考えれば、破産において常に全額で加入しうるという特殊取扱をすることも、必ずしも他の債権者を不当に害するものではなく、しかも連帯債務者に対する債権の効力を確保するものである。立法論として考慮の余地があろう」（我妻四一〇）と。(b) 思うに、弁済は、たとえ債務額の一部であっても、絶対的効力を生ずる。だから、通常の場合には、債権額も当然それだけ減縮するが、連帯債務者の全員ないし数人が破産した場合には、残額の完済を受ける可能性がきわめて乏しくなって、とうてい通常の場合とは同視できない。ただ、かような連帯債務の債権者に対し、他の破産債権者よりも優遇される結果を認めてよいか、は容易に決断しかねる難問である。しかし、わが連帯債務には、債権の効力を弱めすぎるモメントが目立ち（ことに、§四三四Ⅰ⑴㈡）、担保力を強化する方向へ進むべきだとすれば、やはり我妻説の利益較量ないし評価態度を妥当というべきであろう。破産法の「理論」といっても、それは必ずしも不可変の公理ではない。

〔連帯債務者間の求償権に関する原則〕

第四四二条　①　連帯債務者ノ一人カ債務ヲ弁済シ其他自己ノ出捐ヲ以テ共同ノ免責ヲ得タルトキハ他ノ債務者ニ対シ其各自ノ負担部分ニ付キ求償権ヲ有ス

②　前項ノ求償ハ弁済其他免責アリタル日以後ノ法定利息及ヒ避クルコトヲ得サリシ費用其他ノ損害ノ賠償ヲ包含ス

〔比較〕フ民一二一三・一二一四Ⅰ・一二一六、ド民四二六、ス債一四八ⅠⅡ

Ⅰ　総　説

⑴　連帯債務の求償関係概観

㈠　求償権の意味　⒜　求償権とは、抽象化していえば、本来（ないし究極的には）或る他人の負担に帰すべき義務につき代わりに出捐した者が、その他人に対して償還を求める権利であって、狭義における債権担保の場合（四五九〜・三五一・三七二）だけでなく、広く債務の負担関係に段階がある場合（たとえば四七七・四八一Ⅱ・七一五Ⅲ・七一七Ⅲ）に用いられるが、連帯債務者もまた、自己の負担部分ないし固有義務に属しない出捐については、この権利を有する（なお、次述⑵・Ⅱ⑴㈡参照）。⒝　もっとも、受任者や事務管理者の支出した費用の返還は、法典によれば「償還ヲ請求スルコトヲ得」と表現されるが（六五〇Ⅰ・七〇二Ⅰ）、これは結局のところ語呂の問題にすぎず、内容的には求償権と呼んで何ら差しつかえない。

(イ) 連帯債務の求償規定ならびに本条の解説範囲 (a) 本款中の求償規定は四ヵ条だが、いわゆる弁済者の法定代位（五〇〇）も、連帯債務者間の求償手段として機能している。本款では、①本条が、求償に関する基礎的原則規定であり、②次条は、求償権の範囲が制限される場合を定める。残る二ヵ条は、連帯債務者中に償還無資力者がある場合の処置に関する規定であって、③四四四条がいわば一般の場合、④四四五条が連帯免除のあった特殊な場合、について求償権の範囲を拡大している。(b) 本条の解説は、①まず、連帯債務の法的性質論（本稿前注Ⅱ⑵ことに(エ)）や不真正連帯債務の特質論（同上Ⅲ⑵(イ)）と密接に関連している「求償権の根拠」（次述⑵）、および、②求償問題を決するための基礎となるのみならず、対外関係つまり債権者の権利へも重大な影響を及ぼしている「負担部分」の観念（後述⑶）、にまず言及する。ついで、③「求償権の内容」すなわち発生要件・行使・消滅や求償範囲の原則的場合を説明し（後述Ⅱ）、最後に、関連問題として、④求償権者の「法定代位権」（後述Ⅲ⑴）と、⑤第三者が連帯債務者に対して求償する場合の法律関係（後述Ⅲ⑵）とを附加しておく。

(ウ) 近似の共同的債務に対する本条以下の準用 (a) 不可分債務へは、四三四条ないし四四〇条を除いて、連帯債務に関する規定が準用されている（四三〇）。したがって、本条以下の準用もあるわけだが、四四五条に関しては、不可分免除の能否と絡んで見解が分かれている（準用否定、石坂九七一、近藤＝柚木四〇。肯定、勝本・中⑴六六）。また山中説によれば、連帯債務の求償規定は、債務者相互間に主観的共同関係（本稿前注Ⅱ⑵(エ)）の存する場合に限って適用があるので、準用には反対される（山中・前掲民商三三巻三号三三四―九）。(b) 保証債務には固有の求償規定があり、連帯債務がそれを借用しなければならぬ場合もあるが、それでも幾つか準用はある。すなわち、①本条二項は、委託ある保証人の求償権に対して（四五九Ⅱ）。②四四三条は、保証人および一定の場合における主債務者に対して（四六三）。③本条ないし四四四条は、共同保証人相互のあいだにおける求償関係に対して（四六五Ｉ）。(c)不真正連帯債務は、従来の学説によれば、求償関係を欠くことが特徴の一つとされてきたので、もちろん本条以下の類推適用もありえない。しかし、柚木説は、不真正連帯に入る場合を限定するとともに、それらに入るものについては、一定の条文（四三四—四〇・四四五）を除き、連帯債務の規定を類推すべきものと解する（柚木・下四九参照）。また、近時における若干の見解（於保・椿）によれば、不真正連帯そのものに求償関係が認められるべきである。この見解では、四四三条などのように、いわば共同契約によって連帯債務を負担する場合をモデルにしたとみられる規定は格別として（なお椿・前掲私法二四号一〇六—本書三一九—二〇頁）、本条のごとき原則規定は、不真正連帯へ類推適用して毫も差しつかえがないといえよう（なお、本稿前注Ⅲ(4)(イ)(b)②）。

(エ)　外国法　史的変遷の大要は別稿（椿・前掲論叢六二巻五号六一—三・七四—六・八四—七—本書一九—二〇・三〇—一・三八—四〇頁）にゆずるが、連帯債務者相互間の求償関係は、今では、むしろ当然のこと（＝連帯債務の本質的属性）として認められている。(a)　フ民の連帯債務は、対内的には、当然に分割される（同一二一三）。負担部分の割合は、受益が債務者の一人だけなら彼が全部であって、他の者は彼との関係では保証人とみなされるが（同一二一六）、原則としては、平等と解されている。求償権行使の方法は、一つは委任訴権または事務管理訴権であり、もう一つは法定代位（同一二五一）である。不法行為連帯の場合にも、求償は承認されるにいたっている（以上は椿・上掲九二—三—本書四五—六頁）。(b)　ド民での負担部分も、やはり原則として平等である（同四二六Ｉ前段）。求償方法は権利移転の形による（同Ⅱ）。複数加害者も連帯債務者とされる（同八四〇）結果、四二六条の適用を受ける。(c)　ス債も負担部分平等の原則（同一四八Ｉ）。債権者の権利の移転についても規定がある（一四九Ｉ）。複数不法行為者の場合には、裁判官の裁量によって求償額が決められる（同五〇Ⅱ）。

(2) 求償権の根拠

(ア) 序　言

(a) 或る連帯債務者が債権者へ弁済した場合に、他の共同債務者に対して分担ないし負担を請求できるのは、いかなる法的根拠・理由があるからなのか。この問題は、特殊＝近代法的な現象であって、連帯債務の法的性質ないし本質をどう理解するか、とりわけ近時のわが学説では、連帯債務者相互のあいだに存する一定の結合関係をどう説明するか、と密接に結びつけて議論されてきている。(b) ところで、かような本質論なるものは、具体的な効果・内容と関連させなければ、実用法学としてはあまり意味がないと考えられるが、連帯債務では（保証との関係は論外として）、その本質規定・概念構成がもつ射程距離を最大限に拡張すれば、① 一債務者に生じた事由の効力、② 連帯債務者相互間の求償権、③ いわゆる不真正連帯債務の性格、この三つを、本質論と相関関係に立ち本質規定から演繹される具体的内容として想定できる。ただかような立体的「関連」性に対する認識は、多くの学説では不足もしくは全く欠除していて、現在、連帯債務の本質論と上記三問題とを、ともかくも明快な形で統一的・総合的に説くのは、我妻説だけのように思われる。於保説も相互保証・共同担保で統一するものかとも考えられるが、複雑かつやや難渋な説明ゆえ、必ずしも断言はできかねる。柚木説の求償根拠論は、本質論・絶対的効力論・不真正連帯論の各場合から孤立している（次述(イ)(b)）。山中説の相互保証という注目すべき構成も、求償関係論にまでは及ばず、そこでは我妻説と変らなくなる。(c) しかし、これら基礎的論議は、連帯債務の法的性質という方向から、すでに紹介と検討を試みたので（本稿前注Ⅱ(2)(エ)）、以下では、もっぱら当面の問題だけに焦点をあわせる。

(イ) 学説の大要　諸見解は、つぎのごとく大別することができよう。(a) 連帯債務の性質ないし本質から、当然に求償権は認められると解する見解（石坂八七〇、鳩山二七〇一一、勝本・中(1)一七六一七。さらに末弘二八一九、高梨一九二一三）。要するに、連帯債務者の各自が全額について義務を負うということは、債権者に対する関係でそうなのであって、債務者相互間では当然に分担関係が存すべきだ、と主張するわけである。(b)　弁済しなかった債務者は実質的に不当利得をするから、彼に対する求償を認むべしと解する見解（石田一〇一、ことに柚木・下三六）。各連帯債務者は、全額について自己の義務を負うから、その一人が弁済したところで、それはみずからの債務を履行しただけであって、他の共同債務者は不当利得をすることにならないが、実質的にみて他人の出捐で免責されるのは不公平、と考えるのである。(c)　出捐を分担するという債務者相互間の主観的関係を根拠とする見解（我妻四三一）。主観的共同関係説そのものは、連帯債務の性質論としては支持者がかなりあるけれども（本稿前注Ⅱ(2)(エ)(b)④）、求償論では案外なく、かえって山中説がこの立場を採っている（山中・前掲民商三三巻三号三三四・三四〇）。(d)　連帯債務者各自の負う全部義務は「担保義務」であり、負担部分が各自の「固有義務」である、という構成によって求償権を根拠づける見解（於保二一三一四）。これは、他人の負担部分すなわち固有義務については、各自があたかも保証人たる地位に立ち、しかもその保証関係は相互的である、ということ（相互保証説）に帰着するはずだが、ほかにも、我妻説の根拠論（＝出捐分担の主観的関係）とあわせて「債務者相互の人的担保制度であることから、当然、要請される」と説く見解がある（津曲二〇二）。(e)　その他、実質的には委託ある保証の場合と同様だ（松坂一一七）とか、民法は実際に委任があると否とを問わず連帯債務者相互間に委任類似の関係を擬制するのではないか（西村一一三）と述べ、求償根拠論にまで高められれば、相互保証説ないし相互委任説を形成するものと考えられる説明もある。

(ウ)　整　理　(a)　まず、実質的不当利得説は、対外的全部義務を内部関係へもそのまま適用するわけだが、所説は後期ドイツ普通法学説を思わせる未発達が感じられ、対外関係と内部関係の区別をしない、硬直した（ないし素朴な）法的思考とあいまって、今日では問題にならない（なお椿・前掲民商三四巻三号三六六―本書六五―六頁）。(b)　当然存在説は、求償制度の史的変遷を理解しておれば、容易にうなづけるところであるが、法学者はだいたいにおいて、理論上当然などという説明を嫌うものである。そのうえ、対外的全額責任・対内的分割だから当然に求償関係を生ずる、と説明する場合には、連帯債務自体ではよくても、それと対をなす不真正連帯債務に求償関係が欠除する、という解釈論を説明する力はない。だから末弘説は、内部分担こそが連帯債務の本質的特色だ、と特に強調しなければならなかったようである。また、高梨説は、負担部分を主観的共同関係のいわば発現形態と解し、それによって二種の連帯における求償問題を区別しようとする。少なくとも、一見してわかる統一的説明ではなく、主観的共同が負担部分を生むというのは一つのドグマ（教義・教説）である。(c)　かくして、残るのは、主観的共同関係説（我妻）か相互保証説（於保）かになるが、両説とも、問題となる諸現象（前述(ア)(b)）を統一的に説明できる点では、甲乙がない。①ただ、我妻説は、共同不法行為ないし法定連帯について擬制を必要とし（近藤＝柚木四九、椿・前掲民商三四巻三号三六六―本書六六頁、同・前掲私法二四号一〇五―本書三一七―八頁参照）、それらを不真正連帯へ吸収すれば、今度は、共謀不法行為に主観的共同がないのかという揚げ足を取られ、ことに不真正連帯では求償関係がないとする解釈論との関係で問題を生じよう。②於保説の、全部義務・固有義務という概念構成、ならびに求償関係に対する相互保証説の導入は、不真正連帯へも求償関係を認める解釈論ともあいまって、最も難点が少ないのではないかと考える。しかし、相互保証関係論の創始者たる山中説が、なぜ求償関係についてだけは（保証と求償とは結合が自明であるのに）主観的共同関係説から離れないのか、若干気になる。(d)　だいたい帰する所は予測できぬではないが、実は、かような「説明」しかも統一的・包括的なそれの探索・定立に努めることが、実用法学において、どれだけの意義なり必要性をもつのか、これを同時に検討すべきだと思う。法解釈学の課題自体へもつながる難問であるが（なお、本稿前注Ⅱ(2)(エ)(c)末尾）、もし統一的に把握せずともよく、また単なる説明にすぎないといえるなら、弁済ないし免責のための共同関係だから、という根拠づけだけでも不十分ではあるまい。

(3)　負担部分

(ア)　序　言　(a)　負担部分とは、複数債務者が、債権者に対しては給付全額につき責任を負う場合に、債務者相互間の内部関係で各自の負担に帰すべき分数的割合をいう。判例も、最後の点につき、一部共同免責を得た連帯債務者の求償が認められる（後述Ⅱ⑴(ウ)ⓐ①）と判示した際に、負担部分は「債務額ノ全部ニ通ジテ存スルモノナレバ、債務額ノ一部中ニモ各自ノ負担ニ属スル部分ノ存スルハ当然ナリ」としている（大判大六・五・三民録二三・八六三）。ⓑ　負担部分の観念は、①連帯債務において重要な意味をもつが（次述(イ)）、②不可分債務でも存在し（なお、注民⑾§四三〇Ⅲ二）、かつ、その対外関係についてさえ基準として働くことがある（四三一参照）。③保証債務は、文字どおり他人の債務の担保だから、保証人の負担部分などということは問題にならない。連帯保証も「亦保証ニ外ナラズ……主タル債務者ト連帯保証人トノ間ニ負担部分ナルモノアルベカラザルナリ」と解されている（大判昭一三・二・四民集一七・八七）（ただし大判昭四・七・一〇評論一八民一一〇〇—椿・連帯債務八—本書一八四頁。これについては西村・民商八巻一号八〇も参照）。もっとも、保証債務の規定で、負担部分が問題とされている場合はあり（四六四・四六五）、数人の連帯「保証人相互ノ間ニ於テハ、特約ナキ限リ平等ノ負担部分ヲ有スベキモノ」と解されている（大判大八・一一・一三民録二五・二〇〇五。同旨、大判昭一二・七・一六判全四・一四・七、法学六・一一・七八）。④不真正連帯債務にも求償関係・求償権ありとする見解のもとでは、負担部分の存在も肯定されうる（本稿前注Ⅲ⑵(イ)ⓓ②およびⓔ①ⓑ。決定方法は同⑷(イ)ⓑ）。

(イ)　連帯債務における負担部分の意義　ⓐ　①負担部分は、判例によれば、純粋の内部関係に属する問題だとされているが、この点については別に述べる（次述(ウ)）。②連帯債務者甲乙の負担部分は、甲が全部で乙がゼロであってもよい。判例も、上記甲について時効が完成した事案（§四三九Ⅱ⑵(イ)ⓑ）で、債権者が、乙に負担部分がなければ連帯保証人だから、連帯債務者とみて判決するのは違法だと主張したのに対して、「数人ガ連帯債務者タルガ為メニハ、必ズシモ各自ニ自己ノ負担部分ヲ有スルコトヲ必要トスルモノニ非」ずと判示している（大判大四・四・一九民録二一・五二四）。ただし、かかる場合には、連帯債務か連帯保証債務かによって、具体的な効果・内容が大きく異なることもあるから（たとえば債権譲渡において、対抗力は誰への通知によって認められるか、を考えよ）、どちらであるかの認定（本稿前注Ⅱ⑷(イ)(d)②）は、慎重にしなければならない。学説には、特約で一人の負担部分をゼロと決めたときは、その者は連帯保証人たることが多いだろう、とする見解があるが（勝本・中（一七九）、於保二一四）、さような発想に立つかぎり、特約だけが基準になるわけではなく、特約はないけれども一人の受益割合が全部である場合にも、そう説くべきである。③上述した負担部分ゼロの連帯債務者は、債権者に対しては格別、内部的には他の者から「求償」されることがない。しかし、連帯債務に保証・物上保証がつけられており、あるいは第三者弁済がなされたときは、それらの者から全額「求償」を受けることになる（後述Ⅲ⑵）。④なお、非公式先例ではあるけれど、本条の負担部分と四四四条のそれとは内容が異なる、という判例がある（§四四四Ⅱ⑵(イ)(c)）。

(b) 負担部分というのは、前述のとおり、もともと、債務者が内部関係において負うべき割合であり、求償問題で重要な意味をもつ（基準となる）ことは、改めていうまでもない。若干の判決例によりつつ、この点をみておくと、①裁判所は、求償者の請求を認容するためには、債務者各自の負担部分を確定しておかねばならないのであって、単に求償者が債権者へ弁済したという事実だけから、他の共同債務者三名だけが平等の割合で償還義務を負う、との判決は違法である（大判昭五・六・一七裁判例四民六六。同旨、大判昭八・五・一七裁判例七民一一七）。②反面、求償事件では、「債務者が連帯債務者なるや保証人なるやは……必ずしも之を決定するの要あるを見ず、唯債務者中何人が如何なる割合を以て結局債務を負担するやを決すれば足る」（大判昭一一・一・三一法学五・六・一二六）。もっとも、このケースは、負担部分が全部の者とゼロの者との組み合わせであることに、気をつけなければならない。けだし、若干なりとも各自に負担部分があれば、もはや保証とはいえず、したがって、連帯債務者か保証人かはどうでもよいとはいえなくなるからである。

(c) 最も問題となるのは、本来なら内部関係であるはずの負担部分が、債権者の履行請求権へも影響する点である。既述のとおり、わが連帯債務では、債権者に満足をもたらさない債権消滅原因のかなりについて、いわゆる絶対的効力が認められているが（§四三四Ⅰ⑴(ウ)(エ)）、その中でも、連帯債務者の一人に対する債務免除と一人の時効完成とは、当該債務者の負担部分について絶対的効力を生ずる、という仕組みになっている。しかも、実例をみると、問題の債務者だけに実数的負担部分があり他の共同債務者の負担部分はゼロというケースも稀れではないため、債権者に、債権額全部の消滅という、いちじるしい不利益を蒙らせる可能性が少なくない（§§四三七Ⅱ⑶(ア)・四三九Ⅱ⑵ことに⑶(ア)(b)）。かような債権者の不利益は、判例が「負担部分は全く債務者相互間の内部関係に属する」と解していることによって、いっそう大きくさせられる。以下、その点を述べる。

(ウ)　負担部分の決定方法と変更　(a)　①契約連帯で負担部分がいかにして決められるかという問題は、判例では多くの場合（特殊な場合の一つとして、§四三七Ⅲ⑵(イ)）、時効完成や債務免除の絶対的効力（四三七・四三九）とりわけ前者から生ずる債権額の減少ことに債権自体の消滅を、債権者が「負担部分平等の原則」を主張することによって回避しようと努める争いにおいて、論じられてきている。まず始めに、負担部分の変更問題をも含めた判例理論の状況を説き、ついで、学説側からの批判および対策に入る。②なお、法定連帯について、判例は、共同不法行為者を連帯債務者とみて（ただし、本稿前注Ⅱ⑷(ウ)(b)）から、「其連帯債務者相互間ノ関係ニ於テハ、各自常ニ債務ヲ分担スベキハ勿論ノ事ニシテ、又其ノ分担ノ割合ニ差等ヲ立ツベキ特別ノ事実存セザル限リハ平等ニ債務ヲ分担スベキハ当然」としている（大判大三・一〇・二九民録二〇・八三四）。

(b)　判例によれば、①「連帯債務者ノ負担部分ハ、債務ニ付各債務者ノ利益ヲ受ケタル割合ニ応ジ、或ハ債務者間ノ合意ニ依テ、定マルベキモノナリ」（大判明三七・二・一民録一〇・六五）。これは、特約による負担部分を認めたケースであるが、免除を受けた債務者の受益部分が実際には全部であるのを、特約で一定部分にしていたと認められたため、債権者には不利な結果を生じなかった。ところが、上掲を先例として引いた或る棄却判決（大判明四一・

九・二七民録一五・六九七）は、免除された債務者の負担部分が現実の受益上も特約上も全部であったため、上告人（＝債権者）の債権が全部消滅する結果となっている（両先例については、なお、§四三七Ⅱ⑶㋐ⓐ、椿・連帯債務五七・五八―本書一三一頁）。②では、特約と現実受益のあいだの順位、および、これら二つで決まらないときの基準、はどう解されているか。リーディング・ケースは、正常な弁済がなされた（＝時効や免除のない）事案であるが、冒頭所掲の先例からもうかがえるとおり、特約と受益のあいだでは前者を優先させ、受益部分が不明で特約もないときには、平等分担による、との一般論を述べた後、現実には全部を受益したにもかかわらず、立証もなしで、特約によるべき旨を主張する上告を斥けて、「特約存在セズ且ツ平等ノ割合ヲ以テ負担部分ヲ定ムベキモノニアラズト主張スル者ハ、其各自ノ受ケタル利益ノ割合ヲ立証スベク、反之、各自ノ受ケタル利益ノ割合ノ立証セラレタル場合ニ於テモ、尚ホ其負担部分ノ之ニ異ナルコトヲ主張スル者ハ、特約ノ存在ヲ立証スベキ責アルハ勿論ナリ」と説示している（大判大五・六・三民録二二・一一三二）。負担部分が最終的には平等に帰するという命題は、比較法的にも問題がなく（前述⑴㋓）、わが学説でも通説となっている。ところでこのリーディング・ケースは、時効完成に関する事件（大判昭一一・一〇・一二新聞一七七三・一五）、および混同と代位に関する事件（大判昭一一・八・七新聞四〇八八・一七）において、先例とされているが、前者では、現実受益のほうが問題になっている。③つぎに、きわめて重要な点であるが、負担部分の決定において、債権者には関知の機会が与えられ、または進んで彼が関与・介入できるか。判例は、二点とも消極に解している。すなわち、反証なきかぎり負担部分は平等という債権者の上告に対しては、彼が「其債務者ノ負担部分ノ割合ヲ知ラザルモ、之ガ為メニ其負担部分ニ影響ヲ及ボサザルヲ以テ」四三七条の効力発生に妨げはない（大判明四一・九・二七民録一五・六九七）。また、債権者が連帯債務者と特約をしない以上、負担部分は債権者とのあいだでは平等とみなすべし（四三九条で債務全額が消滅しはしない）、という債権者の上告も、負担部分は「之ヲ定ムルニ付債権者ノ意思ノ合致ヲ必要トスルモノニ非ズ」（大判大四・四・一九民録二一・五二四）、とされるのである。④最後に、いったん定まっていた負担部分を後日変更する場合にも、やはり債権者はシャット・アウトされたままか。後述するごとく、問題となったケースは、特に事案の個性に留意すべきであるが（椿・連帯債務一五―本書一九二頁）、判例は、当初には連帯債務者甲が全部の受益したがって負担部分を負うていたのを、弁済期より前に特約で同乙へ全部移した場合につき「連帯債務者間ノ負担部分ハ、元来連帯債務者間ノ内部関係ニ於テ定メラルベキモノナレバ、当初定メラレタル負担部分モ、債権者ノ関与ヲ要セズ、連帯債務者間ノ約定ノミニ依リ自由ニ之ガ変更ヲ為シ得ルコト疑ナク」四三九条の負担部分についても別異に解すべき理由はない、としている（大判昭七・四・一五民集一一・六五六）。ただし本件は、商人甲の債務が商事時効で消滅している（これについては、§四三九Ⅰ⑶㈠ⓓ関係で、乙としては変更前における負担部分のままが有利だ（＝全部免責される）という事案であって、「自由変更を許せば債権者には不測の損害を生ずる」とする上告も、実は連帯債務者のもう一人乙（非商人）がしたものである（椿・連帯債務一三―四参照―本書一九〇―九一頁）。

ⓒ　現時の学説が、連帯債務者間の負担部分につき判例法理に対して示している批判ないし反対は、負担部分の決定標準それ自体に向けられているのではなく、かような負担部分の対外的影響力、なかんずく時効・免除の場合に生ずる連帯債務の価値低下（前述㈠ⓒ）から債権者をいかにして保護すべきか、という評価態度の投影である。したがって論点は、上記ⓑ四事項の中で債権者の利害関係を生ずる後半二つということになる。①まず、変更問題に関しては、上掲判例が説示した「債務者相互間で自由に変更できる」ことから「債権者への対抗」をわける、という構成が採られる。ただし、具備すべき対抗要件如何では見解が分かれていて、債権譲渡の規定（四六七）を類推適用する多数説（我妻四三一、柚木・下三八、松坂一一七、津曲二〇一、さらに高梨一九三、山中一七九も）に対し、債権者の承諾を必要だと解する少数説（勝本・中⑴一八四注、於保二一四）がある。同じ承諾といっても、債権譲渡の場合（＝通知と選択的関係に立ち、かつ観念通知）と一般の場合（＝完全な意思表示）とでは異なっていることは改めていうまで

もなく、両説は結局のところ、債権者において変更の認識があれば足るか、彼の意思をとにかく絶対的な要件として尊重しなければならないかという違いに帰するが、我妻説は、少数説の程度にまで考える要なしと評する。思うに、連帯債務における債権者の地位の悪化を極力防止すべきだと考えるならば、少数説のほうが妥当であろう。しかし、個別的に考えると、そればかりを強調もできない。連帯債務者甲から同乙へ負担部分がたとえば全部移された、という通知を受けてなお乙を免除した債権者は、はたして保護に値いするだろうか。だが反面、時効完成の絶対的効力と時効中断（請求を除く）の相対的効力とに関する知識を、一般民事債務の債権者に要求してよいだろうか。来栖説は、すでに前者についても了知の推定を疑問視するが（判民昭一三・一二八事件）、我妻説は、不利益変更を知っても対策はそう困難でないとみている。法知識の調査でもしないかぎり、どちらも水掛論であって、したがって、それを基礎とする評価態度の決断も困難である。②つぎに、変更から進んで決定問題にまで遡ると、学説の言及は少なくなるが、債権者へ対抗するには彼の認識を要し、不知の場合には平等だと解する見解（東・判民昭七・五三事件、柚木・下三八）、債権者に対する関係では平等分担を第一の原則とし、それ以外の割合は債権者が知りうべき場合に限って主張できると解する見解（我妻四三一、山中一七九）がある。③なお、負担部分平等の推定は、古い下級審が、免除ケースで用いた手段でもあった（椿・連帯債務五八―九―本書二三二頁）。また、相対的免除の観念を採用すれば（§四三七Ⅲ⑴）、その場合には、かかる問題がそもそも生じないこととなろう。

Ⅱ　求償権の内容

⑴　発生要件

㋐　まず第一に、或る連帯債務者が「共同ノ免責ヲ得タル」こと。連帯債務における求償権の根拠に関して、委託ある保証と同視しようとする見解もあるが（前述Ⅰ⑵㈠ⓔ）、いわゆる事前（ないし予備的）求償は、保証債務の場合（§四六〇）と異なり、連帯債務では認められない（通説）。絶対的効力を生ずる債権消滅原因（§四三四Ⅰ⑴）は、一定の額について全員を免責させる（＝共同免責に該当する）が、求償が認められるためには、つぎに掲げる第二の要件をみたさねばならない。つまり、絶対的効力を生ずる債権消滅事由のすべてが求償権の発生原因になるものではない。

(イ)　第二に、さような共同免責が「弁済」「其他自己ノ出捐ヲ以テ」購われたこと。(a)　弁済については、一部弁済の場合における若干の議論（次述(ウ)）を除けば、問題がない。(b)　代物弁済・供託も、弁済と同様な出捐である。判例は、さらに、甲会社に対して株金払込の連帯債務を負う発起人の一人であり、かつ甲会社の債務の保証人でもあった乙が、保証債務を履行して得た求償権でもって甲会社に対する連帯債務を「相殺」し、共同債務者丙らに求償した事案につき、乙は「其ノ相殺ニ因リテ消滅シタル対当額ニ於テ出捐ヲ為シタ」ものと判示している（大判昭八・二・二八新聞三五三〇・一〇）。(c)　判例は、このほか、更改とみられる事案（椿・連帯債務七八―本書二五〇頁）について、出捐とは「現実ノ出費タルト将タ義務ノ負担タルトヲ区別セ」ずというが（大判大七・三・二五民録二四・五三二）、更改に弁済的効果を認めない見解のもとでは、弁済その他の出捐をすれば求償できるもの、と解すべきであるまいか（§四三五Ⅱ(2)(イ)）。(d)　混同は、判例（大判昭一一・八・七民集一五・一六六一）によれば、弁済者代位を生ずるとされるが、これは求償権を認めることが前提となっている。学説にも、法律上弁済とみなされるから、と理由づける見解がある（石坂八七五、近藤＝柚木一〇三、西村一二二）。(e)　一債務者が「債務ノ免除ヲ受ケタル場合ノ如キハ、自己ノ出捐ヲ以テ共同ノ免責ヲ得タルニアラ」ず（大判昭一三・一一・二五民集一七・二六〇三）（本件は通知の有無が争われた事件。椿・連帯債務八九―九〇―本書二六〇頁および、§四四三Ⅱ(3)(ア)(a)①）。ただし、一部免除の場合には、次述（(ウ)(b)）の点に気をつけなければならない。また、相対的免除を認める場合には、その求償関係が特殊な問題となる（§四三七Ⅲ(1)(ウ)(c)）。(f)　時効によって免責された場合も、何ら出捐すなわち財産的支出はない（近藤＝柚木一〇三）。

(ウ)　一部共同免責の場合、(a)　求償権は、出捐額が自己の負担部分額以上であることを、その発生要件とするか。

すなわち、甲乙丙三名がたとえば平等の負担部分でもって九〇万円の連帯債務を負うているときに、甲は、四〇万円弁済した場合に乙丙から五万円（計算は（40—30）÷2））ずつ求償できるのか、それとも一五万円だけ弁済した場合でも乙丙から五万円（計算は15÷3）ずつ求償できるのか。①判例は、後説すなわち負担部分以下の弁済でも求償権を生ずるという見解に立つ（大判大六・五・三民録二三・八六三。同旨、大判昭八・二・二八新聞三五三〇・一〇）。その理由づけとして用いられたのが、前述（I⑶(ア)(a)）した負担部分の定義である。②学説は、以前から両説が対立しているが（勝本・中⑴一八八注一および一九〇注参照）、近時の多数説は判例に同調している（我妻四三三、柚木・下三九、山中一七九、吾妻五九、高梨一九四、松坂一二八、津曲二〇三ら。反対、勝本二五八、石田一〇三、西村一二二）。なお、負担部分が各自の固有義務だと強調する見解のもとでは、むしろ少数説を採るほうが簡明ではないかとも思われるが、どちらとも特には述べられていない（於保二二五参照）。(b)　或る債務者に対する一部免除が結びついていても、一部共同免責はそれ自体として別個の効力を生ずるから、一部免除を受けて一部弁済した者も、上記の基準で求償できる。ただし、さような場合における負担部分の算定については、いろいろな議論がある（§四三七Ⅲ⑵(イ)）。(c)　共同保証の場合（注民⑾§四六五Ⅱ二）。

(2)　求償できる範囲

(ア)　序　言　(a)　①出捐額以外で、どの範囲までのものならば、求償できる額の中へ算入できるか。これに関しては、本条二項が該当例を列挙しているが、個別的には、出捐額の場合も含めて注意しておくべき点がある（次述(イ)以下）。②本条二項は、委託ある保証の場合へも準用されているが（四五九Ⅱ）、この範囲の求償権は、事務管理や不当利得の場合の求償と異なっていて、六五〇条が定める受任者の費用償還請求権に近い（勝本・中⑴一七七、西村一二一、於保二二六）。(b)　つぎに、以下で順次述べる標準に従って求償額が決定せられても、特殊な事情がある一定の場合には、償還請求できる額に、制限または拡張という現象を生ずる（前述I⑴(イ)(a)）。(c)　また、既存債務者の意思に反して連帯債務者となった者が弁済した場合、求償範囲について、常に連帯債務すなわち委託ある保証として取り扱うべきか、それとも保証の場合（四六二Ⅱ）に準じた取扱いをすべきか、が問題となる。この点に言及する学説の多くは、後の考え方を採るようである（椿・連帯債務八二―本書二五三頁および同・法数(4)一二五参照）。

(イ)　出捐額　(a)　求償権の発生要件として負担部分以上の共同免責であることを要求しない（前述(1)(ウ)(a)）以上、求償範囲の基準となるのは、出捐額から求償者の負担部分を控除した額でなく、単純に出捐額そのものである。(b)　もっとも、この出捐額については、現実の支出額と本来の共同免責額とに差がある場合、若干気をつけておかねばならぬことがある。それは、たとえば、九〇万円の連帯債務を負う三人があり、そのうち一人が一二〇万円の家屋で代物弁済した場合や、逆に六〇万円の自動車で代物弁済した場合には、どちらが基準額となるか、である。①現在では一般に（ただし勝本二五九参照）、前者については本来の共同免責額九〇万円が、後者については現実の出捐額六〇万円が、それぞれ基準になると解されている。その理由として、前者の超過分は他の債務者に何ら利益を与えるものでなく（近藤＝柚木一〇六、石田一〇三）、後者の場合は出捐を基準としなければ不合理であるのみならず、少額による免責の利益を他の債務者にも及ぼさせて然るべきである（近藤＝柚木一〇七）という点が掲げられる。②なお、於保説によれば、後者すなわち出捐額が少なかった場合は、差額分については免除がなされたのと同一の効果を生ずるとされるが（於保二二六）、そうなると、一部免除と一部弁済が結びつく場合における負担部分の計算、という厄介な問題（§四三七Ⅲ(2)(イ)）と接触をもつようになり、判例式計算法では、いわゆる負担部分も、上例でいえば二〇万円にはならない。(c)　額の算定時期も、給付が金銭以外のものであった場合には問題となる。判例は、株券を他から買って債権者に返還し、求償した事案につき、共同免責を得た時の株式の時価が基準になるのであって、株式購入時の価格にはよらないとしている（大判昭一三・一一・二五民集一七・二六〇三）。

(ウ)　免責日以後の法定利息　(a)　まず、判例には、物上保証人の求償事件（三五一→四五九Ⅱ→四四二Ⅱ）で、利息の計算は免責の当日から行なうとしたものがある（大判昭一一・二・二五新聞三九五九・一二）。学説には、初日不算入の原則（一四〇）から反対する見解もあり（勝本・中(1)一九九。同旨、近藤＝柚木一〇七）、じじつ、このほうが筋は通っているが、上記判例は見地を変えたら非難ばかりもできない（椿・連帯債務八三―本書二六七頁参照）。(b) つぎに、弁済者は本条によって「当然免責アリタル日以後ノ法定利息ノ求償権ヲ有スルモノニシテ、弁済者ガ弁済前債権者ヨリ請求ヲ受ケタルコトヲ他ノ債務者ニ通知スルコトヲ以テ右求償権ノ要件ト為スモノニ非ザルコトハ、民法該条ノ明文上明カナリ」（大判大四・七・二六民録二一・一二三三）。これは、利息は当然には生じない、との上告に対応する判旨である点を注意しておく。

(エ) 不可避的な費用その他の損害　(a) 多くの学説は費用と損害を別個に取り扱うが、それを批判する見解（近藤＝柚木一一〇）、事実上これらを区別しない見解（我妻四三四）があり、判例も峻別論には全く無縁である。(b) 費用ないし損害として挙げられるものには、① 判例では、求償者が負担させられた強制執行費用（大判大五・九・一六民録二二・一七一六）、連帯保証人の一人が負担させられた訴訟費用・執行費用（大判昭九・七・五民集一三・一二六四）、他の求償者に対する償還金を調達するための抵当権設定費用（大判昭一四・五・一八民集一八・五六九）がある。② 学説では、弁済費用（四八五）、弁済のための換価費用などが、上記のほかに挙げられている。荷造費や運搬費のごとき弁済費用まで例示する見解もあるが（近藤＝柚木一〇七、藤本・中(1)一九九、於保二二六）、連帯債務は消費貸借など金銭債務を主たる場合とするものだから、それらは代物弁済などでしか問題となるまい。むしろ為替料を例示するだけでも足りよう。(c) 微妙な問題となるのは「避クルコトヲ得サリシ」ことの判断標準である。① 求償者の主観的判断ではなく客観的標準によって定めること（石坂八八〇、近藤＝柚木一〇七）、当該状況のもとでやむをえなかったと考えられる客観的事情を意味すること（我妻四三四）、というのが学者の説明だけれど、結局は個々の場合について、求償額に含めさせてよいか否かを、具体的に判断するほかあるまい。なお、不可避を無過失といい換える解説もある（勝本・中(1)二〇〇、我妻・上掲）。②個別性があるという事情は、上記三判例の判断標準および学説の反応にも、反映しているようにみえる。その一つ（前掲大判昭一四・五・一八）は、連帯保証人の一人が共同債務者の懇請により弁済しようとした「当時、現金ヲ所持セザリシ為、余儀ナク自己所有ノ不動産ヲ担保トシテ、訴外銀行ヨリ金円ヲ借入レタ」場合の抵当権設定費用を不可避的としたが、これに対する評価は種々である（椿・連帯債務八七―本書二五八頁参照）。つぎに、他の二判例については、後のほう（前掲大判昭九・七・五）が、要件を厳格に解しており（柚木・下四二）、無過失を標準にするもの（四宮・判民昭一四・三九事件）、と理解されている。しかし、私は、先の判例（前掲大判大五・九・一六）では、債務者全員が給付判決を受けながら誰も進んで履行しなかったため一人が執行された場合に、執行費用が、また後の判例では、一人だけが訴求・執行されるのを他の共同債務者は拱手傍観していた場合に、訴訟・執行の費用が、それぞれ不可避的出費と認定されたのであって、判文上の用語から前記学説のように両先例を区別するのは無理であるまいか、と読んでいる（より詳細には、椿・連帯債務八五―六―本書二五五―六頁参照）。

(3)　行使・消滅

(ア)　行　使　(a)　以上の標準（前述二イ〜エ）で決まつた求償可能な総額を、求償者も含めた各自の負担部分に応じて分割し、その額について各自に求償することとなる。負担部分のない者に対しては、むろん求償できない。(b)　請求方法は、裁判上の請求に限られない。また、求償権そのものの行使という形を採つてもよければ、法定代位権の行使（次述Ⅲ(1)）によっても差しつかえない。

(イ)　消　滅　求償権の時効は、一般民事債権では一〇年であり、その起算点は弁済の時と解されている（大判昭一〇・一二・二八裁判例九民三六五）。もっとも、連帯債務成立の時にすでに条件つきで発生する、とも説明される（近藤＝柚木一〇一）。

Ⅲ 関連問題

(1) 連帯債務者と法定代位権

(ア) 連帯債務者が「弁済ヲ為スニ付キ正当ノ利益ヲ有スル者」(五〇〇)に入ることは、通説的に承認されており、立法例もこれを明定する(前述Ⅰ一エ)。詳細は五〇〇条(注民⑿)にゆずつて、簡単に解説しておく(なお椿・連帯債務一〇二以下―本書二七二頁以下も参照)。(イ) 代位を生ずる場合としては、弁済が規定されるだけだが、混同も弁済とみなされるので、当然債権者に代位できる(大判昭一一・八・七民集一五・一六六一)。(ウ) (a) 負担部分のない一連帯債務者が弁済したときは、自己の出捐した額全部について他の債務者へ求償でき、この「求償権ノ範囲内ニ於テ他ノ債務者ガ供シタル担保ニ付権利ヲ行使シ得ベキコト勿論ナリ」(大判昭一一・六・二民集一五・一〇七四)。(b) また、六名の連帯債務者中その一人甲が、債権者の有する公正証書の債務名義たる効力を代位して、他の一人乙に執行しようとする場合、甲は「乙ニ対スル自己ノ求償権ノ範囲内ニ於テ債権ノ効力トシテ債権者ノ有セシ権利ヲ行フコトヲ得ルニ至リタルモノナレバ、本件債務名義ニ依リ甲ガ乙ニ対シ行使シ得ベキ権利ノ範囲ハ本件債権額六分ノ一ノ範囲内」である(大決大三・四・六民録二〇・二七三)。つまり、各自の負担部分の範囲に限つて彼らめいめいに請求・執行できるわけである。

(2) 共同債務者以外の者に対する償還関係

(ア) 連帯債務者相互間では、求償になると全額的関係が解かれてしまい、なかんずく負担部分ゼロの者は誰からも求償されない。しかし、連帯債務者のための保証人・物上保証人・第三弁済者が彼らに求償してくる場合には、上記とは事情が全く異なる。例示しておこう。(イ) 保証人の場合(詳細は、注民⑾§四六四)。連帯債務者の償還義務も連帯債務となるが、これは連帯債務者相互間の求償と対照的である。ところで、保証人には連帯保証人も含まれるから、甲乙丙三人の共同債務者があり丁が併存的な債務負担をした場合、全員を純粋の連帯債務者と認定するか、丁だけは甲乙丙のための連帯保証人とみるか（なお、本稿前注Ⅱ⑷(イ)(d)②）、はいい加減に済ませてはなるまい（椿・連帯債務一〇八—本書二七七頁参照）。(ウ)　約束手形の共同振出人（＝これまでの判例では連帯債務者）のために株式を質入れしてやつた甲は、三五一条で保証債務の規定によって債務者へ求償できるが、この場合、誰か一人（たとえば乙）の負担部分がゼロであっても物上保証人甲の求償権には影響しないから、「乙ハ何等負担部分ヲ有セザル場合ニ於テモ甲ノ求償ニ応ズベキ義務アリト謂フベク、甲ノ求償ニ応ジタル乙ハ更ニ他ノ連帯債務者ニ対シテ各自ノ負担部分ニ付求償ヲ為スコトヲ得ルモノ」である（大判昭一三・七・一三民集一七・一四六八）。負担部分ゼロの連帯債務者は、往々実質的には保証人であろうが、さような者も、連帯債務者と認定される以上、全額責任を、債権者以外の者になお負うのである。(エ)　第三者弁済が連帯債務者の意思に反しない（なお、§四三二Ⅲ⑷）と認定されたケースにおいても、負担部分ゼロという理由で該弁済を有益でないとは断定できぬ、とした事例もある（大判昭九・九・一九新聞三七五六・七）。

〔他者への通知懈怠の効果ごとに求償制限〕

第四四三条　①　連帯債務者ノ一人カ債権者ヨリ請求ヲ受ケタルコトヲ他ノ債務者ニ通知セスシテ弁済ヲ為シ其他自己ノ出捐ヲ以テ共同ノ免責ヲ得タル場合ニ於テ他ノ債務者カ債権者ニ対抗スルコトヲ得ヘキ事由ヲ有セシトキハ其負担部分ニ付キ之ヲ以テ其債務者ニ対抗スルコトヲ得但相殺ヲ以テ之ニ対抗シタルトキハ過失アル債務者ハ債権者ニ対シ相殺ニ因リテ消滅スヘカリシ債務ノ履行ヲ請求スルコトヲ得

②　連帯債務者ノ一人カ弁済其他自己ノ出捐ヲ以テ共同ノ免責ヲ得タルコトヲ他ノ債務者ニ通知スルコトヲ怠リタルニ因リ他ノ債務者カ善意ニテ債権者ニ弁済ヲ為シ其他有償ニ免責ヲ得タルトキハ其債務者ハ自己ノ弁済其他免責ノ行為ヲ有効ナリシモノト看做スコトヲ得

Ⅰ 序 説

(1) 概 観

(ア) 本条は、二つの場合について規定する。(a) 債権額九〇万円につき平等な負担部分でもって連帯債務を負う甲乙丙のうち、丙が債権者丁に対して四〇万円の反対債権を有する場合に、丁が、いわゆる請求方法の自由(§四三二Ⅰ⑵)にもとづいて甲に全額の履行請求をしたとする。この際、もし甲が、乙丙には連絡なしで弁済したとすれば、連帯債務が全く消滅する結果として、丙は、簡易な(そして自己の債権の満足をも担保している)決済手段をもはや利用できなくなるが、それにもかかわらず、甲から求償されたときには応じなければならぬか否か。この点を本条一項が取り扱う。(b) つぎに、上記甲が債権者丁へ弁済したことを乙丙に知らせなかったため、乙はそのことを知らずに二重弁済をしたとする。給付の一倍額性(§四三二Ⅲ⑴)という大原則により、丁は一方の弁済を不当利得として返還しなければならないが、甲乙のどちらが丁に請求すべきかは、いずれのほうの弁済を有効として取り扱い求償権を認めるか、で異なってくる。本条二項が、この問題を定めている。(c) なお、本条の規定するところでないが、甲が弁済前の通知を怠り、乙は免責後の通知を怠ったという場合も、問題として考えられる(後述Ⅱ⑵)。

(イ) 外国の主要立法例には、本条のごとき規定が欠けており、わずかにフ民が保証につき、保証人が弁済後に通知をしなければ、彼は、二重弁済をした主債務者に求償できず、債権者に返還請求しなければならない(フ民二〇三一Ⅰ)、また、訴求されておらぬ保証人が主債務者へ通知をせずして弁済した場合に、主債務者が債務消滅の言渡を受けるべき抗弁事由を有するときも、やはり同様とする(同上Ⅱ)旨の規定を設けているにすぎない(石坂九一〇注二、勝本・中⑴二〇四注一・二一一注、近藤＝柚木一一二などを参照)。かようなフ民のもとでも、連帯債務者相互間の通知については、規定されていない。

(2)　根拠・性質

(ア)　本条の趣旨ないし根拠につき、(a)　判例は、二項の効果が相対的であると説示（後述Ⅱ(3)(ウ)(c)②）する際の前提論として、上記「規定ハ、免責ノ通知ヲ怠リタル過失アル求償権者ノ求償権ヲ制限シ、過失ナキ被求償者ヲ保護スル趣旨ニ出デタルモノナルコト明ナリ」という（大判昭七・九・三〇民集一一・二〇〇八）。なお、ここで問題の「通知」の法的性質は、別に解説する（後述(イ)(b)）。「過失アル」という語の意味も同様（後述Ⅱ(2)(ア)(d)末尾）。(b)　つぎに、学説のほうは、一項と二項を共通的に根拠づける解説もあれば、別個にわけて説く教科書もあるが、いずれも、結局は同じようなことを述べているものと思われる。主な見解を掲げておくと、①一項も二項もともに、過失ある求償者より過失なき被求償者を保護する趣旨である（鳩山二七九、近藤＝柚木一一一、柚木・下四二ら）。②両項とも、債務者間の公平を期するため（田島一四八）。③一項は、他の債務者が自己の権利を行使する機会したがって彼の利益を失なわせないためであり、二項は、善意の第二弁済者の求償権を保護するためである（勝本・中(1)二〇四・二一二。同旨、於保二一七・二一八）。④一項は、上掲判例が述べるのと同じ趣旨であり、二項は、債権者に対する返還請求権者如何の問題に関し、善意の二重弁済者を保護する趣旨である（我妻四三五・四三六―七参照）。

(イ)　その他、つぎのような点も、序論的に問題となりえよう。(a)　本条のごとく、弁済前・弁済後に通知を要求しているのは、それだけの主観的共同関係があることを示す（山中・前掲民商三三巻三号三三六）、わが連帯債務の相互保証的性格がそれだけ強いわけである（於保二一七）ともいわれている。これと関連して少し附言すれば、連帯債務の求償規定中で不真正連帯債務への類推適用を最も強く阻むのは、本条でないかと思われる（なお、§四四二Ⅰ(1)(ウ)(c)）。(b)　本条で問題となる「通知」は、単なる間接義務にすぎないか、それとも法上の義務であるか。近時では言及されなくなっているが、後者すなわち法上の義務であるという見解がみられる（石坂九〇〇注一・九一一注五、近藤＝柚木一一二―三・一一七、勝本・中(1)二〇六・二一三）。ただし、通知義務違反を理由とする損害賠償になれば、消極説（石坂）と積極説がある（勝本・中(1)二〇七）。私は、一種の間接義務とみているが（椿・連帯債務八七―八―本書二五八頁）、法的義務とみる場合でも、石坂説の程度に効果をとどめるのが妥当であろう。(c)もっとも、近時の学説上、通知の意味は、上記のような義務の性質如何という形で問題とはされておらず、通知は求償権の要件・成立要件でないけれども、それを怠れば求償権の制限という不利益を受ける、と説かれている。なお判例にも、事前通知は求償権の要件でない、と述べるものがある（大判大四・七・二六民録二一・一二三三）。(d)保証債務への準用（詳細は、注民(11)§四六三）。

Ⅱ 各場合

(1) 序言

(ア) 本条両項という二つの場合のほか、学説は、共同免責行為者甲には一項の、また同乙には二項の懈怠事由が併立した場合をも、問題として採り上げている（後述(4)）。(イ) 事前通知と事後通知とは、どちらか一方だけによって他方の場合を兼用させることができない。したがって、たとえ事前には通知していても、事後の通知を怠れば、やはりその点で求償権の制限という不利益が生ずるのである（石坂九〇九参照）。

(2) 事前通知の懈怠の場合（一項）

(ア) 要件の第一　或る連帯債務者が、共同債務者への通知を怠って、弁済その他自己の出捐でもって共同免責行為をしたこと。ここでの問題点は、もちろん通知に関してである。(a) 法文は「債権者ヨリ請求ヲ受ケタルコト」云々というが、請求を受けないで自発的に履行する場合も、区別する要なく、本条の適用下に入る（通説）。債権者の請求は例示だ（高梨一九五）とさえ説かれている。(b) 上記の請求があったことを知っている債務者に対しても、事前通知はやはり必要か。これに言及する学説は、不要だと解している（勝本・中(1)二〇五―六、近藤＝柚木一一三。於保二一八も参照）。共同債務者の誰かが弁済しようとすることへの認識がなかったために、相殺抗弁などの利用機会を失なったことが、本条による保護の理由であり、通知はさような認識を与える手段だ、というわけだろう。ただ、知・不知は、立証配分と認定の如何では、或る程度どちらへでも動きうる点に注意すべきであろう。(c) 通知は、次述する事由（イ）をもつ者が、それを行使するだけの時間的余裕を与えられておらねばならぬ。もし、通知後ただちに通知者が弁済すれば、本項の適用がある（勝本・中(1)二〇六、近藤＝柚木一一二）。当然のことである。(d) 通知懈怠は過失にもとづくことを要するか。近時の見解は沈黙するが、以前の学説では、要件の一つとして肯定されている（石坂八九八、鳩山二七八、勝本・中(1)二〇三、近藤＝柚木一一三参照）。その根拠は、本項但書の「過失アル債務者」という言葉である（石坂・勝本）。もっとも、その語は、はたして責任設定要件を意味する過失なのか、通知しないことを過失あるといっただけでないのか、再考の余地もあろう。

(イ)　要件の第二　他の債務者が「債権者ニ対抗スルコトヲ得ヘキ事由」をもっていること。なければ求償制限の問題を生じない。この要件における問題点は、もちろんさような事由の範囲如何であるが、この検討は、すすんで、二項の実際的な価値・意義へ疑問を投ぜしめていることにも、注意すべきである。順次みていく。(a) 相殺抗弁（権）が上記事由の適例であることは、古くから指摘されてきている（たとえば石坂八九八参照）。しかし、本条冒頭の設例でいえば、甲は、丙自身が相殺を主張しなくとも、彼の負担部分三〇万円については相殺援用権をもつから（四三六Ⅱ）、甲が九〇万円全額を払い、そして本項の問題を生ずるようなことは、実際上（しかも主観的共同・相互保証の関係が連帯債務者間には存するとされているだけに）、さほど多くないだろう。なお学者の中には、本項の効用があまりない理由として、もっぱら（近藤＝柚木一一四）あるいは上記に加えて（勝本・中(1)二〇七、石田一〇四）、本項但書の存在を挙げる見解がみられるが、その意味が必ずしもよくはわからない。(b) つぎに、相殺以外の絶対的効力事由（弁済・更改・免除・更改など）は、上記の事由に該当するか。これらは、絶対的効力を生ずる限度では債務の消滅をすでに来たしているので、その後で甲が弁済しても求償権を取得することなく、したがって本条の適用なし、と解されている（勝本・中⑴二〇八、近藤＝柚木一一四、石田一〇五）。我妻説も同趣旨だが、相殺以外にいかなる事由が入るのか判明しない、とも述べている（詳細は我妻四三六参照）。(c) ただし、実際上どの程度まで問題になりうるかは別として、若干の学説は、相殺のほか幾つかの該当事由を掲げている。同時履行および期限未到来の抗弁権は、ほぼ共通して挙げられるが、人によってさらに、無効・取消、取消だけ、期限猶予、条件不成就なども加えられる（勝本・近藤＝柚木・石田各上掲、於保二二八参照）。(d) なお、古い先例に、金銭の実質的共同借主たる甲乙両名中、甲だけが債権者に対して債務を負担したときには、本条の適用はないとしたものがある（大判明三五・四・一七民録八・四・六九）。乙は、債権者から訴えられた際すでに非債務者だと確定されているので、甲からの求償に対し、おそらく上記の事実すなわち債権者に対抗しうべき事由ありとして、通知懈怠を口実に償還を拒否しようとした事件だったのだろう（椿・連帯債務八八―本書二五九頁参照）。

(ウ) 効　果　(a) 被求償者は、自己の負担部分につき、債権者へ対抗しうる事由をもって、求償者に対抗することができる。ただし、相殺をもって対抗したときには、求償者は、被求償者から対抗された限度で、直接、債権者に対して請求できる。(b) 典型的な事例である相殺についていうと、上例（前述Ⅰ⑴(ア)(a)）の甲が乙丙に求償した場合（事後通知のことは問題外とする）、乙は、該当事由がない以上これに応じなければならない。丙は、負担部分三〇万円について償還を拒否することができるが、甲はその代わり、丙が丁に対して有する反対債権中三〇万円の履行を丁に求めうる。なお、もし丙の反対債権が二〇万円しかなければ、彼が求償者甲に対抗できるのは、負担部分額三〇万円でなく上の反対債権額であり、一〇万円については求償に応じなければならない（近藤＝柚木一一五―六参照）。

⑶　事後通知の懈怠の場合（二項）

(ア) 要件の第一　本条二項を適用するための要件の第一としては、或る連帯債務者が、弁済その他自己の出捐によって得られた共同免責を、他の共同債務者へ通知しなかったこと。問題となるのは、以下の点である。

(a)　弁済「其他自己ノ出捐」で共同免責を得たという場合、免除を受けたこともその中に含まれるか。①判例は、或る連帯債務者甲が、借用株式の賃料債務を免除されて残余の弁済をし、共同債務者乙へ求償したところ、該免除後に上記賃料を支払った乙から相殺抗弁が出された事案において、甲が自分に免除通知をしておりさえすれば該賃料を支払わなかったはずだ、とする乙の主張を斥けたものである。判旨は、免除がいわゆる自己の出捐による共同免責でないこと明らかであり、したがって、免除の通知なども問題にはならぬ、としている（大判昭一三・一一・二五民集一七・二六〇三）。②学説にも、免除や時効完成は除外される、という見解がある（近藤＝柚木一一七。なお柚木・下四二も参照）。だが、判例に反対して、免除を含むと主張する見解もみられる（安田・民商九巻六号一一〇七、我妻四三六―七）。この我妻説によれば、免除がいかなる趣旨でなされたかによって異なりうることではあるが、上記の甲は、乙からの求償に応じなければならず、その後で債権者へ不当利得の返還請求をする、というふうになる。

(b)　免責通知をしなかったのが、弁済者の過失にもとづくことを要するか。多くの見解は、「怠リ」という法文の字句を根拠に（石坂九〇九、勝本・中(1)二一一、近藤＝柚木一一七）、あるいは理由を別段掲げることなくして（鳩山二七八、柚木・下四二、松坂一二九、津曲二〇五）、問題を肯定している。これは、それだけ、弁済者の求償制限が生ずる場合を狭めることになろう。だが、実際問題として、無過失は、原債務者の知らないあいだに併存的債務引受が行なわれ、かつそれをも連帯債務の発生原因と解する（注民(11)第四節後注Ⅲ三イ）場合において、原債務者が弁済したとき、くらいにしか認められないのではないか。また、一般民事債務において、事後通知に関する「法の不知は許さず」というべきか、若干問題の余地はある。

(c)　一項の場合（前述(2)(ア)(b)）と同じく、他の債務者が共同免責行為のあったことを何らかの事情で知っている場合は、どのように取り扱うか、がここでも問題となる。この点に言及する学説は、本項の適用なしと解しているが

(勝本・中(1)二二二、近藤＝柚木一一八)、その結果として、第一弁済者に求償権が認められ、彼の免責済み通知などは問題にならない。また、かような場合の第二免責行為者には、いわゆる非債弁済(七〇五)として、債権者に対する返還請求の否定さえありえよう(近藤＝柚木・上掲参照)。

(イ) 要件の第二　本条二項を適用するための要件の第二は、上記のごとき事後通知の懈怠があったため、他の連帯債務者が、善意で、弁済その他有償免責を得たこと。(a)「有償ニ免責ヲ得タ」とあるから、免除や時効のように無償の場合は、本項適用の問題を生じない(勝本・中(1)二二二、近藤＝柚木一一八。さらに我妻四三七も参照)。混同については、①有償免責とはいえず、また法上当然に生ずる点で免責「行為」といえないから、本項の適用なしとする説(石坂九一〇)、②債権者から債権を買い受けた場合のように有償でなされたときは、適用ありとする説(近藤＝柚木一一八)、③四三八条を理由として、常に肯定する説(勝本・中(1)二二二)、がみられる。(b) 第二の免責行為者が、債権者から請求を受けた結果そうしたのか否かは問わない、とされる(近藤＝柚木・上掲)。(c) 第二の免責行為者の善意は、無過失たるを要するか。肯定説(田島一四九)・否定説(近藤＝柚木一一七)のほか、彼に過失があるときは、第一弁済者が故意に通知しなかった場合にのみ、本項の適用ありという説(勝本・中(1)二二二―三)も存する。

(ウ) 効　果

(a) 概　説　①上述の諸要件をみたす場合、第二の免責行為者は、自己の免責行為を有効とみなすことができる。②これは形成権を与えたものと解されているが(石田一〇五)、みなした結果は、冒頭(前述I(1)(ア)(b))の設例なら、乙(第二弁済者)が、甲(第一弁済者)よりの求償を拒みえ、かえって甲に対し求償しうる、ということになる。③ただ、丙には甲乙どちらが求償できるか、債権者丁に対する甲の利得返還請求をどのような推論で認めるか、これらの点は本項の効果が及ぶ範囲をどう解するかで異なる。つまり、いわゆる絶対的効果説か相対的効果説かの違いであるが、前説に拠っていた旧通説(勝本・中(1)二二四注二参照)に対し、下掲判例の出現を重要な転機として、勝本説（「連帯債務に於ける免責行為の競合」法学二巻九号二一以下参照）らの主張していた相対的効果説が、次第に支配的となり、現在では異論を見なくなっている（その意味で、絶対的効果説は、考え方の対比・参照としての意味しかない）。

(b)　絶対的効果説　　これによれば、すべての者、つまり甲から求償を受けた乙はもとより、共同債務者丙さらには債権者丁とのあいだでも、乙の弁済のほうが有効なものとみなされる。だから、甲乙間では乙→甲の求償が認められるのはもちろん、丙も乙へ償還しなければならず（甲へすでに償還していたら、乙に対して償還し、甲から不当利得として返還を求めるほかはない）、丁に対しては甲が利得返還請求をする。

(c)　相対的効果説（判例）　①判例（大判昭七・九・三〇民集一一・二〇〇八）は、甲乙丙（当該ケースでは丙に相当する者がもう一名いる）のうち、甲丙が債権者丁と更改しながら乙へ通知せず、丁から強制執行を受けた乙が甲に求償訴訟を起こして勝訴したという事実にもとづき、丁から別に強制執行を受けた甲が、乙へ支払った償還金をもって相殺すると異議を申し立てた、という内容の事件である（訴訟当事者は甲と丁）。②原審は、甲の損害と丁の行為とのあいだに因果関係なしとしたが、判旨は、ながながと絶対的効果説の妥当ならざるゆえんを説示（判文は近藤＝柚木一二〇以下、椿・連帯債務九二以下―本書二六一頁以下参照）してから、該説は「過失アル求償権者ノ求償権ノ制限ニ関スル規定ヲ必要以上ニ拡張シテ解釈スルモノニシテ当ヲ得」ずとし、乙が自己の免責行為を有効とみなした「効果ハ当事者間ニ止マリ、債権者タル丁ト甲等ノ間ニ為シタル更改契約を無効ナラシ」めず、「甲ハ債権者タル丁ニ対シ乙ノ為シタル第二ノ免責行為ニ因リテ丁ガ取得シタル利得ヲ不当利得トシテ償還ヲ請求」しえ、かつ「丁ガ乙ニ対シ何等ノ権利ナキニ拘ラズ、之ニ対シテ強制執行ヲ為シタル行為ガ不法行為ヲ構成スル以上、損害賠償債権ヲ取得スルコトモ亦之ヲ肯定シ得ザルニ非」ずと述べて、原判決を破棄した。

(d)　相対的効果説（現通説）　今の学説は、善意の第二弁済者乙を保護するには、相対的効果説が必要であるとともに、それで十分でもあるとして、判例に賛成する。さらに、多くの学説によれば、いわゆる相対的効果の内容も、判旨の説示と同じであるが、主な学説をみておく。①甲から乙への求償は認められず、乙が甲に対して求償できる。この点はいうまでもない。②丙に対しては、甲だけが求償できる。ただし勝本説（中(1)二一五）は、乙も丙へ求償できるという。我妻説も、以前（旧版二〇九）はそうだったが、現在では甲のみと述べ、かつその点に相対的効果説の意義を認めている（我妻四三八）。もっとも、甲だけしか丙に求償できないといっても、乙が甲へそれを不当利得として請求することは可能である。③乙が、自己の弁済を有効とみなした場合には、乙から求償を受けた限度で、債権者丁に対する不当利得請求権も、四二三条を類推して、甲へ移転することになる。かように、みなす権利を行使した場合、乙から直接丁に返還請求することは、判例の見解では許されないものとも解されうるが、肯定するらしき見解（於保二一九）、第二弁済の返還については甲乙丙を丁に対する連帯債権者とみる見解（勝本・中(1)二一四―五）もある。なお、我妻説は、旧説を修正して、乙が甲丙二人の負担部分計六〇万円を甲に求償し、甲が丁に対する上記請求権の全部移転を受けまた丙には甲から求償する、と解する（代物弁済を例とするが、我妻四三八参照）。

(**4**)　連帯債務者甲は事前通知を怠り同乙は事後通知を怠った場合　(ア)　かつては、本条二項を適用する見解（石坂九〇三ら）や、甲乙の過失の大小で区別する見解（勝本・中(1)二二〇以下参照）もみられた。(イ)　しかし、現在では、すべての学説が「一項二項共ニ一方ノ債務者ノミニ過失アル場合ヲ規定スルモノニシテ、此場合ノ如ク当事者ノ双方ニ過失アル場合ハ其予想セザル所ナルガ故ニ一項二項共ニ適用ナク、即チ普通ノ理論ニ従ヒテ第一ノ弁済ヲ有効ナリト解ス」（鳩山二七九）る見解を支持している（同旨の古い下級審は、椿・連帯債務九一―本書二六一頁）。

〔償還無資力者の負担部分の分担〕

第四四四条　連帯債務者中ニ償還ヲ為ス資力ナキ者アルトキハ其償還スルコト能ハサル部分ハ求償者及ヒ他ノ資力アル者ノ

間ニ其各自ノ負担部分ニ応シテ之ヲ分割ス但求償者ニ過失アルトキハ他ノ債務者ニ対シテ分担ヲ請求スルコトヲ得ス

〔比較〕 フ民一二一四Ⅱ、ド民四二六Ⅰ後段、ス債一四八Ⅲ

Ⅰ 序　説

(1) 概　観

(ア) 甲乙丙が平等の負担部分でもつて九〇万円の連帯債務を負い、甲が全額を弁済したとする。彼は乙丙に三〇万円ずつ求償できるわけだが、もし丙が無資力で償還できなければ、その分は、甲に過失がないかぎり、乙と二人で一五万円ずつ分担し、結局、乙には四五万円請求できることになる。これが本条の内容であり「求償権の拡張」とも呼ばれる。(イ) かような場合における他者の割合分担は、比較法的にも問題がない。ただ、ス債は „gleichmässig" と定めるが、注釈書 (Oser-Schönenberger, Komm. zum Schweiz ZGB V, 2 Aufl., N. 7 zu Art. 148) からは、その内容が必ずしもはっきり理解できない。(ウ) なお、本条でいう負担部分は、一般の場合 (注民⑽§四二二Ⅰ三イ) におけると同じに解されているが (明言するものとして、勝本・中⑴ 二二五)、判例の中には、そういわないものもある (後述Ⅱ⑵(イ)(c))。(エ) なお不可分債務にも本条は準用される (§四四二Ⅰ⑴(ウ)(a))。

(2) 意義・根拠

(ア) 本条は、償還資力のない者が存する場合における原則的処理 (＝負担部分に応ずる他債務者の分担) を規定し、次条のほうは、このことを前提として、連帯免除という特殊な事由がある場合における分担関係の特則を定める。ところが、この特則は、債権者にまでマイナスの影響を及ぼすため、非難が強いのである (§四四五Ⅱ⑴(イ)) が、原則を定める本条のほうは、もっぱら内部関係として片づけており、さような問題を生じない。ただ、負担部分がゼロの連帯債務者に対する処遇 (ことに、後述Ⅱ⑵(イ)(b)) には、注意すべきであろうか。

(イ) 本条の趣旨・根拠も、いたって簡明である。(a) 学説は、弁済者甲だけに丙の償還無資力の結果を負わせるとすれば、不公平であり信義公平に反するからだ、と説く（たとえば石坂八八六、鳩山二八一、勝本・中(1)二二三、近藤＝柚木二二三）。(b) 判例も、負担部分がゼロの有資力者に分担させる結論を導くような際には、本条が公平の観念に立脚する規定であることを、特に強調している（大判大三・一〇・一三民録二〇・七五一―椿・連帯債務九七―本書二六七頁参照）（なお、後述Ⅱ(2)(イ)(b)①）。

Ⅱ　本条適用の内容

(1)　要　件

(ア)　或る連帯債務者が、無資力のために弁済者へ償還できないこと。(a)　償還不能の範囲が負担部分の全部か一部かという点は、問題にならない（石坂八八七、勝本・中(1)二二三、近藤＝柚木二二三）。一部の場合なら、その額について分担問題を生ずる、というだけのことである。(b)　ここにいわゆる償還無資力は、連帯債務者の一人が死亡し相続人が限定承認（九二二以下）をした場合や、行方不明の場合をも含むと解されている（勝本・中(1)二二三、於保二一九など参照）。

(イ)　求償者の過失によって、問題の債務者から取り立てられなくなったのではないこと。(a)　本条但書の「過失」は、注意義務違反といった強い意味でなく、単に不注意・落度という意味である（近藤＝柚木二二四）。(b)　どういう場合が「過失アルトキ」に該当するかは、本条の根拠に鑑み具体的場合について決しなければならないが、時期を失したため求償できなくなった場合が例示されている（たとえば石坂八八七、勝本・中(1)二二四、我妻四三九参照）。(c)　求償者に過失があるということは、被求償者つまり冒頭の例なら乙が立証しなければならない（大判昭七・一一・二七法学二・七・一〇七）。

(ウ)　なお、本条は連帯債務者のための連帯保証人には適用されない、すなわち、連帯保証人には連帯債務者の無資力の結果を分担させるべきでない、と解されている（勝本・中(1)二二六、近藤＝柚木二二六）。抽象論としては、たしかにそうだが、負担部分ゼロの連帯債務者と連帯保証人とは、その区別ないし認定関係をどういう標準で決めるかが容易でなく、ことに負担部分ゼロの連帯債務者へも分担させる場合（次述(2)(イ)）との関連で、微妙な難問を生ずる。ただし、上掲学説が同旨先例として掲げるもの（大判昭七・六・二五新聞三四四八・一二）には、問題がある（椿・連帯債務一〇一—一一一本書二七一頁参照）。

(2)　効　果

(ア)　上例丙の償還不能部分を甲乙が分担することになるが、丙は究極的に本条で免責されるのではない（石坂八八九、勝本・中(1)二二六、近藤＝柚木一二五、末弘一四一）。すなわち、丙は、資力を回復し所在が発見されたときには、時効にかかっていない以上、甲乙に一五万円ずつ返還しなければならない。

(イ)　甲乙は、「其各自ノ負担部分ニ応シテ」丙の償還不能額を分割負担する。(a)　負担部分を基準とするから、それが「多キ者ヲシテ多ク分担」させ「少キ者ヲシテ少ク分担セシメ」る（大判明四三・二・二五民録一六・一四九）わけだが、上例甲乙のどちらかが負担部分ゼロであれば、その者は分担させられない（通説）。たとえば、上例において甲丙だけに実数的負担部分があれば、全額を債権者に弁済した甲は、丙から償還を受けられないかぎり、結局は九〇万円全部を負担しなければならなくなる。(b)　問題は償還無資力者だけに実数的負担部分がある（負担部分ゼロの者だけが資力を有する）場合である。①判例をみると、連帯債務者四名中、求償者甲と被求償者乙が、ともに負担部分ゼロであるが他の二人は無資力、というケースにおいて「総テ同地位ニアル甲乙ニシテ、偶々甲ガ債務ヲ弁済シタルガ故ニ甲独リ之ヲ負担スベキニアラズ、乙モ共ニ分担ノ責ニ任ゼザルベカラザルハ勿論ナリ。而シテ其間別段ノ意思表示ナキ限リハ双方平等ノ割合ヲ以テ、之ガ負担ヲ為サザルベカラザルハ民法四四四条ノ精神ニ依リ当然ノ筋合」とされる（大判明三九・五・二二民録一二・七九二）。同様な事件につき、本条の「精神ヨリ推シテ考フレバ、求償者及ビ他ノ資力アル者ニ全ク負担ナキ場合ニ於テハ又、其公平ノ観念ニ基キ此等ノ者ヲシテ無資力者ノ償還スルコト能ハザル部分ヲ平等ニ分担セシムルノ法意ナリ」という前提論のもとで、甲乙は負担部分がない点で「全ク同等ノ地位」にあるから平等分担せよ、と判示した先例もある（大判大三・一〇・一三民録二〇・七五一）。また、かような考え方は、主債務者が無資力な場合における二人の連帯保証人相互間の分担関係でも、認められている（大判明四三・二・二五民録一六・一四九）。②学説も、鳩山説（鳩山二八一―二）が、信義則および求償者単独負担の不当性を理由に改説して以来、公平と四六五条一項の趣旨（近藤＝柚木一二五）などの理由づけによって判例を支持する見解が増え、今日では異論をみない。そして我妻説は、この解釈と、負担部分ゼロの者に分担させない解釈（前述ⓐ）とが「矛盾するものでないことは、説くまでもあるまい」という（我妻四四〇）。これは、負担部分ゼロの者は形式こそ連帯債務者であっても実質的には保証人である、そして、いささかでも実数的負担部分があれば実質的にも文字どおりの共同債務者として扱う、とする考え方が前提になっていよう。ⓒ なお、公式先例ではなく、かつ我妻説（我妻四三九）は反対しているが、連帯債務者の負担部分が、甲は四、乙と丙はゼロ、Aは六となっていて、Aが償還無資力である場合、甲乙丙の平等分担を認める理由として、本条に「所謂負担部分は右償還不能の部分に対する負担部分にして、本来の連帯債務に対する負担部分即ち四四二条に所謂負担部分とは自ら別個の負担部分なること当然自明のことに属す」るから、本条の負担部分に関しては甲乙丙間に「別段の合意其の他特別なる事情なき限り、其の負担部分は平等」とする棄却判決もある（大判昭一二・一・二〇法学六・五・一二一。なお、椿・連帯債務九九―本書二六八―九頁参照）。

〔連帯免除と償還無資力者の負担部分〕

第四四五条　連帯債務者ノ一人カ連帯ノ免除ヲ得タル場合ニ於テ他ノ債務者中ニ弁済ノ資力ナキ者アルトキハ債権者ハ其無資力者カ弁済スルコト能ハサル部分ニ付キ連帯ノ免除ヲ得タル者カ負担スヘキ部分ヲ負担ス

〔比較〕フ民一二一五

Ⅰ　序　説

(1)　概　観

(ア)　前条冒頭の設例で、債権者丁が乙だけに対して「連帯の免除」(次述(2))なる行為をしたとする。これは相対的連帯免除と呼ばれ、甲丙の連帯債務ことにその額へは何ら影響しないが、九〇万円全額を弁済した甲は、もし丙が償還無資力であれば、四四四条によって算出した乙の負担すべき部分一五万円を、債権者丁に対して請求できる。かような「求償権の拡張」が本条の規制内容であって、乙が自己固有の負担部分額三〇万円を甲に償還しなければならぬことは、むろん別個の問題である。(イ)　立法例をみると、フ民だけが、債権者は或る債務者との免除合意によって他の債務者の負担を重からしめえないという趣旨で(Planiol-Ripert-Esmein, Traité VII, 2éd., n°1096)、償還無資力者の負担部分は、連帯免除を受けた者も含めた全債務者が、各自の負担部分に応じて分担すると定めている(同一二一五)。そして現在では、連帯免除を受けた者は自己の負担を債権者へ帰せしめえない、と通説的に解されているようである。(ウ)　なお、本条関係のわが判例は、いずれも債権者からの履行請求つまり対外関係の段階で、債務者(大審院ケースでは連帯保証人)の側が本条をもって抗弁としたらしき事案であって、弁済した債務者が債権者へ負担請求をした事件ではない。これは、本条が前条のように「償還」といわず「弁済ノ資力」と称することからすれば、考えられうる法規解釈だろう。だが、本条は前条の特則であって求償事件に関するものだと解する以上、さような判決は、少なくとも本条関係の「先例」ではない(なお椿・連帯債務一〇〇・一〇一―一二―本書二六九―七〇・二八五―七頁参照)。

(2)　連帯の免除

(ア)　概　念　(a)　連帯の免除・(remise de la solidarité)とは、およそ連帯債務者ならば誰もが負うところの「全額」履行義務を、負担部分の額だけに限定・減縮する債権者の意思表示であって、債務者の全員に対してなされるときには、いわゆる「絶対的連帯免除」となり、その一人または一部の者に対してなされるものは「相対的連帯免除」と呼ばれる。(b) ①連帯免除も、単独行為である点は通常の債務の免除（remise de la dette—ただし、§四三七Ⅰ(1)(イ)(a)末尾）と異ならない。また、一部または全部の者の債務額が軽減される点に着眼すれば、債務の一部免除（たとえば鳩山二八三、近藤＝柚木二一八、於保二三〇）あるいは一種の債務免除（たとえば我妻四四一）ともいえる。②しかし、両者は、債務免除のほうが一定の額について債務そのものを消滅させるのに対し、連帯免除では全額義務の部分的ないし全部的解体を生ずるにすぎない、という違いがある。上例の乙に対する免除が債務免除であれば、乙が免責されるのはもちろん、甲丙の債務額も四三七条が適用されるかぎりでは六〇万円に減縮する。これに反し、連帯免除ならば、乙は三〇万円については債務を負い、甲丙の連帯債務額は依然九〇万円のままである。③もっとも、いわゆる相対的債務免除といった観念を認めると（§四三七Ⅲ(1)、近似する面がヨリ大きくなってくる（なお我妻四四一も参照）。(c) なお、本条の適否と関連して、不可分の免除という観念も問題にされることがある（§四四二Ⅰ(1)(ウ)(a)）。

(イ) 効力　(a) 絶対的連帯免除においては、連帯債務は解体・消滅して、各自が負担部分額について分割債務を負う。したがって、負担部分ゼロの債務者は、結果的には完全に免責されることとなる。また、各自の責任は、その負担部分（於保説のいわゆる固有義務）額に限られるから、求償関係もおのずと消滅し、償還無資力者の負担部分をどう分担するか、という本条の問題は生ずる余地がない。この場合には、無資力の危険は債権者が全面的に負担するわけである。(b) 相対的連帯免除は、いわゆる絶対的効力を生ずる事由でない（§四四〇Ⅱ(4)(イ)）。それゆえ、免除を受けた乙の債務が負担部分額の三〇万円に減縮しても、前述したとおり、甲丙は九〇万円の連帯債務を負担したままである。だから、甲が全額弁済をしたときには、丙のみならず乙に対しても、その負担部分三〇万円について求償でき、もし丙が償還無資力ならば、誰がどういうふうにそのマイナスを負担するか、という問題を生ずる。本条は、まさにこの場合に関する規定である。

Ⅱ　本条の意義および内容

(1)　趣旨および批判

(ア)　(a)　本条が存する結果、償還無資力者丙の負担部分三〇万円のうちで、四四四条にもとづき乙が分担しなければならぬ一五万円は、乙に対し相対的連帯免除をした債権者丁が負担させられることになるが、これは、さような乙に、対外関係だけでなく求償関係においても、彼が当然に負わなければならぬ三〇万円以上にはその負担を増加させないことによって、連帯免除を得ただけの価値・利益を与える趣旨だ、と説かれている。(b)　判例には、四四四条によって甲（＝連帯免除を受けなかった者）が蒙むる不利益に着眼して、「連帯債務者中ニ連帯ノ免除ヲ得タル者ト無資力トナリタル者トアルトキハ、他ノ債務者ハ、債権者ガ擅ニ為シタル連帯ノ免除ノ為メ、其免除ヲ得タル者ガ素ト負担スベキ部分マデ負担セザルヲ得ザル悲境ニ陥ルヲ以テ」云々（大判明三七・二・一民録一〇・七〇）と本条を理由づけるものもある。(イ)　しかし、主要学説は、以前から一貫して、本条を批判してきている（石坂八九二、鳩山二八四、勝本・中(1)二二九、近藤＝柚木二二七、我妻四四一―二、柚木・下四七―八、山中一八一、高梨一九八、於保二二〇など）。それによれば、債務免除の絶対的効力が債権者の推定的意思に反するという非難（§四三七Ⅰ(2)(イ)(a)）の場合と同様であって、債権者意思の面から攻撃を加えている。すなわち、債権者には、彼が連帯を免除した者の代わりに償還無資力者の負担部分を分担しようとする意思がある、とは通常考えられないというわけである。そして、立法としての当否すこぶる疑問と評するのみならず、なるべく本条の適用を回避できる解釈的努力をも試みている（次述）。

(2)　適用の要件・範囲

(ア)　上述の相対的連帯免除がなされ、他の債務者中に償還無資力者を生じた場合であることは、いうまでもない。

上掲判例（大判明三七・二・二民録一〇・七〇）は、本条適用のためには最低三名の連帯債務者が存する場合でなければならぬとするが、かかる当然の適用要件論も、問題となった事案では、単純に字義どおりの理解をしてはならぬ（椿・連帯債務一〇一―二一本書二七〇―七一頁参照）。(イ)　債権者の意思が、本条の適用を排除しようとする趣旨でないこと。本条を否とする通説的見解のもとでは、本条の適用範囲は厳格に解すべきだから、債権者が乙には三〇万円以上の請求をしない趣旨で連帯免除をしたときには、率直にその意思を尊重すべきであり（我妻・上掲）、また、本条の適用を排除する特約の効力もひろく認めるべきである（高梨・上掲）。(ウ)　同様な配慮から、本条は、いわゆる連帯免除の場合に限って適用があり、債務免除や時効完成の場合にまで拡大して適用すべきでない、と解されている。(エ)　なお、連帯債務者のための連帯保証人と本条の問題は、前条の場合と同様である（§四四四Ⅱ(1)(ウ)）。

(3)　適用の効果

(ア)　上述のところから明らかなとおり、債権者丁が、償還無資力者丙の負担部分中で乙の分担すべき一五万円を負担する。したがって、丙から求償を得られなかった弁済者甲は、丁に対して請求できる。なお、丁から甲へ履行請求がなされた際、すでに丙の無資力がわかっているときにも、甲はいったん全額を給付し、改めて丁に対し、乙の負う償還義務の肩代わりを求めるべきだろうか。(イ)　債権者負担というのは、オーブリ＝ロウらの見解から推論された帰結かもしれないが、フ民の解決（前述Ⅰ(1)(イ)）自体のほうが妥当である。

〔文献〕有地亨「連帯債務の相続」続判例百選（昭三六）、石坂音四郎「中島博士の連帯債務論を評す」京法六・一〇（明四四）、同「再び中島博士の連帯債務論を評す」京法六・一二（明四四）、同「連帯債務の性質を論ず」新報二三・五、六（大一二）、磯谷幸次郎「連帯債務の性質」警察新報三・三、伊東健正「債務連帯人の責任」陸海運一八・一、二（昭三）、乾政彦「連帯債務者間に於ける協力義務」志林一七・一（大四）、同「連帯債務者の一人の負担部分以下の弁済と求償権」志林一七・一二（大四）、岡松参太郎「連帯債務と全部義務との区別」法協一二・一一、一三・一（明二七、二八）、同「不可分債務と連帯債務との区別」志林一〇・三（明四一）、岡村玄治「負担部分を論ず」法曹記事二八・一（大七）、勝本正晃「連帯債務に於ける免責行為の重複―特に民法四四三条二項の解釈」法学二・九（昭八）、民法研究二（昭九）所収、同「不真正連帯債務に就いて」東北大法文学部一〇周年記念法文論集（昭九）、民法研究二（昭九）所収、加藤一郎「連帯債務」時の法令二五五（昭三二）、加藤正治「破産に於ける連帯債務の効力」国家二一・一一（明四〇）、兼子一「連帯債務者の一人の受けた判決の効果」法協五六・七（昭一三）、民事法研究一（昭二五）所収、斉藤巌「連帯債務者の負担部分の確定に就て」新聞一三九三（大七）、榊原周次郎「連帯債務の判決に就て」新聞五〇九（明四一）、末川博「不真正連帯債務に関する疑問」論叢一・四（大八）、民法に於ける特殊問題の研究二（大一四）所収、高梨公之「不真正連帯債務」判例演習債権法（一）（昭三八）、椿寿夫「連帯債務論の若干の問題点」民商三四・三（昭三一）、同「連帯債務論序説」論叢六二・五（昭三一）、同「不真正連帯債務の観念について―ドイツの学説を中心に」私法二四（昭三七）、同「連帯債務」総合判例民法一六（昭三五）、同「連帯保証の特質」法教四（昭三七）、中島玉吉「連帯債務の性質を論す」梅追悼論文集（明四四）、続民法論文集（大一一）所収、同「再び連帯債務を論じて石坂博士に答ふ」京法六・一一（明四四）、中田薫「我古法に於ける保証及び連帯債務」国家三九・三、四（大一四）、仁井田益太郎「連帯債務の性質」法協三四・一（大五）、西島弥太郎「フランス法における商事責任の連帯について―フランス民法一二〇二条（連帯推定排除）を顧みつつ」法と政治五・三、四（昭二九）、信岡雄四郎「連帯債務の性質」志林四・三〇（明三五）、箱田淳「連帯債務の観念に就て」朝鮮司法協会雑誌一・五、六（大一二）、鳩山秀夫「連帯保証と連帯債務」志林一九・六（大六）、同「連帯債務者の有する求償権の範囲」新報二八・一（大七）、林信雄「連帯債務における免責行為の競合」民商七・三（昭一三）、平井彦三郎「連帯債務者間の代位」新聞四一三（明四〇）、樋山広業「連帯債務を論ず」地方行政一四・八（明四〇）、藤田善嗣「民法第四四四条の解釈に就て」新聞二〇〇七―一〇（大一一）、松岡熊三郎「債権の共有関係と総有関係」国家及国家学八・一（大九）、水口吉蔵「連帯債務と負担部分に付き特約なき場合」新報二六・四（大五）、三淵乾太郎「連帯債務の相続（最近の判例から）」法律のひろば一二・九（昭三四）、三瀦信三「連帯債務の求償権と代位」志林一八・五（大五）、同「貯蓄銀行条例に依る連帯債務の性質」法協三六・六（大七）、三宅正男「連帯債務者の一人についての共同相続」判評二一（昭三四）、薬師寺志光「共同担保連帯の原則を論ず」新報三一・四（大一一）、山中康雄「いわゆる連帯ということの意義」民商三三・三（昭三一）、同「連帯債務の本質」石田還暦記念論文集（一）（昭三〇）、横田秀雄「連帯債務者の一方が契約を解除したる場合の義務」志林一〇・一〇（明四一）、同「連帯債務者の求償権を論ず」新報三〇・七、八（大九）、法学論集（大九）所収、同「連帯の免除を論ず」新報三三・一一（大一二）。

4　連帯債務の判例法

一　序　説

1　連帯債務の個数

連帯債務の性質いかんは、ことにその個数が単一か複数かをめぐり、かつての学説において愛好せられたテーマであった。もちろん判例は、抽象的な個数論そのことを論ずるものではなく、実例をみても或る結論を導き出すための前提・道程としてこの問題に言及するにすぎないが、若干の事例をはじめに紹介しておこう。

判例は複数債務説に立つ。すなわち、下級審にも、「数個の債務関係」だとする古い決定（宮城控決明四二・一・二〇新聞五六五・九）のほか、第三者弁済が連帯債務者の一部の者のみの意に反する場合に、それらの者には無効だが意に反しない連帯債務者には有効だとする論拠として、「連帯債務ニ在リテハ其ノ債務者ノ数ニ応ズル数個ノ債務存シ各債務者ハ各自……独立ノ債務ヲ負担」する（【31】の原判決）という見解がみられるのであるが、大審院もこれと軌を一にしていて、商人と非商人（上告人）Xとが連帯債務を負担した場合に、Xにも利息制限法（旧）五条を適用しなかった原判決を破棄するにあたり（なお本件は現商三条二項出現前の判例であるのに注意）、「連帯債務ハ債権者ニ対シテハ一個ノ債務ノ如ク見做サルルモ各債務者各個独立ノ債務ヲ負担スルモノ」（大判大四・五・二九民録二一・八五二）、連帯債務者の一人に対する債権譲渡通知の対抗力を承認するにあたり、「連帯債務ハ債権者ニ対シテハ一個ノ債務ノ如ク見做サルルモ各債務者ハ各自全部ノ給付ヲ内容トスル独立ノ債務ヲ負担スルモノ」（【91】参照）、連帯債務者に対する債権の分割転付を可能だとするにあたり、「連帯債務者ハ各自独立ノ債務ヲ負担スルモノナレバ」（【93】参照）と述べて、結論の論拠としている。いずれの事案においても、連帯債務の独立性・複数性に依存すれば容易に望む結論が出てくることはいうまでもない。なお、手形共同振出人の一人に対する破産債権届出に絶対的効力を認めた判決においては、「各債務ハ独立ナルガ故ニ連帯債務ハ則チ多数ノ債務ナリ」という傍論的註釈も加えられている（【25】参照）。

ところで、かような複数債務説を採っても、わが現行法のもとでは主観的共同・目的共同といった各債務の共同的結合性を認めるほうが説明の容易な場合があり、後述する判例【32】の評釈には債務単一説を採ってこそ判示は理解できるという批評もみられるが、判例中にも単一債務説を採るもの（柚木・判例債権法総論下一八頁）として引用されているケースが一つある。

事案は、上告人Xが金額二千円利率月一分五厘の消費貸借について連帯債務者となることを承諾していたのに、他の連帯債務者（＝実質上の借主）Aが二千六百円を月二分で被上告人Yから借り入れたのであるが、原審が、金銭債務は性質上可分ゆえXY間の契約も承諾した部分が分離せられて成立すると判示したのに対して、金額・利率が承諾した条件とちがえば「貸借ノ目的物ノ相違ヲ来スモノナルヲ以テ両者ハ別箇ノ債務ナリ。従テ……此別箇ノ貸借ニ付テハXニ於テ債務者タルコトノ承諾ナカリシモノニシテ、従テYトノ間ニ貸借ノ成立スベキ理由ナシ」「Xノ承諾シタル条件ハXノ債務者承諾ヲ為シタル前提条件ナルヲ以テ、該条件ニ違背シ程度ヲ踰越シタル契約ニハ承諾ナキモノト推定スベキハ当然ナリ」と上告。これを棄却した判示の根拠として単一債務説が出てくる。すなわち、

【1】「然レドモ……債務ノ目的ガ金銭ナルトキハ其債務ハ可分的ノモノナルガ故ニ、債務ノ単一ナリトスルモ連帯債務者ノ責任ノ限度ハ債務者ニ依リ各異ルコトアリ得ベキハ当然トス。然カモ此場合ニ数箇ノ独立ノ債務成立スルニ非ズシ

テ債務ハ唯一ナルノミナルヲ以テ、連帯債務者ノ一人ガ他ノ債務者ノ意思ニ反シ其限度ヲ超越シタル額ノ債務ヲ負担シ以テ債務ヲ成立セシメタル場合ト雖モ、他ノ債務者ハ其責任限度内ニ於ケル債務ヲ負担スベキハ勿論トス」（大判大七・七・三民録二四・一三三八）（畔道・論叢一巻一号一二四頁）。

この【1】は、Xが数点の理由（【16】における上告理由もそれの一つ）を挙げて何とか責任を免かれようとしたのに対し、裁判所がそれを認めないという判断に達し、その一環として債務額の範囲が異なっても連帯債務の成立を防げないと判示したものである（【1】は判示の第三点である）。この点では、全然別々の貸借となるから債務は成立しないという上告に対応するが、その場合の理由づけとして債務単一説をもち出してきたのは、原判決にその表現がなかったのだとすれば（判例集からは不明）、別個の債務だという理解しがたい上告の表現をとらえたとみるほかはない。しかし、債務の単一性は、ふつう後述する絶対的効力事由の説明に用いられるのだから、特殊な機能をもたされた個数論であり（なお畔道評釈は、単一説をもってしては、責任限度を異にしうる点が説明できないと評される）、かつその言葉の占める比重から考えても特に単一説を明言するものとして引くほどの重要性はないようにみえる。

2　連帯債務と連帯保証債務

連帯保証が最も実用される人的担保であることは改めていうまでもないが、連帯債務もまたその目的に用いられるものである（【19】参照）。また日常語としても、連帯債務と連帯保証の区別は必ずしも明確に意識されておらない。ところが、それにもかかわらず両者の法律上の取扱いには無視できぬ差異もみられる。したがって、この「関連」「共通」と「区別」とを整理するためには、まず準備作業として二つの制度のボーダー・ライン・ケースを細かく追求しなければならない都合である。が、以下ではその一斑として次の二点に関する判例を紹介するにとどめるとともに、連帯保証事案でありながら連帯債務の事例として判示事項や著作で示されているもの（たとえば【46】【47】【56】【66】【67】【73】がそれだ）が果して適切か否かは、必要に応じておのおのの場所で批判を紹介したい。

(一) 訴訟上の問題に現われた異同　判例には、原告が債務の連帯であることを主張し被告はこれを争う場合に連帯保証債務と認定してもよいとするにあたり、「両者は唯其の態容を異にするに止まり、各給付の内容同一……」(大判昭八・二・一五法学二・九・一一五)として親近性を述べているものもあるが、両者の異同は、裁判所の釈明に関する左の二つの破棄判例中にもっと明らかに現われている。

一つは、Y(被上告人)の債務は連帯保証だから連帯債務を原因とするX(上告人)の請求は失当だと判示した原審に対し、少なくともどちらを主張したか不明なのにと上告した事件である。

【2】「当事者ハ或ハ連帯保証債務者ヲ指シテ単ニ連帯債務者ト称スルコトモアルヘク、殊ニXノ陳述ニ依レハ、其ノ陳述ニ所謂連帯債務者トハ、連帯シテ債務ヲ負担セル者ヲ指スコト明ナルモ、其ノ債務カ主タル債務ナルカ将タ保証債務ナルカハ不明瞭ナルニ拘ラス、原審カ此ノ点ニ付Xニ釈明セシムルコトナクシテ直ニXノ所謂連帯債務者ハ連帯保証債務者ニ非サルモノト解シ……タルハ違法ニシテ破毀ヲ免レサルモノトス」(大判昭三・五・一評論一七民訴四四一)。

もう一つは、債権譲渡通知が連帯債務なら当該債務者にすれば足るが(この問題については【91】を参照)連帯保証では主債務者にしなければ連帯保証人に対抗できないので、裁判所は釈明を求むべしとする結論を出す途中で、異同が言及せられている。関係部分を引くと、

【3】「現行法ノ下ニ於ケル所謂連帯保証ナルモノハ……普通ノ保証債務ニ比シ若干其従属的性質ノ軽減セラレタルモノヲ称スル用語ニ外ナラス、連帯ナル文字アルノ故ヲ以テ保証債務変シテ連帯債務ト為リタルモノト誤解セサルコトヲ要ス。夫レ爾リ連帯保証ハ取リモ直サス保証債務ノ一態様タルニ止マリ、夫ノ連帯債務トハ固ヨリ別様ノ債務ニ属スルカ故ニ、上告人カ第一審ニ於テハ本訴訴訟物ヲ以テ連帯債務ナリト主張シ居リシヲ第二審ニ至リ之ヲ連帯保証債務ト改メタルハ、債務ソノモノトシテハ全ク別異ノソレヲ主張スルモノ……」(大判昭五・八・二新聞三一六一・一〇)。

なお、これら両判決が釈明権判例中で占める位置については、村松判事が、請求原因の不備な場合のうちで、

【2】は特定を欠くもの、【3】は法律要件事実の主張がないもの、として分類しておられる（同・釈明権（総合判例研究叢書民訴法1）【29】【31】参照）。それはともかく、判事も指摘せられるように、一般に戦後の裁判所では釈明権そのものが非常に後退してしまっているので、連帯債務と連帯保証との異同・関係も、これら両判例のようなかたちで現われてくることはまず期待できない。

（二）　連帯保証に対する連帯債務規定の適用限度　　まず、民法四五八条に関する判例をみよう。事案は、主債務者Aの債務承認が未成年を理由として取消されAのため時効が完成した場合、連帯保証人（被上告人）はAの負担部分についてのみ免責されるかの争いである。上告は右四五八条により当然肯定されると主張したが、判例は負担部分の有無に連帯債務と連帯保証との差異を求めて否定する。

【4】「連帯保証モ亦保証ニ外ナラズ、従ツテ連帯保証人ノ義務ハ主債務者ノ義務ニ従タル関係ニアリ（即附従性ヲ有ス）、又主タル債務者ト連帯保証人トノ間ニ負担部分ナルモノアルベカラザルナリ。然レバ……負担部分ノ存在ヲ前提トスル民法第四三九条ノ適用ナシト解セザルベカラズ。蓋民法第四五八条……アリト雖モ、連帯保証ガ仍保証タルノ故ヲ以テ理論上到底適用スベカラザル規定ハ之ヲ除外スルノ趣旨ナリト解スルヲ相当トスルヲ以テナリ」（大判昭一三・二・四民集一七・八七）（勝本・判民八事件、西村・民商八巻一号七三頁）。

もっとも、右判示のごとき区別標準を設けたからといっても、判例には、連帯債務者には必ずしも負担部分あるを要しないとしているものもあれば（【6】参照）、「主債務者ノ為連帯保証ヲ為シタル者ノ中、主債務者トノ関係ニ於テ若干ノ負担部分ヲ有スル場合ニ此ノ者ガ債務ノ免除ヲ受ケタルトキハ、此ノ負担部分ノ範囲ニ於テ主債務者ハ其ノ債務ヲ免ルルコトアルベク……」（大判昭四・七・一〇評論一八民法一一〇〇）として、連帯保証における負担部分を認めて民法四三七条の適用を肯定したやにみえるケースも存するのであって、判例法理は実のところ明確とはいいがたい。これは、「負担部分がある・ない」ということの意味や右昭和四年判決の検討（近藤＝柚木・註釈日本民法

（債権編総則・中）一七四頁、勝本・債権総論中(1)五二三頁註二は、判示の結論を是認せられるためであろうか、本件の場合は純粋の連帯債務として取扱うべきだと評される）を通して整理さるべき問題である。さらに表題の問題ではないが、連帯債務者たる三人の主債務者のうち一人が負担部分を有しないのみならず、契約の由来からその者への求償が全く排斥せられているときには、連帯保証人が求償者であっても、民法の正条（そのケースでは民四六二条一項）を右求償に適用する判決は違法と解されているので（大判昭九・九・二七裁判例八民事二二三）、ことはますます微妙となってくる。別項「連帯保証」においていずれも言及されるであろうから、本項では問題の簡単な提起にとどめておく（なお以下でも、個別的には両者の関係をしばしば採りあげる）。

なお、表題との関連で、連帯債務者のために連帯保証人となった者には民法四四四条・四四五条の適用はない、とする判例も一応ここで掲げておこう。事案や争点の実体をみると、左掲判文を読むだけでは出てこない問題を含むものだが、それはともかくとして（【78】参照）、次のように説示されている。

【5】「民法四百四十四条ハ連帯債務者相互間ノ関係ニ付規定シ、同四百四十五条ハ多数連帯債務者中ノ或者ニ対シ連帯ノ免除ヲ与ヘタル債権者ト其ノ免除ヲ得サリシ連帯債務者トノ間ノ関係ニ付規定シタルモノニシテ、孰レモ連帯債務者ノ連帯保証人ニハ相関スル所ナキモノナルノミナラス、民法ハ連帯債務者相互間若クハ連帯債務者ト其ノ債権者トノ間ノ事項ヲ定メタル規定ニシテ連帯保証人ニ準用スヘキモノハ一々之ヲ明定シタルニ拘ラス、前掲規定ニ付テハ斯ルコトヲ定メタル規定無キニ鑑ミルトキハ、前掲規定ハ之ヲ連帯債務者ノ連帯保証人ニハ準用セサル趣旨ナリト解スルヲ相当トス」（大判昭七・六・二五新聞三四四八・一二、新報三〇五・一二、法学二・一・一〇二）。

3　負担部分の観念

（一）　負担部分の意義　　負担部分とは、連帯債務や不可分債務において各債務者が内部関係において負うべきものをさし、「債務額ノ全部ニ通ジテ存スルモノナレバ、債務額ノ一部中ニモ各自ノ負担ニ属スル部分ノ存スルハ当然ナリ」（【60】参照）として、固定的な一定額ではなく一定の割合とみられている。この負担部分は元来（というのは、わが民法での負担部分が(二)で述べるように、対外関係への影響を無視できないことを意味するが）、連帯債務者相互の決済関係にとり基準となる重要な観念である（ただし【82】【83】に注意）。若干の事例によってこのことを示すと、連帯債務者の求償権は各自の負担部分にかぎられるから（民四四二条一項参照）、連帯債務者の一人Y（被上告人）が弁済したことを主張して他の連帯債務者三名（上告人）に対し償還を求める訴を起したときには、裁判所は各自の負担部分を確定しなければYの請求を認容してならないのであって、単にYの弁済がなされたという一事により右三名のみに平等の償還義務を負わせる判決は違法である（大判昭五・六・一七裁判例四民事六六）。同様に、連帯債務者の一人が自己の出捐金額と負担部分との差額を他の債務者に請求したときにも、負担部分を確定しない判決は理由不備の違法あるものとなるが（大判昭八・五・一七裁判例七民事一一七）、その反面、求償事件ではこの負担部分さえ決定すれば、求償当事者が連帯債務者か保証人かを確定しなくとも違法な判決でない（大判昭一一・一・三一法学五・六・一二六）とされている。

ところで連帯債務には、この負担部分のあることが連帯保証と異なるとされていることは前述したが（【4】参照）、それは一定の実数的・分数的な割合を常に要するのではなく、債務者の一人の負担部分が零であってもかまわない。訴外Aが、取引によりすでに上告人Xに対して負担していた債務を消費貸借上の債務に変更するにあたり、被上告人Yが連帯債務者として加わった事案において、Aの時効完成により負担部分なきYは全く免責されると原審は判示したが、Xは、負担部分がなければ連帯保証人だから連帯債務者とみた原判決は違法だと非難（上告理由第三点）。これに対し、

【6】「数人ガ連帯債務者タルガ為メニハ必ズシモ各自ニ自己ノ負担部分ヲ有スルコトヲ必要トスルモノニ非ザルヲ以テ、本件ニ付自己ノ負担部分ヲ有セザルYヲ以テ連帯債務者ナリト認メタル原判示ヲ非難スル本論旨モ理由ナシ」（大判

大四・四・一九民録二一・五二四――判示第二点については【51】)。

(二)　負担部分の決定方法　負担部分がいかにして定まるかは、判例のうえではしばしば、連帯債務者の一部の者の免除・時効完成をめぐる争いにおいて問題となっている。そこで、それらにおいて解説すべき判例の詳細はここでは省略し、一般的なことがらを述べておく。

負担部分の決め方に関する最初の判例は、「連帯債務者ノ負担部分ハ、債務ニ付各債務者ノ利益ヲ受ケタル割合ニ応ジ、或ハ債務者間ノ合意ニ依テ定マルベキモノナリ」(【43】の冒頭)としたが、この見解を起点として⑴債権者の立場いかん、⑵受益割合と特約の関係いかん、また両者不明の場合はいかん、に関する判例法理が次のような展開をみせている。

まず、債権者の地位に関する判例をみると、「反対ノ立証ナキ限リハ、債権者ハ債務者間ニ均一ノ負担部分ナリト思料ス可キハ普通ノ事ナリ」との上告に対しては、債権者が「其債務者ノ負担部分ノ割合ヲ知ラザルモ、之ガ為メニ其負担部分ニ影響ヲ及ボサザルヲ以テ……」(【44】参照)とされており、また「債務者間ニ依リ成立シタル負担部分ハ債務者相互ノ間ニ於テハ効力ヲ有スベキモ、債権者ニ対シテハ其効力ヲ及ボスベキモノニアラズ、債権者ト連帯債務者トノ間特別ノ契約ナケレバ債権者ト債務者トノ関係ニ於テハ負担部分ハ常ニ平等ノモノト見做サザルベカラズ」という上告も、負担部分は「之ヲ定ムルニ付債権者ノ意思ノ合致ヲ必要トスルモノニ非ズ」(【51】参照)として斥けられている。もっとも、最後に引用した判決の上告理由と関連して附言するならば、「数人の債務者ある場合には各債務者の負担部分は平等なるを原則とし、例外として別段の意思表示ある場合に限り之に依るべきものなること民法四二七条の規定に照して明なり」(大判昭一二・七・一六法学六・一二・七八)という一般的なかたちで負担部分平等の原則を述べる判決もあるが、これは、不平等だという主張・立証がない場合には裁判所は特約の有無を審理しなくても違法でないとする結論のための理由づけにすぎず、かつ事案も三人の連帯保証人だったから、今の問題にとって適切なケースではない（連帯保証における平等原則については先例もある。大判大八・一一・一三民録二五・二〇〇五参照）。

以上要するに、判例の立場では、負担部分は全く連帯債務者相互間の問題であって、債権者がその決定に関与・介入する余地は全然ない。もとより、負担部分は連帯債務の内部関係にすぎないから、判例の見解は一見正当とみえる。だが、その負担部分が外部関係にまで広汎に影響し、かつその影響が債権内容の実現に対しマイナスに働く仕組みとなっているわが民法（ことに四三七条・四三九条）のもとでは、負担部分が内部関係だというだけの根拠で、不利を受ける債権者の地位を考慮しないことは片手落ちである。が、この問題は負担部分の後日における変更にいたって最も鋭く現われるので、学説側の批判も判例【8】と関連させて紹介する。

なお、右のように負担部分は債務者間の合意で決まるとしても、そこにいわゆる債務者とは連帯債務者の全員たることを要するか。判例には、連帯債務者ＡＢＣ中ＡＢが切半弁済により免責される旨を約しＡがそれを履行したときには、Ｂは自己が遅滞した場合の遅延利息をＡに求償できぬとするにあたり、「数人の債務者ある場合に、その二人が他の債務者に謀る所なく両人間の関係に於てその負担部分を協定することは為し得ざる所に非ず」（大判昭六・一〇・二四法学一・三・一二九）と述べているものがある。ＡＢ間の相対的効力に限定するかぎりでは、右の特約を禁ずべき理由はない。

では、前述⑵の問題、つまり決定の諸標準相互の順位はどう考えられているか。これに関する判例の事案は、ＡＢおよび上告人Ｘが消費貸借によって連帯債務を負担し、かつ借入金は全部Ｘ一人の利益に帰していたところ、被上告人Ｙが、Ａの全額弁済により生じた求償権の転付を受けてＸに請求した。Ｘの上告理由は、負担部分は契約で定まるのであって受益の割合によるものではない、というのであり、もって全額償還を免かれようとしたが、次のごとく棄却。なお、本判決では挙証責任の所在に言及されている点も注意されたい。

【7】「連帯債務ニ在テ其債務者間ニ於ケル各自ノ負担部分ハ、連帯債務ノ成立ニ依リ各自ノ受ケタル利益ノ割合ニ依リ定マルベク、其各自ノ受ケタル利益ノ割合ニ関係ナク特別ノ意思表示ヲ以テ各自負担ノ割合ヲ定メタルトキハ其特約ニ従フベク、其受ケタル利益ノ割合分明ナラズ且ツ特約ノ存セザル場合ニ於テハ各自平等ノ割合ヲ以テスルモノナリト解スベキモノトス。従テ特約存在セズ且ツ平等ノ割合ヲ以テ負担部分ヲ定ムベキモノニアラズト主張スル者ハ、其各自ノ受ケタル利益ノ割合ヲ立証スベク、反之各自ノ受ケタル利益ノ割合ノ立証セラレタル場合ニ於テモ尚ホ其負担部分ノ之ニ異ナルコトヲ主張スル者ハ、特約ノ存在ヲ立証スベキ責アルハ勿論ナリ。本件ニ於テ原審ノ確定セル事実ニ依レバ……Xノ負担部分ハ借入金ノ全部ナルコト自明ナリトス。然ルニXハ第一審以来、Bノ受ケタル利益ノ有無ニ拘ハラズ同人ニ負担部分存スル旨ノ特約アル事実ヲ主張シ且ツ立証シタル形跡存セザルヲ以テ、原審ガYノ、Bニ負担部分ナシトノ主張ヲ容レ本訴請求ヲ認容シタルハ相当……」（大判大五・六・三民録二二・一一三二）。

そして右判決は、時効完成に関する事案（大判昭一一・一〇・一二新聞二七七三・一五）および混同に関する事案（大判昭一一・八・七新聞四〇八八・一七、法学六・三・一一八。なおこの判決は【81】と同一事件であるが、民集には負担部分の登載なし）において、先例として引用されている。なお、同旨を述べる下級審には、借用証書における借用者氏名記載の先後をも考慮して、特約の存在を認定したケースがある（東京控判大一四・一・三一新聞二三七八・一五）。

(三)　負担部分の変更　右述のようにして定まった負担部分は、後に債務者間の合意によりこれを変更することができるか。訴外Aが被上告人Yより借用した営業資金につき上告人Xが連帯債務者となり、弁済期前に負担部分を全部AからXに移した（事情・理由は不明）事案において、判例は問題を肯定する。ちょっと想像したところでは、債務者Xのほうが変更自由を主張し、債権者Yが当初の負担部分に固執するように受けとられやすいが、本件では、Aが商人ですでにその債務は商事時効で消滅していて（ただし現在は商法三条二項があるため、Xの債務が残ることはない）、Xは当初の負担部分のままが有利なため、まるでY側がするような上告理由を述べている。すなわち、「連帯債務ノ負担部分ハ債務成立当時ノ事情ニ依リ決定スベキモノニシテ、成立後ニ於テ債務者間ノ契約ノミニ依リ之ヲ自由ニ変更移転シ得……ベキモノトセンカ……債権者ハ其ノ事実ヲ知ル事能ハザルニヨリ不測ノ損害ヲ蒙ルニイタルベシ」したがって「単ニ多数債務者ノ契約ノミニ因リ移転シタルモノト判断セル原判決ハ法律ノ適用ヲ誤レルモノ」。これは次のごとく棄却。

【8】「連帯債務者間ノ負担部分ハ元来連帯債務者間ノ内部関係ニ於テ定メラルベキモノナレバ、当初定メラレタル負担部分モ債権者ノ関与ヲ要セズ連帯債務者間ノ約定ノミニ依リ自由ニ之ガ変更ヲ為シ得ルコト疑ナク、民法第四三九条ニ所謂負担部分ニ付テモ敢テ之ト異リタル解釈ヲ下スベキ理由存在セ」ズそして商人Aと非商人Xの時効が別々に決せられるということは「連帯債務者間ノ合意ニ依リ負担部分ヲ変更シタル場合ニ於テモ何等差異ヲ生ズベキ筋合ノモノニ非ズ」（大判昭七・四・一五民集一一・六五六）（東・判民五三事件、片山・新報四二巻一二号一五一八頁）。

負担部分の決定に際して述べたように、債権者を全くシャット・アウトすることが問題となるのは、負担部分が外部関係にまで影響を及ぼして債権の効力を弱める場合が存するからである。とすれば、本件は債権者Yにとっていわば利益変更でありX敗訴となったから、判示は、こと本件に関しては、東・片山両評釈も指摘されるように、右の問題を生じない。ところが、逆に、Yにとっての不利益変更が無条件で（学説は、本判決が何らYへの対抗要件を要求しないものだと解する）認められるとすれば、債権者の不利益は無視できなくなる。そこで学説は「当事者間の変更自由」と「債権者への対抗」とを分けて考えているが、後者につき債権譲渡の規定（民四六七条）を類推適用する見解（我妻・債権総論二〇六頁、柚木・下三八頁、松坂・債権総論一二七頁、山中・債権総論一七九頁、津曲・債権総論上二〇二頁）は、XAからの通知では足りず必ずYの承諾が必要であるとする見解（勝本・中(1)一八三頁一八四頁註、於保・債権総論二一四頁）に比べて、債権者の利害の考慮において判例の立場に近くなる。なお、負担部分の問題を債権者から切断する判例的見解に対する反省は、負担部分一般について、債権者の認識がなければ平等と解すべきである、という学説をも生ぜしめている（東・前掲評釈、柚木・下三八頁）。

判例の負担部分＝内部関係説は、変更に関する枝だけを切っても他になお根を張っているが、判例【8】は、債権者に不利益な変更に関する事件が生じた場合、先例として引用すべきであるまい。たとえ、負担部分の決定に関する判例法理との釣合上、変更そのものは債務者の自由だとする立場を維持せざるをえないとしても、少なくとも、判例【8】がYへの対抗要件を不要であるかのごとく判示したことは、Yの利益における変更であった事情と相対的に理解すべきであろう。

二　連帯債務の発生

1　判例における原則

（一）　法規・特約なければ連帯なし　判例が連帯債務の発生を原則視するか例外視するかは、消費貸借が比較の対象となるが、民法施行の前後で正反対となっている。すなわち、施行前にあっては、数人が金銭を借入れたときには、明治八年第六三号布告により、分借の趣旨を表示しておらねば連借と推定された（大判明四〇・一〇・二二民録一三・一〇〇四。同旨、大判明二七・九・一三民録（明二七）三四二、大判明三一・一二・一民録四・一一・一）。しかし、民法が施行せらるるや判例は、消費貸借はもちろんのこと全く一般的に、債務が人数に応じて分割せられることを当然自明の原則とするにいたった（なお、債権者複数の場合における分割原則については、たとえば大連判大三・三・一〇民録二〇・一四七、大判大七・六・二一新聞一四四四・二四参照）。つまり、フランス民法流にいえば、「連帯ハ之ヲ推定セズ」（La solidarité ne se présume point.）が、判例を支配する原則命題となったのである。

最も早くこの理を述べたのは、隠居者と相続人との責任に関する明治三三年の判決であって、隠居した前戸主とその家督相続人とは連帯債務者になるので時効中断については連帯債務の規定を適用すべきである、という上告を棄却するにあたり、「連帯債務ナルモノハ必ズヤ当事者ノ意思若クハ法令ノ規定アルニ非ザレバ存立スベキモノニ非ズ」（大判明三三・三・三民録六・三・一四）と述べている。もっとも、この先例は、当事者の意思よりむしろ法規に関する事件であり、かつ生前相続を認めぬ現行法のもとでは生ずる問題でもない。

特約ないし当事者の意思なければ連帯なしとする典型的なケースは、次の破棄判例である。事案は上告人（控訴人）ら三名が売買代金債務を負担した場合であるが、原審が「当時当事者ノ意思ハ控訴人等三名連帯シテ代金支払ノ義務ヲ負担スルニ在リシモノニシテ、甲第一号証ノ契約書ニハ、偶連帯ノ文字明記セラレズト雖モ、ＡＢガＣト連帯シテ代金支払義務ヲ履行スベキコトヲ被控訴人ニ対シ約束シタルモノ」と認定したのに対し、「明示ノ方法ニヨリ或ハ黙示ノ方法ニヨリテ表示スルニ非ル限リハ、当事者ニ連帯責任ヲ負担シ又ハ負担セシムルノ効果ヲ発生スルコトヲ得ズ」と上告。大審院は上告を容れていわく、

【9】「契約ニ依リ連帯債務ヲ負担シタリト為スニハ、当事者ガ連帯債務ヲ負担スルノ意思ヲ明示若クハ黙示ノ方法ニテ表示スルヲ要シ、其表示ナキニ之ヲ推定スルヲ得ザルハ、数人ノ債務者アル場合ニ別段ノ意思表示ナキトキハ各債務者平等ノ割合ヲ以テ義務ヲ負フベキ民法第四二七条ノ規定ノ反面解釈上明ナル所ナリ。然ルニ原判決ニ上告人等ヲ以テ連帯債務者ナリト判定シタル所ヲ見ルニ、連帯債務ヲ負担スル意思表示ノ存スル所ヲ示サズ単ニ或事情ヨリ其意思ヲ忖度シテ連帯負担ヲ約シタルモノト推定シタルニ過ギザレバ、原判決ハ此点ニ於テ不法ニ事実ヲ確定シタルノ瑕瑾アルモノトス」（大判大四・九・二一（大四オ九六号）民録二一・一四八六）。

右の理は、証拠によらざる事実確定として原判決を破棄差戻すにあたっても、金銭債務一般というかたちで承継された（なお連帯の認定と採証法則違反については、たとえば、大判昭一〇・九・一四裁判例九民事二三〇）。すなわち、

【10】「金銭債務ハ特別ノ意思表示アラザルトキハ数人ノ債務者ニ於テ各自平等シテ責任ヲ負フモノナルヲ以テ、金銭債務ニ付キ債務者ノ連帯責任ヲ認メントスルニハ法律ノ規定又ハ其旨ノ意思表示アリタルコトヲ確定スルコトヲ必要トス。

然ルニ本件ニ於テハ被上告人ヨリ上告人等ニ株式譲渡契約ニ基キ交付シタル代金ヲ、合意ニ因ル契約解除ニ基キ返還ヲ求ムルニ在ルコトハ原判決ノ記載ニ依リ明カニシテ、原判決ハ上告人等ニ右返還債務ニ付キ連帯責任ヲ認メタリト雖モ……本件債務ヲ連帯債務ナリトスルニハ乙第十号証（契約書のごとし―筆者註）以外ニ他ニ連帯債務ヲ負担スル特別ノ意思表示アリタルコトヲ確定セザルベカラザルニ、原審ガ乙第十号証ノ文詞及同証ノ契約ノ性質ヨリ本件返還債務ニ付上告人ガ連帯責任ヲ負担スルガ如ク判示シタルハ、証拠ニ依ラズシテ不当ニ事実ヲ確定シタル不法アルモノ……」（大判大一〇・四・六新聞一八四五・二〇）。

下級審も一般にこれと基調を同じくしていて、たとえば、委託による事務処理に対する報酬契約について、「多数債務者の債務にして特に連帯特約あるか其性質上全部の債務を負担すべきものに非ざる限りは、其債務は平等に分担せざるべからざるものとす」（東京控判明四五・一・一九新聞七七五・二二）、また、被控訴人二名が他人の権利を売却したため契約が解除せられた場合の代金返還義務について、「連帯義務ハ法律ノ規定又ハ当事者ノ特約ニヨルニ非ザレバ之ナキモノナルニ拘ラズ、控訴人ノ立証ニ依リテハ何等連帯ノ特約アリタル事実ヲ認メ難ク、又商事債務ナリトノ主張及立証ナキガ故ニ法規ニ依リテ連帯債務アリトモ認メ難」し（宮城控判昭四・三・一二評論一八民法五九〇）、というように説示されている。

かような判例法理を背景とする具体的事例およびそれの判決への反映は、次に改めて紹介するが（なお後出【104】も、分割原則を内包し前提にするといえぬではない）、判例が分割原則を自明視している根拠は、民法四二七条が「多数当事者ノ債権」における総則規定である点のようである。

ところで、学説はこの判例法理をどうみているか。法律関係の簡素化という観点からそれに賛成する見解（津曲・上一九六頁）もないではない。また、判例の前提となる民法典の分割原則を、当事者の意思からみて立法論として疑う見解（勝本・中(1)四頁、同・債権法概論（総論）一二二頁）もあるが、一般の見解はすすんで解釈上も分割原則に合理的な制限を課そうとし、当事者が総債務者の資力を総合的に考慮したという特別の事情があるときには、黙示の連帯特約を認めるか連帯の推定をなすべきだと主張している。その論拠は、民法典（そしてまた判例）の立場が、個人主義的にすぎて債権の実効性を弱め取引の実際に合わない、という点に求められている（我妻・債総一八八頁、柚木・下二二頁、松坂・債総一一八頁など参照）。実際わが民法には「連帯ハ之ヲ推定セズ」式の推定禁止規定もないのだから（なお於保・債総二〇三頁参照）、通説の立場は技術的にも不可能でない。

ただし、このことは、判例自身がその強固に築きあげた立場を改めるかどうかとは別問題である。近時、契約連帯の発生につき判示した例はほとんどみあたらないけれど、戦後の下級審には、連名借金につき黙示の連帯特約を認定したケースがある（大阪地判昭二五・九・一七下級民集一・九・一五五二）。しかしながら、この事案の連名者は夫婦（＝緊密な生活共同者）だったから、これをもって契約連帯一般の新動向と速断することは許されない。ただ、この判決によって、連帯の否定が妥当でないにかかわらず従来の判例法理からみて連帯推定にまでは安心して踏み切れない場合、擬制的だがとにかく冒険とはならぬ解決策――従来も間々用いられた黙示の意思表示による連帯の発生――が示唆せられておる。

（二）　原則の具体例　それでは次に、右の原則が判示の前提となっている若干のケースに移ろう。それらのうち、特にここで問題とすべきは、共同購入による債務負担および組合員の債務負担である。なお、共同賃借の場合における賃料債務は、可分給付ゆえ判例的論法からすれば分割原則の枠内に属するはずだが、判例・通説とも不可分債務と解している（椿・多数当事者の債権関係（民法演習Ⅲ）一〇四・一〇五頁、本著作集1 **12**参照）。

まず、共同購入の場合における代金支払義務について。判例【9】がこの事案に関し真向から分割原則を定立したものであることは前にみたとおりであるが、ほかにも分割原則に立って判示した破棄判例がある。事案は次のようである。原審が「被控訴人両名ガ……物品ヲ買受ケ……債務ヲ有スルニ至リタルコトハ被控訴人等ノ認メテ争ハザル処」として連帯支払を命じたのに対し、「然共、此ノ理由ノミヲ以テシテハ上告人等ハ当然分割ノ利益ヲ享有スベキモノニシテ、漫然連帯ノ責任ヲ認メタルハ違法ナリ」と上告。登載誌は「売買代金支払債務ガ連帯債務ナルコトヲ認定スルニハ其ノ根拠ヲ説明セザル可ラズ、単ニ債務者ガ共同シテ買受ケ代金支払債務ヲ有スルコトヲ認メタルノミニテハ尚足ラザルモノトス」と巧みに要旨を作っているが、判示の関係部分は次のとおりである。

【11】「原判決ハ上告人等ニ対シ連帯責任ヲ負ハシメタル根拠ヲ示ストコロナキカ故ニ、此ノ点ニ於テ原判決ハ破棄スヘク、本件上告ハ理由アルヲ以テ……」（大判昭二・八・三裁判例二民事一三六）。

次は、民法上の組合の組合員（上告人）Xが被上告人Yから金物を購入した場合、その債務を連帯債務と推定することは違法だとする破棄判例である。原審が商法（旧）二六三条一号によりXが他の組合員と連帯債務を負うと判示したのに対し、買主は団体としての組合であるのに組合員個人としたのは不法と上告。本判決は、原審が「組合ヲ通ジテ」購入したといった言葉を「個人トシテ組合ノ仲介ニ因リ」との趣旨に解して、左のごとく判示。

【12】「果シテ然ラハXカ他ノ組合員ト共ニ各其ノ資格ヲ離レ個人トシテYヨリ本件金物類ヲ買入レタル行為ニ基ク債務ヲ連帯債務ト為スニハ、須クX等ノ行為ハ商行為ナルコトヲ説明セサル可ラス。然ルニ原審ハ……他ノ一面ニ於テXハ他ノ組合員ト共ニ組合員タル資格ニ於テ本件金物類ヲYカ買受ケタルコト即組合カ買受ケタルモノノ如ク認定シ、該購入行為ハ商法（旧）第二百六十三条第一号ニ所謂動産ノ有償取得ニ該当スルモノト解シ同組合員全員ノ為ニ商行為ナリトシ、従テ之ニヨリ生シタル本訴債務ハ同組合員全員ノ連帯負担タルヘキモノト判断シタルハ、判決ノ理由前後相牴触スルカ又ハ理由不備ノ違法アルモノ」（大判昭六・一〇・三〇裁判例五民事二三二）。

なお、借主が組合員か組合かの争いに関しては、被上告人個人に貸付けたものでないから同人に対する請求は失当だとした原判決を破棄するにあたり、被上告人が組合の一員たる以上貸主（上告人）は「他ニ特殊事情ナキ限リ民法六七五条ニ依リ少クトモ被上告人其ノ他ノ各組合員ニ対シ、組合員間ノ損失分担ノ割合若ハ各自平等ノ割合ニ依リ本件貸付金ノ返還請求権ヲ有スルモノ」（大判昭一〇・八・五裁判例九民事二三一）と述べる判決がある。右引用は上告人に請求権があるではないかというための傍論だが、組合員の債務もまた当然に分割されるものだとする判例的見解を内包すると思われる。

（三）　分割原則と割合を示さぬ判決　　債務の連帯弁済を求める訴訟について判決をするにあたって、裁判所が「其債務ノ連帯ニアラズシテ分担ナルコトヲ認定シタルトキハ、其請求ノ一部即チ分担ニ属スル部分ハ相当ト謂ハザルヲ得ザルヲ以テ、其請求ノ全部ヲ排斥セズシテ分割弁済ヲ命ズベキハ当然ナリ」（大判明三八・三・八民録一一・三三二）というのが判例であるが、その分割弁済は主文において割合を示さなければならぬかどうか。これについて判例は、平等分割の原則を援用して、数人の債務者に対し単に「金何円を支払え」と主文で命ずることも何ら違法でないとみる（したがってまた、理由では連帯債務を認定しながら主文が本文のかたちを採るのは違法な判決となる。【107】）。左記二例とも棄却判決であって、全く同じ問題について判示している。

【13】「凡ソ数人ノ債務者アル場合ニ於テ別段ノ意思表示ナキトキハ、各債務者ハ平等ノ割合ヲ以テ其債務ヲ負担シタルモノト推定スベキモノニシテ、而テ此法則ハ裁判所ガ数人ノ債務者ニ対シ或金額ノ支払ヲ命ジタル場合ニ於テモ亦等シク之ガ適用ヲ受クベキハ言ヲ俟タズシテ明カナリ。是以テ原判決ガ被控訴人等（上告人）ハ金二百八十円ヲ控訴人ニ支払フベシト言渡シタル以上ハ、上告人両名ハ之ヲ分割シ各自百四十円ヲ支払フベキモノナルコトハ判文上自ラ明カナルモノト云ハザル可カラズ」（大判明三八・一〇・五民録一一・一三〇五）。

【14】「多数当事者ノ債権債務ハ平分ヲ原則トスルコト民法ノ規定スルトコロナリ。各自全額ニ対シテ其ノ責ヲ負フト云フ趣旨ノ毫モ見ル可キモノ無キ原判決主文ノ意味ノ何処ニ存スルヤハマタ疑ヲ容ル可カラス」（大判昭三・一〇・三一新聞二九二一・九）。

2　消費貸借と関連する成否の諸問題

（一）　消費貸借の要物性と連帯債務　　すでに明治三九年には、訴外五人が被上告人に対して負う手形債務を消費貸借へ更改するにあたり上告人が連帯債務者となる旨を約した事案において、金銭の授受がないから消費貸借は成立しないとの上告に対し、授受がなくとも右特約により上告人の債務は有効に成立するとした判決が存する（大判明三九・一〇・一五民録一二・一二六二）。だが、これは、なぜ特約が要物性を排斥するかについての十分な説示ではなかった。かくてか、この問題については、「連帯債務の場合に於ては債務者の一人に対する金銭の授受あるに依り総債務者の為有効に消費貸借の成立すべきことは夙に当院の判例」（大判昭一一・一二・三法学七・三・一一五）とする判示の先例とされたのは、次掲【15】となっている。

その事案はこうである。被上告人Yに対しすでに債務を負っていた訴外Aが、さらにYから八百余円を借りて計三千五百円の債務とし、その借用証書上に上告人Xが履行を確保する意味で連帯債務者となり抵当権を設定した。原審が全額についてXの連帯債務を成立させたのに対し、Xは、消費貸借の要物性をもち出して、本件の場合目的物の授受は必ず数人共同して行なわれねばならないと上告。

【15】「然レドモ、消費貸借上ノ債務ニ付他人ガ添加的債務引受ヲ為シ該借主ト相並デ連帯債務ヲ負担スルコトハ法律上固ヨリ有効ニシテ、斯ル場合ニハ消費貸借ノ成立要件タル目的物ノ授受ハ貸主及借主間ニ於テ行ハルベキモノナルコト自明ノ理ナリトス。原判決ニ『……AトY先代間ニ本件連帯債務ノ基本タル三千五百円ノ消費貸借成立セリト認ムベキ（中略）以上、Xモ亦三千五百円全額ニ付テ連帯債務ヲ負担シ……』ト云フハ、蓋シ冒頭説明ノ如キ態様ニ於テ本件連帯債務ノ成立シタル所以ヲ……判示シタルニ外ナラズ」（大判昭九・六・三〇民集一三・一一九七）（有泉・判民九〇事件、末川・民商一巻二号二九二頁）。

末川・有泉両評釈とも判示に賛成されるが、併存的債務引受が原債務の成立と同時になされうる以上（なお、四宮・債務の引受（総合判例研究叢書民法⒁）五一頁は、本判決をそれの事例とされる）、一般にも異論のないところと思われる（なお併存的債務引受による連帯の発生については後出【21】）。

（二）　連帯債務の負担と要素の錯誤　　およそ消費貸借にあたって連帯債務者となる者からすれば、誰が債権者かは無視できないことがらであり（【16】参照）、他にも連帯債務者があったり債務者が担保を供与していたりする場合には引受けやすくなる（【17】参照）。逆に、債権者の側からみると、確実な債務者が一人でも多いほど追求できる責任財産の数量も増大するので、財布の紐をゆるめやすくなる（【18】参照）。かくて、いずれの場合においても、予期を裏切られると錯誤だと主張したくなるわけであるが、判例のうえでは、一般に錯誤を通じていえるように、右の諸場合においても無効の主張はどちらかといえば制限されている。

まず、債権者の「人」については、大審院の判例は、原則として法律行為の要素にならないと解している。その一つは、「連帯債務者ノ一人ガ唯其意中ニ於テ他ノ債務者ノ言ヲ信ジ、貸主トナルベキ人ノ性格営業等ニ重キヲ措キテ」連帯債務負担を承諾したところ、他の債務者が金貸業者で悪名高い詐欺師から借入れた事案であるが、要素の錯誤にならないとして原判決が破棄されている（大判明四二・一二・二四民録一五・一〇〇八）、もう一つは、前出【1】の第二点で、上告人Xは貸主が市役所吏員と思い連帯債務者になったところ、実質上の借主たる共同債務者Aが金貸（被上告人）Yから借金したので、「此場合ニ於テモ尚承諾スルノ意思ナリシ事実ヲ挙証セザルベカラズ。若シ此挙証ナキニ於テハ指示セラレタル人ヲ債権者ト為スヲ条件トシテ連帯債務ヲ承諾シタルモノト解スベキモノナリ。然ルニ原判決ハXガ其吏員以外ノ者ニ対シテハ債務ヲ負担セザル趣旨タルコトノ挙証ヲ為サザルヲ以テYヲ貸主ト為スヲ承諾シタルモノト推測セラレタルハ挙証ノ責任ヲ転倒」していると上告。

【16】「貸主ノ為人如何ガ法律行為当事者ガ其法律行為ヲ為スニ付キ重要ナル関係アリテ時ニ債権者其人ガ法律行為ノ要素ト為リ得ル場合アリトスルモ、本件ニ於テハ其債権者ノ何人ナルヤハ貸借ノ成立ニ影響ヲ及ボスベキモノニ非ザルヲ

以テ原判決ガ法律行為ノ要素ニ錯誤ナシトセルハ正当ニシテ、金銭貸借ニ於テ連帯人ガ特定ノ債権者タルベカリシ者以外ノ者トノ間ニハ貸借ヲ為スノ意思ナク連帯責任ヲ負ハザル趣旨ノ下ニ法律行為アリト為スハ、其特段ナル意思表示ヲ竢テ始メテ之ヲ認容シ得ベキモノナルヲ以テ、債権者ノ如何ヲ法律行為ノ要素ト為シタリト主張スル者ニ於テ之ガ事実ヲ立証セザルベカラザルモノナレバ、原判決ハ何等挙証ノ責任ヲ転倒シタルモノニ非ズ」（大判大七・七・三民録二四・一三三八）。

なお、Xはこのように敗訴したけれども、元金については判例【1】でみたように自己の承諾した範囲内に縮減され、また判示第四点で利息は制限内に引きなおされたので、貸主が借主の全く予定しなかった高利貸であっても責任を負えとした判例【16】は、一見乱暴なようでも本件については決して不当でない。

次に、他に人的ないし物的担保があると思って消費貸借上の債務につき連帯債務者になったところが実は担保設定がなかった場合、判例は、さような担保の存在を連帯承諾の条件としたか否かで、要素の錯誤になる・ならないを決している。なるとした事案は共同債務者といっているが（大判大三・五・二七新聞九四六・三〇）、要素の錯誤にならないとした【17】は明らかに連帯債務者となった場合の事案である。もっとも、これも登載が左に掲げるだけなので、詳細はわからない。

【17】「上告人は訴外甲の本件債務に付、連帯債務負担の意思表示を為したるものなるを以て、其の他に該債務を負担する者の存することを特に条件と為さざる限り、他に債務者ありや否やは所論の如く法律行為の内容に関するものなりと謂ふこと能はず」（大判昭七・七・五法学二・二・一〇六）。

最後は、債権者側からの無効主張と思われる（登載誌からは全然不明）棄却判決である。すなわち、

【18】「金銭消費貸借ノ連帯債務者中ノ一人又ハ数人ノ債務カ成立セス有資力者ナリト信シタル債務者カ斯ル資力ヲ有セス又物的担保ノ設定カ無効ナリシ場合ニ於テハ、債権者ハ素ヨリ其予期ニ反スルトコロ多キヲ常トスヘキモ、他ニ尚連帯債務者ノ存スルニ於テハ債権者ハ該債務者ニ対シ債務ノ履行ヲ求ムルノ挙ニ出ツヘキハ正常ノ手段ナルカ故ニ、冒頭説

示ノ事情ヲ以テ消費貸借契約ノ要素ヲ為シ該契約ノ無効ヲ来スモノナリト解スルハ妥当ナラス。之ニ反スル見解ニ立脚シテ原判決ヲ非難スル論旨ハ孰レモ理由ナシ」（大判昭一三・五・九評論二九民法一三七）。

（三）　連帯債務の成否と借用証書　　一般に契約書は実体法の側からみれば、挙証のための有力だが一つの手段にすぎない。しかし、消費貸借にあっては、借用証書の有無・形式・内容なかんずく記名捺印をめぐって、契約の成否を賭けた争いが相当あり、事項によっては判例として事実上結晶したのではないかと思われる場合すらある（ただし民録・民集への登載は必ずしも多くないが）。それゆえ、借用証書と関連させて連帯債務の成否をみようとするときには、実はこれら消費貸借プロパーの判例法理の一環として取扱うのが適切だが、主題の事例――連帯文言の記載ないし記名捺印に関する――に限定せざるをえない（なお借用証の記載が負担部分の認定にも意味をもつことについては大判年月日不明、新聞二五五一・一三参照）。

まず、下級審の見解によれば、証書に単に連印しただけでは連帯債務の発生はこれを認めがたく（東京地判大八・一二・一五評論九民法三二五）、また証書に連帯の記載がなければ、抵当権を共同に設定した一事のみをもってしては連帯債務ありということができない（東京地判大一四・一二・六新聞二五四一・一六）。これらは前述した「連帯不推定の原則」の反射ともみることができよう。このほか、他人の債務を保証する趣旨で連帯債務者になることを承諾した者が、みずからは借用証書に署名捺印せず記名・印章作成を委託するようなことは「通常アリ得ベカラザル事実ニシテ経験則上之ヲ首肯シ難」いとする事例もある（東京控判昭一三・一二・一三新報五三一・一二）。

では、連帯債務者として証書に記載のある場合はどうか。大審院判例は二つともこのケースである。第一の事例は、前にちょっと言及したように、連帯債務と連帯保証の親近性・共通性を説いたものであるが、それは、連借記載があれば内実は主債務者・連帯保証人の関係であっても連帯債務を生ずる、と帰結するためだったのである。すなわち、

【19】「他人の金借に付人的担保を為す方法（所謂判方となる方法）は必ずしも保証契約を締結する一途に限るものにあらず、真実の借主と連帯債務を負担することに依りても亦同一の目的を達するを得べし。従て借用証書に数人が連帯債務者として連署したる事実あるに於ては、仮令其の一人が真の借主にして其他は之を保証する意図を以て連署せること明なる場合と雖、之を以て直に他の者は連帯保証を為したるものと認むるを得ず、斯る場合は寧ろ他に特別の事情の認むべきものなき限り、当事者は真実の借主以外の者に於て連帯債務を負担する方法に依り債権担保の目的を達せんとしたるものと解するを相当とす」（大判昭一二・一一・一法学七・二・一〇三）。

第二の事例は、貸主（被上告人）Yが債務者（上告人）Xの氏名の上部に「連帯」という文字をみずから記入しXらに署名させた場合にXが連帯負担を争うときには、記入後に署名させたと主張しただけでは連帯債務は発生しない、とする破棄判例である（登載誌に上告理由の掲示はない）。

【20】「原審に於てYは本訴請求の原因としてX外二名に連帯の約にて金員を貸与したりと主張し、尚ほ其貸借証書たる甲第一号証は其表題及びX氏名の上に連帯の文字をY自ら記入したる後X等に各自署名せしめたる者なりと陳述し、之に対しXは本件貸金に付連帯債務を約したることなしと抗弁し、甲第一号証中右連帯の文字の記載を否認したること記録上明白なり。然れば本訴貸金に付きXが連帯債務を負担したる事実の立証責任は其事実を主張して本訴請求を為したるYに在ること論を俟ざる所なれば、其貸借証書たる甲第一号証にYの自ら記入したる連帯の文字あるも其記入に付きXの承諾ありたることはXの否認したる所なればYに於て之が立証の責に任ずべきものと謂はざるを得ず。故にYが同証書に自ら連帯の文字を記入したる後X等に署名せしめたりと主張したればとて、此一事を以て之を認めざるXに連帯債務あるの事実は未だ立証せられたる者と為すに足らず、然るに原裁判所が……立証の責任をXに帰せしめたるは違法たるを免かれず」（大判大四・一二・二二新聞一〇八六・二〇）。

その後の消費貸借一般に関する判例では、借用証書は名義人の意思に基づく以上は氏名を他人が記入しても真正に成立する（大判昭一六・一二・一三法学一一・七・九六）、貸主が成立の真正を立証できる借用証書を提出したときは、消費貸借の成立に関する立証責任は尽される（大判昭四・五・二〇新聞三〇二〇・一六）とした例があるが、判例【20】は、そこまで立ち入ったものでなく一般論の段階で判示したもののようである。ただし、右二判例にあてはめて考えてみても、本件はいわゆる真正性が疑われる場合に属するであろう。なお、連帯借用人としての記名捺印を当該借用人が全く関知しなかったと主張しても、諸種の事情から捺印をすることに暗黙の承諾をしていたものと認定された事例が下級審に存する（東京控判大一一・一〇・二八新聞二一六〇・一八）。

3　その他成否が問題となる場合

ここでは、いくつか問題となる場合のうちで、判例が連帯（＝いわゆる真正の）とし、学説は主として対外的効力に関する反省から必ずしもそう解さない場合を三つ採りあげる。取扱い方は全く連帯債務の成否という観点からであって、それぞれの場合に固有の関連問題に深くは立ち入らぬことはいうまでもない。

（一）　併存的債務引受人と原債務者　　判例は、併存的（＝重畳的）債務引受の効果として、引受人・原債務者間に連帯債務関係が生ずると解している。すなわち、前掲【15】もそれを前提とするが、次に掲げるリーディング・ケース【21】は、重畳的債務引受は必ずしも連帯責任をともなうものではない、また債務引受という言葉は保証なり債務者の交替による更改なりを意味することもある、として原審の事実認定および釈明の不備であった点を攻撃する上告を棄却していわく、

【21】「債務ノ引受ニアリテハ引受人ハ従来ノ債務関係ニ入リテ原債務其ノモノヲ負担スルモノナルガ故ニ、原債務者ヲシテ其ノ債務ヲ免レシメザル債務引受即チ重畳的（若クハ附加的）債務引受アリタル場合ニ於テハ、爾後原債務者ト引受人トハ何レモ同一原因ノ而モ同一給付ヲ目的トスル債務ヲ負担シ、両者ノ内一人ノ弁済ニ因リテ両者共其ノ債務ヲ免ルベキ関係ニ立ツモノト謂フベク、斯ル関係ハ当初ヨリ数人ガ同一原因ニ基ク同一ノ給付ヲ目的トスル連帯債務ヲ負担シタ

ル場合ト異ナルコトナキガ故ニ、重畳的債務引受アリタルトキハ爾後原債務者ト引受人トハ連帯債務ヲ負担スルモノト解スルヲ相当トス」「……債務ヲ重畳的ニ引受タリトノ被上告人ノ主張ハ……保証債務ヲ負担シ若クハ債務者ノ交替ニ因ル更改ニ因リ新債務ヲ負担シタリトノ趣旨ニ解シ得ベカラザルガ故ニ、原審ガ右債務引受ノ主張ニ付更ニ釈明ヲ求メザルヲ不法ト為ス」べきではない（大判昭一一・四・一五民集一五・七八一――四宮・前掲債務の引受【44】）（有泉・判民五〇事件、勝本・民商四巻五号一〇一八頁）。

大審院判例が連帯債務という表現を用いるときには、それはもっぱら真正連帯を意味しているとみられるのであるが、併存的債務引受についてもこれは妥当する。この【21】では連帯の意義は争点となっておらなかったけれども、それを先例として引く後日の判決が、「民法四三九条ニ依リ債務者ノ為ニ時効が完成シタルトキハ、其ノ債務者ノ負担部分ニ付テハ引受人モ亦其ノ義務ヲ免ルニ至ルベク……」（大判昭一四・八・二四新聞四四六七・九――四宮・前掲債務の引受【45】）と判示しているところからも、容易に推論できよう。

ところが、学説は、併存的債務引受によって連帯債務を生ずるとする判例法理には批判的であり、現時の有力説によると、原債務者と引受人との間（もっとも、勝本評釈にあっては、そのほかに債務者との間）に意思連絡ないし主観的共同の関係が存すれば、判例のいうように連帯債務関係を生ずるが、そうでなければ不真正連帯などの関係を生ずる、と解されている（詳しくは四宮・前掲書五七頁以下参照）。なぜそのようにみなければならないのかについては、原債務者の知らない間に引受人となった者に対して債権者が請求したときにも原債務者について時効中断の効果を生ずるとしては困難に出あう（有泉評釈。実例にもこれはある。四宮・前掲書【46】参照）、原債務者の委託がなくまたその意思に反する場合に連帯債務における広汎な絶対的効力事由を認めるのは不都合である（四宮・前掲書五八頁）、原債務者の連帯同意があれば連帯債務を生ずる（於保・債総三〇四頁）、という説明からうかがえるように、原債務者の関知ないし意思に対する配慮からであると思われる（なお、【21】の有泉評釈が判示に賛成される場合、本件では債務者間に委任その他の意思共通が存する事案だろうという前提条件がついている点に注意）。この配慮は、判例（四宮・前掲書【27】参照）が他方において、併存的債務引受は原債務者の意思に反するときでも有効に成立すると解しているから、もとより必要である。ただ、配慮の動機が、原債務者の立場の尊重に基づくのか、主観的共同という連帯債務の性質論からの演繹にすぎないかによって、なお論ずべき点も若干あるが、とにかく連帯債務の発生する場合を狭めることになる。

なお、この【21】でも問題になっていることだが、債務者が新たに加入した場合、それが更改の効力を生ずるか否かについては、後に改めて判例を紹介する（【84】【85】）。

（二）　共同不法行為者　判例は、彼らをも真正連帯債務者とみている。すなわち、

【22】「民法第三編第一章債権ノ総則ハ各種ノ債権ニ通ズル一般ノ法則ヲ規定シタルモノナレバ、不法行為ニ因リテ生ジタル債権ト雖モ特ニ反対ノ規定ナキニ於テハ、其性質ノ許ス限リ之ヲ適用ス可キモノトス。……而シテ共同不法行為ニ因リ連帯債務ヲ負担スル数人中其一人ニ対スル債務免除ノ効力ニ関シテハ、不法行為ニ特別ナル規定存スルコトナク、且性質上民法四三七条ノ適用ヲ許サザルモノニ非ザルヲ以テ、原院ガ本件ノ場合ニ之ヲ適用シタルハ違法ニ非ズ」（大判大三・一〇・二九民録二〇・八三四――椿・共同不法行為（総合判例研究叢書民法⑿）【57】）。

これに対し現時の学説では、共同不法行為者の一人に生じた事由（この場合には、併存的債務引受において債権変更原因が主として問題になったのと異なり、債権消滅原因が想定されている）に絶対的効力を認めることは、それの認められない全額単独責任（判例上明確に現われた事例は使用者と被用者の関係である。後出【99】参照）との釣合上、被害者の意思に反し彼の保護も薄くなるとして、絶対的効力事由の認められない責任形態――つまり不真正連帯債務――になると解する見解が多い（詳しくは椿・前掲共同不法行為一六三頁以下）。したがってこの学説からすれば、共同不法行為は、連帯債務の発生原因から全面的に除斥されることになる。

（三）　約束手形の共同振出人　大審院判例は一貫して約手の共同振出人をもって連帯債務者とみており、手形法

施行（昭和九年一月一日）後もこの基本的立場に変更はなかった（ただし後述するように、昭一二地裁判決は実質的には連帯債務であるがゆえの効果を回避し、昭三四高裁判決は右の立場を全く放棄する）。問題となった事案は連帯支払を命じた判決そのものが争われた【26】を除いては、連帯債務にあって絶対的効力を生ずるとされている規定が手形関係にも適用されるか否かについてである（なお後出【83】も、約手共同振出人を連帯債務者だとする前提に立っている）。以下、年代順にその内容をみていこう。

最初の判例は、共同振出人（上告人）の一人に手形を呈示したが支払を拒絶された場合、裏書人に遡求できるか否かに関する事件であって、その争点は、民法四三四条適用の可否ひいては連帯債務の成否に存する。上告理由は、彼らが連帯債務者でなく、仮に「連帯債務者ナリトスルモ、裏書人ノ償還義務ハ振出人ガ支払ノ為メニ手形ノ呈示ヲ受ケ之レヲ拒ミタル場合ニ生ズルモノナルヲ以テ、各振出人ガ其呈示ヲ受ケザルベカラズ」、民法四三四条があっても「是レ単ニ連帯債務者間ニ履行請求ノ効力ヲ生ズルニ止マリ、裏書人ノ償還義務ニ関シテハ其効力ヲ生ズベキ規定ナシ」、それゆえ右償還義務に対してまでさような効力を及ぼした原審は法則の不当適用だと主張。

【23】「然レドモ、手形ニ関スル行為ガ商行為タルコトハ商法第二六三条（現五〇一条）ノ明定スル所ナレバ、本件ノ手形振出人タル上告人二人ノ行為ガ同法第二七三条（現五一一条）ノ適用ヲ受クベキモノニシテ其連帯債務者タルコト明カナレバ、民法第四三四条ニ依リ其振出人ノ一人ニ為シタル手形ノ呈示ハ二人ニ対シテ有効ナルコト勿論……」（大判明三七・一二・六民録一〇・一五五七）。

次の事例は、共同振出人Ａ（訴外）およびＹ（被上告人）が存する場合において手形の所持人がＡと手形書換をしたときには、Ｙは旧手形を取得したＸ（上告人）に対し右旧手形上の債務の消滅を主張できるか、についてである。Ｘは、ＹＡが連帯債務者でなく各自手形につき全額責任を負うにすぎないこと、および、いったん振出された約手は振出人の手に復帰しないかぎり有効たり続けることを挙げて、「原判決ガ単ニ共同振出人ノ一人ニ発生シタル事実ノミニ依リ、尚ホ手形ガ流通ニ置カレツツアルニモ拘ハラズ、全然其効力ヲ失シタルモノノ如ク判決シタ」のは不法と上告。大審院はこれを斥けていわく、

【24】「手形ノ共同振出行為ハ振出人総員ノ為メ商行為ニシテ約束手形ノ共同振出人ガ其手形ニ付キ連帯債務ヲ負担スベキコトハ商法二七三条一項ニ依リテ明ナリ。而シテ共同振出人ノ一人ト受取人トノ間ニ手形ノ書換ニ因リテ更改ノ行ハレタルトキハ其更改ハ民法第四三五条ニ依リ連帯総債務者ノ利益ノ為メ効力ヲ生ズルヲ以テ、旧手形債務ハ他ノ共同振出人ニ対シテモ消滅スベク、其事由タルヤ共同振出人ノ何人ヨリモ更改ノ当事者ニ対抗シ得ベキハ勿論、満期日後其当事者ヨリ旧手形ヲ取得シタル所持人ニ直接ニ対抗シ得ベキモノナレバ、旧手形ガ其振出人ノ手裡ニ復帰セザル限リハ其手形ヲ有効ナリト論ズルコトヲ得ズ」（大判大五・一二・六民録二二・二三七四）。

この【24】の、共同振出人が連帯債務者になるとする判示部分は、後の二判決（大判昭四・七・五新報一九〇・一一および【26】）によって先例として引用されている。ただ、Xが手形書換の更改効果を争わなかった（したがって本判決も「書換ニ因リテ更改ノ云々」とする）ことは、手形書換によって当然更改を生ずるとした先例（大判明三八・九・三〇民録一一・一二九三）にしたがったものであろう。とすれば、手形書換の更改効果が、否、更改一般の発生が例外視せられるようになると、本件のような事案は必ずしも【24】の結論とは直結しなくなるのであるまいか。この点で、判例法理を維持しつつも、「単ニ既存ノ手形債務ニ関シ弁済方法ノ特約ヲ為シタルモノト認ムルヲ相当トシ更改ノ成立ヲ認ムルノ余地ナキトキ」を認定し、その場合にはさような一部の共同振出人のなした弁済契約は他の振出人に効力を生じないとして、実質的に更改の絶対的効力を否定した下級審（東京地判昭一二・四・二〇新報四七三・二七）の見解は、注目に値いしよう。

次の判例は、共同振出人の一人に対する破産債権届出が他の一人につき時効中断の効力を生ずるか、についてである。被上告人Yが訴外Aらと共同して約手を訴外Bに振出し、Bはこれを上告人Xに裏書し、XはYに書面を

もって（手形の呈示はせず）手形金の支払を催告した。原審は、呈示のない以上時効中断の効力を生じないとしてYの消滅時効抗弁を容れたので、Xは、右Aに対するXの債権が破産債権として確定した旨の裁判所の証明が手形末尾に奥書されているから、Aに対しては呈示をともなう催告があったというべく、しかもYAらは連帯債務者だから民法四三四条の適用ありと上告。原判決は破棄差戻された。なお、判示の中には連帯債務の独立性と経済的単一利益との関係がくどくど説示されているが、これは手形行為・手形債務の独立を強調しつつ請求の相互的影響を認めた云いわけのように思われ、次掲吾妻評釈も連帯債務の独立性を詳説する点は不必要だと評されている（なお執筆者は、それらを真に必要な部分から区別するために、引用にあたっては改行した）。ともあれ、判示は次のようである。

【25】「数人ガ共同ニテ約束手形ヲ振出シタル場合ニハ各自全額ニ対シ義務アルコトハ商法（旧）第二七三条一項ニ徴シ固ヨリ論無シ。而シテ手形行為ハ所謂独立ナルガ故ニ各自ノ債務ハ他ト独立シテ其ノ効力ヲ生ズルコト是亦論無ク、其ノ一人ノ手形行為ニ付無効又ハ取消ノ原因アルモ他ノ債務ニハ何等影響スルトコロ無シ。而モ這ハ民法第四三三条ト符節ヲ合ハスガ如キモノアルハ怪ムニ足ラズ。何者吾現行法ノ下ニ於テハ連帯債務ハ一個ノ債務ニ非ズシテ債務者ノ数ニ応ズル多数ノ債務ナリトスル以上、前記民法法条ノ如キハ殆ンド当然ノ結論ニ外ナラザレバナリ。否各債務ハ独立ナルガ故ニ連帯債務ハ則チ多数ノ債務ナリト観ラルルニ過ギズト云フノ寧ロ適切ナルニ如カズ。吾民法ハ少クトモ主義トシテハ連帯債務ハ各自独立ナリト為スモノナリ（民法第四四〇条）。然レドモ経済的見地ヨリスレバ則チ利益ハ唯一ニシテ無二ナルガ故ニ、或債務者ニ対シテ生ジタル或事由ハ此ノ関係ヨリ或範囲マデ其ノ影響ヲ他ノ債務者ニ及ボスハ自然ノ数ナラズンバアラズ。其ノ範囲ノ広狭ハ要スルニ立法問題ナリ。民法第四三五条乃至第四三九条ハ即此範囲ノ規定ニシテ範囲トシテハ寧ロ其ノ広キモノニ属スト雖、孰モ債務消滅ノ事由ニ外ナラザルハ固ヨリ其処ナリ。若夫レ一人ノ弁済ガ全員ノ債務ヲ消滅セシムルニ至リテハ連帯債務本来ノ面目特筆ヲ俟タズシテ自明ナルノミ。

然ラバ今此等事由ガ手形所持人ト共同振出人中ノ或者トノ間ニ生ジタルトキハ如何ト云フニ、右ノ所持人ト爾余ノ振出人トノ関係ニ於テハ総テ前示規定ノ如キ効力ヲ生ズルハ異論アル可クモアラズ。……然ラバ則、所持人ヨリ共同振出人ノ或者ニ対スル支払ノ請求ハ如何。這ハ民法第四三四条ノ規定スル如ク他ノ振出人ニ其ノ効力ヲ及ボスコト多言ヲ要セズ（但遅滞ハ今姑ク之ヲ置ク）。蓋斯クノ如キハ手形所持人ノ権利ヲ強固ナラシムルモ薄弱ナラシムル所以ニ非ズ。流通ノ円滑ヲコソ増進スレ毫モ之ヲ阻害スルコト無キニ徴スレバ、此事手形債務ノ独立テフ原則ト些ノ相戻ル無キヤ知ル可キナリ。夫レ履行ノ請求ノ消滅時効ヲ中断スル効力アルハ論無ク、而シテ破産債権ノ届出ガ是亦一ノ請求ニ外ナラザルハ、民法第一四七条第一号ト同法第一四九条乃至第一五二条トヲ対比シテ輙チ之ヲ領スルニ余有リ。之ヲ本件手形タル甲第一号証ニ徴スルニ、共同振出人ノ一人Aノ破産手続ニ於テXハ該手形ノ所持人トシテ何レカノ時ニ於テ破産債権ノ届出ヲ為シタルコトヲ窺フニ足ル記載アルヲ以テ、之ヲ前叙ノ判旨ニ照ストキハ本件手形債権ノ消滅時効ハ此点ニ於テ未完成ナルヤモ亦知ル可カラズ。其ノ完成ヲ以テ唯一ノ抗弁トスル本件ニ於テ、Xタルモノ宜ク自発的ニ斯カル事実ヲ主張スベキヤ殆ンド論無シト雖、其ノ之ヲ懈レルノ故ヲ以テ裁判所ノ釈明権行使ノ義務ガ当然ニ解鎖スルノ理由モ亦之ヲ発見スルヲ得ズ。不用意ノ責ハ蓋原審ノ竟ニ辞スル能ハザルトコロナラムナリ」（大判昭八・五・九民集一二・一一一五）（吾妻・判民七九事件、大隅・法と経済一巻二号四四七頁、升本・法学新報四四巻一号一三〇頁）。

本判決では、Yに対する手形呈示をともなわないXの催告には時効中断の効力が認められなかったため（判例法理からすれば当然そうなる）、XはAとの間の出来事を引き出してきてYへの請求力を基礎づけようとしたのであるが、現時の多数説は判例的見解と異なり呈示をともなわない催告にも時効中断力を認めるので（この点については、幾代・時効の中断（総合判例研究叢書民法⑻）六四頁以下参照）、その立場では本件のような争いにまでは発展しないことになる。ただし、このことは当面の問題ではないので省略し、共同振出人が連帯債務者になるか否かの観点から各評釈を眺めると、大隅評釈は判例に賛成せられ、吾妻・升本両評釈は判例に反対しておられる（なお、柚木・下一九頁は、手七一条をもって連帯債務の規定（民四三四条）の特則とみられるのであろうか？）。

最後の【26】は、手形法施行後の判例であって、同法四七条一項にいわゆる「合同」責任という言葉の意味にひっかけた争いである。原審において連帯支払を命ぜられた共同振出人両名は、松本博士らの学説および右の「合同シテ」という字句を援用して、自分たちは連帯債務者でないから「原審が振出人タル上告人両名ガ連帯債務ヲ負担スル旨判示シタルハ違法」だと上告する（両説の相違点として履行請求の効力や更改の効力を挙げているが、これは暗に【24】【25】を指しているもののようであり、本件では連帯支払を命じた原判決を非難するだけのことと思われる）。しかしこれは棄却された。すなわち、

【26】「然レドモ、手形ノ共同振出人ハ商法第一六三条四号及第一七三条一項ニ依リ各自連帯シテ手形金支払ノ債務ヲ負担スルモノト解スベキハ、当院判例（【24】）ノ夙ニ説示スルトコロニシテ今之ヲ変更スルノ要ナキハ勿論、所論手形法第四七条第一項ハ手形行為者ヲシテ合同シテ其ノ責ニ任ゼシメタルニ止マリ、毫モ前叙共同振出人ガ連帯債務ヲ負担スルコトヲ否定セル趣旨ニ非ザルコト明白ナルヲ以テ、之ニ反スル見解ニ基ク所論採用ニ値セズ」（大判昭一三・五・三新聞四二七六・一六、法学七・一一・一三九）（大隅・商事法判例研究Ⅲ六八事件）。

大隅評釈は再び判例支持を確認され、共同振出人は負担部分が通常存する点で引受人・振出人・裏書人・保証人らの関係とは異なるから、手形法四七条一項がこれら異なる関係を同一の文字で規定したとは解せぬ旨を補足せられる。

ところで、近時の学説では、連帯債務でなく合同責任だとして判例に反対する見解がむしろ多数であり（鈴木・手形法小切手法二一八頁（註三で合同責任説の根拠を要約される）、大隅＝河本・手形法小切手法三一〇頁（三〇六頁以下に両責任の具体的差異を列挙される）、石井・商法Ⅱ四七六頁（合同責任説が通説とされる）、上柳・後掲判批一〇四頁（なお論評の中心は手形行為の個数論と両説の関係、など）、竹田博士もその遺稿では、合同責任とは連帯の意だがそれも不真正連帯を指すとされる（竹田・手形法小切手法一六八頁。なお一六九頁末行参照）。右の多数説は実務にも反映し、最近の下級審

判決は、共同振出人の一人（控訴人X）が他の一人（訴外A）の時効完成を援用できないと判示するにあたって意識的に【24】【25】の立場を排斥し、「手形行為はその性質上独立であって、各行為者は常にいわゆる全部的責任を負うを原則とする。この結果民商法上の連帯債務に関する規定（商法五一一条一項等）は、共同振出人の手形上の債務にはその適用なく、むしろ各振出人は手形法七一条七七条一項八号の適用によって合同責任を負うもの」（高松高判昭三四・四・二七高民集一二・三・一一五）（上柳・論叢六六巻二号一〇〇頁）と説示するにいたった。

なお、この事件では敗訴したXが上告しているため、われわれは、最高裁が消滅時効の効力と並んで手形共同振出人の責任の性質を判示するのに接しうるかもしれない（ことに上告が判例違反を理由とした場合）。どういう内容・帰結になるかは、手形法施行後の判例たる【26】が、公式の判例集に採用されておらず、またその争点が単に判決の仕方についてであるので、予想はできかねるけれども、⑴大審院法理を全面的に維持して民法四三九条を適用する、⑵連帯債務説にしたがいつつもXに対する訴訟提起に着眼してAの時効完成を否定する（上柳・前掲判批一〇二頁参照）、⑶合同責任説にふみきって上告を棄却する、の三つが考えられよう。その場合、民法四三九条を適用することとは手形支払の確実性を損なうという価値判断が働き、かつそれは右記⑵や時効援用権者の枠内で解決することができないと判断されたら（なお、連帯債務説を維持しても、更改はこれを認定しないことにより、時効中断は手七一条を民法（四三四条一四七条）の特則とみることにより、それぞれ解決できぬでない。また請求による遅滞責任は、連帯債務説を棄てても同じ結果になる（大隅＝河本・手小三〇八頁参照）。ただ、時効中断を正面から相対的効力事由とした場合、連帯債務説では、中断とパラレルに扱うべき時効完成の処理が問題）、議論の多かった約手共同振出の法律関係も、判例上、連帯債務の発生原因からは姿を消すことになる。

三　連帯債務の対外関係

1　対外関係という言葉

「連帯債務の対外的効力」という言葉は、教科書では債権者の権利（ことに履行請求の仕方）を指すものとして用いられ、「債務者の一人に生じた事由の効力」からは区別されている。しかし後者も、債権消滅原因の場合であれ債権変更原因の場合であれ、それらが他の共同債務者にも効力を及ぼすか（これを絶対的効力を生ずる事由という）それとも及ぼさないか（これを相対的効力しか生じない事由という）を通して、ひいては債権者の満足にも大きく影響するから（なお絶対的効力事由が必ずしも債権者にマイナスでないことについては、於保・債総二〇六頁、椿・連帯債務論の若干の問題点（民商三四巻三号）三五四頁―本書五四頁参照）、これをも含めて連帯債務の対外関係と呼んでおく。

もっとも、実例をみると、学者のいわゆる対外的効力に関する判例は、債権者取消権（【86】参照）や判決の既判力（【104】参照）と結びついており、むしろ、債務者の履行責任および連帯債務の弁済をめぐる事例が若干（次述**2**参照）存するほかは、すべて債務者の一人について生じた事由（そのうちでも、比較的多く争われているのは、時効中断・時効完成および免除）の効力いかんが問題となっている。後述の**3**以下はこの問題を扱うものである。

なお、右に述べた本書の意味における対外関係（＝対債権者の関係）に属する事項のうちには、**5**で特殊問題として判例を紹介するものがあるから、ご注意いただきたい。また、免除や時効完成については負担部分の観念が重要な役割を占めるが、この点に関しては序説で紹介したことを読みあわせていただきたい。

2　債務者の履行責任および弁済

（一）　履行責任に関する若干例　　債務者は債権者に対して弁済すべきが本則であるから、当然のことではあるが、「連帯債務者の一人が他の連帯債務者に自己の負担部分に相当する金円を交付するも債権者との関係に付ては何等の影響なく固より其債務を免れ得べきにあらず」（大判昭一〇・一二・三法学五・四・一二二）とする判例がある（事案・争点は不明）。

次は、連帯債務者の負担する責任範囲いかんについてである。連帯債務者のおのおのが債務額を異にしうることは【1】でみたとおりであるが、元本について連帯債務者となることを承諾した者は、左に述べるように利息にも連帯責任を負うのが建てまえである。利息が従たる債務である以上はもとより当然のことである（訴訟費用も従たる債務として同様である。【101】【102】参照）。

【27】「元本債務ト利息債務トハ別個ノモノニシテ独立ノ存在ヲ有スルコト所論ノ如クナルモ主債務者ノ依頼ニ依リ其ノ負担スベキ元本債務ニ付連帯債務者タルコトヲ承諾シタル者ハ特別ノ意思表示ナキ限リ取引ノ通念ニ照シ利息制限法所定ノ利率ノ範囲内ノ利息債務ニ付テモ連帯債務ヲ負担スル意思ヲ有シタルモノト解スルヲ相当トス」（大判昭一九・三・二七新報七〇八・一六）。

もう一つは、連帯債務者であるからには当然責任を負うとされた事例である。上告人Xは、訴外Aの土地再売買完結権を保全するためAに金員を貸与したが、その際、左に紹介するような特約をし、それに違反したときにはAおよび被上告人Yが貸金その他の損害につき連帯支払責任を負うと定めていた。ところが、Aが右契約に違反したのでXはYに請求したが、原審はAに資力あることを理由に損害——したがってYの賠償義務——なしとしたため、契約違反があれば当然AYには弁償義務を生ずるのに原審は損害自体とAの資力とを混淆したと上告。大審院は原判決を破棄していわく、

【28】「Xハ……再売買ノ債権ヲ保全スルガ為メAニ対シテ金五十円ヲ貸与スルニ当リ、A及ビYトXトノ間ニ甲第一号証ノ一ノ契約ヲ締結シ右Xノ出捐ニ依リテ保全スルコトヲ得タル再売買ノ権利ハ爾後Aニ於テXノ承諾ヲ得ザル限リハ他ニ譲渡質入等一切ノ処分ヲ為サザルベク、若シ之ニ違反シタルトキハXノ支出シタル五十円其他ノ損害ヲA竝ニY連帯シ

テXニ支払フベキ旨ヲ契約シタルニ、Aハ大正三年六月三十日右約旨ニ反……セル違反行為ヲ為シタル以上ハ連帯債務者タルYニ於テモ亦其責任ヲ免カレザルハ当然ニシテ、Aノ資力ノ有無ニ因リテ消長ヲ及ボスベキモノニ非ズ。然ルニ原裁判所ハ右Xノ主張ヲ誤解シ、Aハ仮令違反行為ヲ為スモ右賠償金ヲ弁済スルニ足ルノ資力アリトノ理由ヲ以テXノ請求ヲ排斥シタルハ失当……」（大判大九・七・七新聞一八〇一・一九）。

（二）　弁済をめぐる若干例　　まず、他の連帯債務者より弁済があったという抗弁が出された場合の立証責任者について。連帯債務者の一人たる上告人Xは、債権者Y（被上告人）が他の連帯債務者Aに強制執行をして売得金を得たとする以上、「反証ナキ限リ先ヅ全部ガ本件債務ノ弁済ニ充テラレタルモノト認定セザルベカラズ」として、原審の立証責任の転倒を非難するが、次のように斥けられる。

【29】「金銭債権ノ支払ヲ求ムル給付ノ訴ニ於テ既ニ他ノ連帯債務者ヨリ弁済アリタル旨ノ抗弁事実ハ被告之ヲ証明スヘキ責任アルコト論ヲ俟タス。本件ニ於テハ、XハYカ本訴債権ニ付連帯債務者ノ一人タル訴外Aニ対スル強制執行ノ結果其ノ競売売得金三口合計六百七十九円五十八銭ノ金額ヲ以テ其ノ完済ヲ受ケタル旨抗弁シ、Yハ該抗弁事実中Yヨリ連帯債務者ノ一人タルAニ対スル強制執行ノ結果右金額ノ売得金アリタルコトハ認ムルモ其ノ中執行費用ヲ除キタル三口合計六百一円四十九銭ノミガ本訴債権ニ弁済セラレタルニ過キスシテ債権尚残存スル旨主張セルモノナルカ故ニ、Xヨリ右売得金ノ全額カ本訴債権ノ弁済トシテ交付セラレタル事実ノ立証ナキ限リ、其ノ抗弁ヲ認容シ得ヘキニ非ス」（大判昭六・五・一九新聞三二七七・一三）。

次は、民法四八九条二号にいう「債務者ノ為メニ弁済ノ利益多キモノ」とは、或る債務者が連帯債務と単独債務とを負うときにはどちらとみるべきか、に関する事例である。上告は「同一金銭支払ノ債務ニシテ同一ノ利息ヲ産出スベキモノガ、単ニ他人ト連帯ナリト云フノ故ヲ以テ単独債務ヨリハ弁済ノ利益少シト解スルコト能ハズ。場合ニ依リテハ連帯債務ヲ早ク弁済スルノ有利ナルコトア」りと主張したが、次のごとく棄却。

【30】「総債務ガ弁済期ニ在ル場合ニ於テ当事者ガ弁済ノ充当ヲ為サヽルトキハ、其弁済ヲ以テ債務者ノ為メニ弁済ノ利益多キモノニ充当スベキハ民法第四八九条第二号ノ規定スル所ナリ。而シテ本案ノ如キ単純債務ト連帯債務ト二個アリテ共ニ弁済期ニ在ル場合ニ於テ、当事者ガ弁済ノ充当ヲ為サヽリシトキハ其弁済ハ単純債務ノ弁済ニ充当スベキモノトス。何トナレバ、此場合ニ於テ連帯債務ノ弁済ニ充当スベキモノトセバ、弁済者ハ、連帯債務者ニ対シ其負担ニ属スル部分ニ付キ求償ノ手続ヲ為サヽルベカラザルガ如キ煩労アルノミナラズ、動モスレバ裁判所ニ訴求シ徒ニ時日ト費用トヲ費サヽルヲ得ザルガ如キ不利益ヲ受クルコトヲ免レザレバナリ」（大判明四〇・一二・一三民録一三・一二〇〇――三淵・弁済の充当（総合判例研究業書民法⑵）【18】）。

学説も、原則として右判示のようになると解しているが（ただし本問の場合の例外いかんは明らかでない。我妻・債総一四七頁、於保・債総三三六頁など参照）、三淵調査官は、共同債務者となった他人の負担部分が零のときには、右二つの債務の弁済利益は同じことになるであろうと推論される（三淵・前掲弁済の充当七〇頁）。

もう一つは、民法四七四条二項はそこにいわゆる「債務者」が複数の場合にはどう適用されるかという応用問題であって、判例【31】によれば、利害関係のない第三者Xの弁済は、連帯債務者の一部たるYらの意思に反するときには、意思に反しないAは格別としてYらとの関係では無効とされている。もっとも、本件は、弁済の効力そのことに争いがあるのではなく、Xが民法四九九条によって代位してYらに請求した場合にYらとしてはそれに応ずべきか否かを決めるための争いである。原審は、連帯債務複数説を理由に（本書一九五頁参照）Aに対しては有効だがYらに対しては無効と判示。そこでXは、第三者弁済も原則として有効であり債務者全員の意思に反する場合にのみ例外として無効になる、仮に意思に反していてもXの妻とAの妻は姉妹だからXの行為は利害関係ある者の代位弁済だ、と上告。しかし上告棄却。

【31】「然レドモ所論ノ如キXトAトノ関係（両者ノ妻ガ姉妹ナルノ関係ニシテ法律上ノ親族ニモアラズ）ハ以テ民法第四

七四条第二項ニ所謂利害ノ関係ト為スニ足ラザルヤ論ナク、其ノ他両者ノ間ニ同条所定ノ利害ノ関係ナキコトハ原審ノ確定スルトコロニシテ、カクノ如キ第三者ハ債務者ノ意思ニ反シテ弁済ヲ為スヲ得ズ、カカル弁済ハ債権者之ヲ受領スルモ弁済ノ効ナキコト同条ノ規定ニ徴シ明瞭ナリ。而シテ連帯債務ノ場合ニ於テハタトヒ連帯債務者ノ一人ノ意思ニ反セズトスルモ他ノ連帯債務者ノ意思ニ反スル以上、其ノ意思ニ反スル連帯債務者ニ対スル関係ニ於テ前叙ノ如キ第三者ノ弁済ハ其ノ効ナキモノト謂フベク、本件ニ於テXノ為シタル弁済ハ連帯債務者ノ一人タルAノ意思ニ反スルトコロナキモ他ノ連帯債務者タルY等ノ意思ニ反スルモノナルコトハ原審ノ確定スルトコロナルヲ以テ、右弁済ハY等ニ対スル関係ニ於テ無効ナル旨判示シタル原判決ハ正当ナリ」（大判昭一四・一〇・一三民集一八・一一六五）（四宮・判民七四事件、柚木・民商一一巻三号五〇一頁）。

この【31】に対しては、四宮評釈が、四七四条二項の妥当性に対する疑念を根本的には内包しつつ、次のような操作を考えておられる。それによればこうである。まず、Xの弁済はAの同意のもとに行なわれたので、Aの債務は消滅することにならざるをえないが、その結果、連帯債務の牽連性に基づいて（なお柚木・下三五頁では、根拠は、債権者の満足に求められているが、これは弁済の絶対的効力性に帰着しよう）全債務が消滅する。しかし、XとYの間には何らの法律関係は生じない。判例はここまで論じているが、保証（民四六二条）と比較した場合、何も法律関係を生じないとするだけでは足りない。しかし、連帯債務複数説を採りかつ四七四条二項を無視しないかぎり、Xの弁済はA一人のためになされたものとみなければならないが、その場合もAはYらに対しては求償権を有するから、結局X→A、A→Yらという求償循環を避けるために民法四六四条を類推して、直接XからYらへの求償を認むべきである。ただ、本件ではYらの負担部分が零であるから、XがYらに求償できないという結果においては判示と異ならない、と。これに対して柚木教授は、右のような四六四条の類推によるべきか、Xに償還した（下三五頁にはこの言葉はないが、当然こうなると思われるので補足する）AがYに対し民法四四二条によって求償すべきか（ただし【31】の事案ではこの関係を生じないことはいうまでもない)、を問題として提起しておられる。

なお、【31】とは異なり弁済が連帯債務者の意思に反しない場合に、第三者(ないし物上保証人)は負担部分のない連帯債務者に償還請求できるか否かにつき、判例は問題を肯定しているが(【82】【83】)、それによれば、求償循環の避止という右評釈の要請は、判例にとっては絶対的のものではないことになる。さらに、Xに償還したAからYに対しての負担部分に応ずる求償を認めるときには、連帯債務者の一部の意思に反する第三者弁済は、決済関係では意思に反しない場合と何ら差別がなくなる。また、これらと関連して、【31】は本件Xが本件Yに求償できないということ以上にどれだけの先例的内容をもつかも判断しがたくなる。全くのところ難問だというほかはない。

次に、本判決は「Y等ハAト特殊ノ関係ニ在ルXヨリ求償セラルルコトヲ悦バズ」云々と述べて、意思に反する旨の認定を軽く取扱っているようにみえるが、四七四条二項はその法意および挙証をめぐって問題のあるところだから、以下これと関連づけて若干補説しておきたい。

周知のように、四七四条二項に関しては、先例が二件ある(公式の判例集に収録されておらないものはなお二、三件ある が、それらは一応論外とする)。すなわち、その一つ——仮に判例甲と呼ぶ——は、意思に反するか否かにつき「争アルトキハ第三者ニ於テ其弁済ガ債務者ノ意思ニ反セザルコトヲ立証スルノ責アルモノトス」(大判大六・一〇・一八民録二三・一六六二)と判示し、もう一つ——判例乙と呼ぼう——のほうは、弁済が債務者の意思に反するのは異例であって、「本件上告人ハ……異例ヲ主張シ本訴ノ請求ヲ為スモノナレバ、弁済ガ債務者ノ意思ニ反シテ無効ナリトノ事ハ須ラク上告人ニ於テ立証スルヲ要ス」(大判大九・一・二六民録二六・一九)と判示しているのであるが、学説は(1)両者をもってあい反する趣旨の判例と解し、かつ、(2)乙の立場を支持する(たとえば我妻・債総一三三頁、柚木・下一三六頁参照)。判示を抽象的に——とりわけ債権者との間における効力として——眺めるかぎりでは、学説の見解はもとより正当である。ただ、事案の具体的内容(誰が誰に対してどういう内容の請求をしたか)と相対的に観察する場合には、必ずしもさほど簡単には論断できない（椿・判例債務引受法その二（近大法学六巻二・三合併号）二〇一―二〇二頁も、判例の観察方法がやや皮相的だった）。というわけはこうである。判例甲は、債務者が第三者に対して無効を抗争して償還を拒否した事件であるのに対し、判例乙のほうは、第三者が債権者に対し無効を理由に返還請求をした事件であって、かような内容を異にする事案（すなわち甲はいわば求償関係であり乙はいわば対外関係である）につき異なる判示がなされたのであるが、判例の考え方は、両判例によってこれをうかがうかぎり、利害関係のない第三者の弁済といえども債権者に対する関係ではなるべくこれを有効として取扱い、しかも弁済者と債務者との関係では債務者の意思をとにかく尊重する、という趣旨に解しうるのである（なお、挙証責任を負わされる当事者は、訴訟上一般に有利になるのか不利になるのかを、あわせ考えられよ）。学説が判例甲に反対するのは、好意的に解すれば、弁済者と債務者との関係においても、なるべく債務者のわがまま（つまりこの関係では、他人の出捐によってマイナスを免かれたのに、敢えて償還を拒むことをいう）を押さえる趣旨だともいえなくはない。が、それはともかくとして、以上のような観点に立って考えた場合においてこそ、まず第一に、判例乙が判例甲を援用しての上告（ただし上告理由の引用は、事件番号は正しいが、日附は何かのまちがい）にもかかわらず、「論旨引用ノ本院判例ハ本件ニ適切ナラザルヲ以テ、採テ範ト為スニ足ラズ」とした意味がはっきり了解できるとともに、また、判例甲と同乙とは必ずしも反対であり矛盾するものとして引用できないことも理解される。さらに、判例【31】が、Yらの意思に反する旨を比較的簡単に認定しさったことも不当ではないといいえよう。けだし【31】は、右両判例にあてはめると甲の系統に属する事例であり、したがって反対事実の主張および立証がない場合に裁判所が「推定」の側に傾いた認定をすることは不当でも違法でもないからである。

もっとも、有効・無効というような操作を用いて償還請求をオール・オア・ナッシングの関係に立たせることに対しては、さらに新たな疑問が抱かれるであろう。

3 請求・差押・承認の効力

（一）序　連帯債務者の一人に対する請求は、民法四三四条により他の債務者にもその効力を生ずるとされているが、その具体的な内容は時効中断力と遅滞効果である。ところが、その時効中断を生ずる事由には請求のほか差押や承認もあるので（民一四七条）、差押や承認もまた絶対的効力を生ずるか否かが争われている。そこで、これらも請求と並べて解説するが、時効中断事由の絶対的効力・相対的効力の問題は、同時に後述する時効完成と表裏するので、その項で紹介する判例もある。

（二）履行請求の絶対的効力　履行請求は、民法典の定める絶対的効力事由の中では唯一の債権変更原因であって（他のものはすべて債権消滅原因）、民法四三四条の定める効果は、債権の効力を強化するために認められたといわれている。請求のかかる絶対的効力性については、債権者保護に偏し（勝本・中(1)一四一頁、近藤＝柚木・中七三頁）他の債務者に不当な不利益を与える（柚木・下二八頁）との否定的な評価もあれば、他方、時効完成が絶対的効力を生ずることとの釣合上必ずしも不当ではない（我妻・債総二〇二頁）、やむをえない（於保・債総二〇七頁）とする見解もある。

まず、裁判外の請求―すなわち催告―に関しては、【37】の傍論を除き大審院には判例がみあたらないが、下級審には、「催告ハ之ヲ為シタルヨリ六ケ月以内ニ裁判上ノ請求其他同条（＝民一五三条）ノ手続ヲ為スニアラザレバ時効中断ノ効力ヲ生」じないとして絶対的効力を否定する判決（東京控判年月日不明（明四四ネ六五三号六六一号）評論一民法六三九）、「右請求ガ他ノ連帯債務者ニ対シ時効中断ノ効力ヲ生ズル為メニハ、他ノ連帯債務者ニ於テ債務ノ承認ヲ為スカ或ハ債権者ニ於テ他ノ連帯債務者ニ対シ民法一五三条所定ノ手続ヲ為スコトヲ要スルモノ」と解する判決（東京控判昭一〇・六・一一新聞三八七一・一二）がある。なお手形の場合については、【25】で述べたとおりである。

次に、裁判上の請求は、裁判確定までの間、そのものとして（＝民法一五三条の手続を要することなく）他の債務者に対しても時効を中断する。事案はこうである。Y会社（被上告人）は、第一回株金払込がなかったため設立無効となった。そこで、商法（旧）一三六条により連帯払込義務を負う発起人中まずABに対して訴を提起し勝訴判決が確定。Yはさらに発起人X_1X_2（上告人）を訴求したが、原審は、時効完成を主張するX_1の抗弁に対し、ABに対する訴提起によってX_1X_2の時効も中断されたと判示したため、訴提起のごとき訴訟手続により時効中断という実体法上の効力を生ぜしめるのは不当、民法一五三条の手続あるまでは裁判上の請求も事実上の効力しかない、など訳のわかりにくい理由を挙げて上告。大審院は丁寧に答えていわく、

【32】「連帯債務者ノ一人ニ対スル履行ノ請求ガ他ノ債務者ニ対シテモ其ノ効力ヲ生ズルコトハ民法第四三四条ノ規定ニ依リ明カニシテ、茲ニ所謂請求中ニハ固ヨリ裁判上ノ請求ヲモ包含スベキモノナルトコロ、同法第一四七条第一五七条及民事訴訟法第二三五条ニ依レバ裁判上ノ請求ハ訴提起ノ時ヨリ裁判ノ確定ニ至ル迄時効ヲ中断スルモノナレバ、連帯債務者ノ一人ニ対シ裁判上ノ請求ヲ為シタルトキハ訴提起ノ時ヨリ裁判ノ確定ニ至ル迄他ノ債務者ニ対スル債権ノ時効モ中断スルモノト為サザルベカラズ。原判決ノ適法ニ確定シタル事実ニ依レバ、Y会社ハ同会社設立ノ発起人トシテX等ト共ニ本件株金払込請求権及遅延損害金請求権ニ付連帯債務ヲ負担セルA、Bニ対シ債務発生ヨリ未ダ十年ヲ経過セザル昭和四年一月中該債務ノ履行ヲ求ムル訴訟ヲ名古屋地方裁判所ニ提起シ、同事件ノY会社勝訴ノ判決ハ昭和七年九月二七日確定シタルモノナルヲ以テ、Xノ本件株金及遅延損害金支払義務ニ付テモ時効ハ更ニ昭和七年九月二八日ヨリ進行スベキモノト謂フベク本訴提起迄ニハ消滅時効完成セザルコト明白ナレバ、X等ハ其ノ義務ヲ免ルル能ハズト判示シタル原判決ハ正当ナリ」（大判昭一三・一二・八民集一七・二六三二）（来栖・判民一六〇事件、西村・民商九巻六号一二〇七頁、田島・論叢四〇巻五号八八〇頁、岩田・法学新報四九巻六号九五一頁）。

各評釈とも、判示事項である訴求の絶対的効力性については異論がないが、西村評釈は、裁判上の請求を受けないX_1X_2に対する関係では単純な催告とみる上告理由も非論理でないとされ（なおこれと関連して消滅時効制度の根拠にも

言及）、岩田評釈は、訴訟行為の絶対的効力性は債務単一説を採ってはじめて理解されるといわれる（民訴二三五条の解釈にも言及）。

この【32】は、調停成立により訴訟を取下げた場合に関し先例として引用されている。Y_1 Y_2（被上告人）は訴外ABとともに消費貸借により上告人X先代に対し連帯債務を負担していたところ、Xは、Aに対して訴を提起し訴訟繋属中に金銭債務臨時調停法による調停が成立して訴を取下げたが、右貸金債権に基づきY_1 Y_2を訴求。争点の一つは、本件訴の取下が民法一四九条の適用を受けるかどうかであって、Xは、一般の訴取下と異なり訴訟の目的を達したため形式上の手続として取下げたから同条の適用なしと上告。これは次のように容れられた（なお民調一六条二〇条参照）。

【33】「金銭債務臨時調停法ニ依ル調停ノ成立シタルトキハ該調停ハ裁判上ノ和解ト同一ノ効力ヲ有スルモノ（金銭債務臨時調停法第四条、借地借家調停法第一二条）ナルヲ以テ、訴訟繋属中ノ事件ニ付調停成立シタル場合ハ仮令其ノ手続ヲ異ニスルトハ云ヘ時効中断ニ付テハ当該訴訟事件ニ付裁判上ノ和解成立シタル場合ト同視スベキモノト解スルヲ相当トスベク、該調停手続ガ当事者孰レノ申立ニヨリ為サレタリトスルモ其ノ結論ヲ異ニスルモノニ非ズ。蓋シ該訴訟ハ調停成立ノ限度ニ於テ其ノ目的ヲ遂ゲ最早ヤ訴訟ハ其ノ進行ノ必要ナク、強テ進行スルモ権利保護ノ必要ナシトシテ原告ノ請求ハ却下セラルベキモノナルガ故ニ、単ニ形式上訴訟手続ヲ終了セシムル為訴ヲ提起シタル者ハ其ノ取下ヲ為スベキハ素ヨリ云フヲ俟タザルトコロナリト雖モ、开ハ結局訴訟ノ目的ヲ遂ゲズシテ裁判所ニ対シ判決ナカラムコトヲ求ムル訴ノ取下トハ其ノ本質ヲ異ニスルヲ以テ、民法第一四九条ノ律意ニ徴シ同条ニ所謂訴ノ取下中ニハ前者ノ場合ヲ包含スルモノトハ解スベカラザレバナリ。而シテ前示調停手続ニ於テ本件貸金債権ハ全額確認セラレタルモノナルコトハ原審ノ確定スルトコロナルヲ以テ、該債権ニ付テノ時効ハ前記訴訟提起ニヨリ其ノ全額ニ付Yニ対スル関係ニ於テモ中断ノ効力ヲ生ジタルモノト云ハザルベカラズ（【32】参照）」（大判昭一八・六・二九民集二二・五五七――幾代・前掲時効の中断【16】）（吾妻・判民三四事

件、舟橋・民商一九巻三号二七七頁）。

支払命令（現在の支払督促、一五〇条参照）による請求の絶対的効力については左の判決がある。事案は不明だが、債権者が、連帯債務者Ａに対する支払命令が同Ｙら（被上告人）にも効力を及ぼすことから、それに基づく時効期間延長もＹらに及ぶと上告して棄却された事件のようである。

【34】「連帯債務者の一人たるＡに対し支払命令に依る請求を為したる効力が民法第四百三十四条に依り他の連帯債務者たるＹ等に対しても生ずべきことは明かなれども、是れ只民法上の請求たる効力が及ぶに止まるものにして、Ａが右仮執行の宣言を附したる支払命令に対する異議申立期間を徒過し確定判決を受けたると同一の効力を受くるに至りたればとて、之に基く時効期間延長等の法律上の効力は他のＹ等連帯債務者に及ぶべきものに非ず。従てＹ等に対する消滅時効はＡに対する支払命令の確定したる昭和八年四月二八日の翌日より更に進行を開始し、本訴の提起せられたる同一五年二月二日以前既に五年の経過に依り完成したるものと謂はざるべからず」（大判昭一八・四・二二法学一二・一一・九一）。

（三）差押の効力　債権者Ｘ（上告人）が連帯債務者の一人Ａ（訴外）に対して差押をしたが、その後もう一人の連帯債務者Ｙ（被上告人）について消滅時効が完成した場合、原審が右差押の時効中断力はＹに及ばないとしたので、「差押ハ履行ノ請求ノ最モ厳シキモノナルヲ以テ……Ｙニ対シテモ其効力ヲ生ジ、従テ本件債権ハ時効ヲ中断セラレタルモノ」と上告。しかし棄却。

【35】「差押ハ債権者ガ其債権ノ弁済ヲ得ンガ為メ自カラ行フモノニシテ本来債務者ニ対スル意思表示ノ方法トセルモノニ非ザレバ、債務者ニ対シ履行ヲ受ケント欲スルコトノ意思表示タル請求ト同一視スベキニ非ザルコト多言ヲ竢タザルノミナラズ、民法第一四七条ニモ『時効ハ左ノ事由ニ因リテ中断ス　一、請求　二、差押仮差押又ハ仮処分　三、承認』トアリテ明ニ請求ト差押仮差押又ハ仮処分トヲ区別セリ。然リ而シテ民法第四三四条……ハ単ニ請求ノミニ付他ノ債務者ニ対シテモ効力ヲ生ズルモノト為シタルニ止マリ、同法第四五七条一項ノ如ク請求以外ノ中断事由ニ付テハ他ノ債務者ニ

対シテ効力ヲ生ゼザラシムル法意ナルコト疑ヲ容レズ。故ニ原裁判所ガ連帯債務者ノ一人ナルAニ対シテ為シタル差押ハ他ノ債務者タルYニ対ジ時効中断ノ効ナシト為シタルハ正当」（大判大三・一〇・一九民録二〇・七七七）。

この【35】は、後日、民法四三四条の請求には差押も含まれるという上告を棄却するにあたって先例とされているが（大判大一五・三・二五評論一五民法三〇八）（なお民集五巻二一四頁は、上記評論に掲載された判決を収録しているが、ここで問題の判示第二点は省略されている）、差押のこの相対的効力性は、他の債務者の時効完成の認定要件として改めて問題となる。後述しよう（【54】参照）。

（四）承認の効力　判例は、差押と同じく承認も絶対的効力を生じないという見解である（なお、債権者から請求を受けた連帯債務者の一人が、他の連帯債務者にまず強制執行をしてくれと懇請することは承認とみられる（大判昭一〇・一一・一九裁判例九民事二八四））。この相対効も、他の債務者における時効完成の認定要件（【52】参照）や承認者の責任範囲（【53】参照）と関連してくる。

さて、承認の相対的効力性を正面から論じた最初の判決は、次のようなケースである。連帯債務者（上告人）X_1 X_2中X_1だけが債権者Y（被上告人）の貸金請求に対し債務を承認したところ、YはX_1 X_2両名に対し支払を訴求し、原審では、右X_1の承認により時効は中断されたとして両名に借金全額の支払が命ぜられた。そこで、X_2からは、X_1の承認の効果はX_2に及ばずX_2は時効が完成したので支払義務はない、またX_1からは、X_2の右時効完成の結果その負担部分についてはX_1も免責されるはずである、と上告。大審院は二点とも上告を容れたが、ここでは承認の効力だけを引用する（X_1の上告に対する判示は【53】）。

【36】「連帯債務者ノ一人カ債務ノ承認ヲ為シタルトキハ其ノモノニ対シテハ時効中断ノ効力ヲ生スルモ他ノ債務者ニ対シテハ効力ヲ生スルモノニアラサルコトハ、民法第四百三十四条乃至第四百三十九条ニ於テ連帯債務者ノ一人カ為シタル債務ノ承認ハ他ノ債務者ニ対シテモ其ノ効力ヲ生スル旨ノ規定ナキト、第四百四十条ニ於テ前示六条ニ掲ケタル事項ヲ

除クノ外連帯債務者ノ一人ニ付生シタル事項ハ他ノ債務者ニ対シテ其ノ効力ヲ生セサル旨ヲ規定セルニヨリ、洵ニ明ナリトス。果シテ然ラハ本件ニ付原審カ、連帯債務者ノ一人タルX_1ノミカ債務ヲ承認シ従テ同人ニ対スル本件債権ノ消滅時効ノ進行ヲ中断シタルニ過キサルコトヲ認メタルニ拘ラス、他ノ債務者タルX_2ニ対シテモ其ノ効力ヲ生シタルモノノ如ク誤解シ同人ニ対シ債務全額ノ支払ヲ命シタルハ不法……」（大判昭一一・一・三一新聞二六七二・一一、評論一六民法四一五）。

次も同旨の棄却判決であるが、「連帯債務者ノ一人ノ為シタル承認ガ債権者ノ請求ニ基ケル承認ナルトキハ、其ノ承認ガ他ノ連帯債務者ニ対シテ其ノ効力ヲ生ズルコト全ク疑ナキ処ナリ」とする上告との対比上、注目すべきものである。すなわち、

【37】「民法第四百三十四条カ連帯債務者ノ一人ニ対スル履行ノ請求カ他ノ連帯債務者ニ対シテモ亦其ノ効力ヲ生スト規定シタル所以ハ、単ニ此ノ如キ場合ニハ他ノ連帯債務者モ亦履行ノ請求ヲ受ケタルコトトナルト云フニ止マルモノニシテ、連帯債務者ノ一人カ請求ニ応シテ為シタル行為ノ効力ノ如キハ全ク右法条ノ定ムルトコロニ属セサルモノナルカ故ニ、特別ノ規定ナキ限リ債権者ノ請求ニ依リ連帯債務者ノ一人カ為シタル債務ノ承認ハ他ノ債務者ニ対シ何等ノ影響ヲ及ホス可キモノニアラス。而シテ又民法第百五十三条ニ依レハ単純ナル催告ハ更ニ六ケ月内ニ於テ同条ニ列記セル事実ヲ伴フニ非サレハ時効中断ノ効力ヲ生セサルモノニシテ、且本件ニ於テ当事者ハ何等右ノ如キ事実カ請求ニ伴ヒタルコトヲ主張シタル形跡ナキヲ以テ、仮ニ債務者ノ一人カ債権者ニ対シテ為シタル承認ハ債権者ノ請求ニ基クモノニシテ且其ノ請求ノ効力カ他ノ債務者ニ及フモノトスルモ、此等ノ事実ハ畢竟他ノ債務ニ付時効中断ノ効力ヲ生スルモノニアラサルコト多言ヲ要セサルトコロ……」（大判昭五・五・一新聞三一二三・七、評論一九民法六四七）。

承認の相対的効力性および催告による時効中断の失効という右法理は、その後も、原審が「本件貸金ニ付テハ数回ノ請求ヲナシタルトコロ、上告人X_1ニ於テハ其ノ都度各債務ヲ承認シ弁済ノ猶予ヲ求メ居リタリ」として上告人$X_2$$X_3$にも連帯履行を命じたのを破棄した判決（大判昭一四・一二・一二新聞四五一〇・一三）でも確認されている。もっ

とも、古い判決には、

【38】「連帯債務者ノ一人ガ債権者ヨリ債務履行ノ請求ヲ受ケタル上ニテ延期証書ヲ差入レタル場合ニ於テハ、他ノ連帯債務者ニ対シテモ時効中断ノ効ヲ生ズ可シ。何トナレバ債権者ガ連帯債務者ノ一人ニ対シ請求ヲ為ストキハ、総テノ連帯債務者ニ対シ時効中断ノ効ヲ生ズルモノナレバナリ」（大判明三一・一二・一民録四・一一・一）。

として、延期証の差入に絶対的効力を認めたものが存するけれども（同旨、大判明四〇・一一・一一民録一三・一一一二）、【37】なども、ともかくも単純催告の絶対的効力を認めたうえで中断力の失効を認定しているのだから、必ずしも【38】に矛盾する判決ではない（ただし、【38】およびそれを先例とする右掲明治四〇年判決は、民法施行前のケースである）。なお、【36】など破棄判決の原審は承認に絶対的効力を認めたわけだが、それらに対し下級審にも大審院と同旨の判例は若干あり（たとえば東京控判大一三・一二・五新聞二三五六・一五）、ことに前掲下級審（東京控判昭一〇・六・一一―本書二二二頁参照）のごときは全く【37】のロジックにしたがっている。

4 更改の効力・成否

更改の効力については、【24】および古い下級審決定（宮城控決明四二・一・二〇新聞五六五・九）を除き適切な判例がなく、次出【39】も或る下級審判例（山鹿区判昭八・一一・一七評論二三民法四七八、新聞三七〇五・七）も、ともに効力の前――つまり更改の成否――の段階で論じているにすぎない。【39】は次のようである。被上告人Yおよび訴外AＢは上告人Xから借金をしていたところ、Xは、右債務の履行をYに対して訴求した。原審においてXは、右債務が平等分割債務なりと主張し、Yは、それが連帯債務であってAの弁済により消滅したと主張したが、原判決は、連帯かどうかを確定することなく、XAの契約でその債務を消滅させA個人の債務を新たに発生させたため、Yの債務は消滅したものと認定した。そこでXは、右XA間の更改契約はYの意思に反するものと推定すべきだから（ただし、その理由として掲げるかのような連帯主張に関する部分とのつながりは理解できない）、意思に反しないことの説明判断をしない原判決は違法と上告。原判決は次のように破棄された。

【39】「……原裁判所……認定の趣旨はXとA間に債務者の交替に因る更改の契約成立したりと云ふに在るが如し。斯の如き更改契約は、若し本件貸借に基く債務がY主張の如く連帯なるに於ては民法第四百三十五条に依り総債務者の利益の為めに全債務関係消滅の効を生ずるも、其債務が連帯ならざる可分債務なるに於ては同法第五百十四条に依り更改契約に関与せざる旧債務者の意思に反して之を為すことを得ず。……故に原判示の如き更改契約成立の為めにYの債務消滅したる事実を認むるには、先づ本件貸借に基く債務は連帯なりや否やを確定し、果して連帯ならざる可分債務なりとせば其更改契約はYの意思に反せざるや否やを審理判定せざる可からざるに、事茲に出でざりし原判決は違法たるを免れず」（大判大四・九・二一（大三オ四四九号）新聞一〇五三・二七）。

判示は上告理由を上廻る答え方によって原判決を破棄していて、その意図が那辺にあるのか——ことに更改の成立を制限しようとするものかどうか——は見当がつきかねる。ただ、傍論的に述べているところからは、連帯債務における更改は一般の場合（民五一四条）と異なり、他の連帯債務者の意思的関与を要せず債権者と連帯債務者の一人との契約でこれをなしうる、とする考え方がうかがえる。しかしこれとても、条文の表現以外に、なぜそう解すべきかは不明である。

なお、更改の認定が問題となったついでに、次のことを補足しておこう。今日では、更改という制度は、その不便さ・不合理さのゆえに、例外視せられ（於保・債総三八二頁）その認定には慎重なれと注意されているが（我妻・債総一六九頁）、連帯債務において更改がなされたときには、それは四三五条によって他の債務者にも影響を及ぼし、しかもその内容は旧債務の消滅——【39】についていえばYBの免責——となるのである。これは、いうまでもなく連帯債務関係の破壊であって、併列的全額責任の形態によって債権の強効をもたらすべき連帯債務の機能に反する。とすれば、債務者が単独の場合以上の必要さをもって、連帯債務における更改の認定には慎重さが望まれる、といっても過言ではないであろう。

5　相殺の効力・相殺援用権

（一）　相殺の効力　一債務者の相殺援用の結果が他の債務者にも影響する（民四三六条一項）ということに関しては判例はみあたらず（もっとも【42】の事案を参照）、相殺によって消滅した債権の復活に関する次の破棄判決が存するにすぎない。事案はこうである。被上告人Yの先代と訴外Aとは B からの借用金につき連帯債務を負担していたが、右連帯債務を連帯保証した訴外CとBとの間に相殺が行なわれて、CはBの権利に代位しその権利を上告人Xに譲渡。XはYに対して強制執行。ところが、BC間の相殺は合意解除されていたので、Yは、債務が復活した以上Xの強制執行は許されぬと異議を申し立て、Xは、右合意があっても強制執行はなしうると反論。第一審第二審ともY勝訴となったので、Xは、(1)相殺の解除がなされても第三者に効力を及ぼさない（民五四五条一項）、(2)主債務者の同意なくしてはいったん有効に消滅した債務を復活させえない、と上告。これは容れられて、次のごとく破棄差戻となる。

【40】「原判決ハ『……C及Bハ合意ヲ以テ右ノ相殺ヲ為サザリシコトニ取極メタルヲ以テ、之ニ因リ貸金元利金ハ総テ消滅セザリシコトニ帰セシモノナル旨』ヲ判示セリ。然レドモ……右貸金債権ニシテ当事者ノ合意ニ因リ一旦消滅ニ帰セシモノトセバ、之ト同時ニY先代ハ其ノ連帯債務ヲ免レシモノナルガ故ニ、後ニ至リC及Bノ合意ヲ以テシテ一旦消滅セシ債権債務其ノモノヲ復活シ以テ消滅前ニ於ケルト同一ノ権利状態ニ復セシメ、Y先代ヲシテ再ビ其ノ従前ノ連帯債務ヲ負担セシムルガ如キハ右両名ノ為シ得ザルトコロナリ。蓋同一ノモノヲ遡及シテ再生セシムルコトハ事実上不能ニシテ、契約自由ト云フト雖事実上不能ナルコトハ之ヲ為スニ由無ケレバナリ。但右両名ノ合意ニ因リ旧債権債務ト等シキ別個ノモノヲ新ニ成立セシムルハ不可ナク、而シテY先代若ハYニシテ右ノ合意ニ同意シ従前ト等シキ連帯債務ヲ負担スルニ異議ナキトキハ同様ノ債務ヲ是認シ得ベキノミ。故ニ之ガ判示ニ付テハ少クモYノ側ニ於ケル右同意ノ有無ヲ確定セザルベ

カラザル筋合ナリトス……」（大判昭三・二・一五民集七・二五五）（吾妻・判民二五事件、末川・論叢二一巻二号三〇六頁）。

右の両評釈とも結論には賛成せられるが、事実上不能だからという理由づけに対しては、意味不明（末川評釈）、非法律的（吾妻評釈）と批判しておられる。

（二）　相殺援用権　　民法四三六条二項の援用権は、決済を簡便にしかつ反対債権ある債務者を保護しようとする趣旨だと説かれているが、これについて判例は二つある。

その一つは、反対債権を有する連帯債務者の一人が破産宣告を受けても、他の連帯債務者は相殺権を有すると判示する。金額のやや大きい事件であるが、上告人XおよびAB訴外ABは共同経営をなし被上告人Yに対し三万四千円弱の代金債務を連帯で負担していたところ、Yに対し五千円の反対債権を有するBが破産宣告を受けた。原審は、破産者Bに相殺権のないことからXの援用権も否定したので、Xは「破産者ノ一人ガ其破産宣告前ニ於テ取得シタル債権ヲ以テ相殺ヲ主張シ得ベキコトハ、之ヲ禁止セル規定ノ存セザルニヨリ明瞭ナリ。然ラバ他ノ連帯債務者ハ之ヲ用イテ相殺ヲ主張シ得ベキコト又明ナリ」と上告。大審院は原判決を一部破棄した（次出菊井評釈は、ことごとく民法によるという点を除いて賛成）。

【41】「相殺権ニ関スル破産法ノ規定ハ、破産債権者ガ相殺ヲ為スニ付相殺ニ関スル民法ノ規定ヲ或場合ニ拡張シ又或場合ニ制限シタルモノニ外ナラズ。即換言スレバ破産債権者ガ相殺ヲ為ス場合ニ付或種ノ特例ヲ設ケタルニ過ギザルモノニシテ、破産債権者ノ為ス相殺ニ付テモ右特例ノ場合ノ外ハ総テ民法ニ依拠スベク破産者ノ債権ヲ以テスル相殺ニ至リテハ一ニ悉ク民法ニ準由スベキ趣旨ナルコトハ疑ヲ挾ム余地ナキトコロニシテ、破産者ノ為ス相殺ハ固ヨリ破産管財人ニ依リテ為サルベキモノナルモ、本件ニ於テ破産者タルBト連帯債務者ノ関係ニ在ルXハ民法第四三六条第二項ノ規定ニ則リ自ラBノ債権ヲ以テ相殺ヲ援用スルコトヲ得ベク、従テ原審ハ宜シク先ヅBノ債権ニ関スルXノ主張ヲ釈明シテ該債権ノ在否ヲ確定シ、若其ノ債権ニシテ存スルモノトセバ前示民法ノ規定ヲ適用シテ相殺ノ結果ヲ判定スベキモノトス」（大判

昭七・八・二九民集一一・二三八五）（菊井・判民一八九事件）。

もう一つは、債権譲渡通知の時期や確定判決の効力などがからみあって若干複雑だが、相殺援用権行使の効果に関するケースである（ただし、見方によっては相殺利益の主張そのものに関する事件ともいえる）。上告人X_1は訴外A無尽会社に対し準消費貸借によって債務を負担したが、これに上告人X_2および訴外BCが連帯債務者となったところ、Aは昭和八年三月二七日右X_1らに対する債権を被上告人Yに譲渡し、その旨を$X_1$$X_2$には三月三〇日に、BCには五月二二日に、それぞれ通知した。他方、X_1は訴外DからAに対する債権を三月二八日に譲り受けて、四月九日にDから譲渡通知をし、同時にX_1はYに対して相殺の意思表示をした。Yはその後BCを訴求したが、彼らの相殺援用が容れられて、相殺の限度における債権消滅を認めた判決が確定。本訴ではX_1らは右相殺の意思表示およびこの判決を援用したのであるが、原審は、⑴X_1の債権取得前にYの譲受の対抗力が生じているので、X_1の相殺抗弁は効力を生じない、⑵確定判決の効力はX_1らに及ばない、と判示。そこで、「B及CガX_1ノY前主ニ対スル債権ヲ援用シテYニ相殺ヲ対抗シ、一部若クハ全部ノ債権消滅ノ効果ヲ発生スル時ハ、他ノ連帯債務者タルX_1等モ其ノ効果ニ浴ス可キモノ」と上告するが、次のように斥けられた。

【42】「本件債権ノ連帯債務者タルBC等ニ於テ、他ノ連帯債務者タルX_1ガ本件債権ノ譲渡人タルA無尽株式会社ニ対シ有シタル債権ヲ以テ本件債権ノ譲受人タルYニ対シ相殺ヲ援用シ、之ヲ認容シタル確定判決ニ依リ右両名ハ該相殺ノ範囲ニ於テ債務ヲ免レタリトスルモ、同人等ハ連帯債務ノ負担部分ヲ有セザルノミナラズ、同人等ノ為シタル右相殺ノ自働債権ハYガ本件債権ヲA会社ヨリ譲受ケタル後ニ於テX_1ガDヨリ譲受ケタル右会社ニ対スル債権ナルヲ以テ、X_1自身ニ於テ右譲受債権ヲ以テYニ対シ相殺ヲ主張スル能ハザル関係ニアリテ、X_1ガ該債権ヲ以テYニ対シ為シタル相殺ハ其ノ効ナキコト原審判定ノ如クナルガ故ニ、斯ル関係ニ於テX_1等ハ右BC等ガ右ノ如ク相殺援用ニ依リ免レタル範囲内ニ於テX_1等ノ負担スル本件連帯債務ヲ免ルルコトヲ得ザルモノト解スベキモノトス。即X_1等ハ右両名ガYニ対シ為シタル相殺ノ利益

ヲ受クルコト能ハザルモノト謂ハザルベカラズ。原審ガ此ノ点ニ付右ＢＣ両名ニ対スル判決ノ既判力ハX_1等ニ及バザルコトヲ理由トシテX_1等ハ右両名ノ相殺ノ効果ヲ受ケザルモノノ如ク判示シタルハ、其ノ当ヲ得ザルモノニシテ理由不備タルヲ免レズト雖、X_1等ガ右両名ノ相殺ノ効果タル利益ヲ受ケザルコト前説示ノ如クナルヲ以テ原判決ハ結局正当……」（大判昭一二・一二・一一民集一六・一九四五）（兼子・判民一三六事件、勝本・民商七巻六号一〇六九頁）。

両評釈とも、判示の結論つまりX_1らが相殺の利益を受けられないという点には賛成である。が、勝本評釈は、ＢＣの相殺援用権を採りあげ、X_1自身が相殺を主張できない場合にＢＣがそれを援用できる理由はないとされる（なお、勝本・中(1)一六四頁参照）。また、兼子評釈は、二項の相殺援用権が自己の弁済を拒絶する抗弁権を認めたにとどまる（＝反対債権を有する債務者に代わって債務を消滅させる権利まで認めたものではない）と解する場合にのみ、本判示の結論は可能だとされる（相殺援用権の意義・効果については、右評釈のほか、兼子・連帯債務者の一人の受けた判決の効果（民事法研究Ⅰ）三八七頁以下参照）。なお、兼子博士は、相殺を有効とする判決の効力についても論及せられるが、これについては後述する。

6　免除とその効力

（一）　免除の絶対的効力と負担部分との関係　　連帯債務者の一人に対する債務の免除は、その者の負担部分の限度で他の債務者に対しても債権消滅の効果を生ずる（なおその場合に裁判所は、免除を受けなかった債務者との関係においても、負担部分の限度で債権者の請求を排斥しなければならない【33】の判示第二点）とされているから（民四三七条）、本来は債務者間の内部関係にすぎない負担部分も、債権者の積極的行為を媒介として彼自身の満足を大きく左右する。このことははじめに述べたとおりである（本書一八七―八九頁）。また、免除の絶対的効力性は、契約連帯においてのみならず、何ら意思共同関係のない場合における共同不法行為についても形式的な論理操作によって認められている（前出【22】がまさにこのケースだが、近時の学説はそれに反対する）。

ところで、表題の問題に関する最初のケースは、連帯債務者たるX（上告人）らが、本件債務の負担部分はすべて連帯債務者の一人A（訴外）にあるから、債権者Y（被上告人）がAに対しその債務を免除すれば自分たちは全く免責されると上告したのであるが（YがAの全債務を三十円で釈放したから、Yらの負担部分はそれが生ずる前にその根本が消滅したという主張は、こじつけだ）、合意による負担部分が認定されて上告棄却。

【43】「民法第四三七条ニ所謂連帯債務者ノ負担部分ハ債務ニ付各債務者ノ利益ヲ受ケタル割合ニ応ジ或ハ債務者間ノ合意ニ依テ定マルベキモノナリ。而シテ原判決ニ認定シタル事実ニ依レバ、本件ハA一人ノ債務ニ付X等ガ連帯シテ主タル債務者ト同一ノ責任ヲ負担シタルモノナルニ依リ本件ノ債務ニ付利益ヲ受ケタルモノハA一人ナレバ、此場合ニ於テ債権者ナルYガAニ対シ本件債務ノ全額ヲ無制限ニ免除シタルトキハX等モ共ニ其責ヲ免ルべキ筋合ナレドモ、YガAニ対シテ免除シタルハ債務者間ノ合意ヲ以テAノ負担分トシタル三十円ノミナレバ、民法第四三七条ノ法意ニ従ヒYノAニ対スル債務ノ免除ニ付連帯責任者タルX等ニ免除ノ効力ヲ有スルハAガ免除ヲ受ケタル金額ニ止マルベキナリ。故ニ原裁判所ガ、Yニ於テAニ対シ債務ノ一部ヲ免除シタルモ……X等ガ係争債務ノ全額ニ対スル責任ヲ免ルル理由ト為スヲ得ズト判断シタルハ相当……」（大判明三七・二・一民録一〇・六五）。

この【43】は、さらに次の【44】において先例とされた。ただし、今度の上告人は債権者Xであって、連帯債務者の一人A（訴外）の債務を免除してもう一人の債務者Y（被上告人）に請求したところ、Aが全部の負担部分を負うのでYは免責されるとの抗弁を受けた事件である。上告理由は、債権者はふつう負担部分が平等だと考えて然るべきものだから「XガY主張ノ如クYニ負担部分ナキコトヲ知リテ免除シタリトノ理由ヲ説明セズ、単ニAニ対シテ免除シYニ負担部分ナケレバ之ニ因リテYハ全部免責セラレタリトノ判定ハ理由不備」だと原判決ヲ攻撃。しかし大審院は、負担部分が受益割合または特約で決まるとして【43】を引いた後、左のように上告を棄却。

【44】「而シテ債権者ガ連帯債務者ノ一人ニ対シ債務ノ免除ヲ為スニ当リ其債務者ノ負担部分ヲ知ラザルモ、之ガ為メ

ニ其負担部分ニ影響ヲ及ボサザルヲ以テ、同条ニ依リ他ノ債務者ニ及ボスベキ免除ノ効力ニ消長ヲ来タスベキモノニ非ズ。……本訴金額ハＹニ於テ毫モ費消セズＡ一人ニテ其全部ヲ費消利得シタル為メ之ガ弁済ニ付テモＡ一人ニテ全部ヲ負担スベキ契約両人間ニ成立シタリト云フニ在ルコトハ（筆者挿入――原）判文ノ明示スル所ナレバ、右両人間ノ負担部分ハＡニ於テ本訴金額ノ全部ヲ負担シＹハ毫モ負担スベキモノナキ事実ナルヤ明ナリ。然レバ債権者タルＸガＡノ負担部分ヲ知ラズシテ其債務ヲ免除シタリトスルモ、其免除ハＡノ負担部分タル本訴金額ノ全部ニ付キＹノ利益ノ為メニ効力ヲ生ジ之ニ因リテＹハ全然其債務ヲ免レタルモノト謂ハザルヲ得ズ。故ニ本件請求ノ当否ハＸガＡニ対シ債務ノ免除ヲ為ス際其負担部分ヲ知リタル事実ノ有無ニ関セザルヲ以テ、原院ガ其事実ヲ説示セザリシトテ違法ニアラズ」（大判明四一・九・二七民録一五・六九七）。

下級審判例も、負担部分の限度で絶対的効力を生ずるとする点では右の諸判例と変りがないが、負担部分の認定において（東京地判明三八・六・二四新聞二九六・一二）、あるいは特約がないという理由だけで――つまり受益の割合を考慮せずに――（東京控判大一三・一一・一七新聞二三二七・一七）、それぞれ負担部分を平等と推定しているので、その立場では、免除を受けなかった連帯債務者が全く免責される（＝裏返せば債権者が全く満足を得られない）という結果はこれを生じないわけである。

ところで、連帯債務者の一人に対して債務を免除すれば負担部分の限度で他の債務者も免責されるということは、だいたい債権者が余計なこと（ことに時効完成の場合との対比上）をするのがいけないのだとでもいえば話は別だが、近時の学説では、債権者の地位を不当に弱める（山中・連帯債務の本質（石田還暦私法学の諸問題Ⅰ）三九一頁）、担保力を減殺することになる（於保・債総二〇九頁）という批判がなされるようになっている。これらの評価は、とりもなおさず連帯債務をもって債権強効・債権担保の制度として把握せられるからにほかならず、正当であるが、この立場に立てば次のようなこともいえるのではなかろうか。

まず、判例上、免除の絶対的効力性は不動の鉄則とされているかどうかを検討する必要があるのではないだろうか。けだし、債権者の満足をともなわない債権消滅原因（免除もこれに属する）が、単に相対的効力しか生じない事由となる余地を認められるならば（ことに特約がなくとも）、債権の効力はもちろん強化されるからである。条件付免除・相対的免除の問題として、次に述べよう（㈡参照）。

もう一つは、免除の絶対的効力そのことにはふれずして、指摘される欠陥を是正する操作についてである。端的に負担部分平等原則を前面に出してきても役立つことは、右に紹介した下級審判例からもうかがえるが（ただしこの操作は一面のみを解決するにすぎない）、このほか、負担部分は債権者の認識がなければ平等と推定すべしとなす見解（【8】に対する東評釈や柚木・下三八頁）も、【44】の生む結果を緩和する点で積極的機能が認められるであろう（ただし判例はその立場ではない）。

㈡　条件付免除・相対的免除　「相対的債務免除」という言葉は熟しておらないが、相対的効力しか生じない債務免除という意味で用いたい（かかる相対的免除を有効とみるのは勝本・中⑴一五二頁、その有効性を頗る疑問だとするのは近藤＝柚木・中八四頁）。条件付免除とこれとをあわせて説くのは、実際の判例で両者が重なっているためにほかならない。なお、債務免除はわが民法では単独行為だから、「債権者ガ一部ノ連帯債務者ニ対シ他ノ連帯債務者ガ支払ヲ為サザル場合ノ外其請求権ヲ行使セザルコトヲ約スルガ如キハ、契約当事者タル債務者ニ対シ債権者ノ契約違反ノ場合ニ一ノ抗弁権ヲ付与スルニ止マリ債務ノ免除ニアラザルハ勿論」（大判大七・九・二六民録二四・一七三〇）ともされているが、次に掲げる判例の事案は二例とも、単独行為ではなく契約でありながら、これを債務免除の問題として論じたものである。

最初の判例は、「第一、被上告人Y（連帯債務者）ハ金七十五円ヲ上告人X（債権者）ニ支払ヒXハYニ対スル債権ヲ放棄スルコト。第二、XハＸ他ノ連帯債務者ニ対シ債権全額ヲ請求シ得ベキコト。第三、若シYガ……Xノ他ノ連帯債務者ニ対スル債権ヲ喪失セシムルニ至ルトキハ、契約無効ト為リYヨリXニ授付シタル金七十五円ハ違約金トシテXニ於テ収得スベキコト」という契約がなされた場合に、Xが免除・弁済の絶対的効力性を理由に右契約の公序良俗違反・条件の不法を上告した事件であるが、原判決は破棄された。

【45】「抑モ連帯債務者ノ一人ニ対シテ為シタル債務ノ免除ハ其債務者ノ負担部分ニ付テノミ他ノ債務者ノ利益ノ為メニモ其効力ヲ生ズトハ民法第四三七条ノ規定スル所ナレバ、如上Yノ受クル債務免除ハYノ負担部分ガ弁済金七十五円ヲ超過スルトキト雖モ其負担部分ニ付テ他ノ連帯債務者ヲシテ当然弁済ヲ免カレシムベキモノナリ。而シテ該規定ハ当事者相互ニ転償ヲ求ムルガ如キ無用ノ煩労ヲ避ケ併セテ其間ニ無資力者ヲ生ジ不公平ノ結果ニ陥ヰル虞アルニ由ルモノナレバ、前顕契約ニシテXガYニ対シテ其支払金以外ノ債務ヲ免除スル代リニ他ノ連帯債務者ヲシテ免除ノ利益ヲ受ケザラシムル為メ、Yガ之ヲ通知シ若クハ援用セシムルコト等ヲ禁止シ附スルニ契約全部ヲ無効ト為シ違約金ヲ収得スル制裁ヲ以テシタルモノナランニハ、是レ正ニ法律ノ予期スル結果ヲ惹起スルコトヲ顧慮セザルモノニシテ、之ヲ以テ直ニ契約ノ目的ガ公ノ秩序又ハ善良ノ風俗ニ反スル事項ノ上ニ存ストハ謂ヒ難キモ不法ノ条件ヲ附シタル法律行為ニシテ無効タルヲ免カレズ。然レドモ契約ノ条項ニシテ彼此相分離スルコトヲ得テ不法条件ヲ債務ノ免除ニ附シタルモノニアラザルニ於テハ、原院ハ須ク其理由ヲ判示シ契約ノ有効ナル所以ヲ明ニスベキナリ。然ルニ原判決ガ……公ノ秩序又ハ善良ノ風俗ニ反セザル有効ノ契約ナリト為シタルハ法則ヲ適用セザル不法アルモノ……」（大判明四〇・三・一八民録一三・三〇二）。

相対的免除の効力を疑問視する見解は、求償循環に反対する旨を述べつつこの【45】を引用しているが（近藤＝柚木・中八四頁）、転償の回避は、負担部分＝内部関係説（判例の立場）からすれば、次掲【46】に出てくるように必ずしも絶対的な要請ではない。なお、この【45】は古い判例であって事案が不明である（自己に有利な契約を結んだXが契約無効を主張した事情がそもそもわからぬ）。したがって、裁判所が、他の連帯債務者の無資力などの事情があってXに満足を得させるために民法四三七条を強調したのか、それとも、Xがどちらに転んでも債務額プラス七十五円を収得する結果を不当とみたため契約無効としたのか、が何とも推測できず、本判決の先例的妥当性の範囲も決しかねる。だが、それはともかくとして、少なくとも相対的債務免除（ことに他の債務者の援用を排斥すること）がそれ自身として不法条件と認定されておらず、他の事情（なかんずく違反の場合における制裁）を要件構成事実として併結させることによって契約が無効と判示されたようにみえる点には注意しておきたい。

次は、債務者の一人が免除を受けても他の者がこれを援用できないとする棄却判決であって、そのための理由として条件付免除が問題となっている事例である。判示事項や次に掲げる判決理由の省略点線以前の部分などをみると、純粋の連帯債務者についてであるようにみえるけれども、実は、債務者の一人とは主債務者A（訴外）であり、他の債務者とは連帯保証人X（上告人）である。事件の概要はこうである。債権者Y（被上告人）は、右Aとの間に、Aが弁済した後の残余債権をXに対し請求した場合にXがその債務を弁済することができないときは、YはAに対してはその債権を放棄する、という旨の示談契約を締結した。ところが、これを知ったXは、Yからの請求に対し、右の示談の効果として自己も免責されると抗弁。原審で敗訴したXは、負担部分のない（けだし彼は連帯保証人だから）自己がYに弁済しなければならぬとすれば、全部の負担部分を負うAはさらに自己に対し弁済しなければならないが、「斯ノ如キ示説ヲ為ス事ハ絶対ニ生ジ得」ないと上告。

【46】「連帯債務者ノ一人ニ対シテ為シタル債務ノ免除ハ其債務者ノ負担部分ニ付キ他ノ債務者ノ利益ノ為メニモ其効力ヲ生ズルコトハ民法第四三七条ノ規定スル所ナレドモ、債権者ハ或条件ヲ附シテ負担部分ヲ有スル連帯債務者ノ債務ヲ免除スルコトヲ妨ゲザルガ故ニ、右ノ規定ハ債権者ガ負担部分ヲ有スル連帯債務者甲ニ対シ、負担部分ヲ有セザル他ノ連帯債務者乙ガ其債務ノ弁済ヲ為スコト能ハザルトキハ甲ノ債務ヲ免除スベキ契約ヲ為スコトヲ妨グルモノニ非ズ。而シテ叙上ノ契約ヲ為シタル場合ニ負担部分ヲ有セザル債務者乙ガ債権者ニ対シテ弁済ヲ為シタルトキハ、乙ハ甲ニ対シテ求償権ヲ行使スルノ結果甲ハ一面ニ於テ債権者ヨリ債務ノ条件付免除ヲ受ケタルニ拘ハラズ他ノ一面ニ於テ乙ニ対シテ弁償ヲ

為サザル可カラザルノ結果ヲ生ズルコトアルベシト雖モ、這ハ連帯債務者間ノ内部関係タルニ止マリ斯カル結果ヲ生ズルコトアルノ故ヲ以テ叙上ノ契約ヲ為スコト能ハザルモノト云フヲ得ズ。……従テXハYガ主債務者タルAヲ条件付ニテ免除シタルコトヲ理由トシテ自己ノ当然負担スル債務ノ弁済ヲ拒否スルコト能ハザルヤ明カナリ」（大判大九・一〇・三〇民録二六・一八一二）。

この【46】は、Xの履行不能を条件としてAの債務を免除したことが明らかに認定されているから、Xが履行責任を負うことは当然であるとともに、いわゆる相対的免除そのことに関する適例とはいえない。ただ、【46】は、【45】の理由づけの一部と異なり、求償循環が禁ぜらるべき背理でないことを明言した点において先例的機能を発揮する余地があり、ことに連帯債務が保証債務とともに債権担保制度として把握されるようになれば（【19】参照）、判例法理の側からみて、絶対的効力を生じない一債務者の免除という構成（もちろんこれは債権の効力強化へと働く）も、あながち不可能だとは速断できなくなるのではないだろうか。

もっとも、相対的免除の能否はその後大審院には現われず、最近の下級審判決に、「本件においては、Y（被告・連帯債務者）に対し残額全部を請求する意思を明らかにしたものである以上、X（原告・債権者）のA会社（訴外・連帯債務者）に対してした『残額打切』の意思表示は、少くとも債務免除には属しない意思表示である……」「右『債務打切』の意思表示は、債務は債務として残しながら右会社に対してはもはやこれを請求しないという意思を表示したもの」（東京地判昭三二・七・二〇下級民集七・七・一九八二）との見解がみられるにすぎないが、これは、諸事情を考慮したうえでの認定であるとはいえ、考え方として注目に値いしよう（相対的免除については、なお椿・多数当事者の債権関係（民法例題解説Ⅱ（本著作集1「**13**多数当事者の債権関係(2)」）五〇—五一頁も参照）。

(三) 一部免除　免除が債務額の一部について行なわれた場合に関しては、免除契約の当事者が債権者と第三者であっても有効だとする判例（大判昭一八・六・二法学一三・四・六一）もあるが、問題を含むのは次の判例【47】である。もっとも、事案は保証人間に連帯関係（いわゆる保証連帯）のある連帯保証であり、かつまた、内部的求償の前提として一部免除の効力いかんが争われているのであるが、便宜上ここで述べる次第である。

上告人Xは訴外ABとともに、訴外C会社が訴外D信託会社より五万円を借用するにあたって連帯保証人となったが、後に被上告人Y先代がこれに連帯保証人として加入し、結局四人の連帯保証人が立つこととなった。D会社より請求を受けたY先代（途中でY自身となる）は、裁判所に調停を申し立てて二万円を弁済すれば残りは免除してもらうことに話が決まり、二万円を支払ってXらに償還請求した（なお各自の負担部分は平等）。原審は、二万円の四等分すなわち五千円ずつをXら各自に請求できると判示したので、Xは、「全クXノ意思ニ関係ナク連帯債務ヲ負担シ」たYの求償権の範囲については民法四六二条を類推適用すべく、原審は法則の適用を誤っていると上告。大審院はこれを斥けていわく、

【47】「本件消費貸借債務ハ主債務者タルC株式会社ノ為商行為タル行為ニヨリ生ジタルモノナルコト原審ノ確定セル所ナレバ、商法（改正前）第二七三条第二項ニ依リ本件各保証人（合計四名）ハ孰レモ主債務者ト連帯シテ保証債務ヲ負担スルト共ニ保証人間ニ於テモ連帯ノ関係ヲ有シ且ソノ各自ノ負担部分ハ之ニ付特別ノ定ナキ以上原審判定ノ如ク平等ト解スベク、所論ノ如クY先代ノ保証ガXノ意思ニ関係ナクシテ為サレタレバトテソノ結果ニ差異ヲ生ズベキモノニアラズ。然ルニ原審ノ認定ニ依レバ、Y先代ハ債権者ヨリ本件金五万円ノ保証債務中元金三万円及利息全部ノ免除ヲ受ケタル上残金二万円ヲ弁済シタリト謂フニ在リテ、且本件保証ハ保証人間ニ於テ一種ノ連帯債務関係存スル場合ナルガ故ニ、右免除ノ他ノ保証人ニ及ボス効力ニ付テハ当然民法第四三七条ニ従フベク、只本件免除ハ元金ニ付テハ一部ノ免除ナレバ、ソノ全部ノ免除アリタル場合ニ比例シタル割合ニ於テ、即チ金七千五百円ノ限度ニ於テY先代ノ負担部分ニ付他ノ保証人ノ利益ノ為ニモソノ効力ヲ生ジ（利息ニ付テハ全部ノ免除ナレバY先代ノ負担部分全額ニ付右効力ヲ生ズ）、而シテ右ノ如ク他ノ保証人ノ為ニ効力ヲ生ズル範囲ニ於テハ之ニ応ジテY先代ノ負担部分減少スルモノト解スルヲ相当トス。従テ免除ヲ受ケタ

ル以後ノY先代ノ負担部分ハ結局元金五千円（利息ニ付テハ負担部分零ニ帰シ、元金ニ付テハ当初ノ負担部分一万二千五百円ヨリ右七千五百円ヲ控除シタル残額）ナルコト算数上明ナルト共ニ、同先代ハ民法第四六五条第四四二条ニ従ヒ……二万円中自己ノ負担部分タル右金五千円ヲ超ユル残額金一万五千円ニ付X外二名ノ保証人ニ対シ平等ノ割合ニ於テ之ガ求償権ヲ行使シ得ベキモノトス。去レバ原審ガ右求償額ヲ算出スルニ付示シタル見解ハ当ヲ得ズト雖、原判決ノ主文ハ結局相当……」（大判昭一五・九・二一民集一九・一七〇一）（野田・判民九七事件、西村・民商一三巻四号六一三頁、岩田・法学新報五一巻六号九二九頁）。

本件は、はじめに言及したとおり連帯債務者（正確には、保証連帯の関係に立つ連帯保証人）相互の求償に関するケースである。しかもYは、C会社の重役を追い出して自ら取締役に就任しXらの知るところなく連帯保証人になったという事情にあるため、Xが求償範囲について異を申し立てたのである。それゆえ、上告審における争点は、民法四四二条（民四六五条による準用）に基づき負担部分についてはあっさり求償を認めるか、それとも共同の連帯保証人Xらの意思を尊重し民法四六二条を類推適用して求償を制限するか、にあった。その場合、大審院が前者を選びつつも「全部ノ免除アリタル場合ニ比例シタル割合」と述べて、一部免除の場合における民法四三七条の解釈論を定立したことは、連帯保証人の委託を受けずに（ないしその意思に反して）連帯保証人となった者の求償範囲を若干でも制限しよう、とする意図に出たものとみることができないだろうか。

この判例の結果が求償制限になっていることは、次の柚木説の考え方と比較すれば明らかである。すなわち、教授によれば（柚木・下三〇頁）、免除額が全部であっても一部であってもYの負担部分が零となることには変りがないので、本件Yの求償額は、彼が弁済した二万円を彼以外の債務者三人で割った六千七百円弱になるのである（この説は、全部免除と一部免除とを区別しない建てまえのもとでは、すなおな解釈だと評されている。於保・債総二一〇頁註七）。もっとも、野田評釈の結論では、判例よりさらに求償額が少なくなるのであって、Yは各自に対し二千五百円ずつ求償できるとせられるが、これは直接には右に述べた意味での求償制限を意図せられたものでない。同評釈の根底には、民法四三七条の実質的理由が債権者に対して負う額と他の債務者から求償される額とは一致しなければならない点にあるとする考えがあり、それから計算をいろいろな場合について試みられるのであるが、本件では二万円からYの負担部分（教授の見解では免除により全く影響を受けない場合に属するので一万二千五百円）を控除した額の三等分がYの求償額となるのである。西村・岩田両評釈は、結論においては判旨と同じく五千円ずつの求償を認められる（ただし理論構成はおのおの特徴ある考え方を示される）。

なお、この【47】に関しては、「担保力の減少を防止しようとする意図にでたものであるならば、この判例は必ずしも反対せらるべきではあるまい」（於保・債総二二〇頁註七）という評価がなされている。たしかに、免責の基礎となる負担部分が少なく算定されることは、債権者の側からすれば請求額が大きくなる点で重要な意味をもつ。しかし、このことは、将来の判例に期待される先例的機能であって、求償事件に関する【47】の先例的評価そのものでないこともちろんであろう。

（四）　その他　まず、裁判上の和解と民法四三七条の関係について。上告人Xは訴外Aほか二名とともに被上告人Yに対し連帯債務を負担していたが、Yは、Aに対して訴を提起し裁判上の和解により百三十五円の債務額を六十円に減縮した後、Xを訴求。原審は、裁判上の和解には相対的効力しかないという理由に基づいて、放棄分七十五円についてはは弁済の義務を負わないとするXの抗弁を斥けた。そこで、Xは、放棄部分は債務免除だから四三七条によってXにもその効果が及ぶ、とすれば原審は負担部分や免除の効力を審理しなければならないはずだ、と上告して容れられた（次出末川・杉之原両評釈とも賛成）。

【48】「債権者ガ連帯債務者ノ一人ト為セシ裁判上ノ和解ト雖其ノ内容ニシテ債務ノ免除ニ相当スル部分アルトキハ、其ノ部分ハ債務ノ免除トシテ之ガ効力ハ民法第四三七条ノ定ムルトコロニ従ヒ当該債務者ノ負担部分ヲ限度トシテ他ノ債

務者ニ及ブモノナリト解スルヲ相当トス。……原審ニシテX二連帯債務アルコトヲ是認セル以上、更ニ進ンデ如上抗弁事実（筆者註──Xの免責）ノ有無並右A等ノ負担部分如何ヲ究明シ以テXノ債務ノ範囲ヲ確定セザルベカラズ。然ルニ……輙クXノ右仮定抗弁ヲ俳斥シタルハ……違法アルモノ……」（大判昭二一・一二・二四民集六・七二三）（杉之原・判民一一三事件、末川・論叢二〇巻四号九六二頁（→破棄判例民法研究Ⅰ一九九頁））。

次は、債務免除契約のほかに代物弁済契約を締結する必要ありとされた事例である。事案・争点は明瞭ではないが、被上告人Yを除く連帯債務者が不動産および金七百円を債権者X（上告人）に交付して連帯債務の免除を受けると同時に、右不動産を時価で本件債務の代物弁済に充当する協定を結んだ。Xは、Yとの間で敗訴したのに不服をもったためか、右交付は免除の対価であって代物弁済といえない、時価によって充当すべきではない、と原審の認定を非難。

【49】「代物弁済ニ依リ遂ニ債務ノ全部カ消滅スヘキトキハ更ニ連帯債務免除ノ契約ヲ締結スルノ必要ナキコト論ヲ俟タスト雖、前記ノ如ク代物弁済セラル可キ債務額ノ範囲カ具体的ニ定マラサル時期ニアリテハ、連帯債務免除契約ノ外ニ代物弁済ノ契約ヲ為スコトハ其ノ必要ヲ見ル所ナルヲ以テ、前記両契約ノ認定ハ観念上毫モ矛盾スルモノニアラス」（大判昭八・六・一七新聞三五七六・一五）。

7　混同とその効力

混同の効果については、代位つまり内部的効果に関する【81】が存するだけで、他は混同の成否に関する事例である。すなわち、【93】【94】は債権の分割転付の場合に混同とならない旨を述べており、また下級審の或る判決（東京控判昭一二・九・三〇新聞四二一〇・七）は、連帯債務者の一人が他の連帯債務者を相続した場合にその相続人が限定承認をしたときには「其ノ個有ノ債務ト相続ニ因リ承継シタル債務トハ各責任ノ範囲ヲ異ニスルニ依リ之レ等両債務ヲ存続セシムベキ実益アルヲ以テ、両債務ハ混同セザルモノ」としている。

8　時効完成および時効利益放棄の効力

（一）　序　民法四三九条は、連帯債務者の一人の時効が完成した場合に負担部分の限度で絶対的効力を認めているが、その趣旨は、時効完成者にその利益を受けさせ法律関係の決済を簡便にするためだと説明されている（決済の簡便化のみを挙げる見解もある）。ところで、この絶対的効力性の評価については、学者は、債権者が時効未完成でかつ資力ある債務者から弁済を受けるつもりで完成者の処置をしなかったような場合には、債権の効力・満足を弱体化させ妥当ではないとしている（たとえば、我妻・債総二〇三頁、於保・債総二一〇頁、山中・債総一七六頁）。この不当性は負担部分を知らない債権者においてことに顕著だとされるが（我妻・債総二〇四頁、松坂・債総一二六頁参照）、以下では判例に現われた諸場合を時効利益の放棄の効力も含めて眺めてみる。

なお、昭和一三年までは、商人Aと非商人Bとが連帯債務者になったときは時効期間に差異のあることから、Aの商事時効が完成した場合Bの責任はどうなるかが問題とされ、判例は、Bには民法（したがって民四三九条）が適用せられAの負担部分についてのみその義務を免かれるとしていた（大判大五・一一・二一民録二二・二二六四。同旨――大判昭六・三・一七新聞三二五九・一六）。けれども、商法三条二項の出現により、この問題はなくなったと解される。

（二）　時効完成の絶対的効力と負担部分との関係　時効の絶対的効力は完成者の負担部分と結合しているので、大なり小なりあらゆる事例はこの表題のもとに属する。だが、承認や差押と競合する事案については、（三）にゆずり、その場合における負担部分との関係もそこで問題にしたい。

さて、ここの問題に関する判例の一つは、上告人Xと訴外Aとが連帯債務を負っていたところ、Aにつき時効が完成しXは債務承認（時効利益の放棄としての承認のようだ）をした場合に、Xに対し借金全額およびその利息の支払を命じた原判決を破棄したものである。すなわち、

【50】「連帯債務者ノ一人ノ為メニ時効ガ完成シタルトキハ其ノ債務者ノ負担部分ニ付テハ他ノ債務者モ亦其ノ義務ヲ

免ルルモノナルガ故ニ、連帯債務者ノ一人タルAノ為メニ時効完成スルモ尚Xニ全額ノ支払義務アリト為サントセバ、須クAニ負担部分ナキコトヲ確定セザルベカラズ。然ルニ原判決ハ此点ヲ究明スルコトナク直ニXニ対シ貸金全額ノ支払ヲ命ジタルモノナルヲ以テ、審理不尽理由不備……」（大判昭一三・七・一一判決全集五・一六・一五、法学八・三・一一〇）。

次は、前出【6】の判示第二点であるが、負担部分が自己との特約なきかぎり平等だとする債権者Xの主張（これについては本書一八七頁参照）に対して、次のように棄却した。

【51】「然レドモ民法第四三九条ニ所謂連帯債務者ノ負担部分ハ、債務者間ノ合意又ハ各債務者ガ其債務ニ付実際利益ヲ受ケタル割合等債務者間ニ存スル事実ニ依テ定マルモノニシテ、之ヲ定ムルニ付債権者ノ意思ノ合致ヲ必要トスルモノニ非ズ。故ニ原判決ニ於テAトYトノ間ノ関係ニ於テハYニ何等ノ負担部分ナクAニ於テ其全部ヲ負担スベキモノナルコトヲ判示シ、以テAニ対スル時効ノ完成シタル以上ハYニ於テモ其債務全額ニ付時効消滅ノ利益ヲ受ケ得ベキ旨説明シタルハ正当……」（大判大四・四・一九民録二一・五二四）。

この【51】についても、判例法理（すなわち負担部分＝内部関係説）では債権者に酷であることが指摘されるであろうが、評価はともかく実定法の解釈としては、全部の負担を負うAにつき時効が完成した以上、Yが全く免責されるのは当然ということにならざるをえない。ところが、右のYについて承認・差押など時効中断事由が存する場合には、判例の見解ではYの責任はどう解されるであろうか。項を改めてそれに移ろう。

(三)　時効完成の絶対的効力と時効中断との関係　これは、連帯債務者の一人には時効が完成したが他の一人に時効中断事由がある場合、判例は時効の絶対的効力性をどのように解しているか、という問題である。ここでももちろん負担部分が顔を出してくるが、事例のうち【52】【54】【55】は時効完成者が全部を負担していたケースである。

まず、承認があった場合について――。その一つの事案は次のようである。被上告人Yは訴外AおよびBとともに訴外Cに対し連帯債務者となっていたところ（負担部分はBのみが全部）、上告人XはCからこの債権を譲り受けてYらに請求した。原審は、Bの時効が完成した以上全く負担部分のないYらの債務も四三九条により消滅するのは明白と判示したので、XはYを相手に、Yに債務承認の事実があり時効は中断されているから（ただし上告人は時効利益の放棄たる承認と時効中断事由たる承認とを混用しているが）、この点を審査しない原審は違法だと上告。しかし、次のように上告は棄却（次掲鳩山評釈は判旨に賛成）。

【52】「原判決ハ、本件連帯債務者ノ一人Bニ於テ債務ノ全部ヲ負担シ他ノ連帯債務者タルY外一名ハ負担部分ナカリシモノト認定シ、債務ノ全部ヲ負担セル右Bニ対シ……消滅時効完成シタルヲ以テ負担部分ナキYハ民法第四百三十九条ニ依リ其ノ義務ヲ免レタルモノト判断シタルモノナレハ、債権者Cニ対シYカ本件ノ債務ヲ承認シ之ニ因リ同人ノ本件債務ニ付時効ノ中断アリタリヤ否ヤノ所論事実ニ関シテハ之ヲ判断スル必要ナカリシモノト云フヘシ。左レハ原判決カ此ノ点ニ付判断スル所ナカリシハ当然ニシテ原判決ニハ所論ノ違法アルコトナク本論旨モ理由ナシ」（大判大一二・二・一四民集二・五二）（鳩山・判民一一事件）。

承認の効力に関するもう一つの判例は、前出【36】におけるX_1の上告を容れた部分であって、X_2の時効完成により、承認をしたX_1もX_2の負担部分について免責されると判示する。すなわち、

【53】「又同法第四三九条ノ規定ニヨレバ連帯債務者ノ一人ノ為ニ時効完成シタルトキハ其ノ債務者ノ負担部分ニ付テハ他ノ債務者モ亦其ノ義務ヲ免ルモノナルヲ以テ前示ノ如ク（筆者注——【36】参照）連帯債務者ノ一人タルX_2ニ対シテハ時効中断ノ事由アルコトナク従テ同人ハ其ノ負担部分ニ付債務ヲ免ルト同時ニX_1モ亦X_2ノ負担部分ニ付債務ヲ免レタルモノト謂ハザルベカラズ然ルニ原審ハ同人ニ対シテモ本件債務ノ全額ノ支払ヲ為スコトヲ命ジタルハ不法……」（大判昭二・一・三一新聞二六七二・一二、評論一六民法四一五）。

次は、差押が行なわれた場合について——。事案は、Y（被上告人）らおよびA（訴外）が連帯債務を負っていたと

ころ、債権者X（上告人）はYに三度催告し遂に差押をしたが、その間にAの消滅時効期間が経過したもののようである。差押を受けたYはAの時効完成を理由に異議訴訟を起し、XはAの時効が中断されたと抗弁するが、たまたまAの負担部分が債務額の全部であったため、XもYもオール・オア・ナッシングの岐路に立っている。原審で敗訴したXは、Yらにはしばしば時効中断を重ねていて、これはAの消滅時効の進行にも影響を及ぼすのに、原審がYらに対する時効中断事実の有無に言及しなかったのは理由不備・審理不尽と上告するが、上告棄却となる。すなわち、

【54】「民法第四百三十四条第四百四十条ノ規定ニ徴シ更ニ連帯債務ノ性質ニ稽フルトキハ、連帯債務者ノ一人ニ対スル時効中断ノ事由ハ履行ノ請求ニ限リ他ノ連帯債務者ニ其ノ効力ヲ生スルモ、其ノ他ノ差押・債務ノ承認等孰レモ其ノ効力ヲ他ノ連帯債務者ニ及ホササルモノナルコト明ナルヲ以テ、原審カ連帯債務者ノ一人タルXニ対シテ為サレタル差押及所論分割弁済ノ事実ニ関シ何等顧慮スルトコロナク、他ノ連帯債務者タル訴外Aノ為消滅時効ノ完成シタルモノト倣シタルハ当然ニシテ、論旨ハ其ノ理由ナシ」（大判昭六・一一・一四新聞三三七三・一〇、評論二一民訴三七、新報二八三・一三）。

最後の事例は、連帯債務者A（訴外）およびY（被上告人）のうち借用金を全部Aが利用した事案において、債権者Xが、自分はYに時効中断の手続をしているのに、これを判断しなかった原判決は違法と上告したケースであるが、この場合も次のごとく棄却。

【55】「原判決ハ連帯債務者ノ一人タルAノ負担部分ハ全部ニシテ而モ同人ノ為メニ消滅時効完成セリト判定セルモノナレハ、他ノ連帯債務者タルYハ民法第四百三十九条ニ依リ全然其ノ債務ヲ免ルヘキモノニシテ、同人ノ為メニ時効カ完成シタリヤ否ヤハ之ヲ判定スルノ要ナキモノトス」（大判昭一二・一〇・一二新聞二七七三・一五）。

大審院が、時効完成の判断にあたっては、承認や差押のような時効中断事由が他の債務者にあってもそれを全然考慮する必要がないとしていることは、それら事由が相対的効力しかない以上当然である。ただ、この判例法理に

よると、連帯債務者の一人が承認をしていてもそれは他の連帯債務者の時効完成を何ら阻止しないから、負担部分のいかんによっては【52】のように承認した者自身までが全く責任を免かれ、そのかぎりでは承認者自身に対する時効中断力もあってなきに等しいものとなる。負担部分を基礎として絶対的効力を認めるには慎重なれとする見解が特に時効完成を例とすることは（我妻・債総二〇一頁参照）、右の意味においても適切な警告である。

なおまた右の理に基づき、請求以外の時効中断事由は、⑴相対的効力しか生じないだけでなく、⑵はねかえって時効非完成者の責任をも軽減し時には消滅させるものだから、請求の効力とそれら事由との較差は、問題の事由が他の共同債務者に対して影響するかどうかだけではないわけである。したがって、民法四三四条にいわゆる請求と認められる（＝絶対的効力が認められる）か否かの判定には、慎重でなければならないはずであるが、前出【37】などでは、単純催告やそれに応ずる承認の問題が、民法総則的には当然であるところのロジックによっているとはいえ、やや軽く扱われすぎておるようにも思われる。別の機会にまた考えてみたい。

（四）　時効利益の放棄の効力　　時効完成後に連帯債務者の一人がその利益を放棄したときに関し、判例は学説と同様に、それが他の債務者に影響を及ぼさないとする。その根拠はもちろん民法四四〇条である。

まず、純粋の連帯債務者に関しては、「連帯債務者ノ一人ノ為シタル債務ノ承認又ハ時効ノ利益ノ放棄ハ他ノ債務者ニ対シ其ノ効力ヲ生ゼザルモノ」だから、一人が延期証を差入れても他の債務者X（上告人）には支払義務はないとする破棄判決（大判昭二・六・八新聞二七三一・一四）がある。ところが、上告理由は、連帯債務者の一人でない者に履行請求をしても他の債務者には影響を及ぼさない旨を主張しており、事実関係も明らかでないのみならず、公式の判例集にも収録せられなかった。かくてか、時効放棄に関する先例として引用されるのは、通例（ただし近藤＝柚木・中九三頁）次の【56】となっている。

事案は、債権者X（上告人）先代が第一審相被告Aに甲乙丙三口の金銭を貸与し、被上告人Yは甲乙両口には連帯保証人、丙口については連帯債務者となっていたところ、XがYAに返還を訴求したものである。争点はAの延期証差入れの効力いかんであるが、原審は、AがX先代に対し時効完成後に右延期証を差入れても時効中断力はないと判示したので、Xは、Aの右行為は債務承認・時効利益の放棄となるから時効放棄に言及しなかった原判決は違法と上告。大審院はこれに対し、延期懇請者はもはや時効を援用しえないとして先例（大判大一〇・二・一四民録二七・二八五――遠藤・時効の援用・利益の放棄（総合判例研究叢書民法⑻）【33】）を引いた後、

【56】「……原審ガ時効完成後債務者ニ於テ債権者ニ延期証ヲ差入レタル事実アルトスルモ开ハ時効完成ノ効力ヲ左右セズトシ債務者ハ依然当該時効ヲ援用シ得ルガ如キ判断ヲ下シタルハ其ノ当ヲ得ザルコト洵ニ所論ノ如シト雖、……時効ハ両人ノ利益ニ於テ完成シタルニ其ノ中Aノミガ債権者タルXニ対シ延期証ヲ差入レ時効ノ利益ヲ放棄シタルモノナリト云フニ在リテ、時効ノ利益ヲ放棄シタリト云フガ如キ事項ハ民法第四三四条乃至第四三九条ニ掲ゲタルモノニ該当セザルコト明ナルガ故ニ、如上債務関係ニ在リテハ同法第四五八条第四四〇条ニ依リ、連帯債務者ノ一人又ハ主債務者タルAガ時効ノ利益ヲ放棄スルモ其ノ事実ハ他ノ連帯債務者又ハ連帯保証人タルYニ対シテハ何等ノ影響ヲ与ヘザルモノト解スベキヲ相当トシ、Yハ本件ニ於テ時効ヲ援用シ得ベキモノナルコトハ多言ヲ要セザルヲ以テ、原判決ノ判断ハ結局相当……」（大判昭六・六・四民集一〇・四〇一）（石井・判民四二事件、勝本・法学一巻一二号五九七頁）。

として上告を棄却した。勝本評釈は、連帯保証の部分につき四五八条でなく四五七条によるべきだとされ（なお勝本・中⑴五二〇頁参照）、石井評釈は、相対的効力たることの理由づけが形式的にすぎると評されるが、いずれも判示の結論には反対でない。

判例法理では、右にみてきたごとく、連帯債務者Aの時効完成により同Bは承認（時効中断事由になるところの）をしていてもAの負担部分の限度で免責されるとともに、Bが時効完成後に承認をして時効利益を放棄してもAには影響しないが、もしBが債務全額についてAの時効完成後に承認をしたときはどうなるか。

これに関する判例【57】の事案は右Bについては時効未完成の場合のようである。被上告人Y（右設例ではB）および訴外Aは、負担部分三対二の割合で上告人X銀行から二千五百円を連帯して借りており、Aの商事時効完成後YがAの負担部分千円については自己も免責された旨の確認を求めた。争点は、YがAの時効完成後Xに対し元利全額を支払うという承認をしたことの効力いかんであるが、原審は、右承認はAの時効完成を知ってこれをしなければならないが、Yの知・不知に関する挙証をXが果さない本件ではYは時効完成を知らなかったものというべく、したがってAの負担部分につき時効放棄の効力を生じないとして、Yの請求を認容。そこでXは、時効の規定は一般に了知されているものと推定すべきだから、時効完成後「債務ノ全額支払ヲ申出ヅルガ如キハ反証ナキ限リ時効ノ完成事実ヲ知リ進ンデ時効利益ヲ放棄シ」たとみるべきで、原審は挙証責任の分配を誤っていると上告。これは次のように全面的に容れられた。

【57】「商事債務ガ五年ノ時効ニ因リ消滅スベキコトハ一応其ノ債務者ニ於テ之ヲ知レルモノト推定スベク、又数人ガ同時ニ連帯シテ金員ヲ借受ケ其ノ相互間ノ負担部分ノ明白ナル場合ニ於テハ、債務者ノ一人ハ他ノ債務者ノ為メ時効完成セバ其ノ者ノ負担部分ニ付自己モ亦其ノ債務ヲ免ルベキコトヲ了知セルモノト推定スベキニヨリ、弁済期ヨリ右時効期間ヲ経過シタル後ニ於テ連帯債務者ノ一人ガ債権者ニ対シ債務ノ元利金全額ニ付承認ヲ為シタル事実アリトセバ、其ノ当時既ニ他ノ債務者ノ為メ消滅時効完成シ居リタリトスルモ、反証ナキ限リ右消滅時効完成ヲ知リテ承認ヲ為シ以テ他ノ債務者ノ負担部分ニ付自己モ亦債務ヲ免ルベキ利益ヲ放棄スル意思ヲ表示シタルモノト認ムルヲ相当ト為サザルベカラズ。然レバ本件ニ於テYガ……承認シタルハ、反証ナキ限リAノ債務ガ時効ニ因リ消滅セルコトヲ知リテ承認ヲ為シ以テAノ負担部分金千円ニ付生ジタル時効ノ利益ヲ放棄スルノ意思ヲ表示シタルモノト認ムルヲ相当トス。然ラバ原判決ガX銀行ノ立証ニ依リテハYノ承認当時同人ハAノ為ニ消滅時効完成セルコトヲ知リ居タルモノト認メ難キガ故ニ時効完成ノ事実ヲ知ラズシテ承認ヲ為シタルモノト認定セザルベカラズト為シタルハ、立証責任ヲ顚倒シ……タル違法アリ……」（大判昭一

三・一一・一〇民集一七・二一〇二）（来栖・判民一二八事件、柚木・民商九巻四号七四四頁）。

この【57】は、「時効完成後の債務承認は時効完成を知ってこれをなしたものと推定する」との判例法理（遠藤・前掲「時効の援用・利益の放棄」【28】以下参照）を、そのまま複数主体の場合たる連帯債務に応用したものであり、応用の前提たる時効論の側ですでに種々議論のある問題である（柚木評釈はこの観点から論評される）。が、その点は別に述べられているから（遠藤・前掲書一四一頁以下参照）、ここでは、さような時効法理の応用を批判せられる来栖評釈を紹介しよう。それによれば、【57】冒頭の二つの推定（商事時効の了知と、自己の免責に関するＹの了知）はかなり無理である。のみならず、本件でＹが免責されるのは、Ｙの債務が時効消滅するからでなく、Ａの時効完成の反射的効果としてそうなるのだから（執筆者注――ただし末弘・債権総論一三五頁参照）、Ｙが全額につき承認をしても時効利益の放棄は問題にならない。もちろん、Ｙの承認に判示のような効果を生ぜしめることは妨げないが、かかる意思は推定さるべきではないから、判示の結論を導くためにはＸに挙証させるべきである。かくて来栖評釈は、判旨が、「誤を重ねて結局不当な結論に到達して了ったのでなからうか」と評される。

この【57】は、かように、時効論においてのみならず複数主体への応用においても疑問を投ぜられている判決であるが、少し附言しよう。連帯債務と時効をめぐる判例法理を本件にあてはめてみると、本件Ａの時効完成は本件Ｙの承認による時効中断の効力を弱め時には全く無内容に貶しめ（【53】参照）、かつＡＹともに時効完成者であったようなときにはＹの時効利益放棄は相対的効力しか生じない（【56】参照）、ということになるが、これらの結果が債権者の満足に対してマイナスに働くことは多言を要しない。そのうえ、原審のように、時効利益の放棄は相対的効力しかないという側へ傾斜する理論構成を採るならば、いっそう債権弱化に向かって拍車が掛けられることとなろう。これもやむなしとするなら話はまた別であるが、連帯債務は債権の効力を強化すべき制度であると観じ、そのような制度の目的・機能から時効完成の絶対的効力性を疑問とするかぎりでは、本判決の定立した命題は、本件事案についてはともかくとして、関連事項に関する判例法理の帰結する欠点を是正するという意味においてならば、必ずしも否定的に評価し去るべきものではないともいいえよう。

9　その他の事由の効力

民法は、四三四条ないし四三九条に掲げる以外の事由については（なお、以前には有力な異説もあったが、現時の通説は、受領遅滞をもって絶対的効力事由と解していることに注意せられたい）、それらが相対的効力しか生じない旨を定め（民四四〇条）、学説はかなりの該当事由を掲げている。判例に現われた事例としては、利害関係なき第三者の弁済（【31】参照）・差押（【35】参照）・承認（【36】【37】）・時効利益の放棄（【56】参照）および後述する債権譲渡の通知（【91】参照）や分割転付の効力（【93】【94】）がある。また、【54】では差押の蔭に入ってしまっているが、下級審判例によれば、連帯債務者の一人と債権者との間に成立した分割弁済契約も相対的効力しかなく（東京地判大四・一一・一九評論四民法七七九）、総債務者の各債務を保証した連帯保証人は右のような分割支払契約があっても即時に全額を弁済する責任を免かれない（東京地判昭五・一〇・一五新報二三七・二三）。

なお、判例は、連帯債務者の一人に生じた事由は原則として相対的効力しかないとする民法典の立場を大前提としているから（たとえば、【36】【56】）、連帯債務者の一人が受けた判決（勝訴敗訴をとわず）にも相対的効力しか認めないものと考えられ（通説も、民法四四〇条および判決の既判力の人的限界を理由に、そう解する）、前出【42】も、相殺を有効とする確定判決が他の者に利益を及ぼさない旨を要旨として掲げている。しかし、この【42】と関連しては、自働債権をもってする相殺の抗弁を認容した判決は（旧民訴一九九条二項・現行民訴一〇四条二項参照）、民法四三六条一項により他の債務者のためにも反射的影響を及ぼし、彼らもその判決を援用することができるとする見解が、有力な民事訴訟法学者によって唱えられ（兼子・前掲連帯債務者の一人の受けた判決の効果三七八頁以下）、民法学者の注目を受けている（我妻・債総二〇五頁、柚木・下三五頁、山中・債総一七八頁、於保・債総二一二頁註一三など）。

四　連帯債務の求償関係

1　求償権の発生要件

（一）　自己の出捐により共同免責を得たこと（民四四二条一項参照）　したがって、保証債務の場合（民四六〇条）とは異なり事前求償は認められぬ都合であるが（通説）、この点については判例がなく、実例では、弁済「其他自己ノ出捐」とは何かが問題となっている（なお求償権の発生時期と時効に関する破棄判例として、大判昭一〇・一二・二八裁判例九民事三六五、法学五・六・一一九）。

出捐の意義については次の棄却判決がある。連帯債務者の一人Y（被上告人）が債権者に新たな借用証書を差入れて旧債務を消滅させ、共同債務者X（上告人）に求償した事件のようであるが、原審が出捐に該当するとしてYの求償を認めたので、Xは、出捐とは「弁済又ハ之ニ比スベキ財産ノ現実的且ツ有形的ナル損失ヲ云フモノ」だと上告。これに対し、

【58】「然レドモ出捐トハ広ク財産的犠牲ヲ供スルコトヲ云ヒ、其現実ノ出費タルト将タ義務ノ負担タルトヲ区別セザルガ故ニ、論旨ハ理由ナシ」（大判大七・三・二五民録二四・五三一）。

次に、いかなるものが弁済以外の出捐に属するか（つまり求償権を生じさせるものか）。判例【70】によれば、免除は自己の出捐による共同免責ではないが、次出【59】では、不確実な債権をもって相殺した場合にも出捐した債権額について求償権を生ずるとされている。訴外A会社の発起人として株金払込について連帯債務を負うY（被上告人）は、会社の負担する債務の保証人ともなっていたが、この保証債務を履行して得た求償債権をもって右連帯債務と相殺し、他の連帯債務者たるX（上告人）らに償還請求をした。原審で敗訴したXらは、Aよりとうてい求償を得られない無価値な債権を相殺に供したYに求償権を取得させるのは不当に利得させるものだと上告したが、棄却

（次掲勝本評釈はもとより正当だとされる）。

【59】「縦令債務者カ無資力ニシテ債権者（筆者注――Y）カ其ノ債権ヲ全スルコト能ハサル場合ニ於テモ、斯ル債権者カ其ノ債務者ニ対シテ負担セル債務ヲ消滅セシムル為ニ其ノ債権ヲ相殺ノ用ニ供シタルトキハ、債権者ハ其ノ相殺ニ因リテ消滅シタル対当額ニ於テ出捐ヲ為シタルニ外ナラサルヲ以テ、連帯債務者ノ一人カ右ノ如キ相殺ニ因リテ債務ヲ消滅セシメタル場合其ノ出捐シタル債権額ニ付他ノ債務者ニ対シ求償ヲ為シ得ヘキコト当然トス。従テ原審カ、Yニ於テ訴外B商事株式会社ニ対シA会社ノ為ニ保証債務ヲ履行シタルニ因リテ右A会社ニ対シ有スル求償債権一万六千円ヲ以テ連帯債務者トシテ同会社ニ負担スル株金払込ノ債務ト相殺シタル事実ヲ認メ、右金額ノ出捐ヲ為セルモノト判示シタルハ正当……」（大判昭八・二・二八新聞三五三〇・一〇、法学二・一〇・九四）（勝本・法学三巻七号七三二頁）。

（二）一部共同免責の場合における求償の許否　学説には異論がなお存するけれども（石田・債権総論一〇三頁、勝本・概論二五八頁、西村・債権法総論一二二頁）、判例は、一部弁済のあった場合、弁済額が弁済をした債務者の負担部分を超えなくても求償権を生ずるとしている。

事件は、上告人X_1X_2と被上告人Yの三名が、二口分合計一万一千二百円余につき平等の負担部分をもって連帯債務を負担していたところ（それゆえ各自は三千七百余円を負担する）、Yは、自己がなした五千六百円弱の出捐中三千二百二十円につき共同の免責を得てXに求償したものであるが、争点は右三千二百余円を三分して求償できるか否かに存する。Xは、肯定した原審に対し、求償は自己の負担部分を超える額についてのみ認められると上告する（ただしXの計算では三千七百余円から債権者の損失として免責した二千四百円弱につき三分の一たる八百円弱を控除しているので、Xの主張も、全然求償権なしとするのではなく、三千二百余円から、三千七百余円引く八百円弱を控除した残額二百六十円弱の二分の一だというのである）。しかし大審院は、負担部分が一定の割合であるとする概念構成をした後（これについては本書一八八―一八九頁参照）、上告を棄却（なお、単独債務と連帯債務の弁済充当順位は【30】参照）。

【60】「抑モYハ……合計金五千五百八十七円ヨリ其単独債務額二千三百六十七円ヲ控除シタル残額三千二百二十円ヲ出捐シテ本訴ノ債務額中五千六百円ノ部分ニ付X等ト共同ノ免責ヲ得タルモノナルコト原審ノ確定セル事実ナレバ、其共同免責ノ為メニセル出捐額三千二百二十円中ニX及ビY等各自ノ負担ニ属スル部分アルコト前説明ノ如クナルヲ以テ、Yハ民法第四四二条ニ依リX等各自ノ負担部分一千七十三円余ニ付求償ヲ為スヲ得ルコト洵ニ明白ナリ」（大判大六・五・三民録二三・八六三）。

そしてこの【60】は、後に再び、負担部分を超えない一部弁済は求償権を生じないとする上告を棄却するにあたり、先例として引用されている（大判昭八・二・二八新聞三五三〇・一〇——【59】と同一事件）。

2　求償権の範囲

（一）　序　求償権の範囲については、民法四四二条二項の意味内容がなかんずく問題とされているが、ほかにも注意すべき点なしとしない。

まず、序説で述べたように、求償は各自の負担部分を限度とすると解されており（本書一八八—八九頁参照）、また四四二条一項と四四四条とにいわゆる負担部分の差異については後述するが（【75】参照）、連帯債務者の二人ともが全然その債務負担によって利益を受けなかった場合に、その一人Y（被上告人）が弁済したときは、もう一人たるX（上告人）に対していかなる範囲で求償できるか。Xは、現実の受益を限度として責任を負うべきものゆえ、借用人として名義を出していても求償に応ずべきいわれはないと上告。神社改築費としてXYの連帯借用形式にした後始末をXがYだけに尻拭いさせようとした争いだが、次のごとく棄却された。

【61】「原判決ハ……Y単独ニテ負担ス可キニアラズXモ亦分担ス可キモノタルコトヲ説示シタルナリ。而シテ両人ニテ連帯債務ヲ負担シ両人共ニ債務ヲ負担セルニ因テ利益スル所ナケレバ、弁済シタル一人ノミノ負担ニ帰スルノ理ナク他ノ一人ニ対シテ半額ヲ求償シ得ル筋合ナレバ、原判決理由ハ正当……」（大判明三九・七・五民録一二・一〇七九）。

次に、原債務者（単一人や複数の連帯債務者）の意思に反して連帯債務者となるのが有効であることは判例上確立しているが（四宮・前掲債務の引受【27】参照）、その場合における求償関係ことに求償範囲はどうなるであろうか。これを論じた判例はみあたらぬようであるが、このような事件が起った場合、どういう判決がなされるかは、次のようなあい対立する要素があるため予想がつきかねる。

まず、⑴右のリーディング・ケースは、原債務者の意思に反する併存的債務引受の有効性を、保証の類推によって帰結しており、⑵しかも併存的債務引受と保証、連帯債務と連帯保証は、判例に現われた認定をみると微妙な交流可能性があるが（前者については四宮・前掲債務の引受二八―二九頁、より詳しくは椿・判例債務引受法その一（大阪府大経済研究六号）三一―三二頁参照。後者については前出【2】参照）、この点を強調し、かつ債務者の意思は求償関係においてまで無視さるべきものではないとするならば、問題は保証に準じて考えるべきものとなって、何らかの求償制限が肯定される（末弘・債総一三九頁、椿・判例債務引受法その三（大阪府大経済研究一一号）八九頁参照）。これに対し、⑶原債務者の意思に反する場合の求償制限は保証についてのみ規定されているのであって（民四六二条二項）、だいたいがそのような制限は合理性を欠く（これは、きわめてザッハリッヒな立場を採らぬと、いいにくい）、⑷民法四五九条二項を眺めるときには、連帯債務の求償は常に委託ある保証として取扱う趣旨である（なお西村・債総一二三頁参照）とすれば、併存的債務引受は判例上常に連帯債務の発生原因とされているから、原債務者の意思に反して連帯債務を負担したかどうかは、求償関係とりわけ求償範囲には全然影響を及ぼさず、かえって引受の実質が他人の債務の担保たるときは常に全額求償を肯定すべきことになろう。

㈡　出捐額　判例は、出捐が自己が負担部分を超えなくても出捐額について求償できるとしていること前述のとおりであるが（【60】参照）、額の算定時期に関しては左の判例が存する。連帯債務者の一部Y_1Y_2（被上告人）が購入していた某会社の株式を、連借していた同社の株式返還のため債権者に引渡し、他の連帯債務者X（上告人）

らに求償した事件であるが、Y側は出捐当時の、XはYらの購入時の株式価格をそれぞれ標準にすべきだと争う。Xの右趣旨の上告は棄却（次掲、吾妻・安田両評釈とも賛成）。

【62】「連帯債務者ノ一人ガ債権者ニ対シ株券返還ノ義務ヲ履行シ因テ他ノ連帯債務者ノ共同ノ免責ヲ得タル場合ニ於テハ、其ノ義務履行ノ時即チ他ノ連帯債務者ヲシテ共同ノ免責ヲ得シメタル時期ヲ基準トシ其ノ時ニ於ケル株式ノ時価ヲ以テ他ノ連帯債務者ニ求償シ得ベキモノト解スベク、其ノ債務者ガ該株式ヲ他ヨリ買入レタル価額ヲ基準トシテ求償スベキモノニアラズ」（大判昭一三・一一・二五民集一七・二六〇三）（吾妻・判民一五八事件、安田・民商九巻六号一一〇七頁）。

(三)　免責日以後の法定利息　　問題となった一つは、四四二条二項の「免責アリタル日以後」という場合に弁済の日が含まれるかどうかである。古い下級審には、その日は支払の当日でまだ遅滞責任を負わないからとして否定したものがあるが（東京控判明四〇・七・六新聞四四三・一五）、大審院は、物上保証人の求償権（民三五一条→民四五九条二項→民四四二条二項）につき、右判決とは逆に問題を肯定した原判決を支持している。すなわち、

【63】「民法……第四百四十二条二項ニ依レハ所論ノ如ク求償権ノ範囲ニハ免責アリタル日以後ノ法定利息ヲ包含スル旨ノ文言アリ。而シテ被求償者ハ其ノ免責行為ニ依リ免責アリタル当日ヨリ法定利息ニ相当スル利得ヲ収受スヘキモノト解スルヲ相当トスルカ故ニ、右法定利息ハ免責アリタル当日ヨリ計算スヘク、所論ノ如ク免責アリタル日ヲ除外シテ計算スヘキモノニ非サルナリ」（大判昭一一・二・二五新聞三九五九・一二、法学五・九・九九）（勝本・法学六巻八号九八二頁）。

勝本評釈は、民法一四〇条の解釈として免責日は算入せずと評され（なお同・中(1)一九九頁）、同旨の説は他にもみられる（近藤＝柚木・中一〇七頁）。このほうが筋がとおると思われるが、大審院がもし、遅延利息の計算においてわずか一日のことで原判決を破棄するにあたらないと考えて上告を正面から斥けたのだとすれば、絶対に不可能な構成ではないのだから、あながち非難さるべきではないだろう。

次に、法定利息の求償は、債権者から請求のあった旨を通知することが要件ではない。大審院は、遅延利息は当

然には生ずることなしとする償還義務者の上告に対していわく、

【64】「然レドモ連帯債務者ノ一人ガ民法第四四二条第一項ニ依リ債務ヲ弁済シテ共同ノ免責ヲ得タル場合ニ於テハ、其弁済ヲ為シタルモノハ他ノ債務者ニ対シ民法該条ノ規定ニ依リ当然免責アリタル日以後ノ法定利息ノ求償権ヲ有スルモノニシテ、弁済者ガ弁済前債権者ヨリ請求ヲ受ケタルコトヲ他ノ債務者ニ通知スルコトヲ以テ右求償権ノ要件ト為スモノニ非ザルコトハ民法該条ノ明文上明カナリ……」（大判大四・七・一二六民録二一・一二三三）。

（四）　不可避的な費用その他の損害　　まず、強制執行費用が不可避的な費用または損害になると判示したものに次の【65】がある（なお、右のような執行費用が不可避的費用に属するとする下級審は、東京控判大九・三・一九評論九民法三七七）。第一審が被上告人Y両名の求償に対し費用・損害いずれでもないとしたのを（長崎地判大四・六・二九評論五民法四四八）、原審がくつがえしてどちらかに該当すると判示したため（長崎控判大五・四・一八評論五民法六八九）、償還義務者たるX側は、無資力などで強制執行を受けてもやむをえない事情が認定される場合にはじめて不可避的費用になると上告したが、棄却。

【65】「Y両名ガ訴外A外二名ニ支払ヒタル金一千二百七円ハ本件当事者双方ノ連帯債務ニ属スルモノニシテ、当事者双方ニ対シテ之ヲ弁済スベキ旨ノ確定判決アリタルニ何人モ任意ニ弁済ヲ為サザリシ結果其強制執行上Y両名ニ於テ支払ヒヲ為スニ至リタルコトヲ知ルニ足レバ、該強制執行ニ要シタル費用金四十円（弱）ハ民法第四四二条第二項ノ避クルコトヲ得ザリシ費用若クハ損害ニ外ナラズ。然レバ同費用ニ付テハ其他ノ事情ヲ判示スルコトヲ要セズシテX等ニ弁償義務アリト為スニ足ルベク……」（大判大五・九・一六民録二二・一七一六）。

この【65】は、それから約二〇年後、主債務者X_1（上告人）の委託を受けてX_2X_3（上告人）とともに連帯保証人となった被上告人Yが、債権者に強制弁済をさせられてX_1らに求償した事件において（X_1には全額、X_2X_3には三分の一ずつ）、参考判例として引用されている。本件では執行費用だけでなく訴訟費用も問題となっているが、X側は、Y

自身が保証債務の履行懈怠により支弁するにいたったそれら費用の求償は許されないと上告。大審院はこれに対し、X_1の委託があったことに争いがないから、

【66】「Yハ民法第四五九条第一項・第四六五条ニヨリ同第四四二条第二項所定ノ範囲内ニ於テX_1等ニ対シ求償権ヲ行使シ得ベキモノナルトコロ、斯ク連帯保証人ノ一人ガ債権者ヨリ請求訴訟ヲ受ケタルニ主債務者及他ノ連帯保証人ハ之ヲ顧ミズシテ其ノ被告ニ立チタル一人ニ敗訴ノ判決ヲ受ケシメ仍テ債務ヲ履行スルノ余儀ナキニ立到ラシメタル場合ノ訴訟費用及執行費用等ハ、右第四四二条第二項ニ所謂避クルコトヲ得ザル費用其ノ他ノ損害中ニ包含スルモノト解スルヲ相当トスベシ。蓋斯ル費用ハ当該被告ニ取リ実ニ止ムヲ得ザルニ出デタル失費ナレバ主債務者ハ固ヨリ他ノ連帯保証人モ之ヲ分担スルヲ以テ公平ノ観念ニ適合スルト同時ニ、又之ヲ民法第四五九条第一項ニ於テ過失ナクシテ債権者ニ弁済スベキ裁判ノ言渡ヲ受ケタル保証人ヲシテ求償権ヲ行使スルコトヲ得セシメタル法意ニ徴スルモ其ノ然ルコトヲ窺知スルニ難カラザレバナリ」(【65】参照)(大判昭九・七・五民集一三・一二六四)(山田・判民九四事件、勝本・民商一巻二号三一四頁)。

と判示し上告を棄却した(山田評釈は賛成。勝本評釈も判旨大体正当だとされる)。ところで、この【66】は、【65】を参考判例としているが、それに比べて、要件を厳格にしている(柚木・下四一頁)、無過失を標準にするものと解される(【67】に対する四宮評釈)という評価を受けている。連帯債務者の一人ないし連帯保証人の支出は何でも求償できるとするのは行きすぎだし、しかも「避クルコトヲ得ザリシ」という表現は抽象的にすぎて曖昧だから、具体的な標準によってその内容・限界を定立する作業はもとより必要である。なるほど、【65】と【66】をそれに直結させることができるかは別問題である。なるほど、【65】が執行費用は当然不可避的費用になるとも解される云い方を採ったのに対し、【66】では公平だとか無過失者の求償権が挙げられてはいる。しかし、それら【66】の論及は、償還義務の理由づけとして述べられただけで、不可避的費用の要件として判示したものとは読めない。と同時に、【65】も、執行費用は執行費用だという理由だけで当然不可避的費用に属する、と判示したものではない。むしろ、この

二判例をみるかぎりでは（【65】と次出【67】とを比較するなら別だが）、自発的履行により強制執行などが事実上避けられたか否かを問わず、それら費用が「避クルコトヲ得ザリシ」ものになる場合として具体的事例を掲げたのだ、とみるにとどめておくほうが少なくともすなおではあるまいか。すなわち、【65】では、債務者全員が給付判決を受けながら誰もすすんで履行しなかったためその一人が執行された場合に、また【66】にあっては、一人だけが訴求・執行されるのを他の者が見殺しにしていた場合に、裁判所は強制執行費用を不可避的出費と認定したのである、と。

もう一つの判例【67】は、抵当権設定費用が不可避的費用に入るとしたケースである（なお事件としては、督促費用・差押費用の求償も問題になっているが、原審は連帯保証人たる本件当事者間の損害担保契約的な合意の効力として、それらの求償を肯定し、本判決もそれを支持するので、省略）。事案は若干入り組んでいるが関係部分を要説すると、訴外A組合のため保証人となった訴外B銀行は、弁済をしてAに求償したところ全部の満足を得られなかったので、残額をAの連帯保証人たるX（上告人）・Y（被上告人）その他に請求し、弁済されなかったため差押をした。Yは、Xらの懇請により B銀行に返済することを承諾したが、当時現金がなかったので訴外C銀行に自己所有の不動産を抵当に入れて借金し（その登記費用は十五円余）計二千七百余円をBに返済して差押解除を受け、Xらに対し求償権を行使する。原審は、この抵当権設定費用を四四二条二項の不可避的費用・損害に該当すると判示。そこでXは、同条項の適用を受けるためには、Yが当時支払に充てる現金を有しなかったこと、および抵当借金につきXの承諾がありもしくはXがその事情を知っていること、が要件になると上告。しかし次のごとく上告は棄却。

【67】「……原判決ニハYガX等外四名ノ懇請ニ依リ訴外B銀行ニ対シ自己ノ出捐ヲ以テ前記賠償金ノ支払ヲ為サントシタル当時現金ヲ所持セザリシ為、余儀ナク自己所有ノ不動産ヲ担保トシテ訴外C銀行ヨリ金円ヲ借入レタルコトヲ認定判示シアリ。而シテ右不動産ニ付抵当権ヲ設定スル際Yノ支出シタル登記費用ハ民法第四四二条第二項ニ所謂避クルコト

ヲ得ザリシ費用ト云フニ該当スルコト明ニシテ、斯ル費用ヲ連帯債務者ノ一人タルYガ支出シタル以上他ノ連帯債務者タルX等トシテハ、之ニ付承諾ヲ為シタルト否ト又其ノ事実ヲ知ルト否トヲ論ゼズ当然Yニ対シ之ガ償還ヲ為スベキモノト云ハザルベカラズ。之ト同一趣旨ニ出デタル原判決ハ正当ニシテ論旨ハ其ノ理由ナシ」（大判昭一四・五・一八民集一八・五六九）（四宮・判民三九事件、安田・民商一〇巻四号七一一頁、勝本・法学九巻八号八六一頁、岩田・法学新報四九巻一一号一八〇一頁）。

四宮評釈は、善管注意を標準として不可避か否かを判断すべきだとされ、現金不所持をとにかく根拠としたことは当を得ているとされる（【67】は【65】→【66】の発展線に続くように理解せられる）。また勝本評釈は、本件不動産が全債務者を通じ唯一の財産たる場合には不可避といえようとして、結論には賛成される。これに対し、岩田評釈は、抵当権設定以外に途がない事情を説示しなかった原判決は審理不尽であり、仮に右事情が証明できてもそれは本件に特別の事情であって一般に登記費用を不可避的費用とはいえないとされ、安田評釈は、民法四一九条が現存する以上、実際にどれだけ要ったとしても借入金の法定利息が不可避的費用の限界だと評される。なお参考までに記すと、最近の主要な教科書では、抵当権設定費用を不可避的費用に含めることに対して別段異論はみられない。

3　通知懈怠による求償権の制限

（一）　序　　連帯債務者は、共同の免責を得るために出捐行為をするにあたって、他の連帯債務者に事前および事後の通知をしなければならない。この通知が求償権の要件でないと解されていることはすでにみたとおりであるが（【64】参照）、これを怠るときは求償権の制限という不利益を受ける（民四四三条参照）。いわば間接義務である。

ところで、この四四三条については、X（上告人）およびY（被上告人）両名が連帯債務者たる場合に適用される規定であって、Yは債権者A（訴外）に対して債務を負うがXは負わない場合に適用される規定ではない、とするごく古い棄却判決【68】がある。抽象的に要旨を眺めると当然すぎる判示であり、しかも事案が不明で何とも確言しかねるが、名義上は借主でないけれども実質的には共同借主たるXは、名義上の単独借主Yからの求償に対し、Yの通知がないことを理由に争えず、またXA間に債務関係がない旨の確定判決をもって対抗できない、としたもののようである。Yだけが債務者である本件では、XY間の決済は委任の問題として処理できる（したがって通知は問題とならない）はずだが、原審が共同借受事実を認定しており、Xは多分それに藉口して四四三条の適用を主張したために、右のような要旨となったらしい。判文は左のようである。

【68】「民法第四四三条ハ……数人ガ債権者ニ対シテ連帯債務ヲ負担シタル場合ニ適用スベキ規定ニシテ、一人ハ債権者ニ対シテ債務ヲ負担シ他ハ之ニ対シ債務ヲ負担セザル場合ニ適用スベキモノニ非ズ。而シテ本件当事者ト債権者Aノ関係ヲ審按スルニ……本件当事者ハ嘗テAヨリ連帯債務者トシテ貸金請求ノ訴ヲ受ケYハ敗訴シタルモXハ債務者タル証拠ナシトノ理由ヲ以テ勝訴ノ判決ヲ受ケ其判決ノ確定シタルコトハ当事者間ニ争ナキ事実ナルノミナラズ、原判決モAトXトノ間ノ判決ハ其二人ノ関係ニ於テAガXニ対シ債権ヲ有セザル点ニ付キテハ確定力ヲ有スルモ本件当事者間ノ法律関係ニ付キテハ確定力ヲ有セザル旨ノ説明ヲ為シタルヲ以テ、本件当事者トAトノ関係ニ於テハYハAニ対シ債務者タルモXハ其債務者ニ非ザル事実ナルコトハ毫モ疑ヲ容レズ。原判決ハ其理由ノ前段ニ於テXモYト共ニAヨリ本件甲第一号証ノ金員ヲ借受ケタル事実ヲ認定シタルモ、是レ本件当事者間ノ関係ニ於テXモ実際借主ノ一人タル事実ヲ確定シタルニ止マレバ、固ヨリ之ガ為メニXハAニ対シ連帯債務者ト為ルモノニ非ラズ。故ニ本件ハ……民法第四四三条ノ規定ヲ適用スベキ場合ニ非ラザルモノトス」（大判明三五・四・一七民録八・四・六九）。

（二）民法四四三条一項の事例　これについては、「他ノ債務者ガ債権者ニ対抗スルコトヲ得ベキ事由」のいかんが問題になっているだけである（【68】は四四三条一般について立言するが、その実体は一項の場合のようにも思われる）。すなわち、

【69】「原審の認定するところに依れば本件連帯債務者の一人たる〔被上告人〕Yが其の債権者Aに弁済したる当時十

年の時効期間進行中にして未だ完成し居らざりしものなるを以て、仮令Yが債権者より請求を受けたることを他の連帯債務者たるXに通知せずして弁済したりとするも、斯かる時効期間一部進行の利益は民法第四百四十三条一項に所謂他の債務者が債権者に対抗し得べき事由と云ふに該当せざること言を俟たざるが故に、Xは同条に依り本件求償を拒否するを得ず」（大判昭一〇・三・七法学四・一〇・一一九）。

㈢　民法四四三条二項の事例　　判例の一つは、本条項には免除の場合は含まれないとするものであって、前出【62】の判示第二点である。債権者に弁済したYより求償されたXは、すでに（昭和八年一二月に）借用株式の賃料を支払っているから、それに基づきYに対して有する求償権と相殺する旨を抗弁した（その支払にあたってYに対して通知をしたかどうかは不明）。ところが、原審では、右Xの賃料支払の時より以前（同年九月）にYは賃料支払義務の免除を受けているから、Xの支払った賃料については求償に応ずる義務がなく、したがって相殺の抗弁は成り立たない、とするY側の主張が容れられてX敗訴。そこでXは、免除を受けたことに関する通知さえあれば自分は義務なき行為を履行しなかったのだから、通知のない以上自分の弁済行為をもってYに対抗できると上告する。結果は棄却。

【70】「然レドモ民法第四四三条第二項ハ連帯債務者ノ一人ガ弁済其ノ他自己ノ出捐ヲ以テ共同ノ免責ヲ得タル場合ニ限リ他ノ連帯債務者ニ通知ヲ為スベキ旨ヲ規定シ、本件ノ如ク連帯債務者ノ一人ガ債権者ヨリ債務ノ免除ヲ受ケタル場合ノ如キハ自己ノ出捐ヲ以テ共同ノ免責ヲ得タルニアラザルガ故ニ之ヲ包含セザル趣旨ナルコトハ同条ノ解釈上疑ヲ容レザルヲ以テ、同条ニ依拠シテ右免除ノ通知ナキヲ理由トシテXノ弁済ヲ以テ有効ナルモノト看做スベシト為ス論旨ハ到底採用ノ余地ナキモノ……」（大判昭一三・一一・二五民集一七・二六〇三）（吾妻・判民一五八事件、安田・民商九巻六号一一〇七頁、板木・法と経済一一巻五号六九二頁）。

吾妻評釈は、右条項が二重出捐の場合に善意出捐を有効とする趣旨であり、文意からも免除の絶対的効力からも免除には通知が予想されておらぬとして、判旨に賛成される。これに対し板木評釈は、有償出捐にかぎるのは皮相の見方であって第一の（すなわちYの）免責行為は有償たるを要せず、またXは事前に通知すれば保護されるとみるべきだから、本件では相殺の主張がなされた以上Xの通知の有無につき審理しなかった原判決を破棄すべきだと評される。また安田評釈は、免除も同条項に含まれるとしつつ、本件結論を導き出すためにはXの通知懈怠を理由にすべきだとされる。

ところで、判例の立場では、免除は四四三条二項の「自己ノ出捐」からそもそも除外されるので（学説は一般に、免除をもって求償権の発生要件たる「自己ノ出捐」から除くので、この場合も判例と同説だろう）、【70】におけるXの通知があるかどうかは全く問題とならないが、二つの反対評釈の立場では、免除をそれ以外の有償出捐から区別しないため、Xの事前通知もなかった場合にはどうなるのかが問題となる。また、免除や時効完成を除いた場合においては、一般の見解からも一債務者が事後通知を怠り他の債務者が事前通知を怠った場合の効力いかんが、同じく問題とされている。この点に関する大審院判例はないが、現時の通説は、その場合には一般原則に帰って第一の弁済のみが有効になると解しており（理由については我妻・債総二〇九頁、於保・債総二一九頁参照）、下級審にも、弁済した被告が事後の通知を怠り、相殺した原告が予め通知するのを怠った事案につき、現通説と同じく「最初ノ弁済其他有償ナル免責行為ニ因リ債権ハ絶対ニ消滅シタルモノニシテ、其後ニ弁済・相殺其他有償ナル免責行為ヲ為シタル者ハ前ノ免責行為者ヨリ通知ヲ受ケタルト否トヲ問ハズ之ヲ有効ナルモノト看做スヲ得ザルモノ」だと判示した事例がみられる（神戸地判大一三・一一・二〇新聞二三四四・二一）（なお【70】の安田評釈は、本判決を正当としておられるが、これは有償の免責行為に関する判示だから、有償・無償を区別しない同評釈にとっては適切な引用でない）。

四四三条二項に関するもう一つの判例は、善意で第二弁済をした債務者が「自己ノ弁済其他免責ノ行為ヲ有効ナリシモノト看做スコトヲ得」る範囲はすべての者に対してか過失ある第一の弁済者との間にかぎられるのか、についてである。それまでの通説に反する破棄判決であったためか、「多少論文的な感」（後に掲げる戒能評釈の言葉）さえ受けるほど詳細な判示内容である。事案は左の引用文からも知ることができるが、連帯債務者の一人X（上告人）が、債権者Y（被上告人）からの強制執行に対して反対債権でもって相殺する旨の異議を申し立てたことが発端となって、Xの反対債権が存するかどうかの争いとなった事件であり、大審院は、これを肯定するために「免責行為競合の効果」を論じた次第である。

さて、原判決は、これもまた引用文中にみられるが、因果関係の観点からYに対するXの損害賠償請求権（すなわち右の反対債権）を否定した。そこでXは、YがXY間の更改・免除の結果何ら訴外C（連帯債務者の一人と表示されているが連帯保証人のごとくであり、問題の第二の免責行為をした者）に対しては権利を有しなくなったのに彼に強制執行をすれば、CがXに求償してくることは当然Yの予見すべきところだから、Cの善意・悪意は、Yに対するCの弁済とCに対するXの償還との間における因果関係に何ら影響しない、と上告。

判文は珍しいほど非常に長いものであるが、その中段（執筆者の改行による中間部分とその前後の省略部分）は、明らかに本件事案を想定してではあるけれども、設例によって旧通説の欠陥を指摘し自己の採る相対的効果説を正当づけるにすぎない。すなわち、その要項は、旧通説（＝絶対的効果説）では、(1)第一の免責行為が債権者に有利な更改であっても無効となるために、債権者にとり不当であり、(2)第一の免責行為者に償還した債務者は後に第二の免責行為者にも償還すべきこととなって、彼は二重弁済の危険を負わされ、(3)第二のみならず第三の免責行為もあったときには収拾がつかなくなるが、相対的効果説を採るならばこれらの欠陥を生じない、とする点にある。この中段の説示は右に注意したごとく設例に基づいており、かつ(1)(3)は引用する必要もないが、(2)は相対的効果説の内容に論及する点で重要と思われるから、(1)(3)の部分を省略するだけで他は全部引用しておこう。すなわち、

【71】「連帯債務者ノ一人ガ弁済其ノ他自己ノ出捐ヲ以テ共同ノ免責ヲ得タルコトヲ他ノ債務者ニ通知スルコトヲ怠リタルニ因リ他ノ債務者ガ善意ニテ債権者ニ弁済ヲ為シ其ノ他有償ニ免責ヲ得タルトキハ、其ノ債務者ハ自己ノ弁済其ノ他

免責ノ行為ヲ有効ナリシモノト看做スコトヲ得ルハ民法第四四三条第二項ノ規定スル所ナリ。蓋右規定ハ免責ノ通知ヲ怠リタル過失アル求償権者ノ求償権ヲ制限シ過失ナキ被求償者ヲ保護スル趣旨ニ出デタルモノナルコト明ナリ。従テ第二ノ免責行為ヲ為シタル債務者ガ自己ノ免責行為ヲ有効ナリシモノト看做ス権利ヲ行使シタルトキハ、第一ノ免責行為ヲ為シタル債務者ノ求償ヲ拒ミ却テ反対ニ之ニ対シテ求償ヲ為スコトヲ得ベキハ毫モ疑ヲ容レズト雖、第二ノ免責行為ヲ為シタル債務者ガ叙上ノ権利ヲ行使シタル効果ガ単ニ右ノ当事者間ニ止マリ当事者間ノ相対的関係ニ於テノミ第二ノ免責行為ヲ有効ナリシモノトシテ求償関係ヲ整理セシムルモノナリヤ、将タ其ノ効果ハ単ニ当事者間ニ止ラズ債権者及他ノ債務者ニ対スル関係ニ於テモ第一ノ免責行為ヲ無効トシ第二ノ免責行為ヲ有効ナラシムルモノナリヤニ付テハ多大ノ疑ナキ能ハズ。而シテ我邦ニ於ケル通説ハ後説ヲ執ルモノナルガ如シト雖、叙上ノ規定ガ前示ノ如ク過失ナキ被求償者ニ対シ過失アル求償権者ノ求償権ヲ制限セントスルモノナル立法ノ精神ニ鑑ミルトキハ、寧ロ前説ノ如ク解スルヲ以テ妥当ナリト為サザルベカラズ。惟フニ後説ヲ以テ是ナリトセンカ債権者又ハ他ノ債務者ニ対シテ甚ダ苛酷ナル結果ヲ生ズル場合ナキニ非ズ。例之第一ノ免責行為ガ債権者ニ有利ナル更改契約ナリト仮定センカ……

……（前説によれば）第一ノ免責行為ハ……債権者ニ対スル関係ニ於テハ無効ニ非ザルヲ以テ、前示設例ノ場合ニ於テ債権者ニ対シテハ第一ノ免責行為タル更改契約ハ依然トシテ有効ニシテ第二ノ免責行為ハ無効ナリ。而シテ此ノ場合ニ於テ第二ノ免責行為ヲ為シタル債務者ガ、第一ノ免責行為ヲ為シタル債務者ニ対シ自己ノ免責行為ヲ有効ナリシモノト看做ス権利ヲ行使シ其ノ求償ヲ拒絶シ却テ反対ニ之ニ対シ求償ヲ為スコトヲ得ルニ拘ラズ、尚債権者ニ対シ第二ノ免責行為ノ無効ナルコトヲ理由トシテ不当利得請求権ヲ保有セシムルコトハ毫モ其ノ要ナキヲ以テ、第二ノ免責行為ヲ為シタル債務者ガ叙上ノ権利ヲ行使シタルトキハ賠償義務者ノ代位ニ関スル民法第四二二条ノ規定ニ準ジ右不当利得請求権ハ当然第一ノ免責行為ヲ為シタル債務者ニ移転スルモノト解スベク、従テ第一ノ免責行為ヲ為シタル債務者ハ債権者ニ対シ第二ノ免責行為ニ因リ債権者ノ取得シタル利得ノ償還ヲ請求シ得ベク、又債権者ノ行為ガ第二ノ免責行為ヲ為シタル債務者ニ対シ不法行為ヲ構成スル場合ニ於テハ、其ノ損害賠償請求権ハ右債務者ガ叙上権利ノ行使ニ因リ損害ヲ免レタル限度ニ於テ第一ノ免責行為ヲ為シタル債務者ニ移転スルモノト解セザルベカラズ。而シテ斯ル解釈ヲ執ルトキハ毫モ後説ノ如キ債権者ニ苛酷ナル結果ヲ生ズルコトナシ。又前示設例ノ場合ニ於テ他ノ債務者ニ対スル関係ヲ見ルニ、第二ノ免責行為ヲ為シタル債務者ハ他ノ債務者ニ対シテハ求償ヲ為スコトヲ得ズ、唯第一ノ免責行為ヲ為シタル債務者ニ対シ求償ヲ為シ得ルト同時ニ、同人ガ他ノ債務者ニ対シ求償ニ因リテ取得シタル利得ヲ不当利得トシテ償還ヲ請求シ得ルニ止マルモノナルヲ以テ、毫モ後説ニ於ケルガ如ク他ノ債務者ニ対シ二重弁済ノ危険ヲ負担セシムルガ如キ結果ヲ招来スルコトナシ。……

……之ヲ要スルニ、第二ノ免責行為ヲ為シタル債務者ガ其ノ免責行為ヲ有効ナリシモノト看做シタル効果ヲ以テ絶対的ニ第一ノ免責行為ヲ無効ナラシムルモノト解スルハ、過失アル求償権者ノ求償権ノ制限ニ関スル規定ヲ必要以上ニ拡張シテ解釈スルモノニシテ当ヲ得タルモノニ非ザルナリ。本件ニ於テ原判決ノ確定シタル事実ハ、X及訴外ABCハ連帯債務者トシテYニ対シ金二千五百円ノ損害賠償債務ヲ負担シタル処、大正十三年三月中X及ABノ三名トYトノ間ニ右二千五百円ノ損害賠償債権ヲ金一千二百円ニ減額シ其ノ余ハ之ヲ免除シ、内金千円ニ付テハ之ヲ準消費貸借ノ目的トシテYヲ債権者トシX及訴外A等ヲ連帯債務者トシタル債務者ノ交替ニ因ル更改契約成立シ且X及ABニテ引受ケ、残金二百円ニ付テハ同月末日迄ニ弁済ヲ為スベキ旨ノ契約成立シ、右債務ノ免除及更改契約ハ連帯債務者タルCニ対シテモ其ノ利益ノ為ニ効力ヲ生ジCハ右二千五百円ノ損害賠償債権ニ対スル一切ノ免責ヲ得タルモノナリ。然ルニYハ大正十三年六月頃Cニ対シ前記債権ニ基キ強制執行ヲ為シタル処、XハCニ対シ免責ノ通知ヲ怠リタル為Cハ善意ニテYニ対シ金千円ヲ弁済シ、其ノ求償ノ為Xニ対シ大正十四年七月頃其ノ訴訟ヲ倉吉裁判所ニ提起シX敗訴ノ欠席判決ヲ受ケタル結果Cニ対シ金一千百十六円ヲ支出シタリト謂フニ在リテ、右事実ニ依レバ、Cノ為シタル第二ノ免責行為ハ第一ノ免責行為ヲ為シタルXガ更改契約ニ因リ債務ノ消滅シタルコトヲ通知スルコトヲ怠リタルガ為Cニ於テ第二ノ免責行為ヲ有効ナリト看做シタルモノナルコト明ナリト雖前段説明ノ如ク其ノ効果ハ当事者間ニ止マリ、債権者タルYトX等ノ間ニ為シタル更改契約ヲ無効ナラシムルモノニ非ザルノミナラズ、Xハ債権者タルYニ対シCノ為シタル第二ノ免責行為ニ因リテYガ取得シタル利得ヲ不当利得トシテ償還ヲ請求スルコトヲ得ベク、又YガCニ対シ何等ノ権利ナキニ拘ラズ之ニ対シテ強制執行ヲ為シタル行為ガ不法行為ヲ構成スル以上損害賠償債権ヲ取得スルコトモ亦之ヲ肯定シ得ザルニ非ザルヲ以テ、原判決ガ、Xニ於テCノ求償ヲ拒絶スルコトヲ得ザリシハXノ免責ノ通知ヲ為サザリシ過失ニ因リ自ラ招キタル損失ナレバYノCニ対スル請求行為トノ間ニ相当因果関係ノ連絡アリト認メ難シトシテXノ債権ノ存在ヲ否定シ去リタルハ失当ニシテ、論旨理由アリ」（大判昭七・九・三〇民集一一・二〇〇八）（戒能・判民一五八事件、勝本・法学二巻八号九一二頁）。として原判決を破棄差戻。学説は、勝本・戒能両評釈のみならず現在では一般に、判例の相対的効果説にしたがっている。その論拠は、善意の二重出捐者を保護するためには、相対的効果説でもって必要かつ十分だという点にある。

4　償還無資力者がある場合の求償問題

（一）　序　これは、求償がなされた場合に償還する資力のない連帯債務者があるときは、誰がどういうふうにしてその者の負担すべき部分を分担するかという問題であって、「求償権の拡張」とも称されている。民法は、一般の場合（民四四四条）と連帯の免除がなされた場合（民四四五条）の二つに分かって規定を設けているが、判例で比較的多く問題とされているのは、四四四条にいわゆる「各自ノ負担部分ニ応ジテ」という言葉の意味であって、ことに【72】ないし【74】の判示事項は早くから判例法として固まっているようにみえる。

なお、前出【5】によれば、四四四条および四四五条は連帯債務者のために連帯保証人となった者には類推適用されないが、そのケースは連帯の免除が原因となっているから、後述（四）にゆずる。

（二）　四四四条の負担部分をめぐる事例　主として問題となっているのは、求償を受けた有資力者に全然負担部分がなかった場合（ことに無資力者のみが全部の負担部分を負う場合）、彼は分担請求に応じなければならないか、またそれを肯定するとしたら割合はどうなるかであるが、年代順に紹介していこう（なお、いずれも上告棄却となっている）。

最初のケースはこうである。X（上告人）・Y（被上告人）および訴外ABが負担部分の特約なく連帯で金銭を借用し、その金はＡＢだけが使った。Ｙは、債権者より訴求されて全部弁済をし、Ｘに求償。ＡＢはともに無資力であった。原審はＸの半額分担を命じたため、Ｘは、四四四条の適用にはまず四四二条一項における負担部分の有無を決定しなければならぬが、判例【43】の負担部分論によればＸには全く負担部分がないから右の分担義務を負わないと上告。これに対し、

【72】「ＸＹハ共ニ右連帯債務ニ付キ利益ヲ受ケタルコトナキヲ以テ之レニ基ク負担部分ナシト雖モ、総テ同地位ニアルＸＹニシテ偶々Ｙガ債務ヲ弁済シタルガ故ニＹ独リ之ヲ負担スベキニアラズ、Ｘモ共ニ分担ノ責ニ任ゼザルベカラザルハ勿論ナリ。而シテ其間別段ノ意思表示ナキ限リハ双方平等ノ割合ヲ以テ之ガ負担ヲ為サヽルベカラザルハ民法第四四四条ノ精神ニ依リ当然ノ筋合ナリトス。故ニ原院ガ……連帯債務内部関係ニ付全然同一ノ状態ニ在ル本件当事者ハ右不償還部分ヲ分担スベキ責任アル旨判示シタルハ誠ニ相当……」（大判明三九・五・二二民録一二・七九二）。

次は、連帯債務者として示されているが、二人の連帯保証人Ｘ（上告人）およびＹ（被上告人）間の紛争である。原審は、ＸとＹ（正確にはその前主）が内部的にはともに負担部分がなくすべて同一地位にあるからとして、【72】と全く同じロジックにより、主債務者が無資力であったため平等分担を命じた。そこでＸは、本件のように有資力者の負担部分が零の場合には四四四条を適用すべきでない、同条は例外規定ゆえ厳格に解すべし（これは四六五条による準用をさすものか？）、と上告。だが棄却となる。

【73】「按ズルニ、民法第四四四条ニハ連帯債務者中ニ償還ヲ為ス資力ナキ者アルトキハ其償還スルコト能ハザル部分ハ求償者及ビ他ノ資力アル者ノ間ニ其各自ノ負担部分ニ応ジテ之ヲ分割ストアリテ、連帯債務者中ニ償還ヲ為ス資力ナキ者ヲ生ズルトキハ其償還スベキ部分ハ他ノ資力アル者ノ間ニ各自ノ負担部分ニ応ジ之ヲ分割シ、負担部分多キ者ヲシテ多ク分担シ負担部分少キ者ヲシテ少ク分担セシメ又負担部分相等シキ者若クハ共ニ負担部分ナキ者ノ間ニ於テハ平等ニ分担セシムルノ法意ナルコトハ之ヲ右法文ノ文意ニ徴シテ明瞭ナルノミナラズ、各自ノ負担部分ナキ連帯保証人ノ一人ガ債務

ノ全額ヲ弁済シ他ノ保証人ニ対シ其求償ヲ為ス場合ニ於テ民法第四六五条ガ同第四四四条ノ規定ヲ準用シタルニ依ルモ亦明瞭ナリ」（大判明四三・二・二五民録一六・一四九）。

この【73】は次の【74】により先例とされている。訴外Aの借金にXYが連帯債務者となり、全額を強制執行により弁済したYは、Aが無資力のためにXに半額補償を求める。原審はYの請求を容れたので、Xは石坂博士の説（日本民法・債権Ⅲ八八八頁参照）を引いて上告（なお次掲石坂評釈は、負担部分のない者に分担させえないとして自説を再確認される）。

【74】「民法第四四四条（ハ）……求償者及ビ他ノ資力アル者ニ全ク負担部分ナキ場合ニ付テ明言セズト雖モ、負担部分アル者ニ其各自ノ負担部分ヲ超ヘテ損失ヲ分担セシムル同条ノ規定ハ畢竟公平ヲ旨トシタルモノニ外ナラズシテ、其精神ヨリ推シテ考フレバ求償者及ビ他ノ資力アル者ニ全ク負担部分ナキ場合ニ於テハ又其公平ノ観念ニ基キ此等ノ者ヲシテ無資力者ノ償還スルコト能ハザル部分ヲ平等ニ分担セシムルノ法意ナリト解スベキモノトス。是レ本院判例ノ旨趣ニ於テ是認スル所ナリ（【73】参看）。蓋斯ノ如キ場合ニ於テハ求償者ト他ノ資力アル者トハ孰レモ負担部分ナキヲ以テ全ク同等ノ地位ニ在リ、然ルニ……無資力者ノ為メニ生ジタル損失ハ独リ求償者ノミニ全部之ヲ負担セシメ他ノ資カアル者ニ毫モ之ヲ分担セシメザルガ如キハ公平ノ観念ニ反シ立法ノ旨趣此ニ在リト解スベキニアラザルヲ以テ、負担部分相等シキ者ノ間ニ平等ニ之ヲ分担セシメタル規定ノ旨趣ハ又等シク負担部分ナキ者ノ間ニ於テモ平等ニ之ヲ分担セシムルノ法意之ニ包含スルコトヲ推知スルニ足レバナリ」（大判大三・一〇・一三民録二〇・七五一）（石坂・法協三四巻一号三四一頁）。

そして【74】はさらに後日の判決（大判大一二・五・七新聞二一四七・二〇、評論一二民法二九九）で引用されているが、下級審判決も右の大審院諸判例と同旨であり（たとえば、大阪地判年月日不明（明四五レ七七号）新聞八一五・二一や大阪控判大一四・一〇・二四新聞二四七六・一二）、現時の学説もこれらに賛成している。

最後に、以上は無資力者のみが負担部分を有する（ないし少なくとも訴訟当事者は負担部分を有しない）場合であったが、求償者に若干の負担部分があるときはどうなるか。これに関する判例は、被上告人Yは四、訴外Aは六、上告人X_1 X_2はいずれも零、という割合の負担部分をもって連帯債務を負担していたところ、Aに償還資力がなかったため、弁済した求償者Yと被求償者Xとの間で四四四条の争いを生じた事件である。原審は、Yが自己の負担部分に属する金円を支払った以上は、Aの負担部分については全く負担すべき部分がなくなり、この点では元来負担部分のない$X_1$$X_2$と同じになるから、という論法で三名の平等分担を認めたが（長崎控判昭一〇・一〇・一五新聞三九二四・一一、新報四二二・一二）、大審院は次のように述べて原判決を支持した。すなわち、

【75】「……Yが右債務の弁済を為したる以上、同人は民法第四百四十二条の規定に依りAに対して其の負担部分に付求償権を有するも$X_1$$X_2$両名に対しては同条に依る求償権を有せざること勿論なり。然れどもAが無資力にして償還すること能はざるときは、其の償還不能の部分に付Yは同法第四百四十四条の規定に依りて$X_1$$X_2$両名に対して分担を請求し得るや否やは自ら別個の問題なりとす。而して同条の規定に依れば連帯債務者中に償還を為す資力なき者あるときは其の償還不能の部分は求償者及び他の資力ある者の間に其の各自の負担部分に応じて之を分割するものなるが故に、其の所謂負担部分は右償還不能の部分に対する負担部分にして、本来の連帯債務に対する負担部分即ち第四百四十二条に所謂負担部分とは自ら別個の負担部分なること当然自明のことに属す。故に第四百四十四条に所謂負担部分は、求償者及び他の資力ある者の間に別段の合意其の他特別なる事情なき限り其の負担部分は平等なるものと解するを相当とす。されば無資力に因る償還不能の部分に付求償者及び他の資力ある者の間に別段の合意其の他特別の事情あることの主張なかりし本件に於て、原審がAの無資力に因る償還不能の金八百四十円を求償者たるY及び資力ある$X_1$$X_2$両名にて平等に分担すべきものと為し……たるは洵に相当なり」（大判昭一二・一・二〇法学六・五・一二二）。

この【75】は、【72】が答えなかった上告理由（すなわち四四二条の負担部分と四四四条の負担部分との関係）に対する解答ともなっているが、四四四条が負担部分多き者には多く、少ない者には少なく分担させる法意だとする先例

【73】とは適合せず、また、負担部分のない者（＝右のX_1とX_2）は何ら分担せずとする学説（近藤＝柚木・中一二五頁、勝本・中⑴二二六頁、我妻・債総二〇九頁、於保・債総二一九頁など）とも対立する。しかし、【73】の右説示は傍論であり、かつ【75】の見解も解釈上絶対に不可能というわけではないから、【75】が将来において先例にならないとは断定できぬであろう（なお右の学説は、一方では石坂説的な考え方を棄てずに原則とし、他方例外として判例法理も承認するようだが、その論拠が公平に求められるならば【75】を必ずしも排斥できない）。

なお、戦前外地の判例には、無資力者が負担部分あるAだけでなく負担部分なきBCD中Bも然る場合につき、Aの償還不能部分をBCDが平等分割し、Bの償還不能部分をCDが平等分担すべきである、という理論構成を示すものがみられる（朝鮮高等法院判大一四・四・一〇評論一四民法四九五）。

(三)　四四四条但書の事例　認定に関する下級審判例（東京控判昭九・一二・二〇新報三九三・九）と挙証責任に関する大審院の棄却判決とが存するだけのようであるが、後者も次掲以外のことがらはわからない。

【76】「民法第四四四条但書に所謂求償者に過失あることは、被求償者に於て立証の責任を負担するものと解すべきなり」（大判昭七・一二・二七法学二・七・一〇六）（勝本・法学二巻八号五七頁）。

(四)　四四五条の事例　本条に関する判例は、大審院関係では連帯保証人に関する二例を数えうるのみである。しかも事案をみると（なお件名も貸金請求であって求償金請求ではない）、後述する下級審（本書一八五頁）を含めていずれも、債権者の履行請求に対し債務者側が四四五条をもって抗弁とした事件のようである。

最初のケース。連帯債務者（＝主債務者）AB両名のためX（上告人）が連帯保証人となっていたところ、債権者Y（被上告人）は、Aの債務を免除（判例は連帯の免除という）したが後にBが無資力になったので、Xに対して保証債務の履行を請求。原審で敗訴したXは、自分はBの弁済不能部分につき本来何ら負担部分なく、しかもYは本来ならばBの無資力の結果を負担すべきAに対して債務を免除したのだから、Yが四四五条によりBの無資力の結果を負担すべきだと上告するが、次のごとく棄却。

【77】「民法第四四五条ハ連帯ノ免除ヲ得タル者ト無資力トナリタル者ト尚外ニ債務ヲ弁済シテ求償権ヲ有スル者若クハ未ダ之ヲ弁済セザルモ其資力アル者ト少クモ三名以上ノ連帯債務者アリシ場合ニ在ラザレバ之ヲ適用スルコトヲ得ズ。是連帯債務者ノ一人ガ連帯ノ免除ヲ得タル場合ニ於テ他ノ債務者中ニ弁済ノ資力ナキ者アルトキハ云々トアル其法文ノ解釈上自ラ明ナリ。而シテ本条ノ規定ヲ設ケタル理由ハ、同法第四三七条ニ依レバ連帯債務者ノ一人ニ対シテ為シタル債務ノ免除ハ其債務者ノ負担部分ニ付テノミ他ノ債務者ノ利益ノ為メニモ其効力ヲ生ジ、第四四四条ニ依レバ連帯債務者中ニ償還ヲ為ス資力ナキ者アルトキハ其償還スルコト能ハザル部分ハ求償者及他ノ資力アル者ノ間ニ其各自ノ負担部分ニ応ジテ之ヲ分割スベキモノナルヲ以テ、連帯債務者中ニ連帯ノ免除ヲ得タル者ト無資力トナリタル者トアルトキハ他ノ債務者ハ債権者ガ擅ニ為シタル連帯ノ免除ノ為メ其免除ヲ得タル者ガ素ト負担スベキ部分マデ負担セザルヲ得ザル悲境ニ陥ルヲ以テ、之ヲ避クル為メ債権者ハ免除ヲ得タル者ノ負担部分ヲ自ラ負担スベキ旨規定シ以テ連帯ノ免除ナキ場合ト同一ニ帰着セシメタルニ外ナラズ。故ニ本件ノ如ク連帯債務者二名アリテ其中一名ハ連帯ノ免除ヲ得他ノ一名ガ無資力トナリタル場合ニ本条ヲ適用スルコト能ハザルハ勿論ナリ。而テ保証人ガ主タル債務者ノ無資力トナリテ債務ヲ弁済スルコト能ハザル場合ニ其責ニ任ズベキコトモ亦明ナ」リ（大判明三七・二・二民録一〇・七〇）。

次は、前出【5】に掲げた説示をなす棄却判決である。訴外ABCが平等の負担部分をもってY（被上告人）から千五百円を連帯借用した際、X（上告人）は右三名のため連帯保証人となった。その後Yは、Aの負担部分につき連帯免除をなし（Xの上告理由により事実を採ったが、この免除は絶対的連帯免除でないかという疑いもある）、Aが無資力だったためXに請求したもののようである。原審は、BCが連帯免除を受けAが無資力の場合として事実をとらえ、【77】を引用して本件には四四五条の適用なしと判示。そこでXは、連帯保証人が対債権者関係で連帯債務者よりも不利な地位に立つべき理由なく、また本件連帯保証は商法（旧）二七三条によるもので純然たる連帯債務だとして、四四四条・四四五条を挙げてAの負担部分はYが負担すべきであると上告。しかし大審院は【5】に紹介した解釈論を述べた後すぐ続いて次のように判示。

【78】「而シテ……XハYヨリ本件金員ヲ連帯シテ借受ケタル訴外AB及Cノ連帯保証人ト為リタルモノニシテ是等ノ者ト共ニ連帯シテ右金員ヲ借受ケタルモノニ非サルヲ以テ、Xト右BC若クハYトノ関係ニ付テハ前掲規定ヲ以テ律スヘキモノニ非サルコト明ナリト謂フヘシ」（大判昭七・六・二五新聞三四四八・一一、新報三〇五・一二）。

右に掲げた両判決は、連帯保証人が債権者に分担請求した事案ならば問題も全く変ってくるが、すでに述べたように、ともに対外関係（＝債権者の履行請求）に関する事件であったと思われる。とすれば、連帯保証人は、連帯債務者に対し連帯免除がなされても弁済資力のない連帯債務者を生じても、債権者に対する履行責任を免れない、ということ以上にその先例的価値を認めるのは困難であるまいか。すなわち、両者とも四四五条が純粋（＝連帯保証にあらざる）の連帯債務における対外関係に適用されるか否かを論じた先例でないことはもちろんだが、連帯保証の側から眺めても、連帯保証人が連帯債務者の無資力の結果を分担しないという趣旨の先例だと解する（勝本・中(1)二二六頁参照）こともオーヴァであろう。

ところで、このような曖昧な判決が出た理由は、上告理由を受けてそれに沿いつつも、大審院が連帯保証人の勝訴を不当と判断したためであるが、対外関係の問題を四四五条の枠内で処理しようとするかぎりでは、人数といった形式的操作で同条の適用外とし（【77】参照）、あるいはすすんで同条の適用範囲まで定立する（【78】参照）ようなことになるのも無理はない（なお、柚木・下四七頁は、【77】の被免除者の負担部分に関する分担関係を「何かの誤解」と評されるが、さような誤解を生じた原因は、【77】が連帯免除と債務免除との効果を同一視ないし混同したためであろう）。この意味で、むしろ或る下級審判決が、四四五条は「所謂求償権ニ関スル規定ニ外ナラザレバ……同条ハ連帯債務者ニ対スル債権者ノ請求権ノ行使ヲ制限スル規定ニアラザルコトハ多言ヲ要セズ」（東京地判昭二・一〇・三新聞二七五三・一四）と解して被告の抗弁を斥けたように、事案の実体に依拠した理由で上告棄却とするほうが、簡明かつ正確ではないかと考えられる。

5　求償権者の代位権

民法五〇〇条は、弁済をなすにつき正当な利益を有する者に法定代位権を認めているが（判例上いかなる者がそれに属するとされているかについては、西村・法定代位権（民商二巻二号三号）参照）、連帯債務者がかような法定代位権者であることは通説的に承認されており、以下で紹介する判例もこのことを当然の前提としている（ことに上告との対比上【80】がそうである）。

最初の判例は代位権の範囲に関する先例として著作で引用されているものであるが、事件は、六人の連帯債務者中その一人が代位権に基づいて受けた公正証書の執行文付与の効力をめぐってである。それにより執行を受けるべき連帯債務者Xは、執行額を明示しない執行文は無効であるのに、原裁判所が、更正ないし変更を要する点を何ら判断せず本件債権額の六分の一につき差押命令を発したのは違法と抗告。これを棄却した決定の中に代位権の範囲が説示される（事件の性質上各自の負担部分は明らかでないが、均等とみられているようである）。すなわち、

【79】「連帯債務者数名アル場合ニ於テ其連帯債務者ノ一人ニ対スル強制執行ノ為メ特ニ執行シ得ベキ債権額ヲ明記セズ債権者ニ公正証書ノ執行力アル正本ヲ付与スルハ違法ニアラズ。而シテ債権者ハ本件債務名義ニ基キXニ対シ本件債権額六分ノ五ノ執行ヲ為シ得ベキモノトシ差押ノ申請ヲ為シタルモ、原裁判所ハ其六分ノ一ノ限度ニ於テノミ執行シ得ベキモノトシ其範囲内ニ於テ該申請ヲ許容シ其他ヲ棄却シタルモノトス。仍テ原裁判所ノ為シタル右本件債務名義ノ解釈ノ当否ヲ按ズルニ、本件債権ハ最初差押債権者及ビX外四名ヲ連帯債務者トシ此六名ニ対スル権利ナリシガ、其連帯債務者ノ一人タル本件差押債権者ガ従前ノ債権者ヨリ債権ノ譲渡ヲ受ケタル結果、民法第四三八条・第五〇〇条・第五〇一条・第四四二条・第四二七条ノ適用ニ依リ差押債権者ガ従前ノ債権者ニ代位シテXニ対スル自己ノ求償権ノ範囲内ニ於テ債権ノ

効力トシテ債権者ノ有セシ権利ヲ行フコトヲ得ルニ至リタルモノナレバ、本件債務名義ニ依リ差押債権者ガXニ対シ行使シ得ベキ権利ノ範囲ハ本件債権額六分ノ一ノ範囲内ナリト解スルヲ相当トス」（大決大三・四・六民録二〇・二七三）。

この【79】は、次掲「債権移転確認並抵当権移転登記請求事件」において先例として引用されている。事案はこうである。訴外Aが差押を免かれるため抵当権を設定して訴外Bから借金した際に、Y（被上告人）が保証の趣旨で連帯債務者となっていたところ、右抵当権附債権はBから訴外CさらにX（上告人）へと譲渡され、XがYに強制執行してきたのでYは元利金を弁済した。ところが、Xは右抵当権の移転登記を拒んだため、Yより前掲件名の訴が提起され、一審原審ともX敗訴。そこでXは、最後のあがきとして、民法五〇〇条は債務者以外の者が弁済した場合に適用されると上告した。もちろんこれは棄却となったが（次掲各評釈とも判旨に賛成）、判示は、上告（＝代位権の不成立）に答えるというより、むしろすすんで負担部分が零であるYの代位権の範囲に論及する。すなわち、

【80】「……何等負担部分ヲ有セザル連帯債務者ノ一人ガ債務ヲ弁済シタルトキハ保証人ガ債務ヲ弁済シタル場合ト同様（但例ヘバ借金ハ実ハ保証人ノ用途ニ充ツルニ在リシ為メ内部関係トシテ保証人ガ全負担部分ヲ有スル如キ場合ハ姑ク之ヲ寘ク）、負担部分ヲ有スル他ノ連帯債務者ニ対シ其出捐シタル金額ノ全部ニ付求償権ヲ有シ、又以上ノ如キ連帯債務者ハ其ノ債務ヲ弁済スルニ付正当ノ利益ヲ有スルヲ以テ民法第五〇一条ニ依リ当然債権者ニ代位シ、右求償権ノ範囲内ニ於テ他ノ債務者ガ供シタル担保ニ付権利ヲ行使シ得ベキコト勿論ナリ。否、負担部分ハ如何ニモアレ連帯債務者ノミ独同法第五〇〇条ヨリ除外サルベキ道理無キハ夙ニ当院ノ判例トスルトコロナリ（【79】）。蓋連帯債務者ホド弁済ヲ為スニ付或意味ニ於テ最正当ノ利益ヲ有スル者ハ他ニ之ヲ見出スヲ得ズト云フモ過言ニ非ザレバナリ。唯其ノ求償権ヲ有セザル場合ニ於テ代位ノ範囲亦従ヒテ零ナルハ当然ノ結果怪ムヲ須ヒズ」（大判昭一一・六・二民集一五・一〇七四）（山中・判民七三事件、近藤・民商四巻六号一二四九頁、田島・論叢三五巻五号一二一四頁、岩田・志林三八巻一一号一五六七頁）。

もう一つの判決は、混同の場合における代位権の成否についてである。Y_1（被上告人）と訴外Aとは連帯債務を負

担していたが、内部関係ではY_1のみが負担部分を負うものであり、かつY_1は自分の土地に抵当権を設定して担保としていた。この債権・抵当権は当初の債権者から転々譲渡されてY_2（被上告人）の手に帰し、Y_2はAを家督相続したので、Y_1を債務者とする競売を申し立てた。ところが、右土地はその前にY_1からX（上告人）へ譲渡されており、XはY_2のみならずY_1をも相手どって、基本債権が消滅したため競売代金はY_2に配当すべきでないとして異議の訴を提起する。原審は、混同により弁済したものとみなされる以上当然債権者に代位すると判示したので、Xは、弁済擬制の効果は$Y_1$$Y_2$間でのみ生ずるのであって、第三取得者に対しては「混同ノ効果発生ト同時ニ其ノ物件上ノ負担ハ当然消滅ニ帰スベキモノ」と上告。結果は次のごとく気取った判文により棄却。

【81】「然レドモ連帯債務者ノ一人ガ弁済ヲ為シタルトキハ他ノ債務者ニ対シ其ノ負担部分ニ付求償権ヲ有シ、其ノ求償権ノ範囲内ニ於テ債権者ニ代位シ、従テ此ノ範囲内ニ於テ債権者ガ他ノ債務者ニ対シ有シタル債権及担保権ハ弁済ニ因リ消滅スルコトナク当該債務者ニ移転スルモノトス。這ハ民法第四四二条・第五〇〇条・第五〇一条ノ規定ニ依リ明ナリ。而シテ連帯債務者ノ一人ト債権者トノ間ニ混同アリタルトキハ其ノ債務者ハ弁済ヲ為シタルモノト看做ステフ同法第四三八条ハ何事ヲ意味スルヤト云フニ、他無シ、抑モ債権者ヨリ当該債務者ニ対スル債権ノ消滅スル原因ハ取リモ直サズ混同以上ニモ以下ニモアラザルコトハ此ノ場合ニ限リ之ヲ明定スルノ要ナシ、同法五二〇条ノ原則ニ譲レバ足ル。而モ特ニ『弁済ヲ為シタルモノト看做ス』ト云フ所以ノモノ畢竟債権者ト他ノ連帯債務者間ノ関係並連帯債務者相互間ノ関係ニ於テハ則チ之ヲ弁済ノ場合ト同一視セムトスル法意ニ非ズシテ何ンゾヤ。何者債権者ト当該債務者トノ関係ニ於テハ消滅ハ即消滅ナリ。已ニ混同ニ因リテ消滅シタルモノヲ更ニ弁済ニ因リテ消滅スト云フガ如キハ殆ンド無意味ノ甚シキモノナレバナリ。是故ニ混同ノ場合ニ在リテハ当該債務者ニ於テ弁済ヲ為シタル場合ト一般、債権者ノ債権ハ他ノ連帯債務者トノ関係ニ於テモ亦消滅スルト共ニ当該債務者ノ求償権ノ範囲内ニ於テ他ノ債務者ニ対スル債権者ノ債権及担保権ハ当該債務者即債権者ニ移転ス、詳言スレバ移転スルモノト看做サル。是自明ノ理ナリ。本件抵当不動産ノ第三取得者タルXトシテ

抵当権ノ実行ヲ受クルハ固ヨリ其処ノミ。所論ハ此ノ理ヲ解セザルニ似タリ」（大判昭一一・八・七民集一五・一六六一）（山田・判民一一三事件、西村・民商五巻四号八一八頁、岡村・法学新報四七巻四号六六四頁）。

各評釈とも判示の結論には反対でない。が、岡村評釈は、代位による権利移転という通説の構成をもって、弁済による債権消滅を無視した謬見とされ、代位弁済によって債権は消滅するが担保権は消滅せずに弁済者の求償権に移る、という理論構成を採られる。また西村評釈は、民法五〇一条（一号および二号）の類推から、Y_2がXに対し直接に求償権を取得すると解しえないかを問題とされ、山田評釈も同じ規定との対比上、連帯債務者の場合は附記登記なくして代位できる点に言及してもらいたかったと注文しておられる。連帯債務者の代位権は保証人のそれとの比較においてその要件を整理する意味が大きいので、右はもとより正しい注文である。ただその際、問題の保証の側で近時、本件に相当する場合（つまり弁済よりも第三者の取得が先であった場合）については五〇一条一号の適用が動揺してきた点をあわせ考えてみなければならない（この動揺については、我妻・債総二三八―二三九頁以来かなりの教科書で論じられている）。けだし、保証の場合でさえ本件のような場合には事前の附記登記を要しないことになれば、明文のない連帯債務で不要たるは当然だという帰結に達するからである。

6　第三者に対する連帯債務者の償還と負担部分

これはいうまでもなく連帯債務者相互間の決済関係ではなく、あたかも前出【31】の帰結（＝第三者の償還請求）や民法四六四条で問題となるようなことがらであるが、連帯債務者の負担部分がもつ意味を考える素材として紹介するだけのことであるから、引用はもとより網羅的ではない。眼にとまったものは事務管理ないし不当利得の問題と関連している。なお、表題と関連する判例を拾えば、「他人ノ損失ニ於テ連帯債務ノ負担ヲ免レタル場合ニハ、負担部分ヲ有スル者ニ於テ其各自ノ負担部分ニ付テ不当ノ利得者タルベク」（大判大九・一一・一八民録二六・一七一四）云々と述べているものもあるが、これは不当利得者の要件を論ずる際の傍論にすぎないのみならず（なお、本件の詳細や争点については、松坂・不当利得における因果関係（総合判例研究叢書民法⒀【19】参照）、負担部分について償還せよということならば、ここでわざわざ論ずべきほどのものではない。むしろ問題は、負担部分のない連帯債務者に対して弁済者が有益費ないし利得の償還を請求できるか否か、に関する次の二判決である。

その一つは、連帯債務者X（上告人）らのために、被上告人Yの前主たる第三者A（訴外）のなした弁済が、Xらの意思に反しない事務管理と認定されたケースにおいて、右の問題が論じられた棄却判決である。すなわち、

【82】「X等ハ第三者タルAノ弁済ニ因リ各自其連帯債務ヲ免レタルモノナルコトハ原判決ノ確定セルトコロニシテ、凡ソ連帯債務ハ各債務者各自独立ノ債務ヲ負担スルモノナルカ故ニ、右弁済ハX等各自ノ為メニ有益ナルモノト解スルヲ相当トシ、債務者相互間ノ内部関係ニ於テ其負担部分ヲ有セストノ理由ニ依リ該弁済ヲ有益ナラスト断シ得ヘキモノニ非ス」（大判昭九・九・二九新聞三七五六・七）。

次にもう一つは、連帯債務者（約束手形の共同振出人）のために株式を担保物として提供してやった物上保証人X（上告人）が負担部分のない連帯債務者Y（被上告人）に対し不当利得の返還請求ができる、とする破棄判決である。論点の一つは物上保証人の求償権を不当利得として構成できるかであるが、判旨はそれを肯定し、ここでの問題については次のごとくいう。

【83】「……質物ノ所有権ヲ失ヒタルXハ保証債務ニ関スル規定ニ従ヒ債務者タルY等ニ対シ求償権ヲ行使シ得ルコト民法第三五一条ノ規定ニ依リ明ナルトコロニシテ、此ノ場合ニ於テYガ内部関係ニ於テ負担部分ヲ有スルヤ否ヤノ事実ハXノ求償権ノ存否ヲ決スベキ事由ニ非ズ。故ニYハ何等負担部分ヲ有セザル場合ニ於テモXノ求償ニ応ズベキ義務アリト謂フベク、Xノ求償ニ応ジタルYハ更ニ他ノ連帯債務者ニ対シテ各自ノ負担部分ニ付求償ヲ為スコトヲ得ルモノトス。而シテ本訴ハXニ於テ不当利得ヲ原因トシテ主張スルモノナルモ……敢テ之ヲ不当トスベキニ非ザルノミナラズ、本訴ニ於テYハ其ノ内部関係ニ於テ負担部分ヲ有セザルコトヲ理由トシテXノ請求ヲ拒否スルコトヲ得ザルモノナルコト求償権ノ

行使ヲ為ス場合ト同様ナリト謂ハザルベカラズ。然ルニ原審ハ右ト見解ヲ異ニシ他人ノ損失ニ於テ連帯債務ノ負担ヲ免レタル場合ニハ負担部分ヲ有スル者ニ於テ其ノ各自ノ負担部分ニ付不当ノ利得者タルベキモノナリト為シ、Yガ何等ノ負担部分ヲ有セザルコトヲ理由トシテ本訴請求ヲ排斥シタルモノニシテ、法律ノ解釈ヲ誤リタル違法アリ」（大判昭一三・七・二二民集一七・一四六八）（勝本・判民九四事件、谷口・民商九巻二号二九三頁）。

本項目の直接対象となる事項ではないため評釈の紹介は略するが、これらの判例法理によると、弁済した保証人ないし第三者が連帯債務者に対して償還請求する関係においては、債務者たちの連帯関係はなお解かれないことを意味する。これは【83】が明言するように、弁済者→負担部分のない連帯債務者→他の連帯債務者の各自、といういわば求償重畳関係を是認することが前提となっており、ひいては保証人（ないし第三者）の権利の保護は連帯債務における求償循環の避止に優先する、という大審院の価値判断を示しているもののように思われる（したがって、解釈の可能性としてならば、【83】の原判決も成り立ちえよう）。

ただ、保証人には連帯保証人も含まれるのだから、右の判例法理からは次の結果を生ずることに注意しなければならない。すなわち、既存の連帯債務につき併存的債務引受をなした場合には、たとえ保証の趣旨であっても彼は判例上連帯債務者となるから（本書二〇四頁参照）、弁済して求償する際には民法四四二条一項により、他の連帯債務者の各自にその負担部分に応じて償還請求することにならざるをえまい。これに対して連帯保証の形式を採ったときには、あたかも債権者が連帯債務者に対するがごとく、誰に対しても全額の償還請求ができることになろう。とすれば、この関係においてもまた、連帯債務か連帯保証かの認定は軽々しく扱えなくなる。

五　特殊問題

1　債務加入と更改

既存の債務関係に第三者が新たに連帯債務者として加わる契約は、更改の効果を生ずるか否か。つまり従前の債務を消滅させるかどうか。以下述べる判例は、すべて問題を否定的に解している。

第一のケースは、借用証書を書換えかつその際に連帯債務者を新たに附加した事案であるが、当初よりの債務者から、その契約によって債務者の交替および目的の変更による更改が行なわれ、旧債務は消滅したので自己の弁済責任も消滅したと上告。債務者の交替・変更に関する判示部分だけを引用すると、次のごとくであり、棄却。

【84】「甲債務者ガ債務ヲ負担セル場合ニ於テ乙債務者之ニ加ハリテ債権者ニ対シテ共ニ連帯債務ヲ約スルハ、債務ノ体様ヲ変ジタルニ過ギズシテ債務者ノ交替ニ因ル更改行ハレ旧債務ガ之ニ因リテ消滅スルモノニアラズ」（大判明四〇・一二・四民録一三・一一六一）。

次も同旨の判例である。上告人Xおよび訴外Aがすでに負担していた連帯債務につき、B（一審被告だが、上告人ではない）が連帯債務者となることを承諾し借用証書に署名した事案であるが、Xは、連帯債務者に変更を生ずるのは契約の更改だ（第一段）、当初の契約と後Bを加えた契約とは成立時期が異なるのに、原判決には契約がいつ成立したかが不明の違法がある（第二段）、と上告。

【85】「然レドモ消費貸借成立後ニ至リ第三者ガ借主ト連帯シテ其ノ債務弁済ノ責任ヲ負担スルコトヲ約スル場合ニ於テハ、之ガ為メニ債務者ノ数ヲ増加シ其体様ニ変更ヲ来タスコトアルモ債務ノ内容ハ同一ニシテ変更ヲ来サザルヲ以テ更改ノ生ズベキニアラズシテ、原判決ハ単ニ消費貸借ノ目的タル金銭ヲ借主ニ交付シタル後Bガ連帯債務負担ヲ約シタルコトヲ判示スルニ過ギザレバ、更改ノ存シタルコトハ原判決ノ確定セザル事実ナリ。然ルニ之ヲ以テ更改ナリト前提スル本

論旨第一段……第二段（八）……等シク原判決ノ趣旨ニ副ハザル非難ニシテ上告ノ理由ト為ラズ」（大判大七・五・一五民録二四・九六一）。

さらに、その後も、和解をなしその際に連帯保証人を附加した事案において、この契約をもって更改だと認定した原判決を破棄する理由の一部に、「連帯債務者ヲ附加シタレバトテ之ニ依リ当然更改ノ成立スベキ謂ハレナキモノニシテ……」（大判昭四・五・一八新報一八六・一二）と述べるくだりがあり、前出【21】でも、併存的債務引受は更改にならぬとして上告が一蹴されている。

連帯債務（ないし連帯保証債務）はいうまでもなく複数主体の債務であって、それを引受ける旨の契約の効果として原債務者が離脱してしまうようなことは、無意味であるとともに当事者（債権者や加入者）の意思にも反しようから、加入者が連帯債務者あるいは併存的債務引受人と認定された以上、少なくとも当事者の問題について更改の認定をなしうるはずがない。ただ、【84】や【85】のように当然ともいえることがらが公式の判例集に要旨として掲げられた理由は、それらが比較的古い時期の判例であった、もう少し詳しくいえば、時を異にする連帯債務の負担（すなわち債務加入（Schuldbeitritt））の観念が実務的になお未発達であったためと思われる（併存的債務引受が大審院判例をにぎわすようになったのは大正中期以後のことである）。それゆえ、一方において、併存的債務引受ないし債務加入の観念が一般的に確立し、また他方、更改制度がその不合理さのゆえに例外視されさらに契約自由の中に溶解せしめられるようになると（この点の詳細は我妻・債総一六九頁、於保・債総三八二頁参照）、ここの問題は消滅へと向かわざるをえなくなり、したがって【84】や【85】もその意味において引用する価値を失なっていくであろう（なお、併存的債務引受と更改の関係を直接論じたものは、ごく古い下級審にしかみられないが、四宮・前掲債務の引受【19】）。

2　連帯債務と債権者取消権

表題から容易に想像できるのは、(1)或る債務者が連帯債務を負担することは詐害行為となるか（つまり債務者の無資力に関する問題）や、⑵無資力の連帯債務者が資力減少行為をなした場合、債権者としては他の共同債務者の資力にかかわりなく右行為を取消せるか（つまり詐害される債権に関する問題）、である。そして、【86】や【87】はまさしく⑵に関する判例であるが、【88】は、債務者の無資力に関するケースではあるけれども、⑴のように新たに連帯債務を負担することが問題となったものでない。

まず、【86】は、古い判例で事案の詳細が不明だが、連帯債務者の一人A（訴外）が債権者Y（被上告人）を害することを知って、自己の所有する不動産をX（上告人）に対して処分（上告理由によれば、Xから借金して、抵当権を設定しまた売却したとされる）したために、Yが詐害行為だとして取消を訴求した事件である。上告理由は、債権者取消権の与えられるには「単ニ債権者ガ弁済ヲ受クル能ハザルノ虞アリト云フノミヲ以テ足レリトセズ、必ズヤ債権者ガ現ニ弁済ヲ受クル能ハザルニ至リシ場合ニ限リ此権利ヲ行使シ」うるにすぎないから、本件の連帯債務者のようにともに数十万円の資産をもつのに原審がYの請求を認めたのは違法と主張。しかし次のごとく棄却。

【86】「民法第四三二条ノ規定ニ依レバ数人ガ連帯債務ヲ負担スルトキハ債権者ハ其債務者ノ一人ニ対シ又ハ同時若クハ順次ニ総債務者ニ対シテ債権ノ全部又ハ一部ノ履行ヲ請求スルコトヲ得ルモノナルヲ以テ、債権者ハ連帯債務者ノ一人ガ債権者ヲ害スルコトヲ知リテ為シタル法律行為ノ取消ヲ訴求スルコトヲ得ベク、他ノ連帯債務者ガ債務ノ弁済ヲ為スニ十分ナル資力ヲ有スルコトハ債権者ノ廃罷訴権ノ行使ヲ妨グルモノニアラズ。蓋シ連帯債務ニ在リテハ債権ノ効力ヲ確保スル為メ、債務者ハ各自債権ノ全部若クハ一部ヲ履行スベキ義務ヲ有シ他ノ連帯債務者ニ資産アルノ故ヲ以テ債権者ノ履行ノ請求ヲ拒否スルコトヲ得ザルト同時ニ、債権者ガ連帯債務者ノ一人ニ対シテ履行ヲ請求スルト将又同時又ハ順次ニ総債務者ニ対シ履行ヲ請求スルトハ其撰択ノ自由ニ属スルヲ以テ、債務者ハ各自債権者ノ一般担保タル自己ノ資産ヲ債権者ノ損害ニ於テ減少スベキ行為ヲナスベカラザル地位ニアルコト如上連帯債務ノ性質ニ鑑ミ自カラ明ナルヲ以テナリ。本件ニ於テ原審ハ連帯債務者ノ一人ナル訴外AガYノ債権ヲ害スルコトヲ知リテX等トノ間ニ本訴不動産ニ対シ抵当権ヲ設定

シ又ハ之ヲ売却シX等モ亦当時悪意ナリシ事実ヲ確定シ、他ノ連帯債務者ノ資産ノ有無ヲ問ハズ訴外Aノ右処分ハYノ債権ヲ詐害スル行為ナリト認定シ之ガ取消ヲ宣言シタルハ相当……」（大判大七・九・二六民録二四・一七三〇――松坂・債権者取消権（総合判例研究叢書民法(7)）【27】）。

この【86】の理は、連帯債務者の一人A（訴外）が弁済資力がないのに所有建物を上告人Xに売渡し登記を了した場合に、他の連帯債務者に十分の資力があるので債権者を害しないというXの主張に対して、再び確認されている。

【87】「然レドモ債権者ハ連帯債務者ノ一人ガ債権者ヲ害スルコトヲ知リテ為シタル法律行為ノ取消ヲ訴求スルコトヲ得ベク、他ノ連帯債務者ガ債務ノ弁済ヲ為スニ十分ナル資力ヲ有スルコトハ債権者ノ取消訴権ノ行使ヲ妨グルモノニアラザルコトハ夙ニ当院ノ判例トシテ示ス所ナルヲ以テ、本論旨ハ理由ナシ」（大判大九・五・二七民録二六・七六八）。

右の判例法理は同時に通説でもある。けだし、連帯債務は債務者の増加によって増大した責任財産がいわば併列的・独立的に引当てる点に意義ないし効用があるのだから、他の債務者に資力があるという理由では詐害行為の取消に対抗できないのもやむをえないだろう。ただ、必ずしも明らかではないが、この判例法理は連帯債務者の資力減少行為ならば何でも取消せるとしたものではなく、問題の行為が抵当権設定ないし不動産売却であり、しかも判例上それらは詐害行為だとされていること（松坂・前掲債権者取消権【49】【56】参照）と相対的に理解すべきである。否むしろ、(1)連帯債務は複数の独立した債務であって単一主体の場合の応用問題であること、(2)さらに債権者取消権にあっては、なかんずく、債務者の財産活動の自由および取引の安全という要請が債権の効力確保との間に複雑な対立形態を採っていて（於保・債権者取消権（法セ四一号）二二頁）、単純に一般担保の保全という契機だけを強調できないことを考えるならば、「債務者の無資力」の判断は、「取消債権者の債権」の問題（【86】や【87】はこれに属する）と相対的にというよりも、後者以前の段階に置くべきだとさえいいえよう。

ところで、問題の【88】は左のようなケースである。すでに多額の債務を負う訴外Aが、所有不動産から日常器具までを挙げて現物出資し、かつ妻子や妹を社員としてX会社（上告人）を設立したので、債権者の一人Y（被上告人）は、X会社を相手取ってAの右会社設立行為を詐害行為だとして訴求し、Aが出資した不動産について処分禁止の仮処分をした。これに対してX会社は、Aの財産状態が債務超過ではないのにYは故意過失によって右仮処分をし、Xはその結果右不動産の利用を妨げられたから、という理由でYに対して不法行為による損害賠償を請求する。この「損害賠償請求事件」は上告審では消極財産の算定の争いとなっているが、これはAが債務超過かどうかが論点となってきたからである。すなわち、Aが訴外B銀行に対して負う連帯債務八万三千円余には優良担保があるので消極財産に加算すべきでないというXの主張に対し、原審は、それを加算して五万三千円の債務超過だと認定し、もって会社設立を詐害行為と判示したので、Xは、優良担保があれば「Aニ於テ現有財産ヲ以テ連帯債務ヲ完済スレバ当然ニ代位ニヨリ担保権ヲ取得スルガ故ニ、結局積極財産ニハ寸毫ノ増減ヲ生ズルコトナキヲ以テ、故ニ是ヲ消極財産ニ加算スベキ必要」がないと主張し、抵当権付債権における取消の範囲は抵当不動産によって弁済を得られなかった額にかぎるとする先例（大判昭七・六・三民集一一・一一六三——松坂・前掲書【22】）を引用して上告したのである（もう一点は、Aの負担部分は二分の一だから半額を消極財産に加算したらよいとして、また別の判例を引いている）。しかし上告は棄却。

【88】「連帯債務者ノ一人ガ詐害行為ヲ為セル当時債権者ガ第三者ノ財産ノ上ニ物上担保権ヲ有シ此ノ担保権ノ行使ニヨリテ完全ニ弁済ヲ受ケ得ベキ関係ニ在リトスルモ、斯ル関係ノ存在ハ当該債務ヲ右詐害行為者ノ消極財産トシテ計上スルニ付何等ノ妨ゲトナルモノニ非ズ。乃チ其ノ者ガ将来弁済シタル場合ニハ他ノ債務者ニ対シ其ノ各自ノ負担部分ニ付求償権ヲ取得スベキハ勿論ナルモ、斯ル未必的ナル将来ノ請求権ハ詐害行為者ノ現在ノ財産ニ属セザルガ故ニ之ヲ積極財産トシテ計上スベキモノニ非ザルト同時ニ、右ノ債務ハ其ノ消極財産ヨリ毫モ控除スベキモノニ非ズ。如上ノ求償権ハ謂ハ

バ弁済ニ供シタル財産ノ全部又ハ一部ニ代リテ発生スルモノニ外ナラザルガ故ニ、右弁済ニ供スベキ財産ニ加フルニ尚積極財産トシテ右求償権ヲ計上スベキモノニ非ザルコト洵ニ明瞭ナリ。惟フニ詐害行為ノ成否ヲ判断スルニ当リテハ、唯債務者ノ財産ノ上ニ債権者ガ物上担保権ヲ有シ之ガ行使ニ因リテ弁済ヲ受ケ得ベキ限度ニ於テ当該債務ヲ消極財産ヨリ控除スルト同時ニ、其ノ限度ニ於テハ該担保財産モ亦積極財産ヨリ控除スベキノミ。論旨援用ノ各判例ハ何レモ本件ニ適切ナラズ」（大判昭二〇・八・三〇民集二四・六〇──松坂・前掲書【37】）（潮見・判民七事件）。

学説の多くはこの【88】に対して難色を示しているが、それを紹介する前に、連帯債務者の一人Aの消極財産には連帯債務の全額を計上せよ、とする判例を挙げておこう。もっとも、この棄却判決は詳しいことが全くわからないのが残念だが、次のごとく判示している。

【89】「連帯債務者は債権者に対しては他の連帯債務者との関係に於ける負担部分の如何に拘らず其の全額に付債務を負担すべきものにして、他の連帯債務者に対する求償権の如きは債権者に対し其の債務を弁済したる後に生ずべきものなること言を俟たざるところなれば、他の連帯債務者資産状態良好にして求償権の行使に当り完済を期待し得べき事情に在る場合にありても、詐害行為の取消等の関係に於ては斯かる事情を顧慮することなく其の債務全額を計上すべきものなること勿論なりとす。左れば仮りに所論Aの……債務が孰れも連帯債務にして他に償還資力十分なる連帯債務者ありたりとするも、原審が右Aの消極財産として債権者に対する関係のみに着眼し其の債務全額を計上したるは洵に相当……」（大判昭一二・四・五法学六・八・一四九）。

さて、前出【88】では（【89】も類似の事件ではないかと想像されるが、右の事情により省略）、債務者Aが無資力の状態にあるか──換言すれば彼の行為を詐害行為たらしめる基盤が存するか──どうかの判定にあたって連帯債務が問題となっているが、解答としては次の三つが考えられる。すなわち、⑴債務全額を消極財産として計上する、⑵求償権の額はこれを積極財産として計上する、⑶その連帯債務に優良担保があれば全く消極財産に加算しない、である。

このうちで⑶は、Xができることならそうなってほしいと願っているようであるが、弁済者代位は求償権を前提とするから、Aに半分の負担部分ありと主張されている本件では全く問題にならない。大審院は、みてきたように、⑴の立場を採るが、弁済者代位によって把握される物的担保が存してもA自身が提供したのでなければ消極財産から控除できないと判示したり、求償権を未必的だと称していることからすれば、判示はYの満足の確実性を特に強調して⑴を採ったようにも思われる（本件はだいたいが裁判所の心証を悪くするような事実の多いケースだが）。

しかし、この【88】の理論構成は次のように批判されている。すなわち、潮見評釈は、判旨は当該連帯債務の債権者（訴外B銀行）が取消権を行使するときには妥当するが、他の債権者が取消権を行使する際に債務者の消極財産中に連帯債務が含まれているときは、確実な求償権でカヴァーされるかぎり（確実さの挙証責任は債務者にあるが）対Y関係ではAの財産に何ら犠牲を生ぜしめないから、カヴァーされている部分は消極財産に算入する必要がないと主張されるのである（考え方のモデルとなったのは杉之原・判民昭四・一六事件）。そして最近の著作には、これを支持する見解が次第に現われつつある（柚木・判例債権法総論上二二一―二二二頁。また松坂・債総一〇五頁の見解も、同・前掲書一七六頁により改説）。この⑵説でも、取消債権者Yの立場はもちろん尊重されているが、他方においてこの説は、一般担保保全に必要な限度を厳格に計算するので、Aの無資力・債務超過を生ずる場がせばめられ、そのかぎりではAの財産活動への干渉も縮減されることとなろう。もっとも、【88】の事案では、Aの負担部分は少なくとも半分だから（Aに負担部分があると不利になるX側から半分と主張されているのだから、実際はそれ以上かもしれない）、求償権が確実だとしても、最高四万二千円しか消極財産より控除されない。したがって、Aはなお約一万一千円（前記五万三千円から右金額を控除した額）ないしそれ以上について債務超過となり、⑵説を採っても本件では判示と結論を異にしないのではあるまいか。

3　連帯債務と債権譲渡・転付命令

（一）　連帯債務者に対する債権の譲渡　　問題は、⑴連帯債務者の一人ないし一部に対する債権を第三者に譲渡することができるか、また、⑵連帯債務者全員に対する債権の譲渡の場合でも（これの能否は債権譲渡一般の問題に帰着する）、通知または承諾（民四六七条一項）がその一人ないし一部についてしか備わっておらないときには譲渡の対抗はどう取扱われるか、である。

まず、学説を眺めよう。⑴の問題に関しては、現通説はむしろ自明のこととして肯定するようであるが（近藤＝柚木・中五二頁は、肯定説に対してきわめて消極的であったが、柚木・下二〇頁は、その疑問に答えて通説を採られる（本書三〇二頁参照））、その根拠は、連帯債務における各自の債務の「独立性」である。次に、⑵の問題についても、これを連帯債務における「相対的効力の原則」の枠内でその一場合として説くのがこれまた一般の見解であって、それ以上に理由づけはないが、通知が債務者に対してなさるべきことを、理由として補足される見解はある（於保・債総二八〇頁）。

次に、判例は【90】を除いては、⑴⑵ともにつき学説と同旨であるが、実際のケースをみると、⑴の問題は傍論ないしは⑵を導き出す前提として述べられているにすぎない。なお【90】は古い控訴院判例であるが、判例法理の中では異説であり、かたがた上告審判決でもあるため、特に例外として「通し番号」によって紹介する次第である。

【90】の事案を上告理由からうかがえば次のようである。訴外Aは、上告人Xほか十一名を連帯債務者として金銭を貸与していたが、この貸金債権を被上告人Yに譲渡した。判示からみると、全員に対する債権の譲渡であり、かつ通知はXのみになされたらしいが、Xに対するYの請求を原審が認容したので、Xは、自分以外の者には通知がなくしたがって債権譲渡をもって対抗できない以上、自分に全債務の履行を求められるはずがないと上告。原判決は破棄差戻となった。すなわち、

【90】「連帯債務は数人の債務者が同一の債権者に対し債務を負担する場合に於ける一種の債務関係に外ならざるを以

て、数人の債務者が各別個の債権者に対し債務を負担するが如きは連帯債務の性質に反する者と謂はざる可らず。故に数人が連帯債務を負担する場合に於て債権者が、其債務者の一人に対する債権にして其者の負担部分のみならず債権全部を挙げて他人に譲渡すると同時に、他の債務者に対する債権全部を自己に留保するときは、譲渡の行はれたる債務者は他の債務者と異なりたる債権者を有するに至り連帯債務本来の性質に悖るを以て、斯る譲渡は当然其効力を生ずるものと謂ふを得ず。然而して債権者が連帯債務者の全員に対する債権全部を他人に譲渡したるに拘はらず、之を債務者の一人に通知したるに止まり他の債務者に通知せず又は他の債務者が譲渡を承諾せざる場合に於て……譲渡の通知を受けたる債務者は、他の債務者が譲渡の通知を受けたりや否や又は他の債務者が之を承諾したりや否やに付ては同条項（筆者註—民四六七条一項）に所謂第三者に該当し而かも最も深き利害関係を有する第三者なるを以て、同条項に因り他の債務者に関する債権の譲渡を争ひ得べく、譲受人は之に対し譲渡の効かを主張し得ざるものと論ぜざるべからず……」（名古屋控判年月日不明（事件番号不明）新聞七一二・二四）。

ところで、大審院のリーディング・ケース【91】は、右と全く見解を異にする。債権者A（訴外）が連帯債務者たるX（上告人）およびB（訴外）に対する貸金債権をY（被上告人）に譲渡し、かつその通知はAからXのみに対してなされた事案であるが、Xは、数名の連帯債務者に対する債権を譲渡したときには、全員に通知しなければ全員に対しないし全部につき対抗力がないのに、原判決がBに対する通知の有無や通知がない場合の効力を判断せずXに全部の支払を命じたのは違法と上告する。しかしこれは棄却。

【91】「然レドモ連帯債務ハ債権者ニ対シテハ一個ノ債務ノ如ク看做サルルモ各債務者ハ各自全部ノ給付ヲ内容トスル独立ノ債務ヲ負担スルモノナルヲ以テ、債権者ハ連帯債務者ノ一人ニ対スル債権ノミヲ独立シテ譲渡スルコトヲ得ベク、又連帯債務者全員ニ対スル債権ヲ譲渡シタル場合ニ於テモ、其債務者全員ニ対シ譲渡ノ通知ヲ為シ又ハ其全員ノ承諾ヲ得ルニ非ザレバ譲受人ハ何人ニ対シテモ之ガ譲受ヲ以テ対抗スルコトヲ得ザルモノニアラズシテ、其内ノ一人ニ対シ譲渡ノ

通知ヲナシ又ハ其者ノ承諾アリタル以上ハ譲受人ハ其者ニ対シテ譲受ヲ以テ対抗スルコトヲ得ルモノナリト謂ハザルベカラズ。然ラバYガ訴外Aヨリ同人ニ対スル連帯債務者タルX及ビBニ係ル本訴債権全部ヲ譲受ケ而カモAガXニ対シテノミ譲渡ノ通知ヲナシタリトスルモ、Yハ該債権譲受ケヲ以テXニ対抗シ得ベキモノナレバ、Bニ対スル譲渡ノ通知又ハ同人ノ承諾ノ有無ハ本訴請求ノ当否ヲ決スルニ当リ之ヲ論究スルノ必要ナキノミナラズ、Xハ原審ニ於テ叙上ノ点ニ付キ特ニ論争シタル事迹ナキニヨリ、原審ガ所論ノ点ニ関シ何等判示スル所ナカリシハ至当ナリ」（大判大八・一二・一五民録二五・二三〇三）。

右の理は、その後も、「連帯債務ノ場合ニハ債権ノ譲渡ハ之ヲ当該債務者ニ通知スルヲ以テ遺憾無ク対抗要件ヲ具ヘ了ルモ……」（大判昭五・八・二新聞三一六一・一〇——なお前出【3】参照）という傍論のかたちでうかがえるのみならず、下級審判例（東京地判昭五・一一・一八新報二三九・二五、東京地判昭六・二・一〇新報二五一・二二）ではそのまま承継され、次掲【92】でも維持されている（事案は掲載紙の関係で不明だが、当事者の関係や表示符号は【91】と全く同一）。

【92】「債権を有せしAより債務者たるX等に対し該債権をYに譲渡したる旨の通知を為したる事実に依れば直に其の譲渡ありたることを認むるに足れり。而してX等はBと連帯して右債務を負担せるものなるも既にAよりX等に右通知ありたる以上、YはX等に対し右債権金額に付譲渡ありたることを主張して其弁済を求むることを得べく、Bに対する右譲渡対抗の要件が具備せりや否は此の結論を左右すべきものに非ず」（大判昭九・四・二五法学三・一一・八八）。

かように、諸判例（とりわけ【90】【91】）で問題となったのは、一人に対する債権の譲渡ではなくて全員に対する債権の譲渡の場合であり、しかもその争点は、連帯債務者の一人に譲渡通知のあったときには、譲受人がその者に対して全額を請求できるか否かであった。【91】にはじまる判例法理は問題を肯定するが、もとより正当な態度だといわねばならない。けだし、債権譲渡の近代的課題——すなわち投下資本の便宜かつ確実な回収の促進——は、その帰結として「譲渡要件の簡便化」と並んで「譲受人の地位の安全」を要請するからであり、かつまた、連帯債務においてせっかく債権譲渡を許した以上は、各自の全額責任をも維持しなければ連帯という責任形態の価値・機能が損われてしまうからである。ただその場合、譲渡通知を受けなかった連帯債務者に譲受人が請求できないという帰結は、新旧債権者の対外的権利（取立方法）と債務者の弁済の保護（ことに善意の場合における免責）とをよほど徹底して改めないかぎり、やむをえない一線だとみるほかはない。

ところで、判例法理はあっさり一人に対する債権の譲渡を可能だとしているが、その場合の法律関係はどうなるのだろうか。連帯債務者に対する債権の譲渡があったときには、ふつう（なおエネクチェルス＝レーマンの教科書では一人だけが名指されていても（一四訂版三五七頁））、全員に対する債権が譲渡されたものとみるのが妥当だといわれているので（我妻・債総二〇五頁）、判例がさような立場を採るのであれば実際上ほとんど問題にならないであろうが、一、二の学説（後出【93】に対する四宮評釈と柚木・下二〇頁）によってみておこう。

その場合、問題となるのは、連帯債務者Aは依然として旧債権者Xに対して義務を負うのに、他の連帯債務者Bは債権譲渡により新債権者Yに引当てるという関係から生ずる結果をめぐってである。このうち、AがXに対して弁済してもBは免責されず、またBがYに対して弁済してもAは免責されないのかどうかに関しては、柚木・四宮両教授とも、一債務者の弁済の絶対的効力性を、債権者が複数の場合にも適用することによって解決せられる。次に、そうなると、たとえばXがAから弁済を受けたがそれを費消しかつ無資力の場合には、Yは結局何も得られなくなりはしないかという点については、柚木教授は、さような偶然のありうることのためにかかる債権譲渡自体までをも無効とすべき理由なく、かつXY間ではその間の処置を約するのが通例だ、と答えられる。また四宮教授は、XYの関係を、権利主体の分裂が形式的か実質的かによって、信託または準共有としてとらえられ、Yの債権喪失に対する補塡については、これをそれらの内部関係に委ねられる（したがってYの危険は、右設問の程度にまでは考えておられぬようである）。

（二）　連帯債務者に対する債権の分割転付　連帯債務者の一部に対する債権が転付されたときは、あたかも連帯債務者の一部に対する債権を分離譲渡した場合と近似する。そこで判例も、さような分割転付の能否に関しては、分離譲渡が可能であることを理由として問題を肯定している（【93】参照）。

では、Aの債権者Xが、Aに対する連帯債務者YBCDのうちBCを第三債務者として転付命令を得た場合、Yの責任はどうなるか。右で述べた債権譲渡の場合にあてはめると、Yの責任が問題となるのは、BCがXに弁済した場合におけるYとAの関係であるが、転付の場合の実例（下級審の判決だが）では、Y（被控訴人）の債務を免除したX（控訴人）が再びYに請求した、というかたちで転付の効力が論じられている。もう少し詳しくいえば、Xは、Yから若干の弁済を受けてYの連帯債務を免除した後、その免除は右転付債権について行なわれたのだ（したがって多分、AのYに対する債権分については別に請求する）と主張したようであるが、判示は、本件Yの責任を否定する理由づけの一つとして、分割転付はこれを受けた者に対してしか効力を生じないのだから、特約なきかぎり連帯債権の発生を認めないわが法のもとでは「除外セラレタル連帯債務者ハ之ニ因リテ該転付金額ノ限度ニ於テ其債務ヲ免ルルモノト云ハザルベカラザルベク、従テ該転付命令ニヨリ除外セラレタルYニ対シテハ該転付債権ニ付キ、Xトノ関係ニ於テハ勿論、Aニ対スル関係ニ於テ免除ノ問題ヲ生ズル余地ナ」し（東京地判大九・一〇・一四評論九民訴五〇九）と述べた。これに対しては吉川教授が、転付命令により免責されるのは本件Aだから判示の結論は奇妙であり、またこうした理論では連帯債務の実質的解体は避けられないのであって、避けようとすれば分割転付を否定するほかはない、と評しておられる（吉川・判例転付命令法一六三―一六四頁）。

転付命令の相対的効力性は大審院でも論じられたが、事件は二例とも、連帯債務者の一人が自分の共同債務者を第三債務者として転付命令を得た場合における混同の成否と関連している。

判例の一つである【93】は、次のような内容である。Y（被上告人）は、訴外ABとともにX（上告人）から二百八十円を連帯借用していたが、Xに対する四十五円余の債権ありと称して、Xの右債権中四十五円余につきABを第三債務者とする差押ならびに転付命令を申請し、この命令はXおよびABに送達された。そこで、Xは自己のYに対する債務は弁済ずみだとして訴を提起したが認められず、控訴。原審は、適法の債権差押ならびに転付命令はその「目的タル債権ノ有効ニ存在スル限リ」は適法な執行停止・命令取消のない以上法定の効力を生ずる、としてXの請求を棄却。Xはかくて該命令の有効性を争い、本件四十五円余の転付「債権ハ該命令ノ送達ニヨリ連帯債務者タルYニ移転シテ混同ヲ生ジ、且ツ其ノ混同ハ同ジク連帯債務者タル第三債務者ABニ対シテモ其ノ効力ヲ生ズルコトトナルヲ以テ（民法四三八条）、差押並転付命令ノ目的タル債権ハ存在セザルコトニ帰」するはずだのに、Xに不利な判決を下したのは違法と上告。これに対し、

【93】「然レドモ連帯債務者ハ各自独立ノ債務ヲ負担スルモノナレバ債権者ハ其ノ中ノ或者ニ対スル債権ヲ他ノ債務者ニ対スル債権ト分離シテ譲渡スルヲ得ベク、従テY A及Bノ三名ガXニ対シ負担スル本件連帯債務中右ABニ対スル債権ノミニ付Yガ債権差押並転付命令ヲ申請シ其ノ債権ノ転付ヲ得タリトスルモ、残部ノXガYニ対スル債権関係ハ依然存続シ混同ニ依リ消滅スルコトナク、従テABノ債務ガ消滅スベキ理由ナシ。原判決ガ右ノ如キ債権差押並転付命令アリタルコト当事者間ニ争ナキ事実ニ徴シ、差押並転付命令ノ目的タル債権ハ有効ニ存在スルモノト為シ該命令ハ有効ナリト断ジタルハ何等違法ニ非ズ」（大判昭一三・一二・二二民集一七・二五二二――吉川・前掲書（一〇六）（四宮・判民一五四事件、柚木・民商九巻五号一〇〇六頁、岡村・法学新報四九巻六号九四〇頁）。

柚木評釈は、徹頭徹尾不可解な事件だと評しておられるが、たしかに、Yが本件転付命令を求めた実利はわからないし、Xが転付命令無効論をふりかざした根拠もはかりがたい。おそらくは、Yのいやがらせに対し、Xが是が非でもと最後は意地になって、原判決の言葉尻をとらえて上告した事件なのだろう。しかし、上告の理由は、岡村・四宮両評釈の指摘されるように疑問の多いものであった。

ところで、問題の分割転付と混同とに関する判示はどうみられているか。岡村評釈は、混同によって債務が消滅しないとすれば、ＡＢはＹに弁済してすぐＹに求償できるというような不都合を生ずるから、判示とは逆に債務は混同によって消滅するとみるべきであり、後は求償関係が残ると解される。また四宮評釈も、混同に準じてとする点では異なるが、転付命令によりＸの債権中四十五円余は弁済されたものとみなすべきだとせられる。いずれも、無用な手続を避けることが根拠となっている（なおついでに記しておくと、本件Ｙの負担部分が零であれば評価も若干変るが、判例集からはわからない）。

もう一つの判例【94】は右の【93】を先例として引くものであるが、非混同の理論は今度は、連帯債務の債権者（【93】ではＸ、本件では被上告人のＹ）からでなく、連帯債務者の一人でもある転付債権者Ｘからの、上告を斥ける理由づけに用いられている。上告理由は次のようである。Ｘは、自分の共同債務者ＡＢ（訴外）よりＹに支払うべき賦払金をその弁済期日前に転付を受けてＹへ送達したから、Ｙはその分については満足を受けたはずである。然るに原判決が、不払によって期限の利益を喪失した旨判示したのは違法である、と。だが次のごとく棄却（引用文中、執筆者が註を附した部分は、事実関係に関する登載誌の記述からも、ことがらの性質からも、ミスプリントと思われる）。

【94】「然レトモＸ及Ａ、Ｂノ三名ガＹニ対シ負担スル連帯債務中右ＡＢニ対スル債権ノミニ付Ｘ（筆者註―登載誌ではＹ）ガ債権差押並転付命令ヲ申請シ其ノ債権ノ転付ヲ得タリトスルモＸノＹニ対スル残部ノ債権関係ハ依然存続シ混同ニ因リ消滅スルコトナク従テ右Ａ、Ｂノ債務モ亦消滅スベキ理由ナキヲ以テ（【93】参照）、原判決カＸノＹニ対スル右債務ヲ弁済シタリト認ムヘキ証拠ナキモノトシテＸノ主張ヲ排斥シタルハ相当ナリ……論旨ハ独自ノ見解ニ基キ右転付命令ニ因リＸノＹニ対スル債務ノ一部ガ消滅ニ帰シタルコトヲ前提トシテ原判決ノ正当ナル判断ヲ論難……スルモノニシテ採用スルニ足ラス」（大判昭一四・七・一四新聞四四七四・七）。

肝心な点に関する上告・判示がいささか簡単すぎて、債務全額について期限の利益を失うことが問題なのか、転付債権の送達そのものが本件のような連帯債務ではXの弁済とはみられないということが問題となっているのか、どうにも確言しかねる（ただ、本件Xに法的保護が与えらるべきでないのは確かだ）。

このほか、判例には「連帯債務者ノ一人ナルY_1ニ対シ差押及転付命令アリタルガ為ニ何ガ故ニ之ヲ受ケザル他ノ連帯債務者Y_2トノ関係ニ於テモX（上告人）ノ請求ヲ排斥セザル可ラザルカ、原審ハ之ニ対シ何等ノ説明ヲ加フルトコロナシ」云々とするものがあり（大判昭九・一二・一二裁判例八民事二八八、法学四・五・一〇一――詳しくは吉川・前掲書〔一〇五〕）、登載誌の一つたる「法学」は、それに「連帯債務者の一人に対する差押及転付命令が之を受けざる他の連帯債務者に対して有する効力」と附題している。ところがこの事件は、原審が、Xへの債権譲渡の通知よりも転付命令の送達のほうが先であったからXは結局債権を有しないと判示したために、Xが本訴債権と右転付債権とは似ているけれども別ものだと上告したのであって、右引用部分は、本訴債権が転付された連帯債務者に対する債権ならばという前提（大審院は否定的であるが）のもとにおける議論である。「法学」の作文にかかる判示事項は、かような段階にいたってはじめて推測されるにすぎないから、本判決を、分割転付に関する典型的・代表的なケースとみることは困難だと思われる（ただし、中務「取立命令と転付命令」民訴法講座四巻一九一頁）。

4　連帯債務の共同相続

連帯債務者の一人が死亡して共同相続が行なわれた場合、相続人たちは、被相続人の残した連帯債務について、どういうかたちの責任を負うのであろうか。これは、相続人が複数であるのを常態（民八八七・八八九・八九〇条参照）とする現行法ではしばしば生起する問題だと思われるが、旧法（＝明治民法）のもとでもいわゆる遺産相続（共同相続の構成を採用していた）については問題となることがらであった。

ところで、連帯債務の共同相続は、金銭その他の可分給付を目的とする債務の共同相続における各相続人の責任態容いかん、をいわば前提としかつそれと密接につながるのであるが、最初に現われた判例【95】は、連帯債務に関する事案を、全く可分債務一般の問題として取扱っている（近藤・相続法一五一頁はこの態度に賛成せられる）。事実はこうである。連帯債務者（合名会社社員）ＡＢＣのうちＡが死亡して、Ｘ（抗告人）および訴外ＤＥの三名が遺産相続をしたが、債権者はＸＤＥに対する執行文付与を受け、Ｘに対して債権全額につき強制執行をした。そこでＸは執行方法の異議を申し立てたのであるが、原裁判所は、「本件債権者ガ被相続人ニ対スル債権全額ニ付其ノ遺産相続人ニ対シ為サレタル当該強制執行ハ何等違法アルコトナシ」と説示したため、Ｘは、自分の負担部分は三分の一であるのに「債権者ガ被相続人Ａニ対スル債権全額ニ付キＸノ特有財産ニ対シ強制執行ヲ開始シタルハ失当ナリ」と争う。大審院はこれを容れて取消差戻となった。その理由は次のようである。

【95】「遺産相続人数人アル場合ニ於テハ共同相続人ハ相続分ニ応ジテ被相続人ノ権利義務ヲ承継スルモノニシテ其ノ相続分ハ別段ノ指定ナキトキハ平等ナレバ、被相続人ノ金銭債務其ノ他可分債務ニ付テハ各自分担シ平等ノ割合ニ於テ債務ヲ負担スルモノニシテ、連帯責任ヲ負ヒ又ハ不可分債務ヲ負フモノニ非ザルコトハ民法（旧）第一〇〇三条・第四二七条ノ規定ニ依リ明ナリ。……従テ遺産相続人ノ一人タルＸニ対シテハ右債務名義ニ記載シタルＡノ債務金額三分ノ一ノ弁済ノ為ニスルニ非ザレバ強制執行ヲ為スコトヲ得ザルモノトス」（大決昭五・一二・四民集九・一一一八）（穂積・判民一一事件）。

このケースは、Ｘが自分たち三人の遺産相続人が負う責任態容を問題としたために、判示ことに判決要旨をみただけでは、あたかもＡの単独債務につき共同相続がなされた場合のようにみえ、穂積評釈も、債務の共同相続一般という平面で連帯債務説の立場から批判を加えておられる。だが、この理は、連帯債務の共同相続たることを明示する棄却判決【96】でも確認されている。事案の詳細は不明であるが、債権者Ｘ（上告人）が遺産相続人の一人Ｙ（被上告人）を相手どって上告した事件である。判示は次のようである。

【96】「債権者は連帯債務者の一人に対し全部の履行を請求することを得べきも、本件の如き金銭債務に在りては、債

権者は其の連帯債務者の一人の死亡に因りて遺産相続を為したる数人の相続人各自に対し当然に全部の履行を請求する権利を有するものに非ざることは民法（旧）第一〇〇三条の規定に照し疑なければ、原判決に於てXが相続債権者としてY外三名の遺産相続人に対し均一部分に付其の権利を行使し得べきものと断じたるは相当なり」（大判昭一六・五・六法学一〇・一一・八八）。

以上の二判例は、【95】のように債務の共同相続一般という表現形式を採った場合もあるが、とにかく連帯債務者の一人を相続した共同相続人相互の関係に関する先例であった。そして、その内容は彼らが連帯関係に立たないというものであったが、戦後の下級審には、妻Yおよび六人の子が、Aと連帯債務を負うBを共同相続したところ、全員が共同被告として債権者Xから訴求された事案において、「右Y等はBがXに対し負担した前記金八十万円の貸金債務を承継したものであり、その承継は相続分に応ずべきであるが、被相続人の債務が連帯債務である場合には、その共同相続人はその承継した債務につきまた互に連帯債務を負担するものと解するのが相当であるというべきところ、Bの債務がAとの連帯債務であることは前認定のとおりであるから、その共同相続人である右Y等の債務も連帯関係にあるもの……」（東京地判昭二八・四・二二下級民集四・四・五七〇）として、先例に反対する判例も現われていた。

しかし、最高裁判所は、【95】および最高裁の一判決（引用文中に掲げるが、可分債権の法上当然分割を判示したもの。これについては柚木編・最高裁判所民法判例要録〔一二七〕参照）を引用して、共同相続人相互間の非連帯を再確認したのみならず、すすんで生存する他の連帯債務者（本件では後述するように、共同相続人の一人と同一人ということになるが）と共同相続人たちとの関係についても判示するにいたった。

その事実関係は当事者の主張では複雑であるが簡約すればこうである。Y（被上告人）の父は、A（訴外）・その子B（訴外）およびBの妻X_1（上告人）を連帯債務者として金十八万三千円を貸与したが、後さらに九万八千円余の消費貸借が成立したものとして借用証書が作成された（これは前の貸金の利息だが、制限超過利息であったため一万八千円余に裁判上減縮された。ただし以下この点は省略）。ところが、Aは死亡し（妻子あるもその相続関係は不明）、Bも死亡して妻X_1および四人の子$X_2X_3X_4$（いずれも上告人）・C（訴外）がBを共同相続した。Yは父から右債権を譲り受けて、Aの妻子およびX四名を訴求。第一審では、X_1は債務の三分の一、$X_2X_3X_4$は各自六分の一（三分の二の相続分を四等分した額）を支払えと判示されたので（Aの妻子に対する請求はなぜか認められなかったのであるが、以下Aの相続関係は論外としておこう）、X側は控訴。第二審裁判所は、「本件債務は連帯債務であって分別の利益を有しないから、未だ相続財産の分割があったことの認められない本件の場合にあっては、その全額につき支払義務ある」ゆえ、その範囲内の支払を命じた第一審判決は結局正当として、控訴を棄却。かくてX側はさらに「相続人が被相続人の権利義務を相続するについてはその相続分に応じ承継するものであり、相続財産の分割なきうちはその共有に属するもその持分は相続分の割合による……。被相続人の債務が連帯債務であっても右（と）法理を異にしない」と上告。結果は一部棄却・一部破棄差戻となったが、原審は第一審を結局正当としており、また、たまたまX_1が共同相続人であると同時に本来の連帯債務者でもあったので、解釈論上の争いに帰着している。判示は次のごとく説く。

【97】「連帯債務は、数人の債務者が同一内容の給付につき各独立に全部の給付をなすべき債務を負担しているのであり、各債務は債権の確保及び満足という共同の目的を達する手段として相互に関連結合しているが、なお可分なること通常の金銭債務と同様である。ところで、債務者が死亡し相続人が数人ある場合に、被相続人の金銭債務その他の可分債務は法律上当然分割され、各共同相続人がその相続分に応じてこれを承継するものと解すべきであるから（【95】、最高判昭二九・四・八民集八巻四号八一九頁参照）、連帯債務者の一人が死亡した場合においても、その相続人らは、被相続人の債務の分割されたものを承継し、各自その承継した範囲において、本来の債務者とともに連帯債務者となると解するのが相当である。……Aの債務の相続関係はこれを別として、X_1及びBはYに対し連帯債務を負担していたところ、Bは死亡し相

続が開始したというのであるから、Bの債務の三分の一はX_1において（但し、同人は元来全額につき連帯債務を負担しているのであるから、本件においてはこの承継の結果を考慮するを要しない）、その余の三分の二は、$X_2X_3X_4$及びCにおいて各自四分の一すなわちBの債務の六分の一宛を承継し、かくしてX_1は全額につき、その余のX_2らは全額の六分の一につき、それぞれ連帯債務を負うにいたったものである。……しかるに、原審は、X_1らはいずれもその全額につき支払義務があるものとの見解の下に……X_1らの控訴を棄却したものである。それゆえ、X_1は、全額につき支払義務があるとする点において、当裁判所も原審と見解を同じうすることに帰し、その上告は結局理由がないが、その他のX_2らに関する部分については、原審は連帯債務の相続に関する解釈を誤った結果、X_2らに対し過大の金額の支払を命じたものであって、X_2らの上告は理由があるというべきである」（最判昭三四・六・一九民集一三・六・七五七）（福島・民商四一巻五号七八七頁、三宅・判例評論二一号七頁、人見・法学研究三三巻一号九四頁、泉・専修論集二三号九二頁）。

連帯債務者の各自の負う額は、【1】の帰結として出てくるように、互いにあい異なることを妨げないから、【97】もこの点に関しては別段珍奇な立場ではない。問題の核心はやはり全額債務性の維持・解体、共同相続人相互の連帯・非連帯であるが、その点から各評釈を眺めると（なお【97】を中心とした判例の実に鮮やかな整理・分析には、有地・ジュリスト続判例百選一七二頁がある）、判旨に賛成される三宅評釈に対し、福島評釈は、連帯債務の債権強効力に着眼して「共同相続人は各自単独で全部給付義務を負担」すると解され、人見評釈は、金銭債務一般はともかくとして連帯債務に関しては債務単一説から分割を原則として認められず、泉評釈は、原審の判断がむしろ妥当だとせられる。また甲斐教授（同・連帯債務の共同相続（甲南論集七巻五号）三六頁参照）は、相続人相互の非連帯という点では判例と同説であるが、「各共同相続人は他の連帯債務者と連帯関係に立って全額債務を負う」と解されるので、そのいわゆる全額の意味いかんによっては、判旨と異なる結果に達するであろう（全額というのはBの負担部分額の全部か、あるいは連帯債務の全額ということになるはずだが、もし後者だとすれば、各共同相続人が連帯関係に立たないという立言は、不真正連帯を意味するとも解せるがこれは教授の意図ではなかろうから、結局は無意味となるのではないか）。

連帯債務の債権強効機能を強調すれば、【97】のような折衷的立場よりも、各相続人が全額につき責任を負うとするほうが徹底するであろう。だが、判例法理は、分割承継が原理的立場として君臨するかぎり、まず廃棄される見込がほとんどない（【97】を承継する下級審については、有地・前掲参照）。

5　不真正連帯債務

ここでは、この観念が判例にいかに反映しているかを簡単に眺めておいた別稿での論述（椿・前掲共同不法行為一六五頁以下）を、補足する資料という意味でのみ判例を掲げておく（ことに問題の判示に対応する上告理由は直接法で引用する）。

まず「不真正連帯」という表現は、学説においては熟知されているが、判例の側では下級審で散見されるにすぎない。その一つは「株式引受人ノ払込義務ト発起人ノ払込義務トハ所謂不真正連帯ノ関係ニ在ルモノ……」（大阪控判昭一二・五・一新聞四一四四・七）とする判決であるが、これは、すすんで、不真正連帯にも担保的性質を有し負担部分が存する場合を認めるなど、かなり内容に関しても判示していた。もう一つは戦後の下級審であるが、原告X女との内縁を不当破棄したY_1および離間を策したその兄Y_2の損害賠償責任を認めるにあたり、「Y_1はXと将来婚姻すべき約束を破棄した責任を負うべく、Y_2は故意または少くとも過失によって、XとY_1間を離間して婚姻の成立を妨害した責任を負うべきものであるから、両名の右責任はいわゆる不真正連帯債務の関係にあると解しなければならない」（福島地判昭三〇・一・二一下級民集六・一・八二）と判示している。これは多分、内縁に関していわゆる「予約理論」を採ったために、共同不法行為責任を認められなかったからであろう。

大審院は、なぜか不真正連帯という言葉を避けているが、連帯債務と区別される各自の全額単独責任をやはり認めている。ただ、次に掲げる事例は二つとも、一人に直接の不法行為責任が成立するとともに他に法定の全額賠償責任が成立し、それらが競合的に併列する場合に関するのであって、契約によりかかる関係を生ずるとしたケースではない。

一つは、講談社（被上告会社）が平凡社（上告会社）およびその取締役X（上告人）に対し著作権侵害を理由として損害賠償を請求した事件であって、両名の責任は肯定されたが、原判決が各自支払うべき旨を命じたのに対する上告をめぐって、連帯債務にあらざる全額単独責任が認められている。上告理由は、「民法七一九条ニ依レバ各自連帯シテ損害ヲ賠償スベキ場合ハ数人ガ共同シテ不法行為ヲ為シタル場合ニ限リ、本件ノ如クXガ上告会社ノ執行機関タル取締役トシテ為シタル行為ハ……不法行為ナリトスルモ、Xガ上告会社ト各自連帯シテ賠償スベキ性質ノモアラズ《（ママ）》」ほか一点を挙げて、共同不法行為者でない以上連帯責任を負わないと主張。この上告は、不法行為にあっては七一九条に該当する場合でなければ全額単独責任を生じない、という考え方が前提となっているが、大審院は次のように説示して上告を棄却している。

【98】「……理事ハ一般ノ規定ニ従ヒ個人トシテ法人ト共ニ均シク損害賠償ノ責ヲ負フベキモノト解スルヲ相当トス。然リ而シテ叙上ノ場合ニ於テ理事及法人ハ夫々損害額全部ニ付賠償スルノ責アルガ故ニ各自ニ夫々全額ノ支払ヲ命ズベク、而シテ原判決ハ上告人ニ連帯負担ヲ命ジタルニ非ズシテ各自ニ全額負担ノ責アル旨ヲ判示シタルコト原判文上明ナレバ、原判決ニ所論ノ違法ナク論旨採ルニ足ラズ」（大判昭七・五・二七民集一一・一〇六九）（川島・判民八五事件）。

もう一つは、使用者Y（被上告人）の賠償責任と被用者A（訴外）の賠償責任との関係であって、Aの時効完成によってYも免責されるとした原判決を破棄するにあたり、連帯にあらざる全額単独責任およびその効果が問題とされている。被害者Xの上告理由中、ここでの問題に関する部分は次のようである。すなわち、「AノXニ対スル債務トYノXニ対スル債務トハ重畳的債務関係ニ在リト謂フベキナリ。元来重畳的債務関係ニ在リテハ同一目的ノ為ニ両債務成立スルコト連帯債務関係ニ似タレドモ、各債務ハ根本的ニ独立ニシテ……一ノ債務ガ時効完成ニ因リ消滅シタル場合ニ於テハ此ノ消滅原因ハ他債務ニ影響アルベキ道理ナシ」と。これは全面的に容れられる。

【99】「民法第七一五条ニ依リ使用者ニ於テ被用者ガ事業ノ執行ニ付第三者ニ加ヘタル損害ヲ賠償スベキ債務ト、被用者ガ同法第七〇九条ニ依リ自ラ負担スル損害賠償債務トハ別個ノ債務ニシテ連帯債務ニ非ズ。唯被害者ハ被用者使用者ノ何レニ対シテモ損害ノ賠償ヲ求メ得ル関係上、其ノ内一人ノ賠償債務履行ニ依リ両者ノ債務ノ消滅ヲ来スニ過ギズシテ、被用者ノ債務ニ付消滅時効完成スルモ之ガ為ニ使用者ノ債務ニ影響セズ、又使用者ノ債務ノ消滅時効期間ハ之ト相関スルコトナク別個ニ進行スルモノト做サザルヲ得ズ」（大判昭一二・六・三〇民集一六・一二八五――より詳しくは乾・使用者の賠償責任（総合判例研究叢書民法(4)）【82】）（川島・判民八九事件）。

六　訴訟をめぐる事例

1　訴訟費用

訴訟費用は、利息と同じく従たる債務とみられている。そこで、(1)まず主たる請求について平分弁済が認められたときにはどうなるか、(2)次に主たる債務が連帯となったときにはどうなるか、が問題となる。もっとも、これらに関する争いは、ごく初期の大審院にみられるだけであって、その後は問題となったことがない。

まず(1)の事例について。上告理由は、「原判決ハ『訴訟費用ハ第一審第二審共被控訴人ノ負担トス』ト云フモ……平分シテ負担スベキカ将タ連帯ニテ負担スベキカ明了ヲ欠ク」と主張。これに対し、

【100】「裁判所ガ訴訟費用ノ如キ性質上分割スルコトヲ得ベキモノニ付キ単純ニ二人以上ノ当事者ニ其負担ヲ命ジタルトキハ、其当事者ハ之ヲ平分シテ各自其一部ヲ負担スルヲ通例ト為スノミナラズ、本件ニ於テ原院ハ主タル請求ニ付テ上告人等ニ平分ノ弁済ヲ命ジタルガ故ニ、之ニ附帯スル訴訟費用ノ請求ニ付キテモ上告人等ニ平分ノ負担ヲ命ジタルモノト解釈スルヲ相当ト為サヽルヲ得ズ」（大判明三五・一一・一二民録八・一〇・八五）。

(2)については、共同訴訟人の訴訟費用平等負担を定める民事訴訟法(旧)八〇条(現六五条参照)と関連して、連帯負担が争われている。すなわち、【101】では、原審が理由を附さずに連帯負担を命じた第一審判決を支持したため、後者を破棄しなかったのは違法と上告されており、【102】では、右条文があるのに連帯負担を命じた原判決は違法と上告されている。いずれも棄却。

【101】「訴訟費用ハ債権ノ行使ニ因リテ生ズル費用ナルヲ以テ当事者間ニ在リテハ利息ト均シク附従ノ債務タルニ外ナラズ。然レハ則チ連帯債務ニ在リテハ債務者ハ債権者ニ対シテ訴訟費用ニ付テモ亦根本ノ債務ト均シク連帯ノ義務アルベキコトハ必至ノ理ナリ。故ニ本論旨ハ上告ノ理由トナラズ」(大判明三六・二・一二民録九・一六六)。

【102】「主タル債務ニ付テ連帯ノ義務アル者ハ之ニ附随スル債務ニ付テモ亦連帯ノ義務アルコトハ連帯債務ノ効力ナレバ、連帯債務者ハ訴訟費用ニ付テ連帯ノ義務アルコト勿論ナリ。然レバ則チ本件ハ訴訟費用ニ付共同訴訟人ノ連帯義務ヲ生ズル場合ニ外ナラザルコト自明ナルヲ以テ、原判決ハ民事訴訟法(旧)第八〇条ノ規定ニ違背シタルモノト云フヲ得ズ」(大判明三八・五・一二民録一一・六五六)。

2 一事不再理と連帯債務

まず、X(上告人)を連帯債務者として提起した前訴が連帯債務者でないという理由で却下された場合、Xを保証債務者として訴求する後訴は一事不再理に抵触するか――。原審は抵触しないとしたので、Xは「連帯債務ニアラズトノ確定判決アリタル以上ハ、之レヨリ程度ノ低キ保証債務ハ当然右確定判決ニ包含セラルルモノ」と上告したが、次のごとく棄却。

【103】「当事者ノ前訴ハXヲ以テ連帯債務者トシテ提起シタルモノニシテ連帯債務者ニ非ザルノ理由ヲ以テ其請求ヲ却下セラレタリトスレバ、Xガ連帯債務者ニ非ザルコトハ判決主文ニ包含スルモノトシテ判決ノ確定力之ニ及ブベキモ、連帯債務者タルト保証債務者タルトハ其法律関係ヲ異ニシ前者ニ非ザルコトハ後者ニ非ザルコトヲ包含セザレバ、前判決ハ

Xノ保証債務者ニ非ザル点ニマデ其確定力ヲ及ボスモノニ非ズ。然ラバXヲ保証債務者ナリトシテ其債務ノ履行ヲ請求スル本訴ハ前訴ト同ジク甲第一号証ノ元利金ヲ以テ請求ノ目的物トナスト雖モ、之ガ為メ本訴ヲ以テ前訴判決ノ確定力ヲ無視シタルモノト謂フヲ得ズ。故ニ本訴ハ一事不再理ノ原則ニ違背スル所ナキモノトス」（大判明四二・一〇・三〇民録一五・八一三）。

もう一つの事例は、債務の履行を求める前訴において連帯債務として主張しなかった場合、その判決確定後の後訴において連帯債務である旨の主張が許されるか否か、に関する最高裁判所の破棄判決である。

事案の詳細は省略するが、被上告人Yら二名の先代は前訴において上告人Xおよび上告外A（第一、二審ではXの共同当事者）に対し四十五万円の債権を主張しその履行を求めた。ところが、その際に連帯債務である点を何ら主張しなかったため、裁判所は分割債務の主張だと解して四十五万円（各自二十二万五千円）の支払を命じ、この判決は確定するにいたった。Yらの先代は、その結果弁済を受けた二十二万五千円の残りについて、右の訴（＝前訴）では連帯債務額の二分の一の支払を求めたのであるからとして、本訴でその連帯支払の請求に及んだ。原審は、前訴の既判力は右連帯債務額の二分の一にとどまるから本訴は理由ありとして、四十五万円（これは原審の誤りで、Yらの先代の請求は二十二万五千円）の支払を命じた。そこでXは、⑴前訴と本訴とは同一訴訟であって前訴の既判力が及ぶ、⑵Y側はすでに前訴で債権の全部を請求しており、一部の請求をしたものではない、⑶二個の判決で無条件に四十五万円の支払義務が認められると、XAは合計九十万円の債務を負わされるが、これは連帯を超える違法がある、と上告。最高裁はこれを容れて次のごとく破棄自判（原審が四十五万円の支払を命じたのも誤解だとして訂正）。

【104】「思うに、本来可分給付の性質を有する金銭債務の債務者が数人ある場合、その債務が分割債務かまたは連帯債務かは、もとより二者択一の関係にあるが、債権者が数人の債務者に対して金銭債務の履行を訴求する場合、連帯債務たる事実関係を何ら主張しないときは、これを分割債務の主張と解すべきである。そして、債権者が分割債務を主張して一

旦確定判決を得たときは、更に別訴をもって同一債権関係につきこれを連帯債務である旨主張することは、前訴判決の既判力に牴触し、許されないところとしなければならない。

……そしてX等が四十五万円の連帯債務を負担した事実は原判決の確定するところであるから、前訴判決が確定した各自二十二万五千円の債務は、その金額のみに着目すれば、あたかも四十五万円の債務の一部にすぎないかの観もないではない。しかしながら、Y等先代は、前訴において、分割債務たる四十五万円の債権を主張し、X等に対し各自二十二万五千円の支払を求めたのであって、連帯債務たる四十五万円の債権を主張してその内の二十二万五千円の部分（連帯債務）につき履行を求めたものでないことは疑がないから、前訴請求をもって本訴の訴訟物たる四十五万円の連帯債務の一部請求と解することはできない。のみならず……Y等先代は、前訴において、X等に対する前記四十五万円の請求を訴訟物の全部として訴求したものであることをうかがうに難くないから、その請求の全部につき勝訴の確定判決を得た後において、今さら右請求が訴訟物の一部の請求にすぎなかった旨を主張することは、とうてい許されないものと解すべきである」（最判昭三二・六・七民集一一・六・九四八――詳しくは柚木編・最高裁判所民法判例要録（追補1）【二八六】）（山口・民商三六巻六号八二九頁）。

山口評釈は、既判力の問題については、前訴の請求と本訴の請求が、主体・給付内容・発生事実のいずれについても同一だからとして、判旨に賛成される。が、判例集が右引用文の最後の部分を判決要旨第二点として掲げたことに対しては、結局既判力の牴触の問題に帰するから不要だと注意されている。

ところで、この【104】はいろいろに受けとめられている。まず、民法学者の側からは、於保教授が、民法四三二条を制限する事例として本判決を引用しておられる（於保・債総二〇四頁註一参照）。次に、確定判決があった後に残額を請求できるかどうかは、本件のような債権者勝訴後の場合についても、民事訴訟法学上議論が存するようであるが（兼子・確定判決後の残額請求（民事法研究Ⅰ）四〇九頁以下参照）、三ケ月教授は、【104】によって判例は「既判力の双面性」を認めるにいたった、とみておられる（三ケ月・民事訴訟法一一三頁参照）。

3　その他

判例の一つは、上告人ほか一名が金銭を被上告人から連帯受寄した事案のようであるが、係争債務が連帯である旨の主張をなす要件についてである。原審が第一審において連帯主張の申立があるとしたのに対し、本件では第二審で請求の原因を変更したものだから、民訴法（旧）二二一条三項の手続を無視した原判決は違法と上告。しかし、

【105】「本訴ニ於ケル債務ノ連帯ヲ主張スル陳述ノ如キハ民事訴訟法（旧）第二二一条ニ所謂申立ニアラズシテ其次条ニ所謂重要ナル陳述タルニ過ギズ。而シテ這般ノ陳述ハ調書若クハ其附録トシテ添附スベキ為メ差出シタル書面ニ依リテ之ヲ明確ニスレバ足ルモノニシテ、必ズシモ書面ヲ差出シテ其陳述ヲ為スヲ要セザルコトハ前掲法条ノ規定ニ依リテ明ナリ。……本論旨ハ失当ニシテ到底上告ノ理由トナラズ」（大判明三九・二・二四民録一二・二七四）。

次は、裁判所が、債務負担を証する証書（本件甲第一号証）の成立は認めたが、連帯だとする債権者側の主張はこれを排斥する場合には、どういう判決をしなければならないかに関してである。被上告人Yほか一名は、借主が期日に弁済しないときには「之ヲ引受ケ弁済ス」る旨を債権者X（上告人）に対して約したが、その責任をめぐって争いとなった事件らしい。原審は「Y外二名ガ連帯シテXヨリ金員ヲ借受ケタリトノ事実ハ之ヲ確認スルコト能ハザル」ものという理由で、Xの連帯請求の全部を排斥した。そこでXは、理由不備だとして上告するが、次のごとくこれは容れられて、原判決は破棄差戻となる。すなわち、

【106】「凡ソ同借人ノ一人ガ期日ニ至リ弁済セザル場合ニ他ノ者ニ於テ引受ケ弁済スベキコトハ必ズシモ保証債務ヲ約シタルモノトノミ謂フコトヲ得ズ、連帯債務ノ効力トシテ亦然ルベキガ故ニ、原院ガ本訴XノYニ対スル外二名トノ連帯請求ヲ排斥センニハYノ負担セル債務ガ連帯ニ非ザル理由ヲ判示セザル可カラザルノミナラズ、……Yノ抗弁ハYハXヨリ一金モ借受ケタルコトナシ、仮リニY外二名ニテ借受ケタリトスルモ連帯シタルコトナキヲ以テ三分ノ一ノ外弁済ノ義

務ナシト云フニ在リ。去レバＹガ連帯債務ヲ負担セザルコト原判決ノ認ムル如シトセバ甲第一号証ノ正当ニ成立シタルコトハ原判決ノ認ムル所ナルヲ以テ、Ｘノ請求中三分ノ一ハＹニ対シ弁済ヲ命ゼザル可カラズ」（大判明四〇・九・三〇民録一三・九一九）。

さらに、上告人Ｘ両名がＹ（被上告人）に対して債務を負う場合において、判決理由では連帯債務を認めるようでありながら主文では単に支払えとする判決を、違法だとする破棄判例がある。すなわち、

【107】「Ｙは原審に於てＸに対し連帯して金百八円三十錢八厘及び之に對する大正四年二月一日より完済當日迄年一割五分の利子を支払ふべき旨の一定の申立を為したること明かなり、而して原判決……はＸに対する連帯債務を認定したるものの如くなりと雖も、原判決の主文には「ＸはＹに対して……支払ふべし」と記載ありてＸ両名に対し此金額を平分して支払ふべきことを言渡したりと解し得べきを以て、Ｘに対する連帯債務を認定せざりし者の如し、然らば即ち原判決の趣旨は前後何れにあるや之を知るに由なき者にして、当事者の主張に対し明確なる判断を与へざる不法あり」（大判大六・二・一七新聞一二五六・二〇）。

5　不真正連帯債務の観念

一　序説

一　不真正連帯債務（unechte Gesamtschuld）の観念やそれをめぐる議論は、かのケラー＝リッベントロップの連帯二分論に端を発するドイツ普通法学上の大論争の後継者であり、したがってまた、そこで問題となった対概念の片方つまり単純連帯（Solidarität bzw. blosse Sol.）と密接につながっている。一、二例示しよう。そもそも、不真正連帯の観念は、普通法末期にアイゼレ（Eisele）が単純連帯から引き出してきたものである。また、発生原因も、共同不法行為がBGBでは通常の（＝真正の）連帯になったという重要な相違点こそあれ、両概念に共通するものが多い。さらに、かような親近性があったからこそ、不真正連帯の観念を排斥する学者は、自説の一根拠として、BGB立法者が普通法の二分論を投棄する際に掲げた理由を、援用したのでもあった（二の三）[1]。

かように、単純連帯は、明らかに不真正連帯論の学説的背景をなすが、普通法のこの論争は、概念の抽象化に励んで往々それらを二つのピラミッドにまで還元し、さような段階において峻別・対立を浮きぼりさせる、という当時はやりの法学研究方法にぴったりしており[2]、またそのゆえに学説の愛好テーマともなったのではないか。こう推測できる。けれども、一歩、論争の具体的内容に足を踏み入れるならば、それは複雑・難渋・曖昧をきわめる。例を、テーマに身近な事項に限っても、単純連帯の中核・典型とされる「場合」に関し、学者は必ずしも同意見ではなかった。また、債務の個数を区別標識とする二分論――ことに単純連帯の「構成」――が、いかなる狙いを秘めていたか、さらに、広い視角（＝債権法理論全体の発展）からみて、区別論にはいかなる解釈学的成果が認められるか、などは今やドイツでも顧りみる人とてない。かくて、テーマを論ずるには、まず沿革の洗濯からはじめなければならなくなる。(3)

二　次に、右の点からいちおう離れてみても、不真正連帯は、単純連帯と同じく、その発生原因が非常に種々雑多である。(4) しかも、それらのおのおのは、それ自体としても（＝テーマ以外の面でも）重要な問題である。法人と機関の賠償関係を挙げるだけで、そのことはわかろう。また、契約と不法行為が発生原因となる場合は、同一主体における請求権競合との対比が問題となろう。さらに、個々の発生原因から眼を転じても、事情は同じである。すなわち、不真正連帯の成否には、「因果関係」とか「給付の同一性」といったドイツ人好みの抽象的・思弁的な発想が大きな役割を演じているが、これらもやはり、テーマだけに限られない古典的難問である。

だから、われわれは、第二の準備作業として、帰納的方法によりつつ発生原因を限定し、かつ典型的な「場合」を確定しなければならない。けれども、このことは、相当の時日を要する重労働である。

三　そこで私は、今回の報告では、とりあえず次のように限定したい。つまり、時期についてはドイツ現行法を中心にし、また発生原因については一般に挙げられている事例(5)を所与の前提として、論点を不真正連帯の効果論にしぼるのである。そして、なぜこの観念をめぐって賛否両論が対立しているのか、どちらが正当と評価できるか、といった論争の意義に視座を据えて報告し、そこから得られた帰結を参照しつつ、補足的に、わが国における問題状況にも簡単に言及しておきたい。この分野で示されている先駆者の優れた労作(6)に対して、もし何ほどかでも附加できる点があるならば幸甚である。

（1）　草案は、連帯債務の目的を「債権者に対して、その権利のより大なる安全と、より容易で便宜な追行という利益を与える点にある」とし、かかる経済的・実際的目的では、単純連帯も共同連帯から異ならない（それゆえ二分論は法律構成上の争いとして評価される）、連帯債務の規制にあたっては、取引の必要がキー・ポイントである、と述べている。Näheres vgl. Mugdan, Die gesammten Materialien zum BGB II, 1899, SS. 85–86.

（2）Dazu vgl. Larenz, Methodenlehre der Rechtswissenschaft, 1960, SS. 322 f., insbes. 331–332; Derselbe, Lehrb. des Schuldrechts I (Allg. Teil), 3. Aufl. 1918, S. 318. なお、この点は、いずれ「共同連帯論争の法学史的評価」として論ずる。

（3）これは、かつての二稿に続く仕事でもあるので、なるべく早い機会に「共同連帯と単純連帯」と題して研究したい。

（4）そのうえ、無視してならないことだが、それら種々の発生原因中どれを典型的場合とみるか、は必ずしも一致し明確であるとはいえない。なお、発生原因がかように多岐にわたることは、あたかも自然債務論におけるがごとき問題、すなわち統一的構成の可能性・有益性や、「場合」を限定する必要性、について考えさせるだろう。

（5）クリングミュラーは、帰納的方法によって、判例や学説で述べられている典型的諸場合を整理し、次の四つに大別的分類を試みている（Vgl. Klingmüller, Unechte Gesamtschuldverhältnisse, JJ 64, 1914, S. 38 ff.）。すなわち、(a)別々の法律行為――数人が別々にお互いに知るところなく一定の物を受寄した場合、同様な状態で損害担保を引受けた場合、など。(b)法律行為と法律規定――たとえば、契約によって扶養を引受けた者と法律上の扶養義務者。(c)法律行為と不法行為――過失ある賃借人・受寄者などと損害を加えた第三者、保険者と加害者、契約義務者と履行補助者（ド民二七六条・二七八条・八二三条）その他。(d)別々の不法行為――複数の工場が有害な汚水を川に流して魚の生棲を破壊したときのように、数人が、独立して相互間ではあい知ることなく、客観的には共同の有責行為によって一個の損害を生ぜしめた場合。

なお、わが国とドイツは、いわゆる真正連帯の性格が異なるので、不真正連帯となる場合も若干はズレてくるはずである。

（6）末川博「不真正連帯債務に関する疑問」法学論叢一巻四号→民法に於ける特殊問題の研究Ⅱ、勝本正晃「不真正連帯債務に就いて」東北大一〇周年記念論集→民法研究⑵。なお引用は、いずれも単行の研究書による。

二　学説の状況

一　ライヒスゲリヒトは、たとえば一九一一年一一月二五日判決をみると、不真正連帯債務の観念について「まだ確定的（endgültig）な見解を示しておらない[1]」と述べているが、学説は、裁判所が肯定説に立つとして、右判決以前のものを含めた相当数の判例を挙げている（zB. Klingmüller, aaO. S. 35 Anm. 3）。比較法の新しい研究方法からすれば、これら判例法理は是非とも分析しなければならぬ都合であるが、この稿では、とりあえず学説だけを採り上げることにしたい。

さて、問題の学説は、だいたい三つの立場に分かれる。一つは「肯定説」であって、BGB成立後しばらくはこれが圧倒的に支配していたが、次第に反対説（＝否定説）が現われ、一九三〇年前後には、この説が急激に有力化するにいたった[2]。もっとも、否定説には二通りの見解が含まれている。勝本博士のいわゆる「積極的反対説」と「消極的反対説」であるが（前掲注(6)一八五―六頁）、おのおのの要目は左のようである。まず、積極的反対説は、肯定説が不真正連帯とする諸場合を検討して、BGB四二一条の要件をみたすかぎり通常の連帯債務に吸収してしまう。いわばプラスの方向での否定であって、他の陣営からは、吸収されたものは「内部関係での特殊性をともなう真正連帯」であると評価されている。著作の数のうえでは、相対的最多数のようである。次に、消極的反対説は、しばしば不真正連帯の主要場合とされるところの、不法行為者と保険会社ないし有責受寄者との併列的責任を、「みせかけだけの連帯債務」(scheinbare GSd.)と呼んで、その連帯債務性を完全に否定する。いわばマイナスの方向での否定説であって、その始祖は一九三一年に現われているが、今日でも学者数は必ずしも多くないようである。では、次款以後において、これら三つの立場を簡単に概観しよう。

二　肯定説の主流は、まず普通法期の二分論に由来する発生原因説にはじまり、次いで目的共同関係説に移っている。前者は、債務の発生原因が同一ならば真正連帯を生じ、異なるときには不真正連帯を生ずるというが、エルトマンやグループのように、そこにいわゆる原因の同一性は実質的にそうであれば足り、形式的な原因の相違は真正連帯たるを妨げぬ、とする見解もある(Vgl. Klingmüller, aaO. S. 69)。これに対し後者は、目的共同関係(Zweckgemeinschaft)の有無をもって区別のメルクマールとするものであって、判例によっても採用されるにいたっている。前者（＝発生原因説）が次第に棄てられてしまったのは、区別標識としての不適格性（＝異時の連帯負担が真正連帯から除かれることや、きわめて曖昧であること）に帰着するが、われわれは、そのほか日本の問題を予想してもいるので、以下では、焦点を現在の主流派的見解に合わせたい(3)。

さて、その目的共同関係説も、〝目的〟という多義的な言葉の解釈的理解をめぐって、見解が分かれている。最も典型的な対立は、主観的理解と客観的理解である。すなわち、クリングミュラーは、一人が他人の共同責任を認識しているといった程度の主観的目的共同関係（eine subjektive Zweckgemeinschaft）の存する場合に真正連帯ありとし、全く偶発的・無意識的かつ無関係であって（ganz zufällig, absichts= und beziehungslos）主観的共同を欠く場合が不真正連帯だとする（vgl. Klingmüller, aaO. SS. 42, 63, 65, 74 ua.）。が、エネクチェルスは、かような主観説の具体的な不都合さを指摘して、真正連帯の特質を、債権者の保全・満足という共同目的（Gesamtzweck）に求める(4)。また、プランク＝ジーバーは、目的共同という言葉を、法的目的の単一性（Einheit des rechtlichen Zweckes）の意に解するが、そのためだろうか、過失ある受寄者と不法行為者の関係を真正連帯とみている(5)。ところが、主観説では、この関係は不真正連帯に入れられるのである（vgl. Klingmüller, aaO. S. 41）。

この、目的共同関係の意味内容に関する理論構成そのものについて、今はまだその優劣を論ずべき時期ではない(6)。ここでは、むしろ、さような連帯債務の本質規定が実は、それの対立物たる不真正連帯債務との間での相対的本質規定として働いていることだけを、あらかじめ注意しておくにとどめる。

三　次に、積極的反対説は、どういう点において肯定説を採りがたいとするのか。数点に要約して挙げておこう。

一つは、共同連帯論争との関連における反対理由である。この理由づけは、現行法下の二分論と普通法期の二分論とを等置し、BGB立法者が後者を投棄した以上は、という論法に立つ。もっとも、その際、F・レオンハルトは、法典の定める連帯債務が単純連帯型となったから、それ以上に各債務間の結合度が稀薄な態様を認めることはおかしいとし(7)、ヘックは、普通法期の論争が単なる言葉の対立であったことを強調する(8)。

第二は、実定法上の連帯債務がもつ包容力からする反対であって、BGB四二一条は、各自の全額給付義務と給付の一倍額性（Einmaligkeit）を定めるだけだから、それ以外の要件を附加して連帯債務を制限的に構成することは許されない、とする（Leonhard, aaO. S. 733; Heck, aaO. S. 239）。

第三の反対理由は、肯定説（＝二分論）が定立した区別標準の曖昧さである。発生原因説の多義性・不明確性は、同じ肯定説の陣営からも非難されたくらいだから省略するが、目的共同関係説も同様な攻撃を反対者から受けている。(9) もう少し詳しくいうと、いわゆる目的共同が、共通目的の追求という主観的意味ならば、連帯債務は契約（ことに共同契約）か故意の共同不法行為の場合に限られ、債権者の満足という客観的意味ならば、不真正連帯もこの点では何ら真正連帯とは変らない。こういわれるのである。

さらに、肯定説に対しては、それが法律の取扱いを不必要に難しくする（Tuhr, aaO. S. 706）、根本的に異なる個々の生活関係の必要に応じようとすれば、連帯をもっと多くに分けなければならないが、二分論では不徹底であって、個々の場合の評価をいたずらに惑わすだけだ（Heck, aaO. S. 240）、といった非難もある。

ところで、かような多方面からの烈しい攻撃は、いかなる必要・意図があってのことだろうか。この点が続いて問題となってくるが、これは次節で述べよう。

四 最後に消極的反対説。これは、不真正連帯の観念を認めないという段階では、積極的反対説と同じである。しかし、反対する方向という段階では、積極的反対説と全く異なっている。ことに、併列的全額責任を二分して、一つのグループには全く連帯債務性を否定する点に着眼すれば、肯定説をいわばつきつめたものともいえよう。レーマンも、自説（＝二分論）との違いを、個々の連帯債務規定の類推適用が、ただちに（schlechthin）否定されるか、それとも考えうることとして肯定されるか、のみに認める（Enneccerus-Lehmann, aaO. S. 352）。

この消極的反対説は、ジーバーがまず唱え、今ではラーレンツやライマー・シュミット(10)が主張しているが、ジーバーの「債務法」を入手できなかったので、ラーレンツの所説だけをみる（Larenz. aaO. S. 323 ff）。彼は、満足・受領遅滞・免除の絶対的効力性に、給付利益の同一性以上の或るもの——すなわち法的連繫（rechtlicher Zusammenhang）——を認め、かような相互的影響関係を同一段階（gleiche Stufe）と名付けて連帯債務たる——むしろ、およそ連帯といえる——ための必要条件とみる。そして、放火者と保険会社、盗人と過失ある受寄者の賠償関係については、放火者・盗人を、債権者に対する関係でも最終的な義務者だと評価する。かような解釈のもとでは、右の事例は、連帯でなくなるだけでなく、その類似物でもなくなってしまう。つまり、積極的反対説も肯定説も、ともに斥けられるのである。

（1）RGZ 77, 317——Entscheidungen des RG im Zivilsachen, Recht d. Schuldverhältnisse 4, 1951, S. 270.

（2）概況については、柚木・独逸民法Ⅱ三二九—三三〇頁も参照。

（3）もっとも、発生原因か目的共同かの対立は、不真正連帯の要件というコップの中の嵐であって、効果論——たとえば不真正連帯には求償に関するＢＧＢ四二六条を適用しないという点では、エルトマンも目的共同関係説も変りはない。

（4）Enneccerus-Lehmann, Lehrb. II, Recht d. Schuldverhältnisse, 14 Bearb., 1954, S. 350 u. Anm. 3（11 Bearb., 1930, S. 307 u. Anm. 11）. 目的結合（Zweckverbundenheit）の語も用いる。

（5）Siber, Planck's Komm. II 1, Recht d. Schuldverhältnisse（Allg. Teil), 4. Aufl., 1914, S. 623.

（6）各種の理論構成は、連帯債務における各債務の独立性と、それにもかかわらず存するところの一定の結合関係との組合せを、どうしたら簡明・適切に説明できるかという工夫の現われである。

（7）Leonhard, Allg. Schuldrecht, 1929, S. 733.

（8）Heck, Grundriss d. Schuldrechts, 1929, S. 239.

（9）zB. vgl. Heck, aaO. S. 239; Leonhard, aaO. S. 735; Kress, Lehrb. d. Allg. Schuldrechts, 1929, S. 609 u. Anm. 6. 消極的反対説に属するラーレンツも、同じ批判を加えている（Larenz, aaO. SR. S. 326）。

なお、スイス法では、⑴時効中断、⑵求償、⑶代位について、Solidarität と Konkurrenz の差異が問題となるが、トゥールは、多くの場合、両者の限界づけは不確かで恣意的だと評している。vgl. Tuhr, Allg. Teil d. Schweiz. OR, 1925, S. 705.

（10）Reimer Schmidt, Soergel-Siebert's BGB I, 9. Aufl. 1959, S. 1244.

三　二分論の検討

一　右に概観したとおり、肯定説は積極・消極両反対説によって、また積極的反対説は消極的反対説によって、それぞれ非難されている。その論拠は多彩であるとともに簡単には要約しがたい点もあるが、以下では理論構成の細部はこれを省略し、連帯二分論の実益ないし必要性から出発して、伝統的二分論の重点の所在、およびそれに対する積極的反対説側からの批判を紹介してみる。

なお、消極的反対説は、いわば否定的二分論だといえるが、ラーレンツの教科書だけでは、連帯債務に「給付の相互的影響力」という枠をはめて、いわゆる不真正連帯に対し全然連帯債務規定を適用しない構成、ことにその場合において内部関係を頭から否定して、不法行為者を対外関係でも終局的義務者とする構成、の背後に潜む法的評価がうかがえない。さらに、「同一段階」ないし「法的連繫」によって特徴づけられる連帯債務が、いかなる範囲までの全額義務を包摂するかも明確ではない。そこで、否定的二分論の評価は、後日、十分な資料が得られる時まで留保しておきたい。

二　さて、肯定説は、どういう必要があるために、目的共同関係といった特殊な概念用具を用いて全額給付義務を二分しなければならないのか。——いうまでもなく、その実益は、不真正連帯と呼ばれるグループに、連帯債務の規定を少なくとも適用しない点に存するが、そのいい方をもってくると、どの規定に、二つに分割する最大の重点があるのだろうか。

まず、肯定説自身を眺めてみると、求権権はことに個々の債務の内的連繫（innerer Zusammenhang）にほかならぬとか（Enneccerus-Lehmann, aaO. S. 350）、求償問題が実際的なだけに二分する限界線も精密に引かれねばならぬ（Klingmüller, aaO. S. 97）、といった説明から或る程度推測できぬではない。しかし、肯定説は、およそ対立概念を立て特にその相違点を強調する必要がある際には通常みられることだが、万辺なく両者の違い[1]を述べているので、正直にいうと重点を知ることは困難である。

かえって、この問題は反対説（＝積極的反対説）の側から明らかにされている。すなわち、ルドルフ・シュミットは、BGB四二六条の適否が実際に最も重要な問題だといい[2]、クレスは、共同目的の要求はことに償還義務を不真正連帯において拒否できんがためにのみ定立されているし（Kress, aaO. S. 609）レオンハルトも、四二六条の適否を主要問題だと述べている（Leonhard, aaO. S. 737）。かくて、反対説は、対外関係を比較的軽く扱って[3]、論点を内部関係にしぼっていくのである。

三　では、不真正連帯にはBGB四二六条の適用がない（＝求償権は認められない）、とする区別説の最大実益に対して、どういう反論がなされているだろうか。

最初の詳論はルドルフ・シュミットによってなされたが、彼は、BGB四二一条―四二五条についても差別の可否を検討（aaO. S. 49. ff）した後、いわゆる不真正連帯に属するとされている諸場合にも、求償関係が存することを詳細に論証して[4]、次のような結論に達する。すなわち、発生原因が異なることも、目的共同関係を欠くことも、四二六条を適用するうえで、何ら障害となるものではない。給付の一倍額性（nur einmalig）と相互的な絶対的効力性というBGB四二一条の要件をみたすかぎり、四二一条―四二六条も適用される。目的共同関係のない場合を、特別のグループとして区別することは正しくない、と（aaO. S. 102-3）。

この見解は、二年後に、ヘックの書評において、結論に全面的賛同を受けたが（AcP 122, S. 132）、ヘックはその後、教科書においても、四二六条を内部関係・目的共同関係に従属するものと解し、かつその理由でもっていわゆる真正連帯だけに適用を限定するのは、誤りだとしている（aaO. Gr. S. 236）。レオンハルトも、通説は不真正連帯といわれる場合に求償を否定すべき理由を何ら明らかにできない、むしろ逆に、求償を認めるのが公平の切実な

(dringend) 要求ではないか、という (aaO. S. 737)。

四　ところで、右のような批判を受けた肯定説は、不真正連帯といわれる場合に対し、いかなる意味での求償関係をも否定しているのであろうか。弁済・賠償をすませた一人が常に終局的にも単独で負担せしめられるというのでは、レオンハルトも指摘するように、どうみても不公平だから[5]、続いて、この点に関して肯定説が採る法的評価の態度をみておく必要があろう。

最も典型的と思われるクリングミュラーの説くところをみていこう。彼によれば、ＢＧＢ四二六条は、連帯債務者が相互に協同し分担し合うといった共同関係の存する場合に適用をみるのであって、かかる共同関係を欠く不真正連帯には適用されない (aaO. S. 96)。けれども不当利得ないし事務管理の見地に基づく償還請求権は認められうるのであって (aaO. S. 97)、しかもその際、分担の割合は平等でも不平等でもありうる (aaO. S. 100)。とすれば、実際的な結果からみると、四二六条を適用する場合と基本的には同一になるが、求償権の法的性質が異なっていて、四二六条の求償権は単なる利得償還請求権――不安定な――以上のものである (aaO. S. 100)、と。

つまり、肯定説にあっても、法における偶然 (Zufall im Recht) は避けらるべしという法的評価が存するのだが、不真正連帯に対する四二六条の適用・類推適用という点になると、連帯の性質論がどうしてもそうさせぬのである。

(1) たとえば、一人の弁済による全員の免責でさえ、真正連帯では、その本質・目的に適するところの相互的効力によるが、不真正連帯では、目的到達ないし一種の履行不能に基づく、というふうに区別される (zB. Klingmüller, aaO. S. 74-5)。

(2) Rudolf Schmidt, Unechte Solidarität, JJ 72, 1922, S. 67. なお以下単にシュミットというときは、ライマーでなく、このルドルフのことを指す。

(3) シュミットたちも、ＢＧＢ四二四条の適用に関しては問題ありとするが (Schmidt, aaO. S. 103)、結局これも通常の連帯債務と別異に扱う必要はないとされる (Leonhard, aaO. S. 737)。

(4) シュミットが求償関係ありとする諸場合を簡単に紹介しよう。(a) 広義の過失責任者相互間　不法行為者と契約不履行者の場合などであるが、もっぱら過失の程度によるのであって、不法行為者が常に究極的負担を負うとは限らない (aaO. S. 83 ~ 4)。

別々の不法行為の場合も、責任に軽重があれば区別すべきである（S. 88）。(b)危険責任者と過失者　後者は前者との関係で全額を負担すべきだから、前者に対し求償できない（S. 89）。(c)過失者と過失責任も危険責任もない者　保険者が後者の適例だが、BGB八四〇条三項の拡張によって解決できる（S. 90）。(d)危険責任者と保険者など　たとえば鉄道事故の場合に問題となるが、(b)と同じに考えて、後者が前者に求償できる（S. 93）。(e)過失にも危険責任にも基づかない連帯者　たとえば併存的債務引受や抽象的債務約束の場合だが、実際にはほとんど両債務者間に存する基本となる法律関係で求償も定まる（S. 94f.）。また、BGB六八三条の費用償還請求権も役立つ（S. 95）。

（5）　消極的反対説は、代位を生ずる場合を似而非連帯の設例とするが、もしさような関係を生じない場合をも似而非連帯に含めるのであれば、求償を否定することは、やはり不公平を生ずるであろう。

四　二分論および論争の評価

一　結局のところ、肯定説（＝二分論）といえども、債務者間の内部的分担を全く否定するものではないが、その際、さような清算手段をあくまでも連帯債務の求償権から峻別する考え方は、反対説によってどう評価されているだろうか。

肯定説は、たとえば不法行為者に対する扶養義務者の償還請求権な理由づける際に、不法行為者が終局的・第一次的に責任を負うからだとか、扶養義務者は不法行為者との関係で第二次的・形式的に責任を負うからだと説くが、これは、シュミットによれば、不法行為者が扶養義務者に対して償還義務を負う（ausgleichungspflichtig）ということの言い換えにほかならない（aaO. S. 76）。また、甲が乙の事務を処理するということは、内部関係で乙に全部または一部の負担が帰せしめられる場合にのみ問題となる（Schmidt, aaO. S. 72）。とすれば、肯定説の解決方法はまさしく廻り道（Umweg）であって[1]、BGB四二六条が同一のものを、もっと簡単な仕方で与えている以上、さような迂路を採る必要はない（Schmidt, aaO. S. 73）。こういうのである。

かようにみてくると、積極的反対説と肯定説とは、結局、償還請求・分担請求の実定法的根拠を、四二六条に直接求めるかそれとも他の制度の中に求めるか、という違いに帰着する。しかも、区別論の主たる実益は、四二六条を、不真正連帯といわれるグループに適用しない点にあるのだから、二分論は、かなり曖昧な区別標識をわざわざ立てておきながら、さような区別標識に疎遠な見解と大差のない結果に到達したという意味において、実益ないし必要性に乏しい議論であると評せよう。シュミット説の同調者が増えたのも、決して偶然ではあるまい。

二　ところで、事務管理・不当利得・代位といった制度は、連帯債務が純粋の対外関係としてのみ構成されていた段階から、必ず内部的な責任分割（＝求償関係）をともなう段階へと移行する過渡期において、いわば橋渡しの役割を担ったものだと考えられるが(2)、肯定説は、なぜ、かかる発展史的関連については黙して語らず、かえって差異を強調するのだろうか。少し考えてみよう。

まず、肯定説は、いわゆる求償と他の清算手段とがとにかく別ものだとして、その間の関連を切断しなければ、みずからの存在を認めさせるに必ずしも十分ではなかった。そのうえ、いつの頃からか、負担部分・求償権は、債務者間に当初から何か或る結合関係が存する場合のみに用いられる概念となっている(3)。さらに、いわゆる不真正連帯の場合を拡げれば拡げるほど、そして限界ぎりぎりで論じようとすればするほど、概念の内包する共通要素が減ってくるので、求償を含めると統一的概念の内包する共通要素が減ってくるので、求償を含めると統一的概念の定立が困難になるであろうことも推測できぬではない。

右のいずれが決定的原因であったかは今はまだ答えられないが、とにかく、かような条件のもとにあって、区別のための区別が推し進められ、遂に「不真正連帯には求償なし」とする命題が定立されたのではあるまいか。もしそうだとすれば、より糸の一本一本がはっきり識別されるときには、右のもつれを解きほぐすことも十分可能になるであろう。

三　最後に、全体としてもう一度要約する。ドイツでは、法典の規定する連帯が、すでに主体的結合の強さを払い落した「単純連帯」型である。したがって、不真正連帯を認めるべきか否かの議論でも、重点は、おのずと内部関係に移って行く（ただし消極的反対説に関しては留保する）。ところが、その内部関係においても、説のいかんは実際上の違いをほとんど生じないのみか、生じさせてはならぬとする法的評価さえ有力である。[4] とすれば、連帯二分論は実益に乏しい観念的論議である。近時の著者、たとえばライマー・シュミット（aaO. S. 1244）やダンケルマン[5]は、観点こそ異なれ、区別論争を実益に乏しいとみているが、われわれの検討からも、いわゆる不真正連帯にも内部的清算を認めるべきであるという法的評価さえはっきりすれば、二〇世紀ドイツの連帯二分論争はこれを、主として理論構成上の争いに帰せしめえよう。

（1） Vgl. Leonhard, aaO., S. 737. もちろん、レオンハルトも、あらゆる場合に清算が行なわれるというのではない。vgl. S. 737～8.
（2） この点は、椿「連帯債務論序説」法学論叢六二巻五号――本著作集1三頁以下で、若干立ち入って追求したところである。
（3） これには、普通法理論が連帯関係を純対外的に構成したことが、あるいは影響しているかもしれない。
（4） Wo Tilgungsgemeinschaft, da muss auch Ausgleichung stattfinden.――Leonhard, aaO., S. 737.
（5） Danckelmann, Palandt's BGB, 17. Aufl. 1958, S. 371.

五　補論――日本法

一　以上でみてきたドイツの学説は、何らかの程度やかたちで、わが学説に影響を与えているが、どの点では同様に解することができ、どの点では区別すべきだろうか。以下、将来における展開に備えて、不真正連帯債務という観念のわが民法下での必要性、および「主観的共同関係」という通説的区別標識（始祖は我妻教授）の妥当範囲、の二点につきごく簡単に気づいたことを述べ、もってお教えを頂くための契機としたい。

二　まず、対外関係から。――わが民法典の連帯債務は「共同連帯」型であるが、この実定法規に即して（＝研究者が抱くイデアールティープスとしてではなしに）連帯債務の特質を一言でいい現わそうとすれば、「主観的共同関係」は、相互保証説（山中教授・於保教授）からの批判があるにしても、簡単で便利な説明用具である。とりわけ、ドイツでは、法典の連帯が異主体の請求権競合からあまり隔っておらないので、主観的目的共同関係説を反撥させる余地が大きいが、このことは、事情を異にするわが国にただちに妥当するものではない。

ところで、この共同連帯型の連帯では、全額単独責任のすべてを吸収できない。この点は、共同不法行為の性質を、字句や判例に反対してまで不真正連帯と解する現通説をみれば、すぐわかることである。これらの、共同連帯では処理しがたい諸場合が、果して単一の根拠のもとへ統合できるか、また統合すべきかは、発生原因論ともつながる一つの問題であるが、それはともかくとして、法典の連帯に対立する（＝各債務の結合度がもっと緩やかな）カテゴリーが必要なことは明らかである。それゆえ、ドイツにおける否定説は、そう簡単に輸入できない。

次に、さようなカテゴリーを認める際に、「主観的共同関係の欠除」というメルクマールで統一的に把握することは、故意の共同不法行為について若干の補説ないし擬制を必要とするけれども、十分に可能である。右のメルクマールは、ドイツでも非難されたように、たしかに抽象的でありすぎて内容がつかみにくい。しかし、これを請求権競合・法定担保といい換えてみたところで、何もわかりやすくはならない。むしろ、或る意味では、かえって媒介項が増すことだって考えられる。とすれば、このメルクマールに対する反対は、単なる批評だけにとどまる可能性もある。

三　次は、内部関係について。――わが民法の求償規定は、委任ないし主観的共同の観念を入れることによって、はじめてスッキリ理解できる（山中教授）。この点でもドイツとは異なって、クリングミュラー的見解の流布しやすい下地が十分にある。しかも、わが国では、連帯とは本来ないし本質的には対外関係なのであって、求償は別個の理由によってのみ認められるとするドイツ普通法的な立場が、まだ若干は残っているようにも思われ、ことに、連帯債務の求償権を事務管理の償還請求権や代位と全く別もの視する峻別論は、根強く定着している。かような諸条件のもとでは、「求償は不真正連帯の属性にあらず」とする命題が通説化したのも、うなずけることだが、その根拠は一般にはやはり、「主観的共同関係」の欠除か、ないしはそれの発現形態と把握される「負担部分」の欠除に求められている。

しかしながら、ドイツでも、不真正連帯にはいかなる意味での内部的分担・清算をも否定すべきだ、というほどの強い評価態度は、ほとんどみられない。むしろ肯定説（＝二分論）では潜在的、積極的反対説では顕在的かつ積極的という違いこそあれ、右とは逆の法的評価のほうが支配的だといいうる（なお柚木教授は部分的には消極的反対説か）。さらに、連帯を純粋の対外関係に限定する構成や、その求償を他の決済手段から峻別する構成は、連帯債務論の一定の発展段階なり一定の問題状況に対応するのであって、唯一絶対的なものではない。

このようにみてくるならば、いわゆる主観的共同関係は、民法四四二条以下の求償規定を説明し理由づけるものではあるけれども、主体的結合を欠く全額単独責任の内部的清算を当然ないし積極的に否定する力をもつものでない、というべきである。たしかに、不真正連帯にあっては、いわば共同契約による連帯をモデルとした四四二条以下の規定は、多くの場合適用しがたい。その意味でならば、不真正連帯には求償権はない。

けれども、求償権という言葉を、共同分担意識のある場合に限定することは、ドイツにおける目的共同関係説の無批判な承継であって、唯一つ可能な概念構成ではないという意味で一つのドグマである。さらに、もしも、他の制度を手段とする内部的清算まで或る場合には否定したり、全部負担（＝賠償者代位）を認めるが分割負担は認めないという所まで突き進むようなことでもあれば、これは悪い意味でのドグマであろう。

四　私のいいたいことは、要するに、不真正連帯にも躊躇せずに内部的清算を認めるべきである（於保教授）、という法的評価の問題である。もちろん、不真正連帯の発生要件をどこまで緩和するかによって、右の「不真正連帯にも求償あり」という命題には、「原則として」という補足が問題となってくる。しかし、命題そのものと、それに基づく解釈操作（ことに分割負担の可能性）さえ確認されれば、後は⑴不真正連帯を請求権競合一般へと溶解させて、技術的概念としては否定する（末川博士）、⑵いわゆる求償を他の制度に任せて、単純連帯的性格を表示する技術的概念として不真正連帯を維持する（通説）、⑶通説の前半を修正して真正面から求償権を肯定し、因果関係ないし損害発生への加功度（Vgl. Kress, aaO., S. 613）と過失の程度とによって負担部分を決める。——このどれを採るかは自由選択の問題である。

もっとも、そうなったところで、⑴と⑵には若干の懸念や不満をなお感じないではないが、ともあれ、⑵と⑶では、内容こそ違え、連帯二分論は依然として肯定される。また、⑶では、主観的共同という区別標識は、ドイツにおける目的共同説とは重点が逆になって、むしろ対外関係で主たる意味をもつことになるが、主観的共同とは、そもそもが対外関係の或るタイプ（＝共同連帯型）を指すものではあるまいか。

6　不真正連帯債務の解釈論

⑴　序　説

㋐　概念規定など　ⓐ　不真正連帯債務を定義する場合、同一内容の給付について数人の債務者が各自独立して全部給付義務を負担し、かつ、債務者の誰かが全部履行をすることによって総債務者の債務が消滅する関係である、という点では連帯債務の定義（前述Ⅱ⑴㋐ⓐ、本書七〇頁）が妥当する。しかしながら、不真正連帯は、連帯と異なり、①債務者の一人に生じた事由でも目的到達以外のものは、すべて他の債務者の義務に影響せず（＝相対的効力しかなく）、②また通説上、原則として債務者間には求償関係を生じない。――ここまでなら「解説」も容易だが、それ以上のことになると諸説が紛糾していて、全体像は、つぎの諸点が解明されるまで組み立てられない。ⓑ　それはこうである。まず、かかる観念を認めるべきかどうか、がすでに一個の論点である（次述⑵㋐）。つぎに、肯定する場合にも、連帯債務や不可分債務、ことに前者との対比において、いかなる点にこの観念の「特質」を求めるか、説は微妙に分かれている（次述⑵㋑）。さらに、どの範囲までの事象が包含されるのか、も相当問題である（後述⑶㋐ⓑ）。そのうえ最近では、求償なしとする通説の性格規定に対し、反論も現われてきている。ⓒ　不真正連帯債務（unechte Gesamtschuld）という呼びかたは、下級審では以前から時折りみかけるが（近時の例として、たとえば福島地判昭三〇・一・二一下民六・一・八一）、大審院は、学説ならばこの言葉でもって呼ぶ関係を、各自の全部責任（大判昭七・五・二七民集一一・一〇六九）だとか、別個の債務であって連帯債務ではない（大判昭一二・六・三〇民集一六・一二八五）と称している。

(イ)　ドイツの学説　(a)　わが不真正連帯債務論はフランスにおける全部義務・不完全連帯の観念とは、内容的にほとんど関係がなく、ドイツ学説（柚木・外国法典叢書・ド民Ⅱ三二八以下、椿「不真正連帯債務の観念について――ドイツの学説を中心に」私法二四号九六―本書三〇五頁以下）の影響下に形成された。(b)　ドイツ民法上二種の連帯を認むべきか否かに関する論争は、かつての共同連帯論争（前述Ⅱ(2)(イ)、本書七三頁）の後継者であるが、①肯定説、②積極的反対説、すなわちド民四二一条の要件（＝給付の一倍額性と弁済の相互的な絶対的効力性）をみたすかぎり、通常の連帯債務に吸収する見解、③消極的反対説、すなわち不法行為者と保険者（ないし有責受寄者）の関係は「みせかけだけの連帯債務」であるとして、連帯債務性を全く否認する見解、の三つが対立している。最後の見解は、柚木説などの発想に影響したようだが、以下では、肯定説とそれに対する積極的反対説の批判を要説する。(c)　①肯定説（＝二分論）は、はじめ発生原因が同一か否かで区別したが、区別標準としての不適格性（＝異時の連帯負担を真正連帯に含められない、またきわめて曖昧である）から、現在では目的共同関係（Zweckgemeinschaft）の有無を標準とする。もっとも、これにも、ⓐ一人が他人の共同責任を認識している程度の主観的共同目的関係、ⓑ債権の確保・満足という意味での共同目的、ⓒ法的目的の単一性、などの意味附与がある。積極的反対説は、これらの説明に向かって、共通目的の追求という主観的意味ならば、連帯債務は共同契約か故意の共同不法行為に限られ、また、債権者の満足という客観的意味ならば、この点は不真正連帯でも同じことだ、と評する。②つぎに、二分論の最大実益は、単純連帯型のド民では求償規定（ド民四二六）が適用されるか否かに存するが、積極的反対説は、何ら差別する解釈論上の根拠がなく、かえって不真正連帯の諸場合に求償を認めるほうが公平の切実な要求ではないか、という。とはいえ、二分論も、不真正連帯債務者間の内部的分担関係を否定し去るのではなく、不当利得や事務管理にもとづく償還請求権はこれを認めている。ただ、連帯債務における求償規定は、たとえば主観的目的共同説によれば、相互に協同し分担しあうといった共同関係の存する場合に、その適用が限定されるのである。しかし、さらにこれに対しては、積極的反対説から、無駄な廻り道と評されている。

(2) 基礎論

(ア) 不真正連帯債務という観念の必要性　(a) わが国では、どういう標準によるかはともかくとして、真正連帯と不真正連帯の区別を認めるのが、これまで圧倒的な通説であった（ただし岡村一五九）。したがって、必要性などを反省する機会もなかったようである。また、古い法学研究方法の支配していた時期には、たかだか「観念上のみならず、法規の適用上、実益を有する」（勝本「不真正連帯債務に就いて」民法研究Ⅱ一八四）という程度の実益論しか出てこなかった。しかし、我妻説は、満足以外の事由には絶対的効力が認められぬことをもって、区別する最も主要な意義だとし（初版三一五、現在では我妻四四五）、於保説は、このことをさらにはっきりさせて、区別の必要性を、共同連帯型のわが法では絶対的効力事由が多く、債権の担保力が削減されている点に求める（於保二二一―二）。なお、不真正連帯を、かように債権の担保力ないし効力の強化という点に基礎づけるときには、そういうモメントのない場合を区別することが必要になりはしまいかと思われるが、その点は別に問題とされていない（なお、後述(イ)(e)②）。

(b) ところで、この不真正連帯債務という観念に対しては、すでに古く、いわゆる異主体の請求権競合にほかならないのであって、その理論のほか特にかかる観念を用いる意味があるか、とする疑問が出されていたが（末川「不真正連帯債務に関する疑問」民法に於ける特殊問題の研究Ⅱ一八二―三参照）、最近にも、以下のような批判ないし反省を生じている。①まず、不法行為者の賠償義務と保険者の保険金支払義務あるいは賃借物の盗人の賠償義務と過失ある賃借人のそれのように、全く偶発的な数個の債務が併発したときには、連帯債務の規定で何一つ類推できるものはないから、不真正「連帯」債務などと称する実益なく、この観念を用いるべきではない、という「限定」説がある（柚木・下五〇―一）。これは、ドイツにおける消極的反対説（前述(1)(イ)(b)③）の日本版らしいが、不真正連帯の観念そのものは否定されておらない。つまり、この説では、法律が不法行為の領域で同一の損害につき数人の責任を定めている場合（たとえば七〇九条による被用者の責任と七一五条による使用者の責任）がそれに属し、絶対的効力を定めた規定（四三四―九）および疑問のある規定（四四五）以外は類推すべしとされるのである（柚木・下四八―九）。②つぎに、不真正連帯債務は、連帯債務に似ていて紛わしいが、給付の同質性を欠く（発生原因が異なる）点で連帯債務とは異なっており、したがって、この表現は、連帯債務規定の適用も準用もないことを示す点にしか意味がない、とする見解もある（山中一七一―二、同・前掲民商三三巻三号三四六）。ただし、一般に不真正連帯とされている諸場合のうち、被用者の加害行為にもとづく使用者の賠償義務と監督者のそれ（七一五ＩⅡ）や、責任無能力者の加害行為にもとづく法定監督義務者の賠償義務と代監督者のそれ（七一四）などについては、法が数人に一個の賠償義務を不可分に負わせたもの（＝不可分債務）だと解する。しかし「被用者じしんの賠償義務と使用者または監督者の賠償義務とのあいだでは、後者は前者の補充責任という意義をもたない」「後者の弁済は、求償権の限度で前者の代位移転を生ぜしめるが、前者の弁済は、後者について請求しうべき損害の範囲を、それだけ減少せしめる」ので、給付内容の同一性が欠けているという（山中一七一・一七二）。③また、求償権がないことを不真正連帯の本質的属性とみるかぎりでは、異主体の請求権競合と考え（末川）れば十分で、特にかかる観念を問題にする必要はない、との見解もある（椿「連帯債務論の若干の問題点」民商三四巻三号三六一―本書六一一頁）。ただし、これは、求償なしとの命題そのものに反対するのであって（後述(イ)(e)③）、いわゆる不要説にはならない。④また、於保説は上述のように不真正連帯の必要性を認めているが、真正連帯と不真正連帯とは「全く形式的な区別であって、実質的には区別の必要はあるとしても実質的な区別の基準はない」という（於保二二二）。⑤さらに、かような包括的概念を構成する必要性と可能性とは今後の課題であるが、不真正連帯債務が異主体の請求権競合だということから先は、それぞれの場合における債務の特性で考えたら十分ではないか、という問題提起もある（高梨「不真正連帯債務」判例演習債権法⑴一〇五）。この見解には、負担部分や求償権がないと解する以上、かような観念にはさほど重大な法効果は結びついていない、との前提がある。

(c)　①柚木説・山中説のヒントは、連帯たりうる要件として給付の同一性以上の或るもの（相互的な絶対的効力事由にみられる給付の同一段階性）を掲げるドイツの消極的反対説（椿・前掲私法二四号一〇〇、本書三〇七頁）に存するように思われるが、両説は発想の具体化では差異を示す。ことに、被用者の賠償義務と使用者のそれとの関係につき、柚木説がこれを不真正連帯の主要場合だとみるのに対し、山中説は似而非連帯とみて、いわゆる不可分債務から除外している。その点はともかくとして、不真正連帯（名称は別論）をさらに二分する解釈論は、私（椿）のみるところでは、ドイツ学説の吟味をともないつつ検討してみなければならない（ただし、ここでは採り上げないが）。②つぎに、柚木説は、不真正連帯を否定するのでなく限定するだけだから、ここの表題では特に問題にしなくてもよいが、山中説がこの観念自体を否定することについて、私（椿）は以下のような感想をもつ。山中説は、両型態の「効果」ないし全額単独責任の諸型態の「比較」を前提とする魅力的な思いつきであり、ことに、連帯と明示されず、しかも連帯よりも独立性の強い、全額単独責任に実定法的根拠を提供した点は、すぐれた見解だとさえいえる。しかし、不真正連帯という「用語」がすでに長くわが国に定着している現在では、これと不可分債務との比較検討が重要である（於保二〇一参照）ことはわかるが、今さら用語変更まで試みることは必ずしも必要ではない。なかんずく、山中説は、これら法定的不可分債務に求償規定の準用も認めないが、それならばあまり実益はなくなりはしまいか。③高梨説の提案は、個々の制度の意味を空虚にしてまで抽象的・包括的な概念を作ることの有用性が疑われている点で、これまた傾聴に値いする。しかし、この考えには、不真正連帯は負担部分・求償権を欠く、という前提が付いている。しかも、かかる前提は、高梨説がいうような「近時の傾向」ではなく「以前からの伝統的立場」であって、反対説のほうが新しい。とすれば、求償を認めないことが新動向であるかのごとき理由づけ（＝発展史的な説得）は成り立たず、また、かような前提ないし考慮要素の如何では、「不真正連帯の概念は、明文がないために賠償分担の関係で不公平を生ずる全額単独責任の競合が発生するのを防止する・より積極的な・しかも過渡期的な理論である」との主張（椿・前掲民商三四巻三号三六二―本書六三頁）も存在理由があろう（さらに、後述(4)(ア)(b)④）。――いずれにしても、必要性は今後もっと検討さるべき課題である。

(イ)　不真正連帯債務の特質　(a)　この観念を認める見解は、ふつう（ただし、後述(d)）、連帯債務との対比において、しかも相違点たる、①対外面における強度の独立性と、②内部面における完全な無関係性（→前述(1)(ア)(a)）を説明するものとして、不真正連帯債務の特質を問題にしている。したがって、連帯債務の特質とされる事項ことに債務者間の結合関係（前述Ⅱ(2)(エ)、本書七五頁）を裏返しても基本的には足りる都合であるが、学説は必ずしもそれだけに尽くされないので、以下において若干の紹介と整理をこころみておく。

(b)　まず、以前は「発生原因」を基本的区別標準とする見解もあった。それによれば、同一のときには真正連帯、異なるときは不真正連帯になるとされる（石坂七九七―八・九一五―六）。しかし、これは決定的な区別根拠たりえずと評され（末弘一三〇注八、津曲二〇九など）、今ではたかだか、発生原因の異なることを不真正連帯の一属性とする解説（勝本・中(1)二四八、石田一〇八、勝本二六六）をみかける程度である。もっとも、山中説（同一七一―二）では、給付の同質性がないことの徴表として、発生原因の差異が再び利用されている。

(c)　発生原因説の代わりに登場したのは、ドイツの場合と同じく目的共同（Zweckgemeinschaft）説であるが、鳩山説（同二八七および注二）や末弘説（前述Ⅱ(2)(エ)(b)②、本書七五頁）を発展させ、主観的共同関係の有無を標準とするにいたった我妻説（前述Ⅱ(2)(エ)(b)④、本書七六頁）が、現在では最も流布している（田島一五二、松坂一三一、吾妻六〇、高梨一九

八、津曲二〇九など）。もっとも、負担部分の有無を特質とするやにみえる見解（西村一一九）もあれば、それは本質的な区別でないとする見解（近藤＝柚木六四）もあり、また「各債務者間に目的共同の観念、即ち連帯の特約がなく、従って……負担部分なるものがない」と併列的に特徴を掲げる見解（石田一〇八）もある。

(d)　注目すべきは於保説である。それによれば、①不真正連帯債務は、不可分債務（拡大された性質上のそれと特約上のそれ）と対比して観察すべきだが（於保二〇二）、独立性したがって担保力において不可分債務より強いともいえる（於保二二二―三）。②法定連帯と不真正連帯とのあいだには本質的な区別がないし、また求償制度の沿革・発展史を考えるならば、不真正連帯債務者相互間にも、四四二条以下の適用こそないとはいえ、内部的法律関係に応じた求償関係を生じうるのであり、また負担部分ということも考えられうる（於保二二四―五）、と。なお、不真正連帯債務についても負担部分の観念を問題としたものには、近藤＝柚木説（近藤＝柚木六四―五）がある。

(e)　上述のごとく、不真正連帯債務の特質は、通説によれば、連帯債務との対比上、対外的独立性と対内的無関係性の二点に求められており、それを種々の言葉で「説明」するわけであるが、以下の点を問題としたい。①まず、各説明方法を比較すると、ⓐ相互保証説は、連帯債務の対比物（それを不可分債務と呼ぶか不真正連帯債務と呼ぶかは別として）における各債務の独立性を、さような相互保証的関係の欠除でもって理由づけることになるはずだが、求償関係の根拠には主観的共同関係をもち出したり、あるいは不真正連帯との関係そのものが不明であったりして測りがたい。それゆえ今は評価を留保する。ⓑ負担部分の有無を基本的標準とみる説（末弘系統）は、こと連帯債務自体に関するかぎりでは、それの近代法的特質をいい当てている。だが、不真正連帯との比較なかんずく対外関係での差異を問題とするときには、さような特質規定では足りなくなって、四三四条以下を実際上の便宜という理由で説明するとともに、不真正連帯の相互的無影響・独立性を理由づけるのには一種の主観的協力関係の欠除をもって

（前述Ⅱ⑵㈣ⓑ⑤⑥およびⓒ②ⓓ、本書七六―八頁）、四三四条以下の規定を説明するほかに射程がどこまで及ぶか、

くるようになる（たとえば西村一二〇・一二三参照）。そのうえ、私（椿）の見解によれば、何らかの償還関係があるのは負担部分が存するからにほかならず、後者を相互的分担意識のある場合に限って認めるべき必然的理由はない。ⓒ主観的共同関係の有無で二種の連帯をわかつ見解は、発生原因を説く際に若干の躓きがあるとはいえ、便利で射程距離も大きい（前述Ⅱ(2)(エ)(c)②ⓑ、本書七七頁）。しかし、不真正連帯の対外関係における独立性は、かかる緊密な主体的結合の欠除とのみ結びつけて理解することで足るか（次述②）、また、求償はかような関係が存する場合の独占物だろうか（後述③）。――およそ説明用の概念は約束さえ明確にしておけば便利でかつ通用しているものを使って差しつかえなく、主観的共同関係説でも結構間に合うと私（椿）は考えているが、上記の二点だけは、つぎではっきりさせておきたい。②不真正連帯債務者の各自が対外関係において示す強度の独立性は、これを機能的にみるとき、主体的結合のない偶発的な債務の併立だから、というような説明だけでは尽くされえない。すなわち、於保説（於保二三一―二）が指摘し、通説も共同不法行為（共謀を含む）責任の性質に関しては気づいている（前述Ⅱ(4)(ウ)(b)、本書八二頁）ごとく、わが法のもとでの不真正連帯債務には、債権強効という目的ないし機能も負わされているのであって、少なくともかかる場合は、単なる「異主体の請求権競合」だとして簡単にすませることができない。むしろ、法定連帯の場合をも含めて（前述Ⅱ(1)(イ)(b)末尾、本書七一頁）、複数主体の債務を広義の債権担保ないし債権強効という視角で再構成する（なお、注民⑾§四二七Ⅱ三ア・Ⅰ二ウ）ときには、不真正連帯は最右翼に並ぶ。ただ、このような機能をもつ場合と、たとえば何ら原債務者の意思的関与なしで成立した（同意ある場合よりも債権者を強からしめるべき理由のない）併存的債務引受（注民⑾第四節後注Ⅲ一イa）などとが同じに並ぶことは奇妙である。しかし、これは共同連帯型立法が内包する矛盾であり、その意味では、ここに、わが不真正連帯債務概念の特質を求めることもできようか。③石坂説（石坂九二〇）は、求償権のないことを「不真正連帯債務ガ連帯債務ト異ナル最重要ナル点ナリ」とし、通説もこの点を二大特質の一つとするが、この解釈論に対しては、私（椿）によって、かなり多方面から反論が加えられている。すなわち、ⓐ今ではごくわずかの学説を除いて、その存在が当然視される連帯債務の求償関係も、かつてはそうでなかったのであり、求償関係を欠くことが絶対的な概念属性であるかのごとく説かれる不真正連帯でも、ス債五一条（前述Ⅱ⑶(イ)(c)、）を頂点とする求償承認の方向が確認できる（椿・前掲論叢六二巻五号七四―六・八四―六―本書三〇―一・三八―九頁、同・前掲民商三四巻三号三五二・三六二―三・三六七―本書五二―三・六二―三・六六―七頁）。ⓑわが多数説に対応するドイツの主観的共同目的説は、不真正連帯には分担関係なしという評価態度をもつていなかったにもかかわらず、自説の存在理由を主張するためには、ド民四二六条（＝連帯債務の求償規定）を排除する以外に手段がなかった（椿・前掲私法二四号一〇四―本書三一六頁）。わが国では、ドイツとは事情を異にしていて、法典の規定する連帯債務が共同連帯型だから、主観的共同関係は、その点を説明するうえで、便利な概念用具としての意義が認められる。けれども、だからといって、かかる関係の存する場合にのみ求償を認めることは、ドイツの上掲学説と同様、一つのドグマでしかない（くわしくは椿・前掲私法二四号一〇六―本書三一八頁参照）。ⓒ多数説（たとえば我妻四四五―六）は、「特別の法律関係」があり、もしくは「ある債務者だけが終局の責任者と認められるとき」には求償関係を生ずるというが、そのどれにも該当しない場合においてなお、求償を認めないと不公平きわまりない場合がある（椿・前掲民法例題解説Ⅱ（本著作集1 **13**）五二―三参照）。ⓓもっとも、わが学説といえども、不真正連帯の内部関係を全く否定するのではなく、上記にいわゆる一定の場合にはそれを肯定するほか、賠償者代位（四二二）の可能性もこれを認めている（末弘一二九注六）。また、わが国では言及されない（むしろ輸入の際にみおとした）が、ドイツの主観的共同目的説は、事務管理・不当利得による償還請求権を不真正連帯の場合に認めている（椿・前掲私法二四号一〇二―本書三一四頁）。これら三つの制度は、諸外国でかつて使われ現在なお用いられている連帯債務自体の求償手段でもあるが（椿・前掲民商三四巻三号三六七―本書六六頁）、賠償者代位制度に求償手段としての機能を認める（於保一四四注二）ならば、事務管理や不当利得についても同じことがいえるはずである。――以上を要するに、真正連帯と不真正連帯とは遮二無二峻別するような発想法から脱し、かつ不真正連帯を統一的概念としてとらえるかぎりでは、代位などを手段とする求償関係の存在を観念することは何ら支障がない。通説的命題の第二のものは、四四二条以下が不真正連帯には適用しがたいというだけのことである。もっとも、この命題も、発生原因論とあわせ考えなければならないが（→次述(3)(ア)(b)）、通説の形式的峻別論だけは、ここで、どうしても非難しておかねばならぬ。

(3) 不真正連帯債務を生ずる場合

(ア) 序 言 (a) ①不真正連帯債務の発生原因は、ふつう、「主として、同一の損害を数人がそれぞれの立場において塡補すべき義務を負担する場合」だと説かれるが（我妻四四三、於保二二二など）、上記の場合が最も通常だとしつつ、発生原因別に異主体の請求権競合をひろく採り上げて分類列挙する見解もあり（勝本・中(1)二三九以下参照）、また、損害賠償に複数の債務者が関与する（teilnehmen）諸場合、すなわち債務不履行責任と不法行為責任、共同不法行為責任、一般的不法行為責任と特殊的不法行為責任、特殊的不法行為責任の併立のほか債務の共同不履行責任も含めて、不真正連帯の発生を説く見解もある（椿・前掲民法演習Ⅲ一一〇、本書四七四頁）。②なお、柚木説は、次掲のうち若干（次述(イ)(a)①②）を不真正連帯の発生原因から除外して単なる偶発的併存とし、山中説は、若干（次述(イ)(a)⑤⑥⑦）を不可分債務へ編入するとともに、残余（次述(イ)(a)①②）ことに被用者の賠償義務と使用者のそれとを不真正連帯とし、かつ独立の法的意義を認めないが、以下では特にこれらは問題としない（前述(2)(ア)(b)①②）。(b) 不真正連帯は、その範囲をひろく異主体の請求権競合＝一般にまで拡げるか、どこかで限界線を引くかによって、前述した必要性（(2)(ア)）や特質（(2)(イ)）にも影響する。包摂されるケースを拡大すればするほど、そこから得られる概念の共通要素が減ってくるから、包摂程度と把握レヴェルの如何では、不真正連帯は、きわめて抽象的であり必ずしも有用な解釈操作用の概念でなくなってしまう。そのうえ、これらの問題は、限界的場合（Grenzfälle）に着眼して論ずるか、それとも典型的な場合に即して類型化を施しつつ考えるか、という法学研究方法の差異にもかかっている。この点につき私（椿）は、債権強効目的と求償関係を標準として限界づけることも考えているが、ここでは、問題とするにとどめたい。

(イ) 損害賠償に関する場合　(a) 学説が通例、不真正連帯とするのは、つぎの諸場合である。①他人の家屋を焼いた者の不法行為にもとづく賠償義務と保険会社の契約にもとづく塡補義務。②受寄物を不注意で盗まれた受寄者の債務不履行にもとづく賠償義務と窃取者の不法行為にもとづく賠償義務。上記二例は、ドイツでも日本でも典型的な不真正連帯の事例とされてきたが、近時、異説を両国とも生じているのは前述したとおりである。③法人の賠償義務（四四Ⅰ）と理事その他代表機関個人の賠償義務（七〇九）。判例も、著作権侵害を理由として出版社とその取締役がともに賠償を訴求された事件において、「連帯負担ヲ命ジタルニ非ズシテ各自ニ全額負担ノ責アル」旨を判示した原判決を支持している（大判昭七・五・二七民集一一・一〇六九）。もっとも、連帯賠償という下級審もある（横浜地川崎支判昭三八・四・二六下民一四・四・八一八）。④加害行為をした被用者自身の賠償義務（七〇九）と使用者らの賠償義務（七一五）。判例については後述する（(4)(ア)(b)）。⑤責任無能力者の加害行為にもとづく法定監督義務者の賠償義務と代監督者の賠償義務（七一四参照）。⑥被用者の加害行為にもとづく使用者の賠償義務と監督義務者の賠償義務（七一五参照）。⑦動物の加害行為にもとづく占有者の賠償義務と保管者の賠償義務（七一八参照）。⑧共同不法行為者（前述Ⅱ(4)(ウ)(b)）。(b) そのほか、以下の場合にも不真正連帯が、損害賠償に関して問題となる。①一人は材料を提供し、もう一人はそれを使って仕事を完成すべき債務を負う場合に、材料も仕事も不完全であった場合（勝本・中（二）二四〇、近藤＝柚木六四）。②不可分債務の共同不履行の場合（注民(11)§四三〇Ⅲ一イd後半）。③複数の親が法定監督義務者として賠償義務を負う場合や、物の受寄者と或る会社（＝使用者）に雇われている運転手（＝被用者）の過失でその物を毀損した場合における三者の責任（椿・前掲民法例題解説Ⅱ（本著作集1**13**）五二一―三参照）。④下級審には、内縁を不当に破棄した男と離間を策したその兄とに対し、不真正連帯としての賠償責任を負わせたものがある（福島地判昭三〇・一・二一下民六・一・八二）。もっとも、内縁の夫の父に破綻の責任を認めた最高裁判例（最判昭三八・二・一民集一七・一・一六〇）の第一審は、単に連帯して払えとする。⑤なお、学説には、労災補償保険法二〇条などは、不真正連帯の内部関係を定めたものだとする解説もある（山中一七二、吾妻六〇）。⑥借地上建物の譲受人が負う損害賠償義務と建物譲渡人（＝借地人）の賃料債務も、併列的全額責任と解する余地がある（椿「不法占拠」総合判例民法㉕五八・六〇―一参照）。

(ウ) その他の場合　(a) 最も重要なものは、いわゆる併存的債務引受の効果として不真正連帯を生ずるか否かであるが、判例が常に連帯債務になるというのに対し、近時の学説は反対している。詳細は後述する（注民⑾第四節後注Ⅲ三イ）。(b) 契約によって明示的に不真正連帯債務を生ぜしめることも可能だとされる（勝本・中⑴二四五）。実例があるかどうかは知らないが、この場合には担保力の強化が行なわれることとなる。(c) 民法二五四条および六一三条を法定不真正連帯債務とする見解もある（勝本・中⑴二四六―七、近藤＝柚木六六）。(d) いわゆる合同責任（手四七Ⅰ）は、不真正連帯をいうのか否か、否定するときには、いかなる関係とみるか、も問題となりうる（なお椿・連帯債務三三五―本書二一〇頁）。

(4) 不真正連帯債務の効力

(ア) 対外的効果　(a) 債権者は、不真正連帯債務者の一人に対して、また同時もしくは順次に総債務者に対して、全部あるいは一部の履行を請求することができる。各債務者を共同被告として訴求できるかに関しては、民訴五九条の要件からみて、担保的性質を有する場合のほかは許されないと解する説（勝本・中⑴二五二）もあるが、同条の表現ではそのように狭く解する必要はないという説（於保二一三）もある。また、連帯債務と異なり、債務者破産の場合には、破産法二四条の制約を受けず、一部配当・一部弁済がなされているときでも債権全額について配当加入ができる、という見解もある（於保・上掲。さらに、注民⑵§四四一Ⅱ二アc）。

(b)　①不真正連帯債務者の一人に生じた事由でも、債権を満足させるものは絶対的効力が認められる。弁済・代物弁済・供託・相殺が通例それに属するとされているが、受領遅滞をさらに加える見解（高梨二一〇）もある。これら以外の事由、なかんずく連帯債務ならば絶対的効力を生ずる四三四条ないし四三九条所定の事由は、不真正連帯ではすべて相対的効力しかない（ただし、後述⑤）。判例も、被用者の賠償義務と使用者のそれとは「別個ノ債務ニシテ連帯債務ニ非ズ」という理由づけのもとで、前者の債務の時効消滅は後者の債務の存続に影響しない（四三九条の適用・類推適用がない）という（大判昭一二・六・三〇民集一六・一二八五）。②真正連帯と不真正連帯の最も重要な差異は、我妻説などによれば、上記四三四条以下の適用がない点に存するが（なお四四〇条は、どちらとみても結果に差異を生じないけれど、やはり適用がないとされる）、これの説明として主観的共同関係の有無が挙げられたり（前述⑵(イ)(c)・Ⅱ⑵(エ)(b)④、本書七五頁）、あるいは連帯債務の相互保証的性格が述べられる（前述Ⅱ⑵(エ)(b)⑤、本書七六頁）わけである。③また、弁済の効力についても、真正連帯と不真正連帯を峻別する見解がみられる（末川・前掲民法に於ける特殊問題の研究Ⅱ一八三以下、勝本・中⑴二四九・二五四）。それによれば、前者における債権の消滅は弁済それ自体にもとづくが、後者つまり不真正連帯では客観的な目的の到達にもとづく、というのである。さらに、不真正連帯においては、弁済のいわば相互的な絶対的効力性が認められない場合がある。たとえば、債務不履行者と不法行為者がともに同一損害について責任を負う場合、前者が弁済しても後者の義務は消滅せず前者の代位を生ずるが、逆の場合には弁済に絶対的効力が認められる、というのである。私（椿）の考えによれば、債権の消滅根拠に関する上述の議論は、区別ないし差異を強調する場合の単なる構成的問題にすぎない（なお、注民⑾§四三一Ⅲ⑴(イ)）。また、後の点は、求償問題として取り扱っても同じ結果に達しうるのであって、「不法行為者は債務不履行者よりも常に悪い」という一つのドグマにもとづくものでしかない。賠償者代位の求償的機能を認めるかぎり、弁済は相互的な絶対的効力を生ずるといっても、何ら不都合はない。④ところで、四三四条ないし四三九条は、請求の場合を除けば債権消滅原因だから、それらが相対的効力しかないということは、連帯債務にくらべて、債権の効力が強化される結果となる。むしろ、損害賠償をめぐる不真正連帯債務にあっては、たとえば共同不法行為を考えてもわかるように、結果的に強化されるというのでなく、はじめから強化意図の存する場合が多い。とすれば、この面からみても、不真正連帯には技術概念としての意義・必要性が乏しいとは速断しがたい。⑤なお、通説は上述（①）以外には絶対的効力事由を認めないが、どういうわけでか、更改には絶対的効力を認めよとする見解もある（近藤＝柚木六七）。

(イ) 内部的効果　(a) ①通説によれば、不真正連帯債務は、求償をその本質ないし概念属性としない。ただし、一定の場合（前述(2)(イ)(e)③ⓒ、および次述②）には、求償的関係が認められ、かつ実際上さような関係を生ずる場合がむしろ多いようにみえるが、それは「連帯債務におけるように、共同免責のための出捐の分担という主観的関連によるのではなく、たまたまそれらの債務者間に存在した別個の法律関係に基づく」（我妻四四六）とか、負担部分がないので、いわゆる求償関係ではない、というふうに説明されている。要するに、連帯債務との差異・区別が強調されるわけである。②問題の求償類似の関係は、たとえば、法定監督義務者と代監督者や、使用者または監督者と被用者の場合には、前者から後者に求償する形で現われ、また、保険会社や受寄者が全部賠償して、不法行為者に対する債権者の権利に代位（四二二）する場合にも、求償権行使と同様な結果を生ずる、とされている。

(b) ①於保説は、不真正連帯にも求償関係を正面から認め（前述(2)(イ)(d)②）、「不真正連帯債務者の一人のみが全部負担すべき場合もありうる。内部関係において特にその負担部分の割合が明らかとならないときは、その負担は平等と解するのが妥当である。不真正連帯債務の多くの場合は、各債務者の過失の割合にしたがって負担の割合が定まる」という定式をたてている（於保二二四―五）。この結果、たとえば、放火者と保険会社の場合や、被用者と使用者の場合には、おのおの前者が全部負担すべきこととなる（七一五Ⅲ、商六六二参照）。また、有責受寄者と不法行為者の場合に、前者が賠償したときにも求償は認められるが、後者は過失相殺の抗弁ができると解している。ことに最後の主張は、素朴な法感情論（前述(ア)(b)③）を克服するとともに、公平な賠償分担を導いてきている点で、注目すべきものと思う。②私見（椿）も於保説の系統である（前述(2)(イ)(e)③）。ⓐただ、負担部分を決する構成的標準としては、過失の程度のみならず、損害発生への加功度ないし原因力（Wirksamkeit der Ursachen）をも基準とするドイツ学者クレスの見解が妥当と考えている（椿・前掲私法二四号一〇六―本書三一八頁、なお近藤＝柚木六五も参照）。ⓑまた、四四二条も類推適用が可能ではないだろうか（注民(2)§四四二Ⅰ一ウc）。ⓒなお、併存的債務引受が不真正連帯となる場合（実際には稀れ）においては、求償範囲について一つの基準が出てくる（注民(11)第四節後注Ⅲ三ウb）。

〔補足〕　代理受領および引用の先例をめぐって

本判決に関しては、片岡氏の右掲報告のほか、甲斐道太郎教授の論説「代理受領の法的効果」手形研究三九八号四頁以下があり、判決の紹介、実務への影響および論評などは、これら両編の記述で十分に尽されている。ここでは、その中で書かれたことを出発点にして、任意いくつかの所感を述べておきたい。

まず、代理受領が行なわれる理由の一つとして、片岡報告を含むどの文献でも、債権の譲渡・質入禁止の特約の存在があげられている。この譲渡禁止特約は、民法四六六条二項において、善意の第三者に対抗できないことのほかは、かくべつの制限もなく許されており、そういう譲渡禁止特約――以下、譲禁特約と略称――のある債権を質入する場合にも、右条項の適用を前提として、質権者の善悪意は質権の効力に影響を及ぼすとされる（大判大正一三・六・一二・民集三巻二七二頁）。

問題にしたいのは、この譲禁特約を無制限に許容してよいか否か、という点である。以前にも一言した（椿・手形研究三五〇号「法務時評」欄）ように、債務者は自己に対する債権が譲渡されることをきらうらしい。これは一応わかる。取立屋のような変な人間に譲渡されるのはいやだろうし、また、当初の取引相手とちがう人が頻繁に受け取りにきては、事務が面倒であり、まちがいの起きるおそれだってある。しかし、私は別の雑誌でも左のように述べたことがある（椿「新しい集合債権担保論の基礎〔上〕」ジュリスト八〇六号〈昭和五九年〉八二頁）。

「そもそも私は、代理受領の利用理由の中では、譲渡・処分の禁止（特約・指定・慣行による）がかなり大きなウェイトを占めるのではないかと推測しているが……債権の〝財産〟性を強調する立場からすれば、譲渡禁止を幅ひろく野放しで許容することに対しては批判的にならざるをえない。そのうえ、債務者が譲渡をきらう理由とされるものは、突き詰めていくと、正面から財産性に挑戦できるだけの合理性がとぼしい。」

右のような考え方をいだく者の眼で、我妻栄博士の『新訂債権総論』（昭和三九年）における関係個所を読むと、譲禁特約を制限しようとする立場は、出ているとみがたい。のみならず、譲受人は、条文にある善意だけでなく解釈により無過失まで求められている（同書五二四頁）。これには、外観に対する信頼を保護する制度としての共通的要請が理由とされているが、譲受人の保護要件がきびしくなることは、譲禁特約の側からいえば力がそのぶん強くなるわけであり、釈然としなかった。もちろん、博士は別の場所（同書五一五頁）で、すべての債権は、その財産性を増したとはいえ、物権と異なりそれぞれの取引関係の特異性・個別性を無視できない、とされる。たしかに、その面は否定できないが、ひとくちに債権といっても、その個別的・人的な性格にはピンからキリまであるはずではないか。とくに企業取引から生ずる金銭債権において、特異性ないし個別性を一方的に強調することは、どうにも納得できなかった。フランス法系の立法では譲禁特約を認めないことを紹介される於保不二雄博士の『債権総論』（昭和三四年初版）も、わが国の法状況に対し批判的な見解を示してはおられない（同書三〇四頁）。

このような譲禁特約の無制限な許容は、そのまま続いているのだろうか。預金債権の譲渡が問題となった事件で、我妻博士のように無過失まで要求しないが、特約の存在を知らなくても譲受人に重大な過失があれば債権を取得できない、とする判例（最判昭和四八・七・一九民集二七巻七号八二三頁）が出て、いろいろ論評の対象となったが、そこでは特約の合理性が議論されている（寺田正春・民法判例百選Ⅱ〈第二版〉七二～七三頁参照）。

最近の教科書はどうか。平井宜雄教授の『債権総論』（弘文堂・昭和六〇年）九〇頁は、譲禁特約の合理性に疑問を出されており、他方で債権のもつ財産的価値の重要性を考えると、四六六条一項の〝原則〟のほうが重視されるべきだ、とされる。前田達明教授の『口述債権総論』（成文堂・昭和六二年）三六九～三七〇頁では、債権譲渡をできるだけ広く認めるべきだという考慮から、過失の有無を問わず、また、譲禁特約に反したときも無効とはならず、悪意者に対する抗弁権が生ずる（債権的効力説を採る）、とされる。鈴木禄弥教授の『債権法講義』（創文社・昭和六二年改訂版）三五四頁も、意思による譲渡禁止の効力を極力制限的に解釈するのが最近の傾向である（昭和五五年初版三一四頁も同旨）、とされる。これら最近の先端的学説のリーダーとなったのは、米倉明教授の『債権譲渡――禁止特約の第三者効』（学陽書房・昭和五一年）であり、同書第四章の結語で明快に要約と展望が述べられている。

私どもがもつ財産の中で、何かある物に対する所有権は、だれしもその譲渡性を奪えるなどとは考えまい。ところが、債権の形式をとる財産は、米倉教授の前掲書「はしがき」の表現を借用すれば〝個性のない金銭債権〟であっても、特定の人が他の特定の人に対して要求できる相対的な対人権という伝来の性格がおおいかぶさってきて、譲禁特約がさしたる批判もなく通用し妥当する。〝債権の財産性〟というスローガンは、この状況を修正し克服するための法律論的武器となりうる。ローマの昔、債権は債権者と債務者を固く結び付ける〝法鎖〟といわれたが、そういう面が今日なお残るといっても、さきほどの〝個性のない金銭債権〟は、ふつうの〝物〟から区別すべき理由も必要もない。

実務は、むろん先端的学説をただちに、かつ、そのまま呑み込んでよいものではない。しかし、あらゆる議論がいつまでも不動とは限らない。いわゆる〝判例の変更〟もわれわれの記憶に多く残っているし、下級審が説得力をもつ学説の新傾向に歩調を合わせていく事態もまれではない。譲禁特約の存在理由が疑いの眼でみられ、妥当する範囲を狭められていくと、たとえば権利濫用などの一般条項を手始めにして、効力が制限される事態も将来ありうるのではないだろうか。

このようにみてくると、代理受領がさかんに行なわれる有力原因（ないしその一つ）となっている譲禁特約を、さしたる批判も加えることなく肯定的に、あるいは検討をうやむやにして、受け容れていることに問題がある、といえないだろうか。譲禁特約それ自体の妥当性が疑わしいとする現在の有力学説の見解を是認するのなら、譲禁特約の横行する結果として生まれている代理受領も、単に現状追認的な対応で済まされてよいとは思えない。私はかつて〝代理受領から譲渡担保へ〟の道か、それとも〝譲渡担保から代理受領へ〟の道か、という選択を論点として掲げたことがある（前掲ジュリスト八三頁）。その稿では集合債権譲渡担保における対抗要件具備の困難さとからめて述べたが、ここでとりあげた視点も、そういう方向選択にとり基礎作業となるものである。

つぎに、本判決は、代理受領権者の損害ありとした際に、最判昭和四五・二・二六を引用し、本判決を収載する金融・商事判例七六二号のコメントは、同旨判例として二件をさらにあげている。それらの要旨は片岡報告を参考されたい。甲斐論文も、右最判などと関連づけて説明を加えておられる。ただ、同論文の掲載されている本誌三九八号九頁二段目末尾にある「右の引用」というのは、何をさすか必ずしもはっきりしない。また、その前に出てくる「このような状況」という記述も、それだけでは読者に不親切であろう。

片岡報告は、検討そのものは割愛されたが、本判決を含む四判例が要件・効果まで同じにみてよいのかに対し、疑問を投じておられる。本稿は補足的コメントが任務であり、本格的な検討を行なうべき場ではないが、若干このへ先例に言及しておく。

まず、借地法一〇条の建物買取請求に関するある判例は、買取請求以前の期間中も貸主は原則として賃料請求権を失わないが、単に賃料請求権があるからといって、その間賃料相当の損害を生じないとはいえず、現に賃料の支払を受けていないかぎり、無断の転借入または賃借権譲受人に対し賃料相当の損害金を請求できる、とした（最判昭和三五・九・二〇民集一四巻一一号二二二七頁）。この判決は、そのための先例として二個の大審院判例を引用したが（たとえば、椿・総合判例研究叢書・民法25所収の判例〔28〕〔30〕参照）、調査官解説によれば、それらは「各事案に照らし、賃料請求権と損害賠償請求権の競合を認めたもの」であり、右最判はその意味でこれらを引用した、とされる（川添利起・解説〔昭和三五年度〕三四四頁）。

最判昭和三八・八・八の要旨は、片岡報告に引用されているが、調査官解説は、右最判昭和三五・九・二〇のほか売買事案に関する大審院判例を二件あげて、「被侵害者の主張する損害額に相当する代金債権または賃料債権などが存在するとしても、その故に損害がないとすることはできないとする」のが「判例の大勢」であり、最判昭和三八・八・八もそれに従っていて、「本問についての最高裁判所の判例は、ほぼ確立した」とされる（奈良次郎・解説〔昭和三八年度〕一九六～一九七頁）。

最判昭和四一・一〇・二一は、片岡報告の要旨紹介からもわかるとおり、最判昭和三五・九・二〇と同じ立場の事例であって、調査官解説は、〝競合説〟を是認するものとされる（安部正三・解説〔昭和四一年度〕四三八頁）。

本判決の引用する最判昭和四五・二・二六は、片岡報告にも甲斐論文にもその内容が示されている。調査官解説では、遡求権と損害賠償債権とは〝不真正連帯債務〟の関係にあるとするのが本判決の見解だ、とされる（吉井直昭・解説〔昭和四五年度〕七〇頁）。なお、諸文献にも引用されるように、続く最判昭和四五・五・二二（金融法務事情五八六号三八頁）も同判決と同じ見解である。

判例をどういう〝共通項〟でくくるべきかは、かなり困難であるとともに、読む人によって異なる。右の諸先例は、事案をみれば売買あり賃貸借あり手形の遡求ありだが、それらに共通しているのは、AがBの不法行為によりこうむった損害につき、別人Cに対し不法行為以外の理由にもとづく請求が可能であっても、Aがこれにより現実の満足を受けないかぎり、Bに対する賠償請求を妨げられるものではない、ということであろうか。そして、文献によれば、AはBのみならずCに対しても併列的に請求できるので、いわゆる〝異主体の請求権競合〟あるいは〝不真正連帯債務〟が認められる。

右の共通項の線上で本判決を理解すれば、銀行Aが注文者（代理受領承認者）Bの不法行為（請負人への支払）により損害を受けた場合には、Aが保証人Cに対する弁済請求権を与えられていても、それを行使するか否かはAの自由選択に属し、Bに賠償請求をすることは妨げられない。

一連の先例は、従来の学説や一部下級審が、たとえば賃借人に対する賃料請求権があるときには不法占拠者に対して賠償請求できない、というふうに〝請求権非競合説〟的ないし賠償請求劣後的な主張をしてきたのを斥けた、といってよかろう。そして本判決も、先例の考え方を承継したところの、不法行為の〝要件〟判例である。ただ、保証人に対する履行請求権が、不法行為による損害賠償請求権の対として新たに加えられたわけである。

このほか、片岡報告は、代理受領権者の救済として、判例が債務不履行構成に進むことを期待される。これは、立証責任・時効などで債務不履行のほうが代理受領権者にとり有利だというところから出ている。最高裁がそうなるとは、現在ではまず期待しがたいであろうが、検討に値する論点である。代理受領は不法行為で、振込指定は債務不履行という差異を生ずるか否かも、わかったようでわからないが（なお、西尾信一「振込指定の担保的効力」手形研究三四九号四頁以下と椿コメント一一三頁参照）、一連の〝安全配慮義務〟違反判例は、この点を考えるうえで有益な素材となるように思う。

7　分割債権関係・不可分債権関係の解釈論

一　総　則

〔分割主義、分割債権関係の内容〕

第四二七条　数人ノ債権者又ハ債務者アル場合ニ於テ別段ノ意思表示ナキトキハ各債権者又ハ各債務者ハ平等ノ割合ヲ以テ権利ヲ有シ又ハ義務ヲ負フ

〔比較〕　フ民一二〇二・一二一七・一二二〇・一八六一・一八六三、ド民四二〇・四二七、ス債一四三・一五〇

I　序　説

(一)　概　観

(ア)　本条は、つぎの二つの原則を定めたものと解されている（ただし末弘二五参照）。(a)　まず第一に、本条は、複数の主体が存する債権ないし債務一般に通ずる総則規定として「債権・債務の分割主義」を宣明する。それによれば、一個の可分給付（給付の可分・不可分については、後出Ⅱ一アおよび§四三〇Ⅱ1）を目的として数人の債権者または債務者が関与するときには、特約ないし法律規定で別段の定めがないかぎり、各自の債権ないし債務は、人数に応じて分割された額につき独立したものとして存立するのである。(b)　第二に、本条は、さような分割債権・分割債務

において、主体の各自に帰属せしめられる対外的な割合、つまり各分割債権者が債務者に対して有する権利および各分割債務者が債権者に対して負う義務の範囲、に関する終局的標準として「平等分割の原則」を定めたものである（なお後述Ⅲ二）。

(イ) かかる分割ないし平等分割への傾斜は、他の民法規定（四三一・四五六・六七五・八九九）からもうかがえるが、明文の規定を欠く場合、たとえば数人の主債務者のために保証人となった者が求償権を行使する場合の解釈としても、分割主義の通用がみられる（後述Ⅱ二イh）。また、分割原則は訴訟面にも反映していて、債権者が数人の債務者に金銭債務の履行を訴求する場合、連帯債務たる事実関係を何ら主張しないときには分割債務の主張と解すべきであり（最判昭三二・六・七民集一一・六・九四八）、数人に対し一定額の金銭の支払を命ずる判決は、割合を示さずとも平分たること自明だとされる（大判明三八・一〇・五民録一一・一三〇五、大判昭三・一〇・三一新聞二九二一・九）。

(ウ) 主体の各自に分割された債権・債務は、既述のとおり独立したものとなり、したがって、いわゆる債権・債務の個数はもちろん複数である（我妻＝有泉・注釈Ⅱ四二七条(4)(a)、津曲一八五）。とはいえ、各自が別個の債権を取得し（なお我妻三八八の「協調融資」を参照）別々に債務を負担した場合から区別するためには、ドイツ学者のいわゆる法律関係・債権関係としての一体性（Einheitlichkeit）のごときものを、区別標識として掲げなければならない。かくて、これまでの学説の多くは、分割債権関係が成立する要件の一つとして、発生原因が同一（田島一一八、岡村一四〇、小池一七二、西村一一二）・共同（石田八四）ないし共通（勝本二二四、津曲一八五）であることを掲げ、また、後日の契約で加入する場合をも含みうることを注意する趣旨で、主として同一の発生原因にもとづくことと説いてきた（勝本・中(1)一三。同旨、近藤＝柚木一八）。しかし、近時の教科書は、分割債権関係たりうる枠を、発生原因の如何ではなく「一個の給付」という点に求めているようであり、たかだか、解除の必要的共同性や履行の一体的牽連性（後述Ⅲ一ウ）を述べる際に、一個の契約にもとづくという性質を問題としているにすぎない（我妻三九四、柚木・下六—七など）。

(二)　機　能

(ア)　分割主義は、大陸法系の主要立法例が採用している原則的立場であるが、この原則が有する現実的機能範囲は、各国でかなり異なるものとなっている。すなわち、(a)　ドイツでは、分割主義を宣明（ド民四二〇）する一方において、契約による共同的債務負担の場合には連帯債務だとの推定があり（ド民四二七）、また、相続や組合などについては合手（Gesamthand）の観念が認められている（本節前注Ⅱ四イ）ので、原則なるものは、実際には骨抜きにされている。(b)　フランスでは、「連帯ハ之ヲ推定セズ」とする印象的な条文（フ民一二〇二Ⅰ）があるほか、相続および組合については分割主義が明言されているが（フ民一二二〇・一八六二・一八六三）、それでも例外つまり非分割を定めた規定は相当数にのぼり（外国法典叢書・フ民Ⅲ一五一―一二参照）、相続については当然分割の解釈的修正が報告されている（有地「共同相続関係の法的構造」民商五〇巻六号八五八―九）。(c)　スイスでは、連帯はやはり制度として例外的地位を与えられているが（ス債一四三・一五〇）、共同相続・ゲマインダーシャフトその他においては、ドイツと同様の合手的債権関係が認められている（ス債五五一、ス民二一五・六〇二・三三六）。(d)　わが民法典では、合手（合有）の観念は知られておらず、非分割的形態を定めた規定もきわめて少ない。とりわけ判例は、わが民法にはフ民一二二〇二条一項のような規定がないにもかかわらず、分割主義を当然自明の大前提と考えてきたようにみえる（後述Ⅱ二）。かくして、本条は、およそ複数の主体が関与する債権関係一般につき、額面近く機能しているが（もっとも商五一一Ⅰ参照）、学説の側はこれを批判し解釈による修正を試みてきている（後述Ⅱ三）。

(イ)　つぎに、発生の頻度という観点からみると、債務者複数の場合のほうがずっと多いといわれる（たとえば我妻三八七・三八九）。すなわち、(a)　一個の可分給付に複数の債権者が関与する諸場合のうち、組合の有する債権と共同相続債権とを合有債権（ないし合手債権）として構成するときには、分割債権の典型的な事例は、共有物に関して生じた債権、つまり共有物の売却の場合の代金債権、賃貸の場合の賃料債権、共有物の不法行為（毀損など）による損害賠償債権くらいしかなくなる（於保一八八注１参照）。(b)　これと異なり、一個の可分給付に複数の債務者が関与するという場合は、組合債務および共同相続債務を債務の合有的帰属（ないし合手債務）と構成し分割債務から除外しても、なお問題となる事例が多い。

(ウ)　さらに、発生度の大きさを別としても、分割債務のほうが機能論的にみて問題性が大きい。すなわち、近時においては、多数当事者の債権関係を「人的担保」制度という面から再構成する見解が多くなったが（端緒的には末弘七一―二、明確化は我妻・初版二六一）、これは、おのずと債権の強効に結びついた分割主義批判を生む。ところで、その際、人的担保とは、通常かつ典型的な語法によれば（椿「人的担保・物的担保」「人的責任・物的責任」民事法学辞典上参照）、契約によって、債務者したがって責任財産を増加させ、もって債権の効力を確保することだから、私（椿）の考えによれば、民法典の原則に対する吟味の必要性は、分割債務の側に重点を置くべきこととなる。もっとも、担保という言葉を抽象的に債権の強効そのものと解するならば、債権者複数の場合についても分割主義の目的論的修正が分割債務の場合と同じに考えられそうだが、これには問題がある（後述Ⅱ三ア c）。また、かかる担保機能面から分割債務の当否を採り上げるときには、一般の取引債務が吟味の主対象となり、組合および共同相続の関係は、分割主義が妥当でないという点では共通であるとしても、その根拠は必ずしも一般取引債務の場合と同一にはならない。この点で、分割主義の非なる理由（後述Ⅱ三ア）すべてを列挙しつつ、組合および共同相続の債権面は全く批判の外に置き、それらの債務面だけを一般取引債務と同列に並べる見解（たとえば松坂一一八）には、私（椿）は賛成しがたいものを感ずる。組合や共同相続の場合には、両者のあいだにおける程度の差（なお本節前注Ⅱ四ウ a②、本書四五七頁）こそあれ、債権・債務、否むしろ財産関係を一体として処理する技術が問題になってくるのであり、それをみおとしてはならないからである。

Ⅱ　分割債権関係を生ずる場合

(一)　序　言

(ア)　分割債権関係は、いわゆる可分給付について問題となる。(a)　可分給付とは、給付それ自体を抽象的にとらえるならば、給付の性質または価値を損なわずして分割履行できるもの、と定義することができる。(b)　しかし、分割債権関係の目的たる可分給付は、必ずしも物の物理的ないし自然的な性状を基準としない。ことに、いわゆる「拡大された性質上の不可分給付」(§四三〇Ⅱ1)は、本来の性状からいえば可分給付であるけれども、法的処理のうえでは不可分給付とされている。(c)　また、可分給付であっても、当事者の意思表示または法律規定により、非分割的な債権関係の目的とされることがある。

(イ)　つぎに、さような非分割的・全額的な債権関係としては、①不可分の債権・債務(四二八・四三〇)、②連帯的な債権・債務(第三款前注Ⅰ一ア、本書六九頁)、③合有(または合手)的ならびに総有的な債権・債務など(本節前注Ⅱ、四四九頁以下)が明文上もしくは解釈上認められているが、これらの効果は相互間で大なり小なり異なっている。それゆえ、分割債権関係を生じないとされる場合については、いずれの非分割的形態になるか、を十分注意しなければならない(特に相互参照すべきものとして、§§四二八Ⅱ1・四三〇Ⅱ、第三款前注Ⅱ(4)およびⅢ(3)、本書七九頁、三三〇頁)。

(ウ)　さらに、分割債権関係の成立は、訴訟への投影にも注意すべきである(前述Ⅰ一イ)。

(エ)　なお、特殊な場合ではあるが、いわゆる絶対的連帯免除がなされると、連帯債務は解体してしまって、分割債務を生ずる(§四四五Ⅰ2イa)。

(二)　判　例

(ア)　分割債権の成否

(a)　共有地が収用されて補償金請求権となった場合には「其債権ノ目的物可分ナルガ故ニ、各共有者ハ其持分ニ応ズル金額ヲ請求スルノ権利ヲ有スルコトハ民法四二七条ノ法意ニ照シテ明カ」であり、かように各自の権利が独立のものとなる結果、もはや共有が存しない以上は、共有物分割の訴も許されない（大連判大三・三・一〇民録二〇・一四七。我妻・連合部判決巡歴Ⅰ二二一）（同旨の理由づけは大判明三八・一〇・三一民録一一・一四五九）。また、共有物に対する不法行為にもとづく損害賠償請求権も、可分の金銭債権として各自の持分に応じた独立の権利となる（京都地判昭二五・六・二六下民一・六・九八九）。(b) 共同貸付金債権も、別段の意思表示がなければ、債権者間で平等に分割される（大判大七・六・二一新聞一四四四・二四）。(c) 多数委任者が、受任者対して収得金の引渡を求める場合も同様である（大判明三三・六・二六民録六・六・一四七）。(d) 多数講員が、世話人の委任契約上の債務不履行につき損害賠償を請求する場合も、不可分債権とはいえないから、総講員の共同行使を必要としない（大判大一三・三・七新聞二二五三・二二）。(e) 共同相続についてみると、保険金請求権が当然に分割されることは「民法四二七条ノ法意ニ徴シ洵ニ明白」であり（大判大九・一二・二二民録二六・二〇六二）、被相続人の有した貸金債権も「相続ノ開始ト同時ニ民法四二七条ニ依リ当然」分割される（大判昭九・三・三〇裁判例六民九二）。不法行為（＝約定量を超過する立木の伐採）による損害賠償請求権を共同相続したときも、金銭その他の可分債権であって、「法律上当然」に分割される（最判昭二九・四・八民集八・四・八一九）。

(イ) 分割債務の成否

これは、連帯債務の成否と表裏して争われる場合が多く、その面から判例法理を要約すると、「特約ないし法規なければ連帯なし」ということができよう。(a) 売買代金債務を数人が連帯と明記せずに負担した場合、リーディング・ケースによれば、

「契約ニ依リ連帯債務ヲ負担シタリト為スニハ、当事者ガ連帯債務ヲ負担スルノ意思ヲ明示若クハ黙示ノ方法ニテ表示

スルヲ要シ、其表示ナキニ之ヲ推定スルヲ得ザルハ……民法四二七条ノ規定ノ反面解釈上明ナル所ナリ。然ルニ原判決……ヲ見ルニ、連帯債務ヲ負担スル意思表示ノ存スル所ヲ示サズ、単ニ或事情ヨリ其意思ヲ忖度シテ連帯負担ヲ約シタルモノト推定シタルニ過ギザレバ、原判決ハ此点ニ於テ不法ニ事実ヲ確定シタルノ瑕瑾アルモノ」

である（大判大四・九・二二民録二一・一四八六。同旨、大判明三四・五・二八新聞三九・一一、大判昭二・八・三裁判例二民一三六）。合意解除による代金返還義務についても、連帯債務と認定するには特別の意思表示の存在を確定しなければならない（大判大一〇・四・六新聞一八四五・二〇）。さらに、五〇余筆の地所を売買するにあたり、代価を一括して定めた事実があっても、売買の「目的物ハ元来可分ナルガ故ニ、之ヲ以テ直チニ不可分ノ合意ト云フコトヲ得」ない（大判明三四・二・八民録七・二・六二）。(b)　数人が共同で金を借りた場合、民法施行前には明治八年六三号布告により、分借の趣旨を表示しなければ連借だと推定されていたが（椿・連帯債務一五、本書一九二頁）、施行後は、やはり分割原則が支配するにいたった。すなわち、貸主が連帯貸与を主張し、借主らがこれを否認するときには、連帯債務を負担したという事実は、貸主が立証しなければならず（大判大四・一二・二一新聞一〇八六・二〇）、裁判所が単純に連帯責任を認定することは、採証法則違反となる（大判昭一〇・九・一四裁判例九民二三〇）。なお、古い下級審だが、借用証書に連印しただけでは連帯債務を認めがたい、とするものもある（椿・連帯債務二五、本書二〇〇頁）。(c)　共同使用者の賃銀支払義務については、分割責任を認める先例と認めない先例とがあるけれど、後者が前者を変更したとも理解されている（我妻三九一）。前者は、漁夫に対する漁場共同経営者の給料支払義務についてであって、特別の事情がないかぎり分割債務になると判示した（大判昭一一・一〇・一四新報一三一・一二）。後者は、山林共有者の負う監守料支払義務についてであって、「共有者ノ権利ハ……監守セラルル山林全部ヲ目的トスルモノニシテ、該山林ノ何レノ部分ニ付テ見ルモ、右共有者ハ孰レモ監守人ノ監守ニ因リ利益ヲ受ケ」ているから、反対の特約・慣習が主張されていない以上、いわゆる性質上の不可分債務だとされた（大判昭七・六・八裁判例六民一七九）。(d)　共同賃借人の賃料支払義務・損害賠償義務について、判例は、それら債務の目的が可分給付であるにもかかわらず、不可分債務とみている（§四三〇Ⅱ2イ）。(e) 組合債務に関する適切な先例はみあたらないが、組合員に対する貸付金債権につき、特殊事情のないかぎり損失分担ないし平等の割合で返還を求めうる、と分割的責任を説示した判決がある（大判昭一〇・八・五裁判例九民二二一）。ただし、これも分割か非分割かが争われたケースではない（椿・連帯債務二〇参照、本書一九六頁）。(e) 共同相続人は「被相続人ノ金銭債務其ノ他可分債務ニ付テハ各自分担シ平等ノ割合ニ於テ債務ヲ負担スルモノニシテ、連帯責任ヲ負ヒ又ハ不可分債務ヲ負フモノニ非ザルコトハ、民法一〇〇三条（現八九九条）・四二七条ノ規定ニ依リ明ナリ」（大決昭五・一二・四民集九・一一一八。事案は、§四三二Ⅱ3イ）とされるが（同旨、東京地判昭二五・一・二五下民一・一・七六）、近時、賃貸借契約が解除された後の損害賠償債務を共同相続した案件において、いわゆる合有説に立つことを説示するとともに、共同相続人は上記債務の「全部につき合同して支払の責に任ずべきもの」だと判示する下級審も現われている（大阪高判昭三二・七・一二下民八・七・一二五六）。(f) 共同相続債務の特殊な場合として、連帯債務者の一人が死亡し共同相続の行なわれたケースにつき、最高裁は、分割主義へも配慮した折衷的見解を示している（詳細は、§432Ⅱ3イウ）。(h) さらに、本条は、数人の主債務者のために保証人となった者が、保証債務の履行後に求償する場合にも適用があり、何らの理由もつけることなく主債務者の各自に全部支払の義務を命ずる判決は、違法だとされた（大判明三七・一一・一六民録一〇・一二二）。

㈢ 学説

㈠ 法典・判例の分割主義に対する批判と修正は、我妻説から始まったようにみえる。以前は、往々にして、分割原則の当否に関する評価態度が示されず（鳩山二二九、近藤＝柚木二など）、もっと遡れば、それを妥当とみる見解にさえ出あうのであって（石坂七六四―五）、わずかに勝本説（勝本・中⑴四）が、当事者意思を根拠に、立法としての妥当性を疑問視していた程度にすぎない（現在でも勝本二二二）。この間にあって我妻説は、多数当事者の債権関係を債権担保機能に即して再構成しようという宣言に続き、つぎのごとく述べて口火を切った（我妻・初版二六二、現在では三七六）。すなわち、分割債権・分割債務なる態容では、

「債権債務の関係は極めて明瞭である。然し、分割債権に於ては、一人の債権者が権利を行使せざるときは他の債権者は債権全部の履行を求め得ず、又債務者は各債権者に分割して給付する煩を免れず、債権者にとつても債務者にとつても不利益少しとしない。又分割債務に於ては、一人の債務者の無資力なるときにも、その者の負担する部分はこれを他の債務者より請求することを得ざる結果、債権者にとつて甚しく不利である。畢竟、分割債権関係は多数当事者の債権関係に於ける個人主義的思想の顕現である。その有する長所も否定し得ざるべきも、これを多数当事者の債権関係の原則とすることは、その適用範囲に於て慎重なる制限を設けざる以上、不都合なる結果となる」

と。かような視角・評価態度に依然として言及しない学説もあり（石田・西村・小池・石本ら）、ことに、債権担保力の弱化になることを認めたうえで、なお法律関係の簡素化という点から全額責任への傾斜に反対する異説（津曲一九六）があるけれども、近時の支配的見解は、分割主義の欠陥として、①債権者に不利であって、債権の効力ないし実効性が弱められること、②当事者の意思ないし取引の実状に合わないこと、③個人主義的にすぎることを掲げ、我妻説を支持するにいたっている（柚木・下七、山中一六四、吾妻五四、高梨一七八以下、松坂一一八、於保一八九）。その具体的な修正方法については後述するが（イ）、そのまえに、上記三つの理由づけにつき、私（椿）の考えに従って、若干の評釈・論評を加えておく（なお、特殊問題だが、§四四六Ⅰ3ウe）。

(a)　分割主義は、たしかに個人主義的な思考方法とよりよくマッチしよう。しかし、意味内容が多義的でしかも思想史的な概念を、具体的な取引法に関する解釈論の根拠として、そう簡単に使えるものか少なからず疑問である。むしろ、この批判は、いわゆる合手（Gesamthand）という団体法的概念を導入してくるための伏線であり、合手が問題とならない諸場合においては、さほど強力な理由になりえないのではあるまいか。(b)　実際取引・当事者意思

という理由は、ほかで用いられるときと同様、何とも評しようがない。ただ、ここでは、債権の効力強化と比較法とが背景に存することは確実だと思われる。債権強効目的という点は次述するが、比較法について一つ注意しておこう。分割主義を批判する学者のほとんどは、非分割的責任を認めるべき有力な比較法上の一根拠として、フ民（一八八七）とス債（三〇八）を掲げるが（我妻三九〇、柚木・下一二、松坂一一八、於保一八九、山中一六四、高梨一七九）、これは理解しがたい。なぜならば、これら二つの条文は、「使用貸借」における共同借主の連帯責任を定めたものであって、学者のいうような共同賃借人の責任を定めたものではないからである。また、その点を措くとしても、いわゆる双務＝有償契約にもとづく債権関係を基本かつ代表とする近代取引法では、この種の条文が分割主義に対する「重要な」例外になるとは決して考えられないからである。(c) いわゆる債権の強効は、たしかに分割主義では果せない。しかし、このモメントは、分割債務に主として妥当するのであって、分割債権までも含めた一般的な形で立言することには問題がある。第一に、債権強効という目的・評価態度が説得力をもちうるのは、多数当事者の債権関係を人的担保制度として考える場合においてであり、しかも通例、人的担保なる観念は債務者複数の場合に問題となるものである（前述Ⅰ二ウ）。第二に、債権者複数の場合において分割主義が不都合とされるのは、債権の効力を弱めることだけが理由でなく、債務者の不利益もある。第三に、分割債権が債権者に不利益だからとして全額債権（不可分債権ないし連帯債権）に移っても、別の欠陥（§四二八Ⅰ2イa、Ⅰ2アb）が現われてきて、その点で債権者はやはり不利を免がれない。

以上を要するに、現時の有力説が分割主義の欠陥として掲げる諸理由は、個別的に検討すると曖昧な点も少なくない。とりわけ、根拠を包括的抽象化しようとする傾向があるために、かえって説得力を弱める結果となっている（吾妻五四注や山中一六四は、この点まだしも適確である）。とはいえ、こと債務者複数の場合に関するかぎりでは、債権担保目的という根拠が分割主義批判の強力な支えとなっており（連帯の特異な意義づけとして、槇「組合員の責任」契約法大系Ｖ一六六）、取引債務の分割原則を修正することに対する決定的反論は、容易には成り立ちえまいと私（椿）は考える。なお、分割債権の是非について、実際的に考えてみると、合有債権を認める見解のもとでは、共有物に関して生じた債権が分割債権の典型的事例となり（前述Ｉ二イａ）、しかもこの場合は分割とみることが是認される（柚木・下一〇—一一、我妻三八八参照）ので、この点からも、分割主義の当否は、主として債務者複数の場合を念頭に置いて考えたらよいこととなる。

(イ)　上述の分割主義批判にもとづく解釈技術的修正は、分割債務の場合が主であるが、次のような法的構成によっている。(a)　合有的（＝合手）債権・債務を構成する。この観念の内容は前述したが（本節前注Ⅱ四、本書四五四頁）、これを認めるならば、組合の債権・債務と共同相続した債権・債務とは、分割債権関係から除かれ、特殊な非分割的形態となる。(b)　主として債務者複数の場合の問題だが、「不可分の対価は不可分」とする判例上の構成（前述二イｃ、§430Ⅱ1,2）を支持し（「性質上の不可分」ということを物理的自然に理解すれば、この構成はそれの「拡大」と呼ばれる）、また、共有物の修理をさせ、共同経営の事務が管理され、共同で不当利得をしたというように、数人が共同不可分的に利益・利得を得た場合にも、不可分債務としての償還を認める（我妻三八九—九〇）。(c)　連帯債務・不可分債務の「立証」に関する措信力は、分割だとするそれに比し大いに強かるべきだとして、判例の見解（前述二イａｂ所掲大判）を、大幅に修正する（高梨一八〇）。(d)　連帯債務を生ぜしめる「黙示の意思表示」の存在を、かなり緩やかに認定する。黙示による連帯債務の発生可能性は、判例（前述二イａ）のみならず初期的学説（石坂八〇二）でさえこれを認めており、近時の学説では次述（ｅ②）の場合につき利用されているが、この方法は、特に実務の立場では既成の判例法理に正面衝突せずに分割主義を修正するものとして、もっと活用すべきであろう。下級審には、夫婦という緊密な生活共同者についてであるが、黙示の連帯特約を認めた例がある（大阪地判昭二五・九・二七下民一・九・一五五二）。さらに、最近の最高裁の判例（最判昭三九・九・二二番とき三八五・五〇）も参照。(e)　我妻説（初版二一七

八、現在では三九〇以下）が提唱して以来、有力学者（柚木・松坂・於保・山中ら）によって支持されている修正方法だが、契約ないし当事者意思の解釈として、①まず、紳士が学生を連れてレストランへ入ったようなときには、外観上数人の契約当事者があるようにみえても、実際には、社会観念から対外的代表者とみられる者だけが単独の契約当事者となり、他の者はその契約から事実上の利益を受けるにすぎないと構成する。もっとも、これは、そもそも多数当事者の債権関係にも別個独立の債権関係にもならない場合であって、その意味で分割主義の当否以前の問題だが、かかる関係は、はっきりした主従的一体性が存する場合に限って認めるのでなければ、かえって債権者（＝取引の相手方）の期待に反する結果を生じうる点に留意すべきだろう。②つぎに、数人が共同で物を買い借財する場合でも、全員の資力が総合的に考慮されたとみるべき特殊の事情があるときは、連帯債務の黙示的特約ありと構成する。もっとも、現在の我妻説（我妻三九三）は黙示という言葉を用いないが、もし上記のような場合には素直に連帯を推認すべしというのであれば、共同契約による連帯を推定する立場（ド民四二七）へ接近することになる。(f)なお、共同契約上の債権については、数人が出資しあって一個かつ共同の消費貸借契約を結んだときには、不可分債権とみるのが当事者の意思に適する、という説がある（我妻三八八）。

Ⅲ　分割債権関係の効力

(一)　対外的効果

(ア)　別段の意思表示なきかぎり平等の割合で分割された額につき、各分割債権者は独立して請求することができ、また各分割債務者は独立して責任を負う（なお前述Ⅰ一(ア)(b)）。したがって、たとえば、分割債務者の一人に対し債権全額の強制執行をすることは、もちろん許されず、異議の訴で執行を阻止することができる（共同相続人たる点で問題になるが、大決昭五・一二・四民集九・一一一八）。かように、分割債権関係にあっては、債権者の請求権は量的に限定されているが、分割債務者の一人が全部を履行したときには、有効な第三者弁済（四七四）として債権は消滅すると解される（勝本・中(1)二一一、近藤＝柚木二〇。ただし於保一九二注2参照）。分割債権者の一人が全額を受領したときは、その者に代理権があれば他の債権者に対する関係でも債権は消滅するが、受領が事務管理となるときは問題である。他の債権者が現実に満足を受けるまでは消滅しない、という説もある（勝本・中(1)二一二）。分与ないし求償については後述する（二）。

(イ)　各自の債権または債務はそれぞれ独立したものとなるから、分割債権者ないし分割債務者の一人について生じた事由、たとえば遅滞・不能・更改・免除・混同・時効などは、他の者に対して影響を及ぼさない。つまり、これらの点に関しては、複数主体の債権関係としての結びつきは全く考慮する必要がなく、この意味で、連帯債務の場合などと異なり、法律関係は簡明である。

(ウ)　しかし、かような独立的関係においても、一定の結びつきが問題とされている。(a)　一つは、同時履行の抗弁権（五三三）についてであって、通説ないしは多数説（鳩山・我妻・柚木・西村・松坂・山中ら）によれば、「全債務が合して双務契約上の一方の債務となっているときには、反対給付を目的とする債務は、分割債務の全部と同時履行の関係に立つ」（我妻三九四）、つまり、分割債務者たる当事者側の全員が履行を提供するまで、相手方は自己の給付（たとえそれが可分であっても全部）を拒みうる、と解されている（なおド民三二〇参照）。たとえば、甲乙丙三名が丁とのあいだで米・石炭など可分物の購入契約を結び、代金は三名の分割債務とした場合、丁は、丙一人だけが分担代金をもってこないときにも、全員に対して物の引渡を拒みうるのである。これに対し、少数説は、分割債務に対向する反対給付が不可分のときには、分割債務者たる当事者全員からの履行提供があるまで給付を拒みうるが、反対給付が可分のときには、未提供者に対してのみ彼の部分の給付を拒みうるにすぎない、と解する（勝本・中(1)一八一―九、岡村一四一、石田八五、勝本二一五、津曲一八六、於保一九一）。上例でいえば、丁は甲乙には三分の一ずつ渡すべきことになる。少数説には、各債務の独立性という考慮が働いており（ことに岡村・於保）、また、多数説は、分割原則の不合理性に対する配慮から、履行牽連性を用いて債権の効力弱化を防止しようとするのではないか、とも推測されている（於保一九一注1）。少数説は、緊密な結合を欠く共同債務者について各自の立場・利益を尊重する結果になるが、債務の独立性とか可分給付の可分性といった形式論理的な面にあまりこだわらなければ、判例法理（＝分割主義）を間接的・部分的にでも修正する多数説の解釈論が、より妥当ではあるまいか。(b) もう一つは、契約解除の不可分的共同性（五四四）である。①これは明文があるためか各別的解除を認める見解は少なく、同時履行抗弁の場合と同じに考える異説（岡村一四一、於保一九一）を除けば、たかだか、解約は将来に向かってだから単独各別が可能とする見解を若干みるにすぎない（勝本・中(1)一六、近藤＝柚木一九、津曲一八六）。通説は、単純に五四四条を理由とする見解は別として、各債権ないし各債務が発生時に相互的牽連の関係にあったこと（発生時に遡って消滅させるには、発生当時における関与者の共同が必要である）を根拠とするようである。異説は、ここでも独立性を根拠とし、発生原因には考慮を払わない。債権債務をその発生原因から全く切断する孤立的思惟方法には、私（椿）は賛成しがたいものを感ずる。ただ、分割解除を認めるのと否とのいずれが当事者意思に適し利益較量上も妥当が、に関する私見は留保しておく（詳細は注釈民法一三巻で述べる）。②なお、最近の判決から五四四条のケースを少し例示すれば、賃料不履行の場合に共同賃貸人の一人だけが解除することは無効である（東京高判昭三五・八・一下民一一・八・一六二二）。また、共同賃借人の一人のみに対する解除も、特別の事情がないかぎり、有効とはいえない（最判昭三六・一二・二二民集一五・一二・二八九三）。いずれも共同者の側は共同相続したケースであるが、相続後の賃料不払が問題になっている。

(二)　内部的効果

本条は、対外関係（各分割債権者と債務者の関係、債権者と各分割債務者の関係）に関する規定であって、分割債権者相互間または分割債務者相互間の内部関係までも定めたものではない（定説）。それゆえ、内部関係における割合は、対外関係の割合と一致すべき必然性なく、異なりうる。だが、別段の特約その他特別の事情（たとえば持分の不平等な共有物を売却した場合）がないかぎり、内部関係も平等と解されているので、各債権者間の分与および各債務者間の求償は、原則として生じてこない。もちろん、内部関係の割合が平等でないときには、自己が取得すべき割合以上の弁済を受領した債権者は、超過分を他の債権者に分与すべきであり、自己の負担すべき割合以上の弁済をした債務者は、その部分につき他の債務者へ求償できる。なお、内部関係が平等でないことを相手方が知っているときには、対外的にも分割額が異なってくると解されている（勝本・中(1)二四、近藤＝柚木二一、我妻三九五）。当事者意思に適するというのがその理由である。

〔文献〕　小島愛三郎「特定物の引渡と可分債務」新報三〇・一（大九）

二　不可分債務

〔不可分債権、ことにその好外関係〕

第四二八条　債権ノ目的カ其性質上又ハ当事者ノ意思表示ニ因リテ不可分ナル場合ニ於テ数人ノ債権者アルトキハ各債権者ハ総債権者ノ為メニ履行ヲ請求シ又債務者ハ総債権者ノ為メ各債権者ニ対シテ履行ヲ為スコトヲ得

〔比較〕　フ民一二一七・一二二四、ド民四三二、ス債七〇Ｉ

Ｉ　不可分債権関係の概観と機能

（一）　概　観

(ア)　(a)　不可分給付（たとえば船舶や耕牛の引渡）を目的として成立する複数主体の債権関係であり（その対外的効果における特徴については、後述Ⅱ二ア、§四三〇Ⅲ1）、債権者が複数の場合を「不可分債権」、債務者が複数の場合を「不可分債務」という。もっとも、本款の表題および四三一条にいわゆる不可分債務は、上記の用法ではなく、不可分（給付を目的とする債権）債務の意である。(b) 不可分給付には、「性質上の不可分給付」と「特約（意思表示）上の不可分給付」とがあるが、前者は、最初に掲げたようなもののほか、給付の物理的性質からすれば可分であるもの（なかんずく金銭の給付）をも含む場合がある。これら不可分給付の種類・内容は四三〇条で解説する（§四三〇Ⅱ1）。

(イ) (a) 不可分債権では、①共有規定の準用と関連して「債権の準共有」という観念が問題となる（本節前注Ⅱ二ア）。②また、不可分債権は類似のものとして連帯債権（第三款前注Ⅰ2、本書四四八頁〔補足〕）の観念が解釈上認められているが、両者の差異を採り上げる見解は、各債権者の単独請求権限および一債権者への弁済による債権の消滅（わが国ではドイツと異なり、これらのことは両者に共通である）が、給付の不可分という形式的理由のためやむなくそうなるのか、さような給付の性質に関係なく生ずるのか、で区別する（勝本・中(1)二六―七、末弘三九―四〇、津曲一八八）。もっとも、近時には、連帯債権においては各債権者の単独受領を適当とする程度の主観的共同関係が存し、その点で不可分債権から区別される、との説明もある（山中「いわゆる連帯ということの意義」民商三三巻三号三四八・三五〇）。(b) つぎに、不可分債務は、各債務者の併列的な全額単独責任である点において、特に連帯債務および不真正連帯債務と近似しているが、これらとの発生原因・効果に関する異同は後述する（§四三〇Ⅰ2およびそこでの指示個所参照）。

(ウ) 不可分債権も不可分債務もともに、その主体の数に応じた独立かつ複数の債権ないし債務であり、単に給付が不可分なために各債権・各債務が相互に拘束・影響を受けるにすぎない、と考えられている。それゆえ、給付が不可分から可分へ変れば、債権・債務も当然に分割され（四三一）、この点が大きな特徴をなすことになる。

(エ) 不可分債権関係も、多数当事者の債権関係の一つだから、基本的構造としては、対外関係と内部関係の結合から成り立つ。ところで、不可分債務については、四三〇条が連帯債務の規定を準用しているので、内部関係も法文上の根拠をもつが、債権者が複数の場合に関する本条および四二九条は、ともに対外関係を定めたものであって、不可分債権の内部関係（＝分与問題）は規定を欠いている。この点の解説は本条で行なう（後述Ⅱ二ウ）。

（二）　機　能

(ア)　不可分債権関係における「不可分」という言葉は、これまで、主として自然的・物理的な不可分性の場合を中心として把握されてきたようにみえ、全部給付の根拠に関しても、かかる意味での不可分性に直結するかのような解説が少なくない（たとえば§四三〇Ⅰ2ア a参照）。このことは、特約による不可分給付の例が乏しい（そして解釈上も乏しくさせられている）実状からすれば無理もないし、また、各債権債務の独立性・複数性や四三一条を簡単に理由づけるには、上記のような見方がかえって便利なのでもあろう。しかし、概念・形式論理よりも機能・実質論に重点を置こうとすれば、机や家屋といった自然的性状による不可分給付を、もっぱらまたは主として想定するだけでは不十分であり、むしろ、批判の強い分割主義ないし連帯不推定（§四二七Ⅰ1ア、Ⅱ2）との関連で、不可分債権関係の位置・意義は採り上げられなければならない（ことに於保一九三、高梨一八一参照）。もっとも、その際、不可分債権関係一般として（＝不可分債権と不可分債務の場合をはっきり峻別することなく）論ずることは、機能的視角を不徹底とさせる点に、特に注意すべきだと私（椿）は考えている。具体的に分説していくと、

(イ)　判例は、一定の場合につき、本来は可分給付たる金銭債務を「性質上の不可分給付」として取り扱い、近時の学説またこれを支持するのみならず、さらにそれを拡張しようとする傾向もみられるが（§§四三〇Ⅱ・四二七Ⅱ3イb）、この「拡大」は、債権者が複数の場合か債務者が複数の場合かによってその機能的意義を異にし、拡張価値にも差異を生ずる。(a)　まず、不可分債権は、わが国のように各自の単独的請求・受領の権限を認める場合には、債権者各自の権利行使を容易にし（我妻三七七・三九八、柚木・下一五）、その意味で債権者にとって便宜である。また、分割債権における分割的給付義務が、債務者に不便だ（我妻三七六）とすれば、性質上の不可分なる概念を拡大して

認めることは、任意の債権者を選んで全額を給付する関係となるため、債務者にとっても便宜であるといえよう。しかし、この積極的機能に、無視できない欠陥が表裏となって結びついている。つまり、各自の全額単独受領権限が実際上もつ危険性であって、債権の行使は便宜でも、債権の満足（ことに受領しなかった債権者のそれ）は阻害される可能性が存する（後述Ⅱ二ア b）。そして、私（椿）は、この欠陥を無視しえないとするかぎり、不可分の拡大ムードには、手放しで賛成できかねるはずだと考える（なお後述Ⅱ一イ末尾）。(b) つぎに、数人が全額給付特約もなく金銭債務（＝可分給付）を負担した場合に「性質上の不可分給付」を認定して不可分債務だとすることは、明らかに債権の効力を強化するものであり、複数主体の債務を担保機能面から把握しかつ分割主義の妥当範囲を限定しようとする立場が、それだけ徹底度を増すことになろう（於保一九三参照）。ただし、性質上不可分に対する上記のような評価態度は、分割主義を機能論的視角から最初にしかも本格的に（＝具体的な解釈的主張まで含めて）批判した我妻説（§四二七Ⅱ3ア）においてさえ、なお必ずしも明確には浸透していないようにみえる（我妻三七七・三九六参照）。

(ウ) 「特約上の不可分給付」も、やはり場合をわけて考えるべきである。(a) まず、債権者が複数の場合には、上でも（さらにⅡ二ア b）述べた不可分債権の難点から、状況は連帯債権の場合と同じになるはずであって、不可分的な請求・履行の便宜（於保一九三）が考えられるとしても、実際上の積極的機能したがってまた需要は、さほどないものと考えられる。(b) これに対し、（債務者が複数の場合に、）かかる特約をするときは、典型的な人的担保としての機能をもち（於保一九三、我妻三七七、山中一六七参照）、かつ、或る意味では連帯債務より以上に債権者の力が強くなるが（§四三〇Ⅲ1、同Ⅰ2ア c）、明示の特約で不可分債務が設定される例はあまりなさそうである。

(エ) なお、かかる債権担保ないし債権強効という面から不可分債務を眺めるときには、四三一条にみられる物理的視角は反省を要する場合がある。後述する（§四三一Ⅱ1）。

Ⅱ　不可分債権の発生と効力

（一）　不可分債権を生ずる場合

(ア)　大審院のケース（次出ａ〜ｃ）は、不可分債権という装置を通すことによって、権利者全員の共同請求が必要でないとされたものである。また、判例の事案では、物権的請求権のように債権とはいえない場合が多いが、やかましくいえば、これらは給付（＝債権の目的）の不可分ではないので、不可分債権の規定が「類推」されているわけである（柚木・下四）。なお、共有者の物権的請求権行使に関しては、本条によらずして単独行使を認めたものもある（大判大一〇・六・一三民録二七・一一五二）（なお、この点については椿「多数当事者の債権関係」民法例題解説Ⅱ五五、本書四八三頁）。判例をみよう。(a)　頼母子講金を受け取った者が、その借用金の担保とするため、講総代（二名）に対し抵当権を設定すべき契約がある場合、総代の右手続請求権は不可分債権といってよい（大判明三五・一〇・三一民録八・九・一七四）。(b)　選挙の際に供託した公債の返還請求権も同様（大決大四・二・一五民録二一・一〇六）。(c)　共有者の所有権にもとづく引渡請求権も不可分債権であって、引渡請求は債務履行請求と同様にみてよい（大判大一〇・三・一八民録二七・五四七）。このほか、(d)　甲は物権的請求権、乙は債権的請求権にもとづいて物の引渡を請求する場合も、性質上の不可分給付の場合と同視できる（札幌高函館支判昭三〇・三・七高民八・一・一二四）。(e)　以上は性質上不可分とみられる場合だが、承役地所有者の一部から、要役地所有者の一部に対し、報償米を訴求した事案について、この弁米支払の債権関係は「不可分かつ連帯」と約定されたものだ、とする下級審がある（津地判昭二八・五・六下民四・五・六五六）。(f)　なお、最高裁には、共同相続人が有する建物収去・土地明渡請求権を不可分債権だとし、彼らの一人から共有持分を譲り受けた者と他の共同相続人が、さような「不可分債権の準共有者」になる、とした判例がある（最判昭三六・三・二民集一五・三・三三七）。この判決の問題は四二九条に関するが（§四二九Ⅰ1エ）、不可分債権の準共有などという観念は、たかだか整理的（＝不可分債権そのものと識別する）意味しかなく、実益に乏しい（中

野貞一郎・判批・民商四五巻三号三五九）。

(イ)　つぎに、学説の不可分給付論（§四三〇Ⅱ１）は、それを目的とする不可分債権との関連がわからないような形で展開される場合が少なくないので、あるいは不可分債権を生ずる場合はもっと多いのかもしれぬが、一般には、上掲大審院の見解が祖述されている。このほか、(a)　共同相続した債権（ことに金銭債権）を不可分債権とみる説もある。もっとも、これは今では少ないようで（青山・家族法論二九四）、有力な不可分債権論者であった柚木説は、その見解を改めている（柚木・判例相続法論一八六、同「共同相続財産の法的性質」家族法大系Ⅵ一七〇）。(b)　数人が金銭を出しあって一定額として、それを共同かつ一個の契約で貸したときには、不可分債権とみるのが契約当事者の意思にかなう、という説もある（我妻三八八）。(c)　さらに、我妻説は、数人が共同で事務管理をした場合の費用償還請求権のように、「多数の者の共同の行為ないし出捐が不可分に結合して相手方に利益を与え、その費用ないし利得の償還を請求する権利」をも不可分債権とみている（我妻三八八）。——私（椿）も、上記（ｂｃ）我妻説に正面から反対するわけではないが、受領しなかった債権者が満足を得られない実際上の危険性にかんがみ、いわゆる共同の意味は、あまりゆるやかに解すべきではあるまいと思う。むしろ、定義的表現としても、「緊密な主観的共同関係の存する場合」に可分給付の不可分債権性を認める、というほうが妥当のように思う（なお次述二アｂ）。また、共同賃貸人の賃料債権を不可分債権だとみる場合（椿・民法例題解説Ⅱ五四、本書四八三頁）にも、この点を軽視してはならない。

(二)　不可分債権の効力

(ア)　対外的効果　(a)　①不可分債権者の各自は、単独で債務者に対し、自己に給付（全部の）をすべき旨の請求ができる。大審院の不可分債権ケースが、この単独請求を認容するための前提論であったことは既述した（一ア）。②つぎに、債務者の側は、任意の債権者を選び、これに対して履行することができる。③「総債権者ノ為メニ」とは、一債権者の請求は全員から請求があったと同じ効力を生じ、一債権者への履行は全員に対して弁済したものとみられる、という意味である。かような場合、請求や履行には「絶対的効力」が認められているわけだが、かかる効力を生ずる事由は、ほかの若干へも拡大される（§四二九Ⅰ2）。(b) ところで、債権者の各自が自己への給付を請求でき債務者また誰に対して給付してもよい、というわが民法の立場は、無視できぬ問題点を含む。それは、受領しなかった債権者の満足を害するおそれである。立法例には、債権者全員の共同的履行請求しか認めぬもの、単独履行請求の場合には一定の拘束・負担を課すもの、単独請求は許すが内容を総債権者への履行とするもの、があって（たとえば勝本・中(1)三三二参照）、わが学説も、これらを引きつつ、民法典の立場の危険性および立法としての当否を問題にしている（我妻三九八、近藤＝柚木二七、於保一九四、高梨一八二その他）。ただ、これは単なる批判にとどまっていて、解釈的主張として是正しようとする動きはない。ことに、何のための批判かわからなくなるのは、分割主義の対立物として不可分給付（性質上のそれであれ黙示のそれであれ）を、債権の場合をも含めて一般的に拡大しようとするかのような学説の動向に対し、何ら積極的な阻止・限定の態度を示していないことである。もし「効果」上の欠陥を無視できないと真に考えるのであれば、さようなもののルーズな「発生」を放置できるはずはない。こう私（椿）は考える。では、欠陥・危険性の程度はどうか。これを検討するには、同様な構造をもつ（なお山中一六七参照）連帯債権をみたらよい。わが国でも、連帯債権の危険性からして実用価値がないことを帰結する学者（於保二二五）があるが、ドイツでは、これが強く意識され、このために連帯債権の発生する場合を制限的に解する解釈が少なくはない（第三款前注Ⅰ二イ、本書四四八頁〔補足〕）。この比較法的教訓が妥当するとすれば、事態は不可分債権でも変らないわけであって、物理的・自然的には可分たる給付（ことに金銭）につき、そう簡単に不可分債権と認定することは疑問である。以前（椿「多数当事者の債権関係」民法演習Ⅲ一一二―三、本著作集1 **12**）よりもずっと強く、不可分債権の欠陥したがってまた発生の制限を主張しておきたい。

(イ) 不可分債権者の一人について生じた事由の効果（→§四二九）。

(ウ) 内部的効果　本条は、対外的効果に関する規定であり、四二九条も、各債権者間の内部関係に接触するとはいえ、もちろん内部的効果を定めたものでない。かように明文規定はないが、不可分債権の履行を受けた債権者は、当然のこととして、他の債権者に、内部関係の割合に応じて分与すべきである、と解されている。分与の割合は、各場合の事情によって決まるが、特別の事情がなければ平等と推定される。かような分与義務が不履行となる可能性の稀れでないところに、不可分債権の問題点が存することは、すでに述べたとおりである。

〔文献〕東季彦「不可分債務に就て」日本法学四・一（昭一三）、岡松参太郎「不可分債務と連帯債務との区別」志林一〇・三（明四一）、後藤清「賃料債務の不可分性」判例演習債権法(1)（昭三八）、松岡義正「不可分債権と相殺との関係」日本法政新誌四・二八（明三二）、横田秀雄「数人が体様を異にする不可分債務の負担」新報一八・一（明四一）。

〔不可分債権者の一人に生じた事由の効力〕

第四二九条　① 不可分債権者ノ一人ト其債務者トノ間ニ更改又ハ免除アリタル場合ニ於テモ他ノ債権者ハ債務ノ全部ノ履行ヲ請求スルコトヲ得但其一人ノ債権者カ其権利ヲ失ハサレハ之ニ分与スヘキ利益ヲ債務者ニ償還スルコトヲ要ス

② 此他不可分債権者ノ一人ノ行為又ハ其一人ニ付キ生シタル事項ハ他ノ債権者ニ対シテ其効力ヲ生セス

〔比較〕ド民四三二Ⅱ

Ⅰ　債権者の一人に生じた事由の効力

(一) 概　説

(ア) 本条は、不可分債権者の一人について生じた事由のうちで、前条に該当しないもの（ただし次述(二)）は他の共同債権者に影響しない（＝相対的効力しかない）とする原則を定め、さらにこの原則との関連で、決済の簡便化をはかるための措置を講じている（後述Ⅱ）。(イ)　前条（§四二八Ⅱ2ア a③）で述べたように、債権者の一人の「請求」および債権者の一人に対する「履行」は、総債権者のためにその効力を生ずる（＝絶対的効力を生ずる）が、そのほか若干の場合にも、解釈上、さような効力ありとされている。(ウ)　本条二項にいう「一人ノ行為」とは代物弁済（四八二）・相殺（五〇五）などを、また「一人ニ付キ生シタル事項」とは時効完成や混同（五二〇）などをさす（我妻＝有泉・注釈四二九条(4)(5)）。(エ)　なお、最高裁には「甲の乙にたいする土地所有権に基づく建物収去・土地明渡の確定判決の事実審口頭弁論終結後、甲の死亡により土地所有権が丙丁らに共同相続された場合、乙が丙からその土地共有持分を取得したとしても、丙以外の共同相続人らは、民法四二九条の法意にしたがい、乙にたいして右判決を執行することができる」（要旨）としたものがある（最判昭三六・三・二民集一五・三・三三七）。ここで問題になるのは、本条の援用を導いた理由づけであって、判旨によれば、乙は、丙以外の共同相続人と共有者になり、同時に収去・明渡請求権という不可分債権の準共有者にもなり、したがって混同を生じないから、とされるが、この非混同論に対しては、適確な反対が述べられている（中野・前掲民商四五巻三号三五八参照）。

(二)　絶対的効力を生ずる事由

上述した請求および履行のほか、下記の事由も絶対的効力を生ずる。(ア)　供託（四九四）。けだし、これは履行と同一の効力をもち、弁済提供との均衡上も絶対的効力を認むべきだからである。(イ)　履行の提供（四九三）。本条二項の表現を根拠とする反対説（勝本・中(1)三五―六、近藤＝柚木三〇）もあったが、現在では、絶対的効力ありとする見解が支配的である（ただし勝本二二九）。(ウ)　受領遅滞（四一三）。この段階にまでなると、勝本説（前掲）も絶対的効力ありとするが、提供と受領遅滞を区別することは、あまり実益がない（於保一九五注二参照）。(エ)　請求にもとづく履行遅滞（四一二）および時効中断（一四七）も絶対的効力を生ずる（我妻三九八）。

Ⅱ　相対的効力原則に関する特則

(一)　本条一項の意味

(ア)　一項本文は、上述した相対的効力の原則に立って、不可分債権者の一人と債務者とのあいだで更改が行なわれ、また不可分債権者の一人が債務を免除しても、他の債権者は、それに影響されることなく債務全部の履行を請求できる、とする。ところで、給付を受領した債権者は他の債権者へ分与をしなければならないが（§四二八Ⅱ2ウ）、問題の債権者は、権利そのもの（免除の場合）ないし少なくとも従前の権利（更改の場合）を失なっているから、分与を受けても債務者へさらに返還すべきこととなる。だが、かような循環は無駄である。(イ)　そこで、一項但書は、受領した債権者から直接に債務者へ、問題の債権者が分与を受けるべきはずであった利益を償還させる、という簡便化の方法を定めたわけである。

(二)　一項但書の内容

(ア)　この償還義務の法的性質については、不当利得（石坂九四九・九五二・岡村一四七。なお西村一一六も参照）か特に法の定めた償還義務（勝本・中(1)四〇）か見解が分かれるが、少なくとも償還範囲は、いわゆる現存利益（七〇三）を標準としない（近藤＝柚木三三）。これは観念的な議論というべきであり、近時の見解（我妻・於保など）は、かかる性質論に言及しない。(イ)　償還すべきものは、一般には、持分でなく価額であると解されている（ただし勝本・中(1)四三参照）。(ウ)　かかる特則は、更改と免除についてだけ規定されているが、通説は、代物弁済・相殺・時効完成・混同などでも同様と解する（たとえば末弘四一、石田九一、勝本二三二、於保一九五、津曲一九〇など）。もっとも、この点には沈黙する見解もある（我妻）。

〔不可分債務〕

第四三〇条　数人カ不可分債務ヲ負担スル場合ニ於テハ前条ノ規定及ヒ連帯債務ニ関スル規定ヲ準用ス但第四百三十四条乃至第四百四十条ノ規定ハ此限ニ在ラス

〔比較〕　フ民一二一七―一二一九・一二二二・一二二三・一二二五、ド民四三一、ス債七〇ⅡⅢ

Ⅰ　序　説

（一）　概　観

㋐　不可分債務の意義・法的性質・機能については、すでに述べた（§四二八Ⅰ1、2）。㋑　本条は、不可分債務の効力を、連帯債務へ付託する形で規定する。ただ、債務者の一人に生じた事由の効力については、連帯債務の規定が排斥され、不可分債権に関する四二九条が準用されている。なお、不可分給付の種類は四二八条に規定され、本条はこれを前提とするが、解説のほうは逆にここで行なう（後述Ⅱ一）。㋒　不可分債務の取扱い、ことに連帯債務との関係につき、ド民（四三一）は全面的に連帯債務へ引き寄せ、効果を別個の条文で規制するス債（七〇ⅡⅢ）でも、形式的（＝給付の不可分にもとづく）連帯だと解されている（Oser-Schönenberger, Komm. zum Schweiz ZGB V, 2 Aufl., N. 5 zu Art. 70）。フ民（一二一九）では、連帯の合意は債務に不可分の性質を与えない、として発生面ですでに区別され、学説も、相続の場合における差異や、ことに代理的な観念の存否によって、区別を是認している（椿「連帯債務論序説」論叢六二巻五号八八、本著作集「**1**連帯債務論序説」参照）。

（二）　近似の共同的債務との比較

㋐　連帯債務　ⓐ　これと不可分債務とは、債務者の各自が独立して全部を給付すべき義務を負う点では、共通している。しかし、全額単独責任の根拠は、不可分債務では分割給付ができない（不可分以外にありえない）という給付そのものの性質にあり、連帯債務では給付の可分性にもかかわらず認められるところの債務の本質ないし実質にもとづく。通常このように説かれている（鳩山二四二、末弘一二六—七、近藤＝柚木三五、勝本・中⑴五五、我妻四〇三、柚木・下一六など）。これは、数人が一台の自動車を売った場合と一〇〇万円を共同で借りた場合とについて比較すれば、たしかにそうである。(b) しかし、かような発想法をもってしては、物理的には可分の給付をも不可分債務としている事実（＝不可分債務の機能）が説明できまい。そのうえ、具体的な諸「効果」からの帰納もしないで、区別・差異のみに着眼した「性質」を論ずること自体が、生産的でなく、少なくとも現在では排斥さるべきである、と私（椿）は考える。(c) かような意味で、山中説は、その細部に関しては異論があるとしても、最も注目すべき見解であろう（近似の見解は、於保二〇二）。その要点は、①意思表示による不可分債務と連帯債務とはその本質を同じくする。②ただし、不可分債務は、連帯債務から相互保証的性格（第三款前注Ⅱ⑵エｂ⑤、本書七五頁）を除いたものである。③そして、不可分債務は、この点で、連帯債務よりも債権担保制度として強力なものである（山中「いわゆる連帯ということの意義」民商三三巻三号三四一・三四三—五ほか）、と。

(イ) 不真正連帯債務　これも不可分債務もともに、各債務者が全額単独責任を負うが、「効果」の面において、不真正連帯債務には、①絶対的効力事由を、満足のある場合に限定するところの独立性が特に強調されており、②また通説上、求償関係を欠くことが特に強調されている、という特色がある。しかし、一般には、「効果」のみならず「発生」も含めて、これら二つのものの関係は全く問題とされておらず、於保説（於保二一二—三）が担保力に関して一言しているほかは、不真正連帯債務の若干を不可分債務へ吸収する山中説（後述Ⅱ三イｃ）において、特異な形での接触がみられるにすぎない。

(ウ) 協同債務　この表現は必ずしも一般的でないが（近藤＝柚木、勝本）、要するに、数人が共同で、或る演劇をするとか高音をたてないという義務を負担した場合の問題である。これらについて、少なからぬ学者は、一人のみでは履行できず、全員が全部の給付をしなければならないので、不可分債務のカテゴリーに入らないと説いてきた（学説は椿「多数当事者の債権関係」民法例題解説Ⅱ五四所掲〔本書四七七頁〕のほか、石田八八）。しかし、近時の教科書はこれに言及しないものが多く、合有的債務（本節前注Ⅱ四）や不可分債務（なお、後述Ⅱ一イd）のほかに協同債務を認める実益はあまりあるまい、という批判もある（於保一八七注2）。

(エ)　債務の準共有ないし共有的関係　この観念は、不可分債務とのみ結びつくとは限らないが、関係については前述した（本節前注(2)二イ、本書七三頁）。

Ⅱ　不可分債務を生ずる場合

(一)　不可分給付の観念

(ア)　(a)　給付の可分（§四二七Ⅱ1ア）・不可分ということは、単一主体の債権関係でも、履行をめぐって問題となりうるが（於保二六参照）、主たる意義は、複数主体の債権関係において、とりわけ分割債権関係となるか不可分債権関係となるかを区別する点にある。なお、給付とは、債権につき使われる言葉であるが、物権的請求権などに不可分債権の規定を類推適用する場合には、債権を超えて不可分給付の観念が拡大使用される結果となる（§四二八Ⅱ1ア）。(b)　不可分給付には「性質上の不可分給付」と「意思表示による不可分給付」の二種がある（四二八）。いずれになるかは、給付の固有的性質・取引通念・当事者意思を考慮して具体的に決する、ともいわれる（津曲一八七、松坂三二）。両種の不可分給付について注意すべき点は、①「意思表示による不可分給付」は黙示でもよいと解されているが、実際にこれを認定する見解は多くない（後述ウ）。明示の特約が実際になされることは少ないだろう。解釈上も、可分給付につき不可分の特約がなされたときには、当事者はふつう連帯債務の発生を欲したものとみるべきだ、との見解（近藤＝柚木三四）さえある。②「性質上の不可分給付」は、その内容が、常識的に考えるよりも拡大して理解されており、不可分給付論はこの場合が実際上重要である（後述イａｃ）。また、拡大された性質上の不可分給付は、黙示の意思表示による不可分給付と接触をもつ（後述ウ）。(c) 不可分給付は、上記二種を包摂するものとして、給付の本質ないし価値を損なわずには分割できない場合である、と定義されることもあるが（鳩山二三一、柚木・下三、松坂三二）、これは、性質上不可分の場合の説明（西村四八参照）として妥当するにすぎず、特約上の不可分を、本質的または価値的にみて分割に親しまない場合だというのは、いたずらに用語を混乱・複雑化させるだけだと私は感ずる。

(イ) (a) 或る給付がその性質上可分か不可分かは、問題の給付について成立した当該複数主体の債権関係を、分割・非分割いずれに取り扱うのが妥当ないし適切であるか、という目的論的見地から導き出される。したがって、給付のかような性質を決定する際には、いわゆる「法的評価」ないしエッサー的表現によれば「契約目的と利益較量」(Esser, Schuldrecht, 2 Aufl., §§ 96, 2 IV ; 39, 6) が大きく影響するのであって、法的論理操作の可能的極限（次述b）や給付の物理的・自然的な性状ことに本来的可分性（次述c）は、本質的標準でない。とともに、問題となった場合が債権者複数か債務者複数かによっても、不可分給付の範囲とりわけ「拡大」は異なりうる（§四二八Ⅰ2）。かような私見（椿）を、より具体的にいえば、(b) まず、数人が一個の物の所有権ないし占有権を移転すべき義務を負うような場合、純法律的議論を推し進めて共有持分・共同占有持分に着眼すれば、それら持分の分割移転は不可能でないから、たとえば耕牛一頭の引渡をも可分給付といいうる。しかし、かかる技巧的（そして少なからず概念遊戯的）な見解（近藤＝柚木二五、田島一三〇）がいつまでも支持されるはずはなく、今日では、不可分給付と解するのが一般である。その根拠は、取引の実際（我妻三九六）とか当事者意思（山中一六六）に求められる。もっとも、この不可分性をどう構成するかについては、説が分かれている（後述ウ）。(c) つぎに、金銭の給付は、その性質上可分給付であり、特約なきかぎり分割債権関係を生ずる、とみるべきもののようである。しかし、判例が一定の場合につき金銭給付を「性質上の不可分給付」と解し（次述二）、学説もそれに賛成し拡大しようとさえしている（後述三）

ことから明らかなとおり、問題となっている債権関係の性格・状況や一定の法的目的・評価態度（ことに分割主義の修正）に支えられれば、給付の物理的な可分性にかかわらず、不可分給付と認定されうるものなのである（なお§四二八Ⅰ2イb）。(d) なお、学説では、上記以外にも性質上の不可分給付に属するものとして、①給付が事実上分割できない場合（いわゆる「なす債務」の多く）、②分割給付が法律的に不能な場合（共有地上に地役権を設定すべき債務）が挙げられる（我妻三九六）。ただし、我妻説が前者の例とするものは、多くの見解によれば、不可分債務でなく協同債務となる場合である（前述Ⅰ二ウ）。

(ウ) 「性質上の不可分給付」とされる場合の若干については、これを「黙示の意思表示による不可分給付」として構成する学説がある（判例については→次述二ア後半）。すなわち、共同賃借人の賃料債務を黙示の不可分とみる見解（近藤＝柚木二五、柚木・下一四）、および上述した共有物・共同占有物の引渡も黙示によって不可分になるとする見解（鳩山二三四、岡村一四三など）がそれである。今日では、二つとも性質上の不可分だと解する見解（我妻三九六）が有力なようであるが、すすんで、いずれとみるかは紙一重の差である（於保一九四注）、どちらでもありえ排斥しあわない（山中一六五補説）とする見方さえ現われている。性質上の不可分か黙示による不可分かは、いわゆる不可分の消滅（四三一）において実際上差異を生じなければ、純然たる構成問題にすぎなくなる。しかし、意思表示による不可分給付は反対契約によって可分給付→分割債権関係に変じ、性質上の不可分給付は四三一条で処理すると考えるかぎり、共同賃借人の賃料債務に関しては差異を生ぜずとも、共有物引渡の場合には無視できない相違が出てくる。後に再び述べる（§四三一Ⅱ2）。

(二) 判例上の不可分債務

(ア) 判例が不可分債務と認めた事例の多くは、債務者各自の独立的全部義務を肯定する（訴訟法的にいえば必要的共同訴訟でないとする）ための前提論であり、かつ共同相続のケースが少なくない。また、問題の不可分は、明言されていない場合でも、ほとんどが性質上の不可分をいうものと解されるが、下級審には意思表示による不可分（かつ連帯）と認定した判決が一つあり（§四二八Ⅱ1アe）、また、次述する大審院のリーディング・ケース（イb）については、はたして性質上の不可分としたものかを疑う学者もいた（末弘・判民大一一・一〇〇事件参照）。

(イ)　共同賃借人　(a)　彼らは各自が賃貸人に対し賃借物全部を返還する義務を負うので、一人だけに対して返還を訴求してよい（大判大七・三・一九民録二四・四四五）。(b)　賃借人たる地位を共同相続したあと賃料債務を履行しなかった事案であるが、相続人の一人に対する賃料全額の請求も適法だとの上告を容れて、この点に関する原審の審理不尽を責めた際に「数人ガ共同シテ賃借人タル地位ニ在ル場合ニハ、賃料ノ債務ハ反対ノ事情ガ認メラレザル限リ性質上之ヲ不可分債務ト認メザルベカラズ。何者賃借人相互ノ間ニ於ケル内部ノ関係ハ如何ニモアレ、賃貸人トノ関係ニ於テハ、各賃借人ハ目的物ノ全部ニ対スル使用収益ヲ為シ得ルノ地位ニ在レバナリ」とする（大判大一一・一一・二四民集一・六七〇、同旨、大判昭一四・五・一二全集六・一六・六など）。もっとも、共同賃借人の一人に対する賃料催告が他の者に効力を生ずると判示する際、彼らは賃料支払に連帯債務を負うものと判断した下級審もある（東京地判昭三九・七・三一判時三九四・七〇）。(c)　さらに、賃借目的物の返還義務不履行（＝遅滞）による損害賠償についても、各自が全部返還の義務を負う（前出(a)）ことを理由として、共同賃借人に平分負担を命ずべき特殊の事情がないかぎり「各自其ノ全部ニ付支払ノ責ニ任ズベキモノト断ズルヲ相当トスベシ」とされている（大判昭八・七・二九裁判例七民一九六）。この判例においても、不可分債務という言葉は使われていない（後述Ⅲ一イd後半）。また、この判例は、不可分の消滅に関しても参照価値があろう（§四三一Ⅱ1ウ）。(d)　なお、共同賃借が借主の一人のために商行為であるときは、もちろん賃料債務は商法（五一一）により連帯債務となる（大判大八・四・二六民録二五・六三二）。

(ウ)　その他のケース　(a)　判例によれば、共有立木のごとき一つの物の引渡は各自の分割履行ということが考えられないから、性質上不可分債務に属し、かつ、それは必要的共同訴訟ではない（大判大一二・二・二三民集二・一二七）。(b) 共同相続人が、第三者所有の不動産を取得して移転すべき被相続人の義務を承継した場合、彼らは不可分債務者となり、相手方は相続人の一人に全部の履行を求めうる（大判昭一〇・一一・二二裁判例九民二八八）。(c) 共同相続人が、山林の共有権を買主に移転すべき被相続人の債務を承継した場合、これは不可分債務であって、買主は相続人の各自に全部請求できるから、一人のなした登記も無効ではない（高松高判昭三五・四・一四下民一一・四・八四四）。(d) 所有権移転の登記をなすべき義務が共同相続された場合は、不可分債務であるから、相続人の一人に対して履行の請求ができ、必要的共同訴訟ではない（最判昭三六・一二・一五民集一五・一一・二八六五）。(e) 農地売買に際し知事の許可を申請することに協力すべき義務が共同相続された場合は、性質上の不可分債務であり、したがって必要的共同訴訟と解する必要はない（最判昭三八・一〇・一民集一七・九・一一〇六）。(f) 敷地を共同して不法に占有する建物共有者は、収去・明渡につき不可分的な義務を負い、一人だけが訴求されることも可能である（広島高判昭三九・一一・一九判時三九三・三七）。(g) 共有山林における監守料支払義務も、不可分債務の問題となる（§四一七Ⅱ2イc）。

㈢ 学説上の不可分債務

㈠ 学説は、かつて存した特異な見解（前述一イb）を除けば、上に掲げた諸判例における非分割責任という結論に反対ではない。むしろ、共同賃借人の賃料債務や共有者の報酬債務の不可分性のごときは、全額責任を拡大するための拠点として歓迎されている。ただ、相続債務を合手債務と考えるときには、各債務者の全額単独的・独立的な責任は問題となる（本書四五七頁）。また、共同賃借人の損害賠償に関する上掲判例（↓二イc）につき、各自の全額単独責任という結論では同じになるが、不可分債務でなく不真正連帯債務だとみる見解もある（↓後述Ⅲ1イd後半）。

(イ) 学説が不可分債務になるという場合で注意すべきものとしては、(a) 共同相続債務を不可分債務と構成する見解がある。ただし、この点は、いわゆる合有との関連や、利益較量の置き方（なお§四二七I2ウ末尾）などが絡み、異論が多い（学説は甲斐「共同相続財産」民法演習V一七四、藪「債務の相続」家族法大系VI二二三など参照）。(b) 我妻説は、不可分的利得の償還や不可分的利益の対価たる給付は原則として不可分債務になる、という包括的理論構成を考えるが（我妻三八九・三九〇・三九六）、近時の学説もこれを支持している（たとえば於保一八九）。(c) なお、山中説は「法律規定による不可分給付」という概念を作り、① 共同不法行為（七一九）およびこれに準ずると考えた諸場合（四四、商七八II・二六一IIIなど）、② 使用者と監督者の責任など、民法の規定（七一四・七一五・七一八）から不真正連帯債務を生ずると解されている諸場合、③ そのほか法の定める連帯責任の諸場合（七六一、商八〇・一九二・二〇三I・二六六・五三七・五七九）をそれに含め、④ さらに規定のない併存的債務引受でも、原債務者と引受人のあいだに主観的共同ないし相互保証の関係がなければ、不可分債務になるとする（以上は山中一六六・一七〇、同「連帯債務の本質」石田還暦三九四、同「いわゆる連帯ということの意義」民商三三巻三号三三八―九・三四七からの総合整理）。これによれば、連帯債務と不真正連帯債務のかなりは減ることになる。

III 不可分債務の効力

(一) 対外的効果

(ア) 債権者の権利　(a) 四三二条が準用されるので、債権者は、不可分債務者の一人に対し、また総債務者に対して同時もしくは順次に、全部の履行を請求できる。一部請求は、いかなる種類の不可分給付かを問うことなく、当然できないと解されている（勝本・中(1)五七、石田九一、小池一七九）。判例（前述II二）をみると、一債務者に対して請求できる点が、不可分債務であることの重要な実益らしいが、この点は、不可分債権におけるがごとき危険（§428 II 2 ア b）がなく、比較法的にも問題を生じない。(b) 訴訟面でも、上記の結果、固有必要的共同訴訟にならぬのはもちろん、類似必要的共同訴訟にもならない（最判昭三八・一〇・一民集一七・九・一一〇六）。(c) 債務者破産の場合に関する四四一条も準用される（§四四一Ⅱ2ア c）。

(イ) 債務者の一人に生じた事由の効力 (a) これについてだけは、連帯債務の規定が準用されず、四二九条が準用されているので、弁済・弁済提供（ただし勝本・中(1)五八）・受領遅滞・供託といった通説的に絶対的効力を認められる事由のほかは、相対的効力しかない建てまえとなる。(b) しかし、これに対しては、立法論としての批判がある（石坂九六六―八注一―三参照）ほか、解釈上も修正を施こす見解がみられる。すなわち、相対的効力事由といえども、他の不可分債務者の利益を害しない限度では、債権者と一債務者の合意で絶対的効力を与えうると解し（鳩山二四五、勝本・中(1)六一一―二、勝本二三六、近藤＝柚木三九など）、また、代物弁済・相殺は、不可分債務では債権者が一人しかないので絶対的効力を認めてよく、総債務者のための更改・免除もありうると解する（山中・前掲民商三三巻三号三三一、於保一九六。相殺につき同旨、岡村一五一）。満足をともなう債権消滅原因に絶対的効力を認めることは、もちろん妥当である。しかし、そうでない事由について、意思解釈に帰するとはいえ、わざわざ絶対的効力の可能性を宣伝するのは、不可分債務（ことに拡大された性質上の不可分と特約上の不可分）が債権の効力を強化すべきことの強調とのあいだで、何かそぐわない感じを私（椿）は抱く。なお、我妻説は、四二九条二項を根拠としてであるが、履行・提供など満足を生ずる事由以外はすべて相対的効力しかないという（我妻四〇〇）。(c) 相対的効力の原則と関連してまず注意すべきは、履行請求およびそれにもとづく遅滞と時効中断であって、四三四条も四二八条も準用されないため、相対的効力しか生じない（吾妻五五のみ異説）。これは不可分債権の場合（§429 I 2 エ）と異なっており、また、この点だけでは連帯債務（四三四）よりも債権の効力が弱くなる（於保一九六注一）。(d) なお、一債務者の過失・遅滞・不能が相対的効力しかないことは、古くから異論なく認められ（石坂九六九）、近時の学説では例示としても掲げられていないが、下級審にも、他人の土地を売った数人のうちの一人が、その土地の所有権を取得して第三者に売却した場合には、履行不能による賠償責任は右一人のみにあるとする例がある（新潟地判昭三六・四・二八下民一二・四・九二二）。問題となるのは、有責者が不明の場合、たとえば共同賃借人の目的物返還義務（前述Ⅱ二イａ）が失火で履行不能となったが彼らのうち誰の過失によったか不明な場合、の処理である。わが国では論じられていなかったが、不可分債務の「共同不履行」として全員の責任を生じ、かつこの責任は不真正連帯債務になるとの見解（椿・前掲民法演習Ⅲ一〇九以下、本著作集１「**14**連帯債務と不可分債務」参照）もある。また、契約責任に七一九条を類推適用する見解（加藤・不法行為五〇参照）からも、結論は同じになろう。なお、共同賃借人の返還義務不履行による損害賠償を全部責任とみる判例（前述Ⅱ二イｃ）は、私（椿）の見解によれば、全員有責の場合もしくは有責者不明の場合に妥当するものと解すべきである。しかも、この全部義務は不可分債務でなく不真正連帯債務として構成・理解することも可能である（椿・前掲民法演習Ⅲ一〇八―一一参照、本書四八五以下）。

(ウ)　四二九条一項の準用　(a)　債権者と債務者の一人とのあいだで更改・免除があっても、他の債務者は全部を給付しなければならない。しかし、債権者は、更改・免除をした債務者の負担部分にあたる価額を、履行した債務者へ返還しなければならない。このことは、本来的不可分給付の場合なら別におかしくないが、いわゆる拡大された性質上の不可分給付や特約上の不可分給付では、いったん金銭を全部受領してから、その一部を改めて履行者に返すべきこととなり、そこまで全部給付性を強調しなければならぬかは、私（椿）には問題の余地ありと思われる。(b)　つぎに、不可分債務でも、不可分債権の場合（§四二九Ⅱ２ウ）と同様、上述の効果を更改・免除に限定しない見解が多い（末弘一二七、勝本・中(1)六〇、近藤＝柚木三八、岡村一五一、於保一九六など）。もっとも、不可分債務にあっては、前述（イ(b)）のとおり、一定の事由には直接に絶対的効力を認める見解があって、そのかぎりでは間接的な迂路を問題にしなくても済む。なお、我妻説は、ここでも、更改・免除以外の場合に言及していない（我妻四〇〇）。

(エ)　(a)　分割債務への変更。債務者複数の場合には、これをどこまで認めてよいかが特に問題とさるべきであるが、次条の注釈を参照。(b)　不可分の免除（§四四二Ｉ１ウａ）。

(二)　内部的効果

不可分債務者相互間の求償関係には、連帯債務の規定が準用されている。したがって、内部的効果は四四二条ないし四四五条によって処理されるが、不可分債務者相互間に主観的共同の関係がなければ上記諸条文の準用はない、とする異説もある（山中・前掲民商三三巻三号三三四以下、三四七）。

〔分割債権関係への変更〕

第四三一条　不可分債務カ可分債務ニ変シタルトキハ各債権者ハ自己ノ部分ニ付テノミ履行ヲ請求スルコトヲ得又各債務者ハ其負担部分ニ付テノミ履行ノ責ニ任ス

Ｉ　内容概観

(一)　本条の意義

(ア)　給付が不可分から可分に変る（次述(二)）と、その債権・債務は分割債権・分割債務になる。(イ)　本条にいわゆる不可分債務・可分債務は、債務者複数の場合だけに限定されるものでなく、債権者複数の場合をも含む（§四二八Ｉ１アａ）。(ウ)　本条は、債権債務の不可分性が給付の分割不能というだけの理由にもとづく以上、当然の帰結であると説かれ（§四二八Ｉ１ウ）、批判めいた解説は全くみあたらない。また、この点が連帯的債権関係とはっきり異なるところだともいわれている。(エ)　自己の部分（§四二八Ⅱ２ウ）・負担部分（§四四二Ｉ３）。(オ)　共同保証への影響（§四五六Ⅱ２エ）。

(二) 不可分給付が可分給付となる場合

(ア) 「性質上の不可分給付」が可分給付に変る場合として、判例は、頼母子講の世話人五名が講会を開くべき義務を履行しなかったために生じた損害の賠償につき、本条に該当するや明らかなりとする(大判明四四・二・二四民録一七・七四)。学説も、上記判例の場合や、家屋の引渡債務が債務者の責に帰すべき履行不能などによって損害賠償義務になった場合は、本条の適用ありとしている。債務者というのは、不可分債務にあっては総債務者をさす(近藤=柚木四二)。(イ) 「意思表示による不可分給付」を目的とする債権・債務は、反対契約によって可分になる。ただし、かかる給付そのものが稀れであるから(§四三〇Ⅱ1アb)、この場合はくわしく述べる実益に乏しい。

Ⅱ 問題点

(一) 不可分債権と不可分債務の区別

(ア) 一般の見解は、本条の解説になると途端に物理的・自然的な視角をそのまま出し、しかも、債権者複数の場合と債務者複数の場合とにおける問題性のズレに、全く考慮を払っていないようである。しかし、この点には疑問がある(§四二八Ⅰ2エ)。私(椿)の見解を示す。(イ) 不可分債権の場合は、債権担保という制度の機能ないし内在的目的を問題にする余地が乏しく(§四二七Ⅰ2ウ・Ⅱ3アc)、また、債権者の危険が彼の便宜を凌駕する点で、必ずしも認定されるのに適しているとはいえない(§四二八Ⅰ2・Ⅱ1イ末尾)。だから、債権者複数の場合には、分割債権への変更を当然視しても、差しつかえあるまい(なお椿・前掲民法例題解説Ⅱ五五参照、本著作集1「**13**多数当事者の債権関係」参照)。(ウ) これと異なり、不可分債務の場合には、債権強効ならびに分割主義制限という機能が積極的に認識されるようになっており(詳細は§四二八Ⅰ2)、そのうえ、給付の可分・不可分を決定すること自体が、多分に法的評価の如何によって支配されることも明らかになりつつある(§四三〇Ⅱ1イ)。とすれば、物の引渡債務が損害賠償債務に変じたときには、単純に自然的見地を前面化させ常に分割債務へ傾斜させる、という態度を自明視するだけで十分なのであろうか。比較法的にも議論があるところだが、問題としておきたい。なお、わが判例（§四三〇Ⅱ2イc）が、共同賃借人の明渡遅延による損害賠償（金銭→可分）債務を全部義務とみたことは、この意味でも注目される（なお次述二ウ末尾）。

(二)　拡大された性質上の不可分給付と黙示の意思表示による不可分給付

(ア)　性質上不可分と特約上不可分とは、若干の場合において学説の認定ないし構成が競合するが、最近では、どちらになるかは大した問題でないともいわれる（§四三〇Ⅱ1ウ）。たしかに、全部給付義務の「設定」要件としてみるなら、両者に甲乙はない。しかし、単なる構成上の差異だといいきるためには、本条の問題を検討したうえでなければならない。(イ)　まず、共同賃借人の賃料債務（§四三〇Ⅱ1イc・2イb）については、性質上不可分の概念を拡大する説と、不可分の意思をいわば推定する説とがある。これは、いわれるとおり紙一重である。ところで、前説によると、この場合は、本来可分な給付を不可分とみてしまうのだから、物理的・自然的な不可分給付の場合と異なり、不可分の消滅（本条の適用）ということはまず問題になるまい。後説では、反対特約による可分化が可能だが、通常これは考えられない。とすれば、実際上いずれとみても違いは生じない。(ウ)　つぎに、共有（ないし共同占有）物の引渡債務については、今日これを可分給付とみる見解こそないが（§四三〇Ⅱ1イb）、性質上の不可分か黙示の意思表示による不可分かは見解がわかれる。この場合は、本来可分な給付につき性質上の不可分を拡大したのではないから、債務者の責に帰すべき履行不能によって損害賠償債務になったときには、前説によると本条の適用を生ずることになろう。これに反し、後説では、再び黙示の反対特約でも認定しないかぎり、可分給付になることは考えられない。とすれば、この場合には、いずれとみるかは単なる構成上の問題にとどまらなくなる。もちろん、前説にたっても、たとえば損害賠償債権と原債権の同一性ということを強調すれば（Vgl. Esser, Schuldrecht, 2. Aufl., § 96, 2 IV）、不可分性は維持できるが、これらに関しては問題とする程度にとどめておく。

8　複数者の損害関与と賠償責任序説

一　問題の出発点

㈠　主要な二体系書から

1　不法行為法のスタンダードワークである加藤一郎・不法行為（初版—昭和三二年）の組立てによれば、①責任無能力者の監督者の責任——以下本稿では〝監督者責任〟と略称する——（民法七一四条）、②使用者責任（同七一五条）、および、③土地工作物責任（同七一七条）は、④共同不法行為（同七一九条）とともに、いわゆる〝特殊の不法行為〟の中に収められている（同書第三章）。ところで、前三者の責任において複数者が登場する状況をみると、以下のように説かれる。(a)契約で監督を引き受けた者がある場合において、法定監督義務者にも過失があるときは、両者が不真正連帯債務の関係に立つ。また、責任能力ある未成年者を監督するうえで親に不注意があり、それと損害発生との間に因果関係が認められるならば、被監督者の責任と監督者の責任は併存する。(b)使用者責任では、解釈上、被用者自身も不法行為責任を負うとせざるをえないが、使用者の責任と被用者のそれとの関係は、不真正連帯とみる判例・通説の立場が正当である。(c)土地工作物責任の責任者は、第一次的には占有者、第二次的に所有者であり、七一七条三項の「他ニ損害ノ原因ニ付キ其責ニ任ズベキ者」——以下本稿では〝原因責任者〟と略称——とは、一般原則による過失責任を負う者であって、占有者・所有者から求償を受ける。

2　右から二〇年後の幾代通・不法行為は、第四章として『加害者側に複数主体が関与する不法行為関係』を独立させ、その中において、主要な形態であるという観点から、①監督者責任、②使用者責任、③共同不法行為の三つを説く。ところで、個々の記述にあたって、幾代説が新たにもしくは加藤説とは別異に言及している個所を拾えば、(a)法定監督義務者の責任と代理監督者のそれとは、排斥し合うものでなく両方が成立することもありえ、この場合における両者の責任は不真正連帯債務となる。(b)使用者の責任と代理監督者の責任は、不真正連帯債務の関係に立つ。(c)幾代分類に従えば、土地工作物責任は『不法行為の成立のための行為者の主観的要件につき特例の認められる場合』（同書第三章）の一つであるが、原因責任者につき以下の記述がみられる。すなわち、被害者は、占有者または所有者と並んで、または彼らに先んじて、原因責任者の七〇九条責任を問うこともでき、この場合の両責任は、不真正連帯債務になる、と。

㈡　スモン諸判決から

1　一連のスモン訴訟判決をみると、量のうえでは説示のごく一部分しか占めていないけれども、複数者の責任が顔を出している。(1) 以下、金沢地判昭五三・三・一（判タ三五九号一四三頁、判時八七九号二六頁）、東京地判昭五三・八・三（判タ三六五号九九頁、判時八九九号四八頁）、福岡地判昭五三・一一・一四（判タ三七六号五八頁、判時九一〇号三三頁）、広島地判昭五四・二・二二（判時九二〇号一九頁、判タ三七六号一八九頁（要旨のみ））の四者から関係部分を抽出してみよう。

2　製造者（日本チバ）と販売者（武田）の責任関係につき、(a)金沢判決は、両者の行為を「一体不可分」と評価し、両者が「民法七一九条の共同不法行為関係」に立つとする（前掲判タ一九三頁）。(b)東京判決は、販売者が責任を負うべき場合でも製造者の責任とは程度の差があるとしつつも「この点は、いわば製造者・販売者間の内部関係の問題たるにとどまり、被害の生じた相手方との関係においては、製造者・販売者の両者連帯して、その損害を賠償すべき義務あるもの」と説く（前掲判タ二一七頁）。(c)福岡判決によれば、両社は「実質上同一体としての地位にあると見うるのであるから、両被告は共に連帯して民法七〇九条の責任を負う」とされる（前掲判タ一五九頁）。(d)広島判決は、販売者の武田が製造者と同じ注意義務を負い、両社に限らず製薬会社らには民法七〇九条の過失責任があるとして、当該事件の各被告らに「連帯（不真正連帯）して」賠償する責任を負わせる（前掲判時八〇・八一・九四各頁）。

3　国と製薬会社の責任関係につき、(a)金沢判決は、国の製造・輸入の許可・承認行為と製薬会社らによる製造・輸入・販売行為とが、被害発生につき不可欠という意味で「密接不可分であって、これらを一体の行為として評価し得る」から、国の国賠法一条責任と製薬会社らの民法七〇九条責任とによる共同不法行為の成立を認めた（前掲判タ一九二頁）。同判決には、共同不法行為の成立要件に関する説示も含まれているが、ここでは「共同不法行為による不真正連帯債務者間の負担部分は、両者の過失割合によって定まる」とする解釈を引いておく。(b)東京判決によれば「行政庁は、これら業者と共同不法行為者の関係に立つものではない。ただ、これら行政庁の権限の行使または不行使に違法が認められる場合において、賠償の対象となる損害が業者のそれと同一である点において、加害行為者たる業者と規制権者たる行政庁（国または地方公共団体）の債務とが不真正連帯の関係に立つに過ぎない」とされ、また、国は業者らの全部義務の三分の一の範囲で不真正債務を負担する、とされる（前掲判タ二五一頁）。(c)福岡判決は、国の責任と製薬会社のそれとの関係につき、製薬会社→報償責任・危険責任の法理、国→保証責任的思想という違いから、相互の内部関係では製薬業者が第一次的かつ究極的に責任を分担すべきではないかと説示したうえで、両者の責任は「両者独自の過失に基づくものであるから、帰責に至る法的性質は……違ったものがみられるのであるが、損害の範囲をまったく同じにするものである以上、不真正連帯債務を負担する」と言う（前掲判タ一五九頁）。(d)広島判決では、国が賠償責任を負うのは、行政監督上の規制権限行使につき課せられた安全性確保義務の違反によるものであって「直接の加害行為者である製薬会社の製造販売行為に共同加功したことによるものではない」から「国と製薬会社とは……共同不法行為者の関係に立つものではなく……損害が、偶々同一であることから……不真正連帯の関係に立つものと解されるに過ぎない」とされるが、判旨は進んで、服用したキノホルム剤の商品名が特定できない関係で製薬会社の責任を問えないときは、国が単独責任を負うとも述べている（前掲判時七八〜七九頁）。

4 このほか、(a)同一被害者がチバ・武田の製剤と田辺のそれとを重ねて服用している場合は、金沢判決においても福岡判決においても共同不法行為とされるが、この点は、とくに問題するまでもあるまい。(b)医師の投薬行為との関係につき、東京判決は医師による投薬の介在を理由に製薬会社の責任を否定できないとし（前掲判タ二一五頁参照）、広島判決は、医師の不当な投与により国の責任を否定すべき場合も考えられないではないが、多くは責任の競合を生ずることがありうるにすぎぬ、とする（前掲判時七八頁）。

(三) 前記二つからの所感

1 まず、代表的な両体系書の限りで感じた点をいくつか言えば、

(a) 使用者責任と共同不法行為責任の関係は、どのように理解されているのであろうか。たとえば加藤説[2]をみると、使用者の求償問題を解決するための理論的手段に共同不法行為が使われ、それとの関連で、共同不法行為ということになれば成立する場合が限られる、と指摘される程度である。が、両者の関係いかんについては、従来の判例も素材を提供しており[3]、一般的な形での議論が期待されよう（後述二(二)**3**参照）。

(b) いわゆる原因責任者は、前述のとおり、加藤説に従えば、一般原則による過失責任——民法七〇九条のことであろう——の要件をみたすにもかかわらず、賠償した占有者または所有者から求償されるにすぎないが、幾代説

では、対外的にも独立の責任者となる。条文をすなおに読むときは、加藤説が支持されやすいであろうし、原因責任者の七〇九条要件充足を強調するとともに、ズサン工事の請負人などの例から利益衡量・価値判断を行うときは、幾代説への傾斜が考えられよう。ところで、原因責任者を独立の責任主体と解するならば、一方では〝特殊不法行為〟と呼ばれる制度の位置づけをどう理解すべきか、が関連する課題として現れるとともに、他方では、七〇九条・七一七条・七一九条三者の相互関係を改めて問わなければならなくなる。後のほうの課題は、あたかも、責任能力ある未成年者の場合について監督者責任を肯定する立場では、七〇九条・七一四条・七一九条の三ヵ条に対し応接しなければならない(4)のと同様である。

(c)　被用者自身の責任と関連して、加藤・幾代両説は、国賠法一条で公務員個人の独立責任を否定する判例(5)・通説に対しかなり好意的のように思えるが、さらに幾代説(6)は、七一五条との間で一種の責任原因競合の関係となる〝企業それ自体の民法七〇九条による不法行為責任〟をも認めようとする。

前記(b)でみた監督者責任が〝相互排斥（択一）責任から独立＝併列責任へ〟の、また、原因責任者の法的地位が〝対内責任から対外＝独立＝併列責任へ〟の動きであるのに対し、右の企業責任論は、抽象化して言えば〝責任集束〟ないし〝責任集中(7)〟という意味内容における〝併列責任から単独責任へ〟の推移である。われわれは、これらの中に、責任態容の多様化をまず汲み取ることができようが、さらに進んで、七〇九条の内包いかんも再検討を迫られていることがうかがえるのである。たとえば過失に関する立証責任の所在を接眼レンズとして考えられたい。

(d)　幾代説は、加藤説よりも不真正連帯債務だと明言する場合が多い。しかし両者とも、責任能力ある未成年者につき監督者責任を肯定する際は、責任が併存するとか、本人と並んで責任を負うと言うが、こういう表現は、不真正連帯ではないという意味か、そのような意味でなく内容の説明を省略しただけのことか。

(e)　幾代・不法行為第四章が用いる包摂的表題をみていると、加害者側に複数主体が関与する場合は、もっといろいろ想定できよう。同書第三章で説かれる原因責任者の独立＝併列責任もその一つであるが、土地工作物所有者の第二次責任も単に「立法論的には批判の余地がある」[8]だけだろうか。また、土地工事請負人を例にして七一六条と七一七条をながめるときには、それら両条文の各関係者は、その法的地位につき現在より多くのスペースが割かれうるのではなかろうか。

2　スモン諸判決から複数者責任論を拾い上げると、[1]

(a)　最も重要な点は、国と製薬会社の責任関係（前述㈡**3**）で出てきた共同不法行為と不真正連帯債務の関係である。国の行為と製薬会社のそれとを密接不可分で一体とみる金沢判決だけは、共同不法行為の成立を認める。これと異なり、他の三判決は、共同不法行為にはならないとするが、理由づけは必ずしも明らかでない。東京判決は、責任の原因ないし性質の差異という点から共同不法行為性を否定するのかもしれないが、判文上そのことが明らかではない。福岡判決には、独自の過失および法的性質の差異という言葉がみられ、かつての連帯二分論を連想させるが、共同不法行為の成立要件は示されていない。広島判決の、共同加功という共同不法行為に関する枠づけは、その意味内容のいかんでは、成立範囲をかなり狭めてしまうものであるが、いわゆる〝共同〟なり〝加功〟の意味について具体的な説明を欠く。――要するに、共同不法行為と不真正連帯債務との区別基準ないし関係は、いずれの判決からも全然明快ではないわけである。

(b)　日本チバと武田の責任関係（前述㈡**2**）について、これを共同不法行為だとみる判決は、常識的にも理解できよう。しかし、実質上同一体だからともに連帯して民法七〇九条の責任を負う、と説く福岡判決の理論構成は、どのように位置づけを行えばよいだろうか。とりわけ、七〇九条をわざわざ持ち出してきて、それに基づく連帯としたことには、何か積極的な意図・意味が含まれているのか。やはり、はっきりしない。[9]

(c)　医師と国の責任関係につき、広島判決は〝責任競合〟の可能性を認める（前述㈡**4**(b)）。その場合の法的根拠ないし法的構成は何に求められるのであろうか。さらに、製薬会社も加わって三者の賠償責任が問題となるときは、その責任要件・対外的効果および内部関係をどのように考えたらよいか。

3　複数者がなんらかの意味ないし形で損害の発生に関与するケースは、いまやきわめて多数の事例が存在し、また発生しうる。ところが、以上で概観した二種類だけの素材からみても、右のような場合における法律関係は、①各自の責任それ自体の成否、②共同責任の成否、③共同責任の態容——いずれを採り上げても、判例・学説上まだ明確になっていない点が少なくはなく、今後開拓すべき余地も大きいと考えられる。

二　問題の展開状況

(一)　まえがき

1　〝複数者の損害関与〟（以下、単に〝関与〟とも呼ぶ）というメルクマール——この言葉の定義化はあえて控えるが——でとらえられるものは、事例においても論点においても、さまざまに拡がる。このことは前述例示からもすでに明らかであろうが、以下では、不法行為の制度・条文に関連させつつ、さらに少し補足説明を加えよう。

(a)　まず、特殊不法行為（民法七一四〜七一八条）は、幾代・前掲書第四章が収める監督者責任と使用者責任とに限定されないで、複数者関与の重要な諸素材を提供する。むしろ関与は、それら民法典に規定されている数個の場合だけにとどまらずして、もっと多種多様な近似のケースを包摂するものであるが、その一斑については本章末尾に掲げる判例タイムズ三九三号特集の項目を再度みなおされたい。ところで、右の特殊不法行為には、択一・対内・併列といった複数者の〝責任態容〟を考えるうえで参考となるパターンが、いくつか含まれている。

(b)　共同不法行為は、改めて言うまでもなく、関与の典型ないし代表的場合の一つであるが、その成立範囲いかんは、他の関与ケース（たとえば使用者責任）のそれと隣接し重なりうるために、それらの要件面における相互関係が問題となる。また、この共同不法行為は、右の特殊不法行為と合わせて、関与における〝責任態容〟を検討する際に重要な役割をになっている。

(c) 一般不法行為（民法七〇九条）はもともと加害者が単数の場合を想定した規定だと言ってもよいであろう。が、現在の判例・学説のように、未成年者に責任能力がある場合でも親の七〇九条責任を認めるときは、関与ケースとの間で接触を生ずる。また、一部有力学説のように、責任の集束ないし集中（前述一㈢**1**(c)）を肯定するときにも、七〇九条論は、伝統的（あるいは本来的）内容と新加内容との対比検討を、課題にせざるをえないこととなる。さらに、ある種の関与ケースを〝七〇九条責任の併存〟と把握するときは、共同不法行為との関連がおのずから問題になる。

2 ところで、われわれの課題は、複数者が関与する諸場合につき、さきに『問題の出発点』でみたような諸論点も含めて、その法律関係を整理し解明することに存する。それゆえ、記述は、右にみた三群の不法行為おのおの要件・効果および三者の相互関係にも関連してくるわけであり、序説的に『問題の展開状況』を語るときでも、本来ならば、三群すべてに言及することが望ましい。

しかし以下において、(a)一般不法行為および各種の特殊不法行為は、それ自体としては割愛さえざるをえない。理由は、何よりも量的に膨大すぎるからであり、各執筆者が必要に応じ個別テーマと関連づけて論及されることを期待する以外にはない。この結果、たとえば石田説[10]が唱える〝行為責任的不法行為〟と前述した七〇九条の〝新加〟内容との関連性あるいは重複度なども、序説レベルでは探索を断念しなければならない。(b)共同不法行為のほうは、複数者関与の一場合であるけれども独立項目としなかったこと、および、必要度に基づく濃淡は別にして、なんらかの程度における言及を各執筆者に希望したことの二点から、少なくともこういう共同執筆で不可欠と考えられる〝視点〟に関しては、若干なりと述べておかなければならない。(c)複数者の関与は、彼らの責任態容（広義では集束や分割責任が含まれる）をその重要論点の一つとしており、各論テーマでこの点が共通的に配慮されることも希望した。そこで、議論の主要素材と思われる〃不真正連帯債務〃論の展開状況につき、前記三群の不法行為につながる問題として、簡単に触れておく。この限度では特殊不法行為のいくつかも顔を出してくるわけであるが、それ以外に考えられる責任態容もあるので、広くそれらの〃型〃と仮設的に呈示してみる。(d)以上のほか、本稿のような視角の設定にとり中継点の役割をした〃不法行為責任の交錯〃という視角も、ここ『問題の展開状況』の中へ加える。

㈡　共同不法行為論と関与

1　比較的最近までの諸研究を整理分析した国井論文[11]からうかがえるとおり、近時における共同不法行為〃理論〃の急速な堆積は、めざましい発展と同時に、簡単な要約ができないほどの見解分岐をも生み出してきている。ここでは、共同不法行為論それ自体の全貌を再録する余裕も必要もないため、当面の視点からみて逸しえない範囲内でのみ要説するが、その際、国井論文がすでに採り上げている諸文献については、若干を考え方のパターンに関する例示として用いるにとどめるだけでなく、出典も引かない場合が少なくはない。

2　共同不法行為の成立要件がいわゆる客観的共同で足りる、と解する伝統的な判例・学説の立場は、共同不法行為の一元的把握と並んで、いまや新しい学説から強く批判され修正されるにいたっている。[12]以下では、本特集の意図に即して、それらを項目的に概観し、あわせて私の理解および目的の範囲内で、本特集（法律時報六〇巻五号）との関連などにも言及しておきたい。

(a)　川井説[13]は、行為者間の公平から共同不法行為の成立範囲を限定する必要がないかと問い、「加害者が判明し、かつ加害者の加害の程度が判明する以上、各加害者は自ら行為に関与した限度で責任を負うと解することが現行不法行為法の原則に忠実な解釈だ」として、〃一部連帯〃という解釈的提案を行った。この考え方は、幾代説[14]の〃限度責任〃という構成へつながっていくが、他方〃分割責任〃論へもつながるものであり[15]、後に責任態容の問題と関連させて言及する（後述㈢**3**）。ここでは、全額責任に対する一つの評価態度として注意しておきたい。

(b)　七〇九条との関係で七一九条の存在理由をどう理解すべきか、という視点も問題となるが、平井説[16]は以下のように述べる。すなわち、各自の行為が独立して不法行為の要件をみたすことを要求し、かつ客観的共同を要件とするならば、それは七〇九条の繰返しにすぎず、七一九条独自の存在理由はきわめて薄弱となる。事実的因果関係に立つ損害をその限度で賠償させるという七〇九条の原則を修正して、寄与度にかかわらず全損害を賠償させるのが七一九条の存在理由であるが、修正のための技術概念は〃関連共同性〃であり、この要件加重によってこそ、〃寄与度を超える賠償責任〃――七一九条の存在意義も説明できる、と。最近の能見説[17]にも、七〇九条でどこまでいけるかを明らかにして、はじめて七一九条の特殊性・機能を論じうる、という視角が基礎に存在する。

問題の出発点となる七〇九条にもいまや新加内容があり（前述㈠**1**(c)）、そのぶん複雑化しているが、この点は措く。平井説は、前記(a)の所説とは同じでないにせよ、やはり共同不法行為の成立を限定しようとするものであるが、本特集の対象を平井説にあてはめて言えば、共同不法行為の真中に据えられる場合よりも、いわゆる関連共同性が稀薄化し欠落していくあたりのほうに接着する度合いの強いテーマがかなり多く存する（もちろん中心的場合そのものに該当し、それの議論になる、という場が排除されているわけではない）。また、七〇九条それ自体には直接関係しないで七一九条が問題になる、という場合もある。別に再説しよう（後述**3**・(d)）。

(c)　共同不法行為の段階的・類型的な把握は、最近の学説における大きな特徴である。いくつかを例示すれば、平井説の〃意思的共同不法行為〃〃関連的共同不法行為〃〃独立的共同不法行為〃、前田説の〃主観的要件が必要な共同不法行為〃〃主観的要件のない複数不法行為〃〃独立不法行為の競合〃、淡路説[18]の因果関係〃みなし〃規定と

〝推定〟規定および公害における〝強い主観的関連〟〝強い客観的関連〟〝弱い客観的関連〟、国井説の〝条件的結合〟〝必要的結合〟〝必然的結合〟、幾代説(19)の〝主観的共同関係がある場合の共同不法行為〟〝加害者不明の場合の共同不法行為〟（以上二者が〝狭義の共同不法行為〟）と〝広義の居ウッド右不法行為〟など。また、伊藤(進)説は〝集合的単独不法行為〟を単独不法行為の集合から区別して観念せよと言う。さらに、未刊だが、能見論文でも『類型化の試み』が予告されている。

これらの定義や法的内容は、それぞれの文献を直接引用する以外にはないほど個性的かつた多言必要であり、近似の用語が使われていても、論者により意味を異にする場合が稀ではない。たとえば新学説の多くは、主観的モメントに分類基準としての地位を与えるが、その内容たるや、定義化があってもなくても、客観的傾斜をもつ見解から意思的要素を強調する見解までの間に、微妙な差異がみられる。また、比較を容易にするための共通土台として裁判例に着眼しても、所期の目的は必ずしも達成が簡単ではない。酒を呑ませた同乗者と酩酊した運転者の責任関係に関する最判昭四三・四・二六（判時五二〇号四七頁）は、いわゆる主観的要素の理解に広狭があるからだという点はわかるし、減責・免責を許さないという効果では同じだが（次述(d)参照）、前記三分説を仮にランク化してながめれば、前田説では第一ランク、平井説では第二ランクに組み込まれる。では、幾代説なら、どこに入るか即答できようか。つぎに、本特集でも項目となっているが、タクシー運転手と医師の過失に関する東京地判昭四二・六・七（下級民集一八巻五―六号六一六頁）は、七一九条一項後段を適用した事例とされる(20)が、学説の分類をみると、平井説(21)は〝独立的共同不法行為〟に、また幾代説(22)は〝広義の共同不法行為〟の①S型に属すると解している。この例も、それ以外の学説における位置づけが、ただちに推測できるだろうか。

(d)　ところで、本特集の課題として言えば、実際上、右の諸類型のうち、主観的要素が稀薄な、もしくは欠落している場合の法律関係に対して、より大きな関心と課題がある（後述**3**）。そこで、つぎには、そのような場合に関する類型の内容とくに効果と類型相互の関係とを、例示にとどめつつみてみよう。

前田説は[23]（私の誤解がなければ）、〃主観的要件のない複数不法行為〃には、因果関係の推定規定と解する七一九条一項後段が適用されて、免責・減責を許すし、法の欠陥たる〃独立不法行為の競合〃も同じに解する。平井説によれば、主観的要素以外の関連共同性を必要とする〃関連的共同不法行為〃は、事実的因果関係に立たないという免責および寄与度がそれ以下であるという減責を許さないが、独立の不法行為が単に共同しただけの〃独立的共同不法行為〃は減責を許す。幾代説[24]は、〃主観的共同関係がある共同不法行為〃についてさえ、そこでは比較的まれだろうという限定付きにせよ、〃広義の共同不法行為〃と同じく、責任の量的限縮（限度責任）を認め、また、後者の①S型・②S型などでは全然責任なしをも認めている。

利益衡量上どの解決が妥当か、また、七一九条の枠内では免責・減責をいっさい許さぬと解するか否か[25]、などにつき何かを言うつもりは当面ない。ただ、効果に差異を生ずる類型の間では、もっと具体的にわかる形の限界線を引いてほしい。また、許されるのが減責だとみる説と免責まで含むとみる説との間では、相互の側から、いっそうの理論的な詰めが行われることを望む。これは、共同不法行為論の基本的な構成方法の比較ともなるであろう。さらに、主観的共同ないし主観的要素のある共同不法行為が、これまでの問題状況からして新学説では解釈論上おのずと重視されざるをえなかったであろうけれども、本特集の視角たる複数者関与においては、それ以外の共同不法行為ないし独立不法行為の競合も無視できない位置を占める。単なる周辺的論点とは言えないのである。

3　私は、かつて（昭和三四年）、『法定賠償責任と共同不法行為の関係』と題し、法定賠償責任者（使用者など）と直接の不法行為者（被用者など）の責任および複数の法定賠償責任者（たとえば親）の責任について、共同不法行為との関係を裁判例の中で探ったことがある。[26]これは、①〃特殊不法行為〃者と〃一般不法行為〃者の責任関係および②複数の〃特殊不法行為〃者の責任関係と言い換えてもよいが、そういうふうに組み合わせるならば、③複数の

〝一般不法行為〟者の責任関係したがって、それと共同不法行為との関係も問題になりうるわけである。

(a)　まず、共同不法行為の新研究において、特殊不法行為ないし複数者関与との関係が、一般論として（＝単なる個々的言及ではなしに）どの程度前面化しているか。国井論文[27]は、言うなれば特殊不法行為責任と一般不法行為責任が異主体（道路管理者と加害運転者）につき競合する場合を、まさしく共同不法行為論で処理しようともくろむのだから、前面化どころではなく、両者が交錯した形でとらえられる。前田説[28]も「複数自然人（場合によっては、法人）が不法行為事件において被告となる場合における法的処理全般」の再検討を志しており、複数人が被告となる場合としては民法四四条・七一四条・七一五条・七一六条・七一七条が考えられると言う。最も広く一般化させているのは能見説[29]であって、それによれば「共同不法行為という解決に依らない場合の複数加害者の責任との対比を通じて、はじめて、共同不法行為責任の存在理由も明らかになる」という明確な目的意識が存し、前記①②③などをまとめて〝複数加害者〟と呼んでいる。ただし、当面は主として前記③の場合が念頭に置かれる。

(b)　前記③は、平井説の独立的共同不法行為にあたり、前田説の独立不法行為の競合もこれかと思うが、それと共同不法行為との関係について、きわめて印象的な記述をするのは能見説[30]である。それによれば、共同不法行為の成立を否定したうえで七〇九条による各自の全額責任を明言した判例は見当たらないそうであるが、この理由は、判例が七一九条の要件として、一方では各自の不法行為要件充足を要求し、他方では客観的共同の要件をきわめて広く解するために、七〇九条による各自の全額責任が適当なほとんどの場合において、共同不法行為が成立してしまうからである、とされる。また、能見説[31]は、複数加害者の責任の一つである『被告以外の第三者の行為が競合する場合』につき、第一の自動車事故による損害発生と第二のそれによる増大とが問題となった裁判例を検討してから、複数加害者の責任では分割責任となる場合から減責を認めない場合まで、さまざまな場合がありうるし、あって然るべきだと説く。

われわれは、この見解ないし指摘が前記①②ではどうなるかにつき、とりわけ関心をもつ。続けてそれに入ろう。

(c) 前記①（使用者と被用者など）や②（複数の使用者や親）の併列責任は、共同不法行為ともなるか。過去の判例[26]をみると、共同不法行為として処理したケースもあれば、責任者〝各自の全額賠償〟を命じたケースもある。また、被用者と第三者の共同過失による自動車事故を取り扱った最判昭四一・一一・一八（民集二〇巻九号一八八六頁）は、使用者と第三者および被用者が「各自全損害を賠償する義務を負う」と説示するだけ[32]である。これら諸判例をどのように理解し構成すべきであるかは、まさしく本特集の中心課題に属するが、ここでは、最近の共同不法行為論における取扱い状況をみてみる。なお、法律時報の特集『不法行為責任の交錯』において展開された議論は別に紹介したい（後述㈣**2**）。

前田説は、一般理論としてこの問題をまだ採り上げていないが（前述⒜参照）、判例検討の中で[33]、過失ある共同不法行為であって七一九条一項前段を適用する（＝因果関係なき権利侵害についても責任を負い、免責・減責は許されない）事例として大判昭七・一二・二三を挙げ、これが民法七一五条の問題だとすれば、七一九条とは無関係に不真正連帯債務を負うけれども、その事件は電車運転手と電鉄会社とがそれぞれ七〇九条ないし七一七条により責任を負う関係のようである、また、電車運行という一つの目的行為における過失の競合であれば過失による共同不法行為であって、この事件はある意味で限界事例だ、とコメントする。――ここでは、特殊不法行為である使用者責任および土地工作物責任と共同不法行為との接触が示唆されていると言えよう。もし共同不法行為の成立要件をしぼり、かつ電鉄会社の行為ないし過失を否定するならば、この判例は、共同不法行為ケースではなくなってしまう。もっとも、右に述べられている範囲では、前田説が前記①と共同不法行為の関係をどのように理解するのか、細部はわからない。

平井説[34]は『判例の再編成』にあたり、当初から前記①の法定連帯責任を除外している。

幾代説[35]は、前掲最判昭四一・一一・一八などを引いて、共同不法行為者につき法定賠償義務者ないし副次的賠償義務者があるときには、これらの者も共同不法行為者に代わり、または彼と並んで、原則として損害の全額に及ぶ不真正連帯責務を負うと説く。——これは、特殊不法行為と共同不法行為の関係を明らかにするものでない。ちなみに、幾代説は〝広義の共同不法行為〟(=主観的共同・加害者不明以外で、一個不可分の損害発生に複数人の行為が共同に寄与した場合)につき独自の類型化を試みるが、そこでも右の視点は出ていないようにみえる。

能見説は、当面のところ前記③に着眼するが(前述ⓐ)、①②に関しても、その片鱗は多少出ている。すなわち、前記①②に関する大審院判例を検討して、「後述する七一九条=共同不法行為的法律構成の諸機能を肯定するとすれば、はたして、以上の場合を共同不法行為とすべきかという形で議論する必要があるであろう[36]」と述べ、使用者と被用者の過失部分が不明ならば全部義務を負わせた旧民法と異なり「現行規定はこのような場合をそもそも適用の対象としているのか疑わしい」としたうえで、彼らの間では〝共同〟要件をみたす場合に限り七一九条が適用される、とする学説に言及する[37]。——冒頭設問に対しネガティブと思われる方向が、相互の位置づけをどのように解するかは、能見論文第四章『共同不法右行為的法律構成の機能』のまとめを待ちたい。なお、教科書における記述だけれども、能見説[38]は、前記①については不真正連帯、同②については「両使用者間には共同不法行為は成立しないが、被用者間に共同不法行為が成立すればそれと同一の責任を負う」と言う。

(d) 右(c)に関し少々補説する。能見説は、前記③について、判例が、各自の七〇九条要件充足を要求する一方で、客観的共同をきわめて広く解したために、独立不法行為の競合をも共同不法行為として処理する、と述べた(前述ⓑ)。この論法を借用すれば、前記①②の場合も、共同不法行為の成立を認めることは、さまで困難とは言えないだろう。ところが、判例[26]をみると、共同不法行為の成立を認めるものもあれば、単に連帯支払または全部賠償を命ずるものもあり、かつ、この分岐を何かある統一的な基準で説明することは、現在の私にはできない。

問題は、数人の〝行為〟という言葉をどう理解するか、にもかかわってくる。たとえば、前掲大判昭七・一二・二三は、電鉄会社が危険防止設備をしなかったことをもって〝過失〟と認め、共同不法行為になるとしたが、この伝でいけば、他の法定賠償責任でも、過失を認定することによって共同不法行為へ持ち込むことが可能となる。しかも、近時の解釈では、かなりきびしい義務を設定し、それの違反すなわち過失ありとすることが少なくないから、〝行為〟面においては共同不法行為の成立が容易となりかねない。また、大審院には、複数の船舶所有者の賠償責任（商法六九〇条で規定される使用者責任の特則）を共同不法行為とみた判例が存するが、これは、各自の法定賠償責任がただちに（＝七〇九条を通すことなく）共同不法行為成立の基礎になっている、ともみられよう。――これらに対する歯止めを考えるかどうか。また、どういう法的構成でそうするか。

つぎに、近時の学説にあっては、いわゆる〝関連共同性〟による共同不法行為成立のしぼりが言われる。この限定が具体的に明確化されているとともに厳格であるならば、①②の場合は、確かに共同不法行為から絶縁される。しかし、関連共同性の意味内容を具体化する作業はまだ十分でなく[39]、共同不法行為の成立を主観的共同に限りもしないから、現状でただちに絶縁を貫徹することは困難である。これらをどうするかが、今後における課題の一つとなり、そのいかんにより重複か絶縁かも分かれてこよう。

効果ないし責任内容も問題となる。時折り、共同不法行為は責任が加重され厳格だから、なんでもかんでもそこに突っ込むのは妥当ではない、というふうな論法をみかける。しかし、たとえば前田説によると、主観的要件のない複数不法行為者には七一九条一項後段による減免責が認められており、また、七〇九条の責任併存（独立的共同不法行為や独立不法行為の競合）は、これを共同不法行為に含めるか否かの外延論は別にして、少なくとも全額単独責任だけが認容されるものではない。こういう状況下で①②の共同不法行為適格性を否定すると、後はどうなるか。共同不法行為を論ずる文献の多くによれば、不真正連帯債務になると説明され、かつ、その不真正連帯が全額単独責任であることに対しては、格別の消極的コメントもない。むしろ教科書には、最近のものでも、分割責任が否定される旨の解説(40)をみかける。――この①②では、能見説が前記③について述べた展望ないし提案（前述(b)参照）は、あてはまらないのかどうか。責任態容にもかかわる一つの論点である。

㈢　複数者の責任態要論

1　複数者の損害関与は、各関与者の責任発生要件（とりわけ因果関係と過失）や、前出共同不法行為の成否に加え、共同責任の態容をめぐっても問題が存するが（前述一㈢**3**）、以下では、本特集における課題解答の前提ないし参考としての限りで、まず、不真正連帯債務の観念が現在どういう状況に置かれているかを簡単にながめ（次述**2**）、そのつぎに、共同責任ないし複数者関与で考えられるいくつかのパターンを呈示してみる（後述**3**）。

2　(a)　大審院判例は周知のとおり、実体を認めながらも〝不真正連帯債務〟という言葉を用いなかった。前掲最判昭四一・一一・一八も、いぜんとして全部賠償義務とするだけであったが（前述㈡**3**(c)）、最高裁は、その後、非公式先例ではあるけれども、不真正連帯という表現を明示的に用いるようになっている。すなわち、最三小判昭四五・四・二一（判タ二四八号一二五頁、判時五九五号五四頁）は、使用者と被用者の責任を不真正連帯関係と解し、和解等に相対効しか認めない。最一小判昭四六・九・三〇（判時六四六号四七頁）も、使用者と被用者の関係を不真正連帯とみて、被用者に関する確定判決に相対効しか認めない。最三小判昭四八・一・三〇（判時六九五号六四頁）は、複数の運行供用者の責任につき「各自の立場において別個に生じ、ただ同一損害の塡補を目的とする限度において関連するにすぎないのであって、いわゆる不真正連帯の関係に立つもの」と解し、民法四三八条の適用を否定する。最一小判昭五三・三・二三（判時八八六号三五頁）は、道路管理者と運行供用者が不真正連帯債務を負うとして、相殺を認めた確定判決の絶対効を否定する。ただし、訴訟上の和解に相対効しかないとした最二小判昭四八・二・一六（民集二七巻一号九九頁）は、電鉄会社の賠償債務と都の国賠法三条一項・一条一項による賠償債務とが連帯債務ではないから、と理由づける。(41)

ちなみに、共同不法行為による賠償責任が連帯か不真正連帯かに関する最高裁の判断は、まだ示されていないが（補注—最一小判昭五七・三・四判時一〇四二号八七頁は、民法四三四条の適用を否定する際、不真正連帯だと明言するにいたった）、下級審には、不真正連帯債務説を採るものもいくつかみられる。新しい事例としては、たとえば東京高判昭四九・四・三〇（判時七四二号六一頁）。ところで、カネミ油症事件において、鐘渕化学とカネミの責任につき、福岡地判昭五二・一〇・五（判タ三五四号一四〇頁—関係個所一九六頁）は、両者独自の過失により同一範囲の損害を賠償すべきである以上、七一九条の関連共同性に論及するまでもなく、不真正連帯債務を負うとした。これに対し、福岡地小倉支判昭五三・三・一〇（判タ三六一号一三六頁—関係個所一九二頁）のほうは、損害が両者の過失競合によって発生しており、両者の各過失行為と損害との間には客観的に密接な関連があるとして、共同不法行為の成立を認めるとともに、連帯賠償を命じている。

(b) 伝統的な不真正連帯債務論に対する批判的見解を代表するのは淡路説であるが、(42)そこでは、連帯債務そのものの根本的再検討のほかにも、交通事故や公害の激発に伴い、複数の賠償義務者（共同不法行為者、使用者と被用者、運行供用者と運転者）を生ずる場合が増えており、彼らの関係をどうみるかが、理論的にも実践的にも重要な課題となってきたので、不真正連帯債務論はふたたび重要なテーマになりつつある、(43)という現代的課題の認識がまず表明されている。判例タイムズ三九三号の特集で不真正連帯債務論への言及を希望しているのも、基本的にこれと同様な観点が存するからにほかならない。

淡路説の骨子は、こうである。すなわち、共同連帯型（Ⅰ型）と単純連帯型とに分けられる連帯債務は、全部義務（不真正連帯債務）（Ⅲ型）から区別されるが、Ⅲ型のほかにⅡ型もありうる。ただ、どれがⅡ型かは逐一検討を必要とし、また法律効果についても統一的規定はないから、これまた逐一それを決めなければならない。ここでは、不真正連帯債務論からの演繹的アプローチではなく、それぞれの場合についての具体的検討が必要となる(44)。不真正連帯債務という概念は、積極的内容を含まない消極的概念であって、このことを明確に認識するか、さもなければこの概念を捨て去り、これまで不真正連帯債務とされてきたものに対し、独自にそれぞれの領域で、それぞれの効果を定めるべきである(45)。不真正連帯債務という一種の中間命題ないし中間理論を実用的な概念としては捨て、連帯債務でないものについては、それぞれの法領域で債務者間の法律関係を決するのが、良い方法・道ではないか(46)。従来の不真正連帯債務論では、法的処理が連帯債務と逆方向へ極端化され、利益衡量を前提とする中間的な解決が導けなくなる、といったマイナス面もある(47)。不真正連帯債務であるということは、民法四三二条以下の連帯債務でないことを示すにとどまり、それ以上の積極的意味内容がある統一的債務関係を意味するものではない(48)。こういう視角から、求償権(49)も一人に生じた事由の効力(50)も考える。

(c)　右の淡路説に対する他の学説の反応はどうか。新しい共同不法行為研究は、要件論ないし類型化を当面の課題とするものが多いため、直接には効果論を取り扱わない(51)。したがって「首肯すべき秀れた提案(52)」といった程度の簡単な評価しかみかけない。幾代説(53)でも、簡単な注記にとどまる。しかし、川井説(54)は、共同不法行為の『効果論上の諸問題』を論ずる中で「民法上の連帯債務それ自体が各場合の実情に応じて多様性に富んだものとみる余地がある」「不真正連帯債務とは、各場合に応じ四三二条以下の規定が修正される結果の一場合の呼称にすぎない」とし、淡路説に対しては「わが民法上、連帯債務としては一様のものしか規定されていず、しかも解釈論としてその修正を余儀なくされる現状においては、……民法の規定する連帯債務はいわば標準的なものにすぎず、各場合に応じた規定の修正が許され、結果的にはいわゆる不真正連帯債務と称される場合を認むべきことになる」とする。

債権総論レベルでの対応(55)をみると、いずれも淡路説に着目しているが、三和説(56)によれば、統一的な共同債務類型としてとらえられるかは、その概念自体がかなり曖昧で今後の検討を待たなければならない、また高木説(57)によれば、従来不真正連帯債務とされている諸場合の一つ一つにつき利益衡量に基づく法的処理を考えたうえで、統一的概念設定の意義と必要につき検討することを要する、とされる。星野説(58)は、不真正連帯債務を「最近までよく使われていた観念である」と過去形で書き、淡路説らを受容して、今日では類型ごとにその効力を検討すべく、絶対効がない場合をまとめるにしても〝全部義務〟と呼ぶことを考えたらどうか、と提案する。

(d) 新しい学説は、不真正連帯債務概念に対して、あまり積極的な意義を認めず、進んで追放までも主張する。この点では、幾代説が現在も大々的にこの観念を用いるのとそぐわず、また、最上級審の態度とは対蹠的とも言えそうである。しかし、近時の裁判例では、不法行為に複数者が関与する場合の効果をキメ細かく検討しているとも指摘されており、そうだとすれば、新学説は実務の中へも浸透している――あるいは実務と実質的には手をたずさえて進んできた――とみることができよう。このような状況を各論テーマでどう処理するか、が本特集でも一つの課題となる。

なお、私の連帯責務論は、淡路説により、いろいろな点で批判を受けている。中には読み込みがやや過ぎるのではないかと感じられる点もあるが、もっともな指摘が多く、いずれは修正された不真正連帯債務論を書かねばならない。ただし、ここはその場ではないから、当面の課題に関連して、一つ二つ簡単に附記しておく。まず、具体的・個別的に要件・効果をみていく、という現在一般化した手法に、私も賛成する。つぎに、説明用具にすぎないかどうかは別だが、少なくとも、不法行為領域で右のような検討を経た結果、全額単独責任が維持される諸場合のまとめ言葉として、不真正連帯債務ないしこれにあたる観念を認めたい。ただ、後の点は、いろいろな責任態容とも関連する。

3　複数者の損害関与における責任態容としては、右に挙げた不真正連帯債務以外にも、いくつかの〝型〟が考えられる。ここでも、千差万別の個別ケースに態容を溶解させてしまう見解がありえようが、いちおう基本的な諸パターンを示しておく。これらがどの程度まで利用可能・利用適当かは、各論で決せられるべき問題である。

(a)　川井説の〃一部連帯〃およびその系列に属する幾代説の〃限度責任〃がある。共同不法行為において、一定の場合には減責を認める見解が有力化してきつつある現在、この類型のもつ意味もそれだけ大きくなっていよう。なお、幾代説[59]は、共同不法行為の効果として生ずる不真正連帯債務につき、限度責任との結合を認めるから、全額単独責任の古典的意味内容が変わってくる。

(b)　とりわけ公害と関連しては〃分割責任〃が学説の一部で唱えられている。これには、共同不法行為の新研究からも批判ないし注文がある[60]。津地四日市支判昭四七・七・二四（判タ二八〇号一〇〇頁—該当個所一六三頁）が、いわゆる〃強い関連共同性〃の存在を理由に分割責任の主張を斥けたことは、周知のところであろう。

(c)　幾代説は使用者自身の七〇九条責任を考え（前述一㈢**1**(c)）、国井説[7]も責任の集中・集束を問題にする。後者の観念は、対外関係＝併列、内部関係＝使用者全部負担という意味でも使われえようが、私が問題にしているのは、使用者責任なら使用者の〃単独責任〃を生ずる場合である。債務不履行では、いわゆる狭義の履行補助者という観念がある。履行補助者論は、ある時期から学説の関心を惹かなくなっていて、その法律関係の細部も不明な点が少なくないが、狭義の履行補助者自身は債務不履行を理由とする直接の賠償責任を負わない、というのが一般の理解であろう。これに対応する関係を、複数者関与でも責任の一類型としたらどうであろうか。私は、国賠一条責任もこの系列に入るものとして理解したい。

(d)　損害の全部についてであれ一部であれ、複数者が責任を負う場合には、分割責任を考えなければ、連帯ないし不真正連帯として同列に並ぶのがすべてであろうか。福岡スモン判決（前述一㈡**3**(c)）のように、第一次的かつ究極的な責任負担が製薬会社にあるとみるときは、それを求償関係だけでなく対外関係にまで投影させることが考えられはしないか。これが、私の〝解釈構成による保証[61]〟という観念ないし類型であり、それに位置づけられる関与者は補充的責任を負う。近い見解は加藤(雅)説[62]であって、自動車製造者と保有者、一般に典型的製造物責任と準製造物責任の間では、前者の責任が第一次的、後者は第二次的責任だと説き、後者には催告・検索の抗弁権を与える。これによれば〝補充性ある不真正連帯債務〟が認められるわけであるが、詳細は後日に留保されている。

㈣ 不法行為責任の交錯

1 二回(法律時報四八巻一二号・四九巻一号と五〇巻六号・七号)にわたるこの表題の特集は、私の想定した図式[63]どおりにいけば、実体法の側では、特別法も含む〝特殊不法行為〟すなわち、①法人責任、②監督者責任、③使用者責任、④工作物責任、⑤国賠一条責任、⑥営造物責任、⑦運行供用者責任を柱にして、第一部では〝一般不法行為〟との関係を、また第二部では〝共同不法行為〟との関係を、それぞれ検討しようとするものであった。行為類型ないし事故類型に即して研究する支配的なアプローチとちがい、特殊不法行為の制度ないし法条を軸とする研究手法と言ってよいが、それによって民法七〇九条なり七一九条の適用範囲との関連も明らかとなるはずである。

とくに第二部においては、法条の適用範囲・適用要件、責任主体の確定、責任の内容・態容なども解明すべき対象となる。本特集は、そのような基本的視覚では前の特集と変わらないが、各特殊不法行為ごとにみてきた前回よりも、いっそう分析単位の具体化・個別化を進めてみたわけである。

2 右第二部で検討された当該〝特殊不法行為〟と〝共同不法行為〟の交錯を、民法関係の論文についてだけではあるが、私の関心からのみ簡単に紹介しておく。詳細は各論文を参照されたい。

(a) 国井論文[64]。七一五条に該当する事案がそのまま七一九条の適用をみるか、七一五条によりうる場合に七一九条を活用する意味は何か、を問題にする。独立の不法行為性という七一九条の要件をみたすことは、使用者の不作為による不法行為で十分だと考えたとしても、容易でない。そのうえ、関連共同性の要件で阻止されるケースが多いであろう。後の問題につき、七一五条は、七一九条がもつ因果関係の擬制・拡張的機能をもたない（これに続く記述は、簡単すぎて意味が必ずしも明らかでない）。

(b) 吉田論文[65]。民法四四条一項の原型（＝構成員一人の行為）は、共同不法行為の枠外にある。複数法人に属する複数構成員の行為が共同不法行為となるときは、法人が構成員と同一の責任を負担するという理由から、共同不法行為の成立が問題になる（解答が明らかでない）。いわゆる企業責任では、構成員との間で変則的ながらも共同不法行為の成立する場合が多い（この項は説明不足）。

(c) 寺田論文[66]。親権者と未成年者の不真正連帯責任は、七一九条一項前段を条文上の根拠とするが、併存的責任を認めない七一四条一項の制度的欠陥から、まず七〇九条の責任として構成され、つぎに七一九条一項後段の類推適用へたどりつく。しかし、結局は七一四条的構成へ回帰すべきであり、端的に七一四条を類推適用するほうが好ましい。

(d) 目崎論文[67]。結論として、工作物責任において複数責任主体の責任を追及するには、共同不法行為構成が最も有効に働くが、これによって七一七条のその部分がまったく空洞化している（それに続く説明は意味が明らかでない）。

三　本稿に続く個別テーマについて

以上みてきたような〝共通項〟へも配慮しながら選んだのが、判例タイムズ三九三号を占める特集のテーマである。もちろん、関与が問題となるすべての場合を網羅しようとするつもりはないし、また、諸テーマが前述来のところを中心にして書かれることも望んでいない。むしろ、それぞれのテーマに固有の問題を大いに論じていただく中で、右の点にも配慮されれば、という程度のことである。ただ、共同不法行為や不真正連帯債務にしても、また種々の複数関与者の問題にしても、それらを孤立的にみるより他との関連・対比で観察するほうが、その姿をはっきりさせうると考えられるから、このような形の作業が行われることは、不法行為法ないし損害賠償法を整序するための一石となりえよう。

個々的に補足すれば、手続法に関するテーマが二個ある（前記タイムズ【二四】【二五】—以下、ゴチック数字は同じ）。また、実体法関係のテーマは、ふつう不法行為責任として論じられるものがほぼすべてであるが、製造物責任は契約責任の視点も問題とされうるし、純粋の債務不履行責任についてのテーマも一つだけ採り上げた（【二二】）。これと関連して、債務不履行者と不法行為者の責任競合も論点の一つたりうるが、そういう形での独立項目は作らなかった。さらに、公害関与者の場合（【二三】）は、賠償責任だけでなく差止請求にも論及してくださるようにお願いした。現在の公害訴訟においては、後者も重大関心事となっているからである。国賠法に関する【一八】は、複数公務員が対象とされているが、公務員と国との責任関係も、既述のとおり、私には大きな関心がある。

諸テーマは、大なり小なり他のいくつかとの間で重なっているものが少なくない。読者としては、たとえば【九】【二〇】【二一】に出てくる医師なら医師を軸にしてお読みいただくのも、一つの方法であろう。同様に〝複数の〟という視点も随所にあるから（【二】【一二】【一三】【一七】【一八】【二〇】【二二】【二三】）、それらおのおのの中で共同不法行為論がどういう処遇を受けているか、も対比していただきたい。

（1） 簡単には、椿「スモン判決と複数関与者の責任」判例タイムズ三七六号五四頁—本書三八二頁以下。
（2） 加藤・不法行為〔増補版〕一九〇頁および（注六）。
（3） 椿「共同不法行為」総合判例研究叢書民法12一二四頁以下参照。
（4） これについては、寺田正春「監督義務者の責任について」法律時報四八巻一二号六七頁以下、同「監督義務者責任」法律時報五〇巻六号四三頁以下参照。

（5）　最近にも、従来からの解釈を維持確認する最二小判昭五三・一〇・二〇（民集三二巻七号一三六七頁、判タ三七一号四三頁、判時九〇六号三頁）がある。
（6）　幾代・不法行為二〇五頁以下。
（7）　この二つの用語は、私と同義か否かを別にして、国井和郎「自動車事故における共同不法行為に関する一考察（一）」民商法雑誌七一巻一号一五頁、同「使用者責任2」法律時報五〇巻七号一〇二頁など参照。
（8）　幾代・前記（注6）所掲一六二頁。
（9）　これに関しては、椿・前記注（1）所掲五五頁―本書三八七頁参照。
（10）　石田穣・損害賠償法の再構成・第二部参照。簡単には、同書一〇九―一一〇頁。
（11）　国井「共同不法行為論学説史2」法律時報五〇巻六号二二頁以下。なお、判例タイムズに掲載された論文には掲記されていない実務家の研究も少なくない。たとえば判例タイムズ二六八号の中村行雄論文や山口和男論文。
（12）　要約的解説として、能見善久「共同不法行為」民法の争点三〇〇頁以下。
（13）　川井健・現代不法行為法研究二二一・二二九頁。
（14）　幾代・前記（注6）所掲二二三頁および注7。
（15）　国井・前記（注11）所掲二八頁。
（16）　平井宜雄「共同不法行為に関する一考察」民法学の現代的課題二九八―三〇〇頁。
（17）　能見善久「共同不法行為責任の基礎的考察（一）」法学協会雑誌九四巻二号一〇―一一頁。
（18）　淡路剛久「最近の公害訴訟と私法理論(二)」判例タイムズ二七一号八頁以下。
（19）　幾代・前記（注6）所掲二一〇頁。
（20）　幾代・前記（注6）所掲二一四頁注1、能見「考察（二）」法協九四巻八号一三四頁。
（21）　平井・前記（注6）所掲二九九・三〇九―三一〇頁。
（22）　幾代・前記（注6）所掲二一八頁および注1。
（23）　前田達明・不法行為帰責論二九六―九七・三〇一頁。
（24）　幾代・前記（注6）所掲二一二・二二〇・二二二頁。
（25）　国井「考察（五）」民商法雑誌七二巻一号四〇―四一頁。
（26）　椿・前記（注3）所掲一一三頁以下。
（27）　国井・前記（注7）所掲民商四頁参照。

(28) 前田・前記（注23）所掲二四九頁および注1末尾。
(29) 能見「考察（三）」法協九五巻三号五二一・五四頁。
(30) 能見・前記（注29）所掲六七—六八頁。
(31) 能見・前記（注29）所掲六七頁以下・七六頁、同「考察（四）」法協九五巻八号八三頁。
(32) ただし、判決要旨では被用者と第三者を〃共同不法行為者〃だとみる。
(33) 前田・前記（注23）所掲三一〇頁。
(34) 平井・前記（注16）所掲三一六頁注45参照。
(35) 幾代・前記（注6）所掲二二六頁。
(36) 能見・前記（注17）所掲二六頁。
(37) 能見・前記（注20）所掲一四八—一四九頁および注一三。
(38) 高木ほか・民法講義6二六六—二六七頁〔能見善久〕。
(39) たとえば平井説に対して、能見・前記（注20）所掲一七七頁参照。
(40) 能見・前記（注38）所掲二六七頁。
(41) 幾代・前記（注6）所掲二二六頁注4は、この判決が共同不法行為＝不真正連帯債務説に立つもののように引用するが、本文所述の説示しかなく、原審において、たとえ本件事故が共同不法行為にあたるとしても、彼らの関係は不真正連帯債務だ、とされているにすぎない。
(42) 淡路剛久・連帯債務の研究（昭和五〇年）。
(43) 淡路・右（注42）所掲一六四頁。
(44) 以上は、淡路・前記（注42）一六五～一六六頁。
(45) 淡路・前記（注42）所掲一六五頁。
(46) 淡路・前記（注42）所掲二三四—二三五頁。
(47) 淡路・前記（注42）所掲二三二頁。
(48) 淡路・前記（注42）所掲二七六頁。
(49) 淡路・前記（注42）所掲二八〇頁以下。
(50) 淡路・前記（注42）所掲二六二頁以下・二七九頁。
(51) 能見・前記（注17）所掲五一頁は、はっきり留保している。

(52) 前田・前記（注23）所掲二九五頁。
(53) 幾代・前記（注6）所掲二二七頁注6。
(54) 川井・前記（注13）所掲二五七―二五八頁。
(55) 簡単な整理としては、高橋康之「不真正連帯債務概念の有用性」民法の争点二〇〇―二〇一頁参照。
(56) 三和一博・民法学4二四五頁。
(57) 林＝石田＝高木多喜男・債権総論三八五頁。
(58) 星野英一・民法概論Ⅲ一七〇―一七一頁。
(59) 幾代・前記（注6）所掲二二六頁。
(60) 平井・前記（注16）所掲三一一頁、能見・前記（注20）所掲一七四頁参照。
(61) 椿・前記（注1）所掲五六―五七頁。
(62) 加藤雅信「製造物責任規範とその問題点（5）」判例タイムズ三八八号一〇頁。なお「座談会」Law School　六号二〇―二二頁も参照。
(63) 椿「不法行為責任の交錯序説」法律時報四八巻一二号八頁（本書一六一頁）以下、同「問題提供者から」法律時報五〇巻六号九四頁参照。さらに、国井「序説」法律時報五〇巻六号八頁以下も参照。
(64) 国井・前記（注7）所掲法時一一〇―一一一頁。
(65) 吉田真澄「法人および構成員の責任」法律時報五〇巻六号三三頁以下。
(66) 寺田・前記（注4）所掲五〇巻六号四三頁以下。
(67) 目崎哲久「工作物責任」法律時報五〇巻六号五〇頁以下、とくに五八頁。

9　責任の併存・分割・集中

一　はじめに

複数者が併列的に損害賠償責任を負う場合の態様いかんにつき、明文の規定が設けられているのは、共同不法行為（民法七一九条）だけであり、しかもこれをめぐっては、周知のとおり、法文の表現をそのまま読んで連帯債務ないし連帯責任だとした大審院判例に対し、学説はいわゆる不真正連帯説を唱えてきている。

つぎに、複数者がどういう形の責任を負うかにつき法文上は規定されていないけれども、解釈上そのことが論じられる場合は、いろいろと出てくる。それらの中では、使用者の賠償責任（民法七一五条）と被用者のそれ（民法七〇九条）との関係が最も代表的な場面であって、彼らの責任態様を、単に「別個ノ債務ニシテ連帯債務ニ非ズ」とした大審院判例もあったが、数件の最高裁判例は明示的に不真正連帯債務だとみている。(1) また、これと近似する法人の賠償責任（民法四四条一項）と理事ないし機関のそれ（民法七〇九条）との関係も、不真正連帯の一場合であると解されており、(2) 総じて複数者がそれぞれの立場で被害者に対して独立に賠償すべき場合は、不真正連帯債務の観念とすんなり結び付いてきた。

しかも、これらの問題は、ある時期まで、さほどの論点だとも一般には考えられておらず、不法行為に関する著作の中で占める量的な比率もかなり小さかった。(3) かつまた、連帯責任における絶対効（民法四三四条〜四三九条）が債権者――したがって不法行為の領域では被害者――にとって不利であり、そのことを不当視するところから、不真正連帯債務説があまり論議もなく簡単に受け入れられていた。

ところが、近時はこういう状況に変化を生じた。その一つは、本特集の國井論文でも紹介・整理されているように、共同不法行為論の開発がめざましく、その類型化に関する把握の中から責任態様にも新たな視点が現われたことである。これは、一部（のみ）連帯的な発想や分割責任の可能性をも示している。また、もう一つは、淡路教授の研究(4)を契機に意識され始めた連帯債務と不真正連帯債務の関係であり、後述するような方向の議論が行なわれている。

本稿は、表題に掲げた三つの態様につき、私が九年前（昭和五四年）に書いた《複数者の損害関与と賠償責任序説》――以下、前記拙稿と呼ぶ――より後の学説若干を参考として（その稿で引用した学説は今回具体的に出所を示さない）、問題状況および私なりに指摘しておきたい事項ないし論点がごく簡単にスケッチしてみる。したがって、もとより網羅的でないのみならず、共同不法行為（國井論文）・過失相殺（伊藤論文）・補充的責任（浦川論文）および求償権（青野論文）の中で、あるいはそれらのテーマと関連させて論及されるであろう事項については、すべて割愛する。また、この九年間といっても、現在の私に投下可能な時間の都合により、主要な教科書・体系書をいくつか掲示するにとどめたい。

二　併存責任の内容

(1)　ここでとり挙げるのは、併列的・非補充的な全額単独責任の場合である。そして、それは、共同不法行為者と共同不法行為以外の複数賠償責任者の両方を含んでいて、たとえば前田教授は、被用者と使用者などのように、一つの加害行為について数人が不法行為責任を負う場合ではなく、一つの加害（権利侵害）について数人が不法行為責任を負う場合のうち民法七一九条に該当しないものを〝競合不法行為者〟と呼んでいる[5]。

冒頭に書いた本特集の企画趣旨でも少し言及したが、私がこのような集合的問題を共同研究しようと考えるに至った動機の重要な一つは、民法七一九条とそれ以外の諸場合との関係いかんであった。これは一種の〝法規の適用競合〟が問題となるもので、どちらでも要件をみたすかぎり適用ありという判例的（従来の裁判所が一般に採用してきたと思われる）発想だけでなく、共同不法行為とそれ以外の場合との相関関係を明らかにしようとする立場も成り立ちうる。ところが、現在までのところ、諸家の研究は圧倒的に共同不法行為へ比重をかけており、それ以外の複数者責任の開発は段ちがいにおくれている。われわれの共同作業もまだ複数者責任の各場合それぞれへ主として着眼する段階にとどまっている。総合的研究は今後の重要テーマに属することのみ、ここでは指摘しておきたい。

(2)　問題は、責任の態様が連帯か不真正連帯かという点である。淡路教授の主張要旨およびそれに対する学説側の対応は、前記拙稿での紹介にゆずるが、それ以後も左のようにいわれている。

鈴木教授は、共同不法行為における利益衡量として、原則として被害者の利益保護が優先すべきであると説き、いわゆる不真正連帯債務のうちには、民法四三四条から四三九条までの規定全部を適用しないもの（純粋型）のほか、一部のみが適用されないもの（狭義の連帯債務に近いもの）もあり、不真正連帯債務は段階的に存在すると解する[6]。この鈴木説では、損害賠償における被害者保護と不真正連帯債務とが結びついている。

つぎに、前田教授は、民法七一九条について、同条の〝連帯〟は〝連帯債務〟であるが、わが民法の連帯債務には絶対効事由が多すぎて、利益衡量上もそのまま複数不法行為者の関係に適用すると、被害者に不利であり、被害者保護の規定たる同条の立法趣旨に合わない、という見解を支持する[7]。そして、絶対効の問題を個々的に判断するが、この点は後述する。さらに、不真正連帯債務という観念につき、それに属するとされる諸場合は、絶対効・負担部分・求償権において、それぞれ異なった利益衡量を必要とするから、そのような観念を使わないで、それぞれの法領域で妥当な法律関係を定めるべきである、というにいたった(8)。

四宮教授は、七一九条の〃連帯〃を民法の連帯債務規定から解放した点で不真正連帯債務説が正当だったと評価したうえで、民法の連帯債務規定を当然には適用しないという意味において、不真正連帯というゆるやかな枠づけを与えつつ、各場合について連帯債務規定を含む法的効果を定める、という立場に立つ(9)。そして、民法四三二条・四三四条・四三七条に論及する。

平井教授は、不真正連帯債務の観念について、前記拙稿で紹介した淡路説→星野説の線を進め、ドイツ法とわが法とでは絶対効の範囲がちがっており、かつ、前者では求償権規定の適用をめぐって不真正連帯が論じられているので、用語法としても、旧民法以来の伝統をもつ〃全部義務〃の観念が用いられるべきである、とする(10)。

奥田教授は、淡路説の指摘に留意しつつも、ドイツ普通法以来の〃共同連帯〃および〃単純連帯〃の区別を参考にして、絶対効の範囲が広く債権の担保力を削減するわが民法の連帯債務にあっては、それとは別の連帯的関係（不真正連帯）を認める実益が多い、とする於保説を支持している(11)。

前記拙稿でも紹介した能見教授は、大論文をしめくくるにあたり、共同不法行為責任の類型化を目標とするその研究では、共同不法行為者が負う全額賠償責任をどのように解するかは考察の対象となっていないと断わったうえで、「連帯債務について民法が規定する絶対的効力事由の適用を共同不法行為の類型化と結び付けて考えることもできないわけではないが、個別的に考えて行こうとするのが最近の傾向であり、柔軟な共同不法行為理論を目指す本稿の立場からもそれが適当と思われる」と述べている(12)。

(3) 以上の新しい諸説も、すでに前記拙稿で紹介したそれまでの学説を大なり小なり踏襲しており、私の感想もその限度で現在なお転用できるわけだが、これについては参照を乞い再説しない。不真正連帯債務が問題となる一つ一つの場合ごとに考えていかざるをえないほど、それぞれの個性が細かく異なっているとも思えない。論者としては、抽象論で突き放すだけにとどめず、より具体化させて主張すべき責任があろう。私としては、不真正連帯債務と呼ぶか全部義務と呼ぶかはともかく、また、一種とは限らないにせよ、一定の共通項によってくることを考えてよいと思う。今後もっと詰めるべき課題の一つに属する論点である。

このほか、問題となる諸場合を示す表現として、不真正連帯債務の代わりに〝全部義務〟を使うべきことが、かなり前から有力に主張されている。その際の論拠は、ドイツにおけるその観念の用いられ方とか意義に存する。しかし、たとえば債権者代位権においても、母法とは異なる機能が定着している場合に、母法と同じでなければ許されない、といわなければならぬものだろうか。ことがらは、法律学の方法にもかかわるはずだが、必ずしも力も返って全部義務を呼び起さなければならないとは考えられない。不真正連帯債務も、いまや日本法上の観念である。平井説が、全部義務での置き換えを説きつつも、他方において従来における不真正連帯債務という観念の〝定着〟へも注意を向けている[13]のは、考え方として柔軟である。どちらか一方でなければならない、とするのは別の意味で硬直した発想法のようにみえるが、これもやはり検討に値する議論であろう。

(4)　ところで、これまでの議論をみていると、おおむね、連帯債務の絶対効規定（民法四三四条〜四三九条）そのものは、内容的に動かされないままのようである。そして、いわゆる不真正連帯債務に属するほとんどの場合は、債権者（＝被害者）の利益保護が優先されるべき損害賠償の場面であり、かつ、絶対効は債権者に不利なため、連帯債務とりわけ絶対効規定の適用を排斥する解釈が積極的に評価されてきたわけである。他方、このような解決が両極分化を生じやすいと批判もされた。

ここで言及しておきたいのは、絶対効規定の内容がはたして不可動かという点である。私見は、非典型担保論において、典型担保を回避した側からだけながめるのは片手落ちであり、逃げられた典型担保の側のマイナスないしデメリットにも着眼すべきだと注意してきているが、債権の力を弱めると批判されてきた絶対効規定は、ほんとうに条文の数だけのマイナスないしデメリットを額面どおり保有するものであろうか。簡単に述べてみよう。

まず、四三四条は、改めていうまでもなく債権の力を強化する絶対効であり、『註釈民法』においても指摘しておいたように、連帯債務の独立性を法形式論的に強調する立場を除けば、かくべつの批判はない。とすれば、不真正連帯債務への適用ないし類推適用を肯定してよい。鈴木教授も、被害者保護の観点から同条を不真正連帯債務へ適用することが要請される、という。(14)

四三五条の絶対効は、私見によれば実際に発動する余地がまずない。なぜならば、更改という古代的制度は、近代に入って債権譲渡および債務引受が承認されるようになって以来、その機能がそれらにより取って代わられた。目的の変更による更改も、代物弁済や担保給付（既存債務のための手形振出）へ移行して、結局、更改は全体として、契約自由の枠のもとでのみ現存するにすぎない。ドイツ民法における更改規定の不存在は、そのような流れを示すが、基礎となる更改それ自体が右のようであるならば、その絶対効による実害も基本的には消失するわけである。

四三六条一項は、相殺が準弁済である以上、非難すべき性格のものではない。当然の絶対効事由である。二項は、相殺援用権者の範囲を拡大する規定であり、債権者からすれば、本来の相殺有資格者でない者より抗弁権を主張されることは、不利益といえないではない。しかし、もともと有資格者の相殺があれば債権者は現実の弁済を受けられなくて当然なのだから、声を大にして絶対効の非を鳴らすべきほどのものとはいえまい。むしろ、同条二項は、他人の権利の処分をどこまで許すべきか、という観点から問題とすべきものであり、当面の問題関心とは関わりをもたない。

四三七条は、私見や我妻博士によって、いわゆる〝相対的（効力しかない）免除〟が必ずしも明示の意思表示を要求することなく認められ、このような考え方に賛成する見解も多い。とすれば、不真正連帯債務の免除には相対的効力しかないと唱えることとの間で、さほど大きな差異はないのではないか。しかも、相対的免除となるものが、黙示の意思表示も超えて、解釈的構成から導き出せることになれば（新しい問題解決のための解釈において、そういう流れがあることは否定できない）、右の方向はいっそうはっきりしよう。

四三八条は、求償循環を避けるための便宜的規定であり、これを不真正連帯へ使う使わないという議論をしても、われわれの課題にとって、あまり実益はないように思われる。むしろ、この規定は、不真正連帯に求償権を認めるかどうか、と関連させて考えるべきではないか。

四三九条は、四三七条と並んで、債権者に不利益を与える絶対効規定の代表的なものである。しかし、そもそも複数者の時効完成が各自により異なる事態は頻繁であるとは考えられず、とりわけ昭和一三年に商法三条二項が追加されて以来、同条をめぐる訴訟は激減していて、四三九条の適用を論ずべき場面は、昔に比すれば偶発的でしかない、といえるのではないか。

以上のようにみるかぎり、絶対効規定を抽象的・一般的にもち出して、それらが連帯債務では無条件ないし無制限に適用されることを前提にするのは、かなり問題を含む。実際の解釈・運用までも含めてある制度・条文の当否を論ずべきことは、むしろ当りまえであろう。連帯債務の絶対効を条文どおりにいうだけでは正確な議論とはいえない。こういう角度からの検討も忘れるべきではあるまい。

三　責任の分割

(1)　一部の学説は、複数者が公害に関与した場合につき分割責任を認め、それをめぐって賛否がみられるが、公害以外の場合にあっても、分割責任は問題とされることがある[15]。前者は、損害額が大きく、それだけ加害者間の公平をはかるべき要請が強い場面で、ねらい打ちができることを避けるため、主観的共同がない場合の連帯責任を排除するものである。後者の場面がどの範囲かは、あまりはっきりしていない。

債権総論における〝多数当事者の債権関係〟から立論すると、債権者が複数の場合には民法四二七条を原則視してよい(16)が、債務者が複数の場合には、債権者のこうむる不利益および当事者の意思推測の二点から、いわゆる分割原則に反対するのが通説である。不法行為による損害賠償の場面では、後の根拠づけは妥当しないであろうが、債権者すなわち被害者の利益保護を優先させる（鈴木説）という考え方に立つかぎり、分割責任は、否定するか、あるいはごく限られた場合にしか認めるべきでない。公害事件で分割責任を認めることは、ふつうには主観的共同がない以上、大々的にそれへ傾斜するのを意味する。が、民法四三二条は連帯債務でない全額単独責任にも適用ないし類推適用があると解するときは、求償関係が肯定されるかぎり、ある加害者が全額をねらい打ちされたところで、決して不当あるいは不公平ではない。また、取れない加害企業へ集中取立をする事態が通例となるはずもない。公害以外の事案にあっても、状況は極端に変わるものではあるまい。この意味で、複数加害者における責任分割は、もっと徹底して再検討を加えるべきではないだろうか。

このことは、債権総論規定の〝通則性〟いかんにもつながる。債務不履行規定を不法行為による損害賠償へ適用ないし類推適用することに関しては、古来賛否両論があるけれども、同じ債権総論中の多数当事者債権関係の場合は、どのように解すべきか。債権総論に分割規定が存在し、かつ判例理論ではそれが原則と解されていることを、簡単に連想し不法行為へも適用してよいかどうか。債権総論と各論の関係にもまたがる課題となりうるように思われる。

(2)　つぎに、能見教授は「共同不法行為について寄与度減責や相対的な過失相殺を認めることによって連帯責任が一部否定される」ことに注意を喚起する。(17)これらの内容は國井論文や伊藤博文により説明されるであろうが、私のほうは、それらが、全額単独責任と分割責任との間で具体的にどういう位置を与えられるかに、一つのテーマを見出す。それらの位置づけをどうみるかは、全額単独責任なる厳格な場面が過当と考えられるときに、緩和する手段として役立つであろうし、分割責任の妥当性が疑われるときの対策にもなろう。

四　責任の集中

(1)　〝責任の集中〟という言葉は、これまでほとんど術語として使われたことがない。そこで、やとっている企業をA、従業員をBとして、一つ二つ例示することから始めよう。

民法七一五条の使用者責任は、その要件として被用者Bが民法七〇九条に該当することを求める。そして、この場合は、B個人に不法行為責任を負わせるための要件がみたされているので、Bの責任と使用者Aのそれとは併存する。他方、Bが、Aの債務不履行責任を問う際の履行補助者、それも狭義の履行補助者だとすれば、伝統的な考え方のもとでは、責任を負うのは債務者Aだけであり、Bが責任の主体とされることはない。Bは、いわばAが責任を負うための要件に組み込まれているわけである。

つぎは、電鉄会社Aが踏切事故によって賠償責任を負う場合に移ろう。ここでは、事故を起こした電車の運転士や問題の踏切の警手がBであるが、三通りの法的手段が考えられる。第一は、被用者Bが民法七〇九条の要件をみたし、使用者のAが民法七一五条の要件をみたして、使用者のAが民法七一五条の責任を負う、というルートである。この場合には、右でみたようにBの責任は否定されない。第二は、Aの土地工作物責任を問うという民法七一七条のルートであり、最高裁がこの方法を採用した(18)が、この場合には、土地工作物の瑕疵を理由とするため、Bは本来ならば同条三項の損害原因責任者として、Aからの求償権を行使される立場にある。もっとも、学説では、BがAと並び、またはAに先んじて民法七〇九条の責任を負うことも認められ、AとBは不真正連帯債務を負う、という見解（幾代説）もある。第三は、A自体に着眼して、民法七〇九条により彼の責任を構成する、というルートである。この場合、Bは法的に問題とされない。

(2) 責任の集中ないし集束に関しては、前記拙稿でも若干言及してある。[19] 右の例でもう少し説明すれば、使用者責任が問題となるときは、AとBが〝併列責任〟を負うが、いわゆる履行補助者Bの過失に対する債務者Aの責任とか、責任原因者Bが存する場合における土地工作物の占有者または所有者Aの責任は、Aのみの〝単独責任〟となる。そして、土地工作物責任の場合には、伝統的な考え方に従えば、Bは対外関係（被害者に対する関係）では責任を問わず、対内関係（占有者・所有者との関係）において求償の形で責任を負う。履行補助者の場合も、おそらく同じ組立て方となるであろう。

つぎに、民法七〇九条における〝者〟は、個人・自然人に限られるわけではない。古来数多くの判例・裁判例において、たとえば民法四四条一項や七一五条のような法人ないし使用者への責任結び付けをともなわないで、それらの責任が導き出されている例は少なくない。近時の公害訴訟でも、企業自身の過失による民法七〇九条の責任が認められ、それをめぐって検討も行われている。[20]

(3) 右のように、企業ないし法人が、他のだれかの行為を介して責任を負わされるという法的構成によらないで、端的に自己責任を負うのが、本稿でいう責任集中あるいは責任集束である。

これは、どういう場合において、何を目的とし、かつどのような理由づけにより認められるのであろうか。加藤教授[20]は、代位責任でない企業自体の自己責任を認めることと、それによって被用者への求償権を制限することの二つが、〝企業責任〟のねらいである、ときわめて簡潔・的確に指摘する。その諸説については、直接の参照を乞うておくが、たとえば、民法七〇九条による企業の責任は、組織体である事業者としての活動に過失と評価されるだけに責めるべき欠陥があった場合であり、被害者の救済を容易にする働きをもつ、とされる。こういった議論をいっそう精錬することが、われわれの課題となろう。

そういったテーマの中に、Aの単独責任とA・Bの併列責任との関係ないし限界づけをどのように考えべきか、という論点も入るであろう。被害者の救済が利益衡量ないしは法的評価において重視されざるをえないとするならば、彼の満足が確実に保障されないかぎり、あまり軽々しく〝併列責任から単独責任へ〟と動くわけにもいくまい。しかし、被害者の満足可能性（帰するところはAの賠償資力）いかんにより、Bが対外関係へ引き出されたり引っ込んだりするという移行ないし使い分けが、はたして法的構成としてうまく成功するものか。この点も検討を要することがらである。

（1） 椿「複数者の損害関与と賠償責任序説」判例タイムズ三九三号〔一九七九年〕八～九頁→民法研究Ⅰ〔一九八三年〕一九二頁、本著作集1「**10**複数の債権者と分割原則」参照。
（2） たとえば、四宮和夫・民法総則〔第四版・一九八六年〕一一四頁。
（3） たとえば、当時の新しい体系書として、それ以後に大きい影響を与えた加藤一郎・不法行為〔一九五八年〕一八八～一八九頁、二〇五～二〇七頁、二一二頁を参照されよ。
（4） 淡路剛久・連帯債務の研究〔一九七五年〕。収録されている論文のうち、とくに不真正連帯を問題にしたものの初出は一九七四年。
（5） 前田達明・民法Ⅵ2不法行為法〔一九八〇年〕一九三頁。
（6） 鈴木禄弥・債権法講義〔一九八〇年〕七八頁・三〇一頁。
（7） 前田・注（5）所掲一八八頁。
（8） 前田達明・口述債権総論〔一九八七年〕三三〇頁。
（9） 四宮和夫・事務管理＝不当利得＝不法行為（下）〔一九八五年〕七八九頁。
（10） 平井宜雄・債権総論〔一九八五年〕二六七頁。
（11） 奥田昌道・債権総論（下）〔一九八七年〕三七四～三七五頁。
（12） 能見善久「共同不法行為責任の基礎的考察（8・完）」法学協会雑誌一〇二巻一二号〔一九八五年〕四〇～四一頁。
（13） 平井・前記注（10）所掲二六七頁参照。
（14） 鈴木・前記注（6）所掲三〇〇頁。
（15） 椿・前記注（1）所掲判タ七頁・一〇頁など参照。

(16) 私見は、明確に分割原則説を強調する(椿「複数債権者と分割原則」前掲民法研究Ⅰ一〇〇頁以下、本著作集1「**10**複数の債権者と分割原則」参照)。
(17) 詳細は、能見・前記注(12)所掲四一頁参照。
(18) 最判昭和四六年四月二三日民集二五巻三号三五一頁。
(19) 椿・前記注(1)所掲判タ四頁(第一段目)・一〇頁(第三段目)など。
(20) 加藤一郎「企業責任の法理」ジュリスト五七八号〔一九七五年〕四二頁以下参照。

10　複数の債権者と分割原則

一　問題の所在

1　出発点とする学説

ある可分給付（とくに金銭）につき数人の債務者が存する場合、それがどういう債務の態様になると解すべきかは、後述するように、おおよその考え方ないし視座が出来上っており、多くの学説は分割主義・分割原則を批判する立場である。では、逆に債権者が複数の場合は、どのようにみられているか。民法四二七条に関する代表的体系書の記述を紹介することから始めよう。

「この態様においては、債権債務の関係は極めて明瞭である。然し、分割債権においては、一人の債権者が権利を行使しないときは他の債権者は債権全部の履行を求めることができず、また、債務者は各債権者に分割して給付する煩を免れえないから、債権者にとっても債務者にとっても不利益が少なくない。……（中略―分割債務批判）……要するに、分割債権関係は多数当事者の債権関係における個人主義的思想の現われである。その長所も否定しえないであろうが、その適用範囲に慎重な制限を加えないで漫然と多数当事者の債権関係の原則とすることは、不都合な結果を生ずることを免れない。(1)」

そして、右の学説は、分割債権を生ずるとされる場合につき検討を加える。(2) それによれば、まず、組合が取得した金銭債権および共同相続した金銭債権は、いわゆる債権の合有的帰属となって、分割債権を生じない。つぎに、共有物の収用対価や毀損による賠償などのように、特別の結合関係がない複数者について、しかも彼らの意思にもとづかないで発生する債権は、分割債権になると解しても一般に不都合ではない。しかし、共同の事務管理による費用償還請求権などは、共同の行為ないし出捐が不可分に結合して相手方に利益を与えることの補償であって、不可分債権となる。さらに、数人が共同契約で取得する債権は、分割債権とはならず、一括請求・一括弁済の特約を認めるべき場合が多い。また、数人が共同して貸し付けた金銭の返還請求権も、判例のように分割債権と解するのは、はなはだしく疑問である、と。

ところで、この学説は、問題の不可分債権につき、債務者の履行を容易にする、と肯定的に述べる一方で、債権の行使はいちじるしく便利であるが、他の債権者に対して損失をこうむらせるおそれがないではない点は考慮の余地あり、とする。(3) また、全額請求が可能な連帯債権に対しては、そもそも積極的な意義を認めず、法定連帯債権はないようである、契約連帯債権も経済的意義が少ないのであろうが実例をみつけられない、としている。(4)

2　この見解の問題点

右の我妻説を総合観察するときには、矛盾を感じる。もし分割債権という形態がいけないとみるのであれば、それの対極的な形態をもっと積極的に評価してもよさそうに思える。ところが、分割債権を排して選んだ先の不可分債権では、問題提起にとどめているとはいえ、債権を行使しなかった債権者の危険が指摘され、連帯債権にいたっては、積極的意義も実用性も認められていない。さらに、債務者複数の場合には、意思表示による不可分ないし特殊な関係としての不可分債務よりも、連帯特約を認定するのが適当であるとしながら、(5) 債権者複数の場合になると、ためらいなく不可分債権をもち出す点も気にならぬではない。

私の関心のひとつは、この代表的学者の見解を以後の学説——といっても論説のない領域だから教科書ということになる――がどのように受け止めているか、である。やや極端にいえば、分割債権はいけないが、不可分債権も問題があり、連帯債権は意義がないでは、いったいどうすればよいのか。諸学説による理解および対応をみなければならない（次述二）。

3　連帯債権を論ずる理由・動機

ところで、その連帯債権――本稿では分割債権と向かい合う重要素材になる――の意味ないし法律関係については、具体的に述べられない場合も少なくはない。たとえば、西村先生の『債権法総論（訂正版）』（一九五七年）一一一頁には、連帯債権という言葉だけが出ている。また、ごく最近の教科書でも、連帯債権や不可分債権の制度は、人的担保機能や存在意義をもたないから、それらについては説明しない、と断わるものがある。(6)

連帯債権に対するこのような冷遇は、私なりの立場からしても十分に理由があり、現状で差しつかえないと考えていたが、債権の二重譲渡に関する最判昭和四九年三月七日（民集二八巻二号一七四頁）の諸評釈、および、最判昭和五五年一月一一日（民集三四巻一号四二頁）の説示内容を機縁に、この問題は、もはやこれまでのように無停車通過できなくなったように思われる。その間の事情を簡単に述べておこう。(7)

右四九年判決は、それ自体としては、譲渡通知が債務者に到達した日時の先後により、二重譲受人の優劣を決めるとした先例であるが、それの評釈において、優劣を決定できない場合の両譲受人の権利が問題とされ、彼らを連帯債権者になぞらえる見解に加えて、あたかも不真正連帯債権のごときものだとする見解がかなり出てきた。五五年判決は、正面から同時到達の場合における両譲受人の権利いかんを採り上げて、彼ら各自の全額請求権を認め、請求を受けた債務者は債務消滅事由がないかぎり弁済責任を免れえない、とした。もっとも、この判例は右の関係がいかなるものかに関しては言及しておらず、学説ではいまや、連帯債権説・不真正連帯債権説・非多数当事者債権説という三様の法的構成が対立する。

私見は、譲受人の一人が債権全額を請求・受領できるとする判例および現時の圧倒的多数説の結論に賛成できず、分割債権説を採るべきではないかと考えるが(8)、その立場では、不真正連帯債権説あるいは非多数当事者債権説からとは異なる意味で、そもそも連帯債権に与えられるべき位置いかんを再検討しなければならない。もちろん、さきほどもふれたように、いわゆる連帯債権説も連帯債権そのものだとは書いていないが、非分割という点では共通むしろ同一ともみることができるのであって、法的評価ないし考え方における当否を問う次元では、連帯債権そのものであるか、それになぞらえる場合であるかは、ちがいを生じはしまい。

4　本稿の意図および範囲

この稿は、右に述べたとおり、直接には債権二重譲受人の権利いかんが契機となって、かつて解説的に言及しておいた問題を改めて論じようとするわけである。基本的な視角は、複数の債権者が同一の可分給付につき併立している場合、分割または非分割のどちらが原則と解されるべきかを、債務者複数の場合と対比させて検討する点に存する。その際、非分割形態としては連帯債権および不可分債権がもちろん検討対象になるが、最近の議論に出ている不真正連帯債権という耳慣れない新しい観念の位置づけ・評価も、言及範囲に含めておく。

このような視点からすると、主体相互間に一定の強い人的結合関係が存在する場合に認められる総有債権および合有債権は、いちおう問題外にしてもよいであろう。これら、とりわけ合有債権・合有債務は、分割主義と関連づけて論じられており、債務者複数の場合にあっては、分割原則の適用場面を狭める有力な手段となっている。しかし、われわれが採り上げる債権者複数の場合は、必ずしも分割債権がよくないから合有債権だ、という論法になっていない。むしろ、物権・債権・債務をひっくるめた合有団体論の一肢として債権も出てくる。本稿とは別に論ずるのが適当である。

二　近時の学説概観

1　分割主義に対する評価

（1）　まず、民法四二七条が宣明する分割主義・分割原則の妥当性ないし妥当範囲、とりわけ債権者複数の場合に関するその評価をみておこう。学説には、その点が明らかでない見解[9]もあり、また、細部まで考慮すると適切な分類がしにくくなるが、分割主義＝一般として考えている見解（次述（2））、とりわけ分割債務原則に対し消極的評価を示す見解（後述（3））、分割債権の場合と分割債務の場合とを分離区別して論ずる見解（後述（4））、の三つに大別する。

（2）　松坂説[10]は、分割原則が「個人主義的思想の顕現であって、これを無制限に適用するときは、債権の実効性を薄弱ならしめ、取引の実情に反する結果を生ずるに至る」という一般的表現を採るが、それに対する合理的制限とされる事例は、おおむね債務者複数の場合である。高梨説[11]は、明示的に、分割債権・分割債務の原則が一般社会意識に反するものありとし、慎重な運用を求めている。沢井説[12]も、分割債権・分割債務とするのは、債権の効力を弱め実態に適合しないことが多いとみるが、その修正手段として挙げるものの中に、なぜか連帯債権は含まれていない。

於保説は、分割債権関係に関する記述個所では松坂説と同じだが、その前にある多数当事者の債権関係総説においては左のようにいう。分割主義批判の実質が何であるか、をうかがわせる説述例と理解できないものであろうか。ともあれ、こうである。

「分割債務の原則は、法律関係、ことに訴訟関係を簡明ならしめるところにその長所がある。だが、債権者は各債務者に、債務者は各債権者に各別に権利を行使し義務を履行する、という不便はこれをまぬがれえない。ことに、多数債務者の場合には、債権者は各別に訴訟をする不便は忍ぶとしても、債務者中に無資力者があるときは甚だしく不利益をこうむることになる。

多数債務者の債権関係……制度の解釈・運用にあたっては債権担保の機能面から大いに検討する必要がある。[13]」

これと関連して水本説は、分割主義の難点を債権者複数の場合と債務者複数の場合とに分け、前者については、債権・債務者の分割給付が煩雑だと評するが、合理的な分割主義制限をいう際に二つの場合をとくに区別はせず、債権・債務の合有的帰属と性質上不可分の拡大とを制限の主要例として示す。[14]ただし、後者の事例は債務者が複数の場合である。

（3）とりわけ分割債務の原則をつらぬくことに対し、近時の支配的見解は、個人主義的にすぎ、当事者の意思ないし取引の実状に合わない場合が少なくはなく、とくに債権者にとって不利であり、債権の効力ないし実効性を弱めるとして批判的である、と記述する教科書がある。[15]分割債権や分割債務を無制約に認めるときには、当事者の意思あるいは取引の実状に反する結果を招きかねないとしたうえで、とりわけ分割債務につき、無資力の債務者がおれば債権者は十分な弁済を受けられない、共有家屋の買主が個別に代金を支払わなければならぬことは取引の実状に反する、という学説もある。[16]なお、於保説は、前に直接法で引用した部分によれば、この第二番目の系列に属するものと読める。

（4）星野説は、とくに分割債務について債権者の不利益を指摘し、場合に応じ不可分債務・連帯債務・合有債務と解すべしとするのみならず、債権者および債務者が複数の場合にできるだけ不可分債権・債務・連帯債務、合有債権・債務を認める近時の有力説が基本的に妥当であるとしつつ、債権者が複数の場合と債務者が複数の場合とでは利益状況が異なることを指摘する。[17]ただし、不可分債権に関しては、後述のような問題点もある。

高木説は、分割債権関係とはならぬ場合を例示するにあたり、分割債務についてだけ、債権者の地位が弱められる、という学説の評価を記す[18]。もっとも、柚木著の補訂では、旧版の見解[19]を踏襲して、分割主義はあまりに個人主義的で取引の実状に適さぬ場合が多い、可分給付につき数人の債権者を生ずる場合に分割債権を生ずることは取引上大きな支障となるまい、債務者複数の場合において、つねに分割債務を生ずるのは、いちじるしく取引の実際に反し、とくに債権者を害する場合が多い、としている[20]。――柚木説の発想は必ずしも首尾一貫していないという感想が出てくる。

鈴木説[21]は明快である。それによれば、債務者複数の場合における分割主義は、債権者保護の観点から問題があり、解釈によって不可分ないし連帯を認定する方向で努力すべきである。しかし、債権者複数の場合には、不可分ないし連帯を認定しても、とくに債務者の保護になるわけではなく、かえって一債権者の出し抜きによる全額受領が他の債権者に損害を与えるおそれが少なくない。したがって、債権者複数の場合は、四二七条を文理どおりに解すべきである。

2　不可分債権の処遇

（1）　債権者複数か債務者複数かをはっきり区別しないで分割主義＝一般に対し消極的評価をくだす見解は、不可分債権が生ずる場面をも格別には阻止しないはずであり、反対に分割批判を債務者複数の場合に限定する見解は、分割債権の原則性を支持する。ただし、多くの学説は「とりわけ分割債務」がよくない、という相当あいまいな考え方に立脚するため、前記我妻説にもみられるとおり、論旨が必ずしもうまく接合していない。以下、このような観点から諸説をながめてみる。

（2）　不可分債権が、債権の行使を便利にする反面、受領しなかった債権者に損失をこうむらせるおそれなしとしない、という我妻説の評価[22]は、多数学説[23]の指摘するところでもある。しかし、そういう危険性に対する具体的な配慮・対策という点になると、さまざまであり、制度批判ないし立法論のレベルに問題をゆずる見解も少なくはない。単なる感想の域を出ていない、と評すべき見解もある。右の危険性を認めながら、より具体的に、いわゆる絶対的効力があるので、債権者と債務者の双方にとり便利だと説く見解がある。[24] この中川＝阿部説は分割債権に対しても認定制限を説くから、その点では矛盾していない。しかし、絶対効が双方に便利というのは、請求の絶対効が債権者に、また、弁済の絶対効が債務者に、それぞれ有利だという意味であろうか、補足説明をききたい。このほか、不可分債権にも、危険性を指摘したうえで、部分的に担保機能を認めようとする考え方もある。この見解では、担保的機能とはどういう意味か、が補説を必要とするのみならず、そもそも評価態度いかんが不明になりはしまいか。

（3） 不可分債権の危険性に対する認識の強弱は、その発生つまり認定や拡大の可否にもかかわりをもつように思われる。

高梨説は、不可分債権の危険性を紹介しつつも、分割主義＝一般に対する批判から、性質上の不可分給付が相当ゆるやかに認められてよいと解する。[25] 我妻説は、意思表示・特約による不可分給付につき、主体がいずれかに関係しない給付論として、不可分債権では債務者の履行を容易にすると述べており、[26] そのことに対する批判的言辞を加えていない。於保説の不可分給付論はこれらと異なっていて、特約不可分債権に関しては、おそらく不可分的履行またはその請求のための便宜を目的とするものであろう、と説くだけだが、特約不可分債務のほうは、便宜にとどまらず担保力強化を目的とし、性質不可分債務にもそれが拡張される、という。[27]

私見は、もし不可分債権の効果における欠陥が無視できぬと考えるのであれば、その発生をルーズに放置すべきではなく、物理的・自然的には可分な給付について、そう簡単に不可分債権の成立を認定するのは疑問だ、という立場である。[28]

他の学説をみると、もっぱら実例がとぼしいというレベルで考え、右の私見のような立場をまったく考慮した形跡がうかがえない教科書[29]もあれば、危険性があるので不可分債権の拡大傾向には問題があり、特約不可分債権の積極的機能・需要もさほどないとする教科書[30]もある。後者は基本的には私見と近いであろう。

関口説[31]は、はっきり不可分債権の認定につき慎重論を述べている。それによれば、不可分債権は、各債権者の単独請求（民法四二八条）という抜け駈けの功名を許すだけでなく、履行を受けなかった債権者が受領債権者の無資力による危険を負担させられ、債権の効力強化を必ずしも完全に果たすものではない。したがって、特約不可分にもとづき不可分債権を認めるには、慎重に諸事情を考慮すべく、軽々にこれを認めるべきではない。——ここまで考え方が明確になると、判例が共有物の売却代金債権や共同貸付債権などを分割債権と解するのも「妥当である」と評価される。

星野説は、不可分債権の発生を解釈上制限せよという見解に対し、その形態がもつ危険性も認めたうえで、複数者が意識的に集まったのだから一人の不信行為による危険は覚悟すべきであり、とくに履行を請求しなかった者には若干の怠慢がある以上やむをえない、と解する[32]。価値判断ないし法的評価にもとづく理由づけの差異になるかもしれないが、私見はこれと異なる。また、星野説が前述のような利益状況を採り上げたこととの関連でも意見がある。後で再説しよう。

3　連帯債権の処遇

（1）債権者複数の場合においても分割主義は妥当でない、とする評価態度に立つならば、その反対の極の一つである連帯債権の処遇につき、一言あってもよいと考えられる。しかし、そういう立場からの記述は、ごく稀であって、まったく可とも否とも評価を書いていないもの、取引の実際で使われていないことのみ書くもの、などが圧倒的である。不可分債権の場合とは、かなり異なった処遇である。

（2）於保説は、実際上の必要性が少ないので民法上認められていないとしたうえで、「近代社会においては、債権者にとって便宜というよりはむしろ危険をともなう連帯債権は実用価値をもちえない」とする。(33) 私見は、ドイツ法上指摘されているような危険性が大きいのであれば、不可分債権の場合と同じく、軽々に連帯債権の成立を認定すべきではあるまい、と考える。(34) 同旨は三和説であって、必要性がとぼしいことに加え、「機能論的には連帯債権における全額単独受領権の危険性があり、債権者間に緊密な信頼関係の存することが必要で、その成立は慎重に認定する必要がある」としている。(35)

4　近時における学説の流れ

分割主義批判は、平面的に諸学説を並べるならば、混乱状態にあるといわなければなるまい。しかし、それらの発刊時期を考慮に入れるときは、債務者複数の場合に重点を置く批判であることが、次第に明らかになってきているのではなかろうか。たとえば、柚木補訂版と独自の立場での高木説とを対比されたい。とりわけ、鈴木説になると、はっきり場合を分けて考えるにいたっている。

批判が序論的な装飾にとどまるか否かは、分割形態の対極である不可分債権および連帯債権に対する評価の仕方にもつながっている。ただし、この各論的投影は必ずしも徹底しておらず、不可分債権では、関口説ほど明確な立場は少ない。星野説は、危険性を認めたうえで、なお効果から帰納された発生制限を支持しない。連帯債権は、やや以前における於保説の指摘にもかかわらず、危険性にもとづく発生制限を説く見解は少ない。むしろ現時でも、非実用性ということの中へ問題を埋没させてしまい、評価そのものは不明なままにしている見解が多いのではないか。私見によれば、これらに関する言及の仕方いかんが、分割原則論の自覚程度なのである。

三　検討のための準備

1　近代法における連帯債権とその存在理由

(1)　法典調査会の議事速記録によると、[36] 以下のような説明（富井政章）があって、連帯債権の規定は簡単に創設されないこととなった。すなわち、

「既成法典ハ羅馬以来ノ立法例ニ依テ債権者間ノ連帯ト債務者間ノ連帯ト二ツヲ認メテ居ル。併シ債権者間ノ連帯ハ実際殆ド行ハレナイモノデアルニ依テ法律ノ規定ヲ設クルノ必要モナイト云フコトハ、既ニ予決問題ヲ議スルトキニ極マツタコトデアリマスルカラ、債権者間ノ連帯ニ関スル規定ハ置カナイコトニシマシタ。」

ちなみに、問題の旧民法は、債権担保編第一部「対人担保」の第二章第二節で、どういう積極的意義を認めたためか外国の法典よりもかなり詳細に[37]「債権者間ノ連帯」に関する規定を設けて（債担七四条〜八五条）、合意または遺言により生ずる、各債権者は相互代理の関係に立つ、受領した債権者は利益分与義務を負う、などと定め、また、第三章「任意ノ不可分」では、明示により排斥しないときにかぎり連帯の効力を生ずる（債担八八条）としていた。

(2)　では、規定を設ける外国法上、連帯債権はどのような評価を受けているか。手もとにある文献の範囲で、必要部分を紹介していこう（傍点は椿）。

(a)　(イ)　法律行為によって多数の債権者に対し連帯の権利が認められる、という場合は稀ならず生ずる。連帯債権は、権利追行を容易にするが、個々の債権者にとり、内部関係に従い帰属する持分が損失を受ける、という危険をもたらす。[38]

(ロ)　連帯債権は、債権者に対し、各自が他人の共働なく債権全額を主張できる、という利益をもたらす。が、債務者が債権者の一人に弁済し、それが他の債権者のものになるかどうかは受領者の信頼性と支払資力とに依存して

いる場合は、個々の債権者にとり危険がなくはない。それゆえ、事実上、法律行為による連帯債権は稀である。連帯債権の発生は推定されない[39]。

(ハ) 連帯債権は極度に稀である。受領した債権者が分与するかどうかの危険を他の債権者に負わせるべき理由は一般に存せず、債権の分割が債務者に許されているときは、給付は当初から分割されるべきである[40]。

(ニ) 任意の債権者に対する給付により債務者は免責されるので、受領したものの分配危険は債権者たちに負わされる。少なくとも可分な債権においては、一般にそのようにみる理由はないから、連帯債権は実際上、より少ない意義しかもたない[41]。

(ホ) 連帯債権は、権利追行を容易にするが、債権者たちの緊密な信頼関係を前提としており、実際上しばしば生ずるものではない。連帯債権は推定されず、逆に可分な債権においては分割が推定される（ドイツ民法四二〇条）[42]。

(ヘ) 連帯債権は、緊密な信頼関係が必要である。実際上、法律行為による発生は稀であり、複数者が可分給付につき債権をもつ場合には、疑わしいときは分割債権となる[43]。

（b）(イ) 連帯債権は、債務者が複数の債権者と結ぶ契約からただちに生ずるものではない。可分給付の場合には、原則として分割債権を生ずる。スイス債務法一五〇条の連帯債権は、債務者が複数債権者との間で、彼らの各自が全給付につき権利を有すべき旨を合意した場合にのみ生ずる。この合意は、事情によっては黙示に生じうる。

(ロ) 連帯債権は、実務でも連帯債務に比しはるかに控え目な役割しか果たしていない。内部関係（組合・委任など）から生じうる[44]。債権者間の償還につき、スイス債務法は規定しておらず、内部関係は具体的事情に従う。弁済を容易にし、相殺を可能とするために用いられるが、こういう機能は、今日では代理により行なえる。この場合には、異説もあるが、平等な権利はほぼ持ち込めず、原則として一人だけが最終的に権利を与えられる[45]。

（c）(イ) 連帯債権は、債権の取立を容易にするという多少の便宜があるが、その目的のためには取立委任で足りるのみならず、連帯債権では、一債権者の悪意により他の債権者が損害を受けるおそれが多分にあるから、実際上多くは用いられない[46]。

(ロ)　今日では、ローマ法における連帯債権の二つの機能――代理の不存在ならびに組合の非法人性に対する代償手段――は消失したので、それは稀である。例外的に共同債権者が連帯を約定するが、それは彼らにとり、一人に全額請求を許すという危険が存する[47]。

(3)　わが民法の立法者は、実用性がほとんどないとする見地から連帯債権を規定しなかったが、その後の学説は、解釈論においてもそういう観点だけで片づける見解が多い（実用度の視点）。外国の学説は、すべての見解が稀用性の程度に関し合致しているわけでなく、ヘックなどは、法規による連帯債権と異なり稀ではないというが、その場合もこの点だけで説明をとどめなかった。他の学説から拾い上げると、代理など他の制度の状態と関連させて連帯債権の役割を考える見解もあり（機能変化の視点）、とりわけ、受領しなかった債権者が分与を受けられない危険の存することから、連帯債権の非実用性を導き出す見解は少なくない（危険性の視点）。視点の広狭において、わが国の場合とは甚大な差異があると評さざるをえない。

ここで、連帯債権の機能変遷に関し、若干の推測を述べておこう。この制度は、指摘されているように、代理を許さなかったローマ法で意義をもっていた。が、そのほか、債権譲渡が同法上認められていなかったこととも関連するのではなかろうか。つまり、実際には債権を譲り受ける者が連帯債権者として加入し、彼のみが全額を取り立てることによって、債権を譲渡するのと同じ効果が得られたのではないか、というわけである。また、債権の相続が否定されていた時期には、相続人がこれまた連帯債権者となれば、そういう結果を回避できたことも考えられる。組合の債権についても同様に連帯債権の利用が有益かつ必要だったかもしれない。――近代法では、それらの難点は解決された。とすれば、連帯債権に対する需要も減少し消失したのではないだろうか。

2　債権の分割・非分割に関する近時の裁判例

(1)　従来の判例ないし裁判例における複数債権者の取扱い、とくに分割債権および不可分債権の成否に関しては、すでに紹介[48]がある。一、二例示すれば、共有物の収用対価金債権は「其債権ノ目的物可分ナルガ故ニ、各共有者ハ其持分ニ応ズル金額ヲ請求スルノ権利ヲ有スルコトハ民法四二七条ノ法意ニ照シテ明カ」である（大連判大正三・三・一〇民録二〇輯一四七頁）。他方、所有権にもとづく共有物引渡請求権は「数人ノ債権者アル不可分債権ニシテ……各共有者ハ総共有者ノ為メニ単独ニテ引渡ヲ請求スルコトヲ得」る（大判大正一〇・三・一八民録二七輯五四七頁）。また、共同相続人が有する建物収去・土地明渡請求権は不可分債権であり、彼らとその一人から共有持分を譲り受けた者とは、不可分債権の準共有者になる（最判昭和三六・三・二民集一五巻三号三三七頁）。これら後の二つは不可分とみることに問題もあるまい。

ここでは、もう少し近時の判例・裁判例が、可分給付に複数の債権者が関与している場合をどのように処理しているか、をみることにする。事例としてめだつのは共同相続がらみの案件[49]であるが、この問題は除外するから、それらについては採り上げない。また、家屋明渡請求権の事例[50]は、性質上の不可分給付とみることにつき問題もないから、やはり対象外である。預金は本来可分給付であり、共同相続した場合も判例法理に従えば分割債権となる。ただ、払戻請求の実務との関連では、共同行使か単独行使かが問題となる[51]。しかし、その点も省略する。

(2)　ざっと調べたところにもとづき、以下の四件を採り上げる。最後を除いては、連帯債権の成否が問題となっている。

(a)　売買を仲介した宅建業者二人の報酬金債権が連帯関係に立つとされた例[52]。不動産の売主は業者甲に、買主は同乙にそれぞれ媒介を委託し、買主と甲との間には委託関係がなかったが、判旨は、商法五五〇条二項の類推適用の可能、および、直接の委託関係がなくても業者の一般的注意義務を肯定した先例（最判昭和三六・五・二六民集一五巻五号一四四〇頁）を理由に、買主に対する甲の報酬請求権を認めた。そして、つぎのように説示する。

「……甲・乙が共同して、宅地・建物の売買の媒介行為をした場合、買主より委託を受けていない甲も、買主より委託を受けた乙とともに、買主に対し、報酬金債権を取得し、当事者間の関係等より考えて、甲の報酬金債権と乙の報酬金債権とは、連帯債権関係（甲・乙の持分は、特別の事情のないかぎり、平等）にある、と解するのが相当である。」

（b）　共同で委託を受けた宅建業者の報酬金債権につき、連帯債権・不可分債権が認められなかった例。[53]　売主と彼らとの間には、少なくとも黙示の委託があったとされる。

「二人以上の業者が共同で委託をうけて媒介行為をした場合には、各々がこの媒介をなすべき債務は客観的に単一の目的を達するための手段であって、しかも主観的にも共同の目的をもって相関連しているものとみるべきであるから、この債務を履行したことに伴ってこれらの者が取得する報酬請求権も、特段の事情がない限り連帯債権又は少なくとも不可分債権の関係に立つものと解するのが相当であるが、本件においてはこの事情の存在をうかがわせる資料は主張及び証拠の双方について何も見当らない。」

（c）　共同訴訟代理人の一人が、もう一人の死後、約定の報酬請求権をもつとした例。[54]

「数人の弁護士が共同訴訟代理人になった場合は、各代理人が委任者である当事者に対し、それぞれ受任事件の処理につき業務上の注意義務を負うとともに直接報酬請求権を有し、その性質上連帯債権者の地位に立つものと解するを相当とする（……）。」

（d）　家主が建替えを実行しないときの違約金二〇〇万円の交付請求権を分割債権だとした例。[55]　寮居住者の一部（被告四人）が頭割りした額二五万円ずつを受領したので、残りの者（原告四人）が総有または共有（分割協議未了）を理由に返還を求めた事件であり、判旨は、総有的帰属を生ずるほどの共同体的結束が成立したとは認められないとし、合有的帰属に関しては「多数人間において、共同目的のために拘束された結合的存在が構成されているなどの事情またはそのような性格を帯びた契約関係が存することが必要である」ところ、本件八名の間には金員受領当時もはやそれがない、とする。

（3）　裁判例（a）のように、当事者双方から別々に委託を受けた場合でも、宅建業者二人が連帯債権の関係に立つとされる一方、裁判例（b）のように、共同受託の場合でも、連帯債権ないし不可分債権が成立しないとされたのは、おもしろい。明石説は、この問題につき、委託を受けなかった業者や下請業者にも報酬請求権を肯定したうえで、可分給付請求権が連帯で帰属する連帯債権を生ずる、と解している(56)。

前記ドイツ学説の若干は、連帯債権の成立に緊密な信頼関係を要求しており、その見解からすれば、裁判例の（a）（c）はそれが認められるわけである。また、受領した債権者の信頼性と支払能力いかんに連帯債権の危険性したがって発生制限を認めるドイツ学説によれば、両裁判例はその点もパスした事案であることになる。しかし、（c）はともかく、（a）の場合にそういうことがいえるであろうか。私は、右の基準に照らすと、むしろ反対の事態が多いのではないかと考えるので、裁判例（b）の立場と結論を支持したい。（c）にしても、連帯は推定されないとする考え方を採るかぎり、つねに判旨の結論を導いてよいかは疑問である。裁判例（d）は、連帯債権の問題として争われていないが、仮りにその形で争ったとしても、とうてい非分割を帰結できるような共同関係にはない。

ちなみに、否定例ではあるが、（b）は、単一共同の義務履行による報酬請求権の連帯・不可分性を肯定している。これは学説でもみられるところの「性質不可分の対価は性質不可分である」とする裁判例（東京地判昭和四五・七・一六―注49参照）の発想と共通する。複数債権者の場合もこれでよいのか、は検討に値しよう。後で再説する。

四　若干の検討と提案

1　主体の側面による区別

(1)　分割主義批判の理由として一般に挙げられているのは、①個人主義的にすぎる、②債権の効力・実効性を弱める、③取引の実状ないし当事者の意思に適合しない、という三点である。これらに関する論評は以前に行なったことがあり[57]、①と③はそれを参照していただいたら基本的には足りると思うので、②に関する言及をまず再録しよう。

「いわゆる債権の強効は、たしかに分割主義では果たせない。しかし、このモメントは、分割債務に主として妥当するのであって、分割債権までも含めた一般的な形で立言することには問題がある。第一に、債権強効という目的・評価態度が説得力をもちうるのは、多数当事者の債権関係を人的担保制度として考える場合であり、しかも通例、人的担保なる観念は債務者複数の場合に問題となるものである（注民二〇頁参照）。第二に、債権者複数の場合において分割主義が不都合とされるのは、債権の効力を弱めることだけが理由でなく、債務者の不利益もある。第三に、分割債権が債権者に不利益だからとして全額債権（不可分債権ないし連帯債権）に移っても、別の欠陥（注民三〇頁・三二頁・四七頁参照）が現われてきて、その点で債権者はやはり不利を免がれない。」「現時の有力説が分割主義の欠陥として掲げる諸理由は、個別的に検討すると曖昧な点も少なくない。とりわけ、根拠を包括的抽象化しようとする傾向があるために、かえって説得力を弱める結果となっている。とはいえ、ことが債務者複数の場合に関するかぎりでは、債権担保目的という根拠が分割主義批判の強力な支えとなっており、取引債務の分割原則を修正することに対する決定的反論は、容易には成り立ちえまいと私は考える。」

(2)　分割債権は、各債権者からみて、全部の履行を求めることができず、債務者の側では、各債権者に対して分割された額を履行しなければならないが、分割主義を批判する際には、どちらもが不便だと評される。我妻説は、冒頭で紹介したとおり、債権者および債務者の双方にとって不利益が少なくないともいう。この批判・消極評価と、一般的な（＝債権者複数と債務者複数の区別をしない）分割原則批判の理由とは、どういうふうに結び付くのであろうか。その場合、前記①の理由が、合有ないし総有という法律関係を承認させるための伏線ならば、私見もとくに異論なく従う。が、それ以外の視角（たとえば、かつて個人主義批判がさかんであった当時に、この立言は行なわれている）が含まれているとするならば、現時点の解釈論としては論評すべき限りでない。以下では、したがって、②を主、③を従として検討していく。

債務者複数の場合における分割態様は、債権者が分割された額について債務者の各自に対し請求しなければならず、債務者の一人または一部の無資力による危険も債権者の負担となる。これらが、債権者にとって不便・不利益なことは明らかであり、債権の力を弱めることも多言を要しない。理由③の取引実態ないし当事者意思なるものが、一般には力関係において強い債権者の立場・都合を基準に考えるとすれば、通例それらにも適合しない。が、教科書では具体的な説明が欠けているので、はっきり断言はできない。多数当事者の債務を債権担保制度として再構成する立場では、それが債権の効力強化を意味し帰結するものであるかぎり、分割態様が欠陥のあることを決定的にする。

他方、債権者複数の場合における前記②の理由は、債権者の各自が分割された額しか請求・受領できないことである。債務者が煩雑になるという欠陥の指摘は、もちろん②とはかかわりがなく、主体の側面を捨象した分割主義＝一般の形で行なわれる批判は、この点でも射程不足ないしズレを露呈している。ところで、ある債権者が全額を請求し受領できる形態は、たしかに当該債権者に即してみるならば、権利行使が便利である。しかし、権利行使の便宜に対し格別の制約・反対が向かってこない全額債務の場合と異なり、全額債権という形態は、そのような便宜という観点を独走させられない問題が含まれている。続けて採り上げる。③の取引実態・当事者意思も、次述するところを踏まえてなお、債務者複数と債権者複数とに関係なく、非分割へ傾斜させるのであろうか。連帯債権が稀だという説明は、どのような意味に理解されているのか。③の理由がそもそも不明瞭なことを別にして、区別なくそうなるとみることの当否はおおいに疑問である。

（3）前世紀における連帯論争のさなか、サヴィニーは、連帯の実際的意義として「権利追行における安全と便宜」を強調した。債務者が複数の場合なら、全額を請求できる形態は、これら二つの目的を矛盾なく実現する。しかし、債権者が複数の場合には、外国学説の指摘からも明らかなように、便宜はむしろ安全と背馳する。二つの場合における利益状況が異なるのは、星野説も指摘するとおりである。全額債務が妥当であることは、同時に全額債権の妥当性をも導き出しはしないのであって、二つの場合は、はっきり区別して考えるべきである。

2　複数債権者の権利形態と利益衡量

（1）一般に多数当事者の債権関係では、その「対外関係」すなわち複数当事者と相手方との関係、および、その「内部関係」すなわち複数者相互間の関係、という二段ないし二重の構造があり、両者の関連の仕方に注意しなければならないが、私見は、債権者複数の場合における利益衡量のファクターとして、①「債権行使の独立・便宜」、②「債権者の満足」、③「債務者の保護」の三つを採り上げる。(58)以下、それらのからみ合いをみていこう。

（2）不可分債権は、各債権者が債権全額について単独で権利を行使できるから、債権行使が非常に便利だとされる。わが国では非実用性の蔭にかくれてしまっているけれども、この点は連帯債権とて同じである。こういう全額単独請求権の利便は、合有債権における必要的共同行使と対比してもいえるが、とくに、各債権者が分割された額しか請求できない分割債権の不便・不利益を強調する立場からは、積極的な評価が与えられる。また、多数当事者の債権関係における各自の独立性を認めていくうえでも、その志向がみたされ、右述①の観点からすると非分割形態には間然するところもなさそうである。連帯債権も、そのように評価されなければおかしい。

しかし、改めていうまでもなく、当面の問題では、複数の債権者がいるから、だれか一人の債権者が満足を受けたというだけでは、②を完全には充足しない。そこで、内部関係が登場せざるをえなくなる。我妻説は、不可分債権につき、分与の「規定はないが当然のことであろう」とし、連帯債権についても「分配をなすことを本質とすると解すべきである」としたが[59]、これを祖述する学説よりも、不可分債権の分与義務だけに言及する学説のほうが多い[60]。臆測にわたるが、不可分債権では、とにもかくにも単独行使権限の危険性が指摘され、反面、分割債権も含めて分割主義が批判されているので、分与の存在を指示することによって危険を緩和しようとし、連帯債権では、実用度のとぼしさが前面に出てきて、分与などにふれる必要を感じなかったのかもしれない。が、後日の債権二重譲渡論においては、二人の譲受人を連帯債権者になぞらえつつ、分配請求権は当然にないとする見解も現われているのであって、連帯債権における沈黙は不徹底・片手落ちのそしりを免かれがたい。

ところで、我妻説のように受領しなかった連帯債権者に分配請求権を不可奪的な権利として与えれば、②の問題は解消するか。いわば裸の債権でしかないから、保障はないという以外にない。このことの経験的認識が、シュタウディンガーやパーラントの注釈書で、連帯債権の発生は「緊密な信頼関係」を前提とし必要とすると述べさせ、また、エネクチェルス＝レーマンが、とくに受領者の「信頼性」と「支払能力」に関連させて連帯債権の稀用性を語る理由ではないか。

この②の危険をどの程度強いものとみるかによって、連帯債権および特約不可分債権の発生頻度は異なり、私見のように危険性をより強く意識する者は、発生に対する解釈的制限を唱えるわけである。つまり、右①よりも②の配慮を優越させるのである。星野説は、不可分債権に関してであるが、前記のように、意識的集合による危険の覚悟と、非請求者の怠慢にもとづく不利益とを述べる。前半は、不可分債権の発生する場面の広狭と関係していて、特約不可分債権を黙示などで拡張しなければ、そのような覚悟を求めてもよい。が、ゆるやかに認定するときは、

②の危険があることから①になる結果を避止すべきだと考える。後半は、出し抜き・早い者勝ちの公認であるが、まさにそれは緊密な信頼関係の存在するところにおいて是認されるべきではないか。なお、これらは、もちろん性質不可分債権を考慮の外に置いた意見である。

②の危険は、一人に対する履行も一人による受領も禁じられるドイツの不可分債権においては生じない（ドイツ民法四三二条参照）。そのためであろうが、ドイツでは②の危険がもっぱら連帯債権に即して指摘される。わが国では、分割主義批判を不可分債権の利用で受け止めようとする下地があるのか、右の全員共同行使の形態がさまざまなレベルで注目されている。それならば、合有関係が利用可能な範囲も、もう少し立ち入って検討されてよい。共同行使が②の危険に対する有効な対策である以上、全額請求を是とするのであれば、不可分債権の立法的修正だけでなく、合有債権の解釈的拡大も、目的の実現に役立つからである。

（3）　③の債務者保護からみると、分割債権は、債務者が面倒だという意味で彼にとって不利益であり、逆に不可分債権や連帯債権は、債務者が任意の債権者を選んで履行できる点で彼にとって便利である。

問題は、この理由にもとづいて不分割の債権形態を帰結してよいか、である。やや図式的に述べる。私見では、全額単独請求を認めることから生ずる債権者の便宜は、二律背反的に生ずる債権者の不安・危険というファクターによって背後に斥けられ、差引計算をすれば、全額債権は債権者にとりマイナスとなる。これを債務者の保護と対向させると、どちらに軍配を挙げるのが適当か。もし右②によるチェックないし控除がなければ、①は債権者に便利であり、③の債務者保護も実現できるということで、不可分債権や連帯債権は、両当事者に好都合で万々歳となるかもしれないが、権利を行使しなかった債権者の満足に対する危険が、行使する債権者の便宜を凌駕すると評価する以上、そうはならない。

かりそめにも債権を「権利」として認め保障するのであれば、権利者の不利益を差し措いて、義務者が煩わしいとか面倒だというファクターを判断に際し前面化させるのは、本末顛倒ではないか。また、簡単に、権利者団の満足を生じたらそれでよく、後は③を配慮すれば足りるという発想も採れない。もちろん、私見といえども、債務者の立場・利益をまったく無視しようとするものではない。が、両者の利益衝突を生じたときは、少なくとも第一次的には債権者――押し詰めると債権者各自――の立場・利益を優先させるべきであろう。しかも、鈴木説によれば、不可分債権ないし連帯債権を認定しても、とくに債務者の保護になるわけではないと評価されるから、なおさらのことである。虚無の実体を、一定の主張のための理由に用いたところで積極的な意義はあるまい。

3　全額債権をめぐる若干の解釈的提案

（1）　分割主義の当否は、債権者が複数の場合と債務者が複数の場合とを区別して論ずべきであり、前者においては分割原則を批判し排斥しなければならぬ理由が薄弱である。とくに、「債権の強効」ないし「担保制度としての再構成」は、もっぱら分割債務にあてはまる修正のための視点であろう。従来、とりわけ分割債務がよくないと説く例が多く、私もそういう表現に従ったことがあるが、これは、少なからず不明確な言い方であって、分割債権もまた妥当でない場合が若干あるとも読めるし、妥当でない論拠・理由が少しはあるとも読める。合有や総有を認めるべき「場合」が問題になっており、その一環として債権も合有的帰属ないし総有的帰属になる、という趣旨・意味ならば、ここでとやかく文句をつける必要はない。しかし、分割非難の「理由」という点になると、それを超克できる反対理由が存すると考える。いずれにせよ、より明確な表現の仕方を採るべきである。

（2）　分割主義を批判する際には、非分割となる態様の取扱いが、もっと慎重かつ周到でなければならない。複数債務者の場合における分割主義批判は、不可分の拡大とか連帯の推定という行き届いた対応策で受け止められている。ところが、複数債権者の場合には、そういう対応の仕方が不完全・不徹底またはそもそも不発・欠落という状況にあって、批判は序説的な装飾ないし副えものにすぎぬ、と評されても反論しがたいのではないか。我妻説に対し私が感じた混迷は、ごく少数の例外を除き、多くの教科書によって大なり小なり受け継がれているようにみえる。

なお、債権者が複数の場合における非分割の諸態様というときには、分割と右で述べた範囲における非分割とだけを二者対立の形で採り上げて済むものか、も問題となる。たとえば、ドイツの注釈書[61]をみると、分割債権および連帯債権と並んで「共同債権」も多数当事者の債権の態様とされ、そこには合有債権のほか「単純な債権共同」（ドイツ民法七四一条以下）なども入っている。これらの内容および機能を探り、また、わが国での実態から態様を再検討することが、今後は行なわれなければなるまい。その際には、合有および非分割とくに連帯における「主体的共同」の対比・関係も、具体的に考察されるべきである。

（3）　連帯債権および不真正連帯債権について。

前者に関しては、ただ稀だ実用性がとぼしい、という指摘をするだけでは足りない。於保説が、実際上の必要性がないことのほかに、近代法では債権者にとり便宜というより危険をともなうため実用価値をもちえないと述べている点は、短かすぎる表現のため看過されがちだが、前述来のようなトレースあるいはフォローを行なえば、きわめて意味深い指摘であることがわかる。

つぎに、後者は、まだ教科書ではみかけず、その言葉を用いる論者もなぞらえているにすぎないが、私見は不要と考える。債務者複数の場合なら、異論も有力だが、債権強効目的のため連帯債務における絶対効を排除する概念用具として、不真正連帯債務の観念を肯定し存続させてよい。しかし、連帯債権そのものに例外的（＝明示の特約ある場合に限る）位置しか認めない立場からすれば、それよりもさらに主体的結合の稀薄な新観念を創造することは無用ではないだろうか。発端となった債権二重譲受人の全額受領権限を、連帯債権の形式は斥けるがどうしても認めたければ（ただし私見は全額債権そのものに反対）、端的に不可分債権（性質不可分による）として構成すれば十分なように思われる。そのほうが、制定法規の存否を気にかける見解では、問題もなくなるであろう。

（4）最後に、不可分債権についても、これまでの記述を踏まえて若干のコメントを加えておく。前にも推測として記したとおり、わが国の教科書では、「不可分」の積極的利用が念頭または意識下に存するためか、不可分債権の危険性をあまり強調しない。強くそれを感取しているならば、その発生に対する制限が、もっと明確に説かれるはずである。むろん、本来・固有の性質不可分給付の場合には、危険だと指摘したところで、どうにも仕方がない。しかし、特約不可分債権の認定や性質不可分債権の拡大が問題になるときは、複数債務者の場合と同列にとらえて、認定の容易化や拡大傾向を支持するわけにはいかない。

まず、特約不可分は、連帯と同様、簡単に認めたり推定したりすべきではない。明示の特約が要求される。ただし、わが国の取引で、連帯特約ではなくて不可分特約なるものが、はたして実際に流布しているのかは疑問であるが……。

つぎに、債務者が複数の場合においては、本来は可分な金銭を性質不可分給付として取り扱うことも行なわれており、そういう操作は、債権強効という目的・志向にかなうため、特約不可分の緩和や連帯推定の活用とともに積極的な支持を得ている。しかし、債権者が複数の場合には、物理的性状を超えて不可分の認定を行なうことは、慎重でなければならない。少なからぬ学説が、この場合にも簡単に性質不可分を拡大しているのは、妥当でない。

以上と関連して、いわゆる「不可分の対価は不可分」も注意を要する。この論法は、債務者が複数の場合には、妥当でない分割原則を修正するための一解釈的構成として、私見も一般説と同じく活用を支持する。だが、不可分債権の拡大に賛成しない以上、かなり全額単独債権の場面を多くするこのような構成に対しては、当事者意思がどうかを考えてみなければならぬにせよ、慎重さを求めざるをえない。私見は、かつて（本稿のような視点をはっきり自覚するにいたった判例研究の直前）、ある解説(62)で、二人の兄弟が相続した家屋を共同賃貸したという設例につき、一方では返還不能による損害賠償請求権の不可分債権性に疑問を示しながらも、他方、賃料請求権は「不可分の対価は不可分」の論法に従った。この設例ならば全額単独請求を認めてよいのではないかとも考えるが、そうみるときは、問題のある構成によるよりも、彼ら兄弟の関係が連帯債権の発生適格性をみたすと解するほうが適切か。ただ、そうなると、損害賠償請求権の処理をどうするかということとの関係が問題になるし、反転して分割へ原則的に傾斜させるときは、民法五四四条一項（解除権の不可分性）との関係を検討しなければならなくなる。簡単には解答できないので、将来の課題として残す。

(1) 我妻栄・新訂債権総論三七六―三七七頁。本文の引用部分は、旧版でもまったく変わらない（同書一七八頁）。
(2) 我妻・前掲三八七―三八八頁。
(3) 我妻・前掲三九六頁、三九八頁。
(4) 我妻・前掲三七八頁、四四六頁。
(5) 我妻・前掲三九二頁、三九七頁。以下、区別のため我妻・前掲講義と略す。
(6) 鈴木禄弥・債権法講義三一二頁。
(7) 西村信雄編・注釈民法11四七頁〈椿〉参照。以下、椿・前掲注民と略す。
(8) 椿・昭和五五年度民事主要判例解説（判タ四三九号）六九頁、同「債権の二重譲渡㈡」Law School 四一号五三頁以下、同「優劣を決定できない債権二重譲渡の法律関係――実体法上の検討」法律時報五四巻四号一〇五頁以下。
(9) たとえば、石本雅男・債権法総論二六八頁参照。
(10) 松坂佐一・債権総論〔新版〕一二三―一二四頁。
(11) 高梨公之・債権法総論一七八頁。
(12) 沢井裕・債権総論八九頁。
(13) 於保不二雄・債権総論〔新版〕二〇六頁。
(14) 我妻栄編著・判例コンメンタールⅣ債権総論一五〇―一五一頁〈水本浩〉。
(15) 水本浩ほか・新版民法4一三〇頁〈品川孝次〉、森泉章ほか・民法講義4一六二頁〈三和一博〉。
(16) 中川善之助＝阿部浩二・民法大要〔債権法総論〕九九頁。

(17) 星野英一・民法概論Ⅲ一四六頁・一四八頁。
(18) 林良平＝石田喜久夫＝高木多喜男・債権総論三五〇頁・三五一頁〈高木〉。
(19) 柚木馨・判例債権法総論〔下〕七頁以下。
(20) 柚木馨＝高木多喜男・判例債権法総論〔補訂版〕二四〇頁・二四二頁。
(21) 鈴木・前掲三一一―三一二頁。
(22) 我妻・前掲講義三九八頁参照。
(23) 高梨・前掲一八二頁、於保・前掲二一七頁、金山正信・債権総論一二二頁、柚木＝高木・前掲二四五頁など。
(24) 中川＝阿部・前掲一〇二頁。
(25) 高梨・前掲一八一頁。
(26) 我妻・前掲講義三九六頁。
(27) 於保・前掲二一五―二一六頁。
(28) 椿・前掲注民三〇頁・三三頁参照。
(29) 品川・前掲一二七頁・一三四～一三七頁参照。
(30) 三和・前掲一六九頁。
(31) 中川善之助＝遠藤浩編・新版債権総論〔別冊法学セミナー〕八三頁〈関口晃〉。
(32) 星野・前掲一五〇頁。
(33) 於保・前掲二五〇頁。
(34) 椿・前掲注民四七頁。
(35) 三和・前掲一七七頁。
(36) 法務図書館資料〔七〕二七〇頁。
(37) フランス民法とドイツ民法は三ヵ条、スイス債務法は一ヵ条だけ。
(38) Heck, Grundriß d. Schuldrechts, S. 236.
(39) Enneccerus = Lehmann, R. d. Schuldverhaltnisse, 14 Bearb., S. 353.
(40) Esser, Schuldrecht, 2. Aufl., § 97, 1.
(41) Esser = Schmidt, Schuldrecht I, 5. Aufl. S. 292.
(42) Palandt, BGB, 35. Aufl., S. 428.

(43) Staudingers Komm. zum BGB II 1 d 10/11. Aufl. S. 798.
(44) von Tuhr, Allg. Teil d. SchweizOR II, SS. 707, 710.
(45) Oser, SchweizOR VI, SS. 680, 681.
(46) 木村健助・仏蘭西民法Ⅲ⑵〔外国法典叢書〕一四五頁。
(47) Mazeaud, Lecons de Droit Civil II 1, 1978, p. 1070.
(48) 分割債権は、たとえば我妻・前掲講義三八七―三八八頁、椿・前掲注民二一頁、篠塚昭次編・判例コンメンタール民法Ⅱ四一九頁〈森泉章〉、不可分債権については、椿・前掲注民三一頁、森泉・前掲判例コンメンタール四二三頁。
(49) 最判昭和五二・九・一九（判時八六八号二九頁・金法八四二号三〇頁・金商五三六号九頁）、東京地判昭和四五・七・一六（下民二一巻七号一〇六二頁・判時六一三号六九頁）、東京地判昭和四七・一二・二七（判時七〇八号五九頁）など。ただし四五年東京地判は、理由づけに関し後で言及する。
(50) 最判昭和四二・八・二五（民集二一巻七号一七四〇頁・判時四九六号三四頁・判タ二一一号一五〇頁）。
(51) 名古屋高判昭和五三・二・二七（判時八九八号六三頁）など参照。
(52) 京都地判昭和四二・九・五判時五〇四号七九頁。
(53) 函館地判昭和四二・九・四判時五〇四号八二頁。
(54) 東京地判昭和五四・四・二七判タ三九四号一一一頁。
(55) 東京地判昭和四八・一〇・二四判時七三七号五八頁。
(56) 明石三郎「判研〈京都地判昭和三八・七・一〇〉」法律時報三五巻一一号九八頁、同・注釈民法⒃一九一頁。
(57) 椿・前掲注民二四―二五頁参照。
(58) 椿「判批〈最判昭和三四・六・一一〉」民商法雑誌四一巻五号九七頁。
(59) 我妻・前掲講義三九九頁・四四七頁。
(60) 松坂・前掲一二六頁・一三九頁、於保・前掲二一八頁・二五〇頁、柚木＝高木・前掲二四五頁・二七二頁、品川・前掲一三七頁・一四〇頁、三和・前掲一七三頁・一七七頁など。
(61) Palandt, a. a. O., SS. 419-420.
(62) 谷口知平＝加藤一郎編・民法例題解説Ⅱ五四―五五頁。

西村先生のお名前は、私が京大の特別研究生の二年目か三年目だった当時より、乾・中川両先輩たちの情報公開――書くのを略するが興味ある逸話や秘話も少なくはなく、ほどなく私もお伴によりそれらのかなりを直接確認・体験するにいたる――を通じ、強い印象をもって脳裡にきざみ込まれていた。が、正式にお目にかかったのは、先生のご渡欧直前、いまから四分の一世紀前のある日のことであったように記憶する。私が連帯債務のことを書いた前後で、先生は、そういう人的担保をも含む膨大な判例消費貸借法の計画をたてておられたため、そのお手伝いとして私を呼ばれたのである。

近年は私が関東へ転じた関係もあって、お目にかかる機会は激減したにせよ、顧みると先生五六歳、私がぽっきり半分の二八歳以来、今日まで公私両面にわたってご高配を賜わりご指導を頂いている。夜の探訪に関するご教導は、その後、出藍のなんとやらになった（?!）私を楽しませるとともに苦しめもしたが、それは別にして、私が新設の筑波大学へ移る決心をした際、ある夜わざわざお電話を下さって、君には言ってもきかないだろうけれど、モデルないし前例のない大学で君のような者が勤め続けられるはずはないからやめておけ、という他の方々とは一味ちがう形でのアドバイスを頂いたことなども、つい少し以前のできごとのように覚えている。余談ながら、この件は八年にして西村おやじ殿の予言どおりになってしまった。

西村先生は、五〇年間現役の教授であった例は珍しかろうとおっしゃっておられるそうであるが、幼くして父を失った私としては、文字どおりの師父のいっそうのご健康とご活躍を心からお願いしお祈りするものである。

〔補足〕 連帯債権

(ア) 意 義　複数の債権者が一人の債務者に対し各自独立にでも全部または一部の給付を請求でき、かつ一債権者の受領は総債権者について効力を生ずる（＝一人が全部受領すれば総債権者の債権が消滅する）、という関係。ことにわが国では不可分債権に近似するが、その差異として挙げられている点は前述した（§四二八Ⅰ㈠イａ②、本書三五八頁）。無関係・別個の債権併立と区別するためにか、「同一内容の」給付ということも定義に含ましめられる。また単に、「全部の履行を請求できる」と説かれることも少なくないが（鳩山二八九、我妻四四六、石田一〇九、柚木・下五一、松坂一三二）、不可分債権の場合と同一視しようとするのでないかぎり、これは、請求の限度を示したまでで、一部請求を否定する趣旨ではないとも読める。

(イ)　機　能　　連帯債権は、債権の相続や譲渡または代理（ことに訴訟代理）の認められなかった時代に、それらを補なう機能があったといわれる。もちろん近代法では、かかる理由にもとづく需要は全然なくなっているが、立法例には今日なお規定を有するものが少なくない（フ民一一九七以下、ド民四二八以下、ス債一五〇）。わが民法には規定がないが、これは実際上の必要性が乏しいためだと一般に説明されており、少数の見解（石坂九一〇、於保二一五ら）だけが、それとあわせて連帯債権における全額単独受領権の危険性を指摘するにすぎない。ところが、機能論的にみるときは、この最後の点が実は重要なのであって、ドイツでは、連帯債権は各債権者の権利追行を便宜・迅速にする反面、他の共同債権者の満足を損なう危険があり、このゆえに契約による連帯債権は債権者間に緊密な信頼関係の存する場合でなければ生じないとか、この関係を生ずるのは稀れだ、とされている（椿・民商四一巻五号七六六―七参照。Esser, Schuldecht, 2. Aufl., §97, 1も参照）。かような危険は、わが国では不可分債権について指摘されるが（§四二八Ⅱ2アb）、連帯債権でも事情は変わらないと私（椿）は考える。

(ウ)　発生と効力　　(a)　わが民法上、法規から連帯債権を生ずる例はないが、契約による発生は可能と解されている。しかし、上述のような危険性が大きいとすれば、不可分債権の場合（§四二八Ⅱ(一)イc後半、三六〇頁）と同様、軽々に連帯債権の成立を認定すべきではあるまい（なお、§四三二Ⅱ3ウd③、本書一六八頁）。(b)　以上のように、連帯債権の発生は稀れであるのみならず制限さえすべきだとすれば、その効果について詳説する要はない。①当事者の意思と連帯債務規定の類推とによって効力を定めるべきだとされること（ただし於保二一六参照）、②内部関係では分与請求権が認められること、を注意するにとどめる。

11　債権・債務の共同的帰属

(1)　序　言

(ア)　概　観

(a)　数人が共同で所有する場合、その仕方には、民法の定める「共有」(二四九以下) のほか、さらに「合有」(なお信託二四Ⅰ) および「総有」といった形態も認められているが、これらを債権法へ投射するとき、そこに債権債務ないし債権関係の共同的帰属、すなわち「共有的帰属」「合有的帰属」ならびに「総有的帰属」という三つの観念が問題となる。(b)　これらのうち、債権の準共有は、民法二六四条から容易に導き出されるものであり (なお鳩山二二九注2参照)、また、ドイツ民法を手本とする解釈学では、総有債権関係・共同債権関係なる訳語のもとで、合手的 (zur gesamten Hand) な債権債務の観念は早くから輸入されていた (たとえば石坂七六一、鳩山二二八-九)。しかし、債権総論の体系書において、これら、ことに合有的債権関係と総有的債権関係を、今日の意味内容で本格的に採り上げたのは、おそらく我妻説が最初だと思われる (同・初版二六六以下)。そして現在では、ほとんどすべての教科書が、「多数当事者の債権関係」に関する特殊な形態として、この問題に言及するにいたっている。

(イ)　三態容の比較

(a)　上記三つの観念は、それらの主体相互間における結合関係の強弱・程度という面から大ざっぱに眺めると、総有的帰属の場合が最も強固かつ一体的であり、逆に、債権債務の共有的帰属といわれる場合が最も結合が微弱で、特に問題とすべきほどの概念ではない。そして、債権債務の合有的帰属（なお私（椿）は合手債権・合手債務と呼ぶこともある）は、いわばその中間にある。(b)つぎに、発生原因を考慮に入れつつ実際上の重要度という観点から考えてみると、①共有的帰属は最も問題性に乏しいものであって、むしろ、かかる観念の必要性さえ疑われている（次述二）。②債権債務の総有的帰属は、最高裁が近時、「権利能力なき社団の財産は、実質的には社団を構成する総社員の所謂総有に属する」という理由によって、脱退した労働組合員の財産分割請求を否定した（最判昭三二・一一・一四民集一一・一二・一九四三）こととの関連で、新たな「場」（＝法人格なき社団）における利用可能性を見出したようでもある。だが、もともと前近代的な共同体を素材に構成された観念であって、その意味では、必ずしも解釈技術的な詳論を要しない（後述三）。③これらと異なり、債権債務の合有的帰属は、これまた古ゲルマン法系譜ではあるけれども、わが民法上、組合および共同相続の財産関係を説明する際に、いわゆる分割主義に対する批判とも関連して（後述四アc）、重要な役割を演じている。その意味で、最も実用度の高い観念である（最後に述べる）。

(2) 債権・債務の共有的帰属

(ア)　(a)　債権の共有的帰属ないし準共有は、前述したとおり、民法二六四条からすぐ引き出されうるが、この観念に積極的意義ありとする見解は、共同相続債権・組合債権および共有物に関して生じた債権ならびに当事者の契約をその発生原因として掲げ、性質上も効力上も民法の定める多数当事者の債権から区別されると説いてきた（勝本・中(1)六六以下、近藤＝柚木四以下、勝本二三七以下）。しかし、債権の準共有と不可分債権とは同一物の対内面と対外面でないかという疑問（末弘三九注1）を経て、現在の学説でこの問題に言及する者は、かかる場合には民法四二七条ないし四二九条が特則をなすので共有規定の適用なしと解し（柚木・下二、松坂一一五―六、於保一八五ら）、ことに、準用する必要は絶無（我妻三八六）だとか、ほとんどない（高梨一七四）とまでいい切っている。また、これとの関連で、「債権の上の所有権」という考え方（勝本）は、鋭い攻撃を受ける（我妻・上掲のほか津曲二一四―五）。(b) 合手債権の観念を認めるときには、債権の準共有（共有的帰属）は、当事者の特約による場合（なお於保一八五）および共有物に関して生じた債権（なお椿「多数当事者の債権関係」民法例題解説Ⅱ五五、本書四八二頁）について問題となるわけだが、各準共有者は単独の請求ごとに受領ができない（たとえば田島一二六）と解するかぎり、そしてまた、不可分債権における全額単独受領権限の危険性を無視できないと評価する（§四二八Ⅰ2イaおよびそこでの指示個所を参照）かぎり、この準共有観念の必要が絶無と断定することには問題がある。(二) 債務については準共有となる旨の規定を欠くが、「債務の共有的関係」という名でこの観念を強調する見解がある（勝本・中(1)八〇―四、勝本二四一―二）。しかし、債権の準共有を認める説でも、たぶん持分的共同は債務についてはありえないとするドイツ解釈論の影響で、債務の場合にはこれを否定し（近藤＝柚木一二一―三）、他の見解も「多数当事者の債務に関する規定すなわち四二七条および四三〇条ないし四六五条の規定の適用で充分であって、別に共有の規定の準用ないし類推適用をする必要は、実際的にも理論的にもない」（我妻三八六）とか、実際には不可分債務を生ぜしめるのと大差はない（於保一八五）と評している。

(3)　債権・債務の総有的帰属

(ア)　内　容

(a)　「総有」自体はここで説明できないが（注釈民法(7)巻参照）、総有的債権関係は、これまで一般に、村落共同体の総有財産（ことに入会関係）について債権債務を生じた場合が、その典型として考えられてきている。かような場合には、債権債務は、強度の主体的結合を反映して、団体（実在的総合人ともいわれる）に一個の権利義務として帰属する。そして、その法律関係は以下のようになる。(b) まず、総有的債権にあっては、かかる団体自体だけが取立・処分の権能をもち、受領したものも総有財産となる。構成員の各自は、いかなる意味でも直接の権利をその債権に対して有しない。(c) つぎに、総有的債務にあっては、団体自体が総有財産でもって弁済する。問題は、この総有財産をもってする責任のほかに構成員が個人として債務ないし責任を負うかであるが、通例負わないとする見解（我妻三八一、津曲二二七、柚木・下一三）もあれば、協同団体（Gemeinschaft）的な団体では各構成員の連帯責任を認めるべき理由があるのではないかとする見解（於保一八八）もある。個人的責任を負う場合でも、別に実在的総合人の本質には矛盾しないとされている。

(イ) 権利能力なき社団と総有

前掲（**1**イb②）最高裁判決には、権利能力なき社団の財産関係を債務の問題まで含めて総有関係と解するお手本（我妻・民法総則一一六ら）が存したのであり、於保説は、総有の現代的典型をこの場合に求めるかのようにもみえる（於保一八七参照）。しかし、社団と組合を峻別し、かつ前者でないものは必ず後者になると考えられた時期ならば格別、少なくとも現在では、権利能力なき社団の債権関係は社団法理との関連で構成されるべきであり、総有概念の延命策をはかるような解釈に私見（椿）は反対である（同旨、資本主義民法研究会・民法総則一一八。なお福地「組合と法人」契約法大系Ⅶ四五および四七注3も参照）。くわしくは別にゆずる（注釈民法二巻参照）。

(4) 債権・債務の合有的帰属

(ア) 総　説

(a) 合有的ないし合手的債権関係（Schuldverhältnisse zur gesamten Hand）は、合有（注釈民法七巻）それ自体と同じく、いくつかの個別的具体的な現象・素材からの抽象化によって得られた構成物である。しかも、それは、強い主体的結合の存する「総有」的関係と、結合度が微弱になる「共有」的関係との、中間にあるものを広く包摂する。したがって、共通項的な標識ないし特質として、合有「主体間における共同目的のための人的結合関係」（我妻三八一）というようなことを掲げても、説明用具としての一義的な明確さがなくて当然であり、また、そこには、これまた当然に段階的な差異が認められるはずである（於保一八六注1参照）。(b) かかる状況のもとでは、合手的債権債務の観念は、統一性ないし共通性がある内容に限定していけば、きわめて抽象的な概念となり、逆に、素材となっている各「肢」の個性ないし多様性を十分に配慮しようとすれば、概念構成における困難さが増大し、また、そのようにして得られた概念は、相違ないし例外を含む複雑・難渋なものになりやすい。ことに、具体的な場合から帰納していく方法を採っても、中心となる組合および共同相続の財産関係に関する研究は現在さかんに進行中で（前者については、契約法大系Ⅴの甲斐・上田・槙三論文や三島「組合財産の法的構成」法と政治一五巻一号および続稿、後者に関する最新の研究としては、有地「共同相続関係の法的構造」民商五〇巻六号、五一巻一号）、まだ解説的整理に適する段階だとはいいがたく、権利能力なき社団の研究も進められねばならない。そのうえ、これらに関しては別個に述べられる都合だから（注釈民法一七巻、二五巻、二巻）、ここでは、わが学説の手本・原型となったドイツの合手債権関係論を最近の体系書から要約し（次述イ）、そのあとで、これまでのわが学説を整理するにとどめる。(c) なお、多数当事者の債権関係に関するわが法制の状況との関連で、合有的債権債務がもちうる特殊＝日本的（むしろ非ドイツ的）な機能としては、つぎのような点が挙げられよう。その第一は、債権債務分割主義に対する修正用具の一つとしての意味であり（なお§四二七Ⅱ3ア・イa）、第二は、不可分債権において各債権者に認められる全額単独受領権限がもつ危険性を回避できることである（なお§四二八Ⅰ2イaとそこでの指示個所）。

(イ) ドイツでの構成

(a) この国では、①組合財産（ド民七一八以下）、②したがってまた権利能力なき社団の財産（ド民五四）、③分割前における共同相続財産（ド民二〇三二以下）、④いわゆる財産共通制のもとにおける夫婦共通財産（ド民新一四一九・一四五〇）、が民法で合有財産とされている。そして、かかる・複数者が全員共同的すなわち合手的にもつ・特別財産（Sondervermögen）に或る債権が帰属する場合は合手債権（Gesamthandforderungen）と呼ばれ、また、合手関与者（Gesamthänder）がさような財産で引当てる場合の債務を合手債務（Gesamthandschulden）という（なお解説としては、外国法典叢・ド民Ⅱ三二四以下も参照）。以下、この二つにわけて順次解説する。(b) ①合手債権の特質として、或る種の共同関係（Gemeinschaft）が存在する、という構成は少なくない。しかし、それをどう説明するかになると、債権上の用益権者と債権者との共同（ド民一〇七七）のように法的共同関係（Rechtsgemeinschaft）を欠く場合とは区別するが、共同相続と夫婦財産共通制は特殊な目的のための法規による結合であり、組合の場合は契約上の目的共同関係（Zweckgemeinschaft）であると多元的に説く見解（Enneccerus-Lehmann, Schuldrecht, 14 Bearb., § 88 I 3）もあれば、家屋共有者が賃貸した場合のような持分的共同における「単純な法的共同」と対比させて、合手では複数債権者間に目的共同関係（Zweckgemeinschaft）が作られまたは引受けられている、と統一化の方向で説く見解（Esser, Schuldrecht, 2 Aufl., § 96, 1 c）もある。②合手債権は、権利の行使だけでなく帰属も全員共同的だといわれるが（Enneccerus-Lehmann § 89 I 3）、清算までは合有財産に帰属し、各債権者には処分しうるごとき持分権がない。合手債権の処分は、合手団体またはその代表者ないし代理人に専属する。共同相続人の各自には単独請求資格がある（ド民二〇三九）けれども、これは全員に対する給付を求めうるのであり、かつラレンツは、この場合をも含む合手債権の特質として、各債権者には単独的かつ一部額の受領権限なく、全員共同してのみ受領できることを強調している（Larenz, Lehrbuch des Schuldrechts I, 3 Aufl., § 32 I b）。(c) ①合手債務も合手債権に対応する。つまり、個々の債務者が全部義務を負い債権者の権利行使に全員共同という枠があるのみだと考えるべきでなく、債権は全債務者に対し共同的に向けられている。ギールケによれば、合手債務には一体としての法的運命（einheitliche Rechtsschicksale）しかありえないのであり、またラレンツは、全員共同が必然的である点において、それが、いわば任意的にすぎぬところの連帯債務から区別する（Larenz § 32 II c）。②合手債務者に対する訴求・催告・告知などは全員に対してのみなすべく、ことに強制執行は全債務者に対して執行しうる債務名義を必要とする（ド民訴七三六・七四七参照）。一人の過失・遅滞をどうみるべきかは問題であるが、相対的効力しかないとする見解もある（後述エ c②）。③合手債務は、各自の個人的債務から概念上はっきり区別される。たとえば、責任を特別財産へ限定することの可能性（ド民二〇五九・一九七五以下）や、相殺禁止（ド民七一九II参照）がそのことを示す。もっとも、かような特別財産責任のほかに、各合手債務者の個人的責任が認められることは別問題である。まず、各組合員は、契約債務について、債権者との特約で個人の分割債務としないかぎり、連帯債務者として責任を負う。もっとも、権利能力なき社団の社員は、みずからなした取引でないかぎり、原則として個人責任を負わないようである（Enneccerus-Lehmann § 89 III 4）。共同相続人も連帯債務者として個人的責任を負うが、それはかなり緩和されている（ド民二〇五八・二〇五九参照）。夫婦財産契約で財産共通制を採った夫婦が共同で共通財産を管理するときには、夫婦は連帯債務者として個人的責任をも負う（ド民新一四五九II）。

(ウ)　合有的債権債務を生ずる場合

(a)　①わが学説では、「組合の債権債務」を合手ないし合有的とみることは、今日の通説といってよい（甲斐「組合の財産関係」判例演習債権法II一〇二）。これに対し、「共同相続された債権債務」のほうは、ほとんどの債権総論教科書では、合手関係の典型的な一場合だとみられているけれど、相続法では、必ずしも合手的債権関係であるとは解されておらない（概観は、甲斐「共同相続財産」民法演習V一七一以下など、特に債務に関しては藪「債務の相続」家族法大系VI二二一以下など参照）。さらに、「権利能力なき社団の債権債務」につき合手だと明言する見解は、きわめて少ない（川島・民法III二八九くらいか。なお前述3イ）。②かような状況のもとでは、合手を認める「根拠」についての説き方も、どの範囲の具体的場合を内含させるかで異なってくるはずだが、組合と共同相続とを一括して「共同目的のために拘束された結合的存在」だからとする見解（我妻三七九。同旨、吾妻五二一―三、松坂一一六など）、相続財産の場合を合有から除外したうえで、共同目的による一つの結合体をなすためだとみる見解（津曲二一七・二一四）、また、組合については、共同事業目的という団体法的拘束を認めるが、共同相続関係については、いわゆる共同目的ということの多様性、および、その関係に対して団体的性格を承認することの必要性を問題視する見解（山中一六二）などがみられる。――法人格なき社団の場合を社団法理に服せしめえないか、も一個の論点であるが、その点はともかくとして、たとえ共同相続関係を合手的債権債務に含めるとしても（椿の見解は未決定）、組合のような恒常的（と考えられる）存続体と遺産分割までの一時的結合体とを、同一の根拠ことに共同目的といった曖昧な言葉で説明するのには、私（椿）も反対である。

(b) つぎに、わが判例は、組合の関係では、その流れを総合的に観察（我妻・債権各論中Ⅱ八〇八以下参照）すれば「大体においてこの理論を認めている」（我妻三八七・三八九）とか、「合有説に向かいつつある」（広中・債権各論講義Ⅲ二八三）とみられている。しかし、共同相続の関係では、合手責任を認めたと解される近時の高裁判例のようなものもあるが、一般には分割原則を貫いてきている（くわしくは§四二七Ⅱ2アeおよびイf）。

(エ) 合有的債権債務の内容・効力

(a) 合有的債権債務の個数（なお本著作集1「**3** 連帯債務の解釈論」本書七四頁）については、単数説（ことに近藤＝柚木一五）と複数説（我妻三八一・三八二、津曲二一七）とがあるが、甲斐説が新たに、特別財産を引当とする組合債務に関し、単一説を表明するにいたっている（甲斐「組合の財産関係」契約法大系Ⅴ一三〇）。(b) 合有的債権の場合、債権の取立や処分は全員が共同してのみこれを行なうことができ、かつ、取り立てたものは合有財産となる。債権者の各自には、単独の取立・処分の権限がない。この点は、不可分債権の欠陥を回避できるものである（前述ア c の後半）。

最後に、合有的債権に対する各自の持分は、単に計算的な割合として存するにすぎず、処分できないものと解されている。(c)　合有的債務の場合、①債権者は、債務者の全員に対し共同に訴求しなければ、合有財産に執行することができない。この点は、連帯債務・不可分債務に比して債権者が不便であるが、特別財産への執行可能性が認められるのは、便益ともいえる。また、給付が可分である場合を考えると、いわゆる分割原則に立つ法制のもとでも、全額取立を可能ならしめる、という利点が認められる（前述アｃの前半）。②債務者の一人に生じた事由の効力に関しては、全くといってよいほど論じられていないが、甲斐説（前掲大系Ｖ一三一）は、合手債務を単一債務として構成することとの関連でか、ことごとく絶対的効力を生ずると解している。しかし、ドイツでは過失・遅滞に相対的効力しか認めない見解もあるのであって（Larenz § 32 II c 末尾；Esser § 96, 3 III c 参照）、仮りに個数論だけが甲斐説の根拠となっていて利益較量を欠いているとすれば、少なくとも現時の解釈論としては問題だといわなければならなくなる。③合有的債務において、合有財産のほかに債務者各自が個人として債務ないし責任を負うか否か、それを肯定するとした場合、個人責任は副次的か併列的か、また分割的か連帯ないし不可分的か、が問題となる。個人的債務（ないし責任）を負うことは肯定されているが、その後の関係は、合有主体の種類や内容に従って決するほかはないと解されている。もっとも、権利能力なき社団の債務を合手債務とみる川島説は、エネクチェルスら（前述イｃ③）と同じ見解を採っている（川島・民法Ⅲ二九〇参照）。④最後に、合手債権関係の理論は、近時、訴訟および執行の面へ研究が発展しつつあるが、これは、組合・共同相続それぞれの巻で述べられるであろう（なお、上田「組合と訴訟・執行」契約法大系Ｖ一三六以下は、両刀使いによる好個の文献である。また合有債務に限らないが、福永有利「特定物引渡請求訴訟の被告適格」関大論集一四巻二号一五七以下参照）。

12 多数当事者の債権関係(1)

〔問題〕借家人が死亡して相続人ＡＢＣ三人が共同で借家を続け家政婦Ｄをやとった。

(1) 家主はＡＢＣのそれぞれに対して家賃全額の支払を求めることができるか。

(2) Ｃが病気で困っていたので家主がＣに一月分の家賃を払わなくてよいといったときに、ＡＢの家賃支払義務はどうなるか。

(3) Ａの失火で借家を焼失したときに、家主はＡＢＣそれぞれから損害賠償を請求することができるか。ＡＢＣのいずれの失火かわからないときはどうか。

(4) その場合に、ＡＢＣ三人の名義で家屋内の動産に火災保険をつけていたときは、ＡＢＣはどういうかたちで保険金を受け取ることができるか。

(5) 借家契約が終了したのにＡが立ちのかないときに、家主はＢＣに損害賠償請求ができるか。

(6) 家政婦ＤはＡＢＣのそれぞれから給料全額の支払を求めることができるか。

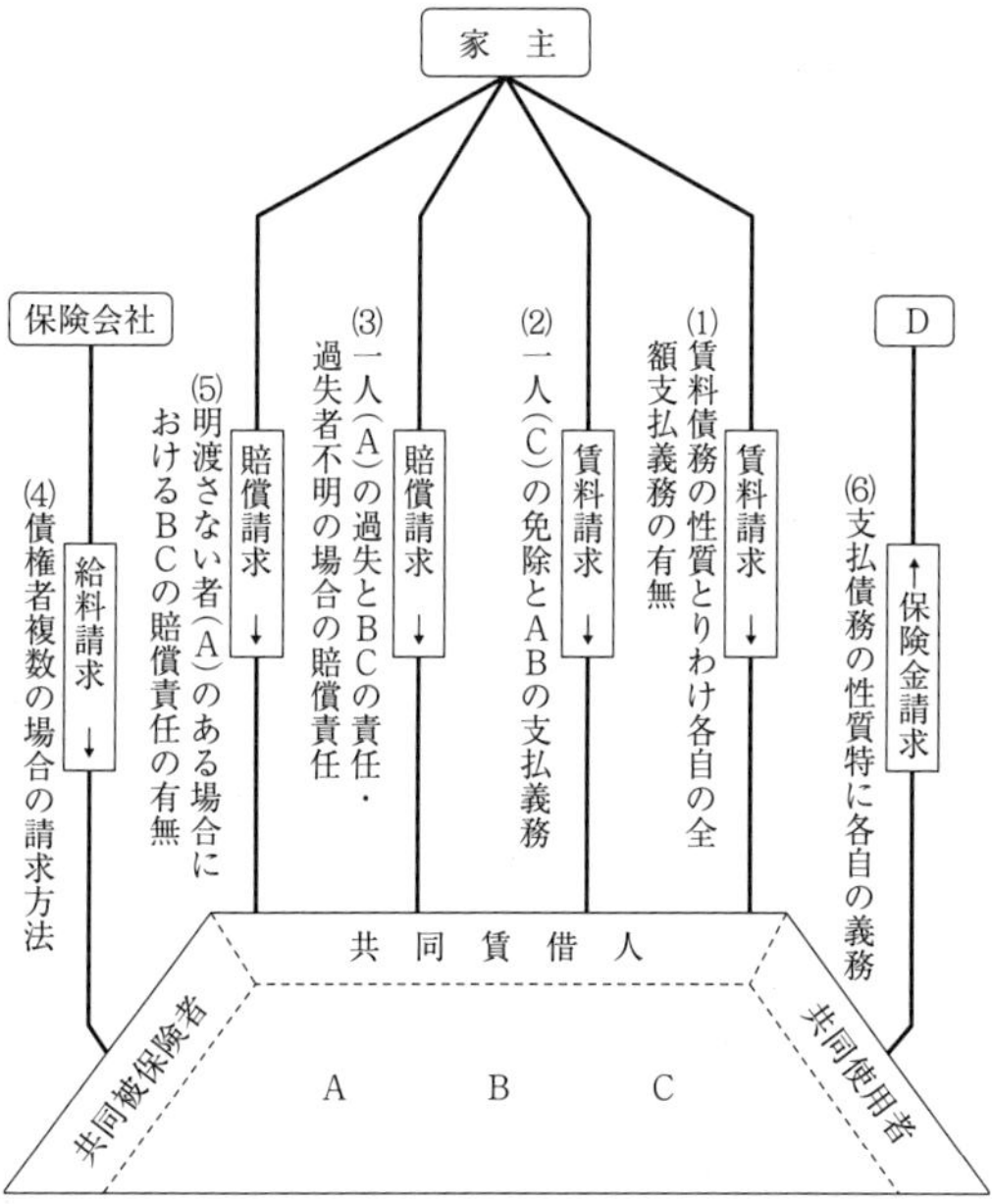

〔論点〕

1　連帯債務、不可分債務、不真正連帯債務、合有債権債務、分割債務の区別
2　共同賃借人の賃料債務
3　共同賃借人の損害賠償債務
4　共同賃借人の債権
5　共同の被用者の賃料請求権

一　問題点

設問は結局のところ、金銭給付を目的とする債務ないし債権に複数の主体が存する場合その法律関係はどういう特異な問題を生ずるか、を中心とする。ところで、この多数当事者の債権関係（民四二七条以下）の特色は、いうまでもなく、主体が単数の場合に対しつけ加えるべき問題があるという点であるが、これは二つの面に分けることができる。第一は、複数の債務者（または複数の債権者）と債権者（または債務者）との間の法律関係であって、複数主体の側からみればかかる債務ないし債権の対外的効果と呼ばれる（ただし一般にいわゆる対外的効果は一人に生じた事由の効力を除く）。第二は、複数債務者ないし複数債権者の相互間の法律関係——彼らの側からいえばその内部的効果——であって、いわゆる求償ないし分与の問題がこれに属する。設問は、直接には、右の中で対外的効果（一人に生じた事由の効力も含め）に関するものである。個々の問題点は図にも示しておいたが、債務ないし債権の態容如何と債務者の一人に生じた事由の効力如何とが、ピークをなしている。

二　複数主体が存する債務の態容

1　態容の種類および比較

賃料などであれ損害賠償であれ、数人が金銭の給付義務を負う場合には、いろいろな態容が考えられる。第一は、債務を債務者の人数に応じて分割する、という形態である。この場合には、各債務者は原則として平等に分割された額についてのみ各自が独立して責任を負い（民四二七条）、また、債務者の一人に生じた事由（免除・時効完成など）は他の者に影響をおよぼさない。それゆえ、分割債務という態容は、債務者にとっては責任を軽減されるという利益があり、複数の債務者が存する法律関係を形式的な明確さでもって処理することにもなる（解除権と同時履行の抗弁権とは分割されないが）。しかしその反面、債権者の立場からすれば、取立が不便であり、債務者の一部の無資力によって蒙る不利益・不満足の欠点は著しい。

第二は、債務を債権者に対する関係では分割せず、債務者の各自が債務全額に責任を負う形態、すなわち不可分債務・連帯債務・不真正連帯債務である。これらにあっては、債権者は債務者の全員もしくは一人に対し全額を請求できるから、債権者の権利実現は分割債務と異なって便宜かつ安全である。とはいえ、弁済（およびこれと同視できる満足）以外で債務者の一人に生じた事由は、それが他の者にも影響する（つまり絶対的効力を有する）か、影響しない（つまり相対的効力しかない）かにつき、三者で異なる。すなわち、学説の細かい対立を除いていえば、連帯債務は、絶対的効力を生ずる事由の範囲がかなりひろいが（民四三四条―四三九条）、不真正連帯債務では、右の条文の適用がないからそれらの事由は相対的効力しか有しない（時効の相対的効力につき、大判昭和一二年六月三〇日新聞四一三六号七頁）。次に不可分債務でも、右の条文の適用はないが（民四三〇条但書）、更改・免除の特別扱い（同条本文。なお三2参照）によって間接的・結果的には絶対的効力を認めることになり、また多くの教科書によれば、それ以外の事由についても同じ結果を認めようとされる（石坂・日本民法（債権第三巻）九六五頁以下、鳩山・日本債権法（総論）二〇五頁、近藤＝柚木・註釈日本民法（債権編総則・中）三八頁、勝本・債権総論（中１）六〇頁）。ところで、絶対的効力・相対的効力は、いずれとするほうが債権者に有利か。これは一概にはいえず、場合を分けなければならない。まず、免除・更改などの債権消滅原因は、絶対的効力を認めないのが債権者に有利だから（椿・連帯債務論の若干の問題点・民商法雑誌三四巻三号五四頁）、この面からすると、連帯債務はかなり債権の効力が弱められている。逆に、不真正連帯債務は、不可分債務におけるような特別扱いもない点で、最も債権の効力が強い。次に、債務者の一人に対する請求や一人の過失などの債権変容事由は、絶対的効力ありとするほうが債権者には有利である。この点で、不可分債務では請求は相対的効力しかないと解するかぎり（近藤＝柚木三八頁、柚木・判例債権法総論（下）一七頁）、絶対的効力ありとされる連帯債務（民四三四条）のほうが債権の効力を強化する。このように、債権者ないし債務者の立場から三者の対外的効果を比較するのには、問題となる事由を二つの種類に分けなければ正確ではないが、概していえば不真正連帯債務が最も債権の効力は強い。なお、これら全額単独責任の効果を生ずる諸態容は、前述したように分割責任よりはるかに債権者を有利な地位におくが、反面、内部的効果という厄介な問題を生ずる点では法律関係を複雑にする。また、不真正連帯債務においては、対外的には全額責任とされつつも対内的には通説上求償関係が否定されているので、債務者間の不公平は著しい。

第三は、債務者の全員が一体としてのみ責任を負う形態であって、合有債務（正確にいえば合手債務 Gesamthandsschuld）がそれである。債権者が債務者全員に対し共同に請求すべき点は、債権者には不便なようにみえる。が、この態容は、人の結合体に帰属する一定の財産の塊りからまとめて弁済を受けうる、という別の大きな便宜が存する。合手債務は、組合および共同相続について特に問題となるもので、設問では、賃料債務と相続債務とを対比させるかぎりでのみ考慮すれば足る。合手債務者の一人について生じた事由の効力とりわけドイツでは争いのある遅滞・過失の効力（dazu vgl. Larenz, Lehrb. d. Schuldr., Allg. Teil, S. 286 Anm 2 u. a.）は、わが国では問題とされておらない。

分割と不分割に関する有利・不利は右に概観したが、複数の債務者が存する場合には、いずれの側が原則とみられておるか、またみらるべきか。

2 各態容の位置

(a) わが民法は、この点について分割原則を採用する（民四二七条）。そして、「法規ないし特約――明示であれ黙示であれ――なければ全額債務なし」という右の原則は、判例では、主として連帯債務になるかならないかをめぐって、早くから一貫して認められるところとなっている（大判明治三八年一〇月五日新聞三一八号一四頁、同大正四年九月二一日民録二一輯一四八六頁評論四巻民七〇三頁新聞一〇五四号三〇頁、同大正七年六月二一日新聞一四四四号二四頁、同昭和三年一〇月三一日新聞二九二二号九頁、など）。さらに、全額債務の例外性は訴訟にも反映していて、連帯債務だと主張する者がその挙証責任を負うのはもちろんである（大判大正四年一二月二一日新聞一〇八六号二〇頁）、また、当事者が民法四二七条にいわゆる別段の意思表示の存在を主張し立証しないときは、そのような意思表示の有無を審究せずに平等分担と判示しても何ら差支えない（大判昭和一二年七月一六日法学六巻一一号七八頁）、とされている。判例がそう解する根拠は規定の仕方以上には出ない。

これに対して学説は、法典ならびに判例の右の態度は、債権の効力ないし実効性を弱める、取引の実際に合しない、あまりにも個人主義的である、という理由で反対し、近時の支配的な見解によると、解釈上も分割原則に合理的な制限を課すべきだとされるにいたっている（我妻・債権総論一八八―九頁をはじめとして、柚木・七頁二二頁、松坂・民法提要（債権総論）一一八頁、山中・債権法総則講義一六四頁、吾妻・債権法五四頁、など。立法論として分割原則を疑うのは、勝本・債権法既論（総論）一二二頁、同・中四頁）。学説のいうところはもとより正しいが、こうなるにいたったのには、多数当事者の債権関係を人数という形式的側面でなくその有する担保作用に着眼して把握しようとする見解（我妻・一七七頁）が大きな支えとなっている。態容の位置づけについてこのような「債権内容の実現の強化」が意識されるようになれば、次には当然にこの見地から態容の効果にも着眼しなければなるまい（この点については、山中・連帯債務の本質（石田還暦）三九〇頁以下、椿・五四頁以下参照）。この解説で債権者の地位をしばしば引合いに出すのは、そのことを考えているからにほかならない。

(b) 以上は、分割か不分割かに関する認定の標準であった。それゆえ、不分割態容の中でも認定標準は問題とさるべきだが、不可分債務については後に述べるから、ここでは、不真正連帯の認定標準について一言しておく（不可分と連帯との関係は古くから論じられているが現在では山中・本質）。不真正連帯は、法が「連帯」と表示しない場合の全額単独責任であって、使用者と被用者の不法行為責任（民七一五条・七〇九条）などがこれに属する（ただし大審院はこの表現を用いない）。発生原因は、併存的債務引受で不真正連帯を生ぜしめうるという見解を除いては、いずれも損害賠償と関連している（四1(b)参照）。連帯か不真正連帯かにつき最も問題とされているのは、いわゆる共同不法行為者の責任である。判例は、七一九条が「連帯ニテ」というためか、連帯債務説を採っている（大判大正三年一〇月二〇日民録二〇輯八三四頁）。が、学説では、或る判例の批評（川島・判例民事法（昭和一二年度）三三五頁）を機に、不真正連帯債務説が増えつつある（我妻・事務管理・不当利得・不法行為一九二頁、戒能・債権各論四四〇頁、加藤・不法行為二〇六頁、など）。私も、共同不法行為責任の性質については、使用者責任などにおける対外的効果との釣合いおよび連帯債務とする結果の不当性（特に一人の免除の効力）からみて、右の学説に賛成している。けれども、不真正連帯一般としては、右のような対外的効果にだけ着眼して不真正連帯をひろく認定することには大いに疑問を有する（椿・六〇頁以下、同・共同不法行為・民商法雑誌三六巻一号三四頁以下）。なお、不真正連帯の認定ないし発生に関しては、限定説もある（柚木・四九―五〇頁）。

三　共同賃借人の家賃債務および共同使用者の給料債務

共同賃借人たる地位は、契約に基づき発生することもあるが、設問は共同相続による場合であり、かつ問題(1)は相続開始後の賃料債務に関すると思われる。なお、問題(6)は、請求権を支払義務と裏返せば、問題(1)と同質のことがらである。

1　賃料支払債務の性質

大審院は、設問と同一の（つまり共同相続に由来する）事案につき、「数人ガ共同シテ賃借人タル地位ニ在ル場合ニハ、賃料ノ債務ハ、反対ノ事情ガ認メラレザル限リ、性質上之ヲ不可分債務ト認メザルベカラズ。何者、賃借人相互ノ間ニ於ケル内部ノ関係ハ如何ニモアレ、賃貸人トノ関係ニ於テハ、各賃借人ハ目的物ノ全部ニ対スル使用収益ヲ為シ得ルノ地位ニ在レバナリ」と判示し（大判大正一一年一一月二四日民集一巻六七〇頁新聞二〇八二号一八頁評論一一巻民一一二五頁）、その後もこの法理は確認されている（大判昭和八年七月二九日新報三三七号一三頁、同昭和一四年五月一二日判全六巻一六号六頁。なお同旨、大阪地判昭和一〇年六月一四日新聞三八八五号一三頁、台湾高法院判昭和一二年八月二五日新聞四一八九号八頁）。思うに、賃料債務は可分給付であり、しかも賃借人たる地位を共同相続した場合の支払方法については、全額債務とする旨の法規はなくまたそのような特約も通例ありえないから、連帯債務とすることは判例法理に背反する（二2(a)参照。ただしいうまでもなく、共同賃借が借主の一人のために商行為であれば、賃料債務は商法五一一条により連帯となる。大判大正八年四月二六日民録二五輯六三八頁）。だから、分割債務と認定するのも可能であったが、裁判所は、おそらくは家主が四人の相続人に四分の一ずつしか請求できないという結論を不合理とみて、「性質上の不可分」に解決を求めたもの思われる。この法的構成は、分割原則を解釈上も制限すべきだとする学説の意図に適合しているため、結論そのものは多くの著作によって全面的な支持を受けている（末弘・判例民法（大正一一年度）四一七頁以下、我妻・一八八頁、柚木・一三―四頁、松坂・一一八頁、我妻・有泉・債権法（コンメンタール）八五頁、山中・一六四頁、など参照）。ただ、契約による共同賃借の場合を、性質上でなく黙示の意思表示による不可分と解する構成があるから、それに注意すればよい（近藤＝柚木二五頁、柚木一四頁）。それゆえ、問題(1)は、判例学説のいずれの立場からも肯定され（民四三〇条本文・四三二条参照）、ＡＢＣの各自は、請求を受けたら全額を支払わねばならない。ただし、誰かが払えば、残りの者はもちろん重ねて弁済する責任を負わない。

ところで、判例は、共同相続を超えて、不可分の対価はまた性質上の不可分だ、と解されうる一般的な表現をしている。そこで、後に述べる関連問題（**3**および**四**の前注）のほか、相続した未払賃料債務に対する共同相続人の責任との関係如何が考えるべき問題として現われてくる。

これについては、判例は、民法旧一〇〇三条（現八九九条）および四二七条を理由に、「共同相続人ハ……被相続人ノ金銭債務其ノ他可分債務ニ付テハ、各自分担……スルモノニシテ、連帯責任ヲ負ヒ又ハ不可分債務ヲ負フモノニ非ザシ」旨説示する（大決昭和三年一二月四日民集一一二二頁）。この結果、被相続人の残した未払賃料には、ＡＢＣの各自は三分の一ずつ未払責任を負い、相続後の賃料債務には、各自が全額を支払う責任を負う、ということになる。ところで、学説、右判例のいう分割説に対して、どのように考えているか。この問題は、相続人が相続財産を以て合手債務者として引当てるか、という問題と重複するものであるが、債権者の立場および遺産の清算方法という点を考えると、相続財産の第一次的責任を認めるほうが便宜である。以下考えるのは、紙幅の都合で、右の相続財産責任論を一応は捨象したところの、各共同相続人の直接的責任である（もちろん、この問題の判断にあたっては、両者のつながりはこれを無視することができないが）。

学説は、分割責任説と不分割責任説とが鋭く対立している（谷口・民法Ⅲ（法学講要下）九三―四頁参照）。不分割責任説には、連帯債務説もあるが（穂積・判例民事法（昭和五年度）四〇四頁）、この考え方は主として法文の解釈上に難点がある、と評されている（近藤・相続法一五一頁、川島・民法（三）一六五頁）。また、債務共有説（勝本・中八〇頁以下）も流布しておらない。むしろ、不分割責任説としては、不可分債務説が最も有力であるようにみえる（末弘四一九―四三〇頁、末川・民法研究（二巻）三五一頁、川島・一六五頁）。その理由とするところは、民法（現）八九九条は共同相続人相互間の負担部分に関するにすぎない、また債務の分割は処分だから債務者の勝手にはできない、とすれば積極財産が分割されてもそれまでの合手債務は不可分債務として残る、というような点に存する。他方、分割債務説は、債務者の死亡によって債権者が分割の不利益を受けるのは当然であって、立法者も分割主義を採用しようとした（近藤・一五一頁）、多数当事者の場合に分割のたてまえを採る現状では、債務を連帯・不可分ないし共有とすることは無理であり理由に乏しい（来栖・共同相続財産について・法学協会雑誌五六巻六号七二頁）、現行法では共有説を基調とすべきであるから、分割となることは、債権者には迷惑であってもやむをえない（有泉・親族法相続法二六―七頁）、と主張する。すなわち、債務者の死亡といういわば不可抗力の結果生ずる危険・不利益ないし負担は、不分割説では債務者の相続人に帰し、分割説では債権者に帰する。思うに、債権者の危険という点を考慮して分割債務説から不分割債務説に移った見解もあるくらいだから（柚木・判例相続法論一八七―八頁）、いずれの説に決するかには利益較量の問題が重要な鍵となる。しかも、相続の場合は必ずしも一般の債務負担の場合と同視できないので、前述した分割・不分割を決定する一般論だけでは足りない。私は、債務の共同相続論における較量においては、共同相続人の責任は単純承認を前提として論じられている、という点から出発したい。すなわち、相続放棄や限定承認にあっては、相続人は、相続債務に対する責任の態容を問題とする以前に、すでに責任そのものを全然負わない。しかも、承認・放棄は、全く相続人の自由に委ねられていて、債権者が代位行使することもできず（松坂・債権者代位権の研究一二四頁）、わずかに限定承認が、例外的制度と考えられてきたこととの関連で、九二三条の不便を残す（ただし、この必要的共同性については、解釈上これを緩和する見解もある。我妻＝立石・親族法相続法（コンメンタール）四七八頁、四九二頁参照)。それゆえ、限定承認ないし放棄によって、相続人は、債権者に干渉させずしてしかも責任を排斥できるという意味で、いわば二重にその立場が守られている。とすれば、限定承認をなしうるのに単純承認をした者の責任を、債権者の一方的な犠牲において分割へとさらに軽減することは、単純承認が実際上も原則となっている特殊＝日本的事情(家および家業の相続という意識)を割引きしても、如何なものであろうか。もちろん、共同相続債務について、各相続人の分割責任説を採りながらも他方で相続財産そのものの責任を肯定すれば(近藤・前掲、来栖・前掲)、債権者保護の度合いは不分割説との間に極端な差がなくなってくる。だが、そのような綜合的判断への道程として、さしあたり相続人自身の直接的責任だけを考える場合には、分割原則をそこでもつらぬくことはあまりにも相続人側を保護するのではないか、したがって利益較量上は不可分債務説をより妥当とみるべきではないだろうか、と考える。

2 債務者の一人(C)の免除

これに関する問題⑵は、共同賃借人の賃料債務の性質が決まれば、簡単に片づく。すなわち、Cが免除されても、ABは一月分全額に責任を負うが、家主はCの負担部分を、履行した者に返さねばならない(民四三〇条・四二九条一項)。金を全部受け取ってからその一部をその者に返すということは奇異に思えるが、これは給付が不可分だという点から出てくる帰結であるとはいえ、この点には問題があろう。

3 共同使用者の賃金債務

参考すべき判例ば二つある。一つは、山林共有者の監守料支払債務だが、「該山林ノ何レノ部分ニ付テ見ルモ、右共有者ハ孰レモ監守人ノ監守ニ因リ利益ヲ受ケ」ているから性質上の不可分債務だ、とされる(大判昭和七年六月八日裁判例(六)一七九頁)。もう一つは、漁夫に対する共同経営者の給料債務だが、これは、理由を挙げずに、原則として分割債務であるとされる(大判昭和一二年一〇月一四日新報一三一号一一頁)。前述した共同賃料債務の判例と軌を一にする前者が正当である。問題(6)もこれと別異に解すべき理由はない。それゆえ、ＡＢＣの各自がＤに対し全額支払義務を負う。

四 共同賃借人の損害賠償債務

問題(3)および(5)は、債務者の一人のいわゆる行為（factum）が他におよぼす効力の問題であり、これに、賃貸借契約上の債務不履行責任と不法行為責任の関係（いわゆる請求権の競合・非競合）の問題がからみついている。

なお、問題(3)(5)は、いずれも返還と関係するから、右の解説に入る前に、この点に関する判例を紹介しておく。まず、「各賃借人は、賃貸人に対し賃借物全部を返還するの義務を負担する」という理由でかかる場合は必要的共同訴訟ではないとする判例があったが（大判大正七年三月一九日新聞一四〇二号三〇頁）、その後、借主四名が賃料を支払わなかった事案につき、右を引用して「同義務不履行ニ因リ生ズル損害ヲ賠償スル場合ニモ亦、各自其ノ全部ニ付支払ノ責ニ任ズベキモノト断ズルヲ相当トスベシ」という判決が出された（前掲大判昭和八年七月二九日）。だから、判例の見解では、共同賃借人は、賃料だけでなく、目的物の返還にも、さらに賃料債務または目的物返還債務の不履行による損害賠償にも、不可分債務ないし全額単独責任を負うことになる。思うに、不可分債務における全額責任は、全くのところ給付の不可分のゆえにすぎないとも解することができるから（石坂・九七〇頁参照）、損害賠償――殊に返還債務不履行によるそれ――には民法四三一条を適用して分割責任にできぬではない。判例がそうしなかったことは、共同賃借人の債務を単に机の引渡のごときと同視するのではなく、すすんで債権者の安全という考慮（Vgl. Leonhard, Allg. Schuldr., S. 719）をしているもの、といわねばなるまい。

ところで、右の判例は、一般論ないし共同賃借人全部が有責の場合について論じているようである。それゆえ、損害賠償の原因が一人の行為によることが明白かどうかの場合における責任の態容が、次には考えられねばならない。

1　一人（A）の失火による場合と失火者不明の場合

賃借人は、善良なる管理者の注意を以て賃借物を用益・保管する義務を負う（民四〇〇条・六一六条参照）。したがって、失火で家を焼いたときには、債務不履行による損害賠償責任を負う。また、賃借人を、特殊＝契約上の地位に立つ者としてでなく一般市民という平面で眺めると、彼の右の行為は、過失によって賃貸人の権利（所有権）を侵害しており、不法行為による損害賠償責任をも負うようにみえる。ここに、家主に対するAの責任の性質が問題となる（失火責任法の問題は省略）。判例およびかつての通説は請求権競合説を採ったが、近時の学説では非競合説ないし法条競合説も有力となっている（川島・契約不履行と不法行為との関係について・民法解釈学の諸問題一頁以下、川島・債権法総則講義（第一）一三四頁以下、石田・債権各論三一三頁、吾妻・三六一―七頁）。特に、ここで試みた解説の仕方からは、個々の問題点について債権者（被害者）の利・不利を検討した上で、両説に差のない以上は理論的にすぐれた法条競合説を採るべきだとする考え方（加藤・四八頁以下参照）が、注目に値いする。

ところで、右は、同一ないし単一の主体について論じられているものである。それで、ここでは、そのような主体の一人の責任の性質を起点として、複数の主体がある場合における債務不履行責任と不法行為責任とを考えてみる。

(a)　まず、一人の失火が明らかな場合について　　Aの失火を、不可分給付たる保管義務の不履行ということにすると、不可分債務者の一人の過失が相対的効力しかないという点に異論はないから、Aだけが賠償すべきことになる。右に挙げたわが判例（大判昭和八年七月二九日）と同じ考えに立つドイツの学説も、履行不能に有責でない者は免責されると解し（Enneccerus-Lehmann. Schuldr. S. 366）、連帯債務者の一人の過失には絶対的効力を認めるフランス民法のもとでも、不可分債務者の一人の過失は相対的効力しかなく他は免責される、という見解がみられる（Barde-

Baudry-Lacantinerie: Tr. de d. c. Obl. II, p. 463)。右と異なり、Aの責任を不法行為ということにすると、どうなるか。この場合も、BCの過失を認めるのは困難だから、疑問視される家団責任論（加藤・一六〇頁註2参照）でももち出さないかぎり、やはりAしか賠償責任を負わない。それゆえ、Aの賠償責任の性質如何にかかわらず、問題(3)の前半については、BCの責任はないとみるべきである。前掲判例（大判昭和八年七月二九日）は、したがって、この場合には関係しない。

(b)　次に、失火者不明の場合について　この関係を不法行為の面でみると、ABCの過失はたしかだが、誰であるかが不明である。といって、賠償責任なしとするのは明らかに不当である。だから、不法行為の側で賠償責任を認めようとすれば、七一九条一項後段に該当するとみなければならない。これに対して、不可分債務の不履行という面でみると、帰責者不明で債務不履行を生じているが、誰かの帰責事由はあるから、賠償責任を否定するのは、この場合ももちろん不当である。そこで、共同賃借人の一人の保管義務違反を以て相対的効力しかないとするラレンツも、右のように過失者不明の場合にはすべての者の責任を認めねばなるまい、という（Larenz, a. a. O. S. 289）。単独責任でも無責任でもないとすれば、後は全員の責任しかありえないが、その場合にも、分割責任か全額責任かという問題は依然として残される。けれどもこの点は、既述せる債権者の立場を考慮すべき点からも、契約義務の不履行者として眺めた場合の責任態容を不法行為者のそれより軽からしめる理由がない点からも、全額責任と解すべきである。

さらに、全額責任と解しても、共同不法行為者とみるか不可分債務の共同不履行者とみるか、によって生ずる差異の有無が問題となる。共同不法行為者の責任を不真正連帯債務と解すべきことは前述した通りであるが（一2(b)参照）、もし共同不履行者の責任を不可分債務とみるならば、同一の事実を不法行為・債務不履行いずれの面でみるかで、対外的効果に差異を生ずることになる。たとえば、不可分債務者の一人の免除は間接に絶対的効力を生ずるが（三2参照）、不真正連帯債務では一人の免除は相対的効力しかない。このように、債権者が自己に本来かつ特有の手段（＝債務不履行責任）で追求するほうが、一般市民間の手段（＝不法行為責任）で追求するより不利な地位におかれることは、果して妥当か。そこで、前出判例（大判昭和八年七月二九日）のいう「各自其ノ全部ニ付」という表現の意味を考えてみよう。結論を先にいえば、この表現は不真正連帯債務をさす、と解することができかつ解すべきである。すなわち、第一に、判例の各自全部という語法は、学者が不真正連帯という場合にも用いられている。第二に、不真正連帯の観念は、通常はひろく、損害賠償に複数の債務者が関与《タイルネーメン》する諸場合につき認められうる。つまり、債務不履行責任と不法行為責任の併立（受寄者と盗人）、共同不法行為責任（判例は反対）、一般的不法行為責任と特殊的不法行為責任の併立（被用者と使用者）、特殊的不法行為責任の併立（複数の法定監督義務者）、を含むと解すべきである。とすれば、債務の共同不履行責任をこの中に含めることに支障はない。第三に、債務不履行の結果たる損害賠償をも不可分債務と解するならば、そのような損害賠償の不履行や一人に生じた事由による債権関係の展開が考えられる。けれども、損害賠償債務を本来の債務そのものと同一の考え方で律するのは疑問であって、損害賠償に転化した場合には、債権関係はさらに展開すべきではなく消滅へと向うべきである。また、債権者は、損害賠償においては弁済以外の事由が絶対的効力を生ずるとは考えぬであろうし、不履行によって損害賠償に転化したときには彼のそのような予期を尊重すべきである。とすれば、共同損害賠償債務は、不真正連帯債務とみる場合に、最も右の目的にかなう結果を生ずる（なお、契約責任に七一九条の類推適用を認めるのは鳩山・日本債権法（各論）八四五頁、加藤・五〇頁）。

結局、問題(3)の後半についていうと、責任の性質如何をとわず、ＡＢＣの各自は全額責任を負う。前掲判例は（大判昭和八年七月二九日）この場合をも含むとみるべきだが、そのいわゆる「各自其ノ全部」とは不真正連帯の意に解すべきである。

2　一人（Ａ）の不退去と他の者（ＢＣ）の賠償責任

家屋返還（明渡）債務は、契約上の義務であるが（我妻・債権各論四六六頁、末川・債権各論二〇八頁）、共同賃借人がこれを負うときは、右に述べたように不可分債務とみるべきである。そして、不可分債務では、一人の遅滞――ひろくいえば責に帰すべき債務不履行――には相対的効力しか認められないから、考え方は前述した失火の場合と同じである。それゆえ、問題(5)に関しては、不退去そのことによる損害賠償（額は賃料が標準となる）はＡのみが負担すべきだ、ということになる。また、前掲判例（大判昭和八年七月二九日）は問題(5)の場合を含まない、と解すべきである。

ついでながら、過失や不履行が明白に一人に原因すれば単独責任、わからなければ共同責任というよりも、いずれの場合かをとわず共同責任とするほうが、債権者の地位を安全にし共同賃借人の責任を全うせしめるのではないか、こういった疑問があるかもしれない。が、そのためには、不可分債務・連帯債務において、個人責任思想に基づき、一人の過失ないし不履行を相対的効力としたことの検討から出発しなければならない。

五　共有者の火災保険金請求権　損害保険契約は、複数人が一つの契約における保険契約者となることができるし（大森・保険法八九頁）、また共有者を共同の被保険者とすることも可能である（大森・九〇頁）。問題(4)は、ＡＢＣが、動産の共有者であり、共同の保険契約者かつ被保険者である、また保険者の免責（商法六四一条）の問題はない、と仮定しよう。ところで、被保険者が複数の場合における保険金の請求方法には規定がないので、具体化した支払請求権は一般の金銭債権として取扱われることになり、その譲渡などと同じく民法の規律が問題となるであろう。

この、多数当事者の債権についても、債務の場合と同様、いろいろな形態が考えられる。まず、合有債権だとすれば、債権取立がＡＢＣの共同によってのみ行われる点では、各自が他の者の単独取立によって蒙らしめられうる危険はない。しかし、共同相続について合有説を採ってもその合有は遺産分割までであるから、真の共有に転化した後は、合有債権とする基盤が消失する。問題⑷は、この合有の問に保険金請求権が具体化した場合についても考えられるが、以下では彼ら三人を共有者として取扱う。次に、共有物に関して生じた債権は、これを債権の準共有・不可分債権・分割債権の三つとして考えうる（近藤＝柚木六頁参照）。まず、分割債権だとすると、分割額についてのみ請求し受領しうることになるから、ABCの権利行使も保険会社の弁済方法もともに不便である。が、判例は、共有土地の収用対価金などの場合に、この説を採る（大判大正三年三月一〇日民録二〇輯一四七頁）。次に、不可分債権だとすれば、ABC各自が全給付を請求する権利をもち、かつ一人の受領は絶対的効力を生ずる。この形態は、債権行使では便利だが他の債権者に損失を蒙らしめるおそれなしとしない、と評される（我妻・債権総論一九一頁）。最後に、債権の準共有は、認められうるがその場合にはまず不可分債権の規定を適用する、と次第に解されるにいたっている（我妻・物権法二二五頁、林・物権法一四二頁など）。紙面の都合上、各説の当否に関する詳説はできないが、分割債権説は債権者・債務者両方に不便だとすれば、推すべきでない。といって、保険金支払請求権を、ただちに性質上の不可分給付ないし黙示の特約ある不可分給付とはいいがたいかもしれない（約款・商慣習は論外とする）。そこで、残されるのは債権の準共有であるが、判例は、占有権を伴なう場合にかぎってこれを認めようとする（大判大正一一年二月二〇日民集一巻五六頁）。けれども、学説では右の限定はいらないと解されているから、それにしたがえば、分割債権説の失当と不可分債権説を採ることの困難とが簡単に回避されうる。ただ、一人の全額取立権から生ずる危険はあるが、これは、債権準共有の効果を不可分債権から切断しないかぎりやむをえないことであり、また債権者間に分与請求権の認められる以上は事実上ありうる危険にすぎない。それゆえ結論をいえば、ABCの各自は単独で保険金全額を請求しえ、また保険会社はその者に弁済すれば債権準共有の効果として（他の弁済免責をまたずとも）免責される、と解すべきである。

13　多数当事者の債権関係(2)

〔例題一〕　債権者が連帯債務者Aから弁済を受けるつもりで同Bを免除した。その場合、もしAの負担部分が零であれば、債権者は後日Aに請求できるか。また、免除後ABが契約によってAの負担部分を零に変えたときは、どういうことになるか。これらの結果の当否も考えよ。

およそ多数当事者の債務にあっては、債務者の一人に生じた事由の効力如何が、債権者ならびに各債務者にとって重要な利害関係を有することは既述のとおりであり（『新民法演習Ⅲ』一〇一―二頁）、本題では不可分債務者の一人の免除・過失・遅滞の効力についてそのことを論じておいたが、この〔例題一〕では、連帯債務において、当事者間の決済関係を簡便に処理するために（我妻『債権総論』二〇三頁、石田・債権総論九九頁参照）特に絶対的効力の認められている免除を採りあげた（免除に関する次述以外の問題については、柚木『判例債権法総論（下）』三〇―三頁）。

まず例題の前半について。連帯債務者の一人の負担部分が零であることは何らさしつかえないから（大判大正四年四月一九日民録二一輯五二四頁新聞一〇一九号二八頁）、問題は民法四三七条の解釈であるが、判例は、全部を負担すべきBを債権者が免除した事案につき、「債権者ガ……Bノ負担部分ノ割合ヲ知ラザルモ、之ガ為メニ其負担部分ニ影響ヲ及ボサザルヲ以テ、同条ニ依リ他ノ債務者ニ及ボスベキ免除ノ効力ニ消長ヲ来タスベキモノニ非ズ」、したがって「Aハ全然其債務ヲ免レ」ると判示している（大判明治四二年九月二七日民録一五輯六九七頁新聞六〇〇号一六頁）。それゆえ、判例の立場では債権者はAに請求できぬことになるが、学説も解釈論としては別に異を唱えておらぬようである。

だが、右の結果は、債権者を著しく不利にし、債権の効力を強化すべき連帯債務制度の目的・機能には明らかに背馳する（於保『債権総論』（法律学全集）二〇九頁参照）。かくて学説は、満足を伴なわぬ免除には元来相対的効力しか認むべきでない（勝本『債権総論・中巻1』一五〇頁参照）、負担部分を基礎として絶対的効力を認めるには慎重なるを要する（具体的には時効完成を特に想定してであるが、我妻・前掲二〇一頁）、立法論として免除に絶対的効力を認めるべきではない、もし法律関係を簡易に決済させようとするのであれば、不可分債務（民四三〇条・四二九条一項）のような規定を置けばよい（山中「連帯債務の本質」（石田還暦・諸問題1）三九一頁）、としている。ところで、立法論は別として現行法の解釈上、この短所を是正する方法は絶無であろうか。左に解答のための手がかりを述べておこう。

免除が債権者にとって不都合であるのは、債務者の一部に対して請求しないという債権者の意思表示を、すべて四三七条の問題として処理しようとするからである。債権者の意思――ないし少なくとも意思表示――が、Bには請求しないがAには請求するという点に存する場合には、彼のさような意思（表示）を尊重して同条にいわゆる免除とは別個に有効なものと考えることができるならば、是正をはかりうる「場合」が出てこよう。もっとも判例は、同条が求償の循環ならびに無資力者の介在による不公平を防ぐ趣旨の規定であるとして、違反したときの制裁をつけた相対的免除を無効と判示し（大判明治四〇年三月一八日民録一三輯三〇五頁新聞四一八号一〇頁）、学説にも、求償循環を避けるためにこれを支持する見解があるので（近藤＝柚木『注釈日本民法』（債権総則・中巻）八四頁）、その立場では問題は常に四三七条に引き寄せて処理されることになる。

しかし、求償の循環を防ぐためだけに同条を強行法規のごとく取扱わねばならぬ理由は明らかでなく、また判例のように負担部分の問題を債権者に全く関与させないでおきながら、しかも債務者の求償権を守るために債権者を犠牲にする考え方はその妥当性が疑わしい（この点で右の判例が制裁つきという補強をしたことに注意）。それゆえ債権者が

Aに請求するつもりであることが表示されておりまたは四囲の事情から認められるときには、いわゆる相対的免除として有効とするほうが、問題視される規定の取扱いとしては妥当であるまいか。この意味で、債務は債務として残しつつもBには請求しないという債権者の意思表示を、債務免除と区別されるカテゴリーとして認めた最近の下級審判決（東京地判昭和三一年七月二〇日下級民集七巻一九八一頁）は、十分参照に値いするものといえよう。

なお、相対的免除を認めることに対しては、次のような疑問もありうる。すなわち、Aより求償されたBが債権者に償還請求できないという結論は、被免除者の免責を生ずべき「免除」の性質上考えられないから、その観念を認めたところで、結局はA→B→債権者へと決済を廻り道させるだけのことで、実益はないのではないか、と。しかし、Bと債権者のいずれが終局的に免除による負担を負うべきかは、「相対的免除」を認める以上はその効力として考えるべき問題であって、必ずしも債権者が最終的に負担すべきものとはかぎらない（右の疑問は免除に関する既成観念の転用に基づくものである）。仮に一歩をゆずって、債権者への償還請求を認めても、ABともに負担部分があるようなときには、相対的免除もあながち実益なしとは断定できまい（Bが工面すべき金額および時期を考えよ）。

次に例題の後半について。これの前提としては、AB間の契約によって負担部分を変更することの可否がまず考えられねばならないが、判例によれば、負担部分は元来が債務者間の内部関係で定められるものゆえ、「当初定メラレタル負担部分モ、債権者ノ関与ヲ要セズ連帯債務者間ノ約定ノミニ依リ自由ニ、之ガ変更ヲ為シ得ルコト疑ナ」しと解されている（大判昭和七年四月一五日民集一一巻六五六頁新聞三四二八号一三頁）。判旨が、債権者への対抗要件を要せずとする趣旨か（肯定、我妻・前掲二〇六―七頁）、債権者にとって不利益な変更も含むか（肯定、東・判民昭和七年五三事件）は問題であるが、少なくとも、免除後における不利益変更の約束のような債権者を害する行為についてまで、判例が変更契約を許すとは考えられない（ただしAB間でのみ効力を生ぜしめるのは可）。もし許すとすれば、負担部分の問題を債権者から切断しつつその結果を無条件かつ全面的に彼におしつけるものとして、きわめて不当と評しなければならない。かくて、免除前の不利益変更は債権者に対して効力を生じないから免除後の変更が然るは当然とする考え方にしたがい（勝本・前掲一八三頁参照）、Ａは請求を受けたら弁済しなければならぬと解すべきである。

〔例題二〕　Ａの子ＣとＢの子Ｄとが、幼稚園からの帰りに年寄りを一緒になって突き倒し重傷を負わせた。この場合、Ａは損害全額を年寄りに賠償しなければならないか。また、Ａがすすんでそうした場合、ＡはＢに対して「君も分担せよ」ということができるか。

〔例題三〕　自転車預り業者Ａが、預った自転車を道路の端に放置していたところ、会社の用で走ってきた自動車の運転手Ｂが避けようとすれば容易にそうできたのに、自転車を引掛けてこわした。ＡＢおよびＢの使用者Ｃの自転車所有者に対する賠償責任、彼ら三人の間での内部的分担、はどうなるか。

複数人が、不法行為によってであれ、債務不履行によってであれ、同一の損害に対して引当てる場合には、必ず不真正連帯が問題となりうることはすでに述べておいたが（『新民法演習Ⅲ』一一〇頁）、この二つの例題も、その認定・効果（対外的および内部的な）に関する。ただ、法定監督義務者の責任および使用者責任の問題がからまっているが（民七一四条一項・七一五条一項参照。なお四宮「自動車運転者および使用者の民事責任」時報二九巻一一号参照）、ここではいずれについても法定賠償責任者責任を肯定してよい（なお〔例題三〕のＡＢＣは以下Ａ′Ｂ′Ｃ′と呼ぶ）。

まず〔例題二〕については、ＡＢの連帯（ないし全額単独の）責任を認めた戦前の控訴院判決があるが（椿「共同不法行為」（『総合判例研究叢書民法⑿』）一三〇―一頁参照）、複数の法定賠償責任者が同一の損害に引当てる場合、明文がないのになぜ各自の全額債務を生ずるかは説明がない。次に〔例題三〕のうち債務不履行者Ａ′と不法行為者Ｂ′とは、通説上、不真正連帯債務者となり（我妻・前掲二一一頁など。異説は柚木・前掲五〇―一頁）、使用者Ｃ′と被用者Ｂ′の関係も不真正連帯とみるのが判例および近時の通説であるが（乾「使用者の賠償責任」『総合判例研究叢書民法⑷』一九五―六頁）、

A´C´の関係は判例・学説いずれからも明らかでない。だとすれば、形式的に民法四二七条をAB、A´C´に適用することも考えられるが、同条は契約連帯においても疑問視されている規定であり（『新民法演習Ⅲ』一〇三頁）、かつ、A´C´についてはA´B´、B´C´の全額責任との間に収拾のつかない混乱を生ずる。のみならず、およそ数人が同一の損害に対して引当てるときには、不真正連帯関係をひろく認定するのが可能であるとともに合目的的であるから（『新民法演習Ⅲ』一一〇―一一頁、椿・前掲一六六頁参照）、ABおよびA´B´C´全員は、不真正連帯債務者として各自が全額に引当てると解すべきである（なお共同不法行為と不真正連帯についての問題は、『新民法演習Ⅲ』一〇四頁、椿・前掲一六四頁、一六七頁参照）。

第二の問題は、Bに対するAの分担請求ないしA´B´C´相互の内部的分担であるが、右のように彼らを不真正連帯債務者とみるべきだとする以上、その論点は不真正連帯における求償関係に帰着する。学説をみると、特別の法律関係ないし終局的に或る者が負担すべき事情のあるときには、不真正連帯にも求償ないしそれに準ずる関係が認められるとする見解が有力であるが（我妻・前掲二一三頁、松坂『債権総論』一三二頁など）、それにしたがえば、C´からB´ないしA´への求償は導き出せても、特別の関係もAのみが負担すべき事情もないAB間には求償（的）関係は認められぬことになり、ともに過失のA´B´間でも同様になろう（ただし不当利得による道が残されているようだが、この点は言及せられない）。他方、共同不法行為を不真正連帯と解しつつ、不真正連帯においても「実質的な関係」から各自の負担部分したがって求償関係を認めうるとする見解がある（加藤『不法行為』（法律学全集）二一二頁）。この理由づけは、抽象的にすぎてここの設例含みうるか否かも見当がつきにくいが、形式的には求償に対して制限的な従来の立場を踏襲しつつも実質的関係という一般的概念を用いたところに、求償をひろく認めようとする趣旨がうかがえぬではない。とすれば、そこから「不真正連帯にも求償あり」とする反通説的命題に達するには、さほどの飛躍を要しない（なお、不真正連帯にも求償を認むべきことについては、椿「連帯債務論の若干の問題点」民商三四巻三号六二―三頁、六七頁参照）。

さらに、不真正連帯に求償が「当然にはない」のと「本質的にない」のとを混同してはならぬと強調される見解

（於保・前掲一二三頁、一二四頁）も、伝統的感覚・立場の修正を前提とするであろう。

かくて、〔例題二〕ではAはBに分担請求ができ、〔例題三〕でも三人の間に求償関係を生ずる、とする結論に到達する。ところで問題は各自の負担部分であるが、AB間では特別の事情のないかぎり折半すべく、A´B´間でもその過失の程度によって負担部分が定まる（於保・前掲一二五頁も、不真正連帯における負担部分を各自の過失の割合から導き出される）。C´の負担部分は、最も決定が困難であるが、報償責任の考え方を全く考慮しないか（民七一五条三項参照）、B´にはおよぼすか（なお乾・前掲二九七頁参照）、さらにA´にもそれを反映させるかによって、A´B´のみの内部的分担から種々の割合によるA´B´C´全員の相互的分担まで、いろいろなかたちの解決が考えられる。だが、この詳細は使用者責任の問題として考えるべきである。

〔例題四〕　工場を経営している兄弟が、一定以上の高音を出さないということを、共同して隣人に約束した。これは不可分債務になるか。

これは不可分債務の認定に関する限界的場合の一つである（本題における認定の問題については、『新民法演習Ⅲ』一〇三頁、一〇四頁以下、一〇八頁以下）。不可分債務はもちろん「性質上の不可分給付」を含み、かつその例としては競業避止のような不作為も挙げられているのだから（我妻・前掲一九〇頁参照）、〔例題四〕は肯定されそうである。しかし、不可分債務は債務者の一人が全部の給付をなしえ、かつそれによって債務が消滅するのに対し、数人が不作為債務を負う場合には、その全員がすべて全部の給付をなすべきであって、一人だけの給付では債務は消滅しないから、不可分債務にならぬと解されている（石坂『日本民法第三編債権（三巻）』九五八頁、鳩山・日本債権法（総論）二〇三頁、近藤＝柚木・前掲三五頁、勝本・前掲五四頁）。この立場では、全員共同義務を特別の範疇（協同債務のごとき）として構成するかが次の問題となろう。

〔例題五〕　父が死んでその子ＡＢが家をずっと共有していた。この家を二人の名義で賃貸した場合、共同賃貸人（共有者）ＡＢと賃借人との間の法律関係はどうか。

この〔例題五〕は、本題と逆に賃貸人が複数の場合であり、しかも共同賃貸の法律関係如何というような包括的問題であるから、論点は本題同様にいろいろありうるが、以下では、ＡＢが権利者として有する地位につき、その可分・不可分が解釈上問題となる三つの場合に限定する（それゆえ解除権や同時履行など不可分性に疑問のないものは略する）。

まず、ＡＢの賃料請求の方法について。これは共有物に関して生じた債権としての三つの形態が考えられるがいう債務の場合における論法を用いて（なお山中『債権総論』一六六頁参照）、不可分債権と解するのが実際にも合するであろう。

次に、賃貸借が終了した場合におけるＡＢの返還請求の方法について。ＡＢは、賃貸人としては契約上の（債権的）返還請求権をもっとともに、所有者としては物権的（返還）請求権をもつ（末川『債権各論』二〇八頁）。このうち〔『新民法演習Ⅲ』一一二頁〕、賃料と対価的牽連関係に立つＡＢの用益提供が不可分だから、不可分の対価は不可分とで彼らの債権的な返還請求は、家の明渡という不可分給付を目的とする債権つまり不可分債権となって、各自が単独ででも全部の明渡を請求しうると解すべきである。他方、共有者としての物権的請求権については、判例には、「所有権ニ基キ第三者ニ対シテ共有物ノ引渡ヲ請求スベキ場合ニ於テハ、数人ノ債権者アル不可分債権ニ在テ各債権者ガ単独ニテ債務ノ履行ヲ請求シ得ルガ如ク、各共有者ハ総共有者ノ為メニ単独ニテ債務ノ履行ヲ請求スルコトヲ得」るとして不可分債権に準じて取扱うものと（大判大正一〇年三月一八日民録二七輯五四七頁）、「民法二五二条但書ニ所謂保存行為トシテ各共有者単独ニ之ヲ為シ得」るとするものがある（大判大正一〇年六月一三日民録二七輯一一五五頁)。いずれにしても、ＡＢが単独で全部の返還を請求しうる結果には変りがない。学説は、前の判例の考え方を支持するが、その理由とするところは曖昧である(我妻・判民大正一〇年四一事件、末弘・同九九事件、柚木・前掲四頁、林・物権法一三六頁など参照)。ところで、ＡＢの返還請求は、物権的・債権的いずれによっても不可分債権としての取扱いを受けるとした場合(債権としては分割を排し、また物権としては全員共同を排して)、〔例題五〕のように、共同賃貸人が同時に共有者でもあり、かつ二つの請求権によって同じ目的を達しうるとすれば、二つを同時に与えなければならぬかが問題となるが、これは、請求権競合の問題であって、複数主体の特殊問題に関する解説ではその枠外のことである。

最後に、借主の返還不能を生じた場合におけるＡＢの損害賠償の請求方法について。借主がその家を過失で焼いたような場合、彼の責任は債務不履行かそれとも同時に不法行為ともなるかは、いわゆる請求権の競合・非競合の問題であって、すでに述べたとおりである(『新民法演習Ⅲ』一〇八―九頁。なお川島・民法解釈学の諸問題一三七頁参照)。このうちで債務不履行の面からみると、不可分給付(家の返還)が可分給付(損害賠償)に変っており、かつ不可分債権には不可分債務と異なり債権の強効というような制度の内在的目的がないから(『新民法演習Ⅲ』一〇八頁参照)、民法四三一条によって分割債権に変ずると解するほかはないのではあるまいか(石坂・前掲九五三頁参照)。次に借主の不法行為という面からみても、複数の損害賠償債権者の各自が全額を請求しうるという規定はなく、また不真正連帯債権というような観念もないので、結局は債務不履行としてみる場合と同様になろう。もっとも、返還請求と賠償請求との間における差異がうなずけぬとすれば、「共有物に関して生じた債権」の観念をここにも拡大することが考えられるが、不可分債権とする結果――殊にＡＢの全額単独受領権――が妥当かどうか(於保・前掲一九五頁注一参照)は別として、全額請求の問題はこれを共有の側から(債権法のみに特有の問題としてでなく)考えてこなければなるまい。

14　連帯債務と不可分債務

〔設問〕　ABC三人がXから二〇万円で中古の自動車を買い入れ、一五万円の頭金を支払い、残額については毎月各自一万円ずつ計三万円を五ヵ月の月賦で支払うことにした。

(1)　三人のうちAひとりが毎月の月賦金の一万円を支払わなかったときは、Xはどうしたらよいか。

(2)　BがXに対して相殺したとき、またはXがBに対し債務免除をしたときは、どうなるか。

(3)　Cが死亡し、DEFの三人が相続人となったときは、どうなるか。

〔論点〕

1　連帯債務か、不可分債務か、分割債務か
2　債務不履行――契約解除と損害賠償
3　月賦債務の消滅時効の起算点
4　解除と多数当事者の債権関係
5　相殺・債務免除の効力――相対的効力と絶対的効力
6　連帯債務・不可分債務の相続

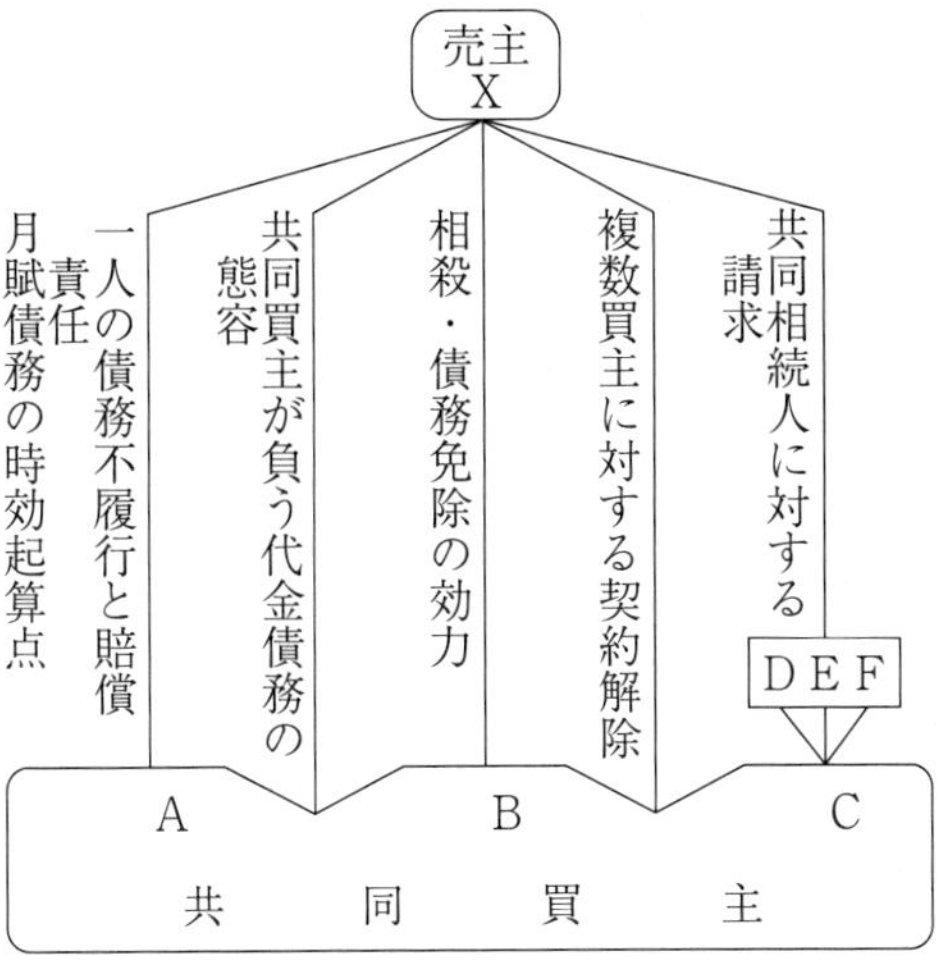

一　はじめに

1　設問の位置づけ

設問は、いわゆる「多数当事者の債権関係」の一部分を取り扱うものであるが、もう少し内容を細かくいえば、(ア)賃貸借ケースを中心としていた旧版（椿「多数当事者の債権関係」民法演習Ⅲ）と異なって売買（月賦売買）のケースであり、(イ)買主側が複数の場合であり、(ウ)直接には広義の対外関係（売主との法律関係）だけが問題となっており、(エ)売主は債権者ないし権利者という面で登場している。

2　解説の範囲

だいたい設問の範囲内（すなわち共同買主の債務・責任）に視座を据えるが、いくつか断わっておけば、(ア)債権・債務の合有的帰属という問題が論点6に関連するけれども、問題8（新民法演習Ⅲ）で解説されるから、ここでは全部省略する（なお椿・注釈民法(11)一一頁以下、ことに一四頁以下も参照、本書四五四頁以下）。(イ)論点2をみると、債務不履行およびその効果である損害賠償・契約解除の一般的な解説も求められているようだが、そこまでに及びうる紙幅はないから、主体が複数である場合の特則に限定する。(ウ)設問は自動車の月賦売買だから、所有権の移転時期（たとえば幾代「割賦売買」契約法大系Ⅱ二九二頁参照）や、解除の場合における賠償額算定といわゆる使用料（この点を説示したものとして、長崎地裁佐世保支判昭和四〇年九月六日下民一六巻九号一三九一頁参照）などが、割賦売買に特有な問題となるが、この点も論点以外には及ばないことにする。

二　ＡＢＣが負う代金債務の態容

1　問題の意義

論点１が設問に答えるための出発点であり、これをどうみるかによって、論点５・６はもちろん、一人の債務不履行による賠償責任の問題（後述三**2**）や、若干の見解を前提とする場合の論点４も、解答が異なってくる。――三つの形態の大要をまず紹介し、その後で設問に対する解説者の見解を述べよう。

2　三つの態容の概観

（一）　分割債務　(a)　分割債務は、いうまでもなく可分給付（金銭・米穀など）、についてのみ問題となるが、設問ならＡＢＣ三人のあいだで原則として（特約や特別の事情がないかぎり）平等に分割してしまう、というものである。分割債務にあっては、各自は分割された額につき独立して責任を負い、また、債務者の一人に生じた事由（たとえばＢに対する債務免除やＢについての時効完成）は他の債務者（ＡないしＣ）に影響を及ぼさない。

(b)　可分給付を目的とする債権・債務に複数の主体が存する場合において、ひろく分割形態を認めているのは、わが判例である。この立場を命題化すれば「特約ないし法規がないかぎり連帯債務は生じない」ということになるが、売買代金債務に関するリーディング・ケースをみると、「契約ニ依リ連帯債務ヲ負担シタリト為スニハ、当事者ガ連帯債務ヲ負担スルノ意思ヲ明示若クハ黙示ノ方法ニテ表示スルヲ要シ、其表示ナキニ之ヲ推定スルヲ得ザルハ……民法四二七条ノ規定ノ反面解釈上明ナル所ナリ」とされている（大判大正四年九月二一日民録二一輯一四八六頁）。これは、右法条を多数当事者の債権関係における「原則」規定と解するところから出てくる立場である。

(c)　分割債務の長短に関しては、つぎのようにいわれる。まず、債務者の負担ないし責任が軽減され、法律関係の処理・決済も簡明であることは、その長所である。しかし、その反面、債権者からすれば、債権の取立に手間がかかって不便であり、とりわけ債務者の誰かが無資力であることによって受ける不利益はいちじるしい。

(二) 連帯債務　(a) 連帯債務は、ある可分給付に数人の債務者が存する場合において、債務者の各自が独立して債権全額（設問なら残りの一五万円）に責任を負い、誰かが全額の弁済をすれば他の共同債務者も免責される、というものである。ただ、各自の債務が別個独立だといっても、債務者の一人に生じた事由は、債務免除や時効完成などのように債権者の満足を招来しないものも含めて、かなり多くが他の共同債務者へも影響を及ぼすこととなっており（四三四条ないし四三九条参照）、この現象（すなわち絶対的効力を生ずる事由の存すること）が、主観的共同関係や相互保証関係など「主体間における一定の結びつき」の反映・流露として説明される（詳細は、椿・注釈民法⑾五一頁以下―本書七五頁以下参照）。

(b) 判例は、連帯債務の発生を例外視しており、前に掲げた大審院判決も、明記されていないのに単にある事情から連帯負担の意思を推定してはならない、と説示する。かかる立場は、売買代金の支払（前掲のほか、大判昭和二年八月三日裁判例（二）民一三六頁等）だけでなく、その返還（大判大正一〇年四月六日新聞一八四五号二〇頁）、さらには借金の返済（大判大正四年十二月二日新聞一〇八六号二〇頁、同昭和一〇年九月一四日裁判例（九）民二三〇頁等）に関しても維持されている。これに対して、学説側は、おおむね（ただし津曲・債権総論上一九六頁参照）、分割債務の発生を抑止しようとする立場に立つが、その根拠は、複数の債務者がある債務関係を分割債務のほうへ傾斜させるならば、(i) 債権者の受ける不便・不利益が大きくなりすぎる、(ii) 取引の実情ないし当事者の意思にそぐわない、(iii) 個人主義的にすぎる、という点に求められている。これらの理由づけのうちで(ii)(iii)ことに後者は、必ずしも適切かつ説得的とはいえないが（椿・注釈民法⑾二四頁参照、本書三五一頁）、(i)の理由が中心的なものとして支持されるためか、特には批判をみない。

(c) 連帯債務の長短は、ちょうど分割債務の場合と逆になるわけだが、(i) 各債務者の責任が重くなるという点は、まさに債権者の地位を強化せよとする要請そのものの帰結であって、短所などとは評価されておらず（ただ、連帯債務負担が保証の実質をもつときには、とりわけ付従性がない点で債権者の力を強くしすぎる、という批判も考えられないではないが）、(ii) 法律関係がおのずと複雑にならざるをえない点も、右と同じ要請からして、特に欠点だとは意識されていない。

(三) 不可分債務 (a) 不可分債務は、いうまでもなく不可分給付（性質上のそれと特約上のそれから成る）について問題となり、各債務者は全部給付の義務を負う。連帯債務では、一部請求（したがってまた、それに対応する一部履行）も可能であるが（四三二条参照）、不可分債務においては、物理的・自然的な性状にもとづく不可分給付か否かを問うこともなく、一部請求ないし分割履行ができないと解されている（勝本・債権総論中(1)五七頁、石田（文）・債権総論九一頁、小池・債権法総論一七九頁）。また、連帯債務者の一人に生じた事由の効力に関する四三四条ないし四四〇条の規定は不可分債務には準用されないが（四三〇条但書）、このことは、債権者の地位・力に関し、請求の効力を除いては（於保・債権総論一九六頁注一参照）、不可分債務を連帯債務よりも強力なものとする。けだし、債権消滅原因に絶対的効力が認められるのは、債権の効力をそれだけ弱めるからである（椿・注釈民法(11)七九頁—本書九九頁参照）。

(b) 不可分債務において注意すべきは、物理的・自然的な性状による不可分給付を超えて、常識的には可分給付に属するものまでが、不可分給付（とりわけ性質上の不可分給付）と解されている点である。著名な例は旧版で出ていた共同賃借人の賃料債務であって、これは、性質上可分な給付であるにもかかわらず、反対の事情がないかぎり「性質上之ヲ不可分債務ト認メザルベカラズ」とされている（大判大正一一年一一月二四日民集一巻六七〇頁。同旨として同昭和一四年五月一二日判決全集六巻一六号六頁等）。また、共同使用者の報酬支払債務も分割債務になると判示されたことがあるが（大判昭和二年一〇月一四日新報一三一号一一頁）、後には、原則として性質上の不可分債務になるとされている（大判昭和七年六月八日裁判例（六）民一七九頁）。これらの判例は「不可分的享益の対価は不可分」という考え方に立っているが、学説でも、かような発想を推し進める見解が有力である（我妻・新訂債権総論三八九頁・三九〇頁・三九六頁、於保・前掲一八九頁等参照）。

3　設問に対する解答

右の概説を前提として、論点1の解答に入ろう。設問が「残額については毎月各自一万円ずつ……支払うことにした」というのは、(ア)売主Xとのあいだで、ABCが独立して月一万円の支払債務を負担すると約束したのであれば、分割債務になるとみなければなるまい。こういう約束をしたXの不安は、保証や物的担保で予防する以外にない。(イ)しかし、ABC三人がお互いのあいだで約束しただけである（ないしXとの明確な合意はなかった）とすれば、各自一万円は、いわゆる負担部分（債務者各自の内部的な分担割合）を決めたにすぎないともみることができ、そうなれば、Xに対する関係は、右に述べた分割か非分割かの一般的ルールに従うこととなる。この場合、分割債務へ傾斜する判例の立場を是認しない以上、学説の示す解釈論のなかに、非分割責任の拠り所を探さなければならないが、XがABC三人の資力を総合的に考えて取引したとみられる特殊の事情があるときには連帯債務の黙示的特約を認めてよい、とする見解（椿・注釈民法⑾二五頁―二六頁参照、本書三五三頁以下）が手がかりになる。もっとも、そこでは特殊事情が要求されているが、設問のような共同購入が三人の共同利用を目的とするのであれば、連帯負担を推定してよいであろう。(ウ)なお、不可分債務とみることも、いわゆる不可分的「享益」の意味を拡大するならば、不可能ではあるまい。しかし、学説は共同購入が右の不可分的享益に含まれるとは述べておらないし、また、(イ)で述べた「連帯特約の認定」という解決方法が肯定されるかぎりでは、わざわざ不可分債務になるといわなければならぬものでもない。

三　Aの債務不履行によって生ずる効果

1　問題の範囲

ここでは、複数の債務者がある場合において、その一人Aが履行遅滞（なお設問のような金銭債務は履行不能となることがない）に陥ったときの効果として、(ア)　他の債務者BCも遅延賠償を支払わなければならぬか否か、(イ)　Xはどういう仕方で解除すべきか、を前述した債務の態容に対応させて解説する。(イ)は論点4から通常ただちに想起される「解除権の不可分性」（五四四条）の問題であるが（論点4は、このほか、解除の効果たる原状回復義務・損害賠償義務の態容いかんを含みうる）、(ア)のほうは最初に断わったとおり論点を限定したものである。

2　遅滞と損害賠償

(一)　分割債務の場合　ABCの残り代金支払債務を分割債務とみるならば、各自の負う債務は分割された額について独立したものとなり、Aの遅滞はBCに全然影響を及ぼさない（椿・注釈民法⑪一六頁参照、本書三五四頁）。したがってXとしては、Aに対してのみ遅延賠償を請求することができる。

(二)　連帯債務の場合　ABCが残り代金の支払につき連帯債務を負担したとみるならば、Aの遅滞による損害賠償の負担者いかんは、いくつかのファクターを考えつつ解答しなければならない。

(a)　まず、Aの遅滞がXの「請求」にもとづくか否かで、他の共同債務者に対する影響は異なってくる。すなわち、Xの請求によるときは、請求には絶対的効力が明文上（四三四条）認められているから、請求を受けなかったBCも遅滞に陥りXは全員に対して連帯の形で遅延賠償の支払を求めることができる（勝本・債権総論中⑴一四一頁、近藤＝柚木・註釈日本民法債権編総則中七四頁）。これに反し、請求以外の事由にもとづく遅滞は、すべて民法四四〇条の枠内に含ましめられて、いわゆる相対的効力しか生じないので、BCはAの遅滞による損害を賠償しなくてもよいこととなる（椿・注釈民法⑾一〇八頁―本書一三八頁）。

(b) 遅滞は、さらに「履行期の定め」がどうであるかによって、請求との結びつき（したがって絶対的効力を生ずるか否か）が決められている（以下については、椿・注釈民法⑾八三頁―本書一〇四頁参照）。各場合についてみていくと、(i) 確定期限つき債務にあっては、履行期が到来すれば当然に遅滞を生ずる（四一二条一項）から、請求したがってそれを前提にする効果とは関係がないことになる。(ii) 不確定期限つき債務も、条文（四一二条二項）のうえからは、債務者が期限の到来を知ることが遅滞の要件であって、これまた請求とは関係をもたない。ただ、期限到来後に債権者が請求したときは、たとい債務者が期限の到来を知らなくても遅滞に陥ると解されているので（我妻・前掲一〇四頁）、この場合には請求と結びついてくるが、それが民法四三四条の問題にどう影響するかは言及がない。(iii) 期限の定めがない債務は、債務者が請求を受けた時から遅滞責任を負う（四一二条三項）ので、請求したがってその絶対的効力が問題となってくるわけである。

(c) 以上のことを前提にして考えると、設問のような割賦払の場合には、通常はっきり履行期を定めておくはずだから、Aの遅滞によってBCには賠償責任を生じない、という結論になろう。しかし、ABCの履行期が同一であれば、期限の到来によって全員が同時に遅滞に陥ることはいうまでもなく、かつ、設問の場合には各自の履行期が異なるようなことも通常は考えられないから、各自が同時に遅滞責任を負う結果として、XはBCに対しても遅延賠償を請求できることとなろう。

(d) ただ少し付言すれば、一般説が、請求の絶対的効力をめぐって、(b)で示されるような民法四三四条の適用を制限する解釈を採るのは、同条の妥当性を疑っているからにほかならない。だが、解説者のように通説・判例とは逆の評価態度を同条に対して抱くときには（詳細は、椿・注釈民法⑾一一八頁―一九頁参照、本書一五一頁以下）、必ずしも窮屈に解釈すべき理由はないこととなる。そもそも、期限の定めがあれば絶対的効力は問題になる余地もなく、定めがない場合だけ民法四三四条を適用する、といった区別の仕方には合理的な根拠がないのであって、同条にいわゆる請求は、もっと拡大してもよいのではなかろうか。換言すれば、反対解釈でなく類推解釈によるべきではないか、と考えるわけである。

(三)　不可分債務の場合　　前に説明したとおり、設問はまずこの形にはならないと考えられるが、かりに不可分債務だとみたら、ＢＣはＡの遅滞によって責任を負わされない。けだし、(a)　請求（したがってその効果である遅滞）には、相対的効力しか認められず（四三〇条但書参照）、(b)　債務者の一人の過失・遅滞も同様に解されているからである（椿・注釈民法⑾四一一頁参照、本書三七四頁）。ただ、(a)に関しては理由を示すことなく絶対的効力が認められるとする見解もあるが（吾妻・債権法五五頁）、民法四三〇条但書を無視するからには、なんらかの実質的論拠（たとえば債権の効力を強化する必要）が掲げられなければなるまい。

3　遅滞と契約解除の仕方

Ａの遅滞にもとづいてＸが契約を解除するには、民法五四四条との関連で、誰に対して「履行ヲ催告シ」（五四一条）かつ解除の意思表示をしなければならないか、という問題である。

(一)　分割債務の場合　　(a)　通説は、履行の催告も解除の意思表示も、ＡＢＣ全員に対して――同時である必要はないが（詳細は、椿・注釈民法⒀四〇六頁参照）――しなければならないとする。かかる拘束を認める根拠については、少なくとも発生時に相互的な牽連関係があったものを当初に遡って消滅させるのだから、契約当事者の全員を相手にしなければならない、という考え方がある（椿・注釈民法⑾二七頁、本書三五五頁）。もっとも、絶対に分割解除ができないというわけではなく、当事者の特約をもってすれば民法五四四条の適用を排斥できる。しかも、かかる特約が黙示であってもよいとする見解（我妻・債権各論上一八六頁―一八七頁参照）では、明示によらない分割解除の可能性が拡大されることになる。

(b) 右と異なり、分割債務では各債務がそれぞれ独立して存立することを理由に、反対債務も可分であるかぎり分割解除を許すべきだ、と主張する見解もある（岡村・改訂債権法総論一四一頁、於保・前掲一九一頁）。そして於保説は、分割主義の不合理性を解除権の不可分によって制約しようとする発想法が通説には存在するのではないか、とも推測しているが、その点は措くとして、たしかに米穀の売買などにあっては、必ず全員に対して解除せよと解する理由がとぼしい。ただ解説者としては、この少数説がかなり形式的な理由づけで、しかも一律ないし概念的に分割解除を認めようとすることに、疑問ないし割り切れないものを感じている（椿・注釈民法⑾二七頁（本書三五四頁）、同⒀四〇五頁参照）。また、通説の枠内でも、あまり変わらぬ結論に到達できるのではなかろうか。

(c) もっとも、設問では、Xの負担した給付が不可分だから、通説によっても異説によっても、XはＡＢＣ全員に対して催告し解除の意思表示をなすべきこととなるだろう。

(二) 連帯債務の場合　(a) 主体間の結びつきが弱い分割債務でさえ、通説は民法五四四条を適用するから、結びつきのより強い連帯債務では、もちろん解除権の不可分性が肯定される。この点は特に問題とするまでもない。

(b) 注意すべきは、債務者の一人に対する請求が絶対的効力を生ずること（四三四条）との関連である。これは通常言及されていない問題だが、我妻説は、請求が右のような効力をもち、そして解除は遅滞の効果にほかならないという理由づけによって、Ａに対する催告と解除の意思表示があれば全員について解除の効果を生ずるとしていた（我妻・債権各論上一八七頁）。しかし現在では、解除の意思表示は、催告と結びついていても催告そのものではないから、全員に対してなすべきものだ（我妻・新訂債権総論四一四頁）と、改説するにいたっている（椿・注釈民法⒀四〇六頁）。このほか、考え方としては、一般原則どおり全員に対する催告と解除の意思表示が必要だとする立場もありうる。以上三つのなかでは、民法四三四条および五四四条のどちらをも無視しない現在の我妻説を支持しておこう。

(三)　不可分債務の場合　解除権不可分の原則に服することについては、問題がない（たとえば我妻・債権各論上一八七頁）。

四　相殺および免除の効力

1　Xに対するBの相殺

(一)　分割債務の場合　(a)　分割債務にあっては、各自の債務は分割された額につき独立したものとなるから、BがXに対して有する反対債権で相殺しても、他の債務者たるACには影響を及ぼさない。(b)　ただ、Bの相殺が自己の分割債務額を超えてなされた場合には、弁済したときの問題（於保・前掲一九二頁注二、椿・注釈民法⑾一二六頁参照）との関連で、検討が必要となるであろう。

(二)　連帯債務の場合　相殺は明文をもって絶対的効力ありとされる（四三六条一項）。その根拠としては債権者の実質的満足が挙げられるが、この点には特に非難もない。注意しておいてよいのは、(a)　Bが相殺した限度でACも債務を免れるが、BはACに対し求償できること（椿・注釈民法⑾八七頁・一二〇頁―本書一〇九頁・一五四頁参照）、(b)　BがXより訴えられて相殺の抗弁を出し、それを判決が認めた場合には、相殺の絶対的効力と判決の相対的効力（四四〇条参照）とが重複してきて問題を生ずること（詳細は、椿・注釈民法⑾八七頁・八八頁―本書一〇九頁所掲文献を参照）くらいであろう。

(三)　不可分債務の場合　この場合に関しては、はっきりしない見解のほうがむしろ多い（たとえば我妻・新訂債権総論四〇〇頁参照）。条文をみても、四三六条は適用ないし準用を排斥されるものの一つであり（四三〇条但書）、四二九条が準用されていることからすれば（四三〇条本文）、その二項で相対的効力しか認めないという結論さえ考えられよう。しかし、不可分債権の場合ならともかく不可分債務にあっては、相殺を弁済と同視して絶対的効力を認めてよい、とする見解が若干みられる(岡村・前掲一一五頁、山中「いわゆる連帯ということの意義」民商三三巻三号三三二頁、於保・前掲一九六頁参照)。解説者も、相殺は準弁済であり、かつ債権者が単独である不可分債務の場合には絶対的効力を認めても実害がないという点で、これらの見解に賛成しておきたい。

2 Bに対するXの債務免除

(一) 分割債務の場合 相対的効力しかないことに、問題はない。

(二) 連帯債務の場合 (a) 連帯債務者の一人に対する免除は絶対的効力を生ずるが(四三七条)、債権者の満足をともなわない債権消滅原因(とりわけ時効や免除)に絶対的効力を認めるときには、債権者の地位は不利となって、連帯債務制度の意義ないし目的(債権の効力もしくは債権者の地位を強化しようとする点に存する)が害されてしまう。そこで、学者のなかには立法論として民法四三七条などの妥当性を疑う見解が有力となっている(椿・注釈民法⑾九〇頁―本書一二二頁参照)。(b) 解説者は、そういう批判を解釈論としても生かすべきだと考える。そのような立場から、一つの方法として提唱したのが「相対的免除」という概念構成である(椿・民法例題解説Ⅱ五〇頁、椿「連帯債務」総合判例解説民法⒃六〇頁―本書二三三頁参照)。これに近い考え方は、近時、我妻説も述べているが(我妻・新訂債権総論四一八頁参照)、われわれの主張の内容は、ここでは割愛する(椿・注釈民法⑾九四―九五頁―本書一一九頁参照)。(c) なお、右の相対的免除とも関連して、いわゆる「一部免除」が解釈上かなり見解のわかれる問題である点は、特に注意されたい(椿・注釈民法⑾九五―九八頁―本書一一五―一一八頁)。

(三) 不可分債務の場合 (a) 民法四二九条一項に準じて処理される(四三〇条本文)。すなわち、Xは、ACに対して全部の給付を求め、Bの負担部分をBに返還することになる。ただ、設問のような金銭給付を目的とする債務が不可分債務とされる場合にも、なお右のように解すべきかは、問題の余地があろう(椿・注釈民法⑾四二頁参照、本書三七六頁)。(b) 学説には、右の解決を超えて、免除に絶対的効力を与える特約も可能だとする見解が少なくないが、解説者は、そこまで債権の弱化を喧伝する必要がないと思う（椿・注釈民法⑾四一頁参照、本書三七四頁）。

五 Cの死亡による債務の共同相続

1 Cが連帯債務者であった場合

(ア) 最高裁は「連帯債務者の一人が死亡した場合においても、その相続人らは、被相続人の債務の分割されたものを承継し、各自その承継した範囲において、本来の債務者とともに連帯債務者となると解するのが相当である」としている（最判昭和三四年六月一九日民集一三巻六号七五七頁）。(イ) 学説側の反応は、いろいろであって（たとえば、遠藤「連帯債務の相続」判例演習〔親族相続法〕一六一頁以下参照）、一つの論争問題になっているが、解説者は、いくつかの観点からして、全額責任を維持する見解へ傾斜している（詳細は、椿・注釈民法⑾七三頁―本書九〇頁、椿・家族法判例百選一六二頁参照）。

2 Cが不可分債務者であった場合

(ア) この場合は、給付そのものが分割不能なのであるから、Cが死亡してもDEFは当初の給付全額について責任を負う、と考える以外にはないわけである。(イ) ただ、ここでも前述した免除の場合と同様に物理的・自然的な性状からすれば可分であるものを不可分給付として取り扱っているときは、可分化も考えられないではない。しかし、解説者は、受領した給付の一部を改めて給付者に返還することとなる（その意味で給付の循環を生ずる）免除の場合と異なり、不可分のまま承継させるべきだと解しておく。でなければ、「拡大された不可分給付」はその意義の少なからざる部分を失ってしまうからである。

六　月賦債務の時効起算点

1　問題となること

(ア)　これは、割賦売買契約に際して「一回でも履行を怠ったときは、ただちに債務全額について期限の利益を失わせる」旨の特約がある場合に、不払があったら、債務全額についての消滅時効はいつから進行するか、という問題である。(イ)　このほか、設問では、月賦買主が複数だから、その場合についても答えなければならない（ただし、この点は紙幅の都合で省略する）。

2　判例・学説

(一)　判例の立場　(a)　かなり動揺を示してきたとともに、それらの内容・関係も明瞭ではない（推移の大要については、我妻・聯合部判決巡歴Ⅰ九九頁以下参照）。(b)　その点は措いて、連合部判決によれば、右に掲げたような特約の趣旨が「一回ノ懈怠ニ依リ当然期限ノ利益ヲ喪失スルコトナク、之ガ為ニハ債権者ニ於テ全額ニ付一時ノ支払ヲ求メ期限ノ利益ヲ喪失セシムル旨ノ意思表示ヲ為スコトヲ必要トスルモノナルトキハ、債権全額ニ対スル消滅時効ハ右ノ意思表示ノ時ヨリ其ノ進行ヲ開始スベキモノ」とされる（大判(連)昭和一五年三月一三日民集一九巻五四四頁）。(c)　この判決は、川島説の表現を借りると、期限喪失約款には遅滞時から時効が進行する場合と撤回時から進行する場合の二種類があることを認め、かつ、その事件では後者すなわち撤回時主義によったものである（川島・民法総則五一八頁）。

(二)　学説の態度　判例に賛成・反対二つの立場がほぼ互格に対立しているといってよい。主な教科書的見解を紹介しておけば、(a)　我妻説は、債権者が全額を一時に請求することができるようになったら、その時から全額について消滅時効が進行する、という。「遅滞」と「時効進行」とは別問題であり、期限の利益喪失約款に二種類あることは前者について妥当する、というのが主たる論拠のようである（詳細は、我妻・前掲巡歴一〇六頁以下、同・新訂民法総則四八七頁─四八八頁参照）。(b)　川島説は、これに加えて、「権利ヲ行使スルコトヲ得ル時」から時効が進行する、という条文（一六六条）および判例（大判大正三年三月一二日民録二〇輯一五二頁等）上の基本原則を変えるべき実質的理由がない、とも述べている（川島・前掲五一九頁）。(c)　以上と異なり、柚木説は判例を支持するなるが、その主たる論拠は、反対説によるならば債権者が不当な不利益を受けること、従来の判例との権衡論も理由がないこと、に求められる（柚木・判例民法総論下四三四頁・四四〇頁参照）。(d)　解説者の見解は、いまのところ決断しかねるので、留保させてもらいたい。

15 不真正連帯債務

株式会社A商店の外交員Bが訪問先Cに架空のもうけ話をもちかけ、商品売買代金の手付けとして二〇〇〇万円を受け取り、持ち逃げしてしまった。Cは、雇い主のAと従業員のBのどちらに対しても好きなように損害賠償の支払いを請求できるか。

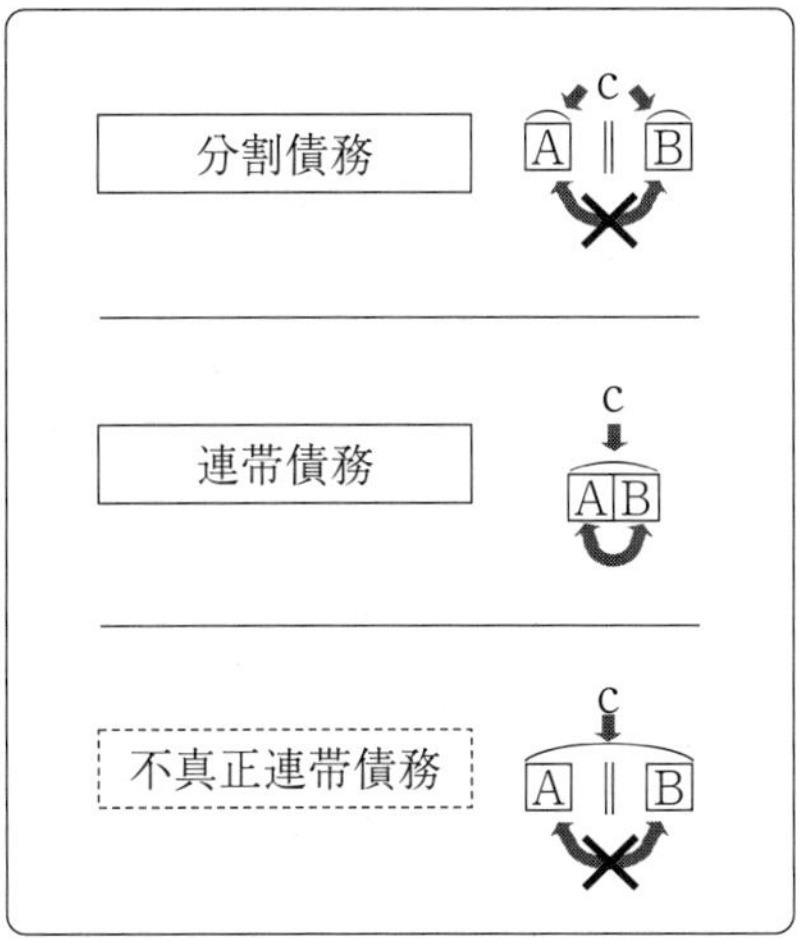

一 どういう概念なのか

民法第三編第一章第三節には「多数当事者ノ債権」という規定群がある。この表題は、あまり考えないで読むと、内容を誤解するおそれもある。それは、こうである。もしも「複数の債権者がかかわっている」と読んだならば、間違っている。債権の《法律的な組立て》は、物権の場合と異なり、権利者（＝債権者）と義務者（＝債務者）が必ず向かい合う形になっている。物権の法律的な組立ては、その代表である所有権を例にすると、権利者である所有者はもちろん存在するが、向かい合う義務者は想定されない。たとえば所有義務者などという法的な観念はないが、債権の場合は、債権者が登場すれば必ず向かい合う関係者として債務者が出てくる。そうすると、ある債権に多数の当事者がいるという場合には、債権者のみならず債務者も含まれるわけであり、設例は、AとB二人の債務者がかかわっている場合のひとつということになる。教科書では、《多数当事者の債権関係》と呼ぶのは、こういう事情からである。

この《債務者が複数》の場合として民法が規定したのは、①分割債務（民法四二七条）、②不可分債務（民法四三〇条）、③連帯債務（四三二条以下）、④保証債務（四四六条以下）の四つである。④はさしあたり関係がないため、他の三つを略説しておこう。①は、借金を数人が頭割りで返す約束になっているような場合。②は、兄弟が父から相続した外車を売ったような場合であり、車は彼らが半分ずつ買い手に渡すことはできないから、兄と弟のどちらもが丸々一台を引き渡さなければならない。③は、数人の借り手が「このお金は連帯借用します」と約束したような場合であって、彼らは、債権者から請求されたら、一人か一部の者か全員かを問わず、また、全額であっても各自が何分の一ずつかであっても、返済する責任を負う。債権者の便宜と安全を最大限かなえようとするものであり、四三二条はこれを定める。

表題の不真正連帯債務とは、読んで字のとおり上の③に近いが多少違うというものである。ドイツ民法学の影響のもとで昔から条文にはないが認められてきた（旧民法やフランス法を強く意識する学者は「全部義務」という観念を主張する）。そして、この形態は学説上「主として、同一の損害を数人がそれぞれの立場において塡補すべき義務を負担する場合に生ずる」とされる。本問で、Aは民法七一五条により、Bは民法七〇九条によって各自がCの受けた損害を賠償する責任を負い、Cは両名を不真正連帯債務者として「請求できる」というのが通説・判例である。

二　この概念の有用性ないし必要性は

わが民法には、連帯債務がどういう場合に発生するかにつき、何も規定が設けられていないけれども、判例は以前から、法律の条文または当事者間の特約がなければ連帯債務を認めない、としてきた。しかも、民法上、連帯債務になると定められた条文はごく少ない（四四条二項・七一九条・七六一条のみ）。また、不法行為の領域では、被害者と加害者になる可能性のある者が、あらかじめ連帯責任を特約しておくことも通常考えられない。そこで、本設例のAとBは、七〇九条から七二四条のどこにも彼らが連帯して賠償責任を負うとする条文が見当たらない以上（七一九条は彼らが一緒になってCからだまし取ったような場合の規定である）、各自ばらばらに二〇〇〇万円を支払えと解するか、「多数当事者ノ債権」における総則すなわち原則規定（民法四二七条）へ戻って一〇〇〇万円をめいめいが別個に支払うべきだと解することにならざるをえない。しかし、前の解決だと、Cは損害額の二倍を取ることができ、生じたマイナスをゼロに戻す損害賠償制度の目的・趣旨に反するし、後の解決では、A・Bのどちらかがお金がなくて支払えないときに、その不利益を被害者Cが負担させられて、妥当な結論とはいいがたい。

以下のような場面も考えられる。AがCから有料で保管を頼まれていた宝石を、金庫にも入れないで机上に置いていたため、たまたま遊びに来たBが盗んで売りとばしたとする。

Aは寄託契約（民法六五七条）の受寄者というが、彼には委任の六四四条が準用されて（民法六六五条）、「善良な管理者の注意をもって」――つまり十分注意して慎重に――受寄物を保管する義務が負わされる。この保管義務は、寄託契約から生まれた義務すなわち債務であり、不注意でいい加減に宝石を保管して返せなくなったのは《債務不履行》だから、Cのこうむった損害（宝石の価格に慰謝料とか遅延損害金などが加わるので、時価二〇〇〇万円プラス・アルファになる）を賠償しなければならない（民法四一五条後段）。

他方、Ｂは他人の物を盗んだのだから、民法七〇九条の《不法行為》者とされて損害を賠償しなければならない。そしてＣからみると、この損害は同じ中身のものであるので、賠償金を、Ａに対しては債務不履行に基づき、またＢに対しては不法行為に基づいて請求できる。ここでも、二倍取れるとするのは不当だし、ＡとＢから半分ずつしか取れないとするべき理由もない。だが、連帯債務になるという条文もない。

この場合に、連帯債務となる場面を拡大して処理する解決方法も考えられるが、判例は連帯債務の発生を緩やかには認めない。そのうえ、連帯債務では、債務者の一人の債務が免除や時効完成によって消滅すると、他の連帯債務者にそれが影響して、債権者の取れる額が減る仕組みになっており（民法四三七条・四三九条参照――図の↺印は相互間の影響を示す）、債権者の満足が害されると批判を受けている。さらに、学説では、連帯債務は債務者相互間にお互いが頼み頼まれるという結びつき（主観的共同関係と呼ばれる）や、各債務者がお互いに保証し合う関係（相互保証関係と名付けられる）があると考えられてきたため、それを欠く場合には連帯債務そのものではない何かある法的な関係を考案する必要も出てくる。

このような状況を背景に輸入された不真正連帯債務という観念は、わが国では、①債務者の一人に生じた事項（たとえば請求や免除）が他の債務者に影響せず（図の不真正連帯債務や分割債務においてＡとＢの間が離れていて＝印があり、↺に×が付いているのは、このことを指す）、②一人が債権者に弁済しても原則として他の者に分担を求めることができない、とする内容でもって学説に定着した。これらの細部については古くから種々議論があるが、この観念自体は、使用者と被用者の賠償責任を中心に、判例にも次第に浸透して今日にいたっている。

三　批判とさしあたり行うべき学習

不真正連帯債務を連帯債務のほかに認めるべきかは、現在新たな形で学説上の論点となっている。そもそも認める必要はないと主張する見解もあり、その立場では「条文のない概念・制度」は重要な場面が一個減るが、これらについては、中級以上のややくわしい参考書を読んでほしい。ただ、詳細は説明しないが、これらの議論を経由して、二種類の連帯債務が次第に内容上の差異を小さくし、接近しつつあることには注意しておいてよい。

ところで、本項目で取り上げたのは、不真正連帯債務の《発生原因》が中心であり、およそ《多数当事者の債権関係》では、問題の複数者からみた《対外関係》と《内部関係》の二面にわたる法律関係をもみおとすべきではない。本問に即していうと、対外関係は、A・B各自が負う給付の範囲と、どちらか一人に生じた事由の影響範囲（いわゆる絶対的効力・絶対効――これは生じた者以外にも影響するほう――と相対的効力・相対効）が、また、内部関係は、弁済した者の求償権（分担を要求する権利）の有無および範囲が、それぞれ問題となる。これは、不真正連帯債務にあっても例外ではない。

椿寿夫著作集1　多数当事者の債権関係〈初出一覧〉

1　連帯債務論序説……………………………………………………（法学論叢六二巻五号、一九五六年）
2　連帯債務論の〔若干の〕問題点（改題）……………………………（民商法雑誌三四巻三号、一九五七年）
3　連帯債務〔の解釈論〕（改題）……………………………………（注釈民法⑾、一九六五年、有斐閣）
4　連帯債務〔の判例法〕（改題）…………………………（総合判例研究叢書民法⒃、一九六〇年、有斐閣）
5　不真正連帯債務の観念〔について
　——ドイツの学説を中心に——〕（改題）……………………………（私法二四号、一九六二年）
6　不真正連帯債務〔の解釈論〕（改題）……………………………（注釈民法⑾、一九六五年、有斐閣）
〔補足〕代理受領および引用の先例をめぐって……………………（手形研究四〇〇号、一九八七年）
7　分割債権関係・不可分債権関係〔の解釈論〕（改題）…………（注釈民法⑾、一九六五年、有斐閣）
8　複数者の損害関与と賠償責任〔序説〕………………………………………………
（判例タイムズ三九三号、一九七九年、民法研究Ⅰ、一九八三年、第一法規）
9　責任の併存・分割・集中………………………………………（法律時報六〇巻五号、一九八八年）
10　複数の債権者と分割原則……………………（『個人法と団体法』西村信雄先生傘寿・浅井清信先生
喜寿記念論文集、一九八三年、法律文化社）
〔補足〕連帯債権……………………………………………………（注釈民法⑾、一九六五年、有斐閣）
11　債権・債務の共同的帰属………………………………………（注釈民法⑾、一九六五年、有斐閣）
12　多数当事者の債権関係⑴……………………………………（民法演習Ⅲ、一九五八年、有斐閣）
13　多数当事者の債権関係⑵…………………………………（民法例題解説Ⅱ、一九五九年、有斐閣）
14　連帯債務と不可分債務…………………………（新民法演習Ⅲ　債権総論、一九六八年、有斐閣）
15　不真正連帯債務……………………………………………………………………………
（解説　条文にない民法、二〇〇二年、新版・二〇〇四年、第三版・二〇〇六年、日本評論社）

椿寿夫著作集 1
多数当事者の債権関係

2006(平成18)年 7 月30日　第 1 版第 1 刷発行
3201-01010 : P548, P15000 E, b650
著 者　椿　寿　夫
発行者　今　井　貴
発行所　株式会社信山社
〒113-0033 東京都文京区本郷 6-2-9-101
Tel 03(3818)1019
Fax 03(3818)0344
info@shinzansha.co.jp
Printed in Japan
出版契約 No. 3201-01010

印刷・製本／松澤印刷・大三製本
ISBN4-7972-3201-3 C3332　分類324.181-a001
3201-0101-012-050-015

唄孝一先生賀寿

人の法と医の倫理

編集代表　湯沢雍彦・宇都木伸

A5変型　792頁　上製箱入り　定価26,250円（本体25,000円）

ことし（2004年）3月18日唄孝一先生はめでたく満八十歳の誕生日を迎えられます。心身ともにお元気で、さまざまな著作活動を続けておられるほか、各種の研究会へも気軽に出席されて、お若いときと同じように含蓄あるご意見を発言しておられるのは、我々にとってまことに嬉しい限りです。とりわけ、自らが蒐集してこられた"医療と法と倫理"に関する資料文献（これを先生は「ＥＬＭの森」と名づけておられる）の整理に、寸暇を惜しんで勤しんでおられる先生の姿に、いまさらながら研究者の厳しさと楽しさを教えられる思いが致します。

このたび先生が八十回目の誕生日をお迎えになるにあたって、私たち有志（末尾に五十音順で記載する六名の発起人）が何回か集り、先生から研究指導を受けた者ないし先生主宰の研究会で学問的刺激を受けた者が家族と医療をめぐる法と倫理にかかわるテーマの範囲でそれぞれ論文を書いて先生に献呈しようとの企画をたてましたところ、多くの方々からご賛同がえられ、ここにこの論文集を上梓する運びとなりました。

編集の仕事が終わりに近づいた昨年の文化の日に、慶ばしいことがありました。唄先生が文化功労者の一人に選ばれたのです。授賞理由にあるように、「家族法を発展させ、臓器移植や脳死、尊厳死を扱う医事法学に先駆的な業績をあげ、インフォームド・コンセントの普及に努めた」からであって、医事法学の分野からの最初の受賞者となられました。本書の刊行が、はからずもこの受賞についての、ささやかながらのお祝いともなれば幸いです。